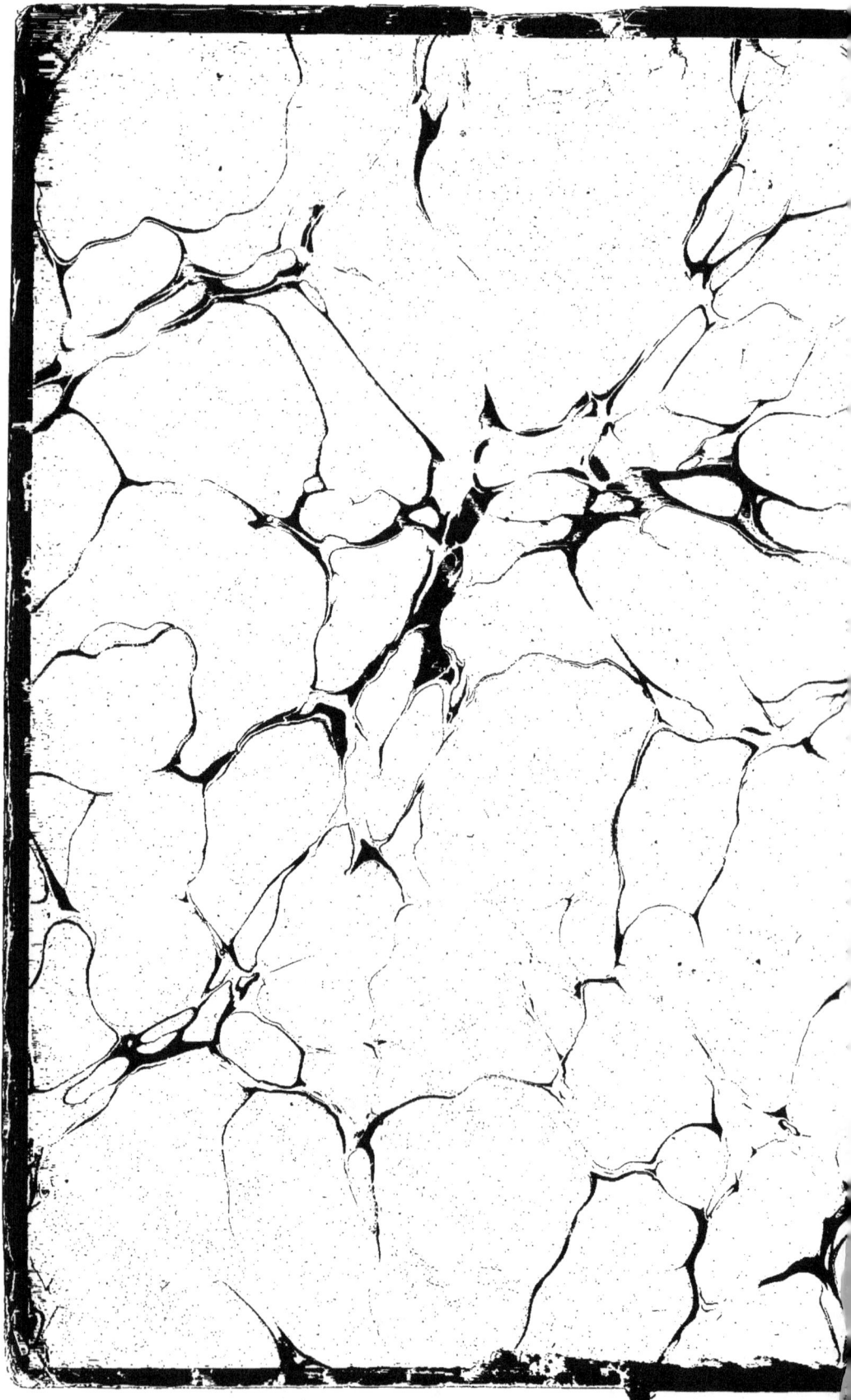

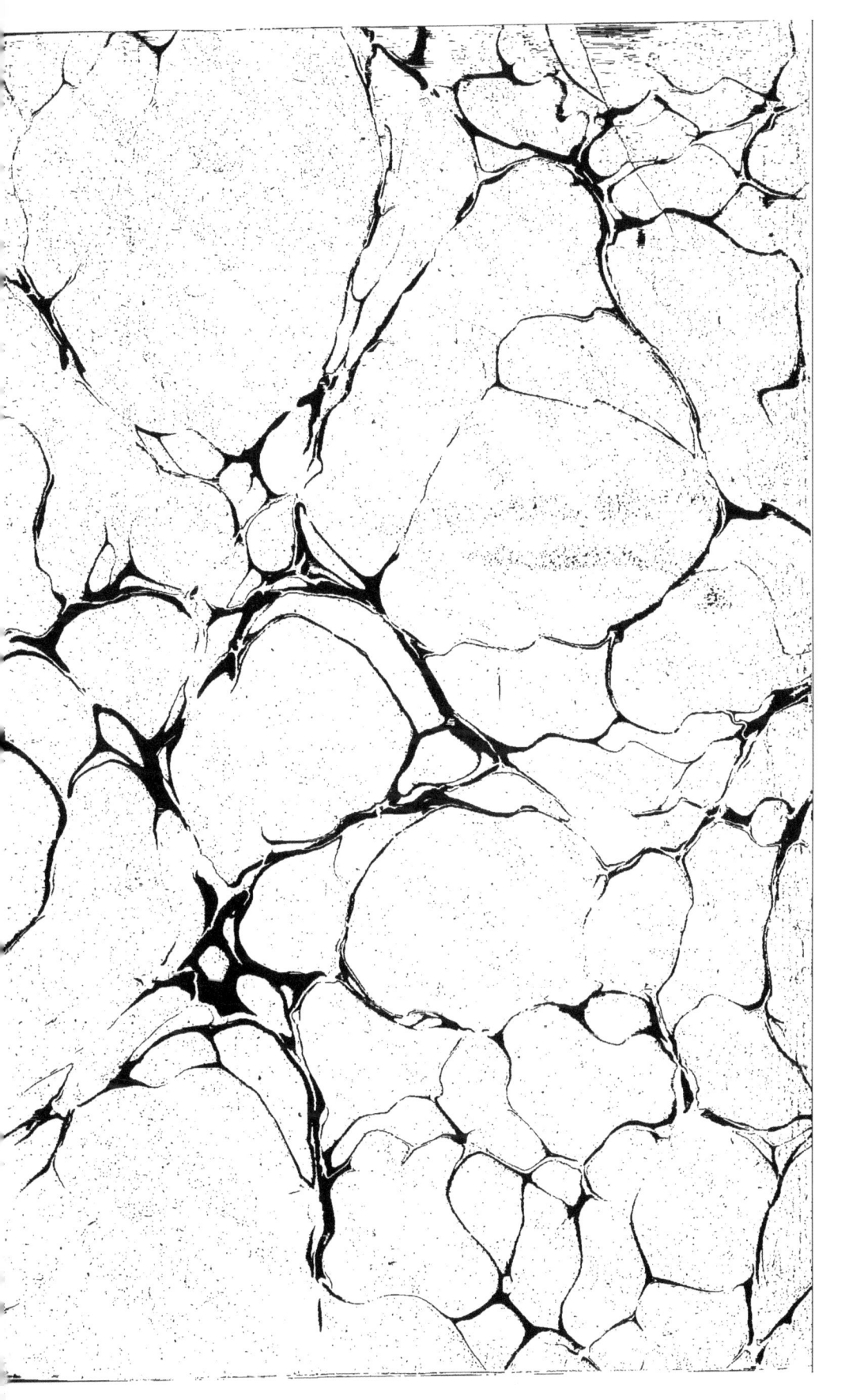

UNIVERSITÉ DE PARIS. — FACULTÉ DE DROIT

LA MER NOIRE

ET LES

DÉTROITS DE CONSTANTINOPLE

THÈSE POUR LE DOCTORAT

Présentée et soutenue le samedi 24 juin 1899, à 2 heures 1/2

PAR

P.-H. MISCHEF

PARIS

LIBRAIRIE NOUVELLE DE DROIT ET DE JURISPRUDENCE

ARTHUR ROUSSEAU, ÉDITEUR

14, RUE SOUFFLOT ET RUE TOULLIER, 13

1899

THÈSE

POUR LE DOCTORAT

UNIVERSITÉ DE PARIS. — FACULTÉ DE DROIT

LA MER NOIRE

ET LES

DÉTROITS DE CONSTANTINOPLE

(ESSAI D'HISTOIRE DIPLOMATIQUE)

THÈSE POUR LE DOCTORAT

L'ACTE PUBLIC SUR LES MATIÈRES CI-APRÈS

Sera soutenu le samedi 24 juin 1899, à 2 heures 1/2

PAR

P.-H. MISCHEF

Président : M. RENAULT.

Assesseurs : { MM. LAINÉ,
PILLET, } *professeurs.*

PARIS

LIBRAIRIE NOUVELLE DE DROIT ET DE JURISPRUDENCE

ARTHUR ROUSSEAU, ÉDITEUR

14, RUE SOUFFLOT ET RUE TOULLIER, 13

1899

A MON PÈRE

NOTICE BIBLIOGRAPHIQUE

ANTHOINE. — Le commerce et la navigation de la mer Noire, 2e édit., Paris. 1820.

ARCHIVES diplomatiques. — Recueil international de diplomatie et d'histoire, par M. L. Renault.

ARCHIVES russes (*Roussky Arkhiv*).

ARCHIVES du Conseil de l'Empire (*Arkhiv gossoudarstvenavo-saviéta*).

AVRIL (Adolphe d'). — Négociations relatives au traité de Berlin et aux arrangements qui ont suivi (1875-1886). Paris. 1886.

BEER (Adolf). — Die orientalische Politik Oesterreichs seit 1774. Prag.-Leipzig, 1883 (1).

BONFILS (Henry). — Manuel de Droit international public. Paris. 1894.

BRIALMONT (général). — De la défense des côtes et les têtes de pont permanentes (avec un atlas). Bruxelles, 1896.

BRIECKNER. — La rupture entre la Russie et la Turquie en 1787 (en russe), dans le *Journal Ninsiterstoa narodnavo prosvéchténia* (Bulletin du Ministère de l'Instruction publique), 1873, juillet.

CALVO (Charles). — Le Droit International théorique et pratique, 5e édit. Paris, 1896, 6 vol.

---

(1) M. Boutkowski a publié une adaptation du livre de M. Beer sous le titre : Cent ans de politique autrichienne dans la question d'Orient (en russe). Saint-Pétersbourg, 1888, 2 vol.

CHARRIÈRE. — Négociations de la France dans le Levant (Collection des documents inédits sur l'histoire de France). 1848-1860, 4 vol.

DANILEVSKY (N.-J.). — La Russie et l'Europe (en russe), 5ᵉ édit., Saint-Pétersbourg, 1895. Il a été publié, en français, une analyse de ce livre par Skupievski (J.-J.), sous le titre : La doctrine panslaviste d'après N.-J. Danilevsky ; la Russie et l'Europe. Bucarest, 1890 (Publication de la « Liberté Rou- « maine »).

DANILEVSKY (N.-J.. — *Sbornik polititcheskhi i économiti heskih statéi* (Recueil des études politiques et économiques). Saint-Pétersbourg, 1890. V. Surtout, « la Guerre pour la Bulgarie ; le IIIᵉ article est consacré aux détroits de Constantinople.

DEPPING. — Histoire du commerce entre le Levant et l'Europe, depuis les croisades jusqu'à la fondation des colonies d'Amérique. 1830, 2 vol.

DOBROFF. — *Jouj-noé slavianstvo, Tourtsia i sopernitchestvo évropéiskih pravitelstv na Balkanskompolouostrovié* (Le slavisme du Sud, la Turquie et la rivalité des gouvernements européens dans la presqu'île des Balkans). Saint-Pétersbourg, 1879.

DUMONT et ROUSSET. — Corps universel diplomatique du droit des gens. Amsterdam, 1726-1739.

FAUCHILLE (Paul). — La Diplomatie française et la ligue des neutres. Paris, 1893.

FLASSAN (de). — Histoire générale et raisonnée de la diplomatie française. Paris, 1811.

FORMALÉONI. — Storia filosofica et politica della navigazione, del commercio et delle colonie degli antichi nel mare Nero, Venezia, 1789. Traduit en français par d'Hénin de Cuvillers. Venise, 1789. Il nous a été impossible d'avoir cette dernière édition à la Bibliothèque nationale de Paris, c'est pourquoi nous n'avons pu utiliser cet intéressant travail.

GEFFCKEN. — La question des détroits (Revue de Droit international et de législation comparée, 1885, p. 362 et suiv.).

GIGAREFF (Serge). — La politique russe dans la Question d'Orient (en russe). Moscou, 1896, 2 vol. La « Bibliothèque universelle et Revue Suisse » a publié une analyse de ce très intéressant travail. (V. année 1897, n° d'octobre et suiv.).

GUIZOT. — Mémoires pour servir à l'histoire de mon temps. Paris, 1858 et suiv.

HAMMER (de). — Histoire de l'Empire ottoman depuis son origine jusqu'à nos jours (trad. J.-J. Hellert). 1835-1843, 18 vol.

HARCOURT (Comte Bernard d'). — Les quatre ministères de M. Drouyn de Lhuys. Paris, 1882.

HEYD (W.) — Histoire du commerce du Levant au moyen âge. Édit. franç., refondue et considérablement augmentée par l'auteur, par Furcy Raynaud. Paris-Leipzig, 1885-1886. 2 vol.

(JOMINI baron). — Étude diplomatique sur la guerre de Crimée. Paris, 1874, 2 vol.

KAMAROVSKY (comte de). — Des causes politiques des guerres dans l'Europe contemporaine (en russe), dans le Bulletin scientifique de l'Université impériale de Moscou (section juridique), année 1888, fascicule VI⁰.

KLACZKO (Julian). — Deux chanceliers : le prince Gortchakof et le prince de Bismarck, 3ᵉ édit. Paris, 1877.

LAMY (Étienne). — La France du Levant. La lutte pour les influences politiques (Revue des Deux-Mondes, 1898, n⁰ du 15 nov. et suiv.).

LA PRIMAUDAIE (F.-Élie de). — Étude sur le commerce au moyen âge. Histoire du commerce de la mer Noire et des colonies génoises de la Crimée. Paris, 1848.

LAUGIER (abbé). — Histoire des négociations pour la paix conclue à Belgrade, le 18 septembre 1739. Paris, 1768, 2 vol. (d'après les papiers du marquis de Villeneuve).

LINDSAY. — History of merchant Shipping and commerce. London, 1874.

MARTENS (Fr. de). — Des consuls et de la juridiction consulaire en Orient (en russe). Saint-Pétersbourg, 1873.

Ibid — Traité de droit international, traduit en fr. par Léo. Paris, 1883 et suiv. 3 vol.

Ib d. — Étude historique sur la politique russe dans la question d'Orient (Rev. de droit international et de législ. comp. 1877, p. 49 et suiv.).

MASSON (Paul). — Histoire du commerce français dans le Levant au XVIIᵉ siècle. Paris, 1896.

MILIOUTINE. — Histoire de la guerre de 1799 entre la Russie et la France, sous le règne de l'empereur Paul Iᵉʳ (en russe). Saint-Pétersbourg, 1857, 3 vol.

MOURAVIEV (N.-N.). — Les Russes sur le Bosphore en 1833 (en russe). Moscou, 1869.

MOURZAKÉVITCH. — Histoire des colonies génoises de la Crimée (en russe). Odessa, 1837.

NÉKLUDOW (A.). — *Natchalo snochenii Rossij s' Tourtsiéy. Possol Joana III Pléchtéeff.* (Le commencement des rapports entre la Russie et la Turquie. L'ambassadeur de Jean III Pléchtéeff), dans le Recueil des Archives principales de Moscou du ministère des Affaires étrangères. 3ᵉ fascicule. Moscou. 1883.

NÉKLUDOW (B.). — Le Bosphore et les Dardanelles. Étude de la question des détroits. Paris, 1878 (une brochure). Nous n'avons pas eu l'occasion de la citer.

NESSELRODE (comte de). — Note sur les relations politiques de la Russie (écrite le 11 fév. 1856, à la veille du traité de Paris), dans les Archives Russes (*houssky Arkhiv*), 1872, p. 337-340.

OULIANITSKY. — Les Dardanelles, le Bosphore et la mer Noire au XVIIIᵉ siècle (en russe), publié dans le Recueil des Archives principales de Moscou, 2ᵉ et 3ᵉ fascicules. Moscou, 1881-1883. Nous avons souvent mis à contribution ce remarquable travail, écrit d'après les documents inédits des Archives du ministère des Affaires étrangères de Russie. Ce livre contient aussi, en appendice, de nombreux documents sur la question.

OUSPENSKY. — Comment la Question d'Orient a surgi et s'est développée en Russie? (en russe) Saint-Pétersbourg, 1887.

PANINE (le comte) — Correspondance avec le comte Alexis Orloff (1770-1774), dans les Archives russes (*Roussky Arkhiv*), 1878, n° III, p. 434 et suiv. ; 1880, n° III, p. 229-260.

PÉTROFF. — Les diplomates russes aux conférences de Vienne (D'après les documents tirés des Archives du ministère des Affaires étrangères). Dans le Messager historique (*Istoritcheski viéstnik*), année 1890, n°s III, IV et V.

Ibid — Les diplomates russes au congrès de Paris de 1856 (D'après les documents du minist. des Aff. étrang.). Dans le Messager historique, année 1891, n°s I, II et III.

PIERLING. — Le Saint-Siège et la Russie.

PISANI. — L'expédition russo-turque aux îles Ioniennes (Revue d'histoire diplomatique, 1888, p. 190 et suiv.).

POLONSKY. -- La question russe dans le Sud-Est de l'Europe (en russe) Messager de l'Europe (*Viéstnik Evropi*), 1876, n° XI, p. 385 et suiv.).

POPOFF. — Les confins militaires serbes en Autriche et en Russie (en russe) (Messager de l'Europe, 1870, n° VI).

RÉCLUS (E.). — Nouvelle Géographie universelle.

RECUEIL de la Société Impériale historique de Russie. C'est une publication des plus remarquables qui, malheureusement, n'est pas très connue en France. On y trouvera notamment les Instructions au comte Alexis Orloff, pendant l'expédition de l'Archipel (T. I).

ROSEN. — Histoire de la Turquie (1826-1856), (en russe) Saint-Pétersbourg, 1872.

ROSTOPTCHINE. — Note sur les relations politiques de la Russie pendant les derniers mois du règne de l'empereur Paul Ier (en russe) (Archives Russes, 1878, n° I, p. 103-110).

ROTHAN (G.). — La Prusse et son Roi pendant la guerre de Crimée. Paris, 1888.

SAINT-PRIEST (Comte de). — Mémoire sur l'ambassade de France en Turquie. Paris, Leroux, 1877.

SCHERER (H.). — Histoire du commerce de toutes les nations, traduit de l'allemand par Richelot et Vogel. Paris, 1857.

SCHTCHÉBALSKY. — *Pravlénié tsarevni Sophii* (La régence de la princesse Sophie). Moscou, 1856.

SKUPIEWSKI. — V. Danilewsky.

SOLOVIEV. — Histoire de Russie (en russe). 29 vol. Moscou, 1879 à 1885.

Ibid. — L'empereur Alexandre 1er. Politique-diplomatie (en russe). Saint-Pétersbourg, 1877.

Ibid. - L'Europe à la fin du xviiie siècle (en russe) (*Roussky Viéstnik*). Le Messager Russe, 1862, nos IV-VII ; 1863, nos II-III).

SOREL (Albert). — Histoire diplomatique de la guerre franco-allemande. — Paris, 1875, 2 vol.

Ibid. — L'Europe et le Directoire (Revue des Deux-Mondes, 15 juillet, 15 août, 15 septembre, 15 décembre 1897).

Ibid. — La Question d'Orient au xviiie siècle, 2e édit. Paris, 1889.

STIEGLITZ (Alexandre de). — De l'équilibre politique, du légitimisme et du principe des nationalités. Paris, 1893-1894-1897. 3 vol.

TATICHTCHEFF. — La politique extérieure de l'empereur Nicolas 1er. Introduction à l'histoire des relations extérieures de la Russie, à l'époque de la guerre de Sébastopol (en russe). Saint-Pétersbourg, 1887.

Ibid. — Entretiens diplomatiques (en russe). Saint-Pétersbourg, 1890.

THEYLS (W). — Mémoire pour servir à l'histoire de Charles XII. Leyde, 1722. L'auteur de ce petit livre avait été directement mêlé aux négociations relatives aux arrangements qui ont

suivi le traité de Pruth, ainsi que pour la paix de Passarowitz.
C'était le secrétaire particulier de l'ambassadeur des Pays-Bas,
Justin Collier.

THOUVENEL (L.). — Nicolas Ier et Napoléon III. Les préliminaires
de la guerre de Crimée. Paris, 1891.

THUREAU-DANGIN. — Histoire de la Monarchie de Juillet. 7 vol.

VANDAL (Albert). — Louis XV et Élisabeth de Russie. 3e édit.
Paris, 1896.

Ibid. — Une ambassade française en Orient sous Louis XV.
— La mission du marquis de Villeneuve. — 2e édit.
Paris, 1887.

Ibid. — Napoléon et Alexandre Ier. — L'alliance russe sous le
premier Empire. — 4e édit. Paris, 1897.

ZINKEISEN. — Geschichte des Osmanischen Reiches in Europa.
Hamburg-Gotha, 1840 et suiv.

X... — L'Empire Ottoman (1839-1877). — L'Angleterre et la
Russie dans la Question d'Orient, par un ancien diplomate.
Paris, 1877.

X... — Deux détroits. Quelques réflexions sur la phase actuelle
de la Question d'Orient. Stockholm, 1879.

Recueil des Traités.

DE CLERCQ. — Recueil des traités conclus par la France. 1864-
1895. 19 vol.

JOUSÉFOVITCH. — Les traités de la Russie en Orient, politiques et
de commerce (en russe). Saint-Pétersbourg, 1869.

MARTENS (G. Fr. de). — Les différentes séries ds son grand Recueil des traités.

MARTENS (Fr. de). — Recueil de traités et de conventions conclus par la Russie avec les Puissances étrangères. Le dernier
volume paru, c'est le XIIe, 1898. — Saint-Pétersbourg, Zin-
serling.

NEUMANN (Baron Léopold de). — Recueil des traités et des conventions conclus par l'Autriche avec les Puissances étrangères (1763-1856). Le VIe volume contient la table générale des matières.

NORADOUNGHIAN (Gabriel Effendi). — Recueil d'actes internationaux de l'Empire ottoman, t. 1 (1300-1789). Paris-Leipzig-Neufchâtel, 1897.

TESTA (J. de). — Recueil des traités de la Porte ottomane avec les Puissances étrangères (France). Paris, 1864-1894. 8 vol. parus.

INTRODUCTION

Le commerce et la navigation de la mer Noire au moyen âge. — Rivalités entre les républiques de Gênes et de Venise. — Apparition des Turcs en Europe : prise de Gallipoli. — Ils sont un élément de trouble pour le commerce du Pont-Euxin. — La mer Noire devient une mer intérieure de la Turquie ; interdiction pour les étrangers d'y naviguer. — Prépondérance du commerce français dans le Levant. — Le commerce des Anglais et des Hollandais en Turquie. — Premiers rapports entre la Russie et la Turquie ; leur caractère commercial. — Appréhension du développement éventuel du commerce russe. Son influence sur la politique.

I

Le commerce et la navigation de la mer Noire avaient de tout temps attiré l'attention des peuples anciens. De par sa situation géographique, à l'entrecroisement de plusieurs grandes artères de commerce, mettant en communication le nord de l'Europe, le cœur de l'Asie et les Indes, — la mer Noire était, sans aucun doute, un des centres les plus importants du commerce du monde (1).

(1) La route commerciale des Indes n'était certainement pas la plus commode, en empruntant la mer Noire. Néanmoins nous avons de nombreux témoignages qui prouvent l'existence de cette route, malgré les difficultés qu'elle présentait. « On trouvait à Tana, écrit Heyd, « comme à Alexandrie, les produits de l'Inde et de l'Indo-Chine, par- « ticulièrement les épices qui y arrivaient soit par Kaboul-Ourgendj-

Les différents ports situés sur les bords du Pont-Euxin
« abondaient en grains, alors comme aujourd'hui » (1) ;
c'étaient de vastes entrepôts où l'on pouvait se procurer
non seulement les articles précieux, tels que la soie, les
épices, les fourrures fines, mais encore les articles communs, notamment le blé, les poissons salés, le sel. Les
bois de construction, tirés des forêts avoisinantes, formaient aussi une branche de commerce. Enfin, le commerce des esclaves, quoique révoltant, ne répugnait point
aux Italiens, et Caffa s'en était fait une triste réputation
dans le monde musulman. « C'était là, écrit le savant
« professeur Heyd, que les agents des Sultans d'Égypte

« Astrakhan, soit par la Perse jusqu'à Asterabad et de là par voie de
« mer jusqu'à Astrakhan et de ce dernier port, par caravane à Tana »
V. W. Heyd, *Histoire du commerce du Levant au moyen âge*,
édition française par Furcy Raynaud, Leipzig-Paris, 1885-1886, t. II,
p. 189. Cf. aussi Anthoine, *Le commerce et la navigation de la mer
Noire*, 2e édition, Paris, 1820, p. 96 ; Reclus, *Nouvelle Géographie
universelle*, I, p. 40. Un autre historien allemand donne l'explication
suivante sur l'origine de cette route commerciale des Indes. « Au
« moment des Croisades, écrit Scherer, le concile de Latran (1179)
« interdit aux chrétiens de vendre des armes aux infidèles. Les Vé-
« nitiens cependant découvrirent une route nouvelle pour trafiquer
« impunément avec l'Inde. Dès le milieu du xiie siècle ils avaient na-
« vigué dans la mer Noire et la mer d'Azov, où, dès 1180, ils établi-
« rent la factorerie de Tana. Leur sagacité comprit qu'ils éluderaient
« la défense du concile en faisant de ce point l'entrepôt du commerce
« de l'Inde, par la route du centre de l'Asie ». V. Scherer, *Histoire
du commerce de toutes les nations*, traduction de Richelot et Vogel,
Paris, 1857, t. I, p. 198.
(1) Sur les produits qu'on trouvait dans les ports de l'Euxin,
V. Heyd, *op. cit.*, II, p. 176-178 ; Anthoine, *op. c.*, p. 6-7, Depping,
Histoire du commerce entre le Levant et l'Europe. Paris, 1830, t. I,
p. 181-183 et 208.

« allaient acheter les esclaves qui servaient aux recrute-
« ments de la fameuse troupe des mameluks. » Il en était
de même de Tana.

Le tableau succinct que nous venons de tracer du commerce de la mer Noire nous permet de nous imaginer l'importance de Constantinople. Située à l'entrée
même du Pont-Euxin, possédant les détroits qui relient
cette mer au monde occidental, Byzance aurait pu, semble-t-il, tirer des avantages considérables de cette position
exceptionnelle. Les Grecs auraient pu s'enrichir non seulement par la perception des taxes, plus ou moins élevées,
sur l'immense trafic qui se faisait dans leur capitale (1),
mais aussi et surtout par le développement d'une puissante marine marchande, seule en état de leur assurer
l'empire des mers. Maîtres des clefs de la mer Noire, ils
auraient pu s'assurer sinon le monopole du moins la plus
grande partie de ce commerce.

(1) Les Empereurs n'avaient point hésité à établir de pareilles taxes
car c'était une ressource très productive. Il est à supposer même que
leur taux était assez élevé, car Byzance eut à supporter une longue
guerre avec Rhodes à la suite des entraves qui en résultaient pour le
commerce. Finalement les Empereurs se virent obligés de supprimer
les taxes au profit des négociants de Rhodes. V. Oulianitsky, Les Dardanelles, le Bosphore et la mer Noire au xviiie siècle (en russe), dans
le *Recueil des Archives principales de Moscou* (*Sbornik Moshowskavo
glavnavo arkhiva*), 2e et 3e livraisons. Moscou, 1881-1883, p. 2 ; l'empereur Justinien avait aussi établi des taxes sur tous les navires et
cargaisons traversant le Bosphore et l'Hellespont. Exception était faite
pour les navires déchargeant le blé à Constantinople ou pour la four-
niture de l'armée. V. Lindsay, *History of Merchant Shipping and
Commerce*. London, 1874, p. 215 ; Scherer, *op. c.*, I, p. 173. D'après
Depping, ces droits produisaient annuellement une somme évaluée a
32 millions d'écus. V. *op. cit.* I, p. 114.

Tel n'était cependant pas le cas et cette sorte d'anomalie peut s'expliquer par plusieurs causes. Il y avait
d'abord les mauvais exemples de la cour qui exer-
çaient une influence aussi grande que néfaste sur le
peuple. La capitale de l'Empire était le siège d'une cour
« habituée au faste et plongée dans la « mollesse » (1).
Tout naturellement le peuple s'en inspirait, imitait les
faits et gestes qui avaient droit de cité auprès des grands.
Cela ne pouvait que le rendre de plus en plus efféminé,
lui faire perdre « le goût des spéculations « lointaines
et des hasards de la mer » (2). Les Italiens n'en demandaient pas davantage et petit à petit s'emparaient du
terrain que les Grecs, dans leur coupable insouciance,
leur abandonnaient si facilement. Le despotisme des
Empereurs, d'un autre côté, en mettant toute sorte
d'entraves au commerce, n'était pas fait pour encourager
les bonnes volontés et stimuler les initiatives privées. Le
système des monopoles avait bientôt fait d'accaparer
toutes les branches du commerce. Le blé, la soie, l'huile,
tout était concentré entre les mains du gouvernement (3).
On était allé même jusqu'à prohiber « l'exportation des
« riches étoffes de pourpre qu'on ne fabriquait plus que
« dans l'Empire grec » (4). A ces causes de destruction
venaient s'ajouter enfin les nombreuses intrigues du palais
qui, souvent, donnaient lieu à des scènes sanglantes.

---

(1) Depping, *op. cit.*, t. I, p. 112 ; Scherer *op. c.* I, 189.

(2) Depping, *op. c.*, t. I, p. 114.

(3) Depping, *loc. cit.* : « Le monopole des denrées les plus néces-
« saires à la vie, établi sous Justinien, dura jusqu'aux Croisades ».
V. Scherer, *op. cit.*, t. I, p. 189 ; le monopole de la soie était aussi
établi sous Justinien. V. Lindsay, *op. cit.*, t. I, p. 216.

(4) Depping, *op. c.*, t. I, p. 114.

Comme bien l'on pense, le bruit de ces discordes se ré-
pandait aussitôt partout dans le pays. Cette répercussion
inévitable du mal était encore un élément de trouble et
d'insécurité et cela était peu fait pour assurer le développement du commerce. Les Empereurs, dans leur détresse,
s'adressaient volontiers aux flottes étrangères qui se trouvaient dans le port pour les besoins de leur trafic. Ce
concours n'était point gratuit, loin de là. Il était d'usage
de le récompenser par toute sorte de concessions et privilèges accordés, suivant les circonstances, aux Vénitiens,
aux Génois, aux Pisans, aux Amalfitains, etc. (1). Voilà
plus qu'il ne fallait pour ruiner le pays, l'affaiblir à
l'extrême et le livrer au bon plaisir et à la merci des
étrangers.

Aussi ne faut-il pas s'étonner outre mesure de la facilité
avec laquelle les Croisés avaient réussi à jeter bas la dynastie grecque et y établir un prince de race latine.

Cet événement avait puissamment contribué à assurer
à Venise la prépondérance commerciale dans le Levant.
C'était, d'ailleurs, en vue de ce résultat que les Vénitiens
avaient prêté main-forte à l'expédition (2). Les Italiens,
peuple essentiellement marchand, ne pouvaient s'inspirer
des sentiments nobles et élevés qui animaient les promoteurs des croisades. Pour parvenir au but, plus vite et
plus facilement, ces promoteurs étaient souvent obligés
d'avoir recours aux villes maritimes de l'Italie qui, grâce

---

(1) Depping. *loc. cit.*
(2) *Ibid.*, *op. c.*, t. I, p. 116. D'après Scherer, les Vénitiens
avaient non seulement transporté toute l'armée des Croisés, mais
aussi ils avaient fourni une flotte de guerre parfaitement montée sous
le commandement du doge Dondolo. V. Scherer, *op. cit.*, t. I, p. 303.

à leur puissante marine marchande, avaient seules le moyen de transporter à destination les nombreuses armées des croisés (1). Aussi était-ce d'un usage constant de faire précéder le concours par la conclusion des traités, en bonne et due forme, qui assuraient à ces villes des avantages considérables, dans le cas, bien entendu, où l'expédition aurait réussi. Venise ne procéda pas autrement, en 1202, et les faveurs dont elle fut l'objet de la part des princes croisés n'étaient que l'exécution scrupuleuse des traités antérieurement conclus. La révolution de 1204 était donc, pour la république de Saint-Marc, le point de départ d'un enrichissement considérable. Son influence était prépondérante à Constantinople, son commerce prit un nouvel essor et la factorerie de Tana atteignit, en peu de temps, l'apogée de sa grandeur (2)

La république de Gênes ne pouvait rester impassible devant les progrès de sa rivale. Quoique les Vénitiens ne lui eussent pas complètement interdit le commerce de la mer Noire, source principale de richesses (3), Gênes n'en souffrait pas moins de se voir reléguée au second plan; sa fierté ne lui permettait pas de prendre place, avec résignation, parmi les puissances de second ordre (4). La république Ligurienne ne pouvait donc pardonner à sa rivale de l'avoir presque évincée et

---

(1) Scherer, *op. cit.*, I, p. 300.

(2) D'après Scherer, c'est pendant leur domination à Constantinople que les Vénitiens eurent l'idée de faire asseoir, sur des bases fixes, le droit maritime. Ils tinrent un conseil à cet effet, dans l'église de Sainte-Sophie, en 1255, et de leurs délibérations sorti le Consulat de la Mer. V. Scherer, *op. c.*, I, p. 304. Ceci est contesté.

(3) V. Scherer, I, p. 304.

(4) V. Depping, *op. c.*, t. I, p. 205.

chassée de toutes les mers, de ne lui avoir pas permis, en
un mot, de partager les bénéfices de son immense trafic (1).
Dès lors, la politique des Génois était toute tracée. Il fallait
détruire aussi complètement que possible le commerce des
Vénitiens et s'ingénier à prendre leur place. Pour y parvenir, il fallait s'attaquer énergiquement et porter un
coup aussi rapide que décisif. Il était indispensable, en un
mot, de couper le mal à la racine, sans perdre trop de
temps pour le choix des moyens.

Ce qui faisait la force de la république de Venise n'était-
ce pas la situation avantageuse que l'Empire latin lui avait
assuré à Constantinople ? Cela étant, que restait-il à
faire ? Il ne fallait point espérer une amélioration de cet
état de choses, tant que durerait cet Empire. Il fallait
donc rechercher par quel moyen on pouvait le renverser.
Ce n'était pourtant pas chose facile, car la république
Ligurienne n'était pas de taille pour une pareille entreprise. Elle devait avoir recours à d'autres moyens, plus
efficaces et moins dangereux. C'est ce qu'on ne manqua
point de faire. Le 10 juillet 1260, les envoyés de Gênes
conclurent avec Michel Paléologue un traité d'alliance en
vertu duquel la république Ligurienne s'engageait à
prêter son concours pour le rétablissement de la dynastie
grecque à Constantinople. L'Empereur, de son côté, devait,
à titre de récompense pour le service rendu, interdire
la navigation de la mer Noire aux marchands de toutes les
nations occidentales, sauf les Génois et les Pisans (2).

_____

(1) V. Mourzakévitch, *Histoire des colonies génoises en Crimée* (en
russe). Odessa, 1837, p. 3

(2) Heyd, *op. c.*, t. II, p. 156. « La navigazione nel mare Nero sara
« sempre aperta a' Genovesi, sempre interdetta agli altri popoli salvo

La contre-révolution de 1261 n'était que la mise en œuvre du pacte conclu, un an auparavant, à Nymphaeum, Les Génois eurent donc la satisfaction de voir leurs aspirations couronnées de succès. Assurément l'alliance avec Michel Paléologue était très précieuse. Elle promettait au commerce génois un immense essor, ne fût-ce qu'en lui laissant « les coudées franches » (1) dans la mer Noire. Mais ceci ne pouvait point satisfaire l'âpre désir de ces commerçants de devenir les maîtres exclusifs du Pont-Euxin. Or, si l'Empire grec possédait l'entrée de cette mer, la plus grande partie des côtes étaient, par contre, sous la domination d'autres souverains, avec lesquels la République Ligurienne était amenée à traiter, afin d'obtenir quelques concessions. Sans doute, la situation des Génois à Constantinople était devenue des plus enviables, mais la capitale de l'Empire était trop éloignée des extrémités de l'Euxin, où les courageux navigateurs de la république allaient à la recherche de la richesse. Ce qu'il leur fallait donc pour faire asseoir plus solidement leurs opérations dans cette mer, c'était l'établissement d'une factorerie sur les côtes de l'Euxin, afin de permettre à leurs navires de faire relâche, en lieu sûr, pendant leurs longues et périlleuses croisières. Leur vieille expérience jugea du coup les avantages qu'on pouvait tirer de la situation extrêmement favorable de la baie de Caffa et ils ne tardèrent pas à obtenir la concession nécessaire

---

« a Pisani, perche son fideli all' imperio. » V. Girolamo Serra, cité par Mourzakévitch, *op. c.*, p. 4. — Cf. aussi Depping, *op. c.*, t. I, p. 206. Scherer, t. I. p. 305.

(1) Heyd, *op. c.*, t. II, p. 157.

du Khan des Tartares (1). Cette colonie une fois fondée,
le commerce génois prit subitement son essor et en peu
de temps les Génois parvinrent à mettre complètement la
main sur le Pont-Euxin, qu'ils considéraient, d'ailleurs,
comme leur propre domaine. Conscients de leur force, ils
oubliaient toute mesure et faisaient même subir à l'Empereur, leur allié, toute sorte de mauvais traitements (2).

Que faisaient pendant tout ce temps, les rivaux traditionnels des Génois ? Venise pouvait-elle rester impassible
devant les progrès que faisaient journellement ses adversaires ? Pouvait-elle se résigner, enfin, à cette expropria-
tion ? Non, assurément. Au lendemain de leur expulsion
de Péra, après cette terrible crise qui venait les frapper
au cœur, les Vénitiens avaient, il est vrai, perdu la tète
et avaient mis quelque précipitation à abandonner les

---

(1) D'après Heyd, il serait difficile de fixer la date exacte de cette
concession, la charte de la concession n'étant pas parvenue jusqu'à
nous. Néanmoins, tout porte à croire que la fondation de cette colonie
ne doit pas être de beaucoup postérieure à 1266. V. *op. c.*, t. II,
p. 163.

(2) Les Vénitiens n'avaient pas été seuls à souffrir des Génois ; la
marine marchande grecque s'était vue évincée du commerce si lucra-
tif de l'Euxin. Maîtres uniques du commerce de cette mer, les
Génois n'hésitaient point à faire la loi à l'Empereur et souvent ils
refusèrent de décharger à Constantinople les denrées les plus nécessaires à la vie, ce qui avait failli mettre la capitale à deux doigts
de la famine. Véritable supplice de Tantale que celui de voir les
navires traversant le Bosphore regorger de blé et d'en manquer
complètement. Plus tard, ils firent mieux. D'après Clavijo, les
Génois avaient poussé le mépris de l'autorité impériale jusqu'à s'emparer de deux châteaux-forts à l'entrée du Bosphore (en 1348). Ils y
avaient établi des taxes de passage. même sur les navires grecs.
V. Heyd, II, p. 166 et 199, d'où nous empruntons la citation.

côtes septentrionales de l'Euxin. Les citoyens de la république de Saint-Marc avaient cru, et avec quelque vraisemblance, qu'après leur succès si éclatant, les Génois ne se feraient pas faute de procéder comme naguère procédèrent les Vénitiens eux-mêmes ; qu'ils ne manqueraient point de profiter, le plus possible, de leur bonne fortune qui allait non seulement leur permettre de s'enrichir mais aussi de tirer vengeance de tous les déboires du passé. Cependant, ce n'était là qu'un moment d'effarement qui ne dura pas bien longtemps. Bientôt, en effet, les Vénitiens commencèrent à revenir, à nouer des petites intrigues et il faut croire que le terrain leur était préparé d'avance par les Génois mêmes, car l'empereur Michel Paléologue ne resta point sourd à leurs ouvertures. La bonne entente des Génois et de l'Empereur ne dura pas, en effet, bien longtemps. Une tension des rapports n'avait point tardé à succéder aux premiers épanchements. Michel Paléologue avait pu voir, dans ce court espace de temps, tous les inconvénients qui résultaient pour lui du despotisme des Génois, il n'était donc pas fâché de leur susciter des concurrents, qu'il se proposait d'ailleurs d'employer, en cas de besoin, contre ses alliés d'antan. Tout ceci n'avait pas peu contribué à la signature du traité de 1245 entre l'empereur de Byzance et la république de Saint-Marc, et en vertu duquel les Vénitiens obtenaient le droit de s'établir sur les côtes et d'y trafiquer (1). Ainsi, à peine quatre ans après le rétablissement de la dynastie grecque, les clauses restrictives du traité de Nymphaeum (10 juillet 1260) étaient mises de côté, les Génois ne conservaient plus seuls le droit de commercer dans l'Euxin, les Vénitiens

_____

(1) V. Heyd, *op. c.*, t. II. p. 168.

pouvaient leur opposer les dispositions de leur traité, postérieur en date au traité de 1260. Sans doute les Génois pouvaient protester contre l'Empereur, mais cela ne regardait point les Vénitiens. C'était un différend à aplanir entre Génois et Grecs : les Vénitiens pouvaient trafiquer dans l'Euxin et leur présence avait maintenant une base légale. Il faut croire que les Génois ne l'entendaient pas de cette manière, car ils faisaient peu de cas du traité de 1265 et continuaient à infliger aux navires vénitiens tous les mauvais traitements dont ils étaient capables. Venise se vit bientôt obligée d'intervenir pour protéger le commerce de ses citoyens. Elle entreprit une série d'expéditions, à main armée, contre la colonie génoise de la Crimée, dans le but de s'assurer la libre navigation de la mer Noire. Nous ne pouvons pas entrer dans les détails de toutes ces expéditions ni examiner les différents traités qui les ont suivis, sans dépasser les limites de cet essai (1). Qu'il nous suffise de constater la haine implacable qui a présidé, pendant des siècles, aux rapports de ces deux puissantes républiques italiennes. « Au lieu de partager « et d'exploiter en commun les richesses dont l'Orient « était prodigue, écrit Scherer, chacune d'elles, dans son « implacable jalousie, en convoitait le monopole ab- « solu... » (2).

Finalement la république de Saint-Marc devait se convaincre de l'inutilité de cette lutte inégale. Elle eut la sagesse de se résigner et de reprendre, avec plus d'activité,

---

(1) V. pour plus de détails dans Heyd, *op. c.*, t. II, p. 169 et suiv. ; Mourzakévitch, *op. c.*, p. 20 et suiv. ; Scherer, *op. c.*, t. I, p. 309 et suiv.

(2) V. Scherer, *op. c.*, t. I, p 200

les anciennes routes commerciales de la Perse, par l'Asie
Mineure, et de l'Égypte (1). Là, du moins, les négociants
vénitiens ne rencontreraient plus tant d'obstacles; les
Génois, entièrement absorbés dans le commerce de
l'Euxin, leur laissaient le champ libre dans le bassin
oriental de la Méditerranée.

II

Les Génois n'avaient, d'ailleurs, pas pu tranquillement
jouir de leur suprématie dans la mer Noire. Si les Vénitiens n'étaient plus à craindre, ils avaient à redouter les
coups autrement violents et dangereux des Tartares et
surtout des Turcs qui, petit à petit, s'approchaient de
l'Euxin (2). Les Tartares n'avaient certes pas la prétention d'arracher aux Génois leur immense trafic et de faire
le commerce à leur place. Ils n'en étaient guère capables
et ce n'était là que le moindre des dangers. Ces tribus nomades n'avaient en vue que le butin. On les voyait de
temps en temps, comme ces torrents impétueux qui
emportent tout sur leur passage, fondre en tourbillon
sur telle ou telle factorerie italienne et semer, partout
où ils passaient, la frayeur et la désolation. C'était plus
qu'il ne fallait pour rendre le commerce extrêmement
périlleux. Cependant les Italiens ne se rebutèrent pas.
Il faut croire qu'en continuant de faire le commerce

---

(1) Depping, *op. cit.*, t. I, p. 153, 157 et suiv., Scherer, *op. cit.*
passim.

(2) Heyd, *op. cit.*, t. II, *passim.*

pendant les moments de répit (1) ils s'enrichissaient
suffisamment pour être à même de supporter tant de dé-
gâts et de contribuer aux dépenses considérables néces-
sitées par les travaux de fortification de certaines stations,
afin de les mettre à l'abri de ces surprises aussi inopinées
que désastreuses (2).

Mais ce qui rendait la situation bien plus difficile c'était
la marche rapide des Turcs vers la mer Noire. Dès leur
apparition sur la côte asiatique de cette mer, la navigation
de l'Euxin était devenue des plus périlleuses, car on risquait de rencontrer, à chaque pas, les pirates turcs qui

---

(1) Il est à remarquer que les Tartares, se désintéressant du trafic
des Italiens, les laissaient vaquer librement à leurs opérations commerciales, moyennant le payement d'un tribut, plus ou moins élevé.
C'est justement dans ce but que les Génois, ainsi que les Vénitiens,
eurent souvent à traiter avec les différents chefs des Tartares. Néanmoins, ce peuple nomade trouvait moyen, sous divers prétextes, de
ne point observer les engagements pris envers les Italiens et s'adon-
nait volontiers au pillage, ce qui constituait son occupation de prédilection. V. Mourzakévitch, *op. c.*, *passim*; Heyd, *op. c.*, t. II, *passim*,
ainsi que F. de Martens, *Des consuls et de la juridiction consulaire
en Orient* (en russe), Saint-Pétersbourg, 1873, p. 84-87.

(2) V. Mourzakévitch, *op. c.*, *passim* où l'on trouve l'énumération
des différentes taxes que les navires faisant escale à Caffa devaient
payer pour le fond spécial destiné à la défense de la ville. Cf. aussi
Heyd qui cite parmi ces mesures l'obligation pour tout propriétaire
et capitaine de navire génois, se dirigeant de Constantinople vers la
côte orientale de la mer Noire ou de la mer d'Azov vers les pays
soumis à l'Empereur, de toucher à Caffa et d'y relâcher au moins un
jour. Cette mesure était destinée aussi à augmenter les ressources de
la ville, car on y devait payer un droit proportionnel, calculé pour
partie sur la cargaison, pour partie sur la fortune des marchands
embarqués. V. Heyd, *op. c.*, t. II, p. 170 et 203.

infestaient cette mer (1). La situation devint encore plus
critique lorsqu'en 1357 les Turc passèrent les Dardanelles
et s'établirent à Gallipoli. Possédant ce poste important
et à l'abri des fortifications qui y ont été élevées, les
Turcs pouvaient facilement dominer l'entrée et paralyser
le commerce et la navigation de la mer Noire (2).

Il est évident que les ressources de Caffa, si considérables qu'elles fussent, ne pouvaient guère suffire pour parer
à tant de dangers. Aussi eut-elle à implorer, à différentes
reprises, l'assistance de la mère patrie (3). Gênes n'épar-
gna rien pour répondre dignement et efficacement, à ces
cris de détresse ; malheureusement les secours envoyés ne
parvenaient pas toujours à destination, les navires étant
criblés de coups de canon ou bien pris par les Turcs à
leur passage par les Dardanelles (4). La République Ligurienne se vit bientôt dans l'impossibilité de venir efficacement à l'aide de ses colonies du Pont-Euxin, épuisée
qu'elle était, d'ailleurs, par l'interminable guerre contre
Alphonse d'Aragon. Il importait, cependant, de faire parvenir, coûte que coûte, des secours à Caffa. On se décida
alors à céder ces colonies en détresse à la Banque de
Saint-Georges, à titre de propriété pleine et entière (5).
Mais l'activité déployée par les protecteurs de la Banque
pour les secourir ne réussit guère mieux (6).

---

(1) Scherer, *op. c.*, t. I, p. 309.
(2) V. Scherer, *loc. c.*, Heyd, *op. c.*, t. II, p. 283 et 318.
(3) Mourzakévitch et Heyd, t. II, *passim*.
(4) Heyd, *op. c.*, t. II, p. 386 et 387.
(5) Heyd, *op. c.*, t. II, p. 383-385 ; Mourzakévitch, *op. c.*, p. 65-66
et Depping, *op. c.*, t. II, p. 220 et suiv.
(6) Heyd, *op. c.*, t. II, p. 388-390. Mourzakévitch, *op. c.*, p. 68-70.

Entre temps, les Turcs s'étaient établis dans la capitale de Byzance, ce qui avait porté un coup mortel au commerce de la mer Noire, déjà si éprouvé (1). Jusqu'alors ils possédaient toute la rive asiatique du Bosphore. Après la prise de Constantinople ils devenaient également les maîtres de la rive européenne. Ils s'occupèrent aussitôt à fortifier le Bosphore, à l'endroit où le canal est le plus resserré (2), et dès lors, le commerce avec les ports de l'Euxin fût entièrement à la merci de ces heureux conquérants (3).

Néanmoins, et malgré tant d'inconvénients, les colonies italiennes continuèrent à végéter, tant bien que mal, pendant quelques années encore (4). Elles n'avaient pas négligé de conclure des traités avec les nouveaux maîtres de Constantinople (5), ni de se soumettre aux visites

---

(1) Heyd, t. II, p. 382, Scherer, *op. c.*, t. I, p. 310.

(2) Heyd, *loc. cit.*

(3) Oulianitsky, *op. c.*, p. 6.

(4) Heyd, t. II, p. 382.

(5) Les mauvais traitements que les Turcs faisaient subir aux Génois sont d'autant plus étranges que ces derniers, longtemps avant la chute de Constantinople et prévoyant la bonne fortune de ce peuple conquérant, avaient tout fait pour s'attirer leurs bonnes grâces. Ainsi, notamment, la République ligurienne avait réussi à conclure un traité, en 1387, avec le sultan Mourad 1er par lequel elle obtenait le droit de commercer librement et d'exporter les grains des ports de la mer Noire. (V. Depping, *op. c.*, t. II, p. 206; Hammer, *Histoire de l'Empire ottoman*, t. XVII, p. 105). D'ailleurs, Venise aussi, ne voulant pas se laisser devancer par sa rivale, n'avait pas hésité à se mettre en rapport avec les Turcs. Et même, si extraordinaire que cela puisse paraître, nous voyons ces deux rivales se coudoyer dans un seul et même traité. Nous voulons parler du traité conclu, en 1403, entre le sultan des Osmanlis, d'une part, et de l'autre, la ligue qui compre-

irritantes et au payement d'une taxe à leur passage à travers les Dardanelles (1), elles avaient même consenti, à différentes reprises, de payer des tributs annuels, plus ou moins élevés (2), — mais rien ne pouvait remédier à la cause initiale du mal. Les Turcs, malgré les traités et les promesses solennelles qu'ils contenaient, persistaient à leur infliger toutes sortes de vexations et leurs canons dans le Bosphore inspiraient la plus grande terreur. Décidément, le commerce était trop obéré. Malgré toutes les charges qui diminuaient d'autant les gains des négociants, le trafic ne présentait aucune garantie de sécurité. D'ail-

---

nait le régent Jean, Venise, pour ses îles, Gènes, pour Chios, l'ordre des chevaliers de Saint-Jean, pour Rhodes. « Ce traité, écrit Heyd, « est pour nous une révélation : il nous montre, au commencement « du xve siècle, un nombre considérable des colonies occidentales « déjà tributaires des Osmanlis ».(Heyd, *op. c.*, t. II, p. 269). Hammer place ce traité en 1408, V. *op. c.*, t. II, p. 129 et 607. En 1413, Venise parvint à signer un nouveau traité, avec le sultan Mehmed Ier, pour la protection de ses colonies (V. Hammer, t. II, p. 161). Trois ans plus tard, des navires vénitiens trouvant leur passage barré par la flotte turque, près de Gallipoli, livrèrent bataille et obtinrent la signature d'un autre traité, en vertu duquel les Turcs leur reconnaissaient le droit de considérer comme ennemi tout corsaire turc qui entraverait la liberté de navigation dans l'Archipel ou les Dardanelles (V. Hammer, *op. c.*, t. p. 172-174). Pendant la même année de 1416, le podestat génois Adorno parvint à signer un traité avec le Sultan, par lequel il s'obligeait à payer une somme de 20.000 ducats comme prix des franchises accordées au pavillon génois (V. Hammer, t. II, p.225). Enfin, nous ne pouvons pas oublier le rôle plus qu'équivoque des Génois de Galata au moment de la chute de Constantinople et les lettres patentes que le sultan Mehmed II leur accorda aussitôt après (V. Depping, *op. c.*, t. II, p. 212 et suiv.).

(1) Heyd, t. II, p. 318 et 392.

(2) Depping, t. II, p. 213; Heyd, t. II, p. 386.

leurs, les nouveaux maîtres de Constantinople ne s'étaient pas contentés de posséder l'entrée de la mer Noire. Leurs aspirations allaient plus loin et, dès 1461, huit ans à peine après la chute de Byzance, nous les voyons s'emparer successivement de Sinope, un peu plus tard, de l'empire de Trabizounde et finalement ils subjuguèrent toute la Crimée, en commençant par Caffa, en 1475 (1).

C'est ainsi que la mer Noire devint une mer intérieure de la Turquie. Le principe de la fermeture de l'Euxin à la navigation des navires étrangers a été érigé en règle fondamentable du droit public de l'empire Ottoman.

Toutefois, ce changement n'a pas dû se produire aussitôt après la conquête de toutes les côtes de l'Euxin. C'est du moins, ce qu'on peut inférer des différents traités conclus par Venise, vers la fin du xvᵉ siècle. Déjà, après la chute de Constantinople, la république de Saint-Marc, profitant du désarroi des Génois, avait conclu avec le Sultan le traité de 1454 qui lui assurait la liberté de commercer, par terre et par mer, et les deux parties se promettaient réciproquement la protection de leurs navires marchands (2). Quelques années plus tard, par le traité de paix de 1479, le Sultan stipula le payement d'un tribut annuel de 10.000 ducats, en retour de quoi Venise obtenait non seulement le droit de commercer avec tous les ports de l'Empire ottoman, mais aussi l'exemption de tout droit d'entrée (3). Le sultan Bayazid renouvela cette capitula-

---

(1) V. Depping, t. II, p. 225 et suiv. ; Heyd, *op. c.*, t. II, p. 400 et suiv., ainsi que Mourzakévitch, *op. c.*, p. 76 et suiv.

(2) V. Depping, *op. c.*, t. II, p. 217; Zinkeisen, Geschichte des Osmanischen Reiches, t. II, p. 33-37.

(3) V. Depping, t. II, p. 228 ; Zinkeisen, *op. c.*, t. II, p. 438.

tion, en 1482, en y introduisant quelques modifications, notamment la libération du tribut annuel et son remplacement par un droit de douane de 4 0/0 (1). Ces capitulations furent encore renouvelées en 1513, sous le règne de Sélim Ier et en 1521, sous Souleïman Ier, dit le Magnifique. Il faut, cependant, remarquer que la liberté de naviguer dans la mer Noire, ne résultait point des clauses générales englobant les ports de l'Empire. Pour faire le commerce des ports de l'Euxin, il fallait, en dehors et en plus de ces clauses, des stipulations spéciales. Ainsi, toutes les capitulations ci-dessus mentionnées renfermaient ces deux catégories de clauses, tandis que les capitulations accordées au grand-maître des chevaliers de Rhodes, en 1482, et à Frédéric d'Aragon, roi de Naples, en 1498, ne renfermaient pas de clauses spéciales aux ports de la mer Noire (2).

Dans tous les cas, cette faculté accordée à Venise de commercer avec la mer Noire, ne devait être qu'un régime provisoire, tant que les Turcs manqueraient de marine marchande. Et ce qui le prouve, c'est qu'aussitôt après avoir réuni les premiers éléments d'une marine marchande, les Turcs s'empressèrent de fermer complètement la mer Noire. Dans les différentes capitulations qui se sont succédé depuis, nous ne rencontrons plus des clauses spéciales au commerce de cette mer (3). L'en-

---

(1) Hammer, *op. c.*, t. IV, p. 6.

(2) *Ibid.*, t. III, p. 357; t. IV, p. 52 et 377; V. aussi Oulianitsky, *op. c.*, p. 11.

(3) Dans le traité conclu le 20 octobre 1540, Venise n'obtint pas la confirmation des clauses concernant la navigation de la mer Noire. V. Dumont, *Corps universel diplomatique ou droit des gens*, etc. Amsterdam, La Haye, 1726-1731, t. IV, p. 2e, p. 197-200.

trée de l'Euxin était rigoureusement défendue aux navires
étrangers.

III

La première moitié du xvɪᵉ siècle marque le déclin du
commerce vénitien. Le pavillon de Saint-Marc n'avait
certes pas complètement disparu des mers du Levant,
néanmoins on ne le rencontrait plus aussi fréquemment
qu'autrefois. Deux causes paraissent avoir produit ce
résultat. D'abord, la révolution que la découverte de
l'Amérique et la nouvelle route des Indes avait produite
dans le commerce du monde et qui avait eu pour résultat
de déplacer le centre du trafic, de faire perdre à la Méditerranée son importance (1). L'apparition de nouveaux
pavillons sur cette ancienne mer, d'un autre côté, semble
avoir aussi pour beaucoup contribué à diminuer la richesse
et la puissance des Vénitiens.

Le pavillon français était l'un des premiers qui avait
disputé aux Vénitiens les avantages du commerce du
Levant. Cependant, les premières relations officielles entre
la France et l'Empire ottoman ne datent que du commencement du xvɪᵉ siècle, sous le règne de François Iᵉʳ,
celui-là même qui avait naguère hautement proclamé
n'ambitionner le trône vacant de l'Empire que pour mieux
combattre les Turcs (2). Ces déclarations solennelles

_____

(1) V. Heyd, t. II, p. 258-552 ; Depping. *op. c.*. t. II, p. 209 ;
Scherer, t. II, passim.

(2) V. Charrière. Négociations de la France dans le Levant. Paris,
1848-1860, t. I, p. 177 de l'introduction.

semblent pourtant ne pas l'avoir empêché de s'adresser au Sultan, dans des moments très difficiles. Candidat malheureux, il ne pouvait pardonner à Charles-Quint d'avoir occupé la place si ardemment convoitée. L'événement de Pavie était venu ajouter encore à l'amertume de cet échec; c'était la goutte qui faisait déborder la coupe. Il fallait se préoccuper de porter un coup droit à cet adversaire heureux et redoutable, et, pour y parvenir, il importait de ne point s'attarder au choix des moyens. François Ier avait « douté de toute assistance chrétienne » (1). Il n'avait qu'un parti à prendre et il n'hésita pas un instant à le faire. Il envoya donc un émissaire à Soleiman le Magnifique pour l'inviter à opérer une diversion en Hongrie (2). « Cette inspiration du désespoir, écrit M. Vandal, devint le point de départ d'un système » (3). Désormais, quand à l'horizon européen un amoncellement de nuages se formait, le roi de France s'empressait aussitôt d'expédier un courrier au Grand-Seigneur pour lui exposer l'état politique de l'Europe et convenir des mesures à prendre en commun, dans le seul intérêt de la France. Cette action combinée consis-

---

(1) Albert Vandal, *Une ambassade française en Orient sous Louis XV*, 2e édition, Paris, 1887, p. 2.

(2) Après la bataille de Pavie qui avait eu un si triste dénouement pour François Ier, le roi de France avait consenti à signer un traité avec Charles V, en vertu duquel il s'engageait à combattre les Turcs. Mais au moment où il signait cet engagement François Ier n'avait en vue que d'obtenir sa liberté, il n'avait aucunement l'intention de tenir son engagement quant aux Turcs. D'ailleurs, une fois libre, il en contesta la force obligatoire, invoquant les circonstances dans lesquelles il avait été amené à signer cette convention. V. Charrière, *op. c.*, t. I, p. 107 et suiv.

(3) V. Vandal, *op. c.*, p. 2.

tait tantôt dans des mouvements de troupes sur le
Danube, tantôt dans des lointaines expéditions sur les
côtes de la Méditerranée (1). Et c'est grâce à cette coopération que la coalition européenne était toujours tenue en
éveil, se trouvait dans l'obligation de couvrir ses deux
flancs, et, par conséquent, ne pouvait point concentrer
toutes ses forces pour envahir la France. Les rapports de
la France avec l'empire des Osmanlis étaient ainsi em-
preints de la plus franche cordialité. « Nuit et jour, écri-
« vait Soleiman à son auguste ami, Sa Majesté le Roi
« très chrétien, mon cheval est sellé et mon sabre est
« ceint (2) ».

Si heureux que fussent, au point de vue politique,
les résultats de cette entente entre les deux cours, la
diplomatie française ne pouvait s'enfermer dans ces limites étroites et s'employa à mettre à profit les bonnes dispositions du Grand-Seigneur pour obtenir des concessions
et privilèges d'une autre nature. L'activité déployée par
les agents français contribua pour beaucoup à développer
et encourager les rapports économiques entre ces deux
pays ; des rapports qui ne tardèrent pas à prendre un tel
essor qu'on pouvait placer la France au premier rang des
nations commerçantes dans le Levant (3).

Déjà l'initiative privée, devançant en cela l'action du
gouvernement, avait obtenu des sultans d'Égypte quel-

---

(1) C'est pendant une de ces expéditions que François 1er assigna à
la flotte turque le port de Toulon comme quartier d'hiver et fit évacuer
la ville. V. Charrière, *op. c.*, t. I, p. 567 et suiv.

(2) V. Charrière, *op. c.*, t. I, p. 118.

(3) V. Sur ce point le très intéressant tableau que M. Vandal a
tracé du commerce français au Levant dans le livre déjà cité : *Une
ambassade française en Orient.* etc., p. 16-56.

ques concessions en faveur du commerce français. Plus tard, ces concessions furent confirmées par les sultans Bayézid II et Sélim I⁰ʳ. En 1528, le sultan Soleïman les confirma de nouveau et cette fois c'était l'ambassadeur de François I⁰ʳ qui les avait obtenues (1). Il n'y avait cependant là que des concesssions partielles qui ne s'étendaient pas aux ports de tout l'Empire ottoman. Ce qui prédomine dans ces confirmations c'est, comme le remarque notre éminent maître, M. Louis Renault, le caractère local; ce n'est pas l'État, mais plutôt certaine partie de l'État qui intervient (2).

La diplomatie française ne tarda pas d'ailleurs à obtenir des concessions autrement importantes. Le nom de l'ambassadeur Jean de la Forest est attaché à l'acte de 1535, connu sous le nom de capitulations (3). En vertu de ces capitulations les négociants français pouvaient librement faire le commerce dans tous les ports de l'Empire ottoman, de plus, la France obtenait la faculté d'y établir des consuls, avec droit de juridiction sur ses nationaux (4).

---

(1) V. Charrière, *op. c.*, t. I, p. 121 ; Martens, *Des Consuls*, etc. p. 137-138. Testa, *Recueil des traités de la Porte Ottomane avec les Puissances étrangères*, t. I, p. 23. Cf. aussi Saint-Priest, *Mémoires sur l'ambassade de France en Turquie*, Paris, 1877, p. 345-353. (Texte des confirmations de 1528).

(2) M. Renault à son cours (année 1897-1898).

(3) V. Noradounghian, *Recueil d'actes internationaux de l'Empire ottoman*, Paris-Leipzig, 1897, t. I, p. 83 et suiv.

(4) Le cadre de cet essai ne nous permet point, à notre vif regret, d'entrer dans les détails, aussi sommes-nous obligé de ne donner que les grandes lignes des capitulations. Qu'il nous soit permis, cependant de faire remarquer qu'à l'époque des premières capitulations la France n'avait qu'un seul consul dans tout le Levant, celui d'Alexandrie. C'est ce qui résulte du moins du texte même de l'art. 3

C'était là, sans aucun doute, un traitement de faveur, car
Soleïman n'avait point hésité à ouvrir les ports de son
empire au commerce français, alors qu'ils continuaient à
rester fermés pour toutes les autres nations, — Venise
exceptée, comme nous l'avons vu. — Cela ne veut pas
dire que les autres nations, moins favorisées par le Grand-
Seigneur, avaient complètement cessé de venir dans les
eaux du Levant, loin de là; mais, pour le faire, elles
étaient réduites à naviguer sous pavillon français et à
recourir à la protection des consuls du roi très chrétien (1).

---

des capitulations:... « Toutes fois que le roi mandera à Constan-
« tinople ou à Péra ou autres lieux de cet empire un baïle, comme
« de présent il tient un consul à Alexandrie... etc. » V. Noradounghian, *op. c.*, p. 84.

(1) La faculté accordée aux autres nations de naviguer sous pavillon français n'est pas mentionnée dans les capitulations de 1535.
Cependant, dans les firmans de 1517 et le Hatti Chérif accordé
en 1528, il est question des négociants catalans placés sous la protection du consul français en Egypte. V. Martens, *Des Consuls en
Orient*, p. 137-138, ainsi que Testa, *op. c.*, t. I, p. 23. Dans tous les
cas cette pratique a dû être consacrée par l'usage, car son existence
est signalée en termes précis, dans le préambule des capitulations
de 1569 : « ..... et ainsi ceux des étrangers qui, en faveur dudit em-
« pereur de France, ont coutume de venir par deçà sous son ombre
« et bannière, comme Génevois, Siciliens, Ancônetois et autres. »
V. Noradounghian, *op. c.*, p. 89, et un peu plus loin : « ... ont été
« mandés et envoyés aux seigneurs mes esclaves... nos très hautes
« commendements contenant qu'aux sujets de France et autres qui
« cheminent sous non nom et bannière... *loc. cit.* Cet usage est
bientôt transformé en obligation, dans les capitulations accordées à
Germigny, en 1581. Art. 1 « Que, les Vénitiens en hors, les Génois,
« Anglais, Portugais, Espagnols, Catalans, Siciliens, Ancônitains, Ra-
« gusais et entièrement *tous ceux qui ont cheminé sous le nom et*

Toutes ces marques de faveur pour la France ont été le point de départ du subit essor que prit le commerce français. Les établissements des négociants français se multiplièrent en peu de temps. Bientôt après les premières concessions on pouvait trouver, dans chaque port du Levant, une *nation* bien constituée. C'était une véritable émulation qui, malheureusement, s'est trouvée paralysée, plus tard, par les troubles intérieurs (1). Mais ce n'est là qu'un temps d'arrêt (2). L'importance de ces marchés n'échappa point à la sagacité des ministres de Henri IV (3), ni, plus tard, à celle de Colbert, ce grand ministre dont le nom est intimement lié au développement de l'industrie française (4). C'est ainsi que la France put établir sa prépondérance dans tout le Levant. La Méditerranée n'était sillonnée que du pavillon français et un éminent historien a pu dire, avec beaucoup de justice « qu'en matière de « commerce l'Orient nous (aux Français) rendait les « services d'un empire colonial, sans en présenter les « inconvénients » (5).

« *bannière de France d'ancienneté* jusqu'à ce jourd'hui et en la « condition qu'ils aient cheminé d'ici en avant, ils aient à y cheminer « de la même manière »... V. Masson, *Histoire du commerce français dans le Levant au* xviiᵉ *siècle*, Paris, 1897, p. 13 de l'Introduction.

(1) Vandal. *Une ambassade française en Orient*, etc., p. 17.

(2) C'est pendant cette éclipse du commerce français que les Anglais, grâce à leurs intrigues très habiles, parvinrent à obtenir leurs premières capitulations. V. Masson, *op. c.*, p. 17 de l'Introduction.

(3) V. Masson, p. 18 et suiv. de l'Introduction.

(4) Malheureusement, Colbert n'hésita point à enserrer le commerce du Levant par son impitoyable réglementation. V. Vandal, *op. c.*, p. 19 et suiv.

(5) Vandal, *op. c.*, p. 16.

Toutefois, les Français ne faisaient que le commerce du bassin oriental de la Méditerranée ; Constantinople avait toujours été le point terminus de leurs expéditions. Malgré les bonnes dispositions des nombreux sultans qui s'étaient succédé depuis [Soleïman, ils n'avaient jamais pu dépasser la pointe du sérail ; le pavillon fleurdelysé n'avait jamais franchi le Bosphore pour aller se déployer sur les eaux de la mer Noire. Toutes les capitulations, depuis 1535, sont muettes sur ce point pourtant si important (1). Est-ce à dire que les sujets du Roi très chrétien ignoraient les nombreux avantages que le trafic de cette mer n'aurait pas manqué de leur procurer ? Faut-il croire que les ambassadeurs de France, ces habiles agents dont la vigilance avait assuré tant d'utiles concessions à la France, ne se souciaient point d'ouvrir à l'activité de leurs nationaux d'aussi riches débouchés et surtout d'aussi riches marchés en matières premières et denrées alimentaires ? Non, assurément (2). Mais chaque fois qu'on essayait d'obtenir

---

(1) Après les capitulations de 1569, la France avait obtenu, à plusieurs reprises, la confirmation de ses privilèges. Les capitulations de 1604 et 1673 sont les plus marquantes pendant le xviie siècle. V. Noradounghian, *op. c.*, pp. 93 et s., 136 et suiv.

(2) M. Masson cite quelques dépêches officielles de la fin du xviie siècle qui font ressortir l'importance que Girardin, ambassadeur du roi à Constantinople, attachait à l'ouverture de l'Euxin au commerce français « parce que, écrivait l'ambassadeur, ce négoce procu- « rait des retours aux vaisseaux qui allaient à Constantinople ». Et, pour mieux en démontrer l'utilité, il proposait d'encourager quelques marchands à tenter l'expérience. Ainsi fut-il fait. On demanda au Divan l'autorisation de charger deux navires avec du bois de construction destiné aux magasins de Toulon. Les Turcs y consentirent, à condition, toutefois, d'en faire l'achat à Constantinople. Ce qui voulait dire qu'on ne permettait pas aux navires français d'aller charger dans

l'extension des privilèges au commerce de l'Euxin on se heurtait toujours à des obstacles insurmontables et à des refus très catégoriques de la part des Turcs « dont la « jalouse défiance interdisait l'accès de cette mer (1) ». On avait pourtant tout essayé; on n'avait pas manqué d'employer ces « arguments décisifs » que les hommes d'État ottomans goûtaient particulièrement et qui avaient si bien réussi dans d'autres circonstances. On a fini par se convaincre que ce moyen de persuasion n'était pas de mise dans les négociations touchant l'ouverture de la mer Noire à la navigation des navires étrangers, fussent-ils français, par conséquent amis. C'était là une question des plus délicates et les hauts personnages de l'Empire n'osaient pas se laisser convaincre par ces arguments, pourtant si tentants (2).

Néanmoins, nous rencontrons, au XVIIe siècle, deux capitulations qui, sans ouvrir la mer Noire à la naviga-tion des navires étrangers, permettaient cependant, à certains d'entre eux, de faire le commerce dans les ports de cette mer, sur des navires turcs. Nous voulons parler des concessions que les Anglais, et plus tard les Hollan-dais, étaient parvenus à obtenir des Turcs.

Ce qui avait permis aux Anglais d'obtenir, sans trop de difficultés, certaines concessions commerciales de la Tur-quie c'était, comme nous avons déjà eu l'occasion de le signaler en passant (3), la crise de l'industrie et du com-

---

les ports de la mer Noire, qu'ils considéraient « comme le domaine « de la marine turque ». V. Masson, *op. c.*, p. 287-288 ; cf. aussi : Vandal, *op. c.*, p. 54-55.

(1) V. Vandal, *op. c.*, p. 55.

(2) V. *Ibid.*, p. 4.

(3) V. *Supra*, p. 24, note 2.

merce français, au xvie siècle. Pendant la seconde moitié du xvie siècle, en effet, les troubles intérieurs, provoqués par les guerres de religion, avaient puissamment contribué à ruiner le trafic si florissant de la France avec le Levant. Les passions que ces luttes intestines avaient déchaînées d'un bout à l'autre du pays ne permettaient point aux négociants de vaquer à leurs opérations lucratives, et dès lors, tout négoce avec le Levant était devenu impossible (1). C'était là une occasion trop favorable et exceptionnelle pour que les Anglais ne fussent pas tentés d'en tirer le plus de profit pour leur propre commerce. Ils devaient essayer d'occuper la place que les négociants français laissaient vacante. La tension des rapports qui existaient depuis quelque temps entre la France et la Turquie, leur facilitait d'ailleurs cette tâche. Et, en effet, sous le règne de Henri II, l'entente cordiale, ou si l'on aime mieux, cette alliance tacite entre les deux pays, ne revêtait plus ce caractère de confiance et d'intimité que nous lui avions connu sous François Ier (2). Il y entrait, au contraire, beaucoup de défiance secrète. Il arrivait souvent, en effet, que le roi très chrétien, se trouvant dans l'embarras, faisait opérer une diversion par les Turcs contre ses ennemis. Et le but une fois atteint, la France s'empressait de signer la paix, sans plus se soucier des Turcs, ses alliés. On les laissait se tirer d'affaire comme ils pouvaient. Les Turcs n'y faisaient pas attention autrefois. Ils commençaient pourtant à ne point goûter ce procédé. La réconciliation de la France avec l'Espagne, à l'époque qui nous préoccupe, avait encore davantage contribué à relâcher les

---

(1) V. Masson, *op. c.*, p. 16 de l'Introduction.
(2) V. Renault à son cours (année 1897-1898).

liens déjà si fragiles de cette alliance qu'on tenait, surtout
en France, à ne pas dévoiler devant le monde chrétien, de
peur du scandale. Plus tard, sous Henri III, il y eut même
une sorte de rupture des rapports. Ce roi de France avait
brigué le trône de Pologne; il n'y avait guère réussi et
son adversaire, Etienne Bathory, avait été reconnu par la
Porte comme roi de Pologne. Ce fait avait dû froisser le
puissant roi qui n'hésita point à rappeler son ambassadeur
de Constantinople (1).

Ainsi donc, la décadence du commerce français, par
suite des troubles intérieurs d'une part, des questions politiques de l'autre, avaient préparé et facilité le terrain des
Anglais. L'ambassadeur d'Elisabeth, Hareborn, avait su
mettre à profit cette situation inespérée et, en 1579, il parvint à obtenir les premières capitulations en faveur de son
pays (2). — En vertu de ces concessions, la Porte reconnaissait aux Anglais le droit de naviguer sous leur propre
pavillon; désormais, ils n'avaient donc plus besoin de
venir dans les eaux du Levant en empruntant la bannière
fleurdelisée, ils n'avaient plus à implorer la protection des
consuls français. Ils obtenaient les mêmes privilèges que
les sultans avaient accordés à plusieurs reprises déjà, aux
sujets de Sa Majesté très chrétienne, le seul souverain
étranger auquel les Turcs reconnaissaient le titre de
« Padischah » (3).

---

(1) V. Masson, p. 16 et suiv. de l'Introduction.

(2) V. le texte dans le *Recueil de Noradounghian*, p. 147-150. Ce
sont les 20 premiers articles des capitulations de 1675.

(3) V. le comte de Saint-Priest, *Mémoires sur l'ambassade de
France en Turquie*, Paris 1877, *passim*. Sur le commerce des Anglais
dans le Levant on lira aussi avec intérêt le livre déjà cité de
M. Masson, p. 118-135.

Ces capitulations ne contenaient cependant aucune clause relative au commerce de la mer Noire. Ce n'est pas que le négociateur anglais avait négligé de s'en occuper, car ce commerce se trouvait être d'un intérêt vital pour l'Angleterre (1). Mais les insinuations de Venise et surtout de la France qui, malgré tout, continuait à exercer une certaine influence sur les décisions de la Porte, empêchèrent la Turquie d'accéder à tous les désirs de l'envoyé d'Elisabeth (2). Quoi qu'il en soit, les capitulations anglaises de 1579 ont leur importance, ne fût-ce que comme point de départ à des concessions futures. Les Turcs prenaient l'habitude de traiter avec d'autres nations que les Français. Les Anglais n'avaient point réussi à obtenir, du premier coup, tout ce qu'ils désiraient. Ce n'était, en somme, qu'une étape. Et, en réalité, ils n'attendirent pas longtemps pour s'ouvrir les portes de l'Euxin. L'habile

---

(1) A cette époque, l'Angleterre faisait déjà un commerce très important et très profitable avec le Nord de la Russie, dès lors elle ne pouvait se désintéresser de l'autre route, celle de la mer Noire, pour aboutir aux provinces Sud de ce pays. V. Oulianitsky, *op. c.*, p. 16.

(2) V. Zinkeisen, *op. c.*, t. III, p. 418 et suiv. — Il faut croire que l'influence française à Constantinople commençait vers la fin du xvie siècle à reprendre le dessus, car deux ans à peine après l'octroi des capitulations anglaises, l'ambassadeur du roi, Germigny, obtint le renouvellement des privilèges français en y faisant même insérer une clause qui avait pour but d'obliger de nouveau les Anglais à naviguer sous pavillon français, comme cela se pratiquait d'ancienneté. Il est vrai, pourtant, que les Anglais n'en tinrent aucun compte et finirent par se faire reconnaître expressément ce droit, dans les capitulations de 1606. — V. le texte des capitulations accordées à Germigny, le 15 juillet 1581, dans Saint-Priest, annexe no VI, p. 381-392 et 392-397. Capitulations anglaises de 1606 dans Noradounghian V. 153. (art. 33).

ambassadeur Thomas Roe, plus heureux que son prédécesseur, obtint du gouvernement turc pleine et entière
satisfaction sur ce point (1). Il importe pourtant d'indiquer
que cette concession ne s'étendait qu'aux commerçants
anglais, comme le dit textuellement l'article des capitulations. Il leur était loisible d'aller dans les ports de la mer
Noire pour les besoins de leur commerce; mais pour cela,
ils étaient obligés d'avoir recours aux navires Turcs.
C'est ce qui résulte nettement de l'article suivant : « Si les
« navires nolisés pour Constantinople seront forcés par
« les vents contraires de s'arrêter à Caffa ou quelque
« autre place du même côté... personne ne pourra prendre
« par force leurs marchandises... Que s'ils désireront
« d'acheter avec leur propre argent des provisions dans
« les lieux où ils se trouveront, ou de noliser des barques
« ou navires (non nolisés) par d'autres pour le transport
« de leurs effets, aucune autre personne ne pourra les
« noliser, ou empêcher qu'ils le fassent » (2). Ces stipulations en faveur de l'Angleterre n'infirmaient donc en
rien l'ancienne règle qui tenait la mer Noire rigoureusement fermée aux navires étrangers. Cette mer était
exclusivement réservée à la navigation turque et les

_____

(1) Les auteurs ne sont pas d'accord sur la date de ces capitulations. — Hammer les place à la date de 1604, V. t. VIII, p. 66, tandis
que Noradounghian donne celle de 1606. — « Les commerçants an-
« glais, dit l'art. 36 des capitulations de 1675, ce qui fait l'art. 16 de
« celles de 1606, et tout autre personne naviguant sous pavillon an-
« glais pourront, sans restriction, vendre et acheter toute sorte de
« marchandises,... les transporter par terre et par mer, ou encore par
« la voie du fleuve Tanaïs, en Moscovie ou Russie, etc... Nora-
« dounghian, p. 155. »
(2) V. Noradounghian, op. cit., p. 155-156 (art. 38).

nations qui désiraient aller trafiquer dans les riches entrepôts de l'Euxin devaient se considérer très heureuses quand on daignait leur permettre de *noliser* des navires pour transporter leurs marchandises.

Les capitulations anglaises furent encore renouvelées à différentes reprises. Les plus importantes sont celles de 1675 qui réglèrent la situation des Anglais en Turquie jusqu'à la fin du xviiie siècle et qui ne sont que la reproduction des capitulations précédemment accordées (1).

Les Anglais n'étaient pas seuls à bénéficier du commerce de la mer Noire. Les Hollandais avaient aussi sollicité et obtenu le même privilège. Pendant très longtemps ce peuple commerçant était obligé, comme tant d'autres, à emprunter la bannière de France pour venir trafiquer dans le Levant. Plus tard et pour se soustraire aux multiples inconvénients de cette situation, ils eurent recours à la protection des consuls anglais. Ils préféraient naturellement s'affranchir de l'une et de l'autre tutelle forcée, mais l'influence qu'exerçait, tour à tour, soit l'ambassadeur de France, soit son collègue anglais, les empêchait d'obtenir des capitulations particulières, leur accordant la liberté de naviguer sous leur propre pavillon (2). Pourtant,

----

(1) V. le texte des capitulations de 1675 dans Noradounghian p. 146-169.

(2) Cette lutte entre deux puissances maritimes de l'Occident pour garder les Hollandais sous telle ou telle protection est longuement exposée dans les capitulations anglaises de 1606 (art. 13). Qu'il nous soit permis d'en donner ici le texte, comme un trait caractéristique des temps, on peut même dire de tout temps, en Turquie. « Un dif-« férend, dit l'article, étant survenu entre l'ambassadeur de la reine « d'Angleterre et l'ambassadeur de France, tous deux résidant en « notre Porte, touchant les marchands de la nation hollandaise,

le développement considérable du commerce hollandais
et l'importance que les Pays-Bas acquirent de ce fait leur
rendaient encore plus insupportable ce patronage forcé de
la part de la France ou de l'Angleterre. Ils essayèrent donc
de s'en affranchir et finalement leurs efforts furent couronnés de succès, en 1612. L'ambassadeur des Etats-
Généraux, Cornélius Haga, parvint à obtenir les premières
capitulations en faveur de son pays, sous le règne du sultan Ahmed Iᵉʳ (1). Ces capitulations furent confirmées et

------

« lesquels ambassadeurs envoyèrent leur requête en notre vestibule
« impérial tendant à ce que lesdits marchands hollandais, venant
« dans nos États fussent obligés à y passer sous les bannières desdits
« royaumes, cette requête desdits ambassadeurs fut accordée sous
« notre sceau impérial, et néanmoins Sinan Pacha..... ayant informé
« S. M. I., qu'il était à propos et convenable que la nation Hollan-
« daise fût mise sous la protection de l'ambassadeur d'Angleterre, et
« que cela fût ainsi inséré en leurs capitulations, son avis fut
« approuvé par tous les vizirs, et il fut commandé par ordre exprès et
« autorité impériale, que les marchands hollandais de la province
« de Hollande, d'Islande, de Frise, de Gueldre, c'est-à-dire les mar-
« chands de ces quatre provinces, trafiquant dans nos États, y vien-
« draient toujours sous la bannière de la Reine d'Angleterre, comme
« tous les autres Anglais faisaient, et que pour toutes les denrées et
« marchandises qu'ils apporteraient ils payeraient les droits de
« Consulats et tout autre droit à l'ambassadeur ou consul de la
« Reine d'Angleterre, et que l'ambassadeur de France ni les consuls
« de la nation française ne s'entremettraient jamais à l'avenir de
« cette affaire... » Noradounghian, op. c., p. 153. En dehors donc
des considérations politiques, la lutte entre ces deux ambassadeurs
avait en vue la perception des droits de Consulats, etc. Dès le
commencement des relations de la Turquie avec l'Europe, les Puissances occidentales se sont montrées divisées entre elles. Ceci a son
importance.

(1) V. Dumont, op. c., t. V, 2ᵉ part., p. 205 ; Hammer, t. XVII,
p. 120.

amplifiées, en 1680, sous le règne du sultan Mehmed IV, grâce à l'habileté et surtout au crédit dont l'ambassadeur hollandais, Justin Collier, jouissait auprès de la Porte (1). Les articles 56 et 57 de ces dernières capitulations contiennent les mêmes dispositions que celles des articles 36 et 38 des capitulations anglaises, relatives au commerce des ports de la mer Noire, par ces deux clauses les Hollandais obtenaient le droit de faire librement le commerce de ces ports et on leur assurait les mêmes facilités qu'aux anglais pour la nolisation des navires à destination de Constantinople (2).

Ainsi donc, vers la fin du xviie siècle, le commerce des Italiens dans le Levant est presque anéanti. Ce sont les Français, les Anglais et les Hollandais qui ont pris leur place. La France, malgré les empiétements des Anglais, garde toujours sinon le monopole, du moins la première place dans le commerce du Levant. Seuls les Anglais et les Hollandais ont le privilège de trafiquer dans la mer Noire, à condition, toutefois, de se servir des navires turcs.

IV

Si le commerce du Levant avait été la cause primordiale qui avait poussé les nations de l'Occident à recher-

---

(1) Le texte de ces capitulations dans le *Recueil de Noradounghian*, *op. c.*, p. 169-181. — Pour l'historique du commerce hollandais, ainsi que sur les intrigues des Anglais cf. aussi Zinkeisen, *op. c.*, t. III, p. 654 ; Flassan, *Histoire de la Diplomatie française*, Paris, 1809, t. II, p. 85-97.

(2) *Noradounghian*, p. 180-181.

cher l'amitié des Turcs, c'est aussi en vue des intérêts
économiques que les Osmanlis, peu après leur établissement à Constantinople, avaient cherché à entretenir des
rapports cordiaux avec leur voisine presque immédiate du
Nord-Est (1).

La route de Byzance n'était point inconnue aux Russes.
Déjà, sous les Empereurs, ils avaient pris l'habitude d'aller
à Constantinople, soit pour y accomplir un pieux pèlerinage, soit même pour les besoins de leur commerce (2).
Ces rapports entre la Moscovie et la capitale grecque n'é-
taient qu'une conséquence naturelle de la tendance des
Russes de se diriger vers le Sud, guidés en cela par les
grandes artères fluviales qui mettaient en communication
le centre du pays avec la mer Noire et Constantinople (3).
C'était par cette route, nommée la « Route vers les

(1) V. à ce sujet la très intéressante étude que M. A. Nékludow a
écrite d'après les documents inédits des archives de Moscou, intitulée :
Natchalo snochenii Rossij s' Tourtsiéy. Possol Ioana III. Pléchtéeff
(Commencement des rapports entre la Russie et la Turquie. L'ambassadeur de Jean III. Pléchtéef.), dans le *Recueil des Archives principales de Moscou*, fascicule 3e, Moscou, 1883. Cf. aussi le livre de
M. Serge Gigareff, « Rousskaïa politika V' Vostotchnom voprossié »
(*La politique russe dans la Question d'Orient*), 2 vol. Moscou,
1896, t. I, p. 60-94.

(2) La Russie d'alors dépendait du Patriarcat de Constantinople ; il
est donc très naturel que cette situation ait favorisé les allées et
venues dans les deux sens. V. Gigareff, *op. c.*, t. I, p. 25 et suiv.,
sur le commerce des Russes avec Constantinople, v. aussi Depping,
t. I, *passim* aussi l'ouvrage de F. Elie de la Primaudaie, *Etude sur le
commerce au moyen âge. Histoire du commerce de la mer Noire, etc.*
Paris, 1848, *passim.*

(3) Gigareff, *op. c.*, t. I, p. 37.

Grecs » (1), que se faisait principalement le commerce avec les colonies grecques et italiennes de la côte septentrionale de l'Euxin (2). Mais si ce trafic n'avait point pris des proportions considérables, si même, par moment, il cessa complètement, ce fut toujours par suite des pérégrinations aussi dangereuses que destructives des hordes tartares. Possédant les embouchures des grands fleuves russes, ces hordes, réduites plus tard à subir la suzeraineté des Turcs, devinrent le rempart vivant et presque inattaquable de l'Empire ottoman, et rendirent impossible non seulement le commerce des Russes avec Azof et Caffa, mais aussi la colonisation des provinces méridionales de l'Empire moscovite (3).

C'est pour obvier à ce mal et pour assurer un tant soit peu la liberté du trafic de leurs sujets que les tsars de Moscou s'étaient vus souvent dans l'obligation de payer un tribut annuel au khan des Tartares (4). Mais si, grâce à cet expédient, les marchands russes pouvaient parvenir à destination, ils n'étaient pas pour cela à bout de leurs difficultés. A Caffa, ainsi qu'à Azof, les autorités turques ne se faisaient pas scrupule de les exploiter. On leur imposait toutes sortes de corvées ; leurs marchandises étaient souvent saisies et on ne leur rendait que la moitié du prix ; enfin l'exercice abusif du droit d'aubaine était devenu chose coutumière (5). Il y avait là de quoi décourager les plus hardis et les plus entreprenants des marchands. Finale-

(1) *Ibid.*, t. 1, p. 23.
(2) *Ibid.*, p. 24.
(3) V. Gigareff, *op. c.*, t. I, p. 25.
(4) V. *Ibid.*, p. 65.
(5) V. Nékludow (A.), *op. c.*, *passim*.

ment le tsar Jean III prit la décision d'interdire à ses sujets d'aller trafiquer dans ces villes.

Il semble, cependant, que cette défense fût plutôt nuisible aux Turcs. Les marchands moscovites ayant cessé de venir à Caffa et à Azof, les Turcs se trouvèrent être privés des objets dont probablement ils ne pouvaient point se passer (1). C'est ce qui explique du moins la démarche du Sultan auprès de son vassal, Mingli-Ghireï, khan des Tartares. Le Grand-Seigneur demandait au Khan, son vassal, de s'enquérir auprès du Tsar de Moscou des raisons qui mettaient obstacle au trafic des négociants russes dans les villes d'Azof et Caffa. Répondant à cette démarche, le tsar Ivan III s'empressa d'envoyer au Sultan, toujours par l'intermédiaire du khan des Tartares, une lettre (*gramotta*) dans laquelle il exposait les griefs de ses sujets, tels que nous venons de les décrire; il les entourait, d'ailleurs, de déclarations pacifique et des protestations d'amitié (2).

C'est ainsi, et à l'occasion des questions commerciales, que s'établirent les premiers rapports officiels entre les tsars de Moscou et les khalifes des croyants. Les déclarations échangées à ce propos, quoique contenant quelques récriminations, sont marquées, de part et d'autre, par des sentiments pacifiques et le désir très vif de voir le prompt rétablissement des relations commerciales, un moment interrompues par suite des quelques abus que le

---

(1) V. Nékludow, p. 17.

(2) V. *Ibid., op. c.*, p. 12. Bajazet II n'avait point hésité à envoyer une ambassade à Moscou. Mais elle n'avait pas réussi à atteindre son but. Le prince Alexandre de Lithuanie n'étant pas en bons rapports avec Ivan III, n'avait point permis aux Turcs de poursuivre leur voyage et les avait retenus à Kiew. V. Nékludow, p. 12-13.

sultan Bayézid s'appliqua à faire disparaître. C'était là, sans aucun doute, un bon commencement. Les bonnes dispositions du Sultan sont à retenir; car aussitôt après avoir pris connaissance des griefs du Tsar, il s'empresse de redresser les abus, afin de donner satisfaction pleine et entière à Jean III (1).

Ce qui frappe dans les premiers rapports entre ces deux pays, c'est le contraste qu'ils présentent quand on les compare à ceux que les Turcs entretenaient avec les pays de l'Occident. Et, en effet, les nations occidentales, soucieuses avant tout d'obtenir le plus de concessions possibles, s'étaient toujours ingéniées, à s'assurer les bonnes grâces du Grand-Seigneur. Pour y parvenir, elles n'hésitaient point à intriguer les unes contre les autres; rien ne leur répugnait et surtout elles prenaient un soin jaloux à fermer les yeux sur les nombreux manques d'égard auxquels leurs représentants étaient constamment exposés. Les agents de la France, de l'Angleterre ou des Pays-Bas supportaient, en véritables martyrs, l'arrogance et les accès de mauvaise humeur des vizirs ou autres hauts fonctionnaires de l'Empire ottoman. La « bastonnade », M. Nékludow en donne de nombreux exemples, était le moyen préféré par les vizirs ottomans, lorsqu'ils voulaient montrer leur mécontentement aux malheureux ambassadeurs (2). Ce procédé si peu diplomatique n'était pas considéré comme une cause de rupture. Les Turcs avaient vu que les Occidentaux avaient besoin d'eux; qu'ils étaient capables de tout supporter plutôt que de perdre leur amitié qui leur assurait tant de lucre. Aussi ne se gê-

---

(1) V. Nékludow, p. 32.
(2) V. *Ibid.*, *op. c.*, p. 32 et 36-37.

naient-ils point à infliger aux ambassadeurs tous les mauvais traitements dont les Turcs étaient capables. — Encouragés par la passivité des Occidentaux, les Osmanlis avaient cru pouvoir agir de même avec les Russes. Le Tsar, par son énergique attitude, s'était fait respecter d'abord; il avait fait sentir ensuite le vide que faisait l'absence des marchands russes dans les villes turques. Dès lors, le Sultan, ce grand potentat, n'hésita point à faire les premiers pas afin d'obtenir le rétablissement des relations commerciales, un moment interrompues, ni, plus tard, à traiter avec tant d'urbanité l'envoyé du tsar moscovite (1).

Les intérêts commerciaux, si grands fussent-ils, pouvaient-ils, à eux seuls, expliquer cette cordialité des Turcs, cette attitude conciliante qui, pour l'époque, constituait une anomalie? Non, assurément. Il y avait à côté et au dessus des questions économiques, des préoccupations politiques, qui sans être bien nettement établies, n'en existaient pas moins (2). Les hommes vigilants dans les deux pays les devinaient plutôt qu'ils ne les comprenaient; c'était par une sorte d'intuition qu'ils étaient portés à suivre telle ligne de conduite plutôt que telle autre. Sans cela il serait difficile de comprendre que les tsars de Moscou se soient contentés de s'enfermer dans

---

(1) La première ambassade russe à Constantinople avait été confiée à Plechtéef. M. A. Nékludow fait ressortir de la lettre même du Sultan que l'ambassadeur d'Ivan III avait été reçu en audience solennelle, ce qui était chose inusitée à l'époque. V. Nékludow, *op. c.*, p. 25.

(2) V. *Ibid.*, *op. c.*, p. 18.

une attitude expectante (1), à assumer un rôle passif (2), alors que les Turcs et les Tartares infligeaient au commerce russe les pires des déprédations et empêchaient par leurs tribulations inopinées, la mise en valeur des provinces méridionales de l'Empire russe. Si donc les Russes croyaient ne pas devoir agir contre cet ennemi redoutable, c'était uniquement parce qu'ils sentaient parfaitement bien qu'il fallait commencer par rendre inoffensifs d'autres ennemis, dont le voisinage immédiat était d'autant plus dangereux qu'ils avaient des vues ambitieuses (3); qu'on devait, pour cela, s'agrandir aux dépens de certains d'entre eux, dont la résistance n'était pas à redouter: se recueillir et se préparer, en un mot, afin d'avoir de plus grandes chances de succès lorsque l'heure de la lutte aurait sonné (4). En attendant, on suivait la tradition

---

(1) V. Gigareff, *op. c.*, t. 1, p. 74-75.

(2) V. Ouspensky, *Kak voznik i razvilsia v' Rossii vostsotchnigi vopross*. (Comment la Question d'Orient a surgi et s'est développée en Russie), St-Pétersbourg, 1887, p. 13.

(3) « Le génie national, dit M. Dobroff, insinuait aux hommes « dirigeants de la Russie que l'ennemi le plus dangereux pour son « développement national et politique n'était pas du côté de la « Crimée..., mais plutôt du côté de sa voisine de l'Ouest, la Pologne, « qui, s'étendant du Dniester à la Baltique, ambitionnait des nouvelles « acquisitions territoriales... Aussi la Russie évitait-elle soigneusement « tout conflit avec la Turquie... » V. Dobroff, *Ioujnoé slavianstvo, Tourtsiia i sopernitchestvo evropeiskich pravitelstv na Balkanskom polouostrovié* (Le slavisme du sud, la Turquie et la rivalité des gouvernements européens dans la presqu'île des Balkans, Saint-Pétersbourg, 1879, p. 432-433.

(4) En 1637, les cosaques du Don avaient réussi, par un coup de main, à s'emparer de la ville d'Azov. Ils demandèrent aussitôt l'approbation du tsar de Moscou et se placèrent sous sa protection. Le Tsar cependant, n'ignorait pas qu'en approuvant l'action audacieuse

établie par Ivan III, on entretenait des rapports pacifiques avec les Turcs. C'était là un moyen sûr pour empêcher les Osmanlis de passer au camp des adversaires de Moscou, les Polonais et les Lithuaniens (1).

Il en était de même pour l'Empire ottoman. Depuis l'établissement des Turcs en Europe, presque tous les souverains de l'Occident s'étaient proclamés les ennemis jurés de ces conquérants. Les Papes n'avaient point manqué de prendre en mains la haute direction du mouvement; ils avaient organisé les croisades, ils essayaient d'en provoquer de nouvelles pour chasser de l'Europe cet élément dangereux (2). Si le roi de France s'adressait au Sultan, il ne pouvait pas pourtant le faire au grand jour, de peur du scandale. Il était donc obligé de faire, en secret, certaines démarches, il n'avait jamais osé s'allier formellement aux Turcs. Le même scrupule empêchait plus tard ses successeurs d'accéder aux demandes formelles des Turcs et il en résultait, pour la France, tous les inconvénients, aux yeux de l'Europe, d'une alliance avec les Musulmans, sans jamais en tirer complètement

---

de ses cosaques il pouvait courir le risque d'une guerre avec la Turquie. Or, il semble bien que la Russie ne se sentait pas encore prête pour affronter la lutte avec le Potentat de Constantinople. Sur l'avis du conseil, le Tsar s'empressa de désavouer la conduite des cosaques. Cet exemple est caractéristique, car il prouve bien quel était le véritable motif de la cordialité entre ces deux pays. V. Dobroff, *op. cit.*, p. 464; Soloviev, *Histoire de la Russie* (en russe), t. XI, *passim;* Gigaref, *op. cit.*, t. I, p. 87, ainsi que l'intéressante étude de M. Polonsky intitulée : La question russe dans le Sud-Est de l'Europe (en russe), dans le *Viestnik Evropi* (Le Messager de l'Europe), 1876, no XI, p. 385 et suiv.

(1) V. Gigareff, *op. cit.*, t. I, p. 65 et suiv.

(2) V. Nékludow, *op. cit.*, p. 33.

les profits (1). De sorte que les Turcs n'avaient vu que des ennemis en Europe. Les souverains de la Pologne et de la Luthanie ne pouvaient point être en reste; ils s'étaient empressés de suivre la même conduite que les autres nations chrétiennes, ce qui avait puissamment contribué à provoquer l'irritation des Turcs contre ces deux pays. Il n'y avait que les Russes qui se tenaient en dehors de ce mouvement hostile aux Osmanlis. Il ne faut donc pas s'étonner si les Turcs étaient naturellement portés à rechercher l'amitié des tsars moscovites, dont les rapports avec les Polonais et les Lithuaniens ne se distinguaient précisément pas par la cordialité (2).

Mais, ce n'était pas tout. L'importance de Moscou aux yeux des sujets chrétiens de l'Empire ottoman n'avait point échappé à ces conquérants, incapables de s'assimiler les populations subjuguées (3). Après la chute de Byzance, le seul pays orthodoxe qui avait réussi à sauvegarder son indépendance était assurément l'Empire des tsars, dont la capitale n'avait pas tardé à devenir le centre de la chrétienté orientale. L'importance de Moscou s'était encore accrue depuis le mariage du tsar Ivan III avec Sophie Paléologue et les droits de succession qui en étaient résultés pour les souverains de Moscou sur le

_____

(1) V. Sur ce point l'étude de M. Etienne Lamy publiée dans la *Revue des Deux Mondes* et intitulée : La France du Levant. La lutte pour les influences politiques. (Année 1898, n° du 15 nov. et suiv.) et particulièrement le 3e article publié dans le n° du 15 janvier 1899.

(2) Nékludow, *op cit.*, p. 18.

(3) Les *bailes* de Venise avaient les premiers constaté l'appréhension qu'inspirait aux Turcs le crédit dont jouissait la Russie auprès des populations chrétiennes des Balkans. V. Ouspensky, *op. c.*, p. 58.

trône de Byzance (1). Grâce à cette situation particulière que les Turcs s'exagéraient peut-être, l'Empire moscovite était redouté à Constantinople et c'était là encore une cause qui explique le désir des sultans d'entretenir des relations amicales avec les tsars (2).

Enfin, et ceci a son importance pour l'époque, tout dans les mœurs des Russes plaisait aux Osmanlis. L'étiquette, la fierté dans la correspondance, le faste oriental, les riches cadeaux que les envoyés des Tsars n'oubliaient jamais d'apporter à Constantinople, voire même, comme le remarque M. Nekludow « leurs (des envoyés russes) costumes et leurs longues barbes ». Tout cela faisait voir aux Turcs qu'il y avait par delà les steppes, un peuple qui leur ressemblait sous plus d'un rapport et avec lequel on pouvait s'entendre et vivre en bonne amitié (3).

Ainsi donc, les intérêts commerciaux, doublés des considérations d'un ordre politique, étaient la cause des rapports cordiaux entre ces deux pays destinés, plus tard, à tant de luttes.

Ce système politique, qui avait pourtant présidé pendant plus d'un siècle aux relations des deux Empires, n'était, au fond, qu'un pis-aller. La Russie était poussée par une force impérieuse, vers le Sud ; on éprouvait, chaque jour davantage, la nécessité d'assurer le libre développement des provinces méridionales de l'Empire, qui se trouvaient

---

(1) V. Gigareff, *op. cit.*, t. I, p. 30 et suiv. Cf. aussi l'intéressant ouvrage de M. Pierling, Le Saint-Siège et la Russie. On y trouvera de curieux détails sur ce mariage.

(2) V. Nékludow, *op. cit.*, p. 18.

(3) V. *Ibid.*, p. 34-35.

toujours exposées au pillage des hordes Tartares. Le libre accès à la mer Noire devenait, de plus en plus, un intérêt vital pour le pays, partant, il devait être l'objectif de la politique russe. Toutes ces idées, un peu vagues au commencement, ne tardèrent pas à prendre consistance et à se préciser. C'est grâce à la clairvoyance et à l'activité aussi féconde qu'infatigable de Pierre le Grand qu'elles ont été placées en évidence, au premier plan. Dès lors, la Russie adopte une autre ligne de conduite envers la Turquie. Nous verrons la diplomatie russe, après avoir reçu la poussée décisive, marcher lentement, mais sûrement, vers le but indiqué et l'infatigable persévérance qui l'a toujours caractérisée n'était pas la moindre garantie pour le succès final. C'est là le commencement d'une ère nouvelle dans les rapports entre ces deux voisines redoutables, car la Russie abandonne délibérément le rôle passif auquel l'échiquier politique de l'époque l'avait condamnée, pour entreprendre un rôle autrement actif et décisif. La politique défensive fait place à l'offensive.

Si la Turquie était menacée dans ses intérêts et surtout dans son existence par les progrès chaque jour croissants de la puissance des Tsars, les intérêts des puissances occidentales, ou plutôt de certaines d'entre elles (1), ne

(1) L'Autriche n'était pas encore parvenue à la formation de ses frontières. Elle n'était pas encore la voisine immédiate de la Russie. Comme, d'autre part, les provinces que la cour de Vienne convoitait et celles que la Russie voulait s'annexer étaient du domaine des mêmes souverains, ces deux pays étaient naturellement portés à s'entendre pour les dépouiller plus facilement. V. Albert Vandal, Louis XV et Elisabeth de Russie, Paris 1896 (3e édit.) p. 101-102. Cf. aussi Vandal, *Une ambassade française en Orient*, etc., p. 244-245.

l'étaient pas moins. Il était évident que le développement éventuel du commerce russe préoccupait les esprits en Occident. On prévoyait une âpre lutte dans le domaine économique et peut-être aussi, ce qui était logique, dans le domaine politique. Les Russes, une fois établis sur les bords de la mer Noire, n'auraient pas tardé à faire la concurrence aux puissances maritimes, même dans la Méditerranée. L'influence politique suivait de près l'importance commerciale et on pouvait craindre que cette influence ne prît des proportions inquiétantes, dans un avenir rapproché. Aussi, voyons-nous ces Puissances tenter, à différentes reprises, d'enrayer les progrès russes vers l'Euxin. C'est dans cette intention que la diplomatie française, grâce à de très habiles négociateurs, intervint souvent, soit pour provoquer certains conflits, soit — en imposant, à un moment opportun, sa médiation — pour essayer d'amoindrir les désastres des Turcs (1), soit, enfin — la chose paraît invraisemblable — pour instituer les Turcs en défenseurs des libertés politiques de la Pologne (2).

---

(1) V. Albert Vandal, *Une ambassade*, etc. *passim*.

(2) V. Albert Sorel, *La Question d'Orient au* xviiie *siècle*, 2o édition, Paris, 1889, p. 28.

CHAPITRE PREMIER

LA PAIX DE BELGRADE

(1739)

Les guerres de Pierre le Grand contre la Turquie. Prise d'Azov en 1697. Le traité de 1700 signé à Constantinople. — Campagne et traité de Pruth (1711). — Traité de Passarowitz (1718). — Rupture entre la Russie et la Turquie en 1736. — Congrès de Niémirow. — L'Autriche est amenée à prendre part à la guerre comme alliée de la Russie. — Les conférences de Niémirow n'aboutissent pas. — Rôle du marquis de Villeneuve. — Les Turcs résistent. — Revers de l'Autriche pendant les campagnes de 1738-1739. — Médiation de la France. — Le marquis de Villeneuve au camp du Grand-Vizir, devant Belgrade. — Les traités de paix signés à Belgrade.

I

La transformation radicale qui s'était produite, vers la fin du XVIIe siècle, dans le système politique de la Russie à l'égard de la Turquie avait précédé, de quelques années seulement, l'avènement au trône de Pierre le Grand. Et, en effet, déjà sous le règne du tsar Théodore Alexséïévitch, les événements de la Petite-Russie avaient motivé la première guerre entre ces deux pays (1). Par le traité

(1) Il est à remarquer que les Sultans n'étaient pas tout à fait à leur premier essai pendant cette guerre de 1676. L'annexion d'As-

de 1681, signé à Radzin à la fin de cette première guerre, la Russie, tout en gardant la partie orientale de l'Ukraine, se trouvait obligée de céder à la Turquie la partie occidentale de cette province, ainsi que les pays des Zaporagues. De plus, et ceci a son importance, le tsar prenait l'engagement humiliant de payer un tribut annuel au Khan des Tartares (1).

---

trakhan avait été le prétexte d'un conflit entre la Russie et la Turquie. Sélim II expédia, en 1569, une nombreuse armée contre Astrakhan, mais il n'y a pas eu, à proprement parler, une guerre, car les Osmanlis, ayant beaucoup souffert dans les steppes et craignant le voisinage des nombreuses troupes russes, battirent en retraite, sans livrer bataille aux troupes du Tsar. Néanmoins, dès l'année suivante, 1570, le tsar Ivan le Terrible se décida à faire les premiers pas pour renouer les anciennes relations amicales entre les deux pays. Il envoya, à cet effet, une ambassade dirigée par Novossiltzoff, qui n'eut point de peine à réussir complètement. (V. Dobroff, op. cit. p. 460-461). C'était pendant cette expédition que le sultan Sélim II avait eu l'idée de relier le bassin du Don à celui du Volga. Il avait ordonné le percement d'un canal entre ces deux fleuves, à l'endroit où ils se rapprochent le plus (à Tsaritsin.) V. Dobroff, loc. cit. Cf. aussi Reclus, op. cit., t. III, p. 782. Plus tard, une guerre faillit éclater à la suite de la prise d'Azov par des Cosaques du Don (1637). Mais la Russie n'était pas encore prête à affronter la lutte et c'est grâce à la sagacité des conseillers du Tsar qu'on l'avait évitée. Le tsar de Moscou s'était vu obligé de désavouer ses fidèles serviteurs. V. Dobroff, op. cit., p. 462 ; Gigareff, op. c., t. I, pp. 87-88.

(1) V. Dobroff, op. cit., p. 465-466. — Les ratifications de ce traité furent échangées à Constantinople, l'année suivante, 1682. Le Sultan consentit à l'insertion dans le texte définitif du traité de quelques nouvelles dispositions, notamment la promesse de ne point entraver le pèlerinage des Russes à Jérusalem. Cette clause, comme le remarque M. Serge Gigareff, est très importante, car c'était la première fois que les intérêts religieux de la Russie se trouvaient consignés dans un traité. V. Gigareff, op. c., t. I, p. 94.

Peu de temps après, les troubles de l'Autriche furent
le point de départ de nouveaux et sanglants conflits dans
lesquels la Russie était amenée à prendre une part active.

Il n'entre pas dans le cadre de cet essai de rechercher,
en détail, les causes de ces événements. Qu'il nous suffise
de dire que ce qui avait contribué à rendre si précieuse
l'alliance de la Russie, c'était la situation extrêmement
critique dans laquelle se trouvait l'Empereur d'Autriche
après l'investissement de sa capitale par les nombreuses
troupes du Sultan. On pouvait, en effet, comparer la situation de l'empereur Léopold à celle de François Ier, au
lendemain de la catastrophe de Pavie (1). Ne pouvant aucunement compter sur une assistance efficace de la part
des petits États allemands qui, à ce moment, étaient
presque immobilisés par la politique de Louis XIV, le
descendant des Habsbourgs ne pouvait faire autrement
que d'implorer l'alliance de la République de Venise, de
la Pologne et aussi de la Russie. Mais si le concours des
deux premières n'était pas difficile à obtenir, grâce, d'une
part, au ressentiment qu'elles avaient envers les Turcs
et, de l'autre, à l'espoir de reprendre d'anciennes provinces,
— telles que la Morée pour Venise, la Podolie et l'Ukraine
pour la Pologne, — il n'en était pas de même pour la
Russie. Les hommes d'État moscovites ne se laissaient
point persuader, ni éblouir par la possibilité qu'on leur
faisait entrevoir de s'emparer des côtes de la mer Noire,
voire même de la capitale des Osmanlis (2). Ils se souciaient fort peu de risquer la tranquillité du pays pour des

(1) Dobroff, op. cit., p. 468.
(2) Ibid., loc. cit.

avantages aussi dépourvus de garanties qu'étaient les promesses du bien d'autrui, d'autant plus que les résultats de la guerre étaient, après tout, fort incertains. Aussi, aux démarches qu'on faisait à la Cour de Moscou, les conseillers du Tsar se contentaient-ils d'objecter que la Russie se trouvait en état de paix avec le Sultan et, de plus, n'avait aucun grief à faire valoir contre lui (1). Ce n'était là, pourtant, qu'une façon de répondre, dans l'intention de faire valoir le prix du concours. Il était plus qu'évident qu'on comprenait à merveille la situation, dans la sainte ville de Moscou. Les hommes d'État moscovites savaient parfaitement bien qu'on ne pouvait se passer du concours de la Russie; que ce concours était absolument indispensable pour que la Pologne pût agir contre les Turcs, car, en somme, pour que les troupes polonaises pussent attaquer l'aile droite de l'armée turque, il était nécessaire que les troupes du Tsar fussent là pour contenir les Tartares de Crimée et les empêcher d'envahir le territoire de la Pologne (2). On comprenait cela à la Cour de Moscou et on désirait en tirer le plus de profits possibles et, avant que de courir les chances d'une guerre, on désirait se faire payer, en retour, par des avantages immédiats et réels. Les promesses si alléchantes du bien d'autrui présentaient trop d'aléa; on voulait de l'argent comptant, si l'on peut s'exprimer ainsi.

Au fond, la Russie ne voulait point laisser échapper l'occasion très favorable pour porter un coup sérieux aux Tartares, laissés à leurs propres ressources, les Turcs étant occupés en Hongrie. Si donc les alliés se décidaient

---

(1) Gigareff, op. cit., t. I, p. 96.
(2) V. Dobroff, op. cit., p. 469.

à lui payer d'avance son concours, elle en tirait un double avantage. Finalement et après de longues et laborieuses négocations, la Russie entra dans la Sainte-Alliance, par le traité signé à Moscou en 1686. En vertu de ce traité, la Russie obtenait, comme prix de son concours, la ville de Kiew, Smolensk et toute la Petite-Russie (1).

C'était là incontestablement un franc succès pour la Russie, car ce traité présentait, sous tous les rapports, de très grands avantages pour elle. « L'annexion de Smo- « lensk avec la ligne du Dniéper, écrit M. Schtché- « balsky, nous procurait la frontière naturelle, en l'éloi- « gnant de la capitale... La possession exclusive du pays « Zaporogue nous rapprochait de la mer Noire, mettait la « Russie en contact avec cette mer, et nous promettait « des avantages considérables dans une guerre éventuelle « avec la Turquie... Et tout cela nous l'avons obtenu sans « efforts, sans effusion de sang, grâce à une politique ha- « bile, sachant profiter des circonstances heureuses » (2).

Dès le mois de septembre de la même année, les hostilités furent ouvertes et une nombreuse armée entra en campagne, sous le haut commandement de Vassily Galitzine (3).

Il semble pourtant que l'heure n'avait pas encore sonné pour la Russie d'assurer la tranquillité de ses extrémités méridionales, car ni la campagne de 1686, ni celle qui

---

(1) V. Gigareff, t. I, p. 97. Zinkeisen, op. cit., t. V, p. 138-139. D'après cet auteur, la Russie n'aurait obtenu ces concessions que moyennant le payement d'une somme d'un million et demi do florins (gulden). Cf. aussi Dobroff, op. cit., p. 468.

(2) Schtchébalsky, *Pravlénié tsarevni Sophii* (La régence de la princesse Sophie), Moscou, 1856, p. 96-97.

(3) V. Dobroff, op. c., p. 470.

l'avait suivie en 1687, ne purent réaliser l'espoir des
Russes de voir la Crimée annexée, les Tartares à jamais
éloignés ou, tout au moins, de s'affranchir de l'obligation humiliante de payer tribut au Khan de Tartarie (1).
Tout, durant ces deux campagnes, avait contribué à faire
échouer les plans russes. Les soldats des tsars n'étaient
pas encore suffisamment entraînés pour être à même de
faire efficacement la guerre dans les steppes. Exposés aux
intempéries du climat, aux difficultés du ravitaillement,
et surtout dans l'ignorance où l'on était de la topogra-
phie du pays d'opération, à toutes sortes d'embuscades,
les troupes de la tsarevna étaient fatalement condamnées
à aboutir à un échec complet (2).

Cette triste expérience fut très profitable à Pierre le
Grand. Elle lui permit de se convaincre de l'inutilité des
opérations en Crimée (3). Il s'occupa aussitôt de trouver
un autre terrain d'action où les chances de succès seraient
bien plus grandes. Mais avant de continuer les hostilités
commencées du temps de sa sœur Sophie, il voulut assurer
à son pays quelques années de répit, ce qui allait lui
permettre de mener à bien la réorganisation de son
armée. Dans ce but, il essaya d'obtenir pacifiquement ce
que Galitzine n'avait point réussi à faire avec ses nombreuses troupes. En 1692, il s'empressa d'envoyer en
Crimée un habile négociateur, Aïtimiroff, dont la mission
ne réussit guère mieux (4). Bientôt Pierre le Grand acquit
la conviction qu'il n'y avait rien à espérer des négociations

---

(1) V. Soloviev, L'Histoire de Russie, t. XIV, p. 37-38.
(2) V. Soloviev, op. cit., t. XIV, p. 60; Dobroff, op. cit., p. 470.
(3) V. Gigareff, op. cit., t. I, p.102.
(4) V. Dobroff, p. 471 ; Gigareff, op. cit., p. 100.

et n'hésita plus à attaquer ces indomptables vassaux de l'Empire ottoman. Il entreprit, dès 1695, une sérieuse campagne contre Azof (1). Les opérations ne furent pas d'ailleurs couronnées de succès, car l'invertissement de la ville n'était pas complet ; le tsar n'avait pas de flotte ce qui l'empêchait de couper les communications de la ville avec la mer, d'où elle recevait le ravitaillement. Le concours d'une flotte lui était indispensable pour réduire complètement la ville et l'obliger à se rendre.

Le premier insuccès de Pierre le Grand n'eut pas pour résultat de le décourager et de lui faire perdre tout espoir (2). Il lui avait seulement fait voir l'insuffisance de ses moyens d'attaque. Il essaya aussitôt d'y remédier tant bien que mal et, dès le printemps suivant, il revint à la charge, il assiégea de nouveau la ville et grâce à l'intervention de la petite flottille russe, la ville fut obligée de capituler, le 18 juillet 1696, après deux mois de résistance (3).

Cet événement eut un très grand retentissement en Russie aussi bien qu'en Europe. « La prise d'Azov, écrit

(1) Il paraît que ce fut sous l'influence de Lefort que Pierre le Grand dirigea ses troupes contre Azov. (V. Soloview, op. c., t. XIV, p. 133 et 202.) « ... L'expérience de Galitzine, écrivait le Tsar à « Apraxine, le 16 avril 1695, nous a démontré que les guerres dans les « steppes ne peuvent promettre aucun succès... c'est pourquoi il a été « décidé d'attaquer Azov qui présente plusieurs avantages : grâce au « Don, le transport des troupes n'est point hérissé de difficultés, et « les habitations des cosaques du Don qui foisonnent aux environs de « cette ville simplifient la question du ravitaillement. » (V. Soloviev, t. XIV, p. 205-206.

(2) V. Soloviev, op. cit., t. XIV, p. 209.

·(3) V. Ibid., p. 212 et suiv., Dobroff, op. cit., p. 473 ; Zinkeisen, op. cit., t. V, p. 188 et suiv.

« l'éminent historien Soloviev, est du nombre de ces rares
« et solennels événements qui frappent le plus l'imagina-
« tion des peuples. C'était là le premier succès remporté
« contre ces redoutables Turcs... Les ennemis de la Russie
« avaient aussi de quoi s'inquiéter, car la Russie était
« gouvernée par un tsar qui ne s'endormait pas sur ses
« premiers lauriers. Aussitôt après la chute d'Azov, il fait
« une tournée sur les côtes de la mer d'Azoff ; il décide
« l'élévation d'une forteresse et la construction d'un port
« à Tagamok. Azov fut aussi fortifiée et devint une ville
« russe, les mosquées furent transformées en églises (1) ».

Les Turcs, jouant de malheur, n'étaient pas plus heureux ailleurs. Les troupes autrichiennes remportèrent plusieurs victoires. En 1687, elles s'emparèrent de la capitale
de la Hongrie. Elles battirent les troupes de Soléïman-Pacha,
près de Mohacz (2). Les pertes des Turcs étaient considérables, l'armée du Sultan était complètement démoralisée
et fuyait vers Belgrade, dans le plus grand désordre. La
Porte désirait la paix et le secrétaire Mavrocordato, un
des nombreux Grecs au service de la Turquie, avait déjà
entamé les négociations avec l'Empereur. Cependant, les
conditions proposées n'étaient point acceptables pour l'Au-

---

(1) V. Soloviev, t. IV, p. 214-218. La nouvelle de la prise d'Azov
aurait provoqué une joie indescriptible en Pologne et en Autriche, à
en croire M. Beer. « Espérons, aurait dit le père Wolf, dans une pré-
« dication, que Dieu accordera au Tsar portant le nom du saint
« apôtre Pierre, les clefs avec lesquelles il ouvrira les portes du
« royaume des infidèles ». V. Adolf Beer, Die Orientalische Politik
Oesterreichs seit 1774, Prag Leipzig 1883, p. 10. Sur l'importance de
Tanganrok et le développement de la marine russe V. Zinkeisen,
op. cit., t. V, p. 197.

(2) V. Dobroff, op. cit., p. 469.

triche et les négociations n'aboutirent pas (1). Peut-être
aussi les insinuations de l'ambassadeur de Louis XIV, de
Châteauneuf, n'étaient-elles pas étrangères à cet insuccès (2). Toujours est-il que les hostilités reprirent
dès 1691 et le prince Eugène de Savoie, après avoir asséné
quelques-uns de ces coups décisifs, dont il avait seul le
secret, finit par dérouter complètement l'armée du Sultan
et enleva d'assaut Belgrade (3).

Tout cela avait puissamment contribué à refroidir l'ardeur belliqueuse de la Porte et à faire pencher visiblement
la balance du côté de la paix. Ce qui fut fait à Carlowitz,
en 1699, grâce à la médiation de l'Angleterre et des Pays-
Bas (4).

Nous ne saurions attacher trop d'importance à ce traité
ou plutôt à ces traités, car il y en a plus d'un, qui ouvrent
un nouveau chapitre dans l'histoire des relations entre la
Turquie et les puissances chrétiennes.

C'est avec ce traité que commence le morcellement de
ce corps hétérogène qui s'appelle la Turquie. En vertu du
principe de *l'uti possidetis* qui a présidé aux négociations de Carlowitz, l'Autriche lui enleva non seulement le
Temeswar, mais aussi toutes les possessions des Osmanlis
au delà du Danube ; la Pologne, sans avoir brillé, pendant ces longues guerres, par d'éclatantes victoires, réussit à récupérer la Podolie, avec Kamiénetz, et l'Ukraine ;
la République de Venise garda toutes les villes qu'elle

---

(1) V. Dobroff, loc. cit.
(2) V. Saint-Priest, op. cit., p. 242-243.
(3) V. Dobroff, op. cit., p. 470.
(4) V. Ibid., p. 474 ; Vandal, Une ambassade en Orient, etc.,
pp. 58-59.

avait occupées dans le Péloponèse et une grande partie de
la Dalmatie ; la Russie enfin, se réserva, en vertu du
même principe, l'importante conquête d'Azof, ainsi que
nous le verrons plus loin (1).

D'ailleurs, ce n'est pas seulement au point de vue de la
décadence, du « mouvement de recul » (2) de la puissance musulmane qu'on doit retenir cette date de la paix
de Carlowitz. C'est aussi et surtout, parce que la Turquie
y apparaît comme « une combinaison politique indispensable aux intérêts des puissances étrangères » (3). C'est à
Constantinople que se donneront rendez-vous, désormais,
les intrigues les mieux combinées pour combattre, prévenir ou établir la prépondérance politique dans les
Balkans, de telle ou telle autre puissance. C'était dans cet
esprit que, non seulement les puissances neutres, mais
aussi les alliées, essayèrent pendant les conférences de
Carlowitz d'affaiblir, autant que possible, les concessions
que la Turquie était obligée de faire, après ce désastre, à
chacune d'entre elles. Il s'agissait, en effet, de se montrer
généreux pour les Turcs aux dépens des alliés d'hier,
bien entendu, afin de se réserver l'éventualité des concessions futures. C'est la caractéristique la plus frappante de
ce que devait être, dans la suite, la politique des puissances à l'égard non seulement de la Turquie, mais
surtout dans les relations réciproques à propos des
affaires de Turquie (4).

---

(1) V. Dobroff, op. cit., p. 473-474.
(2) V. Vandal, Une ambassade en Orient, etc., p. 58.
(3) V. Dobroff, op. cit., p. 474.
(4) Les Puissances alliées s'étaient mutuellement engagées à ne
traiter avec la Turquie qu'après une entente préalable sur les con-

II

Peu de temps après, la conclusion de la trève de deux ans, à Carlowitz, le tsar Pierre le Grand se décida d'envoyer à Constantinople une mission pour la conclusion de la paix définitive (1). La situation n'était plus la même, depuis Carlowitz, car la précipitation de l'Autriche à con-

---

ditions à lui imposer. Néanmoins, les intérêts de chacune d'elles ne tardèrent point à porter un coup sensible à cet engagement formel. La première c'était l'Autriche qui, pressée d'en finir, oublia cette obligation et entama, séparément, des négociations avec la Porte. Cette attitude de la cour de Vienne provoqua les protestations de l'envoyé du Tsar, Voznitzine, car si les Turcs parvenaient à conclure la paix avec l'Autriche, ils auraient pu disposer de tous leurs moyens pour en finir avec la Russie. N'ayant pas grande confiance dans de vaines protestations, Voznitzine essaya d'un autre moyen. Il avait poussé les Turcs à ne point se hâter de conclure la paix avec l'Autriche. Il tâchait de leur démontrer les angoisses de la Cour de Vienne qui était à la veille de se lancer dans la guerre pour la succession d'Espagne. Si donc cette guerre venait à éclater, l'Autriche consentirait à des conditions bien plus favorables pour la Turquie, obligée qu'elle allait être de couvrir ses frontières occidentales. Les Turcs, cependant, n'eurent aucun souci de mettre à profit cette précieuse leçon de politique européenne et ne suivirent point les conseils de Voznitzine. Le délégué russe quitta Carlowitz, mécontent des agissements des alliés Il était pourtant parvenu à signer une trève de deux ans, ce qui allait permettre aux deux pays de conclure le traité de paix définitif. (V. Dobroff, op. c., p. 474).

(1) V. sur ces négociations dans Oulianitsky, op. cit., p. 22-38 ; Soloviev, op. cit., t. XIV, p. 304-310 et Zinkeisen, op. cit., t. V, p. 232-235.

clure séparément la paix avec les Turcs, dans l'intention
d'empêcher le Tsar d'obtenir de grands avantages, n'avait
pas tardé à produire ses effets. La Porte, se sentant les
coudées plus franches du côté de la frontière danubienne,
était, en effet, dans une situation on ne peut plus avantageuse pour les négociations qui allaient s'ouvrir. La
possibilité qu'elle avait de concentrer ses troupes en
Crimée, allait peser, de tout son poids, dans ce tête-à-tête
inévitable. Aussi, voyons-nous le Tzar s'ingénier à employer tous les moyens afin de déjouer les plans et les intrigues des puissances occidentales, et pour commencer, il
essaya de l'intimidation.

Depuis la prise d'Azov, Pierre le Grand avait déployé
une étonnante et inlassable activité pour la création des
premiers éléments de la future flotte russe de la mer Noire.
Il n'avait pas négligé d'avoir recours au concours éclairé
des étrangers. Soucieux avant tout de faire vite et bien,
il avait pris soin de s'adresser à ceux qui pouvaient, grâce
à leur expérience, le mieux servir ses desseins. Il avait
fait venir, à cet effet, plusieurs ingénieurs-constructeurs
vénitiens qui, au bout de quelque temps, lui donnèrent
une flotte composée de neuf galères, quatorze grands vaisseaux et quarante autres unités de moindre tonnage (1).

Au moment d'envoyer son conseiller Oukraïntzeff pour
les négociations de la paix, le Tsar avait voulu profiter de
l'occasion pour montrer aux Turcs qu'il était de taille à
affronter une lutte décisive. C'est dans cette intention
qu'au mois d'avril de l'année 1699 une escadre russe
appareilla à destination de Kertch pour y accompagner
l'envoyé du Tsar. Le plénipotentiaire russe avait pris

_____

(1) V. Zinkeisen, op. cit., t. V, p. 198.

placé sur la galère à 46 canons, *Kriépost*, qui devait le conduire à Constantinople (1).

L'apparition de cette escadre dans los eaux de Kertch fut une véritable révélation pour les Turcs. Le Pacha qui y représentait l'autorité du Sultan était visiblement en proie à la plus grande terreur. Il ne cessait de se renseigner sur le véritable but de cette expédition. Le commissaire du Sultan, envoyé à la rencontre de l'ambassadeur du Tsar n'avait rien épargné afin de dissuader la mission russe d'aller à Constantinople par voie de mer et de lui faire prendre l'ancienne route, par la Crimée et le Boudjak. Il avait même argué du mauvais état de la mer à cette époque de l'année, ce qui présentait, d'après lui, de graves dangers pour la navigation. Rien n'y avait fait et le conseiller Oukraïntzeff, profitant des vents favorables, mit à la voile vers les rives du Bosphore, laissant là des gens pris de panique. Vers la fin du mois d'août, la *Kriépost* faisait son entrée triomphante dans les eaux de la capitale de l'Islam, où son apparition ne manqua pas de produire une vive sensation (2).

C'est sous cette impression que, après les visites d'usage (3), s'ouvrirent les négociations entre les envoyés

---

(1) V. Zinkeisen, op. cit., t. V, p. 232 ; Soloview, op. cit., t. XIV, p. 304.

(2) V. Soloviev, t. XIV, p. 305-306 ; Zinkeisen, t. V, p. 354.

(3) Il paraît que l'ambassadeur britannique, lord Pajet, qui n'était pas le moins surpris de tous de voir ancré, en face du Sérail, un vaisseau de guerre russe, d'un modèle aussi parfait, avait refusé de recevoir la visite de Pambourg qui venait le saluer de la part de l'ambassadeur Oukraïntzeff. V. Soloview, op. cit., t. XIV, p. 306.

russes (1) et le Reïs-Effendi, assisté du secrétaire de la
Porte, Mavrocordato.

Les envoyés du Tsar présentèrent les conditions de la
Russie. Il n'y avait en somme rien de nouveau car le délégué russe au Congrès de Carlowitz, Voznitzine, avait
formulé les mêmes conditions. Elles consistaient dans le
rétablissement de la paix éternelle ou, si cela n'était guère
possible, d'une trève de longue durée sur le principe de
l'uti possidetis. La Russie demandait, en outre, la liberté
de commerce entre les deux pays avec la faculté pour les
navires russes de naviguer sur la mer Noire. A côté de
ces conditions principales, il y avait encore une série de
demandes qu'on considérait comme secondaires, telles que :
liberté pour les sujets russes d'aller à Jérusalem ; exemption
de tout payement de tribut au Khan des Tartares ;
cessation des déprédations continuelles auxquelles les
Tartares étaient coutumiers ; de son côté, la Russie promettait d'empêcher les incursions des Cosaques sur le territoire turc (2).

Dès le début, on avait vu et bien senti que la discussion
porterait surtout sur l'adoption du principe de « *l'uti possidetis* » comme base de la négociation, d'une part, et de
l'autre, sur la demande de l'ouverture de l'Euxin à la navigation russe.

Après de longues et très laborieuses négociations, on
finit par s'entendre, moyennant quelques concessions
réciproques, sur le premier point. Le Tsar conserva « la
« forteresse d'Azov et tous les châteaux anciens ou nou-

---

(1) Le secrétaire Czérédéjew était attaché à Oukraïntzeff. V. Zinkeisen, op. cit., t. V, p. 232.

(2) Soloviev, op. cit., t. XIV, p. 306.

« veaux qui en dépendent, ainsi que leurs territoires et les eaux qui se trouvent entre ces forteresses » (1). Il devait par contre restituer à la Porte les villes de Ghasi-Kerman, Schahin-Kerman et Noussret-Kerman avec leurs districts, à la condition toutefois d'en faire un désert (2). C'était l'idée d'une barrière établie entre les deux pays, afin d'éviter tout contact immédiat, partant d'empêcher les conflits éventuels. Une barrière semblable à tout point à celle que nous venons de signaler, devait se trouver sur le territoire russe. La Turquie cédait, à cet effet, un territoire de dix heures de marche « au pas ordinaire du cheval », dans la direction du Kouban (3). La Russie obtenait aussi satisfaction sur quelques-unes des conditions de l'ordre secondaire (4).

Les négociations relatives aux rapports commerciaux et, ce qui constituait aux yeux de la Russie le complément indispensable, l'ouverture de la mer Noire à la navigation russe, furent particulièrement vives et faillirent même compromettre la conclusion de la paix. Les deux parties restaient obstinément à leurs positions respectives. Les plénipotentiaires turcs refusèrent nettement d'accéder à

---

(1) Ce sont les termes de l'article IV du traité de 1700. V. le Recueil de M. Noradounghian, p. 198.

(2) V. articles 2 et 5 de la convention de 1700. Noradounghian, p. 198.

(3) V. art. 7, Noradounghian, p. 199 ; Cf. aussi Zinkeisen, op. cit., p. 234.

(4) V. art. 8 relatif aux attaques des Cosaques et des Tartares. Le Tsar ne payera plus de tribut au Khan (art. 8 *in fine*), l'art. 9 est relatif aux prisonniers ; l'art. 12 parle des pèlerins russes à Jérusalem, etc, Noradounghian, p. 199-203.

la demande des Russes. Ils invoquaient, d'ailleurs, des considérations juridiques à l'appui de leur refus. Ils constataient, en effet, que la mer Noire n'était qu'une mer intérieure de la Turquie, toutes ses côtes se trouvant être sous la domination du Sultan. Ils citaient, de plus, l'exemple de la mer Rouge qui se trouvait exactement dans les mêmes conditions. La pratique plus que séculaire avait d'ailleurs consacré ce principe, et c'était une règle très ancienne du droit public de l'Empire ottoman qu'aucun navire étranger ne pouvait pénétrer dans la mer Noire (1).

La négociation traînait en longueur. On avait de nouveau discuté la question, dans un entretien particulier entre le secrétaire de la Porte, Mavrocordato, et les envoyés du Tsar. Ce chrétien au service de la Turquie essaya de les convaincre de l'inutilité de leur insistance. Il leur cita les fréquentes tentatives des Français, Anglais et Hollandais pour l'obtention du droit de naviguer dans cette mer, tentatives toujours et invariablement suivies des refus catégoriques de la part de la Turquie. Il ne leur dissimula pas que le Sultan avait convoqué un Divan afin de discuter la demande russe ainsi que l'opportunité d'accéder au désir du tsar de Moscou. Mais, après une longue et mûre réflexion, on s'était arrêté à la décision qu'il n'y avait pas lieu d'accorder aux Russes la faculté de naviguer sur l'Euxin, du moment qu'on la refusait aux autres Puissances (2). Tout ce que le Divan avait consenti

(1) V. les détails de cette négociation dans Oulianitsky, op. cit., p. 23-30. Le récit en est fait d'après les dépêches inédites d'Oukraïntzeff, conservées aux archives principales de Moscou.
(2) V. Oulianitsky, op. cit., p. 25.

à accorder aux marchands russes, c'était la faculté de
commercer avec tous les ports de la mer Noire, à la
condition toutefois de ne point se servir des navires
russes, pour le transport de leurs marchandises; il leur
serait permis d'employer, à cet effet, les navires turcs.
Les navires russes pourraient venir jusqu'à Kertch; là,
on procéderait au transbordement. Ce n'était qu'une transaction. Les envoyés du Tsar crurent y voir un nouveau
terrain de négociation. Ils proposèrent une autre transaction. Ils ne demandaient plus, comme avant, la liberté
de naviguer dans tous les ports de la mer Noire, mais
seulement de Kertch à Constantinople. Même ainsi réduite,
leur demande n'eut guère plus de succès. Le secrétaire
de la Porte laissa même échapper ces paroles significatives : « Quand les navires étrangers obtiendront la
« faculté de naviguer librement sur cette mer, la fin de
« l'Empire ottoman aura sonné » (1).

Finalement on s'accorda pour exclure du traité définitif cette question très délicate, tout en la réservant pour
des négociations ultérieures. On inséra donc, d'un commun
accord, cette clause dans le traité : « Bien que le réta-
« blissement des rapports commerciaux dût être un des
« fruits de cette paix et qu'il dût développer la prospérité
« des deux États, l'Envoyé actuel n'ayant toutefois pas
« des pleins pouvoirs pour cet objet, on s'est réservé de
« négocier sur les relations commerciales des deux pays
« avec l'ambassadeur que la cour de Russie enverra,
« selon l'ancien usage, à la Sublime Porte pour ratifier et

---

(1) V. Oulianitsky, p. 27.

« corroborer la présente paix (1). » En un mot, on réservait la question pour plus tard.

Ainsi donc, les Turcs persistaient à tenir fermée la mer Noire en invoquant l'ancienne règle de l'Empire, consacrée par la pratique constante de la Porte ; ils affirmaient aussi le droit souverain du Sultan de disposer, comme il l'entendait, de son domaine, de permettre ou non la navigation sur telle ou telle mer dont il possédait toutes les côtes. On pourrait discuter ce droit du Sultan. Sans doute toute l'étendue des côtes de l'Euxin appartenait à la Turquie ; mais pouvait-on, en droit, refuser à la Russie de naviguer, sous son propre pavillon, sur cette mer, alors qu'on lui cédait la ville d'Azof et ses dépendances, avec les eaux qui s'y trouvaient ? Du moment que la Russie avait accès à la mer d'Azof, qui n'était en somme qu'un prolongement de l'Euxin, pouvait-on lui dénier le droit de profiter de cette voie navigable pour les besoins de son commerce ? Et le fait que les deux rives du détroit de Kertch appartenaient au Sultan suffisait-il, en toute justice, pour exclure les Russes des avantages que présentait la navigation sur la mer Noire ? Toutes ces considérations contribuaient à donner à la demande russe une base juridique. Mais, si on se rapporte au droit international de l'époque, il est difficile d'y démêler ces principes qui ne devaient être clairement établis que bien plus tard. A l'époque où nous sommes, la Turquie pouvait parfaitement se prévaloir du fait que l'Euxin n'était qu'une mer intérieure de l'Empire. Mais ces arguments

---

(1) V. art. 10 du traité du 13 juin 1700, Noradounghian, p. 201-202. Jouzéfovitch, Les traités de la Russie en Orient (en Russe), Saint-Pétersbourg, 1869, p. 9.

tirés du droit n'étaient pas le véritable motif de l'insuccès de la mission russe sur ce point capital. Il y avait d'autres causes qui exercèrent surtout une influence décisive sur la détermination de la Porte.

En premier lieu, c'était la crainte qu'inspirait aux Turcs le développement considérable de la puissance moscovite (1). Le dessein de Pierre le Grand d'intimider les Turcs, en leur envoyant à Constantinople une de ses galères, avait sans doute produit son effet. On peut se demander s'il ne l'a même pas dépassé, dans une certaine mesure, car, en effet, l'apparition inattendue de cette unité de guerre n'avait pas pour peu contribué à rendre la Porte aussi irréductible sur la question de la navigation de l'Euxin. En procédant ainsi, la Turquie ne faisait, en somme, que s'inspirer du principe de la conservation qui, après tout, était très compréhensible.

A côté de cette préoccupation très naturelle, venaient se greffer toutes sortes d'insinuations de la part des ambassadeurs, déjà accrédités à Constantinople (2). Les allées et venues des représentants anglais et hollandais n'avaient pas échappé à l'ambassadeur du Tsar qui, grâce à sa perspicacité, en avait du coup saisi l'importance. « Nous n'avons pas encore vu, écrivait-il dans un rap- « port à Pierre le Grand, les ambassadeurs d'Angleterre « et des Pays-Bas et ils ne nous ont été d'aucune utilité... « Ils (ces deux ambassadeurs), comme nous l'ont dit « certaines personnes très haut placées et dignes de con- « fiance, tiennent ferme le parti des Turcs et souhaitent « plutôt leur bien que le vôtre... Le commerce que leurs

(1) V. Oulianitsky, op. cit., p. 29.
(2) V. Ibid. p. 30.

« nationaux font, depuis très longtemps, dans l'Empire
« ottoman, est fort important et les enrichit beaucoup.
« Aussi appréhendent-ils la concurrence que nous pour-
« rions leur faire éventuellement. Le développement de
« notre marine est un sujet d'inquiétude pour eux. C'est
« pourquoi ils vous haïssent tant, c'est ce qui les rend
« tellement jaloux (1). »

---

(1) V. Soloviev, op. cit., t. XIV, p. 309. — M. Zinkeisen donne un
récit un peu différent sur ces négociations et le rôle des ambassadeurs
mediateurs. D'après lui, la paix ne se serait pas conclue sans l'intervention de lord Pajet et Collier. Ces deux ambassadeurs auraient démontré à la Porte la nécessité de faire la paix et les arguments qu'ils
auraient invoqués auraient produit une influence décisive. Ils avaient
commencé par signaler au Sultan et à ses Vizirs la situation lamentable de l'Empire, dépourvu de finances, ne disposant que d'une armée
démoralisée et complètement désorganisée ; ils avaient surtout insisté
sur l'attitude équivoque de la Perse où la Russie entretenait déjà un
envoyé. Tout cela aurait pesé sur les décisions de la Porte en faveur
de la paix. (V. Zinkeisen, op. cit., t. V, p. 233). Ceci peut être vrai
dans une certaine mesure. Il est plus que probable que ces deux ambassadeurs ne marchandèrent pas leurs conseils à la Porte ; ils ont
même dû lui conseiller la paix, eu égard aux complications qui
n'allaient pas tarder à se produire, en Europe, à la suite de la succession d'Espagne. Mais de là à conclure qu'ils avaient servi les intérêts de la Russie, il y a loin. Et pourtant, c'est ce qui résulte du
récit de l'éminent historien allemand. Qu'on en juge. Il dit que, grâce
aux instances des ambassadeurs anglais et hollandais, la Porte se dé-
termina à signer la paix. Voyons les conditions de cette paix. Par le
traité de 1700 (que Zinkeisen place, à tort, à la date de 1702), la
Russie aurait obtenu la libre navigation sur la mer Noire et cela non
seulement pour ses vaisseaux de commerce, mais aussi pour ses unités
de guerre ; de plus, on lui aurait accordé le libre passage de l'Euxin
à la mer d'Égée, à travers les détroits (op. cit., t. V, p. 233). On le
voit, l'intervention desdits ambassadeurs aurait eu pour résultat de

III

Conformément aux dispositions de l'article 10 du traité
de 1700, Pierre le Grand envoya, dans la capitale de
l'Empire ottoman, un ambassadeur spécial afin de procéder à l'échange des ratifications. Cependant, la mission
dont Dimitre Galitzine était chargé ne devait pas se borner
à ce point spécial. Il devait, en effet, « essayer, comme le
« disent ses instructions, après l'échange des ratifications,
« d'obtenir la liberté de navigation sur la mer Noire,
« entre Azov et Constantinople (1) ». Pour parvenir à
ses fins, l'ambassadeur du Tsar avait pleins pouvoirs de
consentir à toutes les mesures restrictives auxquelles
les Turcs jugeraient opportun de soumettre les navires
russes. Il avait, notamment, la latitude de consentir à la
suppression des canons et munitions que chaque navire
devait avoir, afin de pouvoir repousser toutes les attaques
des pirates auxquelles on était exposé, à cette époque, à
la condition toutefois que la Porte acceptât la responsabilité des dommages que les marchands russes pourraient
subir de la part des pirates. Ce n'était pas tout. Il devait
accepter aussi non seulement que chaque navire à destination de Constantinople, serait visité avant de quitter les eaux

---

satisfaire à toutes les demandes de la Russie. Or, nous avons vu ce
qu'il en a été, en réalité. La dépêche que nous citions plus haut de
l'envoyé Oukraïntzeff est à même de mettre les choses à point. Il est à
supposer que M. Zinkeisen, ordinairement bien informé, a été induit
en erreur par les « *relazione* » du baïlo vénitien Contarini, d'après
lesquelles il a écrit le récit de ces négociations.

(1) V. Soloviev, op. cit., t. XV. p. 71 ; Oulianitsky, op. cit., p. 31

de Kertch, mais il devait aussi se soumettre à une autre
mesure, destinée à organiser un contrôle permanent, si nous
pouvons nous exprimer ainsi, et qui devait consister en ce
que chaque bâtiment russe devrait embarquer un ou plusieurs fonctionnaires ou matelots turcs (1). On le voit, le
Tsar était disposé à se soumettre à toutes ces restrictions.
Ce qui lui importait par dessus tout c'était d'obtenir la liberté de navigation sur l'Euxin.

Il semble pourtant que toutes ces garanties sérieuses
que la Russie offrait à la Porte ne parurent pas suffisantes à Constantinople et ne parvinrent point à diminuer l'importance des raisons essentiellement politiques,
qui poussaient les Turcs à défendre aux navires étrangers
l'accès de la mer Noire. La mission de Galitzine, pas plus
que celle de son prédécesseur, n'a été couronnée de
succès sur ce point pourtant si important pour le développement économique de la partie méridionale de la
Russie. Dans tous les entretiens de l'ambassadeur russe
avec le Grand-Vizir ou le Reïs-Effendi c'était invariablement la même raison qu'on invoquait. Il y perçait aussi
une argumentation juridique. Si l'on s'y refusait c'était
parce que « le Sultan considère la mer Noire comme
« sa propre maison, où les étrangers ne peuvent point
« pénétrer ; c'est une vierge enfermée au fond du harem
« et cachée aux regards des étrangers et qu'il préférerait
« plutôt la guerre que de permettre aux autres nations de
« naviguer sur cette mer intérieure » (2)...

Persuadé de l'inutilité de ses démarches, l'envoyé du

---

(1) V. Oulianisky, op. cit., p. 32.
(2) V. Extrait d'une dépêche de Galitzine, dans Soloviev, op. cit.,
t. XV., p. 72.

Tsar pris la décision de ne plus s'en occuper, surtout après avoir eu un entretien avec le Patriarche de Jérusalem. « Ne parlez plus de commerce de la mer Noire, lui « aurait dit ce prélat, car, si vous insistez, vous risquez de « compromettre la paix. Votre insistance éveillera d'au-« tant les soupçons des Turcs et ils commenceront des « préparatifs de guerre contre votre Empereur. Les Turcs « désirent faire obstruer le détroit qui relie la mer Noire « à la mer d'Azov et y élever plusieurs forteresses afin de « mieux empêcher les navires russes de pénétrer dans « l'Euxin (1) ... Ils craignent, par dessus tout, la flotte du « Tsar... et savent parfaitement bien que c'est pour les « combattre qu'on l'a fait construire... Vous aurez beau « insister, vous n'obtiendrez jamais pacifiquement la navi-« gation de cette mer » (2).

Il faut croire que les conseils donnés par ce haut dignitaire de l'Église avaient été pris en considération par Pierre le Grand, car son premier ambassadeur permanent à Constantinople, Pètre Tolstoï, n'avait plus ordre d'entamer des nouvelles négociations au sujet de l'ouverture de la mer Noire à la navigation russe. Tout ce que le Tsar attendait de son représentant en Turquie c'était de lui donner des renseignements précis sur l'état des forces turques dans l'Euxin et aussi de rechercher ce qu'il y avait de fondé dans leurs intentions de faire élever de nouvelles forteresses à l'entrée du détroit de Kertch (3).

---

(1) L'idée de faire obstruer le détroit de Kertch a été reprise, plus tard, par la diplomatie française, lors des négociations qui ont précédé le traité de Belgrade (1739), comme nous le verrons plus loin.

(2) V. Soloviev, op. cit.. t. XV, p. 72 (même dépèche).

(3) V. Soloviev, op. cit., t. XV, p. 73.

La présence de Tolstoï dans la capitale des Osmanlis n'avait pas manqué d'intriguer la Porte, et ses soupçons furent surtout éveillés par les insinuations des ambassadeurs des puissances occidentales. On se demandait, en effet, quel était le véritable but de cet ambassadeur? Que pouvait bien faire à Constantinople un agent permanent du Tsar? Était-ce pour sauvegarder des intérêts imaginaires de dix ou quinze Russes qui faisaient le commerce avec la Turquie? C'était peu probable; en tout cas on ne voulait y voir qu'un prétexte plausible pour l'établissement d'une ambassade permanente à Constantinople. Restaient alors les intérêts politiques et, une fois sur cette piste, les représentants de l'Occident ne tardèrent pas à trouver le mot de l'énigme, ou ce qui en tenait lieu à leurs yeux. Le Tsar devait certainement avoir l'intention d'établir sa prépondérance politique dans les Balkans et pour cela il lui importait d'entretenir des rapports suivis et fréquents avec les populations chrétiennes de l'Empire ottoman. Cela était d'autant plus facile que la Russie pouvait profiter de la communauté de religion d'une part, et, de l'autre, entretenir l'espoir qu'avaient ces populations de s'affranchir du joug turc grâce à l'intervention du Tsar tout-puissant (1).

L'ambassadeur du roi de France, Charles de Ferriol, s'était même employé à « dessiller les yeux » des Turcs sur ce point et, en vertu des instructions reçues de Versailles, il poussait la Porte à profiter du moment pour ouvrir les hostilités contre l'Autriche et la Russie (2).

---

(1) V. Dobroff, op. cit., p. 506-507.

(2) V. Dobroff, op. cit., p. 508. — L'ambassadeur du Tsar, Pètre Tolstoï, qui était arrivé à corrompre quelques fonctionnaires de la Porte, avait reçu, par cette voie, communication de la lettre que

Et, en effet, le grand roi de France, Louis XIV, n'avait point oublié les services que les Turcs rendirent, naguère, à ses prédécesseurs, grâce à des diversions que les Sultans étaient toujours prêts à faire du côté du Danube. A l'époque où son ambassadeur poussait la Porte à rompre

---

Ferriol avait adressée à la Porte pour la pousser à faire la guerre à la Russie et à l'Autriche. Voici dans quels termes il la transmettait à Pierre le Grand : « Les armements de l'Empereur (d'Autriche) et du « Tsar moscovite se développent à vue d'œil ; qu'attend donc la « Porte ? C'est le moment pour la Turquie d'abattre les armées autri- « chiennes et russes et d'établir sa domination, car les Hongrois « n'attendent que son aide. Si la Porte ne désire pas ouvrir les hosti- « lités qu'elle permette, du moins, aux Tartares, d'agir contre Moscou « et qu'elle envoie un corps de 8 à 10,000 hommes au secours des « Hongrois. Il n'est pas d'une sage politique de permettre à un État « d'opprimer un autre et c'est justement ce qui se passe. Actuelle- « ment, le tsar de Moscou a subordonné la Pologne, opprime la « Suède, possède Kamiénetz-Podolsk et envoie à l'Empereur quelques « milliers de ses cosaques pour l'aider à combattre les Hongrois. La « Porte ne doit pas oublier que si ces deux souverains s'entr'aident « réciproquement, c'est afin d'être mieux à même de fondre, plus « tard, sur la Turquie, avec leurs forces réunies. Si la Porte ne pro- « fite pas du moment opportun pour attaquer le Tsar, elle aura « longtemps à attendre avant que des circonstances aussi propices « pour elle, se représentent, *En dehors de cela, le Tsar a des re-* « *lations avec les Grecs, les Valaques, les Moldaves et beaucoup* « *d'autres encore de ses coréligionnaires, il entretient un envoyé* « *à Constantinople, dans l'unique intention d'inspirer aux Grecs* « *et autres l'esprit de rebellion,* car l'ambassadeur russe ne dort pas « ici, mais fait tout ce qui est utile à son pays, tout en bernant la « Porte de ses paroles. Le Tsar n'attend que la fin des affaires sué- « doises et polonaises pour couvrir la mer Noire de ses vaisseaux et « envoyer ses armées en Crimée. L'Empereur attaquera aussitôt la « Turquie, de l'autre côté… » V. Soloviev, t. XV, p. 206.

avec l'Autriche et la Russie, le roi de France n'aurait pas
été fâché de voir la Cour de Vienne occupée du côté de
ses frontières du Sud-Est, ni de distraire l'attention de la
Russie des affaires de la Pologne. C'est que, à ce moment,
la guerre pour la succession d'Espagne, depuis si longtemps attendue, mettait aux prises les nations occidentales (1)! D'autre part, la succession au trône de la République de Pologne venait encore, si possible, compliquer
les affaires si embrouillées de l'Europe. Il y avait, dans ce
malheureux pays polonais, deux partis en présence. D'un
côté la Russie et sa clientèle ordinaire — favorables à la
candidature d'Auguste de Saxe, et, de l'autre, la France
et ses partisans, qui soutenaient celle de Stanislas Lec-
zinski. Il fallait donc s'ingénier à occuper la Russie ailleurs, si le roi de France voulait assurer le succès de son
candidat préféré (2).

La Porte, cependant, n'était pas disposée à accueillir
favorablement les ouvertures de Ferriol, peut-être surtout
parce que cet ambassadeur ne lui inspirait aucune confiance (3). Il faut, pourtant, mentionner l'activité déployée
par l'envoyé du Tsar afin de déjouer les intrigues et les
plans de ses collègues. Il réussit finalement à disperser
les nuages, et les arguments qu'il avait employés consistaient à distribuer de la zibeline et autres riches fourrures (4). Les Turcs, eux-mêmes, ne savaient vraiment
qui écouter, tellement ils étaient travaillés tantôt par
les uns, tantôt par les autres. Toute cette situation

(1) Dobroff, op. cit., 508.
(2) Ibid., loc. cit.
(3) V. Saint-Priest, op. cit., p. 246-247.
(4) V. Soloviev, t. XV, p. 207-208.

avait puissamment contribué à imprimer à la politique
de la Porte ce caractère d'indécision et d'hésitation qui
se traduisait par les fréquents changements des vizirs.

Finalement, les événements de 1708, la défaite que
Pierre le Grand infligea à Charles XII, à Pultava (1), les
instances du khan des Tartares et du rebelle Mazeppa, —
tout cela avait fait pencher la balance du côté de la guerre.
Pierre le Grand insista, à Constantinople, pour que la
Porte renvoyât le roi de Suède, qui s'était réfugié, après
la défaite, sur territoire turc, à Bender (2). C'était le moment décisif. Les intrigues furent multipliées. La Porte
répondit aux demandes du Tsar par la déclaration de
guerre. Vers la fin de 1710, l'ambassadeur Tolstoï fut enfermé au château des Sept-Tours (3). Les hostilités ne
devaient commencer qu'au printemps suivant.

Pierre le Grand n'avait rien négligé pour assurer le
succès de cette entreprise. Il comptait, notamment, sur
le concours des Hospodars de Moldavie et de Valachie (4).
Il avait cherché aussi à se servir des Monténégrins, afin
de distraire une partie des forces turques. A cet effet, il
envoya une proclamation à ce peuple montagnard pour
l'engager à se soulever (5). Il n'avait qu'un but évident :

---

(1) V. la lettre que Charles XII envoya au Sultan, aussitôt après
son arrivée à Bender. Soloviev, op. cit., t. XVI, p. 53.

(2) V. Soloviev, op. cit., t. XVI, p. 55.

(3) Ibid., loc. cit. ; Dobroff, op. cit., p. 510.

(4) Il avait conclu, à cet effet, une convention avec Dimitri Can-
témir, Hospadar de Moldavie, le 13 avril (1711). V. Dobroff, op. cit.
p. 511.

(5) V. le texte de cette proclamation dans Soloviev, t. XVI, p. 74-77.
Mons. Stieglitz en a donné la traduction française. V. De l'Équilibre
politique du légitimisme et du principe des nationalités. Paris, 1893,
t. I, p. 274-276.

soulever des difficultés aux Turcs à l'intérieur même de
leur Empire. Il sut profiter des liens religieux pour s'assurer ce précieux concours. Il n'hésita pas à faire miroiter
aux yeux de ces populations un avenir meilleur. « Notre
« vœu, disait-il aux Monténégrins, est de leur (aux Turcs)
« faire la guerre, cette année même, pour parer à leurs
« menaces tout d'abord, puis, nous nous efforcerons d'en-
« trer jusque dans leurs possessions et d'arracher de leur
« infâme domination, si Dieu le permet, les chrétiens or-
« thodoxes... Aujourd'hui, plaise à Dieu qu'il entre dans
« vos vues de continuer votre ancienne gloire, et unis à
« nos forces, de prendre les armes contre l'ennemi com-
« mun, de combattre pour la religion, pour la patrie, pour
« votre honneur, pour la liberté de vos enfants... Car nous
« n'avons d'autres désirs de gloire que ceux de vous dé-
« livrer de la tyrannie néfaste, d'orner les églises et de
« relever la sainte Croix... » C'était là l'origine d'une politique utilitaire, en Russie, qu'on a surnommée « la
« Mission historique » du peuple russe, la délivrance des
chrétiens. Nous ne savons pas à quel point les considérations d'ordre moral avaient pesé sur les décisions de
Pierre le Grand. Ce qui est incontestable, c'est qu'il fit
appel aux Monténégrins uniquement dans son propre intérêt et, plus tard, plus d'un de ses successeurs agit de
même, sans se préoccuper, outre mesure, de la délivrance
des peuples qui l'avaient servi. Nous en verrons, dans
la suite, plus d'un exemple. Quoi qu'il en soit, le tsar de
Moscou avait pris ses dispositions pour la réussite de son
entreprise.

Malheureusement, les difficultés de ravitaillement re-
tardèrent beaucoup la marche en avant; les Turcs avaient
pris de l'avance et l'armée du Tsar « réduite de moitié

« par les privations et découragée avant d'avoir com-
« battu » (1) se vit paralysée par un mouvement habile
de l'armée turque, qui lui était, d'ailleurs, de beaucoup
supérieure, au moins en nombre. Le premier choc des
deux armées fut des plus sanglants. La situation du Tsar
était désespérée (2).

Cependant, si le Tsar se trouvait dans une impasse, enserré qu'il était par les Turcs, la situation du Grand-
Vizir n'était guère enviable. Le corps des Janissaires
avait vu ses rangs fort entamés, ce qui n'avait pas manqué
de semer la frayeur dans ce régiment, naguère si guer-
rier (3). Ils refusèrent de continuer la lutte et intimèrent
l'ordre au Vizir de se conformer au désir du Sultan, en
vertu duquel il devait tâcher de conclure rapidement la
paix (4). De part et d'autre on était disposé à entamer les
pourparlers et le Tsar ne perdit pas une minute pour envoyer des parlementaires au camp du Grand-Vizir. Dès le
10 juillet, le vice-chancelier Schaffirov, muni des pleins
pouvoirs, fut envoyé chez les Turcs; il revint le lendemain, apportant les conditions de la paix, auxquelles le
Tsar était d'avance décidé à souscrire, même si elles

---

(1) V. Vandal, Louis XV et Elisabeth de Russie, p. 20.

(2) C'est à ce moment que, se croyant perdu, Pierre le Grand
écrivit la célèbre lettre au Sénat, lui donnant toute liberté pour élire,
parmi ses membres, celui qui méritait le mieux pour gouverner le
pays. V. Dobroff, op. cit , p. 514.

(3) On évalue à 7.000 le nombre des Janissaires tombés dans la
bataille de Pruth. V. Soloviev, op. cit., t. XVI, p. 85.

(4) En effet, on reçut au camp du Tsar des nouvelles dans ce sens.
Le général Renne s'était emparé de Braïla et il tenait des prisonniers
turcs que le Grand-Vizir était disposé à faire la paix. V. Soloviev,
loc. cit.

avaient été plus lourdes encore. Le 12/24 juillet, le traité de paix était signé et Pierre le Grand, surpris tout le premier d'avoir échappé à si bon compte, pouvait opérer, dès le lendemain, sa retraite, avec son armée (1).

Par ce traité, la Russie fut obligée de restituer aux Turcs la forteresse d'Azov et de démolir la ville de Taganrok, ainsi que quelques autres localités. Le Tsar prenait de plus l'obligation de ne plus s'immiscer dans les affaires de Pologne ; de ne plus entretenir un ambassadeur à Constantinople, comme le traité de 1700 le lui permettait (2). Il devait, enfin, laisser le libre passage de

---

(1) Pour les instructions données à Schafiroff. V. Soloviev, t.XVI, p. 86-87. Le texte du traité dans le Recueil de Jouséfovitch, p. 11-14. Cf. aussi W. Theyls, mémoire pour servir à l'histoire de Charles XII, Leyde, 1722, p. 17-20. Cet auteur n'est autre que le secrétaire de Collier, l'ambassadeur des Pays-Bas, à Constantinople qui a été personnellement mêlé à toutes ces négociations. — Ce qui avait facilité la conclusion de la paix c'était aussi la générosité des Russes. Les dépêches de Tolstoï avaient répandu en Russie le fait que les fonctionnaires turcs étaient particulièrement friands des cadeaux. Aussi Catherine eut-elle la présence d'esprit de sacrifier ses bijoux et fourrures, pour faciliter la négociation (V. Zinkeisen, t. V, p. 423). D'autre part Schafirof, avait promis de donner 150.000 roubles au Grand-Vizir, 60.000 à son Kéhaya, 10.000 au Tchaouch-Bachi, 10.000 à l'Aga des Janissaires et d'autres encore de moindre importance. Dans la nuit du 15 au 16 juillet, Schafirof porta l'argent au Grand-Vizir, mais celui-ci n'osa pas le prendre, craignant l'indiscrétion du Khan des Tartares qui se trouvait dans le camp. V. Soloviev, op. c., t. XVI, p. 87 et 95, Dobroff, op. cit., p. 516.

(2) Ce n'est que par le traité de 1720 que la Russie obtint de nouveau la faculté d'entretenir un ambassadeur à Constantinople. — V. Zinkeisen, op. cit., t. V, p. 589-590, Noradounghian, op. cit., p. 232 (art. 12).

Charles XII pour rentrer dans son pays. La liberté de
commerce était rétablie entre les deux pays (1).

La signature du traité de Pruth avait eu un premier
résultat : le retrait de Pierre le Grand. Mais la paix n'était
pas définitive pour cela. Il fallait encore la ratification.
Dans l'intervalle, les intrigues recommencèrent. Charles XII
ne pouvait se consoler à l'idée de savoir Pierre le Grand
indemne après une pareille défaite ; il était mortifié de voir
son adversaire échapper à si bon compte. Il mit tout en
œuvre pour empêcher du moins la ratification de la paix.
Pierre le Grand lui facilita d'ailleurs le terrain. Il mettait,
en effet, quelques difficultés à la restitution d'Azov. Maintenant qu'il était hors de danger, il essayait de garder
cette importante place qui lui tenait tant à cœur. Tout
cela avait failli aboutir à la reprise des hostilités. La mauvaise humeur des Turcs se manifestait par les mauvais
traitements qu'ils infligeaient aux représentants du Tsar,
retenus comme otages après la signature du traité de Pruth.
Ce n'est qu'en 1713, qu'après de longues et pénibles négociations on signa la paix définitive, grâce à la médiation
des ambassadeurs anglais et hollandais (2).

Ce qui avait aussi contribué à la liquidation du conflit
avec la Russie, c'était le désir de la Porte d'en finir avec
la République de Venise. La Turquie n'avait pas oublié
l'humiliation que cette République lui fit subir à la paix
de Carlowitz. Aussi, croyant le moment propice, la
Sublime Porte, dès 1715, s'empressa-t-elle de déclarer la

(1) Dobroff, op. cit., p. 514-515.
(2) Texte du traité dans Noradounghian, p. 203-207. Cf. aussi pour
les détails des intrigues de Charles XII, de l'ambassadeur de France
et du comte Poniatowsky-Theyls, op. cit., passim (1re partie).

guerre à la République de Saint-Marc et réussit, en très
peu de temps, à lui reprendre toutes les villes que le Sultan
lui avait cédées en 1699. L'Autriche cependant, fut
amenée, comme ayant garanti le traité de Venise, à
prendre part à la guerre. La cour de Vienne était d'autant
plus disposée à intervenir qu'elle n'était plus occupée en
Occident, la guerre de la succession d'Espagne ayant été
terminée à la paix d'Utrecht (1713). — Les Turcs, mal
renseignés peut-être, n'avaient point prévu cette éventualité fâcheuse. Ils jouaient de malheur, car si la guerre
contre Venise ne présentait pas de trop grandes difficultés, il n'en était plus de même du moment qu'on devait
couvrir la frontière du Danube. Ils devaient regretter
d'avoir fait si peu de cas des conseils que leur donnait
naguère l'ambassadeur, de Ferriol. A cet époque, l'Autriche n'aurait rien pu faire, occupée qu'elle était dans la
guerre de succession, et de plus, ils auraient pu se rendre
utiles à la France. Ils n'avaient rien fait. Et au moment où
ils mettaient peut-être en exécution le plan de Ferriol, il
se trouvait que la situation n'était plus la même. Leur
alliée traditionnelle ne pouvait rien faire pour la Turquie.
Le régent, Philippe d'Orléans, était trop préoccupé des
spéculations de John Law pour avoir le temps de s'occuper à inquiéter l'Autriche et en tirer le plus de profit pour
son pays. Grâce à des circonstances heureuses, Eugène de
Savoie se trouvait pouvoir disposer de toutes les forces
armées de l'Empire et porta quelques coups décisifs à la
Turquie. Après la victoire de Péterwardein, le prince
Eugène battit les Turcs à Temeswar et, le 16 août suivant, il prit Belgrade pendant qu'un autre corps d'armée
pénétrait rapidement en Bosnie. La guerre était désormais
impossible et la Porte fut obligée de traiter. La paix

fut promptement signée, à Passarowitz, le 21 juillet 1718 (1).

Par ce traité, l'Autriche obtenait la forteresse et la ville de Belgrade, la province de Schabatz, en Serbie, Temeswar, en Hongrie et une partie de la Valachie, jusqu'au fleuve de l'Aluta.

Quelques jours après, la Cour de Vienne procédait à la signature d'un traité de commerce avec la Turquie, dont nous retiendrons l'article 2 qui se rapporte, indirectement, à notre sujet. En vertu de ce traité, la liberté de commerce était assurée entre les deux pays voisins, par terre et par voie fluviale. Néanmoins, les navires autrichiens ne devaient point franchir les embouchures du Danube. Parvenus à ce point extrême, les navires devaient être déchargés et il fallait transborder les marchandises destinées à continuer leur route par la mer Noire (2).

---

(1) Texte du traité, dans le Recueil de Noradounghian, p. 208-220. Cf. aussi Dobroff, op. cit., p. 546-548 ; Theyls, op. c., 2ᵉ partie, passim.

(2) « Les bâtiments des deux hautes parties contractantes, disait « l'art. 2 de ce traité de commerce, pourront naviguer librement sur « le Danube et y faire leur commerce ; les négociants impériaux dé- « barqueront à Widdin, à Roustchouk et dans d'autres endroits les « marchandises qu'ils importeront par ce fleuve ; ils seront libres de « les voiturer sur des chariots aux prix courants sur le pays, et de « les transporter par terre à tels endroits qu'ils trouveront à propos. « Comme il a été convenu que les bâtiments impériaux du Danube « n'entreront point dans la mer Noire, ils se rendront par ledit « fleuve à Ibraïl, à Kilia, etc..., où il se trouve des caïques et des bâ- « timents propres à la navigation de la mer Noire ; ils y débarque- « ront leurs marchandises, les chargeront sur lesdits bâtiments qu'ils « frêteront pour cet objet, et ils auront la liberté pleine et entière de

Ainsi donc, même après des revers comme le prince Eugène seul avait le secret d'en faire subir à ses adversaires, la Turquie n'entendait point céder sur la question de l'ouverture de l'Euxin et continuait fermement à interdire l'accès de la mer Noire aux navires étrangers.

IV

La perte de l'importante forteresse à l'embouchure du Don « avait jeté une ombre de tristesse » (1) sur les dernières années de Pierre le Grand. Si ce puissant monarque, occupé par les affaires du Nord, avait renoncé à reprendre aux Turcs ce joyau qu'était, à ses yeux, la ville d'Azov, si même, poussé par les circonstances, il se décida à s'entendre avec le Sultan pour une action combinée dans les affaires de Perse (2), ses successeurs immédiats ne pouvaient point perdre de vue le but principal de la politique du Tsar réformateur. Ses actes plus que ses paroles, comme le remarque si justement l'éminent historien allemand Zinkeisen, avaient tracé d'avance leur ligne de conduite et leur avaient suffisamment indiqué la

---

« les transporter à Constantinople, en Crimée, à Trébizonde, à Sinope « et dans les autres Échelles de la mer Noire... » V. Noradounghian, op. cit., p. 221-222. Cf. aussi Oulianitsky, op. cit., p. 37.

(1) V. Albert Vandal, Une Ambassade française en Orient, etc., p. 255.

(2) V. sur le rôle que l'ambassadeur français Bonac avait joué dans la conclusion du traité de 1724, Saint-Priest, op. cit., p. 121 et suiv., et p. 287. Cf. aussi Vandal, Louis XV et Élisabeth de Russie, p. 72-73.

nécessité pour la Russie d'établir sa domination sur la
mer Caspienne et sur la mer Noire, afin de s'assurer les
marchés des Indes, d'une part, et de l'autre, ceux du
bassin de la Méditerranée (1).

La mort de Pierre le Grand ne fut pas le signal des
entreprises contre la Turquie. Les événements de la Pologne devaient absorber, pendant quelques années encore,
toute l'attention des hommes d'État russes et reléguer au
second plan, provisoirement du moins, les projets contre
l'Empire ottoman.

La mort du roi Auguste, depuis si longtemps prévue,
fut, en effet, le point de départ des luttes aussi acharnées
que sanglantes entre les partisans français, groupés autour du candidat national, Stanislas Leczinsky, beau-père
de Louis XV, depuis 1725 et ceux, beaucoup moins nombreux il est vrai, qui n'hésitèrent pas à provoquer l'intervention armée de la Russie en faveur du candidat saxon. Le
succès final était facile à prévoir, car la partie était trop
inégale. La diplomatie française aurait pu, sans doute,
tirer parti de la situation politique de l'Europe et occuper
l'Autriche, en lui suscitant des difficultés en Italie (2),
mais les moyens diplomatiques n'étaient pas de mise,
quant à la Russie. Et, en effet, que pouvait faire la Cour
de Versailles contre les nombreuses troupes moscovite
campées autour de Smolensk et prêtes à franchir la
frontière d'un pays ouvert à toutes les invasions ?

(1) V. Zinkeisen, op. cit., t. V, p. 607.
(2) L'Autriche était, en effet, l'alliée de la Russie depuis 1726. En
l'occupant en Italie on aurait pu l'empêcher de prêter son concours
à la Russie. V. Vandal, Une Ambassade en Orient, etc., p. 186-187 ;
Martens (Fr. de), Recueil des Traités de la Russie, t. I, p. 32.

Envoyer à travers des petits États de l'Allemagne, un fort contingent des troupes françaises? Ou bien une puissante expédition maritime, dans la Baltique, avec des troupes de débarquement? Non, assurément, et pourtant c'eût été le seul moyen efficace. La Cour de Versailles n'était point disposée à se servir de ces moyens pour cette raison que le cardinal Fleury ne les goûtait que peu, et surtout parce que, malgré tout, il ne désespérait pas d'arriver à la nomination de Stanislas de Lecisnsky sans effusion de sang. A côté de cette raison, toute personnelle pour le cardinal Fleury, il y en avait encore d'autres. D'abord l'envoi des troupes présentait le grave inconvénient d'un trop grand éloignement de la base d'opérations. Et puis on devait obtenir le consentement des petits États allemands, sur le territoire desquels on devait faire passer les troupes destinées à contenir les Russes, et la chose présentait des difficultés. Ensuite, et ceci est important, on risquait d'éveiller les soupçons, la défiance de l'Angleterre, en organisant une expédition dans la Baltique. Il ne restait qu'un seul moyen, à coup sûr efficace, mais, cependant, assez difficile à employer : c'était de susciter les Turcs à faire une diversion du côté de la Russie et cela en leur donnant le rôle très flatteur, sans doute, de protecteurs de la liberté de l'élection au trône de Varsovie. La Turquie pouvait, en effet, se réclamer du traité de Pruth, qui conservait encore toute sa force obligatoire. D'après l'une des clauses de ce traité, la Russie s'engageait formellement à ne plus intervenir dans les affaires de Pologne. Or, il se trouvait justement que le cabinet de Saint-Pétersbourg était en train de violer cette obligation restrictive, La Porte ottomane, semblait-il, était fondée à exiger la stricte observation des traités

et de les défendre par la force, si besoin était. C'é-
tait là certainement le seul moyen efficace pour contenir les troupes russes. On y avait songé, à Versailles (1).
Malheureusement pour le parti français de Varsovie, la
Sublime Porte hésitait. Qu'on était loin de cette époque
glorieuse, quand les Sultans guerriers étaient toujours
prêts à combattre n'importe qui et n'importe quand? C'é-
tait le passé. A l'époque où nous sommes arrivés, les choses n'allaient plus si facilement, et avant de se lancer dans
une pareille aventure, on prenait la précaution de s'entourer des garanties sérieuses (2). Les hommes d'État de
l'Empire ottoman prêtaient volontiers l'oreille aux explications et aux conseils du renégat Bonneval. Ce Français
ne manquait point de leur exposer en détail la situation
politique de l'Europe, et conseillait aux Turcs la conclusion d'un traité formel d'alliance avec la France, avant
d'opérer des diversions quelconques. Il faut croire que
ces leçons politiques allèrent droit au cœur des Osmanlis,
car nous savons que les grands efforts de l'ambassadeur
de France, le marquis de Villeneuve, échouèrent complètement sur ce point important (3).

La Turquie s'était donc dérobée et n'avait été d'aucune
utilité à la politique française. Il ne faut pourtant pas
croire qu'elle s'était préoccupée de contenter la Russie, de se préparer, en un mot, des titres aux égards
du Cabinet de Saint-Pétersbourg. Tout au contraire,

---

(1) V. les instructions au marquis de Villeneuve, en date du
23 mai 1733, dans Vandal, Une Ambassade en Orient, etc., p. 193.

(2) V. Vandal, op. cit., p. 200-201.

(3) V. sur le rôle de Bonneval à Constantinople, le récit très intéressant qu'en a fait M. Vandal, op. cit.,passim.

la politique équivoque et hésitante de la Porte pendant
cette longue crise polonaise n'avait fait que mécontenter
les Russes. Le gouvernement impérial se rappelait, en
effet, que la Turquie n'avait pas marchandé son aide et
assistance aux nombreuses bandes polonaises qui se formaient sur le territoire ottoman et qui avaient tant
harcelé les troupes russes, par ces combats d'embuscades
où les gentilshommes de Pologne étaient justement passés
maîtres (1). Aussi ne faut-il pas s'étonner si la Russie,
débarrassée des événements qui se déroulaient depuis si
longtemps déjà, sur les bords de la Vistule, songea
à se retourner contre l'Empire du Croissant qu'elle
avait laissé en repos, depuis tant d'années. Il s'agissait
seulement de trouver un prétexte plausible; les Turcs ne
tardèrent pas de le fournir à la Russie.

En 1735, la Sublime Porte, se trouvant de nouveau en
conflit avec Thomas-Kouli-Khan, l'usurpateur du trône de
Téhéran, décida d'envoyer une expédition au Caucase,
afin d'opérer un mouvement tournant qui permît de pren
dre à revers cet ennemi dangereux. Le Khan des Tartares
reçut l'ordre de faire cette expédition, à la tête de toute
son armée, et devait traverser les deux Kabardahs avant
de parvenir à destination. Informé du fait, le gouvernement de Saint-Pétersbourg qui prétendait exercer une
souveraineté exclusive sur ces deux provinces, fit entendre
à Constantinople, une protestation aussi énergique qu'ar-
rogante; le résident russe Wichniakow, déclara nettement que la marche du Khan sur le territoire de la grande
et de la petite Kabardah serait considérée, par la Russie,
comme un *casus belli*. La Sublime Porte n'en tint aucun

_____

(1) V. Vandal, op. cit., p. 249.

compte et passa outre. Aussitôt après les troupes russes,
rassemblées déjà dans le midi, reçurent l'ordre d'envahir
les terres du Khan et l'obligèrent à rebrousser chemin (1).

La Porte n'essaya cependant pas de se rendre un
compte exact de la gravité de la situation. On était convaincu, à Constantinople, que ce n'était là qu'un de ces
nombreux conflits provoqués par les incursions de « ces
« mauvais géographes » (2), les Tartares ; on savait que
ces conflits ne tiraient presque jamais à conséquence et
qu'ils se terminaient ordinairement au moyen de certaines
satisfactions sans importance. Ce qui les confirmait encore
davantage dans cette manière de voir, c'était la présence
du ministre russe à Constantinople (3). De plus, on ne
croyait pas sur les rives du Bosphore que les Puissances
occidentales permettraient à la Russie de rallumer la

---

(1) V. Vandal, Une Ambassade en Orient, etc., p. 250.

(2) V. Ibid., p. 249. C'est une remarque de Bonneval.

(3) La présence de Wichniakow dans la capitale de la Turquie paraît avoir beaucoup contribué à faire croire à la Porte que la guerre
qui venait d'éclater n'était dirigée que contre les Tartares et que, en
conséquence, si la Turquie s'abstenait d'intervenir en leur faveur, la
Tsarine n'allait rien entreprendre contre la Turquie. (V. Dobroff.,
op. cit., p. 521). C'était un moyen habile pour endormir la Porte et
l'empêcher de songer à des préparatifs. — En même temps, l'habile
représentant russe poussait, de toutes ses forces, le cabinet de Saint-
Pétersbourg à profiter du moment pour porter un coup décisif à
l'Empire ottoman. « Les Turcs, écrivait-il au commencement de 1736,
« redoutent un soulèvement général, aussitôt après que les troupes
« russes se seraient approchées de la frontière... J'affirme hardiment
« et conformément à la vérité, qu'il n'y a en Turquie ni hommes po-
« litiques, ni chefs militaires, ni financiers habiles. Tout est dans le
« plus effrayant désordre ; le moindre choc suffira pour pousser le
« pays au bord de l'abîme. La terreur qu'inspirent les Turcs ne

guerre en Orient et de démembrer l'Empire ottoman (1).
Rassurée par tous ces raisonnements, la Sublime Porte
ne songea guère à profiter de l'hiver pour organiser une
armée, afin de pouvoir repousser une attaque éventuelle.
Tout au plus se contenta-t-elle de faire « quelques démarches discrètes » pour se faire offrir des bons offices
des Puissances occidentales (2), cependant que les Russes
travaillaient activement à préparer la campagne qu'ils
comptaient entreprendre au printemps suivant.

Et, en effet, dès le mois de mars 1736, le feld-maréchal
Munich assiégea la ville d'Azof, par terre et par mer, lui
coupant toutes les communications avec le dehors. Sûr du
succès final, il ne s'attarda pas à diriger personnellement
le siège et alla rejoindre le reste de ses troupes, en
Ukraine, puis, il se mit en marche vers la mer Noire (3).

« s'explique que par la tradition, car ils sont très différents aujour-
« d'hui de ce qu'ils étaient autrefois. Autant ils étaient féroces et
« animés de l'amour de la gloire, autant ils sont pusillanimes et
« craintifs. On dirait qu'ils pressentent tous la fin de leur pouvoir
« injuste »... Dépêche citée par Soloviev, op. cit., t. XX, p. 111.

(1) « ... Ils (les Turcs) espéraient surtout que la France, l'Angle-
« terre, les Pays-Bas et la Suède, grâce aux intrigues ou même à
« l'intervention diplomatique, n'auraient pas permis la destruction
« complète de l'Empire ottoman, car leurs intérêts leur imposent le
« devoir de contenir la Russie et de l'empêcher de s'arrondir aux dé-
« pens de la Turquie... » (V. Soloviev, op. cit., t. XX, p. 111).

(2) V. lettre de Villeneuve à Chauvelin, en date du 18 mars 1736,
dans laquelle l'ambassadeur donne le compte rendu d'une visite que
le capoudan Pacha, Djanoum-Khodja lui avait faite à ce sujet, dans
le livre de M. Vandal, Une Ambassade, etc., p. 251-252.

(3) V. Soloviev, op. cit., t. XX, p. 111, Hammer, op. cit., t. XIV,
p. 355. Pour les détails des campagnes de 1736-1739. V. Kéralio
(M. de), Histoire de la guerre des Russes et des Impériaux contre les

Ce n'est que vers les premiers jours du mois d'avril que la nouvelle de ces opérations parvint dans la capitale des Osmanlis. Il est facile de s'imaginer l'effet qu'elle devait produire sur un gouvernement qui s'était laissé berner et endormir. Le premier moment de stupeur passé, on s'occupa, néanmoins, d'assurer la défense des provinces les plus rapprochées, sans savoir, au juste, quel parti prendre en définitif. Finalement, la Porte se décida à déclarer la guerre à la Russie le 28 mai 1736 (1).

Pourtant, et malgré cet acte décisif, la Porte ne songeait qu'à la paix. On était persuadé sur les rives du Bosphore, qu'on n'avait rien de bon à attendre de cette guerre, qui commençait dans des conditions aussi défavorables, que l'Empire ottoman courait à un désastre certain, si on laissait la guerre se prolonger et tout cela uniquement grâce à l'aveuglement, à l'imprévoyance et à l'impéritie du gouvernement. Si la Porte s'était empressée de déclarer la guerre, ce n'était que pour donner le change, car il importait de se montrer énergique, afin de calmer l'opinion de la populace et de prévenir la sédition qui était dans l'air. Au fond, la Porte n'aspirait qu'à la paix et elle se décida, sans plus tarder, à faire une démarche officielle auprès des Puissances occidentales, leur demandant de s'interposer et de l'aider à sortir de l'impasse où elle s'était laissée

---

Turcs, Paris, 1780, passim ainsi que les Mémoires historiques et militaires sur la Russie, depuis 1727, du général Manstein, Leipzig, 1771, passim.

(1) Il est à remarquer, cela en vaut la peine, que contrairement à l'usage de la Porte, le résident russe Wichniakow n'avait pas été enfermé aux Sept-Tours, comme il s'y attendait. V. Soloviev, op. cit., t. XX, p. 111, Vandal, Une Ambassade en Orient, p. 259.

acculer (1). C'est l'Autriche qui, la première, s'empressa de répondre favorablement à la demande de la Turquie. La Cour de Vienne offrit sa médiation, qui fut acceptée aussitôt (2).

Les Turcs ne se faisaient pourtant pas d'illusions sur la sincérité de cette médiation, car on n'ignorait pas les obligations de la Cour de Vienne envers la Russie. Tout ce que désirait l'Autriche, en offrant sa médiation, c'était de satisfaire son alliée, tout en se dispensant de l'aider matériellement, comme cela résultait d'un traité formel d'alliance (3). La situation de l'Empire des Habsbourg n'était vraiment pas enviable. L'Autriche venait à peine de terminer la guerre contre la France; il en était résulté un épuisement qui ne lui permettait point une nouvelle entrée en campagne. A côté de cela, la pénurie du trésor rendait encore plus difficile, sinon tout à fait impossible, une intervention armée, du moins pour quelque temps encore. On n'était donc pas fâché sur les rives du Danube de saisir l'occasion de s'interposer afin d'amener promptement le rétablissement de la paix. Cela permettrait à l'Autriche d'aider son allié, en appuyant ses demandes, de satisfaire la Russie, en lui facilitant l'abrogation du traité de Pruth, de lui rendre Azof, en un mot, sans mettre en ligne un soldat (4). Ce n'était pas sans raison

---

(1) V. Vandal, op. cit., p. 263.

(2) V. Ibid., p. 264-265.

(3) V. Traité d'alliance entre la Russie et l'Autriche, de 1726, renouvelé en 1737, dans F. de Martens, Recueil des Traités de la Russie, t. I, p. 32 et suiv. Cf. aussi Oulianitsky, op. cit., p. 44.

(4) V. l'abbé Langier, Histoire des négociations pour la paix conclue à Belgrade, le 18 septembre 1739, Paris, 1768, t. I, p. 37-38.

que Bonneval qualifiait l'acceptation de cette médiation de « confession au renard » (1). La Porte n'ignorait sans doute pas cette situation qui disqualifiait complètement le Cabinet de Vienne pour le rôle de médiateur.
Mais la Turquie se croyait perdue et la médiation autrichienne n'était, en somme, que la paille qui s'offrait au
naufragé. La Porte s'empressa de s'y cramponner, espérant bien y ajouter, dans la suite, la médiation d'autres
puissances, plus intéressées à défendre les intérêts
de la Turquie contre les pièges que les deux alliés
essayeraient de lui tendre. C'était le seul moyen efficace,
aux yeux des Turcs, pour remédier à la partialité manifeste du Cabinet de Vienne. Et le calcul des hommes d'État
turcs n'était pas sans fondement, car, peu de temps après,
les ambassadeurs de l'Angleterre et des Pays-Pas,
Fawkner et Calcoen, se montrèrent non moins empressés
que leur collègue autrichien et exprimèrent à la Porte
l'espoir de recevoir, sous peu, les instructions de leurs
Cours, dans ce sens (2).

Que faisait, pendant ce temps, le cabinet de Versailles
et son habile représentant sur les rives du Bosphore ? Se
croyait-on tenu à une certaine réserve, après l'insuccès
des démarches faites pendant la crise polonaise? (3). Est-ce
que la France allait laisser le champ libre aux intrigues des
autres puissances? Allait-elle enfin assister, impassible

---

(1) V. Vandal, Une Ambassade en Orient, etc., p. 264.
(2) V. Ibid., p. 266.
(3) « ... Il (le Grand-Vizir) affecta seulement d'être surpris que
« l'ambassadeur de France lui intimât de faire la paix, tandis qu'il
« avait tenu un langage contraire pendant le cours de deux ou trois
« années... » V. Langier, op. cit., t. I, p. 45.

au règlement de cette nouvelle crise orientale, sans essayer de sauvegarder ses propres intérêts et, par ricochet, ceux de son ancienne et traditionnelle alliée ? Non, assurément. Mais pour mieux réussir dans cette tâche extrêmement difficile il importait de restreindre le nombre des médiateurs, il fallait que la seule puissance médiatrice fût la France. Le Cabinet de Versailles entendait donc exclure des négociations qui allaient commencer, les représentants des autres puissances. Or, la précipitation n'était point de mise si on voulait arriver sûrement à ce résultat. Il fallait, tout au contraire, laisser les choses suivre leur train ; les Turcs auraient vite fait de se convaincre de la partialité des uns et de l'inefficacité des efforts des autres. Finalement, et voyant le danger, ils viendraient tout naturellement implorer l'assistance du Cabinet de Versailles, la seule réellement efficace. Ce cabinet serait alors le seul maître de la situation. Cependant, il ne suffisait pas de se recueillir, de s'enfermer dans une attitude de réserve, pour gagner en dignité aux yeux des Turcs. Il importait aussi de manœuvrer avec beaucoup d'habileté pour se faire agréer par la Russie, voire même s'imposer comme médiateur au cabinet de Saint-Pétersbourg (1).

Aussi, suivant cette ligne de conduite, voyons-nous le marquis de Villeneuve se tenir volontairement à l'écart, prendre des soins jaloux à ne pas se découvrir, et, pour commencer, conseiller à la Sublime Porte une solution pacifique sous les auspices de la cour de Vienne (2).

(1) V. Les instructions au marquis de Villeneuve, Vandal, Une Ambassade en Orient, etc., p. 273-274. Sur les intérêts français en Orient. V. Ibid., p. 268 et suiv.

(2) V. Vandal, Une Ambassade en Orient, etc., p. 266, Langier, t. I, p. 38-39.

Entre temps le Grand-Vizir c'était enfin décidé à se rendre sur le Danube et avait invité l'ambassadeur d'Autriche, Talman, à l'y rejoindre (1). La France aussi, sans prendre une part active aux négociations diplomatiques, avait un intérêt considérable à se tenir au courant de tout ce qui allait se passer au camp du Grand-Vizir. Il était impossible à l'ambassadeur de France d'accompagner, en personne, le Grand-Vizir, sans se départir de l'attitude digne qu'il s'était tracée. Le marquis de Villeneuve jugea donc utile d'organiser « une mission volante » (2) auprès du Vizir, destinée à épier les moindres mouvements de ce ministre et, au besoin, de lui insinuer, sous main, bien entendu, des solutions conformes aux vues du gouvernement français. Le baron de Tott et le premier drogmann de l'ambassade, Délaria, furent chargés de cette délicate mission (3).

Au moment où les deux agents du marquis de Villeneuve arrivaient au camp du Grand-Vizir, l'ambassadeur d'Autriche avait disposé ses batteries. Son plan consistait à tenir dans l'inaction l'armée du Sultan et il s'appliquait, à cet effet, à amuser le Grand-Vizir par ses déclarations pacifiques (4).

Ce qui entravait principalement la marche des négo-

---

(1) Ce n'est que le 21 décembre 1736 que l'internonce Talman quitta Constantinople pour Babadagh. Fawkner et Calcaen avaient suivi son exemple, de leur propre mouvement, le Vizir s'étant dispensé de les inviter à le suivre. V. Vandal, op. cit., p. 267. Langier, op. cit., t. I, p. 38.
(2) V. Vandal, op. cit., p. 277.
(3) V. Ibid., p. 277-278 ; Langier, op. cit., p. 43.
(4) V. Langier, op. cit., t. I, p. 60 ; Vandal, op. cit., p. 283-284.

ciations, c'était le sort de la ville d'Azov. On se heurtait des deux côtés à une obstination inébranlable. Les Russes prétendaient garder cette place et l'internonce Talman, en vertu de ses instructions, conseillait aux Turcs de céder sur ce point ; c'était un sacrifice, sans doute, mais il était impossible de l'éviter. L'Autriche offrait, toutefois, de démolir les fortifications de la ville d'Azov, comme un moyen propre à diminuer l'importance de la forteresse et par conséquent à rendre aux Turcs moins sensible la perte de cette place (1). Le Grand-Vizir et son conseil considéraient, cependant, comme un point d'honneur la restitution d'Azov et on parlait d'accorder à la Russie plutôt la faculté de naviguer sur la mer Noire que de lui laisser en possession cette ville. Sans doute, la navigation des Russes sur l'Euxin ne les rassurait qu'à moitié, mais ils se plaisaient à dire qu'en limitant le nombre des vaisseaux russes sur la mer Noire, on mettrait suffisamment à l'abri la capitale de l'Empire (2).

Ces bruits étaient de nature à éveiller les inquiétudes des Puissances occidentales, d'autant plus que, ni la France ni les deux autres puissances maritimes, ne pouvaient exercer une influence directe sur la marche de la négociation. Les ambassadeurs anglais et hollandais étaient, il est vrai, au camp du Grand-Vizir. mais ils étaient dans l'impossibilité d'agir ; leurs disputes réciproques n'avaient pas peu contribué à les discréditer entièrement aux yeux de la Turquie (3). D'autre part, la Russie se refusait

---

(1) Langier, op. cit., t. I, p. 54.

(2) V. Ibid., p. 59-60 ; Vandal, op. cit., p. 281 ; Oulianitsky, op. cit., p. 45.

(3) V. Langier, op. cit., p. 57-58.

obstinément à accepter la médiation de l'Angleterre ou
des Pays-Bas, craignant précisément leur opposition à ses
desseins sur la mer Noire (1).

Le marquis de Villeneuve se trouvait en présence d'une
situation très critique, car il ne devait pas entraver la
prompte conclusion de la paix, d'une part et, de l'autre,
il importait au plus haut point de ne pas permettre aux
Russes « d'obtenir dans la mer Noire une liberté de navi-
« gation qui s'étendrait bientôt jusqu'à la Méditerranée (2)».

Afin de concilier ces deux intérêts contradictoires, il
fallait agir par insinuation et convaincre les Turcs de la
nécessité de sacrifier Azov plutôt que d'exposer la capitale
aux incursions des Russes. Il vit le Caïmacan et lui déve-
loppa sa manière de voir. L'habile ambassadeur de France
s'ingénia à faire ressortir la véritable importance de la
forteresse d'Azov. Cette ville n'avait, en somme, aucune
valeur intrinsèque pour la Turquie. Ce qui faisait son
importance ce n'était que sa situation comme un poste
avancé, destiné à empêcher les Russes d'avoir accès à la
mer Noire. Si la Turquie tenait tant à conserver la forteresse d'Azov c'était surtout par crainte de voir la Russie
établie sur un point d'où il lui serait facile de menacer
constamment la sécurité de la capitale de l'Empire ottoman.
Le marquis de Villeneuve avait trouvé un moyen sûr
pour réduire presque à rien cet inconvénient. La Turquie
arriverait donc à conclure la paix, en cédant la ville

---

(1) V. Ibid., p. 58-59.
(2) V. les instructions au marquis de Villeneuve, en date du 15 janvier 1737, citées par Vandal, Une Ambassade en Orient, etc.,
p. 276.

d'Azov, cette pierre d'achoppement pour les négociations ; elle arriverait en même temps, à assurer la sécurité de sa capitale. Il suffisait pour cela de bien fortifier le détroit de Kertch, à Taman et Yéni-Kalé, de faire ériger des ouvrages sur les bas-fonds de ce détroit. Grâce à ces fortifications, les Turcs seraient seuls maîtres de ce détroit et on pourrait couper aux Russes toute communication avec la mer Noire. Par cet expédient, on anéantirait dans le germe même les avantages que les Russes se promettaient de l'acquisition de cette forteresse, tout en ayant l'air de céder à leurs exigences, et de leur donner satisfaction sur ce point (1). Le baron de Tott et Délaria étaient chargés de tenir le même langage au Grand-Vizir et à ses conseillers (2).

On ne saurait dire dans quelle mesure ce langage pesa sur les décisions ultérieures du Grand-Vizir, car ce ministre, tout en paraissant goûter le projet, garda le silence et ne jugea pas nécessaire de s'expliquer (3). Tout ce que l'on peut dire, c'est qu'il a dû s'en inspirer en rédigeant les instructions des plénipotentiaires turcs qui allaient incessamment partir pour Niémirow, où devait s'ouvrir le Congrès pour la conclusion de la paix. Et, en effet, leur attitude à Niémirow était loin de correspondre aux vues qu'on avait prêtées au Vizir, quant à la question de la navigation russe sur le Pont-Euxin (4).

C'était l'internonce d'Autriche qui avait insisté auprès

---

(1) V. Langier, op. cit., t. I, p. 50 ; Vandal, op. cit., p. 275.
(2) V. Ibid., p. 44 ; Vandal, p. 282.
(3) V. Ibid., p. 45 et 50.
(4) V. Oulianitsky, op. cit., p. 54.

du Vizir pour l'envoi des plénipotentiaires à Niémirow. Talman paraissait, en effet, très pressé de se rendre en pays neutre. Il faut croire qu'il ne se sentait plus en sécurité au camp du Grand-Vizir, car les Turcs devaient être las de ses intrigues. Les déclarations pacifiques ne pouvaient plus satisfaire les chefs Osmanlis, d'autant plus que les rangs des troupes autrichiennes grossissaient à vue d'œil, sur les frontières hongroises. On pouvait craindre, d'un moment à l'autre, l'entrée en campagne de l'Autriche, et toutes ces nouvelles parvenues au camp du Grand-Vizir avaient fini par réveiller enfin ceux que Talman s'appliquait si bien à endormir.

Dans ces conditions, l'internonce d'Autriche préférait, tout naturellement, se trouver à l'abri de la colère des Osmanlis, lorsqu'ils allaient enfin découvrir son jeu habile et à double face. Il réussit, cette fois encore à jeter de la poudre aux yeux du Grand-Vizir et de ses conseillers. Dès la fin du mois d'avril, il put entraîner les délégués Turcs à un Congrès qui n'allait effectivement s'ouvrir qu'au mois de juillet (1).

Il n'était que temps, car dès le mois de juin, l'Autriche avait pris les devants et les hostilités furent ouvertes; l'armée autrichienne s'étendait en Valachie et au delà du Danube. En même temps, les Russes attaquèrent Oczakow et l'obligèrent à capituler (2). C'était une poussée énergique. L'action combinée des deux cours portait ses fruits. La situation de la Turquie était telle qu'on pouvait la souhaiter. Au moment où allaient s'ouvrir les conférences de la paix, les deux Cours alliées se présenteraient,

(1) V. Vandal, Une Ambassade en Orient, etc., p. 285.
(2) V. Ibid., p. 289.

pourvues des gages suffisants et la Turquie n'aurait
plus qu'à signer les clauses qu'on allait lui dicter. C'était
plus qu'il ne fallait pour dessiller enfin les yeux des Turcs.
On savait à quoi s'en tenir sur la médiation autrichienne. Désespérant de rien obtenir de cette médiation
le Grand-Vizir prit la décision de solliciter celle de la
France (1).

Aux conférences de Niémirow on a continué, néanmoins,
de s'occuper de l'œuvre de la paix. Ce n'est qu'à la troisième réunion, le 19 août, que les plénipotentiaires de la
Russie et de l'Autriche firent connaître leurs conditions (2).
Les délégués russes commencèrent par constater, dans
une déclaration, que la cause primordiale de tous les conflits du passé entre la Russie et l'Empire ottoman avait
toujours été la conduite intolérable des Tartares; ces
hordes nomades, par leurs incursions continuelles en pays
moscovite, causaient le plus grand tort aux provinces méridionales de la Russie. Si donc la Turquie désirait réellement vivre en bons rapports avec sa voisine du Nord-
Est, elle devait se mettre sérieusement à la tâche de
supprimer radicalement cette cause permanente de conflits entre les deux Empires. C'était en s'inspirant de cette
idée que la Tsarine demandait, dans un but purement pacifique et désintéressé, la cession du Kouban, de la Crimée

---

(1) Le Grand-Vizir fit partir le baron de Tott pour Constantinople,
le 17 juillet 1737. Cet agent français était porteur d'une lettre
adressée au cardinal de Fleury, dans laquelle le Ministre turc invoquait l'assistance de son ancienne et fervente alliée. V. Langier, op.
cit., t. I, p. 73-74; Vandal, op. cit., p. 291.

(2) V. Hammer, op. cit., t. XIV, p. 380-381 ; Oulianitsky, op. cit.,
p. 50-51.

et de tous les autres pays des Tartares, jusqu'au Danube;
elle demandait ensuite l'érection de la Moldavie et de la
Valachie en principautés indépendantes, afin que ces deux
provinces pussent constituer une sorte de barrière entre
les deux Empires. Néanmoins, et eu égard aux liens religieux, ces deux principautés jouiraient de la haute protection de l'impératrice Anna Ivanowna. La Turquie devait
reconnaître, de plus, le titre d'Empereur aux souverains
de la Russie; la Sublime-Porte devait consentir au rétablissement de la liberté de commerce, par terre et par
mer; on devait enfin stipuler l'abrogation des traités antérieurs (1). Les prétentions de l'Autriche sont aussi à
signaler. — La Cour de Vienne n'entendait rien moins que
garder la forteresse de Widdin, en Bulgarie; celle de
Nisch, en Serbie; Zwornik, Bihacs et Novi, en Bosnie (2).
Telles étaient les conditions « modérées » des alliés.

Cependant, et contrairement à leur attente, les plénipotentiaires ottomans résistèrent énergiquement. Ils jugèrent
les conditions par trop exagérées et ne correspondant pas
aux succès réels des belligérants. Ils acceptèrent, néanmoins, ces propositions, *ad referendum*, et parvinrent à
obtenir un délai de quarante jours pour donner la réponse
définitive de la Turquie (3).

L'attitude des Turcs au Congrès de la paix peut pa-

---

(1) V. Ibid., loc. cit. ; Soloviev, op. cit., t. XX, p. 130. Cf. aussi
pour les détails Oulianitsky, annexe, n° II, p. 1-6 des annexes.

(2) V. Vandal, Une Ambassade en Orient, etc., p. 290; Gigareff,
op. cit., t. I, p. 129.

(3) V. Oulianitsky, op. cit, p. 52; Soloviev, op. cit., t. XX,
p. 132-135.

raître, à première vue, inexplicable. Nous les avions vus,
en effet, découragés et complètement abattus avant la réunion du Congrès et, tout à coup, nous les voyons revivre
et résister énergiquement aux exigences des alliés. D'où
venait ce changement subit? C'est qu'en réalité l'alliance
de la Russie et de l'Autriche ne reposait pas sur des bases
aussi solides qu'on voulait le faire croire aux Turcs. Les
exigences démesurées de la Russie avaient eu pour premier résultat d'éveiller les défiances de sa propre alliée.
La Cour de Vienne avait déjà effectivement occupé une
partie de la Valachie et se proposait de garder cette province turque pour son propre compte. La demande de la
Russie, qui tendait à en faire un État soi-disant indépendant, sous le protectorat de la Tsarine, avait le malheur
de contrecarrer les vues du Cabinet de Vienne. Cela avait
provoqué des récriminations réciproques qui n'avaient
point échappé aux Turcs. Ayant observé cette situation, les plénipotentiaires du Sultan commencèrent à
espérer de meilleures conditions. Ils entamèrent des négociations séparées et en dehors des conférences du Congrès,
et cela, non pour arriver à une entente définitive, mais
plutôt pour enfoncer, le plus possible, le coin dans la fissure
de l'alliance austro-russe (1). De plus, et surtout, les puissances occidentales les poussaient à ne pas céder, en leur
indiquant les avantages qu'ils pourraient tirer de la
fragilité de l'alliance entre les Cours de Vienne et de Saint-
Pétersbourg (2).

---

(1) V. Oulianitsky, p. 52-53, où il cite un rescrit impérial aux délégués russes à Niémirow, en date du 14 août, par lequel on leur
permet de conclure séparément la paix avec la Turquie.

(2) V. Oulianitsky, op. cit. p. 54.

La France avait, en effet, conseillé à la Porte la prompte
conclusion de la paix, même au prix de la cession de la
ville d'Azov. Mais si le Cabinet de Versailles avait agi
de la sorte c'était parce qu'il avait cru nécessaire d'épargner à la Porte les risques d'une guerre désastreuse.
Il n'en était plus de même depuis que les deux alliés
avaient étalé devant le monde leurs prétentions qu'on
tenait pour exorbitantes. Dans la tournure que prenait
l'affaire, il était de beaucoup préférable de recourir aux
armes avant de se soumettre. Car, en somme, l'armée
turque ne s'était pas encore mesuré avec les ennemis,
paralysée qu'elle était au camp du Danube, grâce aux
intrigues de Talman. — Le marquis de Villeneuve sortit
donc de sa réserve pour tenir aux Turcs un langage em-
preint de décision. Il parvint à secouer la torpeur des
Osmanlis et leur fit adopter un plan qui consistait à faire
traîner les négociations jusqu'à une époque avancée de
l'année, alors que toute hostilité est impossible, à profiter
de l'hiver pour organiser une armée capable de soutenir
la défensive, afin d'empêcher les progrès de l'ennemi, de
résister énergiquement, en un mot, afin de pouvoir obtenir des conditions honorables, sous les auspices de la
France (1).

Le marquis de Villeneuve ne risquait point d'être désavoué par sa Cour. Et, en effet, le Cabinet de Versailles
n'avait pas hésité à accueillir favorablement la demande
du Grand-Vizir et, dès le mois de décembre 1737, l'ambassadeur de France reçut de nouvelles lettres de créance
pour ces nouvelles fonctions de médiateur. Il avait cependant reçu l'ordre de ne point en faire usage avant que la

---

(1) V. Langier, op. cit., t. II, p. 81-84.

médiation de la France fût acceptée par les deux Cours
alliées (1).

L'Autriche ne tarda pas à se convaincre que la France
était la seule puissance capable de lui procurer une paix
honorable, eu égard au crédit considérable dont elle jouissait à Constantinople. Aussi s'empressa-t-elle non seulement d'accepter la médiation française, mais aussi de la
faire agréer par le Cabinet de Saint-Pétersbourg. Le Cabinet de Vienne se portait garant, d'ailleurs, des intentions
pacifiques de la Russie (2). Restait à savoir quelle serait
la base de la négociation. Si le cardinal Fleury pouvait
trouver relativement modérée la demande de l'Autriche
de traiter sur la base de la paix de Passarowitz, il ne pouvait nullement consentir, par contre, à laisser à la Russie
les villes d'Oczakow et de Kinbourn, parce qu'alors il eût
été difficile de lui refuser la navigation sur la mer Noire.
Or si la France avait ou croyait avoir un intérêt français
à sauvegarder dans cette crise, c'était à coup sûr d'empêcher la Russie d'obtenir la faculté de navigation sur
l'Euxin. Dès lors, accepter la médiation française, cela
voulait dire, pour la Russie, renoncer à la navigation de
la mer Noire, c'est-à-dire renoncer à s'établir sur les côtes
de cette mer, renoncer à Oczakow et à Kinbourn, subir, en
un mot, les conditions dictées par la France. On comprend,
dès lors, que le Cabinet de Saint-Pétersbourg ait hésité.
Finalement la Russie s'y résigna, grâce surtout aux instances du Cabinet de Vienne. Cependant, les diplomates
russes mirent tout en œuvre pour éluder les bons offices de
la Cour de Versailles. Tantôt on avait l'air de vouloir ména-

---

(1) Langier, op. cit., t. I, p. 101.
(2) V. Vandal, op. cit., p. 322-323.

ger les puissances maritimes et on les invitait à prendre
part à la médiation, tantôt on essayait d'une médiation
persane, qui d'ailleurs n'eut pas de suite, tantôt, enfin,
on s'ingéniait à traiter directement avec la Porte, en
dehors et, pour ainsi dire, par dessus la tête de l'ambassadeur de France (1). Mais rien n'y fit, et on finit bientôt par se persuader, sur les rives de la Néva, qu'il fallait
renoncer à toutes ces tentatives inutiles. Dès lors, on accepta franchement la médiation française et le marquis de
Villeneuve reçut non seulement des instructions pour la
conclusion des préliminaires, mais aussi des pleins pouvoirs pour traiter au nom de la Russie (2).

Il faut ajouter que les deux alliés étaient d'autant plus
portés à la paix que pendant la campagne de 1738 ils
furent étonnés de la résistance énergique des Osmanlis.
L'Autriche avait même subi quelques revers, en Serbie et
du côté d'Orsowa (3). Quant à l'armée du feld-maréchal
Munich, elle devait se frayer un chemin à travers le
désert, pour atteindre l'armée turque qui était campée
entre le Danube et le Dniester. Or, si le désert était le
champ d'opération pour les Tartares, il présentait, au contraire, plus d'une difficulté pour les mouvements d'une
armée régulière et lourde. Munich se trouvait donc réduit
à l'inaction (4). Ce résultat peu satisfaisant et presque
négatif de la campagne de 1738, n'avait pas peu

___

(1) On avait essayé, en effet, de traiter par l'entremise du Pacha
d'Oczakow, fait prisonnier par les Russes. V. Vandal, op. cit.,
p. 324-326; Langier, op. cit., t. I, p. 114-115.
   (2) V. Vandal, op. cit., p. 367 et suiv.
   (3) V. Ibid., p. 329-330.
   (4) V. Ibid., p. 332.

contribué à faire pencher la balance du côté de la
paix (1).

Le marquis de Villeneuve n'ignorait pas les dispositions
pacifiques des Cours alliées. La difficulté n'allait plus
venir des bords de la Néva, ni de la capitale des Habsbourgs. Elle venait maintenant précisément de là où on
pouvait l'attendre le moins. C'étaient, en effet, les
Osmanlis qui n'étaient plus empressés à conclure la paix.
Depuis qu'ils avaient énergiquement résisté à l'Autriche,
la présomption naturelle avait succédé à la terreur; le
courage commençait à les gagner, et, du coup, ils se
croyaient invincibles (2). Cependant que les deux Cours
avaient donné de nouvelles instructions au marquis de
Villeneuve, par lesquelles on l'autorisait à faire quelques
concessions, afin d'aboutir à la prompte conclusion de la
paix (3). Et, en même temps on prenait ses précautions,
en Russie, comme en Autriche, on se préparait sérieusement à tenter un dernier effort, pour briser la résistance
de la Turquie et, au besoin, lui imposer la paix. L'Autriche avait réussi à remettre sur pied une armée et, dans
le projet d'attaque, les troupes autrichiennes devaient
occuper les Turcs sur le Danube, tandis que Munich allait
se jeter sur le territoire turc, par la Podolie polonaise
et s'attaquerait au cœur même du pays, aidés en cela par
les propres sujets de la Porte qui ne demandaient qu'à se
soulever (4).

C'était aussi l'intention du Grand-Vizir. Ce ministre

---

(1) V. Soloviev, op. cit., t. XX, p. 146.
(2) V. Vandal, op. cit., p. 314.
(3) V. Ibid, p. 356.
(4) V. Soloviev, op. cit., t. XX, p. 153-154.

turc croyait à la nécessité de « se tâter encore avec
« les Impériaux (1) » avant de conclure une paix honorable pour la Porte. Le marquis de Villeneuve n'était
pas sans inquiétude sur l'issue de cette dernière campagne, car si des circonstances heureuses avaient permis
aux Turcs de remporter quelques succès dans la précédente campagne, ces succès là pouvaient parfaitement
bien rester sans lendemain. Aussi jugea-t-il prudent de
s'occuper plus énergiquement de l'œuvre de pacification
dont il était chargé et, profitant d'une invitation du nouveau Grand Vizir, Elviaz-Méhémed-Pacha, il partit pour le
rejoindre à son camp, espérant y parvenir avant le commencement des hostilités (2). Mais les opérations avaient
déjà commencé et le sort avait encore favorisé les Turcs.
Vers la fin du mois de juillet 1739, l'ambassadeur de
France apprenait, à Nisch, la victoire de Krotzka, en
même temps que la retraite précipitée des Impériaux,
les soldats turcs avaient paru devant Belgrade (3). Il importait plus que jamais de se presser, car l'attaque de Belgrade pouvait bien marquer la fin des succès turcs et les
transformer en un irréparable désastre. Le marquis de
Villeneuve, laissant à Nisch sa nombreuse suite, partit,
accompagné de quelques hommes, à la hâte, pour atteindre
le Grand-Vizir. Le 15 août, il était au camp des Osmanlis (4). Son plan fut aussitôt tracé. Il s'agissait, sans
perdre une minute, de profiter du découragement momen-
tané des Autrichiens et leur faire accepter une paix

(1) V. Vandal, op. cit., p. 357.
(2) V. Ibid., p. 357 et 367.
(3) V. Ibid., p. 370-371.
(4) V. Ibid., p. 374.

séparée (1). C'est qu'en vérité, le cardinal de Fleury y travaillait depuis quelque temps déjà, en insinuant à Vienne que ce qui retardait la conclusion de la paix c'étaient les exigences par trop exagérées de la Cour de Russie. L'empereur d'Autriche, Charles VI hésitait toujours, mais la défaite de Krotzka le poussa à faire la paix, coûte que coûte, même au prix d'une défection (2). Sur ces entrefaites, Niepperg était arrivé au camp du Grand-Vizir, porteur du dernier mot de l'Empereur et après de très longues et très laborieuses négociations, dans les détails desquelles il nous est impossible d'entrer, la paix fut conclue, le 1ᵉʳ septembre 1739 (3). Les Turcs obtenaient plus qu'ils ne pouvaient espérer. La restitution de toute la Serbie, avec Belgrade, dont la forteresse devait être restituée aux Turcs dans le même état où elle se trouvait au moment de la cession à l'Autriche. On devait démolir les travaux qu'avait fait l'Autriche. C'était là un expédient imaginé par l'ambassadeur de France et qui eut le bonheur de plaire aux deux parties contractantes. On stipula, de plus, que l'une des portes de Belgrade serait livrée aux Turcs, dans les cinq jours. Ce qui était une précau-

---

(1) V. Ibid., p. 372.

(2) V. Soloviev, op. cit., t. XX, p. 165 ; Vandal, op., cit., p. 373.

(3) V. Vandal, op. cit., p. 388. La précipitation de l'Autriche à conclure la paix s'explique par une autre raison encore. En effet, Marie-Thérèse craignait de se trouver en état de guerre avec la Turquie, au moment de la mort de son père, l'empereur Charles IV, cet événement pouvant survenir d'un moment à l'autre. Il importait donc à l'Autriche d'avoir ses coudées franches au moment où elle allait se trouver aux prises avec les Puissances qui n'avaient pas reconnu la Pragmatique sanction. V. Oulianitsky, annexe XII, p. 20 des annexes.

tion, parce qu'on pouvait craindre un désaveu de la par^t
de l'Empereur. C'était un cas d'exécution partielle d'un
traité avant sa ratification. D'ailleurs, la garantie de la
France rendait cette ratification presque obligatoire (1).

La nouvelle de la signature de la paix parvint dans la
capitale de l'Autriche en même temps que l'annonce des
victoires russes en Moldavie (2). C'était malheureusement
trop tard. L'Autriche avait fait défection, juste au moment
où on allait pouvoir récolter les produits du plan d'action
en commun. La Russie se trouvait donc seule en présence de la Turquie. C'était la répétition de ce qui s'était
passé à Carlowitz. Malgré ses victoires le gouvernement
de Saint-Pétersbourg continuait à se montrer favorable à
la conclusion de la paix. Villeneuve y travaillait sans faire
de grands pas vers la conclusion, car il se trouvait en
présence d'une très grande difficulté. La ville d'Azov était,
comme au commencement, la pierre d'achoppement. Les
Turcs ne voulaient aucunement laisser cette ville aux
Russes ; Ostermann, ministre des affaires étrangères de
Russie, avait de nouveau insisté auprès de Villeneuve
pour que la ville d'Azov fût cédée à la Russie. Les instructions que le délégué russe, Cagnoni, avait apporté à
Villeneuve étaient formelles sur ce point. Ce n'était pas
tout. L'Empereur d'Autriche avait donné des ordres
précis à Neipperg de ne procéder aux ratifications des
préliminaires qu'après la conclusion de la paix entre
la Russie et la Porte. C'était là une action expiatoire,
une sorte de remords rétrospectifs de l'empereur Charles
VI. Quoi qu'il en soit, l'ambassadeur de France se trouva

_____

(1) V. Vandal, op. cit., p. 393-394.
(2) V. Ibid., op. cit., p. 391-393.

acculé à un dilemme : risquer de perdre le fruit de tant
d'efforts ou bien en tirer un profit complet, en outre-
passant les instructions de la Tsarine. Il prit sur lui la
responsabilité de cette dernière alternative et signa la
paix, le 18 septembre, sur la base d'une sorte de neutralisation d'Azov. Mais à la différence de ce qu'il avait fait
pour le traité avec l'Autriche, il n'avait engagé la Russie
que conditionnellement.

La Russie n'eut garde de le désavouer, et la Tsarine
désigna son ancien ministre auprès de la Porte Ottomane, le
résident Wichniakow, pour porter la ratification à Constantinople (1).

Ainsi, la Turquie sortait agrandie de cette guerre et cela
grâce aux efforts éclairés de la Cour de Versailles et surtout
à l'habileté du marquis de Villeneuve. L'Autriche était
rejetée au delà du Danube et de la Save. On lui avait enlevé de la sorte tous les avantages que l'épée du
prince Eugène lui avait fait gagner. Quant à la Russie,
les avantages qu'elle obtenait étaient loin de satisfaire ses espérances. Après les succès éclatants du
feld-maréchal Munich, en Moldavie, elle aurait pu prétendre à autre chose qu'à son éloignement des côtes de
la mer Noire et de la neutralisation de la ville d'Azov. Mais
les désordres intérieurs détournaient l'attention de la
Tsarine et de ses conseillers et lui faisaient un devoir de
se débarrasser de cette guerre au plus tôt. Villeneuve lui
en procurait l'occasion et on s'empressa d'en profiter.

---

(1) V. les textes de ces deux traités, conclus à Belgrade, dans le
Becueil de Noradounghian, p. 243-254 et p. 258-265.

Tout au plus songea-t-on à formuler quelques objections, qui ne furent d'ailleurs pas écoutées (1).

Quelques mois après, la Porte accordait à la France de nouvelles capitulations, en reconnaissance des services rendus. Ces nouveaux privilèges et concessions assuraient au commerce français de très grands avantages (2). Mais malgré le crédit exclusif dont jouissait à Constantinople le Cabinet de Versailles, malgré la reconnaissance des Turcs pour les signalés services que la France leur avait rendus, les Osmanlis ne voulurent point accorder au pavillon français la faculté de franchir le Bosphore et de flotter sur les eaux de la mer Noire (3).

(1) V. Gigareff, op. cit., t. I, p. 131-134 ; Oulianitsky, op. cit., p. 67, Langier, op. cit., t. I, p. 73, 80 et suiv., Vandal, op. cit., p. 400 et Soloview, op. cit., t. XX, p. 165-166.

(2) Le texte de ces capitulations, du 28 mai 1740 dans le Recueil de Noradounghian, p. 277-306.

(3) Le résident Obriéscoff, qui avait succédé à Wichniakow, cite comme certain l'offre faite à la Porte par le marquis de Villeneuve de profiter des navires français qui se trouvaient dans le port de Constantinople, pour les employer au transport des armes et munitions en Crimée, pendant la campagne de 1738. Malgré les besoins impérieux et les avantages incontestables que cette offre présentait pour la Porte, la Turquie n'avait pas voulu, cependant, en user, de crainte d'établir un précédent qui pouvait créer des droits. Plus tard, pendant les négociations qui avaient précédé l'octroi des capitulations de 1740, l'ambassadeur de France avait fait l'impossible pour obtenir la faculté de navigation sur l'Euxin, ne fût ce qu'une fois par an, en limitant même le nombre des navires à six. Mais les Turcs étaient tellement prévenus et jaloux, quant à l'ouverture de la mer Noire, qu'on n'avait en rien satisfait le marquis de Villeneuve. L'ambassadeur du Roi très chrétien, à en croire la dépêche d'Obriéscoff, n'aurait pas négligé d'ouvrir largement sa bourse à cet effet, il avait

promis un million, si seulement on lui accordait ce privilège, mais les négociations sur ce point n'auraient pas abouti. V. sur ce point, Oulianitsky, op. cit., p. 74, ainsi que l'annexe no XVI, § 2 p. 50. La dépêche d'Obriéscoff, que nous venons de citer, est du 8 avril 1757. Wichniakow avait signalé, d'ailleurs, ces faits, douze ans auparavant. V. dépêche du 31 mai 1745, dans Oulianitsky, annexe no XIV, p. 26-27.

CHAPITRE II

I

La paix de Belgrade, qui avait si heureusement mis fin à une guerre meurtrière n'était, en somme, qu'un échec de la diplomatie russe, quant à la question de la navigation sur la mer Noire. Loin de recevoir une solution

satisfaisante pour la Russie, cette question était finalement
tranchée dans un sens favorable à la Sublime Porte
et cela malgré les éclatantes victoires du maréchal Munich,
durant la dernière campagne. Le Cabinet de Saint-Pétersbourg, s'était vu obligé, comme nous l'avons déjà dit, à
ratifier le traité de paix qui, non seulement avait pour
but d'éloigner la Russie des bords du Pont-Euxin, mais
encore, et ceci est encore plus grave, lui faisait une obligation de ne point « construire et avoir de flotte et d'au-
« tres navires, ni sur la mer de Zabache (mer d'Azov), ni
« sur la mer Noire (1). »

Comment expliquer cet insuccès de la Russie, après les succès militaires en Modalvie ? On peut en donner deux causes.
Et d'abord, les diplomates des bords de la Néva ne se rendaient peut-être pas suffisamment compte de la véritable
situation politique de la Turquie. A cette époque déjà,
l'Empire ottoman était, ce qu'il n'a jamais cessé d'être, le
centre vers lequel convergeaient les intérêts de toutes les
nations civilisées (2). C'était une combinaison politique dont
l'existence était absolument nécessaire aux intérêts vitaux
des Puissances occidentales, qui suivaient avec une attention, toujours en éveil, tout ce qui avait trait aux intérêts
de l'Empire du Croissant. Dès lors, il était chimérique de
vouloir régler le sort de cet Empire dans un redoutable
tête-à-tête, sans éveiller les plus grands soupçons des
autres. C'est pourtant ce qu'avaient voulu faire la Russie
et l'Autriche. Nous avons vu dans quelles conditions
eurent lieu les conférences de Niémirow. Les prétentions
des Russes et des impériaux étaient de nature, ce nous

(1) V. art. III, in fine, Noradounghian, op. cit., p. 260.
(2) V. Dobroff, op. cit., p. 525-526.

semble, à effrayer les plus optimistes, parce qu'elles constituaient incontestablement une menace sérieuse à l'existence même de la Turquie. Les plénipotentiaires de la Russie auraient dû se pénétrer des intérêts des Puissances occidentales, ce qu'ils n'avaient point fait. Il n'est donc pas étonnant que la politique de la France, principale intéressée, ait surtout consisté à faire échouer les plans des alliés, à prendre en mains les intérêts du Sultan et à obtenir, pour lui, une paix des plus avantageuses, tout en refoulant la Russie loin des côtes de la mer Noire.

De plus, l'insistance même du Cabinet de Saint-Pétersbourg pour obtenir la navigation sur l'Euxin était d'autant plus de nature à éveiller les soupçons des Puissances occidentales qu'elle paraissait ne pas avoir en vue uniquement les intérêts économiques de la Russie. Car, en somme, le commerce russe de l'Euxin n'était qu'une fiction, il n'existait pas au moment des négociations; ce commerce était plutôt à l'état de projet à longue échéance, ce qui faisait que les réclamations des Russes ne correspondaient aucunement à une réalité. On était plutôt tenté de croire, dans ces conditions, aux vues ambitieuses des Moscovites, contre Constantinople. Partant, il y avait là une menace sérieuse pour l'existence de la Turquie, cet Empire, si nécessaire aux intérêts des Puissances occidentales. Les représentants de l'Occident n'épargnèrent rien pour enrayer la marche en avant de la Russie.

Il faut croire que la Russie avait mis à profit la leçon de 1739, car pendant les années qui suivirent l'avènement au trône d'Elisabeth Ire, nous voyons une série de tentatives tendant à créer et à faciliter le développement du com-

merce russe avec la Turquie (1). Sans doute ce ne sont
là que des essais d'en haut, puisque l'initiative privée n'est
point assez hardie ni entreprenante pour devancer l'action
gouvernementale, mais néanmoins on s'ingénie à étudier
la question, on s'informe sur les produits qu'on pourrait
tirer de la Turquie, ainsi que des pays baignés par la
Méditerranée ; on essaye d'apprendre quels produits russes
pourraient être écoulés dans ces pays, en un mot il y a là
une poussée énergique qui permettra de préparer le terrain. Pour commencer, on tâche de tirer parti des dispositions de l'article IX du traité de 1739 et en vertu desquelles « le commerce des Russes sur la mer Noire sera
fait sur des bâtiments appartenant aux Turcs » (2). Plus
tard, on essaye de rouvrir les négociations avec la Porte
pour obtenir la liberté de transporter les marchandises sur
des navires appartenant aux commerçants russes et, à
ce propos, nous voyons revenir à la charge les résidents
russes, avec force arguments. On invoque, notamment, les
entraves que le régime du traité de 1739 apporte au développement du commerce ; on appuie surtout sur les inconvénients qui résultent de l'obligation du transbordement,
tels que retard et charges considérables ; on insiste aussi
sur le mauvais état des navires turcs, présentant peu de
garantie pour la navigation, ce qui occasionne des pertes
fréquentes qui grèvent d'autant les produits et diminuent
les profits du commerce (3). On n'hésita pas, non plus

---

(1) V. pour les détails les documents inédits publiés par M. Oulianitsky, dans les annexes XV à XX, p. 28-82 des annexes.

(2) V. Noradounghian, op. cit., p. 262.

(3) V. le Rescrit secret adressé au résident Obriéscoff, en date
du 28 janvier 1757. Oulianitsky, op. cit. Annexe n° XVI, p. 47-49.

à essayer la corruption, afin de parvenir au but (1). Puis, voyant que tous ces efforts restaient sans résultats, on essaya un autre moyen. Si la Russie ne pouvait pas obtenir directement cette navigation, ne pouvait-elle y parvenir indirectement, en intéressant certaines puissances,

_____

(1) Ce moyen faillit réussir, mais la guerre de sept ans empêcha la négociation. C'est au moins ce qui résulte des deux dépêches d'Obriéscoff. Dans la première, en date du 8 septembre 1757, il mande à sa Cour qu'il avait réussi à se ménager des rapports avec le secrétaire du sultan Jabidji Effendi. Celui-ci lui aurait promis de faire obtenir pour la Russie la faculté de naviguer dans l'Euxin, moyennant la somme de 300.000 roubles. Obriéscoff ne pouvant disposer d'une somme aussi importante, s'adressa à Saint-Pétersbourg afin de savoir la somme qu'on pouvait donner et, si on y consentait, il demandait des instructions précises relatives au traité de commerce à conclure; de plus, on devait lui envoyer des pleins pouvoirs, non datés, à cet effet. Cette dépêche est restée sans réponse. Il faut supposer qu'Élisabeth n'avait pas le temps de s'en occuper, prise qu'elle était par la guerre de sept ans. V. Oulianitsky, annexe XVII, p. 66-67. Ces faits sont de nouveau confirmés dans une autre dépêche d'Obriéscoff, en date du 15 février 1763. C'est une dépêche de justification, car il répond à un rescrit de Catherine II, du 19 décembre 1762, dans lequel l'Impératrice lui reprochait de ne pas avoir continué la négociation sur cet important point. Obriéscoff citait sa dépêche du 8 septembre 1757 et, comme elle était restée sans réponse, il avait pensé que les désirs de la Cour avaient changé ou tout au moins occupé comme on l'était par la guerre de Prusse, on l'avait laissé en suspens. Malheureusement, tout avait changé dans l'intervalle. Le sultan Osman III était mort et son successeur n'était plus sous l'influence du secrétaire Jabidji-Effendi. Ainsi donc, le moment opportun avait passé et cela n'était pas de la faute du résident. La combinaison ne pouvait plus réussir. V. Oulianitsky, op. cit., annexe XIX, n° 4 et 5, p. 73-75.

contre lesquelles la Porte n'était pas si prévenue? (1).
Mais rien n'y avait fait et tous ces essais n'aboutirent pas
à des résultats appréciables.

Les efforts de l'impératrice Catherine II n'avaient pas
mieux réussi. Et, cependant, la faculté de naviguer librement sur la mer Noire devenait de plus en plus indispensable à la Russie. Depuis quelques années, en effet, un
fort courant d'émigrés serbes de la Hongrie était venu
peupler les régions méridionales de l'Empire. Le gouvernement russe n'avait rien négligé pour les attirer et les
retenir; on leur avait largement donné des terres et
d'autres secours. Cette population laborieuse avait vite
fait de transformer le désert en pays très cultivé et, au
bout de quelque temps, tout un commerce était né dans
ces régions (2). Il était donc absolument indispensable de

---

(1) M. Oulianitsky cite un mémoire de Favié, secrétaire de l'ambassade de France à Saint-Pétersbourg, en 1761, mémoire qui est
conservé, paraît-il, aux archives russes. Il en résulte que la
Russie avait essayé d'obtenir la liberté de navigation grâce à l'intervention de la Cour de Versailles. « Ce sont les Turcs, écrivait
« Favié, qui font exclusivement ce commerce (avec la Russie par
« la mer Noire), la navigation de la mer Noire étant interdite
« sous pavillon russe. La Cour de Pétersbourg a toujours tenté
« sans succès de faire abroger cette clause prohibitive. En dernier
« lieu même elle avait saisi l'occasion de notre négociation
« ébauchée du traité de commerce, pour nous insinuer que nous
« pourrions en établir une branche par Constantinople et la mer
« Noire avec les provinces méridionales de la Russie; il fallait
« pour cela le consentement de la Porte, et c'était à nous à le
« demander. Des gens ardents et peu instruits avaient gobé cette
« idée chimérique, le ministre n'y donna pas suite, il sentit bien
« que la chose était impraticable et que la proposition n'était
« qu'un artifice de la Russie. » V. Oulianitsky, op. cit., p. 85.
(2) V. Oulianistky, op. cit., p. 98-99, Dobroff, op. cit., p. 533.

faciliter le développement de ce commerce naissant et pour lui venir efficacement en aide, il fallait obtenir la navigation russe sur la mer Noire. Malheureusement, les Turcs regardaient d'un œil méfiant cet essor subit ; ils craignaient de voir peuplées ces provinces méridionales russes, qu'ils croyaient à jamais désertes ; on ne manquait d'ailleurs pas d'éveiller leurs craintes en leur montrant les dangers éventuels de ce développement (1). La France, notamment, savait parfaitement bien qu'à la suite de cet essor économique des provinces méridionales de la Moscovie, le Cabinet de Saint-Pétersbourg allait parvenir, tôt ou tard, à s'ouvrir les chemins de la mer Noire et, comme bien on pense, le représentant de la Cour de Versailles à Constantinople ne s'était pas fait faute d'attirer l'attention de la Sublime Porte sur cet état de choses (2). Aussi, voyons-nous la Turquie s'ingénier à endiguer ce mouvement et à créer toutes sortes d'obstacles au commerce russe, tel qu'il se pratiquait alors, dans les limites de l'article IX du traité de Belgrade (3).

Toutes ces intrigues ne faisaient que retarder de quelques années la solution de cette importante

---

534. Cf. aussi sur l'émigration serbe, l'intéressante étude de M. Popoff, intitulée : Les confins militaires serbes en Autriche et en Russie dans le « Viestnik Evropi » (le Messager de l'Europe), année 1870, no VI (juin).

(1) V. Oulianitsky, op. cit., p. 103.

(2) V. le Mémoire que l'ambassadeur de France à Constantinople, de Vergennes, avait remis à Louis XV, à son retour de Turquie, dans le Recueil des traités de la Porte ottomane, de Testa, t. II, p. 2e, p. 183 suiv.

(3) V. Oulianitsky, op. cit., annexes no XX (3 et 4) et XXI, p. 78-84.

question de l'Euxin. Le gouvernement russe y attachait une très grande importance, surtout depuis l'avènement au trône de l'impératrice Cathérine II. On sait que
cette grande souveraine s'était mise en tête de réaliser les
projets de son illustre prédécesseur, le tsar Pierre le
Grand (1). Malheureusement l'attitude de la Sublime-Porte
ne présageait rien de bon sur ce point. On avait fini par
se convaincre sur les bords de la Néva qu'il n'y avait rien
à attendre des négociations diplomatiques et qu'il fallait
abandonner la solution de cette importante question au
sort des armes (2).

Cependant la Russie n'osait pas encore prendre l'initiative d'une rupture, désirant donner un juste repos au
pays, reprendre haleine, en un mot, après les événements
du Nord. Catherine II avait fermement l'intention de
réussir là où ses ancêtres avaient échoué, et, pour cela,
elle entendait choisir le moment opportun. En attendant.
elle s'occupait activement non seulement de l'introduction
de certaines réformes sociales à l'intérieur du pays (3),
mais aussi de la réorganisation de son armée si cruellement éprouvée soit par suite des efforts de la dernière
guerre, la célèbre guerre de Sept-Ans, soit aussi par suite
des troubles sanglants provoqués par la mort d'Auguste III,
roi de Pologne (4).

Si donc la Russie n'aspirait qu'à vivre en paix, du moins,

(1) V. Gigareff, op. c., I, p. 172; Oulianitsky, op. cit., p. 94.
(2) V. Oulianitsky, op. cit., 104 et 106; Gigareff, op. cit., t. I,
p. 173.
(3) V. Sorel, La question d'Orient au xviiie siècle, p. 29.
(4) V. Vandal, Louis XV et Élisabeth de Russie, p. 427; Dobroff, op. cit., p. 539.

pendant quelques années encore il n'en était pas de
même de la Porte. Poussés par les insinuations des Puissances occidentales, les Turcs se décidèrent en effet, à
prendre l'initiative des hostilités. L'occasion s'en présenta
bientôt. Un incident de frontière sans importance fournit
le prétexte et la Sublime-Porte déclara la guerre à la
Russie, le 4 octobre 1768 (1). Dans un manifeste que les
diplomates du Sérail adressèrent le 30 octobre aux Cabinets de l'Occident, ils s'élevaient avec indignation contre
les agissements de la Russie sur les bords de la Vistule
et déclaraient prendre les armes pour défendre les libertés
politiques de la Pologne (2).

Ainsi, les affaires de Pologne avait servi, cette fois
encore, de prétexte à l'ouverture des hostilités entre ces
deux adversaires traditionnels. La Cour de Versailles qui
n'avait pas su profiter des bonnes dispositions de l'impératrice Elisabeth — dont on connaît les sentiments envers
Louis XV, — pour adopter une politique franche et décisive en sacrifiant les intérêts de la république de Pologne aux intérêts vitaux de la France, n'avait fait qu'ac-
centuer la tension des rapports avec la Cour de Saint-
Pétersbourg, surtout depuis l'avènement au trône de
Catherine II (3). N'ayant rien à espérer de ce côté, cette

_____

(1) L'incident de frontière consistait en ceci : un peloton de
Cosaques, poursuivant les confédérés polonais du Bar, s'était
emparé de Balta, petite localité appartenant au Khan. V. Gigareff,
op. cit., t. 1, p. 174 ; Dobroff, op. cit., p. 540; Sorel, op. cit.,
p. 28 ; Saint-Priest, op. cit., p. 171.

(2) V. Il paraît que c'était Vergennes qui avait inspiré ce manifeste. V. Sorel, op. cit., p. 28.

(3) V. pour les détails sur ce point le très intéressant livre de
M. Albert Vandal, Louis XV et Elisabeth de Russie, surtout
p. 428 et suiv.

souveraine s'était vue dans l'obligation de s'assurer le
concours de ceux qui lui faisaient des avances et, surprise par la mort du roi de Pologne, elle s'était empressée
de souscrire à l'alliance que lui offrait le roi de Prusse,
le Grand Frédéric (1). Ce traité n'avait pas manqué de
produire son effet, car on savait les graves conséquences
qui pouvaient en résulter pour la malheureuse Pologne (2).
Aussi, s'explique-t-on facilement que la France et l'Autriche, justement alarmées, ne se lassaient point de rechercher, les meilleurs moyens pour déjouer, le plus efficacement les plans de la souveraine de la Russie. La Cour
de Versailles poursuivait, en outre, un autre but. Craignant une nouvelle rupture avec l'Angleterre, il était d'un
intérêt majeur pour la France de s'assurer l'inaction de la
Prusse. Ne pouvant pas compter sur la neutralité bienveillante de ces deux Cours, on était bien réduit à chercher
à les occuper ailleurs. On espérait paralyser l'action éventuelle de la Prusse en lui opposant l'Autriche, mortifiée
depuis la perte de la Silésie. Faute de pouvoir attaquer
directement la Russie, on se servait de la Suède, de la
Pologne et surtout de la Turquie (3).

Ce plan une fois arrêté, Choiseul s'empressa de donner
des instructions à Vergennes, l'invitant à travailler les

---

(1) Traité d'alliance du 11 avril 1764, F. de Martens, Recueil
des traités de a Russie, t. VI, p. 11 et suiv.

(2) Au mois de mai 1764, Frédéric disait à l'envoyé d'Autriche :
« Je suis sûr que votre Cour est alarmée de ce traité et que l'on
« croit déjà, à Vienne, que nous avons fait le partage de la Polo-
« gne. Mais vous voyez le contraire. » Sorel, op. cit., p. 20.

(3) V. Oulianitsky, op. cit., p. 172; Gigareff, op. cit., t. I, p. 173-
174; Dobroff, op. cit., p. 537.

Turcs. « Il faut tout tenter, écrivait-il à l'ambassadeur du
« Roi, pour rompre cette chaîne dont la Russie tient le
« bout, et pour renverser le colosse de considération
« acquis et maintenu par Catherine II à la faveur de
« mille circonstances impossibles, et qui pourraient en
« outre lui coûter son trône usurpé. L'Empire ottoman,
« seul à la portée d'opérer cet effet, est en même temps
« le plus intéressé à l'entreprendre (1)...» Le ministre des
affaires étrangères de France ne se faisait d'ailleurs pas
beaucoup d'illusions sur le succès des armes ottomanes,
mais cela lui importait peu et, en cela, il ne faisait que
suivre la tradition qui avait toujours considéré la Turquie
comme un instrument de diversion, rien de plus. « A la
« vérité, poursuivait le ministre, la dégénération des
« Turcs en tous genres peut leur rendre funeste cet essai
« de leurs forces ; peu nous importerait, pourvu que
« l'objet d'une explosion immédiate fût rempli » (2).

Vergennes ne devait être que l'instrument habile de
cette politique. Il s'y employa de son mieux, mais au
fond il n'espérait pas obtenir grand'chose de son éloquente
argumentation, ni surtout des trois millions que le duc
de Choiseul avait mis à sa disposition comme argument
décisif aux yeux des ministres du Sultan (3). Si donc ses

---

(1) V. Saint-Priest, op. cit., p. 163.

(2) V. Ibid., loc. cit.

(3) Qu'il nous soit permis de rapporter ici une réponse du Reïs-
Effendi aux insinuations de Vergennes et qui jette un jour particulier à cet égard : « Nous ne voyons, aurait dit le ministre des
« affaires étrangères de Turquie, dans toutes ces querelles de Po-
« logne, que des disputes de religion entre catholiques et dissi-
« dents, dont il ne nous convient pas de nous mêler. » V. Saint-
Priest, op. cit., p. 167.

efforts furent finalement couronnés de succès, sans avoir
rien déboursé (1), c'est que la Sublime-Porte avait d'autres
griefs contre la Russie (2). Dès lors, les conseils qui lui
venaient de la Cour de Versailles étaient en harmonie
avec les propres sentiments des Osmanlis. L'incident de
Balta n'était, si nous pouvons nous exprimer ainsi, que
la goutte qui faisait déborder la coupe. Les hommes d'État
de la Turquie s'empressèrent de s'en emparer et jugèrent
avantageux pour leur pays de s'ériger, devant l'opinion,
en défenseurs des opprimés.

Ce qui avait, en effet, surtout contribué à secouer la
torpeur dans laquelle les Turcs s'enfermaient volontiers,
c'était, d'une part, le développement rapide de la nouvelle Serbie et, de l'autre, les encouragements à la révolte que la Russie faisait parvenir aux sujets chrétiens
de la Porte.

Les ministres ottomans se croyaient à l'abri des attaques
russes, depuis que le traité de 1739 avait établi le
système de barrières désertes entre les deux pays (3).
Quelle ne fut pas leur surprise lorsqu'ils apprirent, un
jour, les progrès des Russes dans les provinces méridionales, grâce à l'immigration des Serbes de Hongrie.

---

(1) V. Sorel, op. cit., p. 28.

(2) « ... Nous avons démontré à tous, d'une façon décisive, que
« le motif invoqué par la Sublime-Porte, dans la déclaration de
« guerre, d'une prétendue oppression que nous aurions exercée
« sur la Pologne est complètement controuvé... » V. Rescrit de
Catherine II au comte Alexis Orloff, du 29 janvier 1769, dans Ou-
lianetsky, op. cit., annexe XXV, p. 89.

(3) V. art. 3 et 6 du traité de 1739, dans Noradounghian, op.
cit., p. 259 et 261.

Nous avons déjà eu l'occasion de signaler les entraves que les sujets de la Porte, les Tartares, faisaient subir au commerce russe, ainsi que les protestations du résident Obriescoff, sur ce point (1). Mais les Turcs ne s'en tinrent pas là. De longues négociations furent entamées afin d'empêcher l'élévation des travaux de fortification que les Russes avaient entrepris à Saint-Élisabeth, et si le Cabinet de Saint-Pétersbourg n'avait pas cédé sur ce point, la guerre aurait éclaté bien avant 1768. On désirait la paix, en Russie, comme nous l'avons dit, c'est pourquoi on ordonna la cessation de ces travaux. Mais si on consentait à interrompre les travaux de fortification, cela ne pouvait en rien empêcher le rapide développement de la nouvelle Serbie. La Sublime-Porte prenait donc ombrage de ces progrès rapides. C'est une des causes qui avaient pour beaucoup contribué à la tirer de son apathie ordinaire (2). Mais ce n'était pas tout. Le peu de souci qu'on avait, à Constantinople, du bien-être des populations des provinces et les exactions auxquelles les sujets chrétiens de la Porte étaient continuellement exposés de la part de l'administration, avaient provoqué parmi les chrétiens de l'Empire un mécontentement qui se traduisait pratiquement par le désir de s'affranchir de l'insupportable joug ottoman. Tout naturellement, leurs regards se dirigeaient vers la Russie, le seul pays orthodoxe qui était de taille à les aider efficacement. Le génie de Pierre le Grand avait deviné l'utilité que pouvait tirer la diplomatie russe en cultivant ces espérances et cela permettait à la Russie d'entretenir constamment un élément de faiblesse au cœur

(1) V. *Suprà*, p. 113.
(2) V. Dobroff, op. cit., p. 534.

même de l'ennemi héréditaire. On sait les rapports que ce puissant monarque établit avec les populations montagnardes du Monténégro et à la suite desquels ce petit pays n'hésita pas à se soulever. On se rappelle aussi la répression sanglante qui suivit de près l'insuccès de la campagne du Pruth (1). Les successeurs du Tsar réformateur n'eurent garde de laisser tomber les sympathies de ces frères de religion et de race d'au delà le Danube, espérant bien en tirer le plus de profit possible, le cas échéant. Ce qui facilita encore davantage l'établissement de l'influence russe pendant la seconde moitié du XVIIIᵉ siècle ce furent les guerres successives en Europe : la guerre de la Succession d'Autriche, la guerre de Sept-Ans et les affaires de Pologne. Toutes ces guerres avaient absorbé l'attention des Puissances occidentales ; occupées à assurer des intérêts plus directs et plus sacrés, ces puissances avaient laissé le champ libre aux agents russes. Ces derniers n'eurent garde de perdre leur temps et tout en traitant les graves questions du jour, ils ne se lassaient d'encourager, en secret, l'esprit de rébellion chez les chrétiens de la Turquie. C'est ainsi, qu'en 1767, les Monténégrins prenaient de nouveau les armes et la révolution risquait de se propager en Bosnie et en Herzégovine (2). Les Turcs n'ignoraient point l'action occulte des résidents russes et de là aussi venait leur colère contre la Russie.

---

(1) V. Beer, op. cit., p. 27 et supra, p. 71-72.

(2) V. Dobroff, op. cit., p. 531 et suiv. Sorel, op. cit., p. 27 : Sur les rapports entre la Russie et les Slaves du sud, en général, on trouvera des détails dans l'Histoire de Russie, de Soloviev, t. XIV, XV, XX et XXVIII passim.

Malheureusement pour l'Empire ottoman, les conseillers du Sultan avaient, comme toujours, mal choisi le moment de la déclaration de la guerre. Ils hésitaient, en général, trop longtemps et au moment où ils se décidaient à tirer le sabre, l'occasion favorable était passée. Ils se déterminaient à la guerre ou trop tôt ou trop tard, presque jamais à point. En 1768, ils avaient choisi le moment où toutes les opérations militaires étaient impossibles. On approchait de l'hiver. La Russie était donc prévenue. Et, profitant de la mauvaise saison, elle avait tout le temps nécessaire à préparer, tant bien que mal, la campagne qui allait commencer au printemps suivant (1). La Turquie, de son côté, faisait des efforts pour se montrer à la hauteur d'une puissance qui défend, dans un but soi-disant désintéressé, les libertés politiques d'un peuple opprimé. C'était le cas où jamais de dire que la Sublime-Porte voyait la paille dans l'œil de son voisin ; elle paraissait ne pas s'apercevoir de la poutre qui la menaçait. La Russie ne se contenta pas seulement de préparer l'action directe des armées. Le Cabinet de Saint-Pétersbourg s'occupait aussi activement à bien organiser de différentes diversions qu'on se proposait de tenter afin de mieux réussir (2).

II

Avec l'arrivée du printemps devait coïncider la collision des deux armées ennemies. Les troupes ottomanes

---

(1) V. Sorel, op. cit., p. 29.
(2) V. Gigareff, op. cit., t. I. p. 174.

étaient déjà campées sur la rive droite du Danube, sous
le haut commandement du Grand-Vizir, Mahomet-Emine.
Cependant on paraissait s'y trouver très bien et on ne
montrait pas beaucoup d'empressement à gagner la rive
opposée. Toutes ces lenteurs ne pouvaient qu'augmenter
d'autant les chances de succès de l'armée russe. Celle-ci,
en effet, quoique moins nombreuse que la masse incohé-
rente des soldats du Sultan, avait l'avantage considérable
d'être mieux organisée. Non pas que tout y fût sans reproche, au contraire; Frédéric II avait trouvé un mot
juste pour donner une idée exacte de la valeur des deux
armées en présence. « Les généraux de Catherine II,
« se plaisait-il à dire, ignoraient la castrométrie et la
« tactique; ceux du Sultan avaient encore moins de con-
« naissances; de sorte que, pour se faire une idée nette
« de cette guerre, il faut se représenter des borgnes qui,
« après avoir battu des aveugles, gagnent sur eux
« un ascendant complet » (1). C'était sans doute une bou-
tade de la part du roi de Prusse, mais la comparaison
était vraie, au fond.

Les opérations, ainsi retardées par l'inaction des Turcs,
ne commencèrent que tard dans l'été et les premiers
engagements eurent lieu au mois de juillet 1769, sur les
bords du Dniester. Tous les efforts des belligérants s'é-
taient concentrés sur l'attaque et la défense de la forteresse de Khotin. Après de longs et sanglants combats
cette place finit par tomber entre les mains de Roumiantzoff, le 16 septembre. Prises de panique, les troupes
ottomanes battirent en retraite dans un désordre complet, fuyant jusqu'au Danube et laissant ainsi la Moldavie

(1) V. Sorel, op. cit., p. 56-57.

et la Valachie ouvertes à l'invasion russe (1). Le feld-
maréchal des troupes russes ne tarda pas à faire son entrée triomphale dans la capitale de la Moldavie, Yassi, où la
population en délire lui ménagea un accueil des plus chaleureux. Les deux principautés Danubiennes s'empressèrent de prêter serment de fidélité à l'Impératrice de
Russie et envoyèrent des députations à Saint-Pétersbourg (2). La campagne de 1769 était terminée.

Les opérations de l'année suivante ne furent pas plus
heureuses pour les Turcs. Moldovendji-Aali, le nouveau
commandant en chef des troupes du Sultan, avait concentré toutes ses forces autour de Cagoul où Roumiantzoff
lui porta quelques coups décisifs. Après cette victoire, les
troupes de la Tsarine occupèrent successivement et sans
aucune difficulté les villes de Bender, d'Akkerman et
d'Ismaïla : elles disposaient en maître de la Bessarabie (3).
En même temps, les armées russes, qui opéraient simultanément du côté d'Azof et au Caucase, n'étaient pas
moins favorisés par le sort et occupèrent Azov et Taganrok
après avoir mis en déroute les combattants des deux
Kabardahs. De plus, l'armée du roi de Mingrélie s'empressait d'opérer sa jonction avec les troupes victorieuses, désireuse de combattre les Turcs, à côté des
soldats de la Tsarine (4).

---

(1) V. Sorel, op. cit., p. 57; Dobroff, op. cit., p. 540; Gigareff,
t. I, p. 177.

(2) V. Dobroff, loc. cit.; Soloviev, op. cit., t. XXVIII, p. 24-25.

(3) V. Gigareff, op. cit., t. I, p. 177-178; Dobroff, op. cit.
p. 541.

(4) V. Ibid., t. I, p. 178.

On peut facilement s'imaginer l'effet d'allégresse que ces nouvelles produisirent sur les bords de la Néva. Les succès des Russes dépassaient tout ce que l'on pouvait espérer. Catherine II ne manqua pas l'occasion de placer un mot à l'adresse du duc de Choiseul. « Elle plaisanta, « écrivait Solms au roi de Prusse, sur le remerciement « qu'elle devait au duc de Choiseul de lui avoir procuré, « par ses intrigues, la possession de trois forteresses, « celles de Khotin, d'Azov et Taganrok (1) ». Elle était, en effet, très fière de reprendre Azof et Taganrok, ces points importants, dont la perte avait attristé les dernières années de Pierre le Grand. « Depuis la guerre, écrivait « Catherine à Voltaire, le 17 juillet 1769, j'ai fait deux « nouvelles entreprises : je bâtis Azov et Taganrok. Voilà « deux bijoux que je fais enchâsser (2) ».

Les opérations directes contre la Turquie avaient pleinement réussi. Mais l'impératrice de Russie et ses conseillers ne s'en étaient pas tenus là. Ils avaient entrepris, en effet, toute une série de diversions qui devaient, dans leur pensée, porter les coups les plus sensibles à leur ennemi. Dans cette intention, on avait songé, et cela bien avant l'ouverture des hostilités, de mettre à profit les bonnes dispositions des chrétiens de l'Empire ottoman, de susciter un soulèvement général (3), afin de distraire l'at-

---

(1) Dépêche du ministre de Prusse à Frédéric, citée par Sorel, op. cit., p. 57.

(2) V. Recueil de la Société historique de Russie, t. X, p. 346; cf. aussi l'oukase de l'Impératrice à l'amiral Séniavine pour l'organisation d'un port militaire à Taganrok. en date du 10 novembre 1769, dans le même Recueil, t. X, p. 396.

(3) V. Rescrit de Catherine II au comte Alexis Orloff, en date

tention de la Porte, de l'obliger à combattre ses propres sujets révoltés, en même temps que les armées de la Tsarine. On fondait, à Saint-Pétersbourg, les plus grandes espérances sur le succès de cette entreprise, car c'était là, à coup sûr, le moyen le plus sûr pour épuiser les forces de l'adversaire et l'amener plus facilement à composition.

C'est en exécution de ce plan qu'on avait organisé l'expédition de l'Archipel (1), qu'on avait entamé des négociations avec les différentes hordes des Tartares, afin de les détacher de la Turquie (2), c'est en suivant la même idée qu'on avait encouragé la révolte d'Aali Bey, en Egypte (3).

Et, en effet, dès le mois de janvier 1769, le comte Alexis Orloff recevait, en Italie, où il était allé suivre un traitement, des instructions en vertu desquelles il devait faire tout son possible pour mener à bien le soulèvement projeté. Il lui était expressément recommandé de préparer une action combinée de toutes les populations comme étant la seule efficace, car les soulèvements partiels n'étant pas de nature à porter un coup sensible à l'ennemi, n'auraient

du 29 janvier 1769, dans le Recueil de la S. H. de Russie, t. I, p. 6.

(1) V. Oulianitsky, op. cit., p. 117; Sorel, p. 30; Dobroff, p. 541; Gigareff, t. I, p. 175.

(2) V. Oulianitsky, op. cit., p. 144-149; les détails sur la mission du nommé Crutta et du comte P. Panine (il ne faut pas le confondre avec le ministre des affaires étrangères, Nikita Panine) auprès des Tartares. V. Oulianitsky, annexe XXXIV, p. 105-110; cf. aussi Sorel, op. cit., p. 111 et Soloviev, op. cit. t. XXVIII passim.

(3) V. Dobroff, op. cit., p. 542; Oulianitsky, op. cit., p. 125; Soloviev, op. cit., t. XXVIII, p. 24 et suiv.

servi « qu'à ouvrir les yeux des Turcs qui se seraient em-
« pressés d'étouffer le commencement de révolte et de
« contenir les autres. Il leur sera toujours plus facile,
« disaient les instructions, d'étouffer une étincelle qu'un
« incendie général bien en flammes » (1). L'impératrice
Catherine n'oubliait pas de donner au comte le seul instrument efficace pour l'organisation des soulèvements :
elle mettait à sa disposition de fortes sommes d'argent (2).
Le comte Alexis Orloff était informé en outre, qu'on allait
lui faire parvenir des armes et munitions destinées aux
populations qui seraient prêtes à se soulever (3). L'escadre devait enfin paraître dans l'Archipel, afin d'appuyer l'action des insurgés avec des troupes de débarquement (4).

L'impératrice Catherine II avait activement poussé les
préparatifs de l'expédition et, dès le mois de juillet 1769,
une première escadre, battant pavillon de l'amiral Spiridoff, quittait le port de Cronstadt pour la mer Égée (5).

---

(1) Rescrit au comte Orloff, déjà cité, R. de la S. H. de Russie,
t. I, p. 6.

(2) Le premier envoi d'argent était de 200.000 roubles. (Recueil,
etc., t. I, p. 7): plus tard, on envoya encore 300.000 roubles
(lettre de l'Impératrice au comte Orloff, du 6 mai 1769); le même
Recueil, t. I, p. 17.

(3) V. Rescrit au comte Orloff, R. S. H., t. I, p. 7.

(4) V. Ibid., p. 11.

(5) V. Oulianitsky, op. cit., p. 117. L'ambassadeur de France
à Constantinople avait, le premier, informé la Porte de l'arrivée
imminente de l'escadre russe dans les eaux de l'Empire ottoman.
Il l'avait invité, en conséquence, à prendre les mesures nécessaires pour assurer la défense du pays de ce côté. Cette nouvelle
paraît avoir vivement étonné le Grand-Vizir qui n'avait pu s'em-

Une deuxième escadre ne tarda pas à prendre la même direction, dès le mois d'octobre de la même année, sous le commandement de l'anglais Elphinston. Pendant l'été de 1770, le contre-amiral Arph quitta les eaux de la Russie à la tête d'une troisième escadre, toujours pour la même destination (1).

Ce n'est qu'au commencement du printemps de 1770 que l'escadre de l'amiral Spiridoff parvint à destination, après une traversée aussi longue que pénible (2). Aussitôt

---

pêcher de s'écrier : « Dites-moi, par Allah, comment fera cette « escadre pour venir de Saint-Pétersbourg à Constantinople ? » Cette exclamation nous porte à croire que les Turcs, ignorant l'existence du détroit de Gibraltar, considéraient la Méditerranée comme une mer fermée. L'ambassadeur du Roi a dû leur faire un cours de géographie. V. à ce sujet Dobroff, op. c., p. 541.

(1) Oulianitsky, loc. c. Gigareff, op. cit., t. I, p. 175. — L'escadre de l'amiral Elphinston était spécialement destinée à observer l'entrée des Dardanelles. V. Rescrits au comte Orloff, du 28 septembre 1769 et du 28 novembre 1769, dans le Recueil de la S. H. de Russie, t. I, p. 26 et 28.

(2) Il ne faut pas oublier le rôle de l'Angleterre dans cette expédition. Il est évident que sans l'assistance britannique, les Russes ne seraient jamais parvenus à bon port. Le Cabinet de Londres avait mis à la disposition de la Tzarine tous les ports britanniques et lui avait beaucoup facilité le recrutement des équipages. V. Oulianitsky, op. cit., p 246-247. Ce n'était pas tout. La Cour de Saint-James avait aidé diplomatiquement l'entreprise de la Russie. On sait que les ministres français avaient formé le projet de faire couler l'escadre russe à son passage par la Manche. C'est le Cabinet de Londres qui avait empêché la mise en œuvre de ce plan, ayant déclaré à Versailles que cet acte du gouvernement français serait considéré par l'Angleterre comme casus belli. La France avait dû renoncer à exécuter son plan, le seul moyen efficace pour aider la Turquie, et cela d'autant plus facilement que

après son apparition en Morée, on s'occupa d'organiser, en deux légions, les Grecs qui étaient venus offrir leurs services aux *libérateurs* du Nord. L'un de ces groupements devait opérer dans l'ouest, sous le commandement du prince Pierre Dolgorouky ; l'autre dans l'est, avec le capitaine Barcoff à sa tête. On avait détaché un sous-officier et douze soldats auprès de chacune de ces légions (1). Il était évident qu'avec une assistance aussi dérisoire, les Russes allaient au devant d'une cruelle déception. Sans doute l'enthousiasme des Grecs ne connaissait plus de bornes, ce n'étaient que cris guerriers... tant qu'on n'avait pas rencontré le gros des soldats turcs ; mais aussitôt après la première collision avec la célèbre troupe des Janissaires, ces bandes incohérentes des Grecs, quoique animées d'ailleurs des meilleures intentions, n'étaient pas capables d'opposer une résistance sérieuse et battirent précipitamment en retraite, dans un désordre complet. Barcoff se trouva dans une situation très critique, abandonné qu'il était par le gros de ses forces ; il lui était impossible de résister avec la poignée de soldats russes dont il disposait. Cet acte de défection porta le plus grand préjudice aux malheureux Grecs. Le comte Orloff s'empressa aussitôt d'embarquer tout son monde et abandonna les Grecs à un redoutable tête à tête avec les troupes du Sultan. Il y eut des récriminations réciproques et celles des Russes ne furent pas les moins acerbes quoiqu'elles fus-

---

le projet n'avait point plu à Louis XV. On sait que Sa Majesté très chrétienne répugnait à la guerre. V. Oulianistsky, op. cit. p. 197-198, et surtout Sorel, op. c., p. 84-85.

(1) V. Gigareff, op. cit., t. **I, p.** 178 ; Sorel, op. cit., p. 90.

sent les moins justifiées (1). Car, en somme, ce départ inopiné du comte Orloff avait coûté la vie à des milliers de Grecs, les Turcs ayant, comme toujours, sévi avec une barbarie inouïe (2). Ce n'était certes pas cela que ces pauvres gens espéraient obtenir de l'arrivée des Russes. C'étaient les Russes qui les avaient poussés à se soulever. Ils avaient les promesses solennelles des agents de la Tsarine ; on leur avait dit et répété qu'ils étaient les alliés de la puissante souveraine de Russie et qu'au moment de la conclusion de la paix, la sainte Russie n'allait pas les oublier, on leur avait promis, au nom de la Tsarine, une amélioration de leur condition (3). Au lieu de cela, on les abandonnait à leur propre sort, après avoir tout fait pour les soulever dans un intérêt stratégique pour la Russie. A qui la faute si on avait agi avec précipitation, si on n'avait pas songé à donner une organisation à ces bandes incohérentes ; en quoi les Grecs étaient-ils coupables, si on ne leur avait pas donné des secours sérieux ?

Quoi qu'il en soit, ce premier moyen de diversion n'avait pas donné ce qu'on espérait. Le comte Orloff se trouva obligé de modifier son plan. Il informa aussitôt sa cour de son intention d'attaquer, sur mer, l'ennemi et de lui

---

(1) C'est au mois d'août qu'on avait reçu, à Saint Pétersbourg, le rapport du comte Alexis Orloff sur les faits et gestes des Grecs. Il est dit que ce peuple « est tellement étourdi et cupide qu'on ne « doit rien espérer de son concours... » C'est pourquoi il les avait quittés. V. Oulianitsky, op. cit., p. 118. V. la brillante plaidoirie en faveur des Grecs dans Soloviev, op. cit., t. XXVIII, p. 127-132.

(2) Dobroff, op. cit., p. 542.

(3) V. le Rescrit déjà cité au comte Orloff, du 29 janvier 1769 ; R. de la J. H. de Russie, t. I, p. 10.

couper les communications. Il s'agissait de bloquer les Dardanelles, afin de couper les communications de la capitale avec l'Asie Mineure et l'Égypte. L'impératrice s'était empressée de donner son approbation (1). Le comte Orloff avait cependant donné un commencement d'exécution à son plan d'action avant même de recevoir les nouvelles instructions de sa cour. Dès le mois de juin 1770, les deux flottes ennemies se rencontrèrent et l'amiral Spiridoff réussit à détruire complètement l'escadre du Sultan, dans la baie de Tchéchmé (2).

Après cette brillante victoire, l'amiral Elphinston invitait le comte Orloff à mettre à profit le désarroi général, pour paraître devant Constantinople, en forçant les Dardanelles (3). Cette action énergique aurait eu certainement pour résultat la prompte conclusion de la paix, qu'on désirait ardemment. Le commandant en chef des forces navales russes dans la mer Égée ne voulut pas

---

(1) V. Rescrit au comte Alexis Orloff, du 3 sept. 1770. R. S. H. de R., t. I, p. 50.

(2) V. Gigaroff, op. cit., t. I, p. 178; Dobroff, op. cit., p. 541; Oulianitsky, op. cit., p. 121. Sorel, op. cit., p. 97. C'est à la suite de cette victoire que le comte Orloff reçut le titre de « Tschechmenski ». Les trophées de cette glorieuse victoire sont conservés à Saint-Pétersbourg dans la chapelle de la forteresse Saint-Pierre et Paul, en face du tombeau de Catherine II.

(3) Il paraît que les fortifications qui protégeaient l'entrée des Dardanelles n'étaient pas de nature à empêcher l'entrée de la flotte russe; c'est du moins l'avis des ingénieurs français, Tott et Pontcoulant, qui étaient au service de la Turquie. Les Russes ne voulaient pas y croire. Ils se méfiaient des Français et craignaient de se laisser prendre dans un traquenard. V. Oulianitsky, op. cit., 176; Dobroff, p. 541 et surtout Soloviev, op. cit., t. XXVIII, p. 133.

assumer cette grave responsabilité. Il ne voulait point courir au devant d'un échec, qui aurait pu aussi être un véritable désastre. Le comte Orloff se contenta d'observer l'entrée des Dardanelles (1).

Cette fois il n'y avait plus de doute. L'expédition de l'Archipel avait pleinement réussi à faire une sérieuse diversion. On recommençait à espérer, à Saint-Pétersbourg, que grâce à la pression que cette diversion ne manquerait pas d'exercer à Constantinople, on ne tarderait pas à obtenir une paix, de tout point conforme aux vues du Cabinet russe. Aussi, voyons-nous l'Impératrice Catherine II donner des instructions précises à cet égard (2). En vertu de ces instructions, l'objectif de la flotte devait surtout consister à affamer la capitale. Le comte Orloff devait prendre, en conséquence, les mesures nécessaires pour bloquer efficacement et aussi étroitement que possible le détroit des Dardanelles, afin de couper toutes les communications de Constantinople avec l'Archipel, d'empêcher le transport des vivres et de provoquer de la sorte une émeute de la population affamée de la capitale, une révolution en un mot, qui aurait forcé la Porte à traiter.

Le comte Alexis Orloff paraît, cependant, ne pas avoir compris aussi strictement les intentions de la Cour et s'empressa de déclarer en état de blocus tout le littoral turc de l'Archipel (3). Les forces dont il disposait étaient loin de suffir pour bloquer efficacement cette longue étendue de côtes. Ce ne pouvait donc être qu'un blocus

---

(1) Dobroff, loc. cit.

(2) Rescrit au comte Orloff, du 22 mars 1771, dans le R. S. H. de Russie, t. 1, p. 67 et suiv.

(3) V. Oulianitsky, op. cit., p. 177-182 ; Annexe 31, p. 101.

fictif, tel que l'Angleterre avait l'habitude de les pratiquer.
Ce procédé ne tarda pas à provoquer les récriminations
des neutres qui se voyaient lésés dans leurs intérêts
commerciaux. C'est surtout du côté de la France que les
protestations furent les plus vives; son commerce dans
les eaux du Levant étant le plus important, il souffrait
tout naturellemement le plus des mesures restrictives des
Russes. La capture du vaisseau *l'Heureux* fournit à
la Cour de Versailles l'occasion de montrer son mécontentement et son représentant sur les bords de la Néva
fit des démarches courtoises mais énergiques (1). « Le
« Roi, disait, dans un mémoire au comte Panine, le
« représentant Sabatier de Cabre, comptait que confor-
« mément à la déclaration faite par la Cour de Russie (2),
« les vaisseaux russes destinés à une expédition dans la
« Méditerranée, ne troubleraient aucunement le commerce
« des sujets de Sa Majesté dans le Levant. Elle n'a donc
« pu qu'apprendre avec une extrême surprise, qu'un
« vaisseau de l'escadre commandée par l'amiral Spiridoff
« a non seulement visité le vaisseau « *l'Heureux* »,... mais
« enlevé de force une cargaison de blé pour Smyrne et

_____

(1) V. Oulianitsky, loc. cit.
(2) Cette déclaration, faite aux ambassadeurs accrédités à St-
Pétersbourg au mois d'août 1769, disait notamment que « les
« deux amiraux auront ordre non seulement de ne pas inquiéter
« aucune navigation chrétienne, mais de protéger tout vaisseau
« chrétien sans distinction contre les barbaresques. Et cette
« navigation commerçante de toutes les puissances sera partout
« et en tout favorisée par les escadres de S. M. I. autant que
« cela pourra dépendre d'elles. » V. Oulianitsky, op. cit. Annexe
34, in fine, p. 110.

« arrêté 39 Turcs qui se trouvaient de passage sur le
« même navire. — Cette violence étant contraire au
« droit des gens que l'usage et les conventions ont formé
« entre les peuples policés et même à cette loi sacrée et
« inviolable, indépendante de tout usage et de toute
« convention, que la force n'est point un titre pour violer
« les droits de la propriété ni ceux de la liberté géné-
« rale, le Roy... » demandait en conséquence : 1° la
mise en liberté des Turcs ; 2° la restitution de la cargaison ; 3° une récompense pour le propriétaire du navire
et 4° l'envoi des ordres formels aux commandants des
forces russes dans l'Archipel, afin que de pareils faits ne
se produisent plus à l'avenir (1).

Le malentendu qui existait malheureusement entre le gouvernement de Saint-Pétersbourg et le héros de Tchechmé
portait ses fruits. Ce que le comte Panine avait prévu ne
manquait pas de se produire ; et, cependant, il n'avait
rien négligé pour prévenir tous ces ennuis. Il ne s'était
point lassé de dire et de répéter dans les instructions au
comte Orloff, ainsi qu'aux deux amiraux de l'escadre,
qu'eu égard à la situation politique, ils devaient se montrer coulants avec les Français, afin d'éviter tout prétexte
de plainte (2). Les mêmes conseils de prudence se re-
trouvent dans la correspondance particulière du comte

(1) V. Oulianitsky, op. cit. Annexe 39, n° 1, p. 118.
(2) V. Instructions au comte Orloff, du 11 août 1769, R. S. H.
de Russie, t. I, p. 22 24 ; Instructions à l'amiral Spiridoff, juin
1769, dans Oulianitsky. Annexe 27, p. 97 et suiv., surtout p. 95 ;
V. aussi annexe 35, p. 110. Cf. aussi R. S. H. de Russie, t. I,
p. 124 et suiv.

Panine avec le comte Orloff (1). Rien n'y avait fait. Le
comte Orloff s'ingéniait à susciter des ennuis à son gouvernement; il ne voulait point, semble-t-il, se pénétrer de
la nécessité pour la Russie de circonscrire le nombre de
ses ennemis, de ménager les Français, afin de les désarmer, de les empêcher de lutter ouvertement contre la Russie; on en avait assez des intrigues occultes. Le comte
Panine était réduit à réparer, tant bien que mal, les fautes
politiques de l'illustre chef de l'Archipel. Aussi, le voyons-
nous empressé à donner satisfaction aux réclamations de
la France. Il exprima les regrets de l'Impératrice à propos
de cet incident, qui était non seulement contraire aux
ordres formels qu'on avait donnés, mais aussi et surtout
au désir de Catherine II d'entretenir des relations amicales entre les deux pays. « Sa Majesté Impériale, écrivait
« le comte Panine au représentant de la France, en envoyant
« ses escadres contre les possessions d'une puissance,
« contre laquelle elle soutient la guerre la plus juste, a
« été bien éloignée de penser à molester en aucune façon
« la navigation tant de Sa Majesté très chrétienne que de
« toute autre puissance chrétienne... » Les instructions
données aux amiraux en font foi, car elles étaient en tous
points conformes à la déclaration du Cabinet russe aux
chancelleries occidentales. On se proposait, néanmoins,
de les renouveler, et ces instructions « ne sont autres,
« sur ce point, que l'observation exacte du droit des gens,
« d'après l'usage, les conventions générales et les traités
« de commerce entre les diverses puissances de l'Eu-

---

(1) V. Archives Russes (Rousky Arkhiv.) 1878. t. III, p. 434;
1880. t. III, p. 231.

« rope » (1). Et, en vérité, Catherine II envoyait, dès le
mois de juillet 1770, un nouveau rescrit au comte Orloff,
en attirant spécialement son attention sur ce point. Le
comte Panine, de son côté, appuyait ces instructions par
des considérations politiques (2). C'est bien, en effet, par
suite de considérations de politique que le cabinet de
Saint-Pétersbourg s'était montré disposé à écouter favorablement les plaintes des Français, car les arguments
tirés du droit étaient, après tout, discutables, du moins,
pour cette époque. Le principe de l'efficacité du blocus
était encore loin d'être universellement admis ; les puissances neutres pouvaient sans doute se plaindre, mais
elles ne pouvaient sérieusement invoquer des principes
de droit international, alors que ces principes n'existaient peut-être qu'à l'état idéal, des principes qui
n'avaient pas encore force obligatoire. Le comte Panine aurait donc pu, ce nous semble, discuter les prétentions de la Cour de Versailles ; il aurait pu surtout, et avec
quelque raison, demander au représentant français si véritablement les sujets de Sa Majesté très chrétienne n'avaient
rien à se reprocher (3). Cependant, il se contenta de sa-

---

(1) V. Oulianitsky, Annexe 39, nº 2, p. 118-119.

(2) V. Rescrit au comte Orloff, du 20 juillet 1770 ; Rescrit à
l'amiral Spiridoff, du 12 août 1770, dans le R. de la S. H. de
Russie, t. I, p. 43-46-137. Cf. aussi la lettre particulière du
comte Panine au comte Orloff, en date du 21 juillet, dans les
Archives russes, année 1880, nº III, p. 231.

(3) Le comte Orloff reprochait justement aux négociants français leur mauvaise foi. C'est ce qui explique, dans une certaine
mesure, son aversion pour les Français, ainsi que les mesures
qu'il prenait à leur égard, dans les limites du droit des gens,
bien entendu. Mais il avait cependant le tort de ne pas se rendre

tisfaire immédiatement les réclamations de la France, tout
en s'adressant à l'équité du Roi, afin de contenir ses sujets, de les empêcher à faire un commerce illicite, de
leur rappeler, en un mot, les devoirs des neutres envers
les belligérants, lorsqu'on veut invoquer les droits de
la neutralité. « Dans le même temps, poursuivait le mé-
« moire du comte Panine, que Sa Majesté Impériale en-
« tend que la liberté du commerce et de la navigation soit
« si scrupuleusement respectée par ses vaisseaux, Elle se
« promet de l'amitié du Roi très chrétien et de sa justice,
« *comme jaloux de l'observation du droit des gens* dans
« son intégrité, que... Sa Majesté très chrétienne pour
« concourir d'autant plus efficacement à prévenir qu'il
« n'arrive à l'avenir quelque nouvel incident entre les
« vaisseaux français qui font le commerce au Levant et
« les vaisseaux de Sa Majesté Impériale, voudra bien con-
« descendre à faire intimer un avertissement général à
« ceux de ses sujets qui naviguent dans les mers, pour
« qu'aucun ne se laisse employer à transporter à son
« ennemi pour sa défense des munitions de guerre ou des
« gens armés... comme aussi qu'ils évitent d'aborder avec
« des vivres aux places qui seraient alors bloquées ou as-
« siégées. Sa Majesté Impériale se persuade que le Roi ne

---

assez compte des sacrifices que la situation politique de l'Europe
imposait à son gouvernement. La France particulièrement était
très mal disposée envers la Russie, sa neutralité était loin de
présenter le caractère d'impartialité qui est nécessaire dans ce
cas. On devait fermer les yeux. C'était le sens des instructions
qui venaient des bords de la Néva. V. la correspondance particulière de Panine avec Orloff. Archives Russes, 1880, n° III, p. 249-
251.

« trouvera point à redire, si dans ce cas on fait retourner
« sur sa route un vaisseau marchand, et si même dans
« celui d'une nécessité absolue, en laissant le vaisseau
« libre d'aller où il voudra, sa cargaison qui serait pour
« le compte de l'ennemi est retenue comme de bonne
« prise (1) ».

Si nous avons cité presque entièrement ce document
c'est qu'il présente une importance capitale sur les principes du droit des gens, relatifs aux droits et devoirs des
belligérants et des neutres. Nous y voyons que la Russie
pendant son expédition de l'Archipel, ne classait pas les
vivres dans les articles de contrebande de guerre ; nous
voyons aussi qu'elle entendait n'établir que des blocus
effectifs, quoique le droit des gens de l'époque ne fût
pas bien nettement établi sur ce point. En se montrant
donc si empressé à écouter les plaintes qui lui venaient
des bords de la Seine, le comte Panine n'ignorait pas qu'il
sacrifiait, dans une certaine mesure, les intérêts de la
Russie, car cela revenait à dire qu'il décrétait en même
temps l'inefficacité du résultat qu'on se proposait d'obtenir
en bloquant les Dardanelles. Et en effet il était essentiel
pour la Russie d'empêcher de toute façon, le ravitaillement de Constantinople, afin de l'amener promptement
à composition (2). Comment pouvait-on arriver à ce but ?

---

(1) V. Oulianitsky, Annexe 39. p. 119.

(2) On avait même songé, dans ce but, d'établir le blocus à
l'entrée du Bosphore, du côté de la mer Noire, afin d'isoler Constantinople des ports turcs de l'Euxin. Ce plan est resté, cependant, à l'état de projet, car il n'y avait, à proprement parler,
aucune flotte russe dans la mer Noire, malgré les efforts très
louables de l'amiral Séniavine. V. sur ce point Oulianitsky, op.
cit., p. 416-417.

Il n'y avait que deux moyens possibles. Ou bien, il fallait ranger les vivres et les provisions de bouche parmi les articles de contrebande de guerre, ou bien bloquer l'entrée des Dardanelles et empêcher le transport des vivres.

Le cabinet de Saint-Pétersbourg ne pouvait point adopter le premier de ces moyens non seulement parce que cette mesure aurait pu entraîner de graves conséquences au point de vue politique, peut-être aussi de nouvelles complications qu'on s'ingéniait à éviter ; mais aussi et surtout parce que le droit international lui faisait une obligation de ne pas s'en servir. Et, en effet, dès la fin du XVII⁰ siècle, les différents États de l'Europe s'étaient mis d'accord pour exclure de la contrebande de guerre les vivres et provisions de bouche (1) ; ce principe fut plus tard adopté par les puissances signataires du traité d'Utrecht (2). Les dispositions de ce traité relativement à la contrebande de guerre furent, depuis, reproduites dans de nombreux traités, dont nous retiendrons celui conclu en 1766, entre l'Angleterre et la Russie elle-même (3).

Restait le second moyen : le blocus devant les Dardanelles. Mais ce moyen était inefficace, par cela même qu'il n'était établi qu'à l'entrée des Dardanelles. Si étroite que

(1) V. art. 13 du traité des Pyrénées, du 7 nov. 1659, dans Bonfils, Manuel de Droit international public, Paris, 1894, p. 823; Calvo, Le Droit international théorique et pratique, 5⁰ éd., Paris, 1896, t. V, p. 11.

(2) V. art. 20 de la Convention commerciale signée à Utrecht, le 11 avril 1713, Calvo, op. cit., t. V, p. 12. Il importe de faire remarquer que l'Angleterre n'a pas ratifié cette convention. V. Calvo, op. cit., t. III, p. 389.

(3) V. F. de Martens, Traités de la Russie avec l'Angleterre, t. XI, à sa date.

fût la surveillance de ce détroit, il était impossible de couper complètement le ravitaillement de la capitale par l'Asie Mineure et les nombreux ports de la mer de Marmara (1). Sans doute le blocus effectif établi devant les Dardanelles rendait très difficile le ravitaillement de Constantinople, parce que les vivres étaient obligés de prendre des voies détournées et très coûteuses, mais cela n'empêchait pas néanmoins les vivres de parvenir à Constantinople; il y avait retard, il y avait gène, mais il ne pouvait pas y avoir de famine. D'ailleurs les Français étaient là pour faciliter, dans la mesure du possible, le ravitaillement de la capitale. Ils se chargeaient de transporter les vivres de l'Egypte à Smyrne, ou dans un autre port de la région. De là, on les faisait parvenir par caravane au port le plus rapproché de la mer de Marmara, d'où enfin on les dirigeait par voie de mer sur Constantinople (2). Il était évident que grâce à ce procédé, on rendait presque inutile le blocus des Dardanelles. Ainsi donc le blocus effectif, établi seulement devant l'entrée du détroit ou même devant tel ou tel autre port de la côte ne pouvait

(1) Le prince Galitzine rapportait de Vienne, d'après des renseignements de Constantinople, que plus de 3.000 chameaux auraient été employés au transport des céréales dans la capitale. V. Oulianitsky, op. cit., p. 127, en note.

(2) Le commerce paraît avoir été très profitable aux Français. C'est du moins ce qui résulte d'une lettre du ministre prussien à Constantinople, Tégelin à Obiescoff, après la rupture du congrès de Fokchani. « Les Français, y est-il dit, sont au comble de leur « joie de ce que la paix n'est pas faite ; s'ils osaient ils feraient « des réjouissances publiques, et la raison en est fort simple, plus la « guerre dure et plus ces messieurs gagnent par leur commerce... » V. Oulianistky, op. cit., p. 197, en note. Cette lettre est du 14 octobre 1772.

réduire à la famine la capitale de la Turquie. Or, il ne fallait pas songer à établir une surveillance effective sur toute la côte de l'Asie Mineure et de la Syrie ; toutes les escadres réunies auraient été insuffisantes à cette tâche. Restait alors le blocus fictif qui seul était à même d'empêcher, tant soit peu, ce trafic. Le comte d'Orloff qui était sur les lieux et se trouvait mieux à même de juger le côté pratique des opérations, ne pouvait tolérer cet état de choses et c'était pour couper court à ce trafic, préjudiciable aux intérêts vitaux de la Russie qu'il prit sur lui la responsabilité de transgresser les ordres formels de sa Cour. Il avait non seulement établi un blocus fictif, comme nous l'avons déjà dit, sur tout le littoral turc de l'Archipel (1), mais encore ce qui était contraire aux engagements mêmes de la Russie, il avait averti les neutres, par un manifeste en date du 1er mai 1772, qu'il considérait de bonne prise désormais, tout navire se dirigeant vers un port ennemi, portant une cargaison de provisions de guerre ou de *bouche* et en général « Toutes choses qui « procurent ... des moyens essentiels de pousser la guerre. » C'était le droit de prévention dans toute sa beauté (2).

Or, si le droit international de l'époque, comme nous l'avons déjà dit, faisait une obligation au Cabinet de Saint-Pétersbourg de ne pas considérer les vivres comme article de contrebande de guerre, aucun traité international, que nous sachions du moins, ne lui enlevait la faculté d'user des avantages que la pratique du blocus fictif pouvait lui

---

(1) V. Suprà, p. 131-132.

(2) V. la lettre du comte Orloff au comte Panine, du 24 mai 1772, dans les Archives Russes, 1880, n° 3, p. 247 suiv.

procurer dans les circonstances. Si donc le comte Panine n'avait pas hésité à désapprouver son agent dans l'Archipel, c'était surtout parce que ce moyen de contrainte lui répugnait. Il n'ignorait pas le mécontentement général que les nombreux abus de l'Angleterre avaient provoqués en Europe (1). Plus tard, cet éminent ministre n'hésita pas à prendre en main la cause des faibles pour protester contre les abus du Cabinet de Saint-James. On sait que c'était Panine qui était l'instigateur de la célèbre neutralité armée de 1780, cet acte diplomatique qui fait époque dans l'histoire du droit international et qui est tout à l'honneur de la Russie (2). Eh bien, un des articles de cette neutralité repoussait énergiquement la pratique du blocus fictif et donnait la meilleure définition du blocus effectif. Un tel homme ne pouvait avoir recours à des moyens qu'il reprouvait au fond de son cœur. De plus, dans les circonstances, la situation politique lui imposait un devoir conforme à ses principes. Et, en effet, la conduite du comte Orloff était de nature à faire surgir de graves complications internationales. Il importait beaucoup de ne pas trop exciter la France, qui avait déjà grand'peine à observer une neutralité si manifestement bienveillante à

_____

(1) C'était surtout pendant la guerre de sept ans que l'Angleterre avait usé et abusé de la pratique du blocus fictif, avec ce qui l'accompagnait : le droit de prévention, le droit de suite et la célèbre théorie du voyage continu. C'était, on le sait, la France qui en avait le plus souffert. V. pour les détails dans Hautefeuille, Histoire du droit maritime, passim.

(2) V. pour les détails de la déclaration de 1780 le très intéressant livre de M. Paul Fauchille, la Diplomatie française et la ligue des neutres. Paris, 1893, passim.

la Turquie. Si le Cabinet de Versailles, prétextant des restrictions intolérables à son commerce, prenait le parti de détruire la flotte russe de l'Archipel — ce qui d'ailleurs n'aurait pas présenté de grandes difficultés pour la flotte française — le mal ne serait-il pas beaucoup plus grand pour la Russie que de supporter patiemment les inconvénients qui résultaient pour ses intérêts du trafic français dans le Levant. Il ne fallait pas oublier que l'escadre russe dans l'Archipel n'avait pas une situation bien déterminée, car elle était à une trop grande distance de ses ports d'attache, partant sa base d'opération était plus que précaire. Il importait donc de ménager les neutres, d'éviter soigneusement et autant que possible de se créer de nouveaux ennemis, juste au moment où l'on s'ingéniait à mettre fin aux hostilités avec la Porte, qui duraient depuis trop longtemps déjà (1).

III

Pendant que les troupes de l'Impératrice de Russie remportaient des victoires et se couvraient de gloire ; que l'escadre russe dans l'Archipel détruisait, à la grande surprise des autres puissances, tout ce qui restait des forces navales turques et, s'appliquait à affamer la capitale de l'Empire ottoman, les conseillers de Catherine II examinaient, en détail, les conditions éventuelles de la paix, qu'on croyait prochaine ; les diplomates de l'Occident, de leur côté, loin

_____

(1) V. Rescrit de l'Impératrice au comte Alexis Orloff, en date du 28 juin 1772, dans le Recueil de la S. H. de Russie, t. I, p. 83-86.

de se condamner à assister passivement à la destruction
de la puissance Turque, prenaient leurs précautions, soit
pour empêcher la Russie de dicter, en tête à tête, la paix
au vaincu du sérail, soit pour tirer, le cas échéant, le plus
de profit possible pour leur propre pays, essayant d'utiliser
la situation politique du moment.

Et, en effet, le conseil de l'Empire *(Gossoudarstvenny
soviét)* avait été convoqué, dès l'année 1770, à l'effet de
discuter les propositions du comte Panine et d'émettre son
avis sur les conditions qu'il convenait de proposer à la
Turquie, au moment de l'ouverture des négociations pour
la conclusion de la paix. Le 16 septembre, eut lieu la
première séance du conseil, suivi bientôt d'autres encore,
ayant toujours le même objet (1). Les décisions qui y ont
été prises ont pour nous un intérêt particulier, car elles
expriment les véritables intentions de la Cour de Saint-
Pétersbourg à l'égard de la Turquie, à une date où l'on
aimait à s'imaginer que l'on pourrait traiter directement
avec la Porte, où l'on désirait ardemment éviter toute
médiation tierce, d'où qu'elle vînt (2). L'insuccès de 1739
semblait ne pas avoir servi de leçon aux diplomates
russes : ils espéraient cette fois encore, arriver à régler
seuls leurs vieux comptes avec le Sultan, sans se soucier
des intérêts incontestables de leurs voisins, comptant uni-

---

(1) Le Conseil de l'Empire tint, en effet, d'autres séances,
notamment les 14 et 17 mars 1771, dont les décisions sont relatées
dans les instructions adressées au comte Alexis Orloff, le 22 mars 1771.
V. pour ces instructions Oulianitsky, op. cit., p. 155-166. Cf. aussi
Ibid., p. 140, 153 et suiv., p. 355-356.

(2) V. à ce sujet l'opinion du comte Panine devant le Conseil
dans Oulianitsky, op. cit., p. 355.

quement sur les victoires de Roumiantzoff et sur celles du comte Orloff, pour imposer la paix à l'Empire ottoman et placer ainsi les puissances occidentales devant le fait accompli. Nous verrons plus loin que les choses n'allèrent pas aussi simplement ni aussi rapidement qu'auraient pu l'espérer les hommes d'État de la Russie et la fin de 1771 marque la déception du comte Panine à cet égard. « En « réalité, écrivait le ministre de Catherine II, nous éprou-« vons actuellement que l'Empire turc est le véritable « membre du lien politique de toute l'Europe et, avant « comme aujourd'hui, il est impossible d'avoir affaire à « la Porte, sans que les autres ne soient amenés, de par « leurs intérêts à y prendre part (1) ». Ceci dit, exami-nons les décisions prises par le conseil de l'Empire.

Sur la proposition du comte Panine et après mûre réflexion, le Conseil avait adopté un projet qui portait sur trois ordres d'idées. En premier lieu, on avait discuté les mesures qui devaient rendre la Porte incapable de nuire à la Russie. Dans cet ordre d'idées on devait s'appliquer à diminuer les moyens d'attaques de la Turquie contre les possessions de la Tsarine. En second lieu, on avait arrêté les mesures nécessaires pour assurer le payement de l'in-demnité de guerre. Le troisième point traitait de la liberté de commerce dans un sens très large (2).

Dans la première catégorie des mesures on avait décidé de placer l'annexion à la Russie de la grande et de la petite Kabardah, la cession de la ville d'Azov avec tout son

---

(1) V. Correspondance du comte Panine avec le comte Orloff, publiée dans les Archives russes, 1880, no 3, p. 235-236.

(2) V. les Instructions au comte Orloff, en date du 22 mars 1771, dans Oulianitsky, op. cit., p. 155.

district, d'après les limites établies par le traité de 1700, enfin, et surtout la reconnaissance, par les deux belligérants de l'indépendance des Tartares (1). Le Conseil avait longuement discuté sur ce dernier point. Il était en présence de deux solutions possibles : 1° l'annexion pure et simple, comme on avait décidé pour le district d'Azov et des deux Kabardahs ; 2° la reconnaissance de l'indépendance. Si on avait fini par s'arrêter à ce dernier parti, c'est que le Conseil avait vu de grands inconvénients à l'annexion. Et, en effet, loin de présenter des avantages, l'annexion des Tartares pouvait plutôt être nuisible à la Russie, car les Tartares n'auraient jamais fait de bons et paisibles sujets de la Tsarine. On ne connaissait que trop les effets de leur caractère nomade et indépendant. Ce n'était pas tout. Il ne pouvait jamais être question de leur imposer des taxes, ni de percevoir normalement les impôts. L'annexion n'aurait occasionné que des dépenses continuelles, parce qu'on aurait toujours dû y entretenir une armée sur le pied de guerre, afin de les contenir ; ces dépenses n'auraient jamais pu être couvertes par la perception des impôts établis sur les hordes nomades des Tartares. Partant, l'annexion des Tartares pouvait bien constituer une cause de faiblesse permanente pour l'Empire. A côté de ces raisons d'ordre intérieur, il y avait des considérations de politique extérieure, on prévoyait que cette annexion n'aurait pas manqué de soulever les protestations des autres puissances. Pourquoi se créer de nouvelles difficultés pour un avantage aussi chimérique ? il était donc d'une sage politique de ne pas éveiller inutilement les

---

(1) V. Oulianitsky, p. 156.

jalousies des voisins pour des avantages aussi probléma-
tiques. L'indépendance des Tartares, au contraire, loin de
présenter tous ces inconvénients avait le grand avantage
d'enlever à la Turquie un moyen d'attaque contre les provinces méridionales. N'était-ce pas, en somme, le principal
but? De plus, on espérait bien que cette indépendance
permettrait à la Russie d'y établir sa prépondérance politique (1).

L'indemnité de guerre et les moyens propres d'en assurer le payement formaient, nous l'avons vu, le deuxième
point.

C'était la Sublime-Porte qui avait pris l'initiative des

---

(1) V. Oulianitsky, op. cit., p. 145. L'éminent historien russe
Soloviev fait très justement observer que cette décision du Conseil
est marquée au coin d'une rare étroitesse de vues. Car, en somme,
que signifiait le mot d'Indépendance ? Au sens strict du mot, cela
impliquait pour les Tartares une entière liberté de choisir leurs
alliés et rien ne faisait présager qu'ils se seraient tournés vers le
Cabinet de Saint-Pétersbourg, tout au contraire. Il était donc
facile de prévoir, qu'après comme avant l'indépendance, ils
allaient continuer à prendre le mot d'ordre à Constantinople.
Etait-ce là l'avantage que les hommes d'Etat de la Russie en
attendaient? L'objection est juste, avons-nous dit, mais à la
condition qu'on travaillât à une indépendance effective, au sens
strict du mot, comme dit l'historien. Or, rien ne prouve que,
derrière cette indépendance, les Russes ne préparaient autre
chose. Ils croyaient que ces Tartares allaient devenir leurs alliés.
Mais ils avaient, en même temps, pris leurs précautions pour
qu'ils fussent obligés de devenir les alliés des Russes. Ce n'était
pas pour rien que des garnisons russes furent installées dans les
forteresses et les ports des Tartares. Mais alors, que restait il de
l'Indépendance? V. sur ce point Soloviev, op. cit., t. XXVIII,
p. 120 et suiv.

hostilités, assumant ainsi toutes les responsabilités de
cette guerre aussi meurtrière que ruineuse. Il n'était que
juste de demander une indemnité, sinon pour réparer les
pertes en hommes, du moins pour couvrir les frais des
campagnes successives et qu'on évaluait en chiffre rond
à vingt-cinq millions de roubles (1). La Turquie était-
elle en mesure de s'en acquitter, à supposer qu'une clause
du traité eût donné satisfaction à la Russie sur ce point?
Il était bien difficile de le croire, car le Trésor ottoman
était, alors comme aujourd'hui, dans la même pénurie,
partant dans l'impossibilité absolue de faire face à des engagements de cette sorte. L'énormité de la somme demandée rendait, si possible, encore plus problématique
l'exécution de cette clause. Le Conseil de l'Empire n'ignorait pas cet état de choses et, soucieux de ne pas se laisser berner de vaines promesses, il avait décidé de demander
l'occupation temporaire de la Moldavie et de la Valachie.
« En toute justice et équité, disait le comte Panine aux
« membres du Conseil, le 16 septembre 1770, nous de-
« vrions garder ces deux principautés, pour nous dédom-
« mager des sacrifices que cette guerre nous impose...
« mais comme Sa Majesté l'Impératrice a daigné prouver à
« toutes les Cours, dès son avènement au trône, que l'ac-
« quisition des territoires n'entrait pas dans son sys-
« tème politique... il conviendrait de garder ces provinces
« jusqu'au jour où la somme déclarée serait couverte par
« la perception des impôts... » (2). Le Conseil se conforma

---

(1) V. Oulianitsky, op. cit., p. 140 et 162.
(2) V. Ibid., p. 140 et 154; Sorel, op. cit., p. 131 (cette occupation devait durer pendant 25 ans).

à ces déclarations et tout en constatant qu'en toute justice on devrait garder ces deux principautés, il s'arrêta à l'occupation temporaire « afin de donner encore une preuve « du désintéressement de Sa Majesté l'Impératrice (1) ».

Etait-ce là une condition *sine qua non* pour la conclusion de la paix? Non, certes. Le Conseil avait envisagé l'hypothèse d'un refus possible de la part du Sultan. La Turquie pouvait ne pas vouloir souscrire à cette annexion temporaire qui pouvait bien devenir permanente — et qu'est-ce qui prouve que ce n'était pas là la pensée secrète des hommes d'État de la Russie ? — et, de plus, on devait s'attendre à une opposition énergique des Puissances occidentales, surtout de l'Autriche qui convoitait particulièrement ces deux provinces, à cause du Danube. C'est pourquoi le Conseil avait décidé, qu'en pareil cas, la Russie consentirait à renoncer à l'indemnité de guerre, à la condition toutefois que la Turquie reconnût l'indépendance pleine et entière des deux principautés (2). Cette dernière solution présentait cet autre avantage que les deux Principautés indépendantes rempliraient le rôle d'État tampon, une sorte de barrière entre les deux Empires, ce qui allait certainement diminuer les causes de conflit qui auraient nécessairement surgi d'un voisinage immédiat (3).

Restait le dernier point relatif à la liberté du commerce. Et, ici, les décisions du Conseil sont catégoriques, *ne varietur*. Si la Russie pouvait consentir, au besoin, à mo-

---

(1) V. Oulianitsky, op. cit., p. 154.

(2) V. Ibid., loc. cit.

(3) V. Instructions au comte Orloff, du 22 mars 1771, Oulianitsky, p. 163.

difier, à diminuer ses exigences sur les autres points, elle était résolue, par contre, à obtenir, coûte que coûte, la navigation sur la mer Noire (1). « Il faut exiger et obtenir « sans faute, lisons-nous dans les instructions au comte « Alexis Orloff, non seulement l'entière liberté pour nos « vaisseaux de naviguer sur la mer Noire, mais aussi les « mêmes droits et privilèges pour le commerce russe que « les autres nations les plus favorisées... (2) ».

Telles étaient, dans leur rédaction officielle, les conditions que la Russie se proposait d'imposer à la Porte. Comment l'Europe allait-elle les accueillir ?

Il faut croire qu'à Saint-Pétersbourg on ne se faisait pas beaucoup d'illusions sur les bonnes dispositions des Puissances occidentales, car le comte Panine ne montrait pas beaucoup d'empressement à les faire connaître à son grand allié des bords de la Sprée, malgré les pressantes missives que Frédéric II expédiait à Catherine II (3). On ne goûtait pas du tout, ou médiocrement, aux bords de la Néva l'insistance du roi de Prusse, et loin de satisfaire sa curiosité, on se contentait de lui donner quelques indications très générales. D'ailleurs, on insinuait que la Russie était décidée à ne pas entamer les négociations de la paix tant que la Porte ne prendrait la décision d'élargir le résident Obriéscow, jeté au château des Sept-Tours (Yédi-

---

(1) V. Séance du Conseil, du 17 mars 1771, V. les Archives du Conseil de l'Empire, t. I, p. 371 et suiv.

(2) Instructions au comte Orloff, Oulianitsky, p. 164.

(3) V. la nombreuse correspondance de Catherine II avec Frédéric le Grand dans le Recueil de la Société historique de Russie, tout le 20e volume. Cf. aussi sur le point spécial qui nous occupe Sorel, p. 116.

Koulé), au commencement des hostilités. C'était une sorte
de question préalable qui permettait au Cabinet de Saint-
Pétersbourg de gagner du temps et de ne rien dévoiler à
l'Occident de ce que l'on préparait (1). On le voit, on se
méfiait des Puissances étrangères, car on n'ignorait pas,
en Russie, que toute médiation tierce n'aboutirait qu'à
une diminution des avantages qu'on se proposait d'obtenir
à la conclusion de la paix. Et la situation politique, en
Europe, n'était pas de nature à rassurer, sur ce point, les
conseillers de Catherine (2).

Et, en effet, de toutes les Puissances occidentales, celles
qui devaient jouer le principal rôle dans les négociations
de la paix avaient des intérêts diamétralement opposés
aux vues de la Russie sur l'Empire ottoman. L'Autriche,
notamment, ne pouvait tolérer, en aucune façon, l'établissement des Russes sur le bas Danube, car cela aurait
pu gravement compromettre ses intérêts qui consistaient
principalement sinon à dominer cette artère vitale pour son
commerce, du moins d'empêcher que cette voie navigable
changeât de maître. Et, le cas échéant, la Cour de Vienne
n'aurait pas hésité à déclarer la guerre à la Russie si le
Cabinet des bords de la Néva persistait dans ses vues sur
les Principautés. Or, si cette éventualité venait à se réaliser, le roi de Prusse, en vertu des traités solennels qui

---

(1) Frédéric le Grand, soucieux d'apprendre les conditions
russes, avait tout fait pour obtenir la mise en liberté d'Obiescow.
Il y avait finalement réussi. V. Lettre de l'Impératrice au comte
Orloff, du 7 juin 1771, dans le R. de la S. H. de Russie, t. I,
p. 77.

(2) V. Rescrit au comte Orloff, du 22 mars 1771, R. S. H. de
Russie, t. I, p. 73.

le liaient à l'Empire moscovite, aurait été forcément amené
à prendre les armes contre la maison des Habsbourgs et
c'est précisément ce qu'il ne voulait faire à aucun prix.
Sa politique était, dès lors, toute tracée. Il devait s'ingénier à contenir l'Autriche, en lui rappelant ses engagements envers la Tsarine, ce qui voulait dire qu'il allait se
trouver dans l'obligation de combattre l'Autriche ; en
même temps, il ne se lassait point de faire entendre ses
conseils de modération, à Saint-Pétersbourg, et afin de
se mieux faire obéir, il s'appliquait à exagérer le danger
du côté de la Cour de Vienne. Le tout sagement combiné,
afin d'empêcher ces deux Cours de communiquer sans
intermédiaire, car alors il pouvait craindre l'effondrement
de tout son plan, qui était basé sur un danger imaginaire
qu'il faisait miroiter des deux côtés. Il n'avait garde,
d'ailleurs, d'oublier son propre profit et, à cet égard, le
Grand Frédéric essayait de déplacer la difficulté (1). Si la
Russie et l'Autriche avaient des intérêts aussi contraires,
en Orient, n'y avait-il pas moyen de procéder à la pacification de ce coin de l'Europe, en se mettant d'accord
ailleurs ? Et du coup, la question du partage de la Pologne
était posée sur le tapis (2).

Le roi de Prusse, grâce à son habileté à se servir des circonstances propices, était devenu le véritable arbitre de
la situation. Il « savait bien, comme le remarque, si jus-
« tement, M. Albert Sorel, que c'était son alliance avec
« la Russie qui rendait l'Autriche si conciliante. Il jugea,

---

(1) V. les insinuations de Frédéric le Grand à Kaunitz, lors de
l'entrevue de Neustadt, dans Sorel, op. cit., p. 105-106.

(2) Pour les détails sur les négociations relatives au partage de
la Pologne, Cf. Sorel, op. cit., p. 125-233.

« avec raison, qu'un rapprochement de plus en plus intime
« produirait sur la Russie un effet aussi favorable (1) ».
La question du déplacement de la difficulté était facile pour
la Russie, car la Tsarine pouvait librement se décider à
entrer dans telle ou telle combinaison politique ; le Cabinet
de Saint-Pétersbourg n'était lié qu'envers la Prusse. Du
moment que c'était la Prusse elle-même qui la conviait
au partage de la Pologne, la Russie n'avait, pour se
décider, qu'à prendre conseil d'elle-même. En était-il de
même de l'Autriche ? Est-ce que la Cour de Vienne
avait ses coudées franches? Pouvait-elle se dispenser de
consulter d'autres puissances? Devait-elle, au contraire,
agir de concert avec la Cour de Versailles, dont elle était
l'alliée ? Et, dans ce dernier cas, est-ce que la France
aurait consenti à souscrire à tout ce qui se préparait, à
son insu, sans désavouer sa politique traditionnelle en
Pologne et aussi en Turquie? Malheureusement, la déférence qu'on devait au Cabinet de Versailles n'était que
le moindre souci du comte de Kaunitz, et, « en réalité, à
Vienne comme à Berlin, on n'agissait « qu'à sa guise,
on n'écoutait que ses intérêts et l'on en « prenait fort à
son aise avec ses alliés (2) ».

Le fait est que, dès le commencement de la guerre, la
France et l'Autriche avaient des vues contraires, par la
simple raison que leurs intérêts n'étaient pas d'accord. Et,
en effet, si la France avait tout fait pour pousser la Porte
à la guerre, ce n'était que dans l'intention d'occuper la

---

(1) V. Sorel, op. cit, p. 78.

(2) V. Ibid., p. 79. V. aussi sur la manière dont Kaunitz entendait l'exécution du traité avec la France (1756), sa conversation
avec Frédéric II à l'entrevue de Neustadt. V. Sorel, p. 106-107.

Tsarine sur ses frontières du sud, de lui lier, en un mot,
les mains, afin de la détourner de la Pologne et de la
Suède. Si la Cour de Versailles désirait ardemment la
prolongation de la guerre, au moins pendant quelques
années encore, ce n'était, pour nous servir des paroles
mêmes du duc de Choiseul, « qu'afin que chacun s'affai-
« blisse réciproquement (1) ». . Or, si le comte de Kaunitz désirait l'affaiblissement de la Russie, il ne lui convenait pas de voir la Turquie réduite à l'impuissance par
les coups décisifs que les troupes de l'Impératrice pouvaient encore lui porter (2). La France voulait donc faire
durer la guerre, l'Autriche était plutôt portée à la paix (3).
Sans doute, et dans d'autres temps, la Cour de Versailles
aurait pu exercer une influence décisive sur les décisions
du comte Kaunitz, mais à l'époque où nous sommes, le
désordre le plus complet régnait en maître sur les bords
de la Seine. La diplomatie secrète continuait à faire la con-
fusion dans la politique étrangère du Royaume, la France
se sentait complètement isolée (4); son crédit en Europe avait reçu un coup sensible, depuis les derniers
revers dans la guerre avec l'Angleterre (5). Le duc de
Choiseul, « le souffleur de Moustapha » comme on l'appe-

---

(1) V. le mémoire remis par le duc de Choiseul à Mercy d'Argen-
teau avant son départ pour Vienne (déc. 1769), cité par Sorel, op.
cit., p. 79.

(2) V. la réponse de la Cour de Vienne à ce mémoire. Ibid., p. 80.

(3) V. Sorel, p. 32-33.

(4) Le comte de Broglie laisse échapper, dans un moment de
franchise, cette phrase caractéristique : « Nous avons dégoûté
« tout le monde de notre alliance. » V. la dépêche de Broglie à
Tercier, du 9 fév. 1763, citée par Oulianitsky, op. cit., p. 197.

(5) V. Oulianitsky, p. 198.

lait, revenu au pouvoir depuis 1766, n'avait rien pu faire,
pour la très simple raison qu'il « apportait à des concep-
« tions qui auraient exigé de la suite et de la mesure, un
« esprit impatient et inconstant. Il formait de vastes
« desseins; il ne put employer que de petits moyens. Il
« rêvait d'agir, il ne sut que s'agiter » (1). Son dernier
essai lui coûta la place élevée qu'il occupait. Il avait
entrepris de faire ouvrir les hostilités entre l'Espagne et
l'Angleterre. Le roi, désirant par dessus tout la conservation de la paix — et la politique de son ministre risquait
de l'entraîner dans une nouvelle guerre avec l'Angleterre — dut se séparer du duc de Choiseul. Peut-être
aussi l'influence de Madame Du Barry, ce chef de la faction des favorites, n'était-elle pas étrangère à la disgrâce
du duc (2). Quoi qu'il en soit, après la chute de Choiseul
(24 déc. 1770), le poste de ministre des affaires étrangères continua à rester vacant pendant très longtemps et
son successeur, le duc d'Aiguillon, n'était pas de taille à
s'escrimer avec le fin chancelier de l'Impératrice Marie-
Thérèse (3). Tout cela avait puissamment contribué à
effacer le rôle de la France dans les graves événements
qui allaient s'accomplir et qu'elle avait provoqué dans
une certaine mesure. Son peu scrupuleux allié put se
croire libre de faire ce qui lui convenait le mieux (4).

---

(1) V. Sorel, op. cit., p. 25-26.
(2) V. Oulianitsky, op. cit., p. 199.
(3) V. Ibid., p. 198.
(4) Kaunitz avait notamment conclu un traité avec la Turquie
en 1771, à l'insu de la Cour de Versailles ; son ambassadeur à
Constantinople avait reçu ordre de contrecarrer l'action de son
collègue français. C'est ainsi que la Porte avait décliné l'offre du
gouvernement français de lui fournir une flotte, moyennant

Tout au plus se servait-il de l'alliance française « pour
« décliner les propositions du roi de Prusse », tel Frédéric II opposant à la Cour de Vienne « les exigences de
« Catherine II, lorsqu'il ne voulait point déférer à leurs
(les Autrichiens) désirs » (1).

Cela étant, la Russie n'avait rien à redouter du côté de
Versailles ; la Cour de Saint-Pétersbourg ne courait pas
le risque de voir ses vues contrecarrées par une médiation
française et elle allait enfin obtenir la navigation sur la
mer Noire, au grand détriment, peut-être, des intérêts
français dans les eaux du Levant (2). Qu'on était loin, en
vérité, de cette époque où les prouesses diplomatiques du

---

subside. Si la Porte n'avait pas accepté cette offre, c'était grâce
aux insinuations de Thugut et de Zegelin. V. Oulianitsky, op.
cit., p. 204.

(1) V. Sorel, op. cit., p. 79.

(2) Il faut signaler cependant un essai timide de rapprochement
avec la Russie. C'était le duc d'Aiguillon qui l'avait tenté, peu
après son arrivée aux Affaires étrangères. Diderot devait être
l'instrument de ce rapprochement, et Durand, l'envoyé de France
à Saint-Pétersbourg, lui avait donné un projet des conditions de
la paix, conditions que la Cour de Versailles croyait pouvoir
obtenir pour la Russie, si le comte Panine voulait bien accepter
la médiation de la France. D'après l'une de ces conditions, la
Porte devait céder à la Russie deux ports tartares et la France
s'engageait à amener la Porte à cette cession. Malheureusement,
l'Impératrice Catherine II ne prit pas au sérieux cette ouverture,
parce que, semble-t-il, elle ne croyait pas à la sincérité du duc
d'Aiguillon, surtout depuis les derniers événements de Suède (1773).
V. sur ce point Soloviev, op. cit., t. XXVIII, p. 388-390. Le fait
est aussi signalé dans deux dépêches de l'ambassadeur anglais à
la Cour de Russie, Hunning, en date des 12 et 23 nov. 1773. V. le
Recueil de la S. H. de Russie, t. XIX, p. 383 et 386.

secrétaire d'État, Chauvelin, et de l'habile ambassadeur de France, à Constantinople, le marquis de Villeneuve, avaient assuré à la France les succès de 1739 !

Si la France n'était point en état de faire obstacle à la Russie dans sa marche triomphante en Orient, est-ce que l'impératrice Catherine II avait à se préoccuper de l'opposition de la Grande-Bretagne ? Un examen rapide des rapports anglo-français d'une part, et, de l'autre, des intérêts commerciaux de l'Angleterre dans la Baltique et la Méditerranée nous permettra de répondre à cette question.

Après les longs efforts que la France et l'Angleterre avaient dû faire pendant la guerre de Sept-Ans, après la célèbre paix de Paris, de 1763, qui avait mis fin à ce sanglant conflit, les relations entre ces deux pays voisins n'avaient jamais été empreintes de cordialité, bien au contraire. La France avait dû sacrifier son empire colonial — c'était d'ailleurs la seule utilité des colonies : on pouvait les donner à l'ennemi, sans être obligé de rien perdre sur le continent — et pouvait avoir l'intention de prendre sa revanche. C'est ce qu'on redoutait, du moins, en Angleterre (1). Et, dès lors, tout ce qui était de nature à nuire à la Cour de Versailles devait être favorablement accueilli à Londres. Tel était le cas pendant la crise orientale qui nous occupe. Aussi est-ce là l'explication de la politique anglaise pendant cette crise. « L'ennemi qui menaçait « l'Empire des Indes, écrit M. Sorel, c'était la France, qui « pouvait rétablir ses forces et disputer encore une fois « aux successeurs de lord Clive les établissements fondés « par Dupleix. Voilà ce que les Anglais redoutaient par « dessus tout, et comme la Russie était en hostilité dé-

---

(1) V. Sorel, op. cit., p. 82.

« clarée avec la France, il en résultait en Angleterre une
« inévitable partialité pour la Russie » (1). Les hommes
d'État anglais n'avaient, d'ailleurs, rien à redouter de la
Russie. Les avant-postes de cet Empire ne menaçaient pas
encore les frontières des Indes (2), et, loin de craindre
son développement économique du côte de l'Euxin, on se
proposait, sur les bords de la Tamise, d'en tirer le plus
grand profit (3). Si donc la navigation des navires russes
sur la mer Noire et le développement qui pouvait en résulter pour le commerce de la Russie dans les eaux du
Levant étaient de nature à porter préjudice aux intérêts
de quelque nation, ce ne pouvait être, assurément, qu'au détriment des Français, et l'Angleterre n'aurait pas été fâchée
de voir ce résultat se produire, car son propre commerce
dans ces parages de la Méditerranée n'avait pas la même
importance que celui de la France. Par contre la Grande-
Bretagne avait presque le monopole du commerce de la
Baltique et la Russie était sa principale cliente. Elle en
tirait notamment tout ce qui était nécessaire à ses arsenaux, les bois de construction, les agrès, etc. (4).

Ainsi, les intérêts commerciaux et politiques avaient
exercé, simultanément, une influence décisive sur la con-

---

(1) V. Sorel, op. cit., p. 82.
(2) V. Ibid., loc. cit.
(3) V. Zinkeisen, op. cit., t. V, p. 879.
(4) V. le très intéressant récit que M. Oulianitsky a fait des
intérêts anglais dans la Baltique et de l'influence qui en est
résultée sur la politique britannique, p. 207-306. Il a écrit ce
récit d'après les dépêches des ambassadeurs anglais à Saint-
Pétersbourg, qui ont été publiées dans le Recueil de S. H. de
ussie, t. XII, et XIX. Cf. aussi Sorel, op. cit., p. 82 83.

duite de l'Angleterre durant la crise orientale de 1768-1774.
C'est pourquoi le Cabinet de Londres avait mis tant de
complaisance à accueillir les escadres russes dans ses
ports ; c'est aussi pour la même raison qu'on s'était empressé de faciliter le recrutement des équipages, dont la
Russie avait le plus grand besoin (1), c'est pour cela enfin,
que, par son langage énergique à Paris, l'Angleterre
avait empêché la mise à exécution du projet que le duc
de Choiseul avait formé d'anéantir la flotte russe à son
passage par la Manche et avait arrêté, de la sorte, cette
intention du Cabinet de Versailles d'intervenir en faveur
de la Turquie (2).

---

(1) V. Oulianitsky, op. cit., p. 246-247.

(2) Si l'Angleterre s'était montrée aussi complaisante envers la
Russie, c'était aussi parce qu'elle ne croyait pas que l'expédition
russe dans l'Archipel pourrait devenir dangereuse, car les vaisseaux de la Tsarine, loin de paraître redoutables aux yeux des
Anglais, n'avaient provoqué que leurs « risées », suivant l'expression de Rulhière (cité par Sorel, p. 84). De plus, on poursuivait
un autre intérêt politique. En montrant aux Turcs le mal qu'ils
pouvaient leur faire, les Anglais espéraient les intimider et leur
faire accepter la médiation de la Cour de Saint-James (V. la lettre
du comte Panine au comte Orloff, du 28 juin 1772, citée par
Oulianitsky, op. cit., p. 246. V. aussi les Instructions à l'ambassadeur anglais en Russie, du 27 mai 1772, où on lui recommande
d'offrir la médiation de l'Angleterre, dans le Recueil de S. H. de
Russie, t. XIX, p. 265 et suiv. Cf. aussi Zinkeisen, op. cit., t. V,
p. 945). Plus tard, lorsque les Anglais s'aperçurent qu'ils avaient
poussé trop loin la complaisance et que l'aide donnée aux Russes
les rendait suspects aux yeux des Turcs, ils s'empressèrent de
rappeler tous les officiers anglais au service de la Russie et ne
permirent plus le recrutement des équipages dans leurs ports.
Peut-être aussi l'influence personnelle de l'ambassadeur anglais à
Constantinople, Sir John Murray, n'était-elle pas étrangère à

L'Autriche était peut-être la seule Puissance dont les
intérêts vitaux fussent directement menacés par les visées
de l'impératrice de Russie sur le bas Danube. La Cour de
Vienne pouvait, au besoin, s'y opposer efficacement. Mais
le comte Kaunitz était-il décidé à faire la guerre à la
Russie, le cas échéant? Il est permis d'en douter. A Vienne
comme d'ailleurs, à Berlin et à Saint-Petersbourg, on ne
voulait pas de nouvelles complications (1). Sans doute la
prétention de la Tsarine de conserver les Principautés et
d'établir, de la sorte, sa domination sur les bouches du
Danube, était de nature à compromettre gravement les
intérêts de la maison d'Autriche. Il était « incompatible
« avec la sûreté et la tranquillité des États autrichiens, li-
« sons-nous dans un document sorti de la Chancellerie de
« Vienne, que ces deux provinces passent sous la domi-
« nation d'un autre prince, faible ou puissant..., car s'il
« était puissant, cette acquisition, augmentant considéra-
« blement sa puissance, détruirait l'équilibre que la tran-
« quillité de l'Europe en général, et surtout celle des
« Puissances voisines, rendent indispensable ; et si en
« échange il était faible, la Moldavie et la Valachie, entre
« ses mains, ne seraient plus une barrière capable de
« contenir les incursions des Tartares, qui, de gré ou de
« force, passant par ces deux provinces, seraient à tout
« moment dans le cas de pouvoir venir dévaster les États
« de la monarchie Autrichienne dans cette partie qui

cette décision. On espérait encore mériter les bonnes grâces des
Turcs. Mais le résultat qu'on en attendait ne pouvait plus se
produire. Il était trop tard. V. Zinkeisen, op. cit., t. V, p. 945;
Sorel, op. cit., p. 99-100.

(1) V. Oulianitsky, op. cit., p. 375.

« n'a eu jusqu'ici que les Turcs seuls à appréhender, et
« auraient au contraire, à craindre sans cesse à l'avenir,
« au lieu d'une, deux ou peut-être trois Puissances en
« même temps... » (1). C'était là, la ou les raisons politiques qu'invoquait le comte Kaunitz contre l'établissement des Russes dans les Principautés danubiennes. Il invoquait des raisons du même genre pour protester contre
l'indépendance des Tartares. Mais les intérêts commerciaux de la monarchie des Habsbourg n'étaient pas moins
menacés par la prise de possession du bas Danube par la
Russie.

Cependant, si menacés que fussent les intérêts vitaux
de l'Autriche, nous ne croyons pas que le comte de Kaunitz se serait lancé dans une pareille entreprise sans s'être
d'avance assuré, sinon le concours du roi de Prusse, du
moins son inaction (2). Or, Frédéric II était-il disposé à se
prêter — de gaîté de cœur — à une pareille combinaison?
Non, certainement, et il y a deux raisons à cela. D'abord
parce que le roi de Prusse était, comme nous l'avons déjà
signalé, l'allié de l'impératrice de Russie, ce qui voulait
dire qu'en vertu des engagements formels, il aurait pu

---

(1) V. Réponse verbale à l'Exposé confidentiel des intentions de
l'Impératrice de Russie sur sa pacification avec les Turcs, ainsi
qu'aux communications ultérieures qui ont été faites à cette occasion au Prince Lobkowitz, publiée dans le R. S. H. de Russie,
t. I, p. 156-158. Le passage cité à la p. 158.

(2) V. Oulianitsky, op. cit., p. 375. «... Pour parler de guerre,
« écrivait l'empereur Joseph II à son frère Léopold, le 27 oct. 1771,
« il ne faut pas être dans les tristes circonstances dans lesquelles
« se trouvent nos pays, la Bohême et la Moravie. Le roi de
« Prusse, avec 20.000 hommes, les peut conquérir sans bataille... »
Lettre citée par Sorel, op. cit., p. 171.

être amené à prendre les armes contre l'Autriche si cette
dernière Puissance s'avisait à attaquer la Russie. De plus,
et c'est là la principale raison qui empêchait la Prusse de
suivre la politique autrichienne, il n'entrait pas dans les
vues de Frédéric le Grand de prêter la main à une savante
combinaison politique, dont l'objectif et le premier résultat eût été le règlement de la question d'Orient, alors
que les intérêts de la Prusse exigeaient une entente des
trois Cours sur le partage de la Pologne. Si Frédéric
n'avait pas eu en vue l'agrandissement de ses possessions
aux dépens de la malheureuse République de la Vistule,
il aurait pu trouver des accommodements avec ses engagements envers la Russie ; mais dans l'occurrence, il s'en
servait pour son propre bien. La finesse de l'art diplomatique du grand roi de Prusse consistait justement en ce
qu'il a pu se servir des circonstances et, à force d'habileté,
il est parvenu à ses fins. Les Russes ne pouvant rien
espérer de la Cour de Vienne, se décidaient, enfin, à
suivre les vues de Frédéric sur la Pologne (1). Déjà Catherine II, dans un entretien avec le prince Henri de
Prusse, parlant des deux starosties occupées par l'Autriche,
avait posé la question : « Mais pourquoi tout le monde
ne prendrait-il pas aussi ? (2) ». Et le roi de Prusse, une
fois assuré des bonnes dispositions de la Tsarine, écrivait
à son représentant à Saint-Pétersbourg, Solms, les paroles suivantes : « ... et quand même ils (les Autrichiens)
« feraient les méchants, je vous réponds sur ma tête que
« notre union bien constituée avec la Russie la fera passer

(1) V. Oulianitsky, op. cit., p. 377.
(2) V. Sorel, op. cit., p. 134.

« par tout ce qu'on voudra... (1). Il ajoutait encore, dans
une lettre à son frère Henri : si cela est une fois conclu,
« je me moque des Autrichiens... » (2). Dans ces conditions
le comte de Kaunitz n'avait plus qu'à adopter le seul parti
possible, celui de s'associer à la Russie et à la Prusse (3).
De plus, la décision de Catherine II de renoncer à ses prétentions sur la Moldavie et la Valachie avait pour beaucoup contribué à rendre le Chancelier d'Autriche aussi
conciliant (4).

Le terrain ainsi deblayé, Kaunitz s'empressa de reconnaître que les conditions russes, loin d'être exorbitantes,
n'étaient que parfaitement justes et acceptables (5). Il
donna aussitôt des instructions en ce sens, à son représentant à Constantinople, Thugut, lui enjoignant de dire
aux Turcs « qu'ils n'avaient rien de mieux à faire que de
« signer un armistice et de négocier la paix (6). » Et tout
cela, en dépit du traité d'alliance, signé par Thugut et le
Grand-Vizir, le 6 juillet 1771, traité que le comte Kaunitz
s'était bien gardé de ratifier — et pour cause. — En vertu

---

(1) V. Sorel, p. 162.

(2) V. Ibid., loc. cit.

(3) Kaunitz ne manqua pas, d'ailleurs, d'insister sur la nécessité
de déclarer solennellement que le principe de l'égalité dans les
acquisitions serait observé. V. Sorel, op. cit., p. 191.

(4) C'était sur les instances pressantes de Frédéric II que la
Tsarine avait été amenée à prendre cette décision. V. Sorel,
p. 169. De plus, le mémoire que le comte de Panine lui avait
présenté sur la situation politique et militaire de l'Empire de
Russie paraît avoir agi dans le même sens. V. Oulianitsky, op.
cit., p. 383-390. V. aussi Soloviev, op. cit., t. XXVIII, p. 279 et
suiv.

(5) V. Sorel, op. cit., p. 191 ; Oulianitsky, op. cit., p. 391.

(6) V. Ibid., p. 234 ; Ibid., loc. cit.

de ce traité, l'Autriche s'engageait « à s'unir à la
« Turquie pour délivrer de la Russie, par la voie des
« négociations *ou des armes*, et à faire restituer les for-
« teresses, provinces et territoires qui, se trouvant
« dans la possession de la Sublime-Porte, ont été enva-
« hies par les Russes... *sans que l'indépendance et les*
« *libertés de la République de Pologne... souffrissent la*
« *moindre altération* (1) ». Ce rapprochement se passe
de commentaires.

La Turquie se voyait abandonnée par tout le monde.
Avec leur sagacité ordinaire, les hommes d'État ottomans
comprirent que l'heure des sacrifices avait déjà sonné, que
le Sultan n'avait plus qu'à céder (2). L'armistice fut signé
à Giurgevo, le 30 mai 1772 (3). Le congrès de la paix
devait se réunir dans la petite ville de Fokchani (4).

IV

Les plénipotentiaires de la Russie et de la Turquie se
réunirent vers la fin de juillet 1772 dans la petite localité

---

(1) V. Traité du 6 juillet 1771, non ratifié par l'Autriche et
exécuté, en partie, par la Turquie (payement des subsides), dans
Sorel, op. cit., p. 160 ; Oulianitsky, op. cit., p. 376-377.

(2) V. Soloviev, op. cit., t. XXVIII, p. 336.

(3) V. Sorel, op. cit., p. 236 ; Oulianitsky, op. cit., p. 302. Le
13 juillet de la même année le comte Orloff signait, à l'île de
Paros, l'armistice maritime. — V. Noradounghian, op. cit. p. 74,
(il signale seulement l'acte).

(4) Oulianitsky, op. cit., p. 392.

de Fokchani (1). Mais les négociations proprement dites ne commencèrent guère avant la troisième conférence (le 1ᵉʳ août). Le président de la mission russe, le comte Grégoire Orloff prit la parole pour développer les conditions de la Russie et s'attarda surtout sur la question de l'indépendance des Tartares. La discussion qui s'engagea aussitôt après, nous permet de constater l'abîme qui séparait les deux parties. De part et d'autre on se montrait décidé à ne rien céder. Sans doute les Turcs eurent soin de céder en apparence sur ce point, mais avec leur pratique des distinctions très subtiles, ils arrivaient, en fin de compte, à reprendre d'une main ce qu'ils venaient de donner de l'autre. Ils prétendaient que la religion mahométane leur défendait d'accéder à l'indépendance des Tartares, ce qui, d'ailleurs, était de nature à porter ombrage au Sultan, dans son honneur et dans sa considération ; qu'en tout cas, le Sultan devait, au moins, conserver le droit de confirmer l'élection du Khan et cela uniquement dans le but de satisfaire aux prescriptions religieuses, etc. (2). Sous le couvert de la religion, les pléni-

---

(1) Voici les noms des délégués : le comte Grégoire Orloff, frère du comte Alexis Orloff, et Obriéscow, le ci-devant résident russe à la Porte, pour la Russie ; Osman Effendi et Yassini Zadé Eff., pour la Sublime-Porte. En dehors de ces membres du Congrès, il y avait les ambassadeurs de Prusse et d'Autriche auprès de la Porte, Zegelin et Thugut, mais ces deux diplomates ne furent point admis à siéger aux Conférences, la Russie leur ayant contesté la qualité de médiateurs ; elle prétendait n'avoir consenti à accepter que les bons offices de ces deux Cours. V. Oulianitsky, p. 392 et 394 ; Sorel, p. 237-238.

(2) V. Oulianitsky, op. cit., p. 397 ; Sorel, p. 238.

potentiaires turcs ne demandaient rien moins que le droit
d'investiture. « Accorder le droit de confirmer le chef
« de la nation Tartare à un autre souverain, écrivait
« Obriescow au comte Panine, le 10 août, ce serait lais-
« ser ce peuple dans le *statu quo ante*, ce qui est con-
« traire à la volonté de l'Impératrice (1) ». L'éminent
diplomate profitait d'ailleurs de l'occasion pour signaler
au comte Panine le danger d'une rupture des négociations (2). L'attitude des plénipotentiaires n'était pas de
nature à faciliter l'entente. A la quatrième conférence, la
même divergence des vues s'était produite. Les Turcs ne
se contentaient plus d'une simple notification de l'élection
du Khan : ils réclamaient pour le Sultan un droit *d'ac-
quiescement* ou tout autre mot qu'on jugerait à propos
d'employer pour exprimer *l'espèce de consentement* que le
Sultan devait donner à la nomination du Khan ; à
quoi Obriescow répliquait que, dans le cas où le Khan
nommé n'aurait pas la chance de plaire au Sultan,
« on ne le désapprouverait pas, mais on ne l'approu-
« verait pas non plus ; les Tartares ne le recon-
« naitraient point et les voilà révolus à leur situation
« d'avant la guerre, à une dépendance plus forte que
« jamais (3) ». Finalement, on tomba d'accord de mettre
sur le papier les deux argumentations et, dès le lendemain
le plénipotentiaire Osman Effendi faisait parvenir au
comte Orloff un projet d'article ainsi conçu : « Que les

(1) V. Ibid., p. 398.
(2) V. Oulianitsky, op. cit., p. 398.
(3) V. Extrait du protocole de la 4e Conférence, en date du
11/23 août 1772, dans Oulianitsky, annexe n° 45, p. 130.

« nations des Tartares et les Khans des Tartares soient
« entièrement libres et indépendants dans leurs posses-
« sions et dans leurs affaires. Et que, de la part de la Cour
« de Russie aussi bien que de la part de la Sublime-Porte
« on ne s'ingère d'aucune façon dans leurs affaires et
« dans leurs possessions. Mais puisque les nations sus-
« dites professent la religion mahométane, et que, par
« conséquent, selon la loi, les Khans qui seront élus ont
« besoin d'une *permission* du Sultan des Musulmans pour
« faire exercer la religion et la justice, le Khan qui sera
« élu, bien entendu qu'il soit de la famille de Genghis-
« Khan, demandera cette *permission* sultanique du Trône
« Impérial, avec *soumission* et respect, et que le Sultan,
« en lui accordant sans délai cette permission, et le Khan
« la reconnaissant, on satisfasse de cette façon à ce que
« la religion exige (1) ». Les Russes répondirent par la
demande de l'Indépendance absolue, car cette *permission*
et *soumission* que les Turcs exigeaient n'était rien autre
chose qu'une sorte de suzeraineté du Sultan : les Khans,
suivant les Turcs, ne pourraient exercer la justice qu'à la
suite d'une délégation du Sultan : mais alors que reste-t-il
de l'indépendance qu'ils avaient l'air d'accorder ? C'était là
l'ultimatum des deux parties. Le caractère hautain des
deux chefs de missions contribua pour beaucoup à donner
le caractère d'ultimatum aux deux propositions. Dès les
17-28 août, les négociations pour la paix furent rompues,
sur ce premier point, et cela après quatre conférences
seulement, pendant lesquelles on n'avait même pas eu le
temps d'effleurer les autres conditions. Le comte Orloff et

---

(1) V. Oulianitsky, annexe 45, p. 130.

Osman Effendi mirent un égal empressement à quitter le lieu du Congrès (1).

Il est facile de s'imaginer la déception que produisit sur les bords de la Néva la nouvelle de l'échec des négociations (2). On espérait d'autant plus aboutir à la paix qu'on comptait sur l'appui de Zegelin et de Thugut (3). Et, en effet, on avait peine à comprendre l'attitude énergique de la Turquie, qui devait savoir pourtant, avant même de se rendre au Congrès, que l'indépendance des Tartares était une condition *sine qua non*. D'ailleurs, ces deux Cours alliées ne pouvaient laisser subsister dans l'esprit des Turcs aucun espoir à cet égard, surtout après que Catherine II eût renoncé à ses prétentions sur les Principautés danubiennes (4). On était d'autant plus contrarié de cette nouvelle, que la rupture des négociations survenait dans un moment très difficile pour la Russie ; car, non seulement la perspective de nouvelles campagnes contre la Turquie était de nature à lui déplaire, eu égard aux grandes difficultés financières avec lesquelles on était en butte et à l'insuffisance de l'organisation de l'armée, décimée par les maladies et les fatigues (5), mais aussi parce que les événements de la Suède étaient de nature à inquiéter les hommes d'État russes, leur faisant

---

(1) Le comte Orloff avait quitté Fokchani le 24 août/4 sep. ; le 28 du même mois, Osman Eff. se dirigea vers Roustchouk. V. Oulianitsky, p. 398-400 et 401.

(2) V. Oulianitsky, op. cit., p. 400.

(3) Instructions au comte Orloff et à Obriéscow avant de se rendre au Congrès, citées par Oulianitsky, op. cit., p. 393.

(4) Oulianitsky, loc. cit.

(5) V. les plaintes de Roumiantzoff à cet égard dans Soloviev, op. cit., t. XXVIII, passim et surtout 343 et suiv.

craindre de nouvelles complications sur la frontière fin-
landaise, aux portes mêmes de la capitale (1).

Entre temps, on s'occupa d'établir les responsabilités de cette rupture. Le comte Panine, dont on connaît les sentiments peu bienveillants envers le comte
Grégoire Orloff, ne s'était pas fait faute de lui attribuer
tout le fardeau de l'insuccès (2). Sans doute, le comte
n'était pas irréprochable. On pouvait lui reprocher justement d'avoir transgressé les instructions en abordant du
coup la question la plus épineuse et la plus brûlante, alors
qu'il eût été plus utile de la réserver pour plus tard, ce
qui aurait permis de déblayer le terrain, de faire durer les
négociations, de gagner du temps et ne pas rompre la
négociation (3). Mais, en somme, il était puéril de ne considérer que cela dans la rupture des négociations. Ne
fallait-il pas, au contraire, rechercher la cause de l'obstination de la Porte du côté de certaines insinuations et

---

(1) V. Albert Sorel, op. cit., p. 242; lettre du comte Panine à
Obriescow, du 4/15 sept. 1772; Oulianitsky, annexe 45, p. 131;
V. Ibid., p. 406.

(2) V. lettre du comte Panine à Obriéscow, cité à la note précédente. Cf. aussi Soloviev, op. cit., t. XXVIII, p. 341. — « Le Con-
« grès est rompu, écrivait l'empereur Joseph II à son frère
« Léopold, le 8 oct. 1772, uniquement par la faute d'Orloff; son
« crédit baissait et comme sa charge exigeait résidence, il est
« presque certain qu'un autre l'a prise... » V. Sorel, op. cit.,
p. 238. On sait que la charge dont parlait l'empereur Joseph
c'était surtout en tant que « chef de la faction des favoris », et cet
autre qui avait pris la place du comte Orloff c'était Wassiltchikoff,
qui gagnait du terrain auprès de Catherine II. V. Oulianitsky,
op. cit., p. 401.

(3) V. Oulianitsky, op. cit., p. 396-397; lettre du comte Panine
à Obriéscow, du 24 sept. 1772, dans Oulianitsky, p. 424.

encouragements venus de Versailles (1)? Ne convenait-il
point aussi de chercher l'explication de cette résistance dans
l'attitude, plus qu'équivoque, du représentant de la Cour
de Vienne au Congrès de Fokchani? (2) Et sur ce dernier
point, nous avons un témoignage irrécusable. C'est
la correspondance du second plénipotentiaire russe,
Obriescow, avec le comte Panine et Roumiantzoff. Il y
signale notamment la froideur et l'indifférence affectée
de Thugut, pendant les négociations, ainsi que ses fréquentes visites chez les plénipotentiaires ottomans (3). Il
espérait, d'ailleurs, que l'ambassadeur d'Autriche allait
changer d'attitude, une fois que les nouvelles instructions
du comte de Kaunitz lui seraient parvenues. Le ministre
de la Tsarine ne se trompait certes pas, en espérant ce
changement dans la politique de Thugut, car au moment
de la signature du traité relatif au partage de la Pologne,
les affaires de Turquie y furent mentionnées, afin de
bien marquer la nature du contrat, *do ut des*, et cette
clause y fut insérée, malgré la résistance de Kounitz (4).
Catherine II y faisait valoir la renonciation à ses prétentions sur les Principautés Danubiennes, moyennant quoi
la Cour de Vienne prenait l'engagement formel « de conti-
« nuer à s'employer sincèrement au succès du Congrès,
« et conséquemment aux bons offices auxquels elle s'est
« engagée envers les deux parties belligérantes » (5). Et

---

(1) V. Oulianitsky, op. cit., p. 401 ; Sorel, op. cit., p. 243.

(2) V. Ibid., p. 393 et 402.

(3) V. Ibid., loc. cit. (lettre du 6 août 1772, adressée au comte
Panine).

(4) V. Sorel, op. cit., p. 236.

(5) V. Traité du 25 juillet 1772 (art. IV), dans le Recueil de
F. de Martens, Traités avec l'Autriche, t. II, p. 28 et suiv.

comme commentaire de cet article, le comte Panine avait
remis entre les mains du prince de Lohkowitz, le jour
même de la signature du traité, « une déclaration confidentielle », « dans laquelle la Tsarine exigeait une ré-
« ponse *prompte et satisfaisante* à cette question : Le plé-
« nipotentiaire autrichien soutiendra-t-il les ministres rus-
« ses au Congrès de la paix, et, dans le cas où les Turcs
« repousseraient l'ultimatum russe, l'Autriche menacera-
« t-elle les Turcs de les abandonner à eux-mêmes? » (1).
Une fois engagé dans la voie du partage, le comte Kaunitz
devait aller jusqu'au bout et il s'exécuta de bonne grâce.
Dès la fin du mois d'août, il répondit à la question que le
comte Panine lui avait posée en lui promettant d'expédier
à Thugut la déclaration nécessaire, conformément aux
désirs de la Russie (2). Malheureusement, au moment où
cette déclaration parvint au siège du Congrès, tout était
terminé. Et c'est là précisément la faute grave du comte
Orloff, parce qu'il avait brusqué les choses et, par son
attitude, amené la rupture. Si cela ne s'était pas produit, si le comte avait suivi l'ordre prescrit par son
chef hiérarchique, il aurait pu retenir les Turcs sur la
discussion des points de moindre importance, et au moment de discuter les conditions brûlantes, Thugut aurait
déjà reçu les nouvelles instructions qu'Obriéscow prévoyait. Et si les nouvelles instructions que le comte Kaunitz avait promises et expédiées, étaient arrivées à Fokchani, pendant les négociations, on aurait pu espérer que
les Turcs, voyant qu'il n'y avait plus rien à tirer de l'Autriche, auraient consenti à tout.

---

(1) V. Sorel, op. cit., p. 237.
(2) V. Ibid., loc. cit.

Quoi qu'il en soit, le comte Panine, sentant bien à quel point il importait de conclure vite la paix, s'empressa d'envoyer de nouvelles instructions à Obriéscow et à Roumiantzoff, leur enjoignant de préparer l'attaque, en même temps que de ne point laisser échapper la moindre occasion pour renouer les négociations (1).

Cette occasion, si ardemment souhaitée, ne tarda pas à se produire. Dès le 7 septembre, une correspondance s'établit entre le Grand-Vizir et le feld-maréchal Roumiantzoff. Le ministre ottoman demandait une prolongation de l'armistice. Le général russe s'empressa de l'accorder (2). Et on allait en profiter pour essayer de s'entendre encore une fois. Les nouvelles négociations devaient avoir lieu à Bucarest. Cette nouvelle fut favorablement accueillie à Saint-Pétersbourg et, dès le 21 septembre, on expédia à Obriéscow les instructions qui devaient le guider durant ces négociations (3).

Ce n'est que vers la fin du mois d'octobre suivant, que les plénipotentiaires des deux cours se réunirent à Bucarest. Les conférences commencèrent aussitôt après (4). On pouvait bien augurer du résultat, car les relations qui s'étaient établies entre les délégués Russes et Turcs étaient empreintes de la plus sincère cordialité et d'un égal et ardent désir d'aboutir enfin à l'œuvre salutaire depuis si longtemps poursuivie (5). Malheureusement, leur com-

---

(1) V. Oulianitsky, op. cit. ; p. 404; Rescrit au maréchal Roumiantzoff, du 4 sept. 1772. Ibid., annexe 45, p. 132-133.

(2) V. Oulianitsky, op. cit., p. 404-405 ; Sorel, op. cit., p. 244.

(3) V. le texte de ces instructions dans Oulianitsky, op. cit., p. 405-410.

(4) V. Ibid., p. 426.

(5) V. Ibid., p. 459-460.

mune bonne volonté allait se heurter à un obstacle aussi
nouveau qu'insurmontable : c'était la nouvelle prétention
de la Russie de conserver Kertch et Yéni-Kaalé, deux
places situées à l'entrée même du détroit qui faisait communiquer la mer d'Azov avec les eaux de l'Euxin et que
les Turcs considéraient, non seulement comme la clef de
la mer Noire, mais aussi comme celle de Constantinople.
En formulant cette demande, les hommes d'État russes
croyaient faciliter la négociation (1). Et, en effet, d'après
les instructions envoyées à Obriéscow, la Russie consentait, à la rigueur, à accorder au Sultan la faculté d'agréer
la nomination du Khan, dans les limites des exigences
religieuses, bien entendu (2). Mais comme la Russie ne
pouvait se prévaloir de la religion pour obtenir l'équiva-
lent de cet avantage, concédé au Sultan, il convenait de
lui donner des garanties suffisantes pour contrebalancer
ou remédier à l'inconvénient qui pourrait éventuellement
résulter, pour elle, de ce droit d'investiture qu'on allait
reconnaître au Sultan, en tant que chef de religion. La
cession de Kertch et de Yéni-Kaalé devait constituer
cette garantie de compensation, si nous pouvons nous
exprimer ainsi (3). Les protocoles des nombreuses conférences tenues à Bucarest, nous montrent combien on
s'était trompé à Saint-Pétersbourg en espérant facilement
obtenir la cession de ces deux places (4). A chaque réu-

(1) V. Rescrit de Catherine II à Roumiantzoff, du 28 sept. 1772.
V. Oulianitsky, op. cit., p. 425-426.
(2) V. Instructions à Obriéscow, déjà citées. Ibid., p. 408.
(3) V. lettre du comte Panine à Obriéscow, du 24 sept. 1772,
Oulianitsky, p. 424.
(4) On trouvera tous les protocoles des Conférences de Buca-

nion on ne se lassait point d'invoquer de part et d'autre,
les arguments toujours les mêmes. On a vraiment la sensation de piétiner sur place. D'ailleurs, pour les plénipotentiaires de la Turquie, la question de l'indépendance des
Tartares, celle de la cession de Kertch et de Yéni-Kaalé,
celle enfin, de la navigation russe sur la mer Noire,
ces trois questions ne formaient qu'un tout. Et ce tout
était, aux yeux des Turcs, un grand danger pour la sécurité de l'Empire ottoman. C'était pour se prémunir contre
les dangers de cette sorte que la Sublime-Porte entendait
exercer un contrôle sérieux, sinon exclusif — ce
temps était déjà passé — sur la mer Noire et pour cela,
la Turquie voulait garder pour elle Kertch et Yéni-Kaalé,
ces deux places, si importantes, parce qu'elles comman-
daient et dominaient l'entrée ou la sortie de la mer d'Azov.
C'était en s'inspirant de la même préoccupation que les
plénipotentiaires turcs avaient ordre de n'accorder la
navigation sur la mer Noire, que sous certaines conditions restrictives (1). C'était en poursuivant le même but

rest, ainsi que d'autres documents qui s'y rapportent, dans Oulianitsky, annexe n° 47, p. 149-258.

(1) V. les protocoles de la VIe, Xe et XIe Conférences : Les
délégués de la Porte ne voulaient point admettre que la liberté de
commercer, entre les deux pays, fût également profitable pour les
deux parties, car, il faut l'avouer, la Turquie se souciait fort peu
de la prospérité de son commerce, laissant aux étrangers le soin
de profiter de ses richesses. La Russie, au contraire, paraissait
vouloir en tirer tout le profit, et dès lors il fallait chercher une
compensation pour la Porte. C'est à ce titre que les délégués de
la Porte réclamaient la rétrocession de toutes les forteresses de la
Crimée et du Kouban. De plus, la Russie devait, toujours dans
le même ordre d'idées, se soumettre à certaines conditions
restrictives, quant à sa navigation. Notamment, on allait lui

que, sous le couvert de la religion, la Porte prétendait exercer une influence prépondérante sur les Tartares.

La résistance de la Porte ne promettait rien de bon au plénipotentiaire russe, qui cependant, comprenait parfaitement bien la nécessité d'aboutir. Craignant une nouvelle rupture des négociations, il n'avait pas hésité à demander, vers la fin de décembre, de nouvelles instructions à sa Cour, espérant bien obtenir l'autorisation de faire quelques concessions, quant à la cession de Kertch et de Yéni-Kaalé, le seul obstacle qui retardait encore la conclusion de la paix (1).

---

accorder la liberté de naviguer sur l'Euxin, à la condition, toutefois, que cette faculté ne s'étendît qu'aux vaisseaux de commerce, dont le nombre devait être limité. De plus, on allait réglementer la forme et la grandeur de ces vaisseaux. Cela ne suffisait pas : ces vaisseaux marchands ne devaient être munis ni de canons, ni d'aucune autre munition de guerre, les navires de commerce n'ayant pas besoin de tout cet appareil, considérant que la navigation sur l'Euxin ne présentait aucun danger, pour la très simple raison qu'il n'y avait pas de pirates, c'est du moins les Turcs qui l'affirmaient. — Ce n'était pas encore tout. Les Turcs ne voulaient pas accorder, même aux vaisseaux de commerce, la faculté de passer à travers les détroits, pour aller vendre ou acheter des marchandises dans les ports de la Méditerranée ; pour le commerce russe avec le bassin de la Méditerranée, on devait procéder au transbordement sur d'autres bâtiments, suffisamment armés, pour se protéger contre les pirates barbaresques. En fin de compte, les Turcs furent bien obligés d'accorder à la Russie la liberté de naviguer sans aucune des restrictions énoncées, à la condition, toutefois, que la Cour de Saint-Pétersbourg renonçât à Kertch et Yéni-Kaalé (V., sur ce dernier point, le protocole de la 13e conférence). Oulianitsky, loc. cit.

(1) V. Oulianitsky, op. cit., p. 439 ; lettre d'Obriéscow au comte Panine, du 15/26 déc. 1772 ; Ibid., annexe n° 47, p. 195-196.

Mais aussitôt après l'expédition du courrier, le plénipotentiaire russe eut le regret de constater un grand changement dans l'attitude de ses collègues ottomans, qu'il
attribua d'ailleurs à l'arrivée du courrier de Constantinople (1). Que s'était-il donc passé dans la capitale des
Osmanlis? Les lettres du ministre prussien à Constantinople, Zegelin, nous renseignent là-dessus. Zegelin paraît,
c'est du moins le rôle qu'il s'attribue, s'être employé, avec
beaucoup de zèle, à persuader la Porte de conclure rapidement la paix. Mais on lui objectait toujours qu'il
était impossible de céder Kertch et Yéni-Kaalé, parce que
« les Ulémas s'y opposaient absolument, en déclarant que
« si le ministère de la Porte se relâchait là-dessus, tout
« le corps des Ulémas se déclarerait hautement contre eux
« et les persécuterait jusqu'à extinction; que la Russie
« n'avait pas besoin de ces deux villes pour brider les
« Tartares; qu'elle avait plusieurs autres moyens pour
« les tenir en respect... mais que la Russie avait d'autres
« vues en gardant ces deux villes; c'était d'y construire
« avec le temps une flotte, se rendre maître de la mer
« Noire et venir donner la loi à Constantinople..., or,
« donc, ont-ils conclu, si tôt ou tard, la ville de Constan-
« tinople doit tomber entre les mains des Russes, comme
« c'est là visiblement son projet, il vaut tout autant que
« cet événement arrive actuellement, que trente ans
« après, et sur ce principe, il ne faut jamais laisser
« prendre possession à la Russie d'un port sur la mer
« Noire. Ismaïl-bey a ajouté qu'il craignait qu'Abdour-
« rasak Effendi (plénipotentiaire au Congrès), ne se fût

(1) V. lettre d'Obriéscow du 22 déc./2 janv. 1773; ibid.,
p. 200-201.

« déjà trop relâché sur cet article (1), avant que les ordres
« d'ici lui fussent parvenus, et alors il s'en trouverait
« bien mal pour sa personne... j'ai même lieu de soup-
« çonner qu'Abdourrasak-Eff. a reçu ordre de rompre, s'il
« ne peut pas obtenir ce point » (2).

La résistance des Ulémas, si grande fût-elle, n'était cependant pas la seule cause de cette obstination. La Sublime-Porte subissait, en outre, l'influence des ministres
étrangers accrédités à Constantinople. « Les Français,
« écrivait de Constantinople un correspondant d'Obriéscow,
« tiennent pour ainsi dire publiquement leur langage or-
« dinaire et appuient maintenant, plus que jamais, sur
« l'assistance que la Suède pourrait prêter..... » (3). Ce
n'était pas tout. Zegelin se plaignit, à plusieurs reprises,
de l'attitude équivoque de son collègue autrichien, toujours le même Thugut. « ..... Au reste, écrivait-il à
« Obriéscow, je ne conçois rien de la conduite de mon
« collègue; il semble qu'il reste dans la même indolente
« passivité qu'il avait adoptée à Fokchani... je soupçonne

(1) Et, en effet, le plénipotentiaire Turc avait presque consenti
à la cession, à la condition, toutefois, que l'on reconnût à la Porte
le droit de faire ériger une nouvelle forteresse en face de celles
cédées à la Russie, afin de lui permettre de surveiller l'entrée de
la mer Noire. C'était une transaction qu'on pouvait discuter et
accepter. Mais il s'était empressé de rétracter ce moyen terme, le
lendemain du jour où il avait reçu le courrier de Constantinople,
du 22 déc. 1772, annexe 47, p. 200 201.

(2) Lettre de Zegelin à Obriéscow, du 1er janv. 1773, annexe 47,
p. 204-205 ; elle est citée aussi dans Zinkeisen, op. cit., t. VI, p. 75.

(3) Lettre d'un secrétaire à l'ambassade prussienne, du
1er janv. 1773. V. annexe 47, p. 205. Sur les efforts des Français
de ranimer les Turcs. V. aussi Sorel, op. cit., p. 248-249 ; Oulianitsky, op. cit., p. 460.

« quelquefois que sa Cour ne sera pas fâchée que la guerre
« continue, peut-être par des vues pas tout à fait désin-
« téressées, car Belgrade et la Servie sont un morceau
« qu'on ne serait pas fâché de ravoir, et j'en tire ensuite
« une autre conséquence, que peut-être au lieu de nous
« aider ici pour la conclusion, on ne nous met, sous
« main des entraves; je puis me tromper, mais j'ai les
« apparences de mon côté » (1). Quelques jours après,
Zegelin signale « que le sieur de Thugut a eu un couple
« de conférences secrètes avec le ministre de France et
« j'ai lieu de croire, que le premier a donné avis au der-
« nier dans quelle situation la négociation se trouve ac-
« tuellement... Le Réïs-Effendi a même lâché un mot qui
« m'a fait soupçonner que les Français en avaient été in-
« formés : mais ceci me servit de règle à ne plus rien lui
« communiquer... Sa lettre démontre au reste parfaite-
« ment sa façon d'agir, et il se peut bien, lui n'osant pas
« directement conseiller à la Porte de ne pas faire la paix,
« qu'on se sert des Français pour l'empêcher afin de pê-
« cher avec le temps dans le trouble... » (2). Cette atti-

---

(1) Lettre de Zegelin, déjà citée, p. 205. V. Sorel, op. cit.,
p. 249-250. Ceci se trouve confirmé par une lettre de l'empereur
Joseph à son frère Léopold, datée du mois d'avril 1772. « Elle (la
« Russie), écrivait il, est tranquillisée de notre côté et arrangée à
« cette heure en Pologne ; elle ne se souciera guère de faire la
« paix avec la Porte, et qui sait si cette dernière ne nous fournit
« point encore, par ses faux procédés, une juste cause de nous en
« mêler, et que, l'année qui vient, *nous ne mettions en poche*
« *Belgrade et une partie de la Bosnie*, tout comme nous ferons
« cette année des palatinats de Pologne. » V. Oulianitsky, op.
cit., p. 460.
(2) Lettre de Zegelin à Obriéscoff, du 6 janvier 1773, annexe 47,
p. 212.

tude de l'internonce d'Autriche n'était pas, d'ailleurs, de
nature à déplaire au comte de Kaunitz, bien au contraire.
Dans sa lettre du 24 janvier 1773, Zegelin écrivait à
Obriéscow que « notre ministre conjointement avec le
« prince Galitzine a voulu faire une tentative auprès du
« prince Kaunitz pour... l'engager à donner ses ordres à
« M. de Thugut, afin qu'il seconde nos mesures; mais le
« prince Galitzine a cru qu'ils ne réussiraient pas à le faire
« changer d'opinion, parce qu'il paraissait se défier beau-
« coup de la sincérité des dispositions du prince Kaunitz
« pour accélérer la paix... Par tout ceci je conclu natu-
« rellement, que de ce côté nous ne devons rien
« attendre pour le succès de la négociation, car au fond
« cette insinuation serait, en effet, le moyen le plus propre
« pour faire bientôt entendre raison aux Turcs, et si l'on
« ne craignait pas apparemment d'avancer trop la pacifi-
« cation par là et de voir traverser peut-être les desseins
« cachés à cet égard, je ne vois qu'il eût de quoi tant se
« gendarmer si fort contre une insinuation qui au fond
« ne compromet en rien la Cour de Vienne... Au reste...
« je remarque qu'à chaque occasion il (l'internonce) est à
« chuchoter avec les Français... » (1).

Entre temps, on discutait à Saint-Pétersbourg sur les
termes des instructions que le ministre russe au Congrés,
Obriéscow, avait demandées. Le comte Panine, ainsi que le
Conseil de l'Empire, était disposé à faire quelques concessions relatives à Kertch et Yéni-Kaalé, d'une part, et, de
l'autre, à se contenter de la navigation restreinte sur la

---

(1) Lettre du même au même, du 24 janvier 1773, Oulianitsky,
op. cit., Annexe 47, p. 220-221.

mer Noire (1), afin de ne pas entraver la négociation de la
paix et de ne point exposer le pays aux nouveaux dangers
d'une rupture, suivie, à bref délai, de la reprise des hostilités. Mais, malheureusement, l'impératrice Catherine II
ne voulait rien entendre et s'obstina à vouloir garder ces
deux places, « la pomme du désaccord », ainsi que l'entière liberté de navigation sur l'Euxin, sans aucune de
ces restrictions que proposait la Turquie (2). C'était là,
comme elle le disait, « l'ultimatum des ultimatums » (3).

Obriéscow ne se faisait plus d'illusions sur l'issue du
Congrès. Dès le 26 janvier — 6 février 1773, écrivait au
comte Panine, que la rupture des négociations n'était plus
qu'une question de jours (4).

Ce n'est qu'au commencement du mois de février que
les plénipotentiaires turcs eurent communication de l'ultimatum russe (5). La divergence des vues y apparut,
une fois encore, dans toute son intransigeance. La prin-

---

(1) D'après le comte Panine, la Russie devait consentir à laisse
à la Turquie les villes situées dans le Kouban, à l'exception de
Taman ; elle devait renoncer à garder Kinbourc, ainsi qu'à demander le démantellement d'Oczakow. Le cabinet de Pétersbourg
devait se contenter de la navigation strictement commerciale sur
la mer Noire. C'est cette déclaration qui était approuvée par
le Conseil de l'Empire. V. les Archives du Conseil de l'Empire, t. I
p. 223.

(2) V. Rescrit de l'Impératrice à Obriéscow, du 10-21 janvier 1773,
publié in extenso par Oulianitsky, op. cit , p. 443-450.

(3) V. Rescrit précité, p. 444.

(4) Lettre d'Obriéscow au comte Panine, du 6 fév. 1773, Oulianitsky, op. cit. Annexe 47, p. 221.

(5) V. Protocole de la 26e conférence (10 fév. 1773). Annexe
p. 224-230.

cipale difficulté consistait, comme auparavant, dans la cession des deux forteresses, situées à l'entrée du détroit de Kertch. On décida néanmoins, d'en référer à Constantinople et, en attendant la réponse, les délégués continuaient à se réunir, pour la forme, et à discuter des questions sans importance (1). L'ultimatum russe n'avait aucune chance d'être mieux accueilli dans la capitale des Osmanlis et, dès le 5 mars, Zegelin mandait à Obriéscow, « que l'interprète de l'ambassade prussienne avait vu, « par hasard, le Reïs-Effendi, qui était d'abord entré en « matière avec lui sur les affaires en question, en lui « disant : que la Porte avait pris en mûre délibération « tout ce que son ministre à Bucarest lui avait mandé « touchant l'ultimatum de la Russie et *qu'elle avait pris* « *là-dessus sa résolution définitive de continuer plutôt* « *la guerre que de céder Yéni-Kaalé et Kertch* (2). » Le ministre de Prusse ajoutait, *en post-scriptum*, que « depuis « le commencement de ce mois, l'on a tenu presque tous « les jours un *Mouschavéré*, dont on cache soigneuse- « ment le résultat, si à la fin l'on en a pris un. Exté- « rieurement l'on affecte de ne pas vouloir céder ces « deux villes, mais les racheter à force d'argent..... L'on

---

(1) V. Lettre d'Obriéscoff au comte Panine du 2-13 février 1773, Oulianitsky, op. cit., Annexe 47, p. 223-224. Nous y lisons le passage suivant : « La menace continue et insurmontable de la « Porte à l'égard de la cession de Kertch et Yéni-Kaalé a été « telle, que le plénipotentiaire ottoman, considérant les négocia- « tions comme rompues, a presque pris congé de moi, en me « disant qu'il est désormais sous mon toit?... »

(2) V. Lettre de Zegelin à Obriéscow, du 5 mars 1773, Oulianitsky. Annexe 47, p. 248.

« veut m'assurer que le Grand Seigneur est très porté
« pour faire la paix, mais que les ulémas s'opposent à
« perdre deux villes et qu'il paye plutôt de l'argent pour
« les conserver. C'est ce qui lui tient aussi un peu à
« cœur (1) ».

Le 8/19 mars, les plénipotentiaires se réunirent en dernière conférence, où l'on ne put que constater l'impossibilité absolue de s'accorder sur ces questions. Le 22 mars,
les négociations furent définitivement rompues et les plénipotentiaires de la Porte quittèrent Bucarest, en prenant
toutefois l'engagement de continuer, par lettre, une négociation qu'on savait sans résultat possible (2).

Les opérations militaires suivirent de près l'insuccès du
congrès de Bucarest. Le feld-maréchal Roumiantzoff avait
reçu l'ordre de passer sur la rive droite du Danube et
d'attaquer l'armée du Sultan (3). Malgré les grandes difficultés que présentait l'exécution de cet ordre, Roumiantzoff s'y conforma pleinement, mais il lui était impossible
de tenir longtemps sur la rive droite de ce fleuve et il rega-
gna bientôt ses quartiers d'hiver.

----

(1) V. Oulianitsky. Annexe 47, p. 250. V. Sur l'ultimatum de
la Porte, dans Zinkeisen, op. cit., t. VI, p. 77. C'est un extrait
d'une dépêche de Zegelin. La Porte aurait proposé de payer
40.000 bourses, ou 20 millions de piastres, si la Russie se décidait
à lui restituer Kertch et Yéni-Kaalé ; d'après Oulianitsky cette
somme aurait été de 21 millions de roubles ; M. Sorel, donne le
chiffre de 70 millions de piastres. Cela n'a pas grande importance
après tout. L'essentiel pour nous c'est de constater que la Russie
ne voulait, sous aucun prétexte, restituer ces deux villes.
(2) V. Oulianitsky, op. cit., p. 459 ; la Convention sur ce
point est du 21 mars 1773, publiée dans le Recueil de la Soc.
Hist. de Russie, t. I, p. 93.
(3) V. Oulianitsky, op. cit., p. 461 ; Sorel, op. cit., p. 252.

Les diplomates pouvaient reprendre leurs opérations,
au moment où la mauvaise saison empêchait les opérations militaires. On essaya donc de renouer les négociations
La situation, en effet, n'était plus la même. Si l'insuccès
de la campagne de 1773 n'était pas de nature à changer
les idées de l'impératrice Catherine II, les graves préoccupations intérieures devaient lui imposer une autre ligne
de conduite. Et, en effet, la Tsarine se trouvait aux
prises avec une formidable sédition, fomentée par le
pseudo Pierre III, l'aventurier Pougatcheff, qui, arrivé à
Orenbourg, menaçait de fondre sur Moscou (1). Plus que
jamais on éprouvait, à Saint-Pétersbourg, la nécessité de
conclure la paix et on se montrait même disposé à restituer aux Tartares les forteresses de Kertch et de Yéni-Kaalé,
moyennant compensation (2). Mais si l'on était d'accord
sur le premier point de cette proposition, on se trouvait,
au contraire, en désaccord sur la question de savoir en
quoi devait consister cette compensation. Le comte Panine était d'avis qu'il fallait se contenter de Kinbourn ; le
comte Grégoire Orloff, au contraire, demandait, en plus,
la cession d'Oczakow, avec tout le district situé entre le
Dniéper et le Dniester. Le Conseil de l'Empire était plutôt
porté à appuyer le projet du comte Panine, mais l'Impératrice s'était prononcée pour le projet du comte Orloff et
on dut rédiger, en ce sens, les instructions du feld-maréchal Roumiantzoff (3). Ces nouvelles conditions de la

(1) V. Sorel, op. cit., p. 257-258 ; Dobroff, op. cit., p. 543.
(2) V. Soloviev, op. cit., t. XXIX, p. 22.
(3) V. Oulianitsky, op. cit., p. 466 : le texte de ces instructions
en date du 17 janv. 1774, dans les Archives russes, année 1879,
n° III, p. 139 et suiv. — Celles du 14 février-10 avril. Ibid.,
p. 144-145.

Russie sont formulées dans une note responsive du feld maréchal Roumiantzoff au Grand-Vizir, en date du 23 mai
1774 (1). La Russie demandait : 1° pour les Tartares,
l'Indépendance, sous réserve des relations religieuses
avec le Sultan, en tant que Khalif des Musulmans ; 2°
cession à la Russie de la ville d'Oczakow avec le district
jusqu'à Hadji-Bey ; 3° la cour de Russie prenait l'engagement de n'avoir sur la mer Noire que des navires de
commerce ; mais la navigation des navires russes devaient
être non seulement permise sur la mer Noire, mais aussi
à travers les détroits et sur le Danube ; les navires de
commerce russe seraient admis dans tous les ports ottomans, Constantinople y compris ; 4° la Porte cédait à la
Russie la ville d'Azov avec son arrondissement et en
échange la Russie s'engageait à céder à la Porte les trois
riches provinces de Moldavie, Valachie et la Bessarabie,
avec toutes leurs villes et les six forteresses ; les trois
forteresses de la Georgie et les quarante-quatre îles de
l'Archipel.

Ainsi qu'on peut le voir, la Russie n'entendait plus garder les deux forteresses de Kertch et de Yéni-Kaalé ! —
C'étaient là des conditions, en somme, assez raisonnables ;
mais, malheureusement pour les Turcs, le nouveau sultan, Abdul-Hamid Ier « ne respirait que la guerre : il la
« dirigea plus mal encore que son prédécesseur » (2). Les
hommes d'État de la Turquie laissèrent échapper l'unique
occasion de conclure une paix, après tout, avantageuse,
si l'on tient compte de leurs désastres. Après les coups
décisifs que le feld-maréchal Roumiantzoff leur porta suc-

____

(1) V. Archives Russes, 1879, Mo III, p. 148-149.
(2) V. Sorel, op. cit., p. 259.

cessivement, le Grand-Vizir se vit obligé de conclure la
paix en quelques jours, et cela à des conditions autrement
onéreuses que celles qu'il avait dédaigneusement repous-
sées quelques semaines auparavant, C'était en réalité,
sous le coup des victoires qu'on signa la célèbre paix
de Kioutchouk-Kaïnardji, ainsi appelée à cause du petit
village où se trouvait le camp. Le traité est du 10/21
juillet 1774, « le jour anniversaire du traité de
Pruth » (1).

C'est l'article XI qui traite de la liberté de navigation
sur la mer Noire, et il ne contient aucune de ces restrictions auxquelles la Porte voulait soumettre, au congrès
de Bucarest, les vaisseaux russes. « Pour l'avantage
« commun et réciproque des deux Empires, y est-il dit,
« on établira une navigation libre et non interrompue
« pour les bâtiments et vaisseaux marchands appartenant
« aux deux puissances contractantes sur toutes les mers
« qui baignent leurs États, et la Sublime-Porte permet
« aux bâtiments et vaisseaux marchands russes le passage
« libre dans ses ports et en tous lieux, absolument de la
« même manière dont en jouissent les autres Puissances,
« dans le commerce qu'elles font de la mer Noire dans la
« mer Blanche et réciproquement de la mer Blanche dans
« la mer Noire (2), et d'aborder à toutes les plages et ports,

---

(1) V. Oulianitsky, op. cit., p. 468; Sorel, op, cit., p. 260 :
Dobroff, op. cit., p. 544. Le texte russe du traité de Kaïnardji,
dans le Recueil de Jouséfovitch, p. 24-41 ; le texte ou plutôt la
traduction française, dans le Recueil de Noradounghian, p. 319-
334.

(2) Le texte russe est beaucoup plus clair en ce qui touche l,
libre passage des bâtiments russes à travers les détroits. D'après
le texte français, on serait porté à croire que le Sublime-Porte se

« et dans les passages et canaux qui unissent ces mers.
« La Sublime-Porte permet encore aux sujets de l'Empire
« russe de faire dans ses possessions le commerce par
« terre ainsi que par eaux, en naviguant même sur le
« fleuve du Danube, conformément à ce qui est expliqué

---

contenta d'accorder à la Russie un privilège qui ne diffère en
rien de celui précédemment accordé aux autres puissances qui
font le commerce de la mer Blanche et de la mer Noire et réciproquement. Or, nous savons qu'aucune autre puissance n'avait la
faculté de naviguer sur l'Euxin. Il ne peut donc pas s'agir d'une
pareille comparaison. Le texte russe, au contraire, est bien net et
ne prête pas à l'équivoque. Là aussi on compare avec un privilège
accordé aux autres Puissances, mais il n'y est question que de la
forme des vaisseaux qui jouiront, dorénavant, de la faculté de
naviguer sur les détroits. Il ne s'agit pas de savoir de quelle
nature serait le privilège accordé aux vaisseaux russes, ce privilège n'est pas copmarable, puisqu'aucune pussance ne jouissait
à cette époque de la liberté de naviguer dans l'Euxin.
Voici, d'ailleurs, le passage dans le texte rusre : La Sublime
-Porte accorde la liberté de passage à travers les détroits « à
« ces vaisseaux seulement qui sont exactement pareils aux
« vaisseaux que les autres puissances emploient dans le com-
« merce qu'elles font avec ses (de la Sublime-Porte) ports et
« partout ailleurs... » V. Jouséfovitch. op. cit., p. 30. Ceci se
trouve d'ailleurs confirmé par l'article VI de la convention
explicative du traité de Kaïnardji, signée à Aïnali-Kavak, le
10 mars 1779. Il y est dit notamment que, pour écarter à l'avenir « tout malentendu et contestation à l'égard de la navigation,
« l'on déclare que la Sublime-Porte promet un libre passage de
« la mer Noire dans la mer Blanche, et de la mer Blanche dans
« la mer Noire, aux vaisseaux marchands russes, précisément de
« la forme et de la grandeur qu'emploient à Constantinople et
« autres ports et havres ottomans, les autres nations, et particu-
« lièrement les Français et les Anglais, comme les deux nations
« les plus favorisées, *et qu'on avait prises pour exemple dans*

« ci-dessus dans le présent article, avec tous les mêmes
« privilèges et avantages dont jouissent dans les susdites
« possessions les nations les plus amies de la Sublime-
« Porte, et qu'elle favorise le plus dans les privilèges de
« commerce, telles que les Français et les Anglais. Les
« capitulations de ces deux nations et des autres, comme
« si elles étaient insérées ici mot pour mot, doivent, dans
« toutes les occasions, servir de règle tant pour le com-
« merce des Russes que pour les marchands russes, les-
« quels, en payant les mêmes droits que ces nations,
« pourront importer et exporter toute espèce de mar-

« l'article du traité de paix relatif au commerce et à la naviga-
« tion russes ». Suit l'énumération technique des conditions exigées, forme et tonnage des vaisseaux. « La Cour impériale de
« Russie, poursuit l'article, admet volontiers et promet d'ordon-
« ner à ses sujets que les vaisseaux qu'ils enverront désormais
« dans les ports ottomans ne surpassent pas ledit gabarit, ni ne
« soient autrement armés et équipés que ceux des deux nations
« ci-dessus mentionnées, etc. » V. Noradounghian, op. cit., p. 342.
V. aussi, sur le même point, la convention de commerce et de
navigation avec la Russie signée à Constantinople le 10-21 juin 1783
Noradounghian, op. cit., p. 351-373. « Comme l'article XI du traité
« de paix conclu à Kaïnardji en 1774, et l'art. VII de la convention
« explicative, etc., lisons-nous dans l'art. XXX de la convention
« commerciale, portant que les bâtiments marchands sous pa-
« villon russe, peuvent librement passer par le canal de Cons-
« tantinople, de la mer Noire à la mer Blanche et vice versa,
« et le même art. VI de ladite convention porte aussi que la forme
« et la portée de ces bâtiments doivent être déterminées sur le
« même pied qu'elles le sont pour les bâtiments des nations fran-
« çaises et anglaises qui sont sincères amies et les plus favorisées
« de la Sublime-Porte, pour prévenir donc tout malentendu à
« cet égard, on est convenu de confirmer par le présent ar-
« ticle,... », etc. V. Noradounghian, op. cit., p. 362-363.

« chandises, et aborder à tout port et à toute plage, tant
« dans la mer Noire que dans les autres mers, comme
« aussi à Constantinople... (1) ».

Ainsi donc, et sans parler des nombreux avantages territoriaux (2) et politiques (3) que ce traité assurait à la
Russie, l'impératrice Catherine pouvait se considérer
comme entièrement satisfaite ; son désir de voir les cou-
leurs de son pays se déployer fièrement sur les eaux du

---

(1) V. Noradounghian, op. cit., p. 324-325.

(2) Ici se rapportent les cessions suivantes : 1o de la ville d'Azov
avec son district, d'après les limites établies par le traité de 1700
(art. 20 du traité de Kaïnardji) ; 2o du château de Kinbourn avec
« un district suffisant sur la rive gauche » du Dniéper et l'angle
que forment les terrains déserts situés entre le Boug et le Dniéper
(art. 18); 3o les forteresses de Kertch et de Yéni-Kaalé, « avec leurs
« ports et avec tout ce qu'elles renferment, ainsi que leur terri-
« toire... (19); 4o les deux Kabardahs, à la condition toutefois du
consentement du Khan des Tartares (art. 21). V. le Recueil de
Noradounghian, p. 328.

(3) Les avantages politiques consistent dans la série d'articles
qui reconnaît à la Russie, d'une façon directe ou déguisée, le
droit d'intervention dans les affaires intérieures de l'Empire otto
man ; le plus souvent cela a lieu sous le couvert de la religion :
« La Sublime-Porte, dit l'art. 7, promet une protection constante
« à la religion chrétienne et aux Églises de cette religion. Elle
« permet au Ministre de la Cour impériale de Russie de faire en
« toute occasion des représentations à la Porte tant en faveur de
« l'Église construite à Constantinople, et dont il sera fait mention
« dans l'art. 17, qu'en faveur de ceux qui la desservent, et elle
« promet de donner attention à ces observations comme venant
« d'une personne considérée et appartenant à une puissance voi-
« sine et sincèrement amie. » Noradounghian, p. 323. C'est de cet
article qu'on a tiré le droit d'intervention de la Russie. V. auss
les art. 4, 5, 8, 13 à 16 et l'art. 22.

Pont-Euxin était enfin réalisé. Et non seulement la paix lui assurait cette navigation, dont on avait fait le point de mire de la politique russe depuis Pierre le Grand, mais aussi on plantait l'aigle russe sur les bords septentrionaux de la mer Noire, comme les premiers jalons des futures extensions. En se faisant céder, d'une part, les forteresses de Kertch et de Yéni-Kaalé, à l'entrée même du détroit qui relie la mer d'Azov à l'Euxin, en installant, d'autre part, la domination russe sur les bouches du Dniéper, grâce à l'occupation de Kinbourn, la Russie s'assurait, non seulement des ports et un accès libre à la mer Noire, où il lui serait loisible de travailler activement au développement de sa marine marchande et, surtout, de sa flotte de guerre, mais aussi le moyen d'entourer d'un cercle de fer, le nouvel État indépendant des Tartares. Ce n'était là qu'une mesure de prévoyance, car on indiquait clairement par là que l'article III du traité de Kaïnardji n'était qu'une solution transitoire, que l'annexion définitive n'était plus qu'une question de temps.

Et, en effet, dès le lendemain de la signature du traité de Kioutchouk-Kaïnardji, les Tartares se trouvèrent en butte aux intrigues contraires des deux parties, les maîtres d'hier et ceux de demain. Les Russes et les Turcs essayaient, par tous les moyens imaginables, de s'assurer une influence prépondérante dans le nouvel État, soi-disant indépendant. Les intrigues se multipliaient, semant partout l'esprit de révolte, au grand préjudice du développement du pays. Les Khans se succédaient fréquemment sur le trône. Tantôt c'étaient les Russes qui, ayant le dessus, renversaient le Khan affilié aux intérêts ottomans. Tantôt c'étaient les Turcs qui parvenaient à chasser les partisans de la Tsarine et installaient sur le trône des Khans, une de leurs créatures (1). Cet état de troubles n'était guère tolérable pour les intérêts de la Russie. De guerre lasse et désirant en finir la Tsarine se décida à prendre le parti extrême : elle ordonna l'occupation de la Crimée (2). Le prince Potemkin s'empressa d'exécuter cet ordre, qu'il avait d'ailleurs provoqué, dans une certaine mesure (3). Profitant des nouveaux troubles qui éclatèrent dans la Crimée, Potemkine envahit ce pays et procéda à l'occupation de tous les territoires tartares, chassa les Turcs et les populations indépendantes, suivant l'article III du traité de Kaïnardji, furent réduites à prêter serment de fidélité à l'impératrice de Russie (4).

L'Europe laissa faire. L'Angleterre était en train de perdre ses meilleures colonies de l'Amérique du Nord ; cela lui créait trop d'embarras pour qu'elle eût sa liberté d'action et pût s'occuper efficacement des affaires d'Orient. La Cour de Versailles ne pouvait non plus agir librement, occupée qu'elle était par l'insurrection nord-américaine. Elle ne put donc pas venir en aide à son ancien allié. Frédéric II, accablé par l'âge, n'avait plus cette ardeur qui lui permit de faire des choses si glorieuses pour son pays du moins, lors de la première guerre de Catherine II contre la Turquie. De plus, il y avait quelque

---

(1) V. Gigareff, op. cit., t. I, p. 204.

(2) V. lettre de Catherine II au prince Potemkine, du 14/25 décembre 1782, citée par Soloviev dans son article : « L'Europe à la fin du XXIII° siècle », dans la Revue russe « Rousskyi Viéstnik » (Messager russe), 1862, t. V, p. 37-38.

(3) V. lettres de Potemkine à Catherine II, ibid., p. 28-29.

(4) V. Gigareff, t. I, p. 217.

chose de changé dans les rapports entre Vienne et Saint-Pétersbourg. Le rôle du roi de Prusse pendant les négociations qui avaient précédé le traité de Kaïnardji n'avait qu'à moitié satisfait les diplomates des bords de la Néva. On avait justement à lui reprocher d'avoir toujours essayé de diminuer les succès que les Russes entendaient finalement obtenir, comme prix de leurs victoires (1). Un refroidissement entre Berlin et Pétersbourg eut pour résultat immédiat de rapprocher la Russie et l'Autriche, quoique le rôle de la Cour de Vienne ne fût pas plus louable, pendant les années 1772-74 (2). Mais on s'en prend toujours à l'ami! L'entrevue de Catherine II avec l'empereur Joseph II [facilita encore davantage ce rapprochement. L'alliance fut contractée sous forme de lettres (3).

Cela étant, la Russie n'avait plus rien à craindre de la maison d'Autriche. Abandonnée à elle même, la Turquie n'avait qu'à s'incliner. L'annexion de la Crimée à la Russie fut consacrée par un traité formel. « La Cour impé-
« riale de Russie et la Sublime-Porte ottomane, lisons-nous
« dans le préambule de ce traité, voulant et désirant
« saisir toutes les occasions qui peuvent produire l'accrois-
« sement et l'affermissement de l'amitié et de la bonne
« harmonie qui existent entre elles, et considérant que le
« nouvel ordre des choses en Crimée, à Taman et dans le

_____

(1) V. Soloviev, op. cit., t. XXVIII, p. 419.

(2) L'attitude bienveillante de la Russie, au moment où l'Autriche se faisait céder, sans coup férir, la province de la Boukowine (1775), n'était pas de nature à nuire aux bonnes dispositions de la Cour de Vienne à l'égard de la Russie. V. Sorel, op. cit., p. 245-271 ; Zinkeisen, op. cit., t. VI, p. 102 et suiv.

(3) V. Martens (Fr. de), Recueil des traités, t. II, p. 113-116.

« Kouban aurait pu occasionner des discussions et peut-
« être une rupture entre les deux Empires, les dites Cours
« ont pris la résolution de s'entendre amiablement sur
« cette affaire... » en conséquence « elles ont signé et
« cacheté les articles suivants : 1° Le traité de paix
« de 1774, la convention de 1775 touchant ces limites, la
« convention explicative de 1779 et le traité de commerce
« de 1783 continueront d'être strictement et inviolable-
« ment observés de part et d'autre, dans tous leurs points
« et articles, *à l'exception de l'article III du traité*
« *de 1774 et des articles II, III et IV de la convention*
« *explicative de 1779* (1), *lesquels articles ne seront plus*
« *d'aucune valeur ni force obligatoire pour les deux*
« *Empires...* (2) ». On le voit, on ne parle même pas d'annexion ou quelque chose de semblable. La Turquie se
contente d'abroger les articles qui y ont trait.

Ce fut en vain que, plus tard, la Turquie essaya de
reprendre la Crimée, ce fut en pure perte qu'elle prit
l'initiative des hostilités, en 1787. La Sublime Porte ne
pouvait qu'aboutir à une nouvelle défaite. L'ordre de
choses établi par la Russie fut définitivement consacré par
le traité de paix qui termina cette nouvelle guerre (3).
Désormais, ce n'est plus le Boug qui forme la frontière
entre ces deux adversaires. La Russie s'annexait, à titre

----

(1) Ce sont les articles qui établissaient l'indépendance des Tartares.

(2) V. convention relative aux traités antérieurs et aux limites
de la Crimée, signée à Constantinople le 28 déc. 1783/8 janvier
1784, dans le Recueil de Noradounghian, p. 377-378.

(3) V. traité de Jassi, signé le 29 déc. 1791/9 janvier 1792, dans
le Recueil de Jouséphovitch, p. 41-49.

de compensation pour les sacrifices de la guerre, tout le
pays situé entre le Boug et la Dniestre, connu sous le
nom de Petite-Tartarie, avec l'importante place d'Oczakow. La ligne frontière est marquée par le Dniestre (1).

Le traité de Kioutchouk-Kaïnardji, la convention de 1784
et le traité de Yassi sont, pour nous, d'une importance
capitale. Si le premier de ces actes internationaux a eu
pour résultat d'assurer à la Russie la libre disposition des
ports de la mer Noire, les deux autres lui permirent
d'établir sa domination sur la côte septentrionale de
l'Euxin. La politique russe, avec une persévérance qui ne
s'était jamais démentie et qui est tout à l'honneur des
hommes politiques de la Russie, parvenait enfin à réaliser
les desseins indiqués par le génie de Pierre le Grand. On
pouvait se demander quelle allait être, à l'avenir, la nouvelle
orientation de cette politique. Etait-ce à dire que la Russie,
heureuse de ce beau résultat, allait s'endormir sur ses premiers lauriers ; qu'elle allait s'en tenir là, en un mot ?
Non, certes. Le développement du commerce russe qui
devait être la conséquence naturelle de la mise en valeur
des riches provinces méridionales de l'Empire moscovite,

---

(1) V. l'art. 3 du traité de 1792 : Jouséphovitch, p. 43. Cf. pour
les détails sur tout ce qui précède, relativement aux différents
arrangements qui ont suivi le traité de Kioutchouk-Kaïnardji,
dans Gigareff, op. cit., t. I, p. 224 et suiv. — Beer, op. cit., tout
le chapitre intitulé : Die Orientalische Politik Joseph II (p. 30-
145), ainsi que la très intéressante étude du professeur Brieckner,
intitulée : La Rupture entre la Russie et la Turquie, en 1787,
dans le Bulletin du Ministère de l'Instruction publique (en russe),
année 1873, n° VII, p. 128 et suiv.

alors que les Tartares n'étaient plus en état de venir les
troubler et les dévaster, ce développement, disons-nous,
devait bientôt imposer à la politique russe, des nouvelles
visées.

Sans doute, le pavillon russe pouvait, depuis le traité
de Kaïnardji, flotter fièrement sur la mer Noire, mais
cela n'était plus suffisant, car on était toujours exposé
à subir les accès de mauvaise humeur des maîtres des
détroits. On pouvait justement craindre toutes sortes
de surprises de ce côté, suivant que les rapports des
deux pays seraient amicaux ou tendus. Le sort du
commerce russe allait donc dépendre des caprices de
la politique, des intrigues savantes et compliquées des
autres puissances qui, certainement, s'essayeraient à
entraver le développement d'un commerce qui menaçait leurs propres intérêts. Il en résultait une sorte
d'aléa, un état d'incertitude pour la vie économique
des provinces méridionales de la Russie et cet état de
choses était de nature à préoccuper les esprits sur les
bords de la Néva. Et, dès lors, on pouvait se demander si
on allait laisser les choses en l'état ; si on pouvait tolérer
que des intérêts aussi vitaux fussent à la merci des incidents politiques ; si on ne devait pas, au contraire, essayer de s'entourer des garanties suffisantes pour écarter
ces dangers. Et si cela était indispensable, par quel moyen
allait-on obtenir ces garanties ? Était-ce en employant la
force ? Devait-on, au contraire, préférer l'amitié et l'alliance de la Turquie, ce qui aurait permis à la Russie
d'exercer une influence prépondérante sur les rives du
Bosphore ? Et, dans ce dernier cas, est-ce que les autres
puissances n'allaient point prendre ombrage de cette
situation exclusivement favorable à la Russie ? Graves

problèmes qui se posaient pour l'avenir, et cependant, toute
la question d'Orient est là.

Nous verrons, dans la suite, que la Russie a eu recours
à ces deux politiques, tour à tour amie et ennemie de la
Turquie, et qu'elle se heurta, toujours, contre les intérêts
de l'Occident. Les puissances de l'Europe ne se lassaient
point de surveiller jalousement la conduite de la Puissance moscovite. La situation, éminemment favorable
de la Turquie constituait, si paradoxal que cela puisse
paraître, son malheur en même temps que son bonheur.
Il en était de même pour la Russie, au point de vue de la
suspicion générale dont elle a toujours été entourée. Il
suffisait, pour cela, de jeter les yeux sur une carte géo
graphique pour voir quelles pouvaient être les visées,
vraies ou supposées, de l'Empire des tsars. Ce n'est pas
ici que nous allons examiner ce qu'il y avait de vrai dans
ces suspicions. Nous nous contenterons de constater la
nouvelle orientation de la politique russe ainsi que celle
des autres puissances. « Le rôle de la Russie à Constan-
« tinople, disait M. de Bouténieff, représentant du tsar
« Nicolas auprès du Sultan, pendant la première crise
« égyptienne, est beaucoup plus simple qu'on ne le croit
« généralement. *Il consiste à être toujours le plus grand
« ami ou le plus grand ennemi de la Turquie* (1) ». Le
rôle des autres Puissances a toujours consisté aussi à sus-
pecter la Russie, dans les deux cas, et à prendre des
précautions, afin de contrecarrer ses visées, qu'elles
fussent réelles ou fictives.

_____

(1) Thouvenel, Nicolas Ier et Napoléon III, Paris 1891, p. 90.

CHAPITRE III

(1809).

L'empereur Paul 1er et sa politique pacifique. — Ce qui le force à agir.
— L'expédition française en Égypte. — Son influence sur les
rapports russo-turcs. — Les détroits sont ouverts au pavillon de
guerre russe. — Caractère provisoire de cette mesure. — La Russie
se détache de la coalition. — Le comte Rostoptchine et sa politique
« *nationale* ». — Plan de partage de la Turquie. — Alliance franco-
russe, sous Paul 1er. — Expédition projetée aux Indes. —
Alexandre 1er revient à la politique de l'alliance avec la Turquie. —
Le mémoire du comte Kotchoubey. — Inanité de cette politique. —
Guerre de 1806, entre la Russie et la Turquie. — Les Anglais
forcent les Dardanelles. — Leur échec devant Constantinople. —
Alexandre 1er et la nouvelle tentative de partage. — Qui aura
Constantinople? — Traité anglo-turc de 1809. — Fermeture des
détroits.

I

Les événements qui ont marqué les dernières années
du xviiie siècle, fournirent à la Russie l'occasion de mettre
en pratique la nouvelle orientation de sa politique à l'é-
gard de la Porte Ottomane. L'expédition française, en

Egypte, eut pour résultat immédiat de jeter la Turquie
dans les bras de son adversaire traditionnel. L'empereur
Paul Ier devint « le plus grand ami » du Sultan; il s'é-
rigea en défenseur jaloux de l'intégrité de l'Empire ottoman. Les flottes russes de la mer Noire furent aussitôt
autorisées à traverser les détroits, pour aller combattre
dans la Méditerranée. La confiance des Turcs à l'égard
des Moscovites ne connaissait plus de bornes. L'amirauté
de Constantinople n'avait plus de secrets pour l'amiral
russe, et Uchakow devait exercer le haut commandement
sur les escadres alliées (1).

Ce revirement dans la politique des deux pays demande
à être expliqué. Il est très utile d'examiner les causes déci-
sives qui leur firent « oublier leurs vieilles querelles et
« réunir leurs forces contre un ennemi commun » (2)...
et cela, d'autant plus, que la prise des armes de la part de
la Russie constituait une grave dérogation au système de
la paix, dont l'Empereur de Russie, Paul Ier, s'était déclaré l'ardent partisan, au lendemain de son avènement
au trône (3).

La vie simple et retirée que le grand duc héritier menait, à Gatchina, du temps où sa mère, l'Impératrice
Catherine II, se complaisait au milieu d'un luxe prodi-
gieux, lui avait permis, non seulement d'entrevoir les

---

(1) V. Milioutine, Histoire de la guerre de 179), entre la Russie
et la France, sous le règne de l'empereur Paul Ier (en russe),
Saint-Pétersbourg, 1857, 2e édition, t. I, p. 70.

(2) V. Pisani, L'expédition russo-turque aux îles Ioniennes,
dans la Revue d'Histoire diplomatique, année 1888, p. 190.

(3) V. Dépêche circulaire du comte Ostermann, du 29 nov. 1796,
Milioutine, op. cit., t. I, p. 10.

côtés faibles de l'Empire et de son organisation, mais aussi de se faire des idées fort précises sur toutes les questions gouvernementales (1). Aussi ne faut-il pas s'étonner, qu'aussitôt après son avènement au trône, le grand duc, devenu Empereur, ait voulu redresser ce qui lui paraissait de nature à affaiblir, de plus en plus, le pays. En prenant les rênes du gouvernement, Paul I⁰ʳ trouva, notamment, que l'armée et la flotte, qui, pendant le règne précédent, avaient puissamment contribué à donner à la Russie une auréole de gloire, étaient dans le désordre le plus grand. Les longues guerres qui s'étaient succédé, depuis 1756, avaient eu pour résultat, non seulement d'éprouver sensiblement la population, mais aussi de compromettre, très gravement, la situation financière de l'Empire (2). Il était donc urgent de se consacrer exclusivement à cette tâche écrasante et cette préoccupation ne pouvait qu'exercer une influence décisive sur la politique extérieure de la Russie. Pour mener à bien son plan de réorganisation de l'armée et de la flotte, pour permettre au peuple de l'Empire de reprendre haleine, il fallait, par dessus tout, se vouer à une politique essentiellement pacifique (3).

Cependant, si grand que fût le désir de vivre en paix, l'Empereur Paul Iᵉʳ ne pouvait aller jusqu'à oublier les intérêts vitaux de son empire. Il n'entendait point prendre les armes pour aller protéger les intérêts de ses voisins, comme cela s'était pratiqué, naguère, du temps de l'Impératrice Elisabeth et de l'Empereur Pierre III, son père.

---

(1) V. Milioutine, op. cit., t. I, p. 12 et suiv.
(2) V. Ibid., op. cit., t. I, p. 12.
(3) V. Ibid., p. 13.

Il ne lui convenait pas de s'inspirer uniquement de la politique des sentiments qui, la pratique ne l'avait que trop prouvé, ne se traduisait, en fin de compte, par aucun avantage, quelque peu appréciable pour la Russie. Mais si, au contraire, les intérêts vraiment russes venaient à être menacés, l'Empereur Paul Ier était prêt à les défendre, avec la plus grande énergie.

Or, il semble bien que la politique du Directoire était de nature à compromettre des intérêts essentiellement russes. C'est, du moins, ce qui explique la rupture entre ces deux pays.

L'Empereur de Russie ne demandait pas mieux que d'arriver pacifiquement à rétablir l'ordre et la tranquillité en Europe, si profondément troublés par la grande Révolution française. Il persista dans ces vues conciliantes, tant que l'on crut, à Saint-Pétersbourg, que le Directoire était animé des mêmes dispositions. On avait même ébauché une négociation, avec l'ambassader de France, à Berlin (1). Mais du jour où l'on acquit la conviction que les membres du Directoire, ou, du moins les plus influents d'entre eux, étaient loin de désirer la paix, un changement de politique s'imposa.

En effet, le Tsar était le seul monarque, suffisamment puissant, pour prendre en main la défense des monarchies occidentales qui, eu égard à leur faiblesse, se trouvaient menacées par la rapide propagation des idées révolutionnaires, propagation appuyée par les armes victorieuses de la République française. En le faisant, le Tsar travaillait à sa propre sécurité, car il était d'un intérêt majeur d'empêcher, au besoin par les armes,

---

(1) V. Milioutine, op. cit., t. I, p. 30-35-36-37 et 39.

l'écrasement des puissances, telles que l'Autriche et la
Prusse (1). Ce n'était pas tout. La Russie se voyait directement menacée par le traité de Campo-Formio, conclu
entre la France et l'Autriche, le 17 octobre 1797 (2). Une
des clauses de ce traité avait donné, à la France, les îles
Ioniennes, ainsi que plusieurs places sur la côte d'Albanie (3). Sans doute, ce traité n'apportait aucune innovation, il ne faisait, en somme, que confirmer un fait déjà
accompli, car les Français avaient procédé à l'occupation
de ces îles et places, dès le mois de mai précédent (4). Il
n'en constituait pas moins une menace pour les intérêts
de la Russie, en Turquie, ne fût-ce que par cette considération que l'état de fait s'était transformé en état de droit,
partant, en quelque chose de définitif. Personne ne
pouvait s'y méprendre. « ... Le général Bonaparte, écrit
« M. Pisani, avait compris l'importance qu'il y avait à
« tenir, dans la Méditerranée centrale, une forte position
« commerciale et militaire... » (5). Il avait entrevu, non
seulement les avantages considérables qui pourraient en
résulter pour la marine marchande de la France, mais
aussi, et surtout, « l'intérêt politique qui était au moins
« égal à celui de notre commerce. Établie au flanc de
« l'Empire ottoman, poursuit M. Pisani, la France pou-
« vait, soit comme alliée, soit comme ennemie, agir effi-
« cacement et jouer un rôle important dans le drame de
« la Question d'Orient... » (6). C'était justement cet in-

(1) V. Milioutine, p. 24 et 33.
(2) V. Ibid, p. 41.
(3) V. Ibid, p. 43.
(4) V. Pisani, op. cit., p. 191.
(5) V. Ibid., op. cit., p. 193.
(6) V. Ibid, loc. cit.

térêt politique, cette intervention éventuelle et efficace,
dans la Question d'Orient, qu'on entendait prévenir, en
Russie (1). La faiblesse organique et irrémédiable de
l'Empire ottoman présentait, en effet, plus d'un inconvénient, et la Russie voulait seule y avoir prise; elle devait
veiller jalousement à ce qu'aucune autre puissance ne fût
installée à proximité.

Car, en somme, quelle serait la situation, si on laissait
la France, non seulement s'installer dans les îles Ioniennes,
mais aussi, ce qui était plus grave encore, prendre pied
sur la côte occidentale de la presqu'île des Balkans? A
supposer que les Turcs, subissant l'influence de la France,
devinssent un instrument docile entre les mains des diplomates français, et l'hypothèse n'avait rien d'invraisemblable, l'histoire est là pour nous le dire, qui ne voit les
graves conséquences que cette éventualité pouvait entraîner pour la Russie et ses intérêts vitaux dans la mer
Noire? Pouvait-elle rester impassible devant l'éventualité
de voir une flotte française traverser les détroits de Constantinople et venir inquiéter et dévaster les frontières méridionales de l'Empire? Envisageons maintenant, l'autre
éventualité. Supposons que les Turcs subissent l'influence
exclusive de la Russie. La Porte, dans cette hypothèse, se
refuserait à suivre les vues du Directoire et essayerait de
s'opposer au passage de la flotte française à travers les
détroits. Mais là n'est pas la question. Il s'agirait, alors,
de savoir si les Osmanlis sauraient efficacement défendre
l'entrée des Dardanelles. Ne fallait-il pas craindre, au contraire, que, malgré le feu des batteries, une puissante
escadre pourrait facilement se frayer un chemin et forcer

(1) V. Milioutine, op. cit., t. I, p. 43.

les Dardanelles et le Bosphore? C'était, on le voit, un
cercle vicieux. Tout cela était de nature à préoccuper les
esprits sur les bords de la Néva, surtout parce qu'on ignorait le but des grands préparatifs maritimes qu'on signalait
à Toulon (1). Le bruit avait couru qu'une forte escadre
française devait, sous peu, appareiller pour l'Archipel, on
lui prêtait même l'intention de pénétrer dans la mer Noire.
Il faut croire, qu'à Saint-Pétersbourg, on y avait attaché
quelque importance, sinon comment expliquer les mesures
de précaution, qu'on avait jugé à propos de prendre. Dès le
mois d'avril 1798, on ordonna la mobilisation de tous les
corps d'armée, en garnison, dans le Sud (2). Le vice-
amiral Uchakow avait reçu l'ordre de faire des croisières
entre Akhtiar (Sébastopol) et Odessa (3). Tous ces préparatifs de guerre furent portés à la connaissance de la
Porte, avec l'assurance formelle que l'Empereur de Russie
était « prêt d'employer sa flotte, au secours de la Turquie,
« contre toute attaque des Français » (4).

Cette angoisse dura jusqu'au mois de juillet, époque à
laquelle on apprit la véritable destination de la flotte de
Toulon. Parti de Toulon, le 19 mai, l'amiral Bruix était
arrivé, le 9 juin suivant, devant l'île de Malte (5). Après

---

(1) V. Milioutine, op. cit., t. I, p. 53-54; Pisani, op. cit., p. 201.

(2) V. Rescrits de l'empereur au général Kahowsky, du 10 avril
1798 et du 28 avril 1798, cités par Milioutine. op. cit., t. I, p. 54.

(3) V. Rescrits de l'empereur, du 9 et 23 avril 1798; Ibid., loc.
cit.

(4) V. Ibid., loc. cit.

(5) V. Ibid., op. cit., t. I, p. 63. L'occupation de Malte et
le traitement que les Français avaient infligé à l'ordre de Malte,
avaient aussi contribué à indisposer l'empereur Paul Ier, qui

avoir occupé l'île et laissé une garnison à La Valette, le
général Bonaparte fit mettre à la voile, pour l'Égypte (1).
Au mois de juillet on apprenait l'arrivée du général devant Alexandrie (2).

Surprise par les événements, la Sublime Porte ne
savait quel parti prendre. Elle s'adressa finalement à la
Russie. Mais l'Empereur Paul avait prévenu ses désirs,
car avant même de recevoir la demande du Sultan, il
avait ordonné au vice-amiral, Uchakow de se tenir non
loin de l'entrée du Bosphore (3). Bientôt après, le 5 septembre, la flotte de guerre russe, après avoir franchi
le détroit du Bosphore, était venue mouiller devant
Buyouk-déré (4).

Aussitôt après l'arrivée du vice-amiral Uchakow à
Constantinople, on s'occupa de régler les détails de l'expédition russo-turque ainsi que de déterminer sa destination,
son futur champ d'action. On tint, à cet effet, deux conférences, le 8 et le 10 septembre. En dehors des représentants
de la Porte et de la Russie, l'ambassadeur anglais avait aussi
assisté à ces réunions. Il est inutile de dire qu'on ne discuta rien du tout et qu'on se contenta seulement de souscrire aux propositions russes, d'après lesquelles on devait
diriger les escadres alliées, vers les côtes d'Albanie.

« Cette proposition, écrit l'éminent historien Milioutine,

était, on le sait, le grand maître de cet ordre, (depuis le 18-29
nov. 1797). V. pour les détails, Milioutine, p. 63-66.

(1) V. Ibid., op. cit., t. I, p. 66 ; Pisani, op. cit., p. 202-203.
(2) V. Ibid, p. 67.
(3) V. Ibid. p. 68.
(4) V. Pisani, op. cit., p. 203; Milioutine, op. cit., t. I, p. 67-69.

« fut particulièrement goûtée par la Porte, inquiète qu'elle
« était du voisinage immédiat des troupes françaises qui
« occupaient, non seulement Corfou et les six autres îles
« de l'Archipel Ionien, mais aussi une partie des côtes de la
« presqu'île : Boutrinto, Parga, Prévéza et Vouitza (1) ».
On ne saurait mieux dire. Cependant, pour être encore
plus près de la vérité, il convient d'ajouter que ce n'était
pas uniquement dans l'intention de plaire à la Porte que
l'amiral Uchakow proposait ce but à l'expédition. C'était
surtout en obéissant aux intérêts russes qu'on désirait, au
plus vite, éloigner un voisinage aussi dangereux que désa-
gréable pour la Turquie. A l'époque où nous sommes arrivés,
la Turquie ne demandait pas mieux que de se soustraire à
toute influence française, surtout après cette expédition
d'Egypte qui était une véritable surprise pour la Porte, car
elle se trouvait en état de paix avec la République Française.
L'intérêt de la Turquie est évident. Mais celui de la Russie
ne l'était guère moins. Le Cabinet de Saint-Pétersbourg
avait en effet un intérêt égal, sinon plus grand, à empêcher la Turquie de retomber sous l'influence de la France.
Quel meilleur moyen, pour y parvenir, que celui de travailler à chasser les troupes françaises des places qu'elles
occupaient, de ces places d'où la politique de la République
pourrait d'autant plus facilement avoir prise sur ce faible
Empire, qu'elle pouvait, au besoin, exercer une pression
décisive, grâce à l'action irrésistible des baïonnettes françaises? C'était l'évidence même. On laissait donc aux
Anglais le soin de s'occuper de l'Egypte (2). Tout au plus

___

(1) V. Milioutine, op. cit., t. 1, p. 70.
(2) L'amiral Nelson avait déjà détruit l'Escadre française, à la
bataille d'Aboukir, le 1er août 1798. V. Milioutine, loc. cit.

le vice-amiral Uchakow se contenta-t-il d'envoyer un
émissaire à l'amiral anglais, pour le complimenter du
brillant fait d'armes (1).

Pressé par le temps, l'amiral Uchakow avait appareillé,
le 19 septembre, à destination des Dardanelles, où il devait
se joindre à l'escadre ottomane (2). Les deux alliés allaient
commencer les opérations de guerre, avant même d'avoir
signé le traité d'alliance. Ce n'est que vers la fin du mois
d'octobre qu'on signa une convention, transformée en
traité définitif le 3 janvier 1799 (3). En vertu des stipulations de ce pacte, les deux parties contractantes s'engageaient à se prêter aide et assistance, contre tout ennemi
commun et cela dans un but purement désintéressé, l'idée
des nouvelles conquêtes était péremptoirement exclue. Ils
s'alliaient « uniquement pour défendre l'intégrité de leurs
« possesions réciproques…, ainsi qu'à maintenir l'équilibre
« politique entre les États…» On stipulait, de plus, la
faculté d'adhésion pour l'Empereur d'Autriche, pour le
Roi de Grande-Bretagne, le Roi de Prusse et les autres
chefs d'Etat (4). C'était là la partie patente du traité, par
conséquent la moins intéressante, car on s'en tient aux
généralités. Le principal intérêt dans ces stipulations
réside ou si l'on veut, se cache dans les articles secrets.
Le but de l'alliance y est mieux défini, le vague des
clauses publiques se précise, prend une forme, reçoit, en
un mot, une application pratique et immédiate : c'est la

(1) V. Milioutine, loc. cit.

(2) V. Ibid., op. cit., t. I, p. 71.

(3) V. Ibid., p. 71-72 ; le texte du traité est publié par Milioutine, t. III, annexe 65e.

(4) L'Angleterre y adhéra par le traité du 5 janv. 1799. Milioutine, op. cit., t. I, p. 72.

France qu'on y vise. La Russie prenait l'engagement de
fournir, à la Porte, une escadre, forte de 12 vaisseaux de
ligne et, si besoin en est, un corps d'armée de 75 à 80
mille hommes. La Sublime Porte, de son côté, devait
pourvoir à l'entretien de l'escadre et, éventuellement, à
celui de l'armée. De plus, *la Sublime Porte consentait,
pour cette fois seulement, au libre passage des vaisseaux
de guerre russes, à travers les détroits du Bosphore et
des Dardanelles.* — La durée du traité devait être de
huit ans.

C'était ainsi « que le souci d'écarter les Français du
« grand marché des terres et des peuples en Orient,
« comme le dit M. Sorel, réunit les Turcs, les Anglais et
« les Russes, mais le même souci les sépara » (1). Car,
en somme, ces trois puissances ne pouvait s'accorder que
sur ce point, à savoir, qu'il fallait écarter les Français de
l'Orient. Mais ce résultat une fois obtenu, qu'allait-on faire
des îles et places, laissées par les Français ? Sur ce second
point, il y avait impossibilité absolue de mettre d'accord
les appétits et chacun ne se proposait qu'un seul but :
c'était de tirer, ou du moins d'essayer de tirer le plus
d'avantage possible. « Les Turcs, poursuit M. Sorel,
« veulent garder ce qu'ils ont ; les Anglais veulent
« prendre l'Égypte et Malte ; les Russes qui ont fait
« pour autrui, une belle déclaration de désintéressement,
« prétendent occuper Malte et s'emparer de Corfou, dans
« l'intérêt de la religion catholique et de ses ordres
« de chevalerie (on se rappelle que Paul Ier était le grand
« maître de l'Ordre de Malte), dans l'intérêt de l'orthodoxie

---

(1) V. Sorel, L'Europe et le Directoire, IV article, dans la Revue
des Deux Mondes, no du 15 décembre 1897, p. 788.

« aussi et des populations de la Grèce... S'ils le (l'Empire
« Ottoman) conservent, c'est pour l'avoir sous leurs prises,
« pour que d'autres ne l'entament point, pour y susciter
« des peuples qu'ils protégeront et gouverneront à leur
« guise... De toutes les façons de tuer cet Empire, la plus
« ingénieuse c'était encore de s'en faire le médecin »...(1).
En attendant, les vaisseaux de guerre de la Russie saisis-
saient tous les prétextes pour traverser les Détroits, dans
les deux sens (2) ; on avait, sans doute, l'intention, à

---

(1) V. Sorel, loc. cit.

(2) La Sublime-Porte ne pouvait rester indifférente à ses continuelles allées et venues des forces moscovites à travers les
détroits de Constantinople. C'est ainsi, notamment, que le résident russe, Tamara, ne trouva pas un accueil empressé à la
demande qu'il avait faite de faire passer par Constantinople, les
troupes destinées à l'occupation de l'île de Malte et des Etats
Napolitains. Il n'y insista pas mais le refus était significatif de
la part de la Turquie, qui devait, suivant le traité, faciliter tout
ce qui était de nature à prévenir la rupture de l'équilibre politique.
Mais bientôt, par suite de l'attitude de l'Angleterre, qui entendait
se faire payer pour l'aide et les avantages obtenus, les Turcs se
rapprochèrent de nouveau de la Russie. Il en est résulté la reprise
du passage entre la mer Noire et la Méditerranée, et vice-versa.
En octobre 1800, 13 vaisseaux russes sont autorisés à passer le
Bosphore, à destination de Naples ; en novembre de là même
année, ce fut le tour de l'artillerie ; en mai 1801, la flotte qui
avait débarqué les forces russes à Naples, traversa de nouveau les
détroits, rentrant dans l'Euxin ; en septembre 1801, Uchakow
retournait dans les ports de la mer Noire, avec 11 vaisseaux de
ligne, une frégate et 8 transports : il traversa donc de nouveau les
Dardanelles. C'est ainsi qu'on essayait de multiplier les occasions,
afin de faire de Constantinople « une échelle entre deux ports
« russes ». V. Pisani, op. cit., p. 220 ; Gigareff, op. cit., t. I,
p. 248.

Saint-Pétersbourg, de se créer des titres pour les honoraires qu'on se proposait de demander, plus tard, à la Porte. « Il s'agissait, en effet, pour les Russes, écrit M. « Pisani, de pénétrer avant tout dans les détroits, d'établir « des précédents qui pouvaient donner naissance à des « droits, l'intervention provoquée par les progrès des « Français n'était qu'un prétexte heureusement inventé »(1).

Un document officiel russe, contemporain des événements qui nous occupent, nous donne, d'ailleurs, la mesure du désintéressement de la Russie, à l'égard de son alliée, la Turquie. C'est un mémoire que le comte Rostoptchine présenta à l'Empereur Paul Ier, pendant l'année 1800. A cette époque, la coalition des Anglais, des Autrichiens et des Russes était déjà du domaine de l'histoire. Pendant que Souvaroff étonnait les Français par ses victoires, en Italie, le chancelier d'Autriche, Thugut, celui-là même qui occupait, naguère, le poste d'internonce, à Constantinople, prétendait garder pour les Habsbourg les pays d'où les Russes venaient de chasser les armées de la République. Animé d'idées si égoïstes, il ne pouvait voir favorablement la politique que Souvoroff suivait et qui consistait à rappeler les Rois précédemment dépossédés, à donner une nouvelle organisation régulière aux ci-devant Républiques tributaires de la France. Aussi voyons-nous surgir différents incidents qui eurent pour résultat de froisser les Russes. Ce qui avait fini par détacher complètement la Russie de la coalition, c'était la prétention des Anglais de prendre une position prédominante dans la Méditerranée. Tout cela avait contribué à produire un revirement d'opinions, en Russie. L'Empereur

_____

(1) V. Pisani, op. cit., p. 204 et p. 218.

Paul commençait à être bien disposé envers Napoléon et on pouvait déjà parler d'une entente avec la France, dont l'objectif serait l'Angleterre. Mais avant de prendre position, le Tsar avait demandé à se renseigner sur la politique que la Russie devait suivre à l'étranger, en présence de la situation en Europe. Le comte Panine et le comte Rostoptchine furent chargés de rédiger, chacun séparément, un mémoire sur ce sujet. Malheureusement, le travail du comte Panine n'est pas parvenu jusqu'à nous : il n'a pas dû être conservé ! On prétend, cependant, qu'il avait proposé la convocation d'un congrès européen, à l'effet de régler toutes les questions pendantes et qu'il avait espéré d'y représenter l'Empereur de Russie (1). Par contre, le mémoire du comte Rostopchine a été livré à la publicité (2). Nous essayerons d'en donner une analyse succincte, car il présente un intérêt particulier, non seulement pour les vues qui y sont relatées, mais aussi, et surtout, parce qu'il a reçu l'approbation pleine et entière de l'Empereur de Russie. Ce sont, par conséquent, les vues de la Russie officielle de l'époque à l'égard de la Turquie.

Le comte Rostopchine commençait par faire un exposé général de la situation politique des Puissances Occidentales, ainsi que de leurs rapports avec la Russie. Il constatait l'état d'épuisement de toutes ces Puissances, ce qui les obligeait de recourir à la puissante interven-

---

(1) V. Gigareff, op. cit , t. I, p. 248-249,

(2) V. Mémoire du comte Rostopchine, sur les rapports politiques de la Russie, publié par le *Roussky Archiv*. (Archives Russes), année 1878, t. I, p. 103-110. [le texte original est en russe].

tion de l'Empereur Paul, afin de conserver leur place en
Europe. Mais si les circonstances leur faisaient une obligation d'avoir recours à la Russie, ces États de l'Occident
ne nourrissaient pas moins des sentiments de haine et de
jalousie à l'égard des progrès des Moscovites. C'est pourquoi la Russie ne devait agir en leur faveur que dans les
limites des exigences des intérêts du pays. Le gouvernement russe ne devait s'inspirer que des intérêts nationaux
et utiliser la situation politique du moment, pour atteindre
ce but. Il s'élevait, ensuite, contre la politique précédemment suivie par la Russie. « Les vrais intérêts du
« pays, écrivait le comte Rostoptchine, ont presque tou-
« jours été perdus de vue », et il citait comme exemple,
la guerre de Sept-Ans et celle du moment. Les traités qui
terminaient ces guerres, imposaient, invariablement, l'obligation, pour la Russie, d'aider l'une ou l'autre de ces
puissances, soit en envoyant des troupes, soit en payant
des subsides ; souvent même la Russie s'engageait à garantir les possessions des puissances Occidentales. Cependant, la politique de tous les chefs d'États a, de tout
temps, consisté à essayer d'augmenter leurs propres forces
aux dépens des voisins. Ici, Frédéric II de Prusse est cité,
à la place d'honneur, comme exemple à l'appui de l'affirmation. Cet habile souverain avait, le premier, prouvé
non seulement la possibilité, mais aussi, et surtout, l'importance des partages. Pourquoi donc la Russie, suivant
cet illustre exemple, ne procéderait-elle pas de même ?
Pourquoi, étant Hercule, se faisait-elle petite, comme si elle
était un enfant craintif ? Tout simplement parce qu'elle
n'a fait que suivre une politique essentiellement « anti-
nationale. » Cette constatation faite, le comte Rostoptchine
développe sa politique « nationale », dont le partage de

la Turquie forme le pivot. Il trace d'abord un tableau très
sombre, lamentable de la situation de cet Empire. « Toutes
« les mesures qu'il entreprend ne sont autre chose que
« des remèdes à un malade dont on désespère et auquel
« les médecins ne désirent point déclarer la gravité. » Le
partage est, en conséquence, le seul remède efficace et
facile, paraît-il, à appliquer. Il suffirait, pour cela, d'une
entente entre la Prusse, l'Autriche et la France, d'une
part, et la Russie de l'autre. Dans le plan du comte
Rostoptchine — il a tout prévu — la Russie prendrait la
Roumélie, la Bulgarie et la Moldavie, l'Autriche s'annexe-
rait la Bosnie, la Serbie et la Valachie (1); pour donner
une compensation à la Prusse, on lui accorderait le Ha-
novre, Paderborn et Munster ; la France s'installerait en
Égypte ; la Grèce, avec toutes les îles de l'Archipel. serait
érigée, à l'instar des îles Vénitiennes, en République, sous
le protectorat des quatre puissances co-partageantes de
l'Empire Ottoman ; « d'ailleurs, ajoutait le comte, avec le
« temps les Grecs passeront d'eux-mêmes sous le sceptre
« russe » (2). Tel était le projet de partage. Le comte
Rostoptchine ne doutait pas un instant de son succès,
« car, écrivait-il, la Cour de Vienne acceptera avec en-
« thousiasme une proposition aussi inattendue. » La Cour
de Potsdam y trouverait aussi de très grands avantages
Quant à Bonaparte, qui devait être le point d'appui de
cette combinaison, il y trouverait « le moyen le plus sûr
« d'humilier la Grande-Bretagne », ainsi que celui de conserver, à la paix, toutes les conquêtes de la France.

_____

(1) En face des attributions à l'Autriche, l'empereur Paul Ier,
avait écrit cette remarque : « N'est-ce pas trop ? »

(2) L'Empereur avait ajouté : « *On peut même les y contrain-
dre.* »

C'était ce plan fantastique que l'Empereur de Russie n'avait pas hésité à approuver. Il chargea le comte Rostoptchine de présider à l'exécution de son projet. On y donna même un commencement d'exécution en faisant l'alliance avec Napoléon, au commencement de 1801 (1). Le Tsar avait ordonné de grands préparatifs pour l'expédition projetée aux Indes, où l'on devait prendre à revers l'Angleterre. C'était ce que Napoléon poursuivait surtout : il voulait abattre le colosse. La mort soudaine de Paul Ier, survenue au mois de mars 1801, mit fin à toute cette combinaison. Son successeur n'eut garde de se précipiter dans de pareilles aventures et revint à la politique de l'alliance avec la Turquie.

On peut critiquer ce projet, et on n'a point manqué de le faire, même en Russie. Il n'en résulte pas moins cette constatation, qu'au fond, ce que la Russie poursuivait, c'était l'établissement de sa domination sur les détroits de Constantinople. C'était là une nécessité impérieuse et absolue pour la Russie. Le comte Rostoptchine proposait le partage, qui aurait assuré à l'Empire des Tsars toute l'étendue des côtes occidentales de la mer Noire, à partir de l'embouchure du Dniester, jusqu'à l'entrée du Bosphore. C'était là le meilleur moyen d'atteindre l'objet de tant de convoitises. Ce n'était pas, peut-être, le plus simple, car sa réalisation aurait, sans doute, présenté beaucoup plus de difficultés que ne le croyaient les auteurs de ce plan. Mais, enfin, ce n'est que le moyen qu'on critique. L'idée fondamentale reste, toujours la même. Le comte Rostoptchine l'indiquait, d'ailleurs, en disant que les avantages de cette entreprise consistaient, surtout, en ce qu'elle allait four-

_____

(1) V. Gigareff, t. I, p. 253.

nir à la Russie « des nouvelles richesses, des nouvelles
mers... » De quelles mers s'agissait-il ? N'est-ce point l'extension des côtes sur la mer Noire, n'est-ce pas aussi la
Méditerranée, une fois que l'Empire russe se serait établi
en Roumélie et à Contantinople ?

II

L'Empereur Alexandre Iᵉʳ n'avait pas voulu s'approprier
le plan du comte Rostoptchine, parce qu'il le croyait
difficilement réalisable. Il adopta une politique de bon voisinage et d'amitié à l'égard de la Porte, parce que de son
temps, ou du moins pendant les premières années de son
règne, d'autres idées prédominaient à la cour de Russie.
« Un des principes fondamentaux de mon système politi-
« que, écrivait Alexandre Iᵉʳ au comte Rasoumovsky, son
« ambassadeur, à Vienne, consistera toujours à contri-
« buer, par tous les moyens, à conserver cet empire (la
« Turquie), dont la faiblesse et la mauvaise administra-
« tion intérieure constituent des garanties précieuses de
« sécurité (1). » C'était l'application pratique de la célèbre
héorie de Montesquieu, d'après laquelle rien ne pouvait
être plus avantageux pour un État que d'avoir des voisins
très faibles. Tous les conseillers de l'empereur Alexandre Iᵉʳ
partageaient cette manière de voir (2). Nous trouvons ces
idées longuement développées sous la plume du comte

---

(1) V. Instructions au comte Rasoumovsky, du 10-22 sept. 1801.
F. de Martens. Recueil des traités de la Russie, t. II, p. 375.
(2) V. Gigareff, op. cit., t. I, p. 255.

Victor Pavlovitch Kotchoubey, le ci-devant ambassadeur
russe, à Constantinople. Au moment où Napoléon, se servant de l'Orient comme « moyen de diversion et de transaction, » (1) essayait « de réveiller, de stimuler à Pétersbourg des convoitises traditionnelles (2), » on avait agité,
sur les bords de la Néva, la question de savoir quelle politique on devait adopter dans les affaires d'Orient. C'était
alors (1802) que le comte Kotchoubey présenta un mémoire à l'empereur Alexandre, où il est dit que la Russie
pouvait choisir entre deux systèmes. Ou bien consentir au
partage de l'Empire ottoman, d'accord avec la France et
l'Autriche ; ou bien, et c'était le système préconisé par
l'auteur du mémoire, s'opposer de toutes les forces à une
politique de partage, si dangereuse pour les intérêts de la
Russie. Et, en effet, d'après le comte Kotchoubey, la Russie
n'avait pas besoin de nouveaux territoires, et, de plus,
on ne pouvait espérer un voisin plus inoffensif que la Turquie. C'est pourquoi la conservation de l'Empire ottoman
devait être à l'avenir, la pierre angulaire de la politique
russe (3).

Les résultats pratiques de cette politique parlaient aussi
en sa faveur. Ce que la Russie n'avait pu obtenir, à la
suite de longues et sanglantes guerre, la politique de l'al-

---

(1) V. Vandal, Napoléon et Alexandre Ier, 4e édition, Paris 1896,
t. I, p. 3.

(2) V. Ibid. p. 5. Cf. aussi sur ce point, les dépêches de l'ambassadeur de Russie, à Paris, Marcoff, citées par Gigareff, t. I,
p. 256.

(3) Nous n'avons pas eu sous les yeux, le texte de cet intéressant document. Nous avons emprunté l'analyse faite par M. Gigareff, op. cit., t. I. p. 256.

liance l'avait obtenu, sans coup férir. Les guerres rui-
neuses de l'impératrice Catherine II n'avaient point pu
ouvrir les détroits de Constantinople au pavillon de guerre
de la Russie. La politique de l'amitié et de l'alliance l'avait
fait, c'était un miracle. Le traité de 1799 permettait, nous
l'avons vu, le libre passage des vaisseaux de guerre russes,
à travers les détroits, et les escadres du Tsar avait largement usé de cette liberté de passer de l'Euxin à la Méditerranée. Sans doute, cette faculté n'était que provisoire,
car le traité stipulait strictement le cas qui avait nécessité
cette liberté de passage, les circonstances en avaient été
soigneusement définies. Mais, enfin, ces relations cordiales
étaient de nature à encourager de nouvelles demandes,
qui, en fait, s'étaient produites, même après que le but dési-
gné par le traité de 1799 eut été atteint. Et puis, la création
de la République des sept îles Ioniennes, sous la haute
protection de la Russie et de la Turquie était heureusement un prétexte toujours plausible, pour demander ce
passage devant la pointe du Sérail. Afin d'exercer efficacement cette protection, la Russie pourrait, dans des circonstances imprévues, se trouver obligée d'envoyer ses
flottes dans les eaux de ces îles. Cela nécessiterait le passage des flottes russes à travers les détroits. La porte restait donc toujours ouverte. Ce droit de passage, par Constantinople, avait été d'ailleurs formellement reconnu par
le traité du 11-23 septembre 1805. Ce traité avait pour but
de renouveler l'alliance de 1799, deux ans avant l'expiration du délai de 8 ans. En vertu d'une des clauses de ce
traité, la Sublime-Porte reconnaissait aux vaisseaux de
guerre russes, le droit de traverser le Bosphore et les
Dardanelles, afin qu'ils fussent à même de « défendre les

« îles de la Méditerranée, placées sous la commune protection de la Russie et de la Turquie (1). »

Tels étaient les résultats palpables et très appréciables
de la politique préconisée par le comte Kotchoubey et que
l'empereur Paul Ier avait suivie, pendant les premières années de son règne, trop court. Si donc, la Russie était
parvenue à obtenir de si grands avantages sans efforts
pourquoi se départirait-elle d'un système politique qui
avait fait ses preuves? Pourquoi s'associerait-elle à une
politique hostile à la Turquie, alors que, la pratique
l'avait suffisamment démontré, l'hostilité envers la Turquie était loin de compenser en avantages, ce que
les guerres avaient coûté en hommes et en argent?
C'était là l'opinion prédominante sur les bords de
la Néva.

Et, en effet, on ne pouvait nier les avantages que
ce système avait assuré à la Russie, pendant les dernières
années. C'était un fait acquis sans doute, mais on pouvait
se demander par suite de quelles circonstances heureuses
ce fait s'était produit et, surtout, on devait connaître ce
qu'il y avait de stable et de permanent dans ces circonstances? Car, il est difficile de bâtir tout un système politique de l'avenir, sur un fond aussi mouvant. La Russie, a-t-on dit, a obtenu beaucoup de choses, grâce
à sa politique amicale envers la Turquie. Sans doute, mais
en serait-il de même si la situation venait à changer? Il ne
suffisait pas que la Russie fût disposée à persister dans
cette politique envers l'Empire ottoman. Il fallait encore
que la Sublime-Porte fût toujours disposée à subir passivement l'influence russe. Or, rien ne prouvait que la Tur-

---

(1) V. Gigareff, op. cit., t. I, p. 258.

quie souscrirait, de gaieté de cœur, à une subordination,
à un asservissement plus ou moins complet à l'égard de
la Russie. Tout, au contraire, et l'histoire le prouve, devait
faire entrevoir aux hommes d'État de la Russie, le moment où la Sublime-Porte allait leur échapper. C'était l'intérêt de la Russie de faire, de la Turquie, un instrument
exclusivement russe. Mais croyait-on, sérieusement que
l'Europe laisserait faire? C'était là, en réalité, le grand
danger des voisins faibles : ils deviennent les jouets des
États forts. Se débattant au milieu d'un édifice qui croule
de toutes parts, ces sortes d'États deviennent la proie de
celui qui veut bien s'en servir. C'était la Russie qui en
tirait le plus de profit, au commencement du siècle présent : c'était le voisin idéal, parce que c'était le plus inoffensif. Mais est-ce que les hommes d'État de la Russie
n'avaient pas envisagé l'hypothèse des circonstances poli-
ques qui auraient jeté la Turquie dans les bras des adversaires russes? Dans cette hypothèse, ils auraient pu voir
que les États faibles, loin d'être inoffensifs, peuvent
devenir les plus dangereux par le mal qu'ils peuvent faire, indirectement peut-être. Et ceci est particulièrement vrai pour la Turquie, où convergent tant d'intérêts
opposés, où la lutte pour les influences politiques est la
plus âpre.

Les événements ne tardèrent, d'ailleurs pas, à donner
un démenti formel à la politique préconisée par le comte
Kotchoubey. — L'empereur Alexandre Ier avait fait la
sourde oreille aux propositions de la France. Le chancelier de l'Empire, Voronzoff, avait envoyé des instructions
à Marcoff, en vertu desquelles l'ambassadeur de Russie à
Paris devait toujours répondre aux insinuations de Napoléon, que l'empereur de Russie n'entendait point prendre

part dans n'importe quel projet, qui serait nuisible à la
Turquie (1). C'était un échec pour Napoléon, car il était
décidé à se servir de la question d'Orient pour mieux diviser
la coalition. Il venait donc d'échouer dans sa tentative de
détacher de cette coalition le puissant monarque moscovite. Il n'avait pas pu s'attacher la Russie, aux dépens
de la Turquie. Dès lors, son plan est tout tracé. Sa politique consistera, désormais, à faire de l'Empire ottoman
une arme, dont il se servira contre la Russie. La tâche
était sans doute difficile, elle n'était pas au dessus de ses
moyens. Le sultan Sélim III devait, d'ailleurs, faciliter
cette tâche. Le Khalife des croyants commençait, en effet,
à avoir quelques velléités d'indépendance, alors que,
comme le remarque M. Vandal : « tout autour de lui s'as-
« sujettissait et se vendait à la Russie, alors que lui-même
« affectait la soumission » (2). Napoléon s'empressa d'utiliser ces dispositions du Sultan. Dès 1804, il essaya d'encourager le Sultan à persister dans cette voie. « As-tu
« cessé de régner? » lui écrivait-il. le 30 janvier 1805.
« Réveille-toi, Sélim, appelle au ministère tes amis,
« chasse les traîtres, confie-toi à tes vrais amis... ou tu
« perdras ton pays, ta religion et ta famille... » (3). Pour
mieux se faire entendre. Napoléon envoie à Constantinople
le général Sébastiani. Cet ambassadeur avait pour mission
de travailler à soustraire la Turquie à la subordination à
l'égard de la Russie (4). Il devait amener la Porte « à faire

---

(1) V. Lettre de Voronzov à Marcoff, du 24 déc. 1802, dans
Soloviev, l'Empereur Alexandre Ier (en russe), St-Pétersbourg,
1877, p. 36.
(2) V. Vandal, op. cit., t. I, p. 6.
(3) V. Ibid. loc. cit.
(4) V. Gigareff, op. cit., t. I, p. 259.

« acte d'indépendance formelle » envers cette puissance du Nord (1).

Les Turcs ne se sentaient cependant pas le courage de rompre avec le tsar. Mais, bientôt, l'échec des armées russes à la bataille d'Austerlitz (2 déc. 1805), encouragea les Osmanlis. Une diplomatie intelligente essaya d'en profiter. Le sultan Sélim s'empressa de saisir cette occasion, peut-être unique, pour échapper à l'influence russe. Il destitua les hospodars des Principautés danubiennes, sans consulter préalablement le tsar, ainsi que les traités antérieurs l'avaient stipulé. Le Sultan espérait, de la sorte, pouvoir supprimer le protectorat de la Moscovie sur ces deux pays qui n'étaient, en somme, que deux provinces turques. Ce n'était pas tout, car le sultan Sélim, une fois engagé dans cette voie, ne devait pas s'arrêter à mi-chemin. Il ordonna la fermeture des détroits au pavillon de guerre de la Russie; il restreint, en même temps, le privilège qu'avaient les Grecs, naviguant sous pavillon russe, d'être considérés comme des protégés russes. Cette pratique avait, on le sait, occasionné beaucoup d'abus (2). La mission du général Sébastiani avait, désormais, plus de chances de succès. Le sultan Sélim renvoya les ministres favorablement disposés pour la Russie (3). C'est encore un succès de l'ambassadeur français.

Tout cela avait eu pour résultat d'émouvoir la Russie. Italinsky, le représentant du tsar à Constantinople, reçut l'ordre de protester énergiquement, il devait demander le retour au *statu quo ante*, la stricte observation des enga-

---

(1) V. Vandal, op. cit., t. I, p. 11.

(2) V. Ibid, op. cit., t. I, p. 11 ; Gigareff, op. cit, t. I, p. 262.

(3) V. Gigareff, loc. cit.

gements formels résultant des traités antérieurs. Partant, la Russie demandait : 1° le rétablissement immédiat de Hospodars de Moldavie et de Valachie, illégalement destitués ; la Porte devait, en outre, reconnaître formellement et à nouveau les privilèges de ces Principautés ; 2° le droit de libre passage à travers le Bosphore et les Dardanelles, pour les vaisseaux de guerre, ainsi que pour les bâtiments de commerce, sans distinction aucune (1). En même temps, et sans attendre la réponse de la Porte, l'empereur Alexandre ordonna à ses troupes de procéder à l'occupation des Principautés, comme une mesure de sûreté (2).

La Turquie perdait tout son courage. On hésitait, à Constantinople. Finalement le sultan Sélim se décida à prendre des mesures énergiques, et déclara la guerre à la Russie, le 30 décembre 1806 (3). Cela fait, il fit partir un plénipotentiaire extraordinaire, pour aller trouver Napoléon à son camp, avec mission de conclure une alliance entre la Turquie et la France. C'était, on le voit, le retour pur et simple à la politique de l'ancien régime. Un rapprochement entre la Russie et la Grande-Bretagne répondit à l'intimité franco-turque (4).

Si les hommes d'État de la Russie avait agi, avec tant d'énergie, envers la Turquie, c'était qu'ils étaient loin de supposer une résistance de la Porte. Ils avaient tellement l'habitude de se faire obéir ! Malheureusement, le Sultan avait déclaré la guerre et, à vrai dire, le moment

(1) **V.** Vandal, p. 263.
(2) **V.** Ibid, op. cit, t. I, p. 12 ; Gigareff, op. cit, t. I, p. 263
(3) **V.** Ibid, loc. cit. Ibid, loc. cit.
(4) **V.** Gigareff, op. cit, t. I, p. 264.

était fort mal choisi. pour la Russie. Le cabinet de Saint-
Pétersbourg se trouvait, en effet, aux prises avec Napoléon, en Prusse; la Russie était donc obligée de se défendre des deux côtés, ce qui présentait de réels inconvénients (1). La diplomatie russe s'employa à intéresser
l'Autriche dans son différend avec la Porte, mais lamaison
de Habsbourg entendait ne pas trop s'engager, car les
événements de Prusse touchaient de beaucoup plus près
les intérêts de l'Autriche. A côté de cette considération, il
y avait le vif désir de ne point mécontenter Napoléon, ce
terrible empereur qui était certainement derrière les
Turcs, on ne l'ignorait pas à Vienne. « Il était certain,
« écrit M. Vandal, que le réveil de la question orientale
« donnait quelque ombrage à l'Autriche et, la plaçant
« entre deux dangers, entre deux craintes qui la tiraient
« en sens contraire, contribuait à la tenir immobile (2) ».

Le comte Pozzo di Borgo, l'envoyé extraordinaire du
Tsar à la Cour de Vienne, qui était chargé par l'empereur
Alexandre de ramener l'Autriche aux vues politiques du
Tsar, avait bien compris les véritables motifs de la réserve
autrichienne. Il nous donne le mot de l'énigme. « Il est
« certain, écrivait-il, que les dispositions secrètes du Ca-
« binet (de Vienne) sont contre la France; c'est un mou-
« vement de la nature impossible à contenir, produit par
« les pertes et les torts qu'ils ont souffert; *mais la peur*
« *glace les cœurs;* on se garde d'avouer ce motif hon-
« teux, mais il est la cause dominante de leur con-
« duite... (3) ». L'Autriche craignait justement de se

---

(1) V. Gigareff, op. cit. t. I, p. 265.
(2) V. Vandal, op. cit., t. I, p. 21.
(3) Dépêche du comte Pozzo di Borgo, du 26 décembre 1808,

trouver dans la situation peu enviable de la Russie. Elle
n'entendait pas prêter le flanc à Napoléon en Moravie, en
même temps que de combattre les Turcs, sur le Danube.

Courtoisement éconduits par l'Autriche, les Russes
n'avaient plus qu'un moyen de se tirer de l'impasse : il
fallait terminer au plus vite la guerre avec la Porte, engagée si à la légère. Le commandant en chef des troupes
russes reçut l'ordre de faire connaître au Sultan les dispositions pacifiques de l'empereur de Russie. La Russie
se déclarait prête à évacuer les Principautés danubiennes,
à la condition toutefois que la Porte, de son côté, reconnaisse le *statu quo ante*. On devait, par conséquent, renouveler les traités dont la violation avait provoqué le
conflit. La Porte devait, en outre, renvoyer de Constantinople l'auteur de cette machination, l'ambassadeur de
France (1). L'ambassadeur d'Angleterre à Constantinople,
sir Arbuthnot, avait chaudement appuyé cette demande.
La Porte ne céda pas. Alors, l'habile représentant de
Sa Majesté britannique imagina un nouveau procédé de
négociation. Après avoir vainement tenté de ramener la
Porte à des vues plus pacifiques, sir Arbuthnot n'avait
rien trouvé de mieux que d'aller chercher la flotte anglaise, qui croisait à l'entrée des Dardanelles. Il s'était
installé sur un vaisseau de guerre; l'escadre força les
Dardanelles et vint s'établir devant Constantinople.

tirée des Archives de Pozzo di Borgo. V. Vandal, op. cit., t. I,
p. 22.

(1) V. Dépêche du ministre des Affaires Étrangères de Russie,
le général Budberg, au général Mikhelson, du 28 avril 1807. V.
Gigareff, op. cit, t. I, p. 265.

« Du haut de ses trois-ponts, l'Angleterre sommait le Di-
« van de désavouer tout ce qu'il avait fait, de répudier
« l'alliance française, de chasser Sébastiani, de renouveler
« ses traités avec la Russie, de livrer en gage les châteaux
« des Détroits et la flotte ottomane; une menace de bom-
« bardement appuyait cette injonction » (1).

Les Turcs ne savaient que faire; la situation était des
plus graves. Les agents de la France ne l'ignoraient pas.
Il s'agissait d'empêcher la Porte de suivre son premier
mouvement qui lui conseillait de céder. L'ambassadeur de
France s'employa de son mieux à démontrer aux Osmanlis que le danger qui les effrayait tant était plutôt appa-
rent que réel. L'essentiel était de gagner quelques jours.
Pour cela, il fallait entamer des négociations, au lieu de
répondre par *oui* ou *non* à l'ultimatum des Anglais. En
attendant, on travaillerait à fortifier la ville, se servant de
toutes les ressources dont on pouvait disposer. Et, le moment venu, quand on serait en état de répondre aux Anglais avec le feu de plus de trois cents canons, au lieu et
place de la note diplomatique qu'ils attendaient de la Porte,
la résistance de la Turquie « déconcerterait l'agresseur ».
Le général Sébastiani, chargé d'une mission diplomatique, se transforma en directeur militaire des Turcs. Sur
ses conseils, sous sa direction, on organisa la défense de
la capitale des Ottomans. Le résultat n'était plus douteux.
« Venus pour menacer, plutôt que pour agir, Arbuthnot
« et l'amiral Duckworth hésitèrent à transformer une dé-
« monstration en attaque...; d'ailleurs, convenait-il à
« l'Angleterre de s'aliéner irrévocablement la Turquie, en

---

(1) V. Vandal, op. cit., t. I, p. 41.

« frappant sa capitale... (1)? Les Anglais n'avaient plus
« qu'à battre en retraite; leur flotte repassa les Darda-
« nelles, maltraitée dans sa retraite par le feu plongeant
« des batteries ottomanes (2) ».

La joie de ce succès ne devait cependant pas durer bien
longtemps. Le Sultan et ses conseillers ne tardèrent pas
à avoir un dur lendemain. Les évènements de Tilsit et les
bruits qui circulaient relativement aux engagements pris
par l'empereur Napoléon à l'égard de la Porte ottomane,
venaient, encore une fois, prouver aux Turcs, que la diplomatie française les abandonnait à leur propre sort aussitôt
qu'elle y trouvait son compte. Sur ce point, encore, Napoléon n'avait rien innové ; nous savons que c'était le procédé en faveur, sous l'ancien régime (3).

En effet, l'Empereur des français avait pris l'engagement
de travailler au rétablissement de la paix entre la Russie
et la Turquie (4). Ceci n'est rien, en somme, qu'une offre
et une acceptation de la médiation française. Ce qu'il y
avait de plus douloureux pour la Turquie c'était l'obligation qu'avait contractée l'empereur Napoléon de faire
cause commune avec la Russie, dans le cas où la Sublime
Porte refuserait cette médiation, ou encore, dans le cas

---

(1) V. Vandal, op. cit., t. I, p. 42 ; Cf. aussi Dobroff, op. cit.,
p. 576.

(2) V. Ibid, loc. cit.

(3) V. Ibid, p. 6-7.

(4) V. Traité de paix, signé à Tilsit, le 6 juillet 1807, entre la
France et la Russie ; l'Empereur de Russie acceptait la médiation
française, en vertu de l'art. 23. Vandal, op. cit., t. I, Appendice,
p. 503. On trouvera aussi le texte de ce traité dans le Recueil de
De Clercq, à sa date.

où, à supposer que la médiation française fût acceptée par
la Turquie, la paix ne serait pas intervenue, dans les trois
mois de cette acceptation (1).

Ainsi donc, l'Empereur des français abandonnait, non
seulement ses utiles alliés d'hier, mais il prenait aussi
l'engagement de les combattre, à côté des troupes de l'empereur Alexandre I⁰ʳ, et cela dans un hypothèse nettement
indiquée, dans un délai strictement déterminé. Ce n'était
pas tout. On avait discuté aussi, à Tilsitt, l'hypothèse où,
malgré l'acceptation de la médiation française par la
Porte, la négociation n'aurait abouti à aucun résultat.
Dans ce cas là, les deux hautes parties contractantes se
proposaient de devenir des parties spoliatrices, car elles
avaient stipulé de s'entendre... « pour soustraire toutes
« les provinces de l'Empire ottoman en Europe, la ville
« de Constantinople et la province de Roumélie exceptées,
« au joug et aux vexations des Turcs (2) ».

Quel était donc l'avantage que l'empereur Alexandre
devait procurer à la France, pour contrebalancer tant de
sacrifices de la part de Napoléon? C'était, à n'en pas
douter, l'espoir d'obtenir la paix avec l'Angleterre. L'empereur de Russie avait, en effet, contracté l'engagement
de se charger de la médiation entre la France et l'Angleterre et, le cas échéant, de rompre avec le cabinet de
Londres (3) ».

----

(1) V. Traité d'alliance, signé à Tilsit, le même jour que le
précédent traité (art. 8). Ibid. p. 507.

(2) V. l'art. 8 du traité d'alliance, Vandal, t. I. Appendice,
p. 507.

(3) V. l'art. 13 du traité de paix, et l'art. 4 du traité d'alliance.
Ibid, p. 502-506.

C'était ainsi que, poursuivant la paix avec l'Angleterre, ou, pour être dans le vrai, la guerre à outrance avec ce pays, l'empereur Napoléon n'hésitait pas à sacrifier la Turquie. Il avait consenti à l'écroulement de cet Empire ; il avait mis en avant l'idée de partage de cet allié traditionnel de la France et, en le faisant, il n'avait en vue que l'Angleterre, il ne songeait qu'au moyen de mieux atteindre cette ennemie implacable. Dans le cas, facile à prévoir, où le Cabinet de Londres se montrerait récalcitrant, l'empereur des Français s'assurait le concours précieux du puissant empereur de Russie. Afin d'abattre plus facilement la Grande-Bretagne, il importait de la frapper partout à la fois, dans son ensemble. Napoléon espérait, peut-être, reprendre cette expédition des Indes, dont la réalisation avait été compromise par la mort inopinée de l'empereur Paul Ier. Pour réaliser ce vaste dessein, il était indispensable d'attirer la Russie, de lui ouvrir les horizons vers l'Orient, de la rapprocher des rives du Bosphore, ce but suprême de la politique traditionnelle de l'Empire des Tsars.

L'empereur Alexandre, de son côté, se laissait séduire par Napoléon. Il n'avait aucune difficulté à oublier sa propre politique, celle qu'avait tracée le comte Kotchoubey. La guerre de 1806 n'était-elle pas venue démontrer l'inanité de tout ce système ?

III

Et, en vérité, du jour où l'idée d'attaquer l'Angleterre, partout à la fois, avait pris consistance dans l'esprit de l'empereur Napoléon, il lui fallait bien se décider à aborder franchement la question du partage. Caulaincourt, qui avait la mission délicate de représenter l'empereur des Français à la Cour de Russie, avait été chargé d'engager une controverse, aussi âpre que serrée, avec le ministre des Affaires étrangères de Russie, le comte Roumiantzoff. Dès les premiers mots, les deux négociateurs se trouvèrent en présence d'une difficulté insoluble, une sorte de pierre d'achoppement, qui était bien de nature à empêcher toute entente, fût-elle préparatoire : c'était la question de Constantinople et des détroits du Bosphore et des Dardanelles.

L'empereur Napoléon, qui n'ignorait pas l'importance de Constantinople, admettait, à la rigueur que cette ville tombât entre les mains des Russes; mais il y mettait une condition : il voulait subordonner cette importante acquisition des Russes à un contrôle permanent et efficace. Ce contrôle devait s'exercer par une autre puissance, établie aux Dardanelles (1). Il savait parfaitement bien que, en livrant Constantinople et ses dépendances à la Russie, on transformait en lac russe, non seulement la mer Noire, mais aussi la Méditerranée. Or, s'il y avait une idée qui lui était chère, c'était bien celle de faire de la Méditerranée, un lac français. C'était dans ce but qu'il s'était établi, en Dalmatie; c'était en poursuivant toujours la même idée, qu'il s'était fait céder, à Tilsitt, les îles Ioniennes (2), qu'il songeait à la prise de possession de la Sicile. Pour atteindre son but l'empereur des Français

(1) V. Vandal, op. cit., t. I, p. 268-269.
(2) V. art. 2, des articles séparés et secrets, Vandal, op. cit. Appendice, p. 504.

consentait volontiers à faire de l'Euxin un lac russe, « pourvu que la Méditerranée devienne un lac fran- « çais » (1). Et comment obtenir ce beau résultat, sinon en s'ingéniant à isoler la mer Noire de la Méditerranée? Il y avait donc lieu de choisir entre deux solutions. Ou bien faire de Constantinople et des deux détroits qui en dépendent, un État intermédiaire qui, le cas échéant, fermerait les détroits à la Moscovie envahissante ; ou bien permettre aux Russes de s'établir à Constantinople, mais alors, la France devait prendre position aux Dardanelles, afin qu'elle puisse avoir la clef de sa maison, de son lac (2).

Il semble, que la première de ces solutions fut aussi, pour quelque temps, du moins, celle qui plaisait le mieux à l'empereur Alexandre Ier, « Constantinople, avait-il « dit, un jour, à Caulaincourt, est un point important, « trop loin de vous et que vous regardez, peut-être, « comme trop important pour nous. J'ai une idée; pour « que cela ne fasse pas de difficultés, faisons-en une « espèce de ville libre » (3). Malheureusement, l'empereur de Russie ne persista pas dans ces vues conciliantes. Son ministre avait dû lui en démontrer les inconvénients ; la géographie avait fini par le convaincre de la nécessité absolue pour la Russie de faire planter l'aigle russe sur les châteaux des Détroits (4). Dès lors, la discussion ne fait que tourner autour de ce point, on ne fait que piétiner sur place.

(1) V. Vandal, op. cit, t. I, p. 271.
(2) V. Ibid, loc. cit.
(3) V. Rapport de Caulaincourt, cité par M. Vandal, op. cit., t. I. p. 283.
(4) V. Vandal, op. cit., t. I, p. 203 204-297.

C'était le comte Roumiantzoff qui, le premier, avait ouvert
le feu, en abordant, de prime abord, la question brûlante. Il
insistait pour faire reconnaître à la Russie le droit
exclusif de dominer sur les détroits. « Si les Turcs, disait-
« il, à l'ambassadeur de France, sont chassés d'Europe,
« ce qui me paraît inévitable, si on veut une expédition
« en Asie..., et même sans cela, s'ils sont, dis-je, chassés
« de Constantinople, ce que je regarde comme contraire
« à nos intérêts, à moins qu'elle ne soit donnée à un
« gouvernement invalide comme celui des Turcs, cette
« ville, par sa position, par tous les intérêts de notre
« commerce dont la clef est au Bosphore et aux Darda-
« nelles, nous revient, ainsi qu'un grand territoire qui
« comprenne ces points » (1). Et il s'empressait d'ajouter,
que « c'est la géographie et notre mer Noire, plus encore
« que notre intérêt politique, qui veulent que nous ayons
« Constantinople » (2). Dans un autre entretien, le ministre du Tsar revenait à la charge. « Parlons de Cons-
« tantinople, disait-il à Caulaincourt; notre lot est de
« l'avoir, notre position nous y mène comme au Bosphore
« et aux Dardanelles. La Serbie doit alors être donnée en
« toute propriété, à l'Autriche, ainsi qu'une partie de la
« Macédoine et de la Roumélie, jusqu'à la mer, pour que
« cette puissance nous sépare » (3). C'était, on le voit,
toujours la même idée qui revenait : la Russie ne veut rien
pour elle ; elle préfère que la Turquie reste toujours à
Constantinople ; mais si on veut une expédition, en Asie,

_____

(1) **V.** Vandal, p. 286-287. Ce sont des extraits des rapports de
Caulaincourt.
(2) **V.** Ibid., loc. cit.
(3) V. Ibid., op, cit, t. I, p. 290.

il faut bien chasser le Turc, et, alors, c'est la géographie
qui intervient ; ce n'est pas l'intérêt politique, mais la
situation géographique ; on n'est pas responsable des dé-
fauts de la nature, n'est-il pas vrai ? Et quand Caulaincourt faisait ressortir l'importance universelle de Constantinople, le ministre du Tsar s'ingéniait à diminuer cette
importance. « Ce n'est pas aussi avantageux, que vous
« croyez, disait-il, c'est loin de nous, ce sera une ville et
« un pays sans habitants, mais notre position est telle que
« nous ne pouvons pas ne point tenir à Constantinople et
« aux Dardanelles, à cause de la mer Noire (1)... »

Caulaincourt était persuadé qu'il n'y avait rien à obtenir
du comte Roumiantzoff. Il en appela à son maître. L'ambassadeur de France profita de ses fréquentes entrevues
avec l'empereur Alexandre pour lui exposer la difficulté.
Mais de ce côté aussi, il n'y avait plus rien à espérer. Le
Tsar avait changé d'avis, sous l'influence de son ministre. « Il s'était convaincu, écrit M. Vandal, que l'instant
« était décisif pour l'avenir de son État. Depuis cent ans,
« se disait-il, la Russie désire Constantinople pour sa
« gloire, les détroits pour son intérêt ; dans sa marche vers
« ce double but, la jalousie des Puissances européennes
« l'a constamment arrêtée. Aujourd'hui l'Europe n'existe
« plus ; elle est remplacée par un homme qui fait et défait
« les Empires à son gré... Cependant, il se trouve que ce
« conquérant ne peut assurer son œuvre et briser l'An-
« gleterre sans le concours de la puissance moscovite.
« Sous peine de manquer à sa destinée, la Russie doit pro-
« fiter d'une occasion peut-être unique dans le cours des
« siècles, arracher à Napoléon ce qu'elle n'obtiendra

(1) V. Vandal, p. 291.

« jamais après lui de l'Europe reconstituée et s'assurer la
« conquête sans égale qui la fera souveraine de
« l'Orient » (1).

Tel est le langage que M. Albert Vandal fait tenir à
l'empereur Alexandre. On ne pouvait mieux dire. Cependant, il faut avouer que ce calcul n'était pas bien raisonnable. La Russie demandait trop et c'est ce qui l'a empêché
d'obtenir ce que Napoléon lui proposait, Car, il se trouvait
que ce conquérant n'entendait pas briser sa rivale pour la
remplacer par une autre Angleterre ! A ce prix, il aurait préféré se tenir tranquille. A quoi lui aurait servi de chasser
l'Angleterre de la Méditerranée, s'il devait payer ce
résultat par l'établissement, sur la Méditerranée même,
d'une autre Puissance, encore plus dangereuse peut-être,
parce que les positions russes allaient se trouver sans
solution de continuité, de Saint-Péterbourg, aux Détroits.
N'était-ce pas là un autre inconvénient pour la France ?

Les négociations que nous venons d'analyser rapidement,
n'étaient destinées qu'à préparer le terrain d'une prochaine
entrevue entre les deux Empereurs. Napoléon désirait,
par dessus tout, se réserver la négociation des affaires
d'une telle importance. L'empereur Alexandre avait accepté l'entrevue, à la condition toutefois que Napoléon
adhérât préalablement au projet de partage rédigé par le
comte Roumiantzoff (2). Cette proposition conditionnelle
procurait à l'Empereur des Français l'occasion de faire
traîner les négociations. Il profitait de cet ajournement,
sine die, de l'entrevue pour se diriger vers la frontière
des Pyrénées, où les affaires de l'Espagne réclamaient sa

---

(1) V. Vandal, op. cit., t. I, p. 294.
(2) V. Ibid, p. 302.

présence (1). Il n'oubliait pas, cependant, complètement
les affaires d'Orient. « Je voulais l'entrevue, écrivait-il à
« Caulaincourt, le 31 mai 1808, pour tâcher d'arranger nos
« affaires avec la Russie. En Russie on ne l'a pas voulu,
« puisqu'on ne l'a voulu que conditionnellement, et dans le
« cas où j'adopterais tout ce que propose M. de Rou-
« miantzoff. Il y a un cercle vicieux que vous n'avez pas
« assez senti ni fait sentir. Depuis le 20 juin, je suis
« disponible, mais je veux l'entrevue sans condition. Bien
« mieux, *il faut que l'on convienne avant que je n'adopte*
« *pas les bases proposées par M. de Roumiantzoff,*
« *qui me sont trop défavorables.* J'ai dit à l'Empereur
« Alexandre : conciliez les intérêts des deux Empires. Or,
« ce n'est pas concilier les intérêts des deux Empires que de
« sacrifier les intérêts de l'un à ceux de l'autre, et com-
« promettre même son indépendance. D'ailleurs, nous
« nous rencontrerions, dès lors, nécessairement, car la
« Russie ayant les débouchés des Dardanelles, serait aux
« portes de Toulon, de Naples, de Corfou. Il faut donc
« que vous laissiez pénétrer que la Russie voulait beaucoup
« trop, et qu'il était impossible que la France voulût con-
« sentir à ces arrangements, que c'est une question d'une
« solution très difficile, et que c'est pour cela que je
« voulais essayer de s'arranger dans une conférence. Le
« fond de la grande question est toujous là : qui aura
« Constantinople ?.. (2).
La divergence des vues entre les deux Cours apparaît

---

(1) V. Vandal, op. cit., t. I, p. 308 et suiv.
(2) V. Lettre de Napoléon à Caulaincourt, datée de Bayonne,
le 31 mai 1808, dans Vandal, op. cit., t. III, Appendice, p. 560-
561.

bien clairement dans cette lettre. On y voit aussi la ferme
intention de l'empereur Napoléon de ne pas céder sur ce
point capital. Céder Constantinople aux Russes, ce n'était
guère moins, aux yeux de Napoléon, que gravement compromettre les intérêts vitaux de la France ; bien plus, cela
pouvait compromettre son indépendance. Il ne suffisait
pourtant pas de toujours remettre la question Orientale ; il
fallait s'ingénier à trouver un moyen pour empêcher la
reprise des hostilités sur les bords du Danube. L'armistice
signé entre la Russie et la Turquie (1) était expiré, depuis
longtemps déjà et la paix n'était pas encore signée. Les
deux armées ennemies, se trouvaient en présence, prêtes
à se jeter l'une sur l'autre. Il était urgent de ne pas permettre à la Russie de réaliser le projet du comte Roumiantzoff, avant même qu'il fut discuté par les deux Empereurs (2). Dans ce but, Napoléon n'avait pas hésité
à employer les grands moyens. Il avait engagé l'empereur
Alexandre, sans avoir pris son consentement ; il avait fait
tenir à Constantinople, un langage conciliant, se portant
fort de l'inaction de la Russie avant l'issue des négociations qui se poursuivaient entre Paris et Saint-Pétersbourg (3).

L'empereur des Français entendait donc empêcher la
Russie de s'établir sur les rives du Bosphore. Il n'ignorait, cependant pas, qu'en tous cas il fallait sacrifier les
Principautés danubiennes, afin de satisfaire quelque
peu l'appétit de la Russie. C'était dans cette intention qu'il

---

(1) V. L'armistice signé le 12-24 août 1807, non ratifié par la
Russie, V. Gigareff, t. I, p. 268 ; Vandal, op. cit., t. I, p. 171-172.
(2) V. Vandal, op. cit, t. I, p. 315.
(3) V. Ibid. p. 317.

avait chargé Sébastiani de sonder les vues de la Porte sur
la cession éventuelle de ces deux provinces de l'Empire
ottoman (1). Le général Sébastiani ne pouvait faire autrement que de s'incliner devant la volonté de l'Empereur, et
d'exécuter les ordres de son maître, mais cette démarche
lui coûtait pourtant, car il lui était difficile d'oublier le
langage qu'il n'avait cessé de tenir aux Turcs, quant à
l'intégrité de leur Empire. « J'ai éprouvé dans cette cir-
« constance, écrivait-il, tout ce que les fonctions d'homme
« public ont de pénible » (2).

Cette démarche de l'ambassadeur de France finit par
éclairer les Turcs, qui se méfiaient déjà, depuis ce que l'on
chuchotait sur les événements de Tilsitt. Les ennemis de
la France ne manquèrent point d'exploiter cette défection
de Napoléon. « Une réaction se produisit aussitôt contre
« nous, écrit M. Vandal, des paroles de haine et de colère
« parvinrent jusqu'aux oreilles de l'ambassadeur.....,
« on reprit sous main des négociations avec l'Angle-
« terre... » (3). Les Turcs n'osèrent cependant pas rompre
avec l'Empereur des Français. Cela ne les empêchaient
pas, pourtant, de défendre l'intégrité de l'Empire ottoman
et ils faisaient déjà venir, un grand nombre de soldats
de l'Asie-Mineure, cet inépuisable réservoir de troupes de
la Turquie. Toutes ces troupes se dirigeaient sur le Danube,
où les hostilités ne tardèrent pas à reprendre, plus sérieuses que jamais.

En attendant, les relations entre Paris et Pétersbourg

---

(1) V. Vandal, p. 315.
(2) V. Lettre de Sébastiani à Champagny. Vandal, op. cit.,
t. I, p. 315-316.
(3) V. Vandal, op. cit., t. I. p. 316.

n'avaient plus conservé leur caractère de cordialité, même après l'entrevue d'Erfurt, où l'on n'était pas arrivé à s'entendre. C'était le commencement du désenchantement : on marchait à grand pas vers la rupture. — Pressé par le temps, prévoyant la prochaine invasion de la Grande Armée, l'empereur Alexandre se montra très conciliant envers la Turquie et sans s'attarder sur la cession des Principautés, il avait consenti à la paix, qui fut, en effet, signée, à Bucarest, le 16/28 mai 1812 (1).

Le rapprochement qui s'était opéré entre la Turquie et la Grande-Bretagne avait aussi abouti à la conclusion d'un traité de paix et d'alliance, signé le 5 janvier 1809 (2). Oubliant l'échec de l'amiral Duckworth devant Constantinople, l'Angleterre n'avait pas jugé inutile de profiter des circonstances éminemment favorables pour rétablir des relations normales avec l'Empire ottoman; cela lui permettait de renouveler les privilèges commerciaux, dont jouissaient ses nationaux, avant la rupture. La Porte ottomane paraît ne pas avoir oublié le danger auquel Constantinople s'était trouvée exposée; l'éventualité de se voir menacée par une forte escadre étrangère, qui viendrait s'embosser devant la capitale, lui avait suggéré l'idée de se pourvoir de quelques garanties appréciables pour l'avenir. — N'ayant pas grande confiance dans l'efficacité de la défense, apparemment insuffisante, des forts situés à l'entrée des Dardanelles, la Sublime-Porte avait préféré se couvrir par une clause de traité. L'article XI du traité de 1809 paraît répondre à cette préoccupation. « Comme il a été

---

(2) V. Gigareff, op. cit., t. I, p. 274-275. Le texte du traité dans le Recueil de Jouséphowitch, p. 49-58.

(3) V. Martens, Nouveau Recueil, t. I, p. 160,

« de tout temps défendu aux vaisseaux de guerre, y est-il
« dit, d'entrer dans le canal de Constantinople, savoir
« dans le détroit des Dardanelles et dans celui de la mer
« Noire, et comme cette ancienne règle de l'Empire otto-
« man doit être de même observée dorénavant en temps
« de paix vis-à-vis de toute puissance quelle qu'elle soit,
« la Cour britannique promet aussi de se conformer à ce
« principe. »

Cette clause est pour nous d'un intérêt tout particulier,
car c'est bien pour la première fois que cette « ancienne
« règle de l'Empire ottoman » se trouve consignée dans
un acte international. Jusqu'ici cette ancienne règle de la
Turquie, d'après laquelle les détroits de Constantinople
étaient fermés au pavillon de guerre, n'était qu'un acte
gouvernemental, une sorte de mesure de police maritime,
prise par la Porte, dans la plénitude de sa souveraineté.
Elle tenait les détroits fermés ou, suivant les circonstances,
elle permettait le passage à travers ce canal, des vaisseaux
de guerre de telle ou telle puissance, elle n'agissait en
cela que suivant ses commodités, s'inspirant uniquement
de ce que ses intérêts exigeaient. En procédant de la sorte,
l'Empire ottoman n'avait de compte à rendre à personne,
parce qu'il pouvait prendre telle ou telle mesure, exercer
tel ou tel droit souverain, dans un sens ou dans l'autre.
La Turquie avait parfaitement le droit de fermer les Dardanelles et le Bosphore, parce que cet Empire était le seul
maître des deux rives de chacun de ces détroits; de plus,
leur étroitesse lui permettait d'exercer une domination
effective, grâce à ses canons. Elle n'avait donc pas besoin
de demander le consentement des autres Puissances pour
établir cette mesure. Pour faire respecter le principe de la
fermeture, il lui suffisait d'avoir des défenses sérieuses,

capables de repousser une escadre qui tenterait de forcer
les détroits. Tel n'était pas le cas. Incapable d'assurer sa
propre défense, dans l'impossibilité d'entreprendre des
travaux coûteux, la Porte crut trouver des garanties sérieuses pour sa capitale, en faisant élever, si on nous
permet cette expression, des forteresses diplomatiques.
C'est l'Angleterre qui, la première, promettait de se conformer au principe de la fermeture des Dardanelles. Mais
cela n'allait pas tout seul. Cet engagement de la Grande-
Bretagne impliquait aussi une atteinte à la souveraineté
de la Turquie. La Turquie n'était pas aussi libre qu'avant
le traité de 1809. Elle devait compte de ses actes souverains, quant aux détroits, à une Puissance étrangère.
Nous nous expliquons. Si le Cabinet de Londres avait
promis de respecter la fermeture des Dardanelles, ce
n'était qu'autant que ce régime serait appliqué aux autres
Puissances, sans exception. Le texte est formel. Si donc
la Porte s'avisait à faire une dérogation à ce principe, au
profit d'une Puissance, autre que la Grande-Bretagne, le
Cabinet britannique se trouverait delié, *ipso facto*, de son
engagement et pourrait venir s'opposer à cette mesure,
ou du moins menacer la Porte. Sans doute, elle risquerait
d'être reçue par le feu des batteries des détroits. Mais
l'amiral Duckworth savait à quoi s'en tenir sur la valeur
défensive de ces batteries. La Porte ne pouvait donc plus
exercer ses droits souverains, sans courir le risque d'une
intervention anglaise.

Nous nous trouvons donc en présence d'un engagement
contractuel entre ces deux pays. Ce traité ne pouvait produire aucun effet juridique quant aux autres Puissances,
parce que c'était un *res inter alios acta*. Cependant, comme
nous l'avons vu, la Turquie prenait l'engagement d'ob-

server le principe de la fermeture des détroits à l'égard
de toutes les autres Puissances quelles qu'elles fussent.
Par quel moyen allait-elle assurer l'exécution de cet engagement? Elle pouvait choisir entre deux moyens. Ou bien
faire adopter le principe de la fermeture des détroits aux
autres États qui étaient restés étrangers à l'acte de 1809
et, par conséquent, rechercher les occasions pour conclure une série de conventions, à cet égard, ou bien,
faute d'un engagement pareil, se mettre en mesure de défendre efficacement ce principe, dans le cas où l'une de
ces puissances tenterait de forcer les détroits. Il était douteux que le dernier moyen eût la faveur du Divan,
car de tout temps, les batteries des châteaux des détroits
n'inspiraient aucune terreur aux amiraux, assez hardis
pour tenter l'opération. Nous avons, à cet égard, les témoignages des différentes personnes au service de la
Turquie. Pendant que les escadres russes opéraient dans
l'Archipel, en 1770, un officier français, au service de la
Porte, le baron de Tott, et l'ingénieur Poncoulant,
l'avaient déjà constaté (1). Et plus récemment encore, le
coup d'audace de l'amiral Duckworth n'était pas de nature à rassurer la Turquie sur l'efficacité de la défense du
passage. Sans doute, on aurait pu y remédier. Mais la
faiblesse organique de la Turquie ne lui permettait pas
d'y songer. Il était donc évident qu'il valait bien mieux
se pourvoir d'autres garanties pour ne pas exposer, de
nouveau, la capitale à des surprises de ce genre. Il faut
ajouter, qu'il y avait aussi, un intérêt européen à couvrir
la capitale de la Turquie, contre de pareilles attaques,
aussi dangereuses qu'inopinées. En signant le traité

---

(1) V. Supra, p. 130, note nᵒ 3.

de 1809, la Grande-Bretagne avait donné l'exemple. Désormais, soit la Porte, incapable de se défendre, soit les Puissances, soucieuses avant tout, d'empêcher les empiètements de chacune d'elle sur la Turquie, on cherchera à généraliser cette nouvelle façon de tenir fermés les Dardanelles et le Bosphore. La mesure administrative ou de police maritime, finira par devenir un engagement contractuel d'abord, un engagement contractuel et collectif ensuite, puisqu'à côté et au dessus des intérêts de la Porte, viendront se greffer les intérêts purement européens. C'est pour cette raison qu'on est en droit de considérer le traité anglo-turc de 1809, comme étant le noyau de la convention des détroits, signée à Londres, le 13 juillet 1841.

CHAPITRE IV

LE TRAITÉ D'UNKIAR SKÉLESSI

(1833)

Rapports amicaux entre la Russie et la Porte, après le traité d'Andrinople. — Conflit turco-égyptien. — Les contre-coups dans la politique des Cabinets. — La Russie propose d'assister la Porte. — Le
Sultan accepte l'offre. — Sous l'influence de Varennes, la Porte
refuse d'accepter l'offre. — L'amiral Roussin à Constantinople, en
même temps que l'entrée de l'escadre Russe. — L'ambassadeur de
France et son idée fixe : éloigner les Russes. — Il prend sur lui
d'imposer, à Méhémet-Ali, les conditions de la Porte. — Il échoue. —
Fausse situation de l'ambassadeur de France. — Inaction de la
mission russe. — La France regagne le terrain perdu. — Elle arrive à conclure l'arrangement de Kutaïeh (5 mai 1833). — Signature
du traité d'Unkiar-Skéléssi. — Départ de l'escadre russe. — Alliance
défensive. — Clause secrète : fermeture des Dardanelles. — Effet
produit en Europe. — Protestations de la France et de l'Angleterre.
— Réponse du comte de Nesselrode. — Situation prépondérante de
la Russie à Constantinople.

I

Au moment où le généralissime des troupes russes
procédait à la signature du traité de paix, à Andrinople (1),

---

(1) V. Traité de paix signé à Andrinople, le 2|14 septembre 1829,

l'empereur Nicolas Ier avait convoqué un comité spécial, afin de discuter et de fixer les mesures que la Russie devait prendre, dans le cas où l'Empire ottoman viendrait à se dissoudre. Tout faisait prévoir l'imminence d'un tel événement, et on tenait, à Saint-Pétersbourg, à ne pas se laisser surprendre par les événements, à ne pas se trouver au dépourvu au moment où l'homme malade, entré depuis longtemps déjà en agonie, viendrait à rendre le dernier soupir, passerait de vie à trépas.

La question principale que devait discuter, accepter ou refuser, le comité spécial, était toujours la même : profiterait-on des succès éclatants de Dibitch, le « Zabalkansky », pousserait-on les victoires des armes russes jusqu'à donner le coup de grâce à ce moribond, et prendre, du coup, une position définitive sur les rives du Bosphore ? Convenait-il, au contraire, de suivre une politique différente, s'ingénier à donner un peu plus de vie à cet Empire qui croulait de tous côtés ? Quelle était la ligne de conduite à suivre, pour mieux servir les intérêts vitaux de l'Empire des Tsars ?

Ce comité, composé des hommes d'Etat russes, les plus en vue, tels que le comte Tolstoï, le prince Galitzine, le comte Tchernycheff, le conseiller privé Dachkow, sans parler du vice-chancelier de l'Empire, le comte de Nesselrode, s'était réuni le 4/16 septembre 1829, sous la présidence du comte Kotchoubey. — Dès cette première séance, on peut voir l'esprit qui allait présider à ces délibérations. C'est la lecture du mémoire du comte de Nesselrode qui nous en donne le ton. D'après le vice-chancelier de

---

dans Martens, Nouveau Recueil, t. VIII, p. 143 et suiv., le texte russe, dans le Recueil de Jouséfovitch, p. 71 et suiv.

l'Empire, les intérêts les plus sacrés de la Russie, lui
faisaient un devoir de conserver ce faible et inoffensif
voisin. Ces paroles devaient aller droit au cœur du président Kotchoubey.

« Nous avons toujours considéré, disait le comte de
« Nesselrode, que la conservation de cet Empire était
« plus utile que nuisible aux vrais intérêts de la Russie,
« qu'aucun ordre de choses que l'on pourrait y subs-
« tituer ne saurait balancer pour nous l'avantage d'avoir
« pour voisin un État faible, toujours menacé par l'esprit
« de révolte qui agite ses vassaux, réduit par une guerre
« heureuse à subir la loi du vainqueur (1)... » Mais,
en somme, il ne dépendait pas de la Russie seule,
d'assurer la conservation de cette combinaison politique,
si avantageuse fût-elle pour les intérêts de l'Empire.
Il fallait prévoir le cas de sa destruction, ainsi que les
mesures que la Russie devait prendre en pareille éventualité. Le comte de Nesselrode n'hésitait pas à se prononcer.
D'après lui, au moment où cette catastrophe viendrait à
se produire, la Russie devrait prendre « des mesures
« énergiques pour sauvegarder ses intérêts », d'une
part, et de l'autre, elle devrait s'entendre avec les autres
puissances européennes, quant au sort des territoires de
l'Empire ottoman. « Vouloir résoudre la question, pour-
« suivait le comte de Nesselrode, sans leur (des autres
« Puissances) participation, tandis que leurs intérêts les

_____

(1) V. Fr. de Martens, Recueil des traités de la Russie, t. IV,
p. 438. Pour les délibérations du comité, on trouvera aussi des détails
dans le très intéressant livre de M. Tatichtcheff, La politique extérieure de l'empereur Nicolas Ier (en russe), Saint-Pétersbourg 1887,
p. 202 et suiv. ainsi que Gigareff, op. cit., t. I, p. 354 et suiv.

« plus puissants s'y rattachent, serait porter l'atteinte
« la plus sensible à leur honneur, et nous charger nous-
« mêmes d'une trop grande responsabilité (1). » La
conclusion était qu'on devait soumettre la question, non
pas à un comité exclusivement russe, mais à un Congrès
International, convoqué spécialement à cette intention,
dans la capitale de la Russie, par exemple; et ce congrès
aurait à statuer sur tous les points que la dissolution de
l'Empire ottoman pourrait soulever.

Le vice-chancelier de l'Empire avait en outre donné
lecture au comité, d'un mémoire rédigé par le conseiller
privé Dachkow, en 1828 (2). Cet homme d'Etat n'avait pas
hésité à bien mettre en relief les graves conséquences qui
résulteraient infailliblement de la destruction définitive
de la Turquie. Il déclarait, sans détours, qu'une guerre
générale, en Europe, en serait la première conséquence,
et non des moins graves. Faut-il cependant ne pas en
tenir compte et se lancer, délibérément, dans une pareille
entreprise? Est-ce que les avantages territoriaux que la
Russie pourrait obtenir, en cas d'une destruction pareille
peuvent contrebalancer les dangers auxquels, sans doute,
elle s'exposerait? Le conseiller Dachkow ne le croit pas.
« On aurait tort, écrivait-il dans son mémoire, de faire des
« objections en nous signalant les avantages et les acqui-
« sitions qui tomberaient alors en partage à la Russie.

---

(1) V. F. de Martens, op. cit., t. IV, p. 438.

(2) V. « Aperçu des relations principales entre la Russie et la
Turquie et des principes sur lesquels elle doivent être établies à
l'avenir » — C'est le titre de ce mémoire qui n'est pas encore livré à
la publicité. M. de Martens en a donné une analyse, assez détaillée,
dans son Recueil, t. IV, p. 439-440.

« Ce qui lui importe ce ne sont point des nouvelles
« acquisitions ni l'extension de ses frontières, mais bien
« plus leur sécurité et le développement de son action
« au milieu des peuples voisins, et elle peut l'atteindre
« plus facilement en prolongeant l'existence de l'Empire
ottoman, *sous certaines conditions...* » Comme l'avait
fait le comte de Nesselrode, le conseiller Dachkow admet
lui aussi, que malgré les efforts de la Russie pour conserver la Turquie, cet empire pourrait se dissoudre. Dans ce
cas, il envisage deux solutions possibles. Ou bien le partage de la Turquie entre les grandes Puissances, ou bien
la création de petits Etats qui remplaceraient l'ancien
empire. « Il fut un temps, poursuit le mémoire, où le
« partage de la Turquie pouvait entrer dans les calculs
« de la Russie. Mais aujourd'hui que les confins de
« l'Empire s'étendent de la mer Blanche au Danube et
« de l'Arax, du Kamtchatka à la Vistule, certaines acqui-
« sitions seulement peuvent lui être d'une certaine utilité.
« La possession du Bosphore et des Dardanelles ne man-
« querait pas d'animer notre commerce, mais au prix de
« quels sacrifices nous serait-il donné de l'obtenir ! En
« outre, d'autres Puissances, grâce à leur position géo-
« graphique, pourraient faire des acquisitions aux dépens
« de la Porte, bien plus avantageuses que ne le ferait la
« Russie. L'Autriche pourrait acquérir la Serbie, l'Herzé-
« govine, La Bosnie, l'Albanie et même soumettre le
« Monténégro ; l'Angleterre et la France pourraient s'em-
« parer des îles de la Grèce, de Candie et de l'Egypte.
« Dans ce cas le pavillon russe serait appelé à rencontrer,
« au midi de l'Empire, des ennemis dangereux, au lieu
« des Turcs insouciants. »

Après cette lecture, et afin d'éclairer complètement le

Comité, le vice-chancelier de l'Empire lui communiqua
une lettre du comte Capodistria à l'empereur Nicolas Ier,
dans laquelle le grand patriote grec exposait la réorganisation de la presqu'île des Balkans. Le chef du gouvernement provisoire de la Grèce proposait au monarque
orthodoxe la création de cinq États indépendants, sur les
ruines de l'Empire ottoman : le premier serait *la Dacie*, —
qui comprendrait la Moldavie et la Valachie ; *la Serbie* —
composée de la Serbie, de la Bosnie et de la Bulgarie ;
la Macédoine — engloberait la Macédoine proprement
dite, la Thrace et les îles de la Propontide ; *l'Épire* — de
l'Albanie et de l'Épire ; *la Grèce* enfin, formée du Péloponèse et de la Grèce continentale, avec, en plus, les îles
de l'Archipel. Quant à Constantinople, dans le plan de
Capodistria, on devait en faire une ville libre où siégerait
la conférence des cinq États balkaniques (1).

La lecture de cette lettre provoqua les observations du
conseiller Dachkow. Il s'éleva surtout contre la proposition de faire de Constantinople une ville libre. D'après lui,
cette nouvelle combinaison politique ne serait guère assez
puissante pour empêcher l'entrée des escadres ennemies
dans le Pont-Euxin. La Russie, toujours d'après Dackvow,
ne pourrait souscrire à cette transformation qu'à la condition de s'assurer, sur les deux rives du Bosphore, « deux
« coins de terre sur les rochers », où il lui serait loisible
d'élever des fortifications et d'y entretenir des garnisons
suffisantes pour défendre et dominer l'accès de la mer
Noire.

Après ces lectures et discussions, le Comité adopta,

_____

(1) V. Lettre de Capodistria, du 18/30 mars 1828, citée par Tatichtcheff, op. cit., p. 203-204.

dans sa seconde séance présidée par l'Empereur, en personne, les résolutions suivantes :

« 1° Les avantages du maintien de l'Empire ottoman,
« en Europe, sont supérieurs aux inconvénients qu'il
« présente ;

« 2° Sa chute serait, dès lors, contraire aux vrais inté-
« rêts de la Russie ;

« 3° Par conséquent, il serait prudent de chercher à la
« prévenir en profitant de toutes les chances qui peuvent
« encore se présenter pour conclure une paix honorable ;

« 4° Mais si l'heure suprême de la domination turque
« venait à sonner en Europe, *le gouvernement russe serait*
« *tenu de prendre les mesures les plus énergiques pour*
« *que l'accès de la mer Noire ne tombât point entre les*
« *mains d'une grande puissance quelconque.* » Le Comité
adopta, en même temps, le principe d'une entente avec
les autres Puissances, au sujet de la détermination du
sort des territoires et populations de la Turquie (1). Ce
n'était, en somme, que l'approbation des principes exposés
par le comte de Nesselrode et par le mémoire du conseiller
Dackvow.

Si nous nous sommes attardé aussi longtemps sur les
délibérations du Comité spécial, c'est parce qu'elles ont
servi de « fil conducteur » à la politique du Cabinet de
Saint-Pétersbourg pendant les années qui suivirent le
traité d'Andrinople ; c'est parce qu'elles nous expliquent,
non seulement les rapports d'amitié que la Russie s'ingénia d'entretenir avec la Porte, en inaugurant tout un
système de séduction, notamment la générosité du Tsar,
afin de s'attirer la confiance du Sultan, mais aussi parce

---

(1) V. F. de Martens, op. cit., t. IV, p. 440.

quelles nous donnent le mot de l'énigme de l'attitude de
la Russie pendant le premier conflit turco-égyptien.

Ainsi, la Russie, abandonnant les projets qui avaient
hanté Catherine II, Paul Ier et Alexandre Ier, ne vise-
rait plus dorénavant la conquète de quelques pro-
provinces, ni la destruction complète de la Turquie. Sa
politique consisterait à veiller jalousement au maintien
du *statu quo* sur les rives du Bosphore. Et si quelqu'autre
puissance venait à menacer cet ordre des choses, l'Empereur qui monte la garde auprès du malade, était décidé
à lui envoyer ses escadres et ses soldats, « non pas par un
« sentiment de sympathie pour elle (la Turquie), mais
« pour la sauvegarde de ses intérêts qui ne permettaient
« pas l'établissement, à Constantinople, d'une puissance
« jeune et forte » (1). Tout ce que l'on désirait, en retour,
c'était une amitié sincère de la part de la Turquie. La
Sublime-Porte, appréciant le service que la Russie lui
rendrait en prolongeant sa vie, consentirait, sans doute, à
subir l'influence ou le protectorat russe. Partant, la Russie
se créerait une situation prépondérante, non seulement
sur les rives du Bosphore, mais aussi dans tout l'Orient.
L'Europe pouvait s'opposer à l'établissement de la Russie
sur les Détroits. Avec l'alliance turque, la situation de la
Russie en Orient serait la même que si le Tsar y dominait effectivement, à cela près qu'on n'aurait pas les
ennuis d'une guerre européenne (2). Telle était la politique de l'empereur Nicolas dans la question d'Orient.
Les événements avaient facilité l'application de ce
système.

---

(1) V. F. de Martens, op. cit., t. IV, p. 440.
(2) V. Tatichtcheff, op. cit., p. 334-335. — Le prince de Metter-

II

Après la ratification du traité d'Andrinople, les deux
Cours, suivant une tradition séculaire, procédèrent à
l'envoi des ambassades solennelles pour la reprise des
relations diplomatiques (1). L'aide de camp général, le
comte A. Orloff, fut chargé de cette mission. Il avait ordre
de saisir toutes les occasions pour démontrer au Sultan
et à ses conseillers qu'il était de leur intérêt de tenir
scrupuleusement les engagements envers la Russie, car
c'était là le seul moyen de mériter l'amitié de l'Empereur
Nicolas Ier. Le comte Orloff devait faire ressortir tous les
inconvéniens de la politique de méfiance et de haine,
suivie jusqu'ici par les Turcs et qui avait failli aboutir à
la destruction complète de l'Empire ottoman (1).

---

nich avait aussi prévu cette nouvelle politique. Dès le mois de novembre 1829, il écrivait au comte Esterhazy ces paroles significatives :
« ... Ou tout me trompe, ou bien nous verrons l'empereur Nicolas
« jouer dès ce moment le rôle de protecteur des Turcs » ... V. Beer,
La politique orientale de l'Autriche (en allemand), p. 389, en note.

(1) La Turquie était poussée par l'Autriche et la Prusse à envoyer
une ambassade à Saint-Pétersbourg. Ces deux puissances avaient eu
vent des nouvelles dispositions de l'empereur Nicolas et espéraient
obtenir, pour la Turquie, certains adoucissements des stipulations,
trop onéreuses, du traité d'Andrinople V. Rosen, Histoire de la
Turquie (1826-1856). C'est un livre allemand, mais nous nous sommes
servi de l'édition russe, publiée à Saint-Pétersbourg, 1872. P. I.,
p. 133.

(2) V. Tatichtcheff, op. cit., p. 336.

L'ambassadeur extraordinaire du Tsar n'eut pas beaucoup de difficultés à remplir sa mission et la brillante réception (2) qu'on lui avait ménagée, à Constantinople, lui facilita encore davantage la tâche, s'il est possible. C'est que, en réalité, les Turcs aussi étaient poussés à rechercher l'amitié de leur puissant voisin. L'attitude des Cabinets de Londres et de Paris dans la question grecque avait provoqué le mécontentement des Osmanlis. La Sublime-Porte espérait, grâce à leur appui, obtenir quelques atténuations des clauses du traité de 1829 ; au lieu de cela, les Puissances occidentales, s'emparant de l'article X de ce traité, réclamèrent la complète indépendance de la Grèce. Désespérant de rien obtenir de leurs anciens amis, les Turcs se retournèrent vers leurs ennemis de la veille. La présence du comte Orloff et ses déclarations amicales les mettaient justement à leur aise. Ils lui demandèrent de faire ce que la France et l'Angleterre ne voulaient point se charger d'entreprendre. L'éminent diplomate russe se tira très habilement de cette situation embarrassante, car il ne pouvait rien promettre sur ce point, la Russie faisant partie de la Conférence de Londres. Il tourna la difficulté en se retranchant derrière ses instructions qui ne traitaient pas de cette question. Néanmoins, il consentit à donner au Reïs-Effendi son opinion personnelle, en insistant par-

---

(1) L'arrivée du comte Orloff à Constantinople fut un véritable triomphe, si l'on en croit les témoignages de contemporains. On avait organisé des fêtes brillantes et même le Sultan avait daigné paraître au bal donné par le Capoudan-Pacha, en l'honneur du comte. C'était là une dérogation à l'étiquette ottomane, parce que le Sultan n'avait jamais paru, jusqu'alors, à des réjouissances de ce genre. V. le Rapport de l'internonce d'Autriche au prince de Metternich (10 décembre 1829), cité par Tatichtcheff, op. cit., p. 335.

ticulièrement sur ce qu'il n'agissait pas en sa qualité de
représentant du Tsar, mais en son propre nom, animé
qu'il était des meilleurs sentiments à l'égard de la Turquie.
Après ce long préambule, le comte Orloff déclara qu'il
considérait de son devoir de prévenir la Porte qu'elle ne
devait point se faire d'illusions quant à l'indépendance
de la Grèce, car cette question ne résultait pas uniquement
du traité d'Andrinople, mais bien d'un accord intervenu
antérieurement entre les trois Cours. L'empereur Nicolas
ne pouvait, en conséquence, rien faire pour atténuer les
conditions qui paraissaient si dures pour la Porte. Le
mieux serait de se résigner à accepter les propositions de
Londres, afin de ne pas les aggraver par une obstination
qui pourrait bien être très nuisible aux intérêts de l'Empire ottoman. Mais si la Russie ne pouvait en rien adoucir
des conditions si dures pour la Porte, quant à la Grèce,
l'Empereur serait tout disposé, au contraire, à lui accorder une diminution de la contribution de guerre. Cette
promesse fut confirmée par le Cabinet de Pétersbourg et
les Turcs ne savaient vraiment comment exprimer leur
reconnaissance envers le Tsar généreux (1). Ils déclaraient qu'il était impossible de douter, plus longtemps, de
la sincérité de la Russie, et le Sultan se croyait « pro-
« fondément convaincu que l'empereur de Russie, son
« tout puissant adversaire dans le passé, allait être,
« désormais, son meilleur ami (2) ».

La démarche du comte Orloff n'était qu'un commencement.

---

(1) V. Tatichtcheff, op. cit., p. 337-338. On avait diminué un
million de ducats.

(2) V. Ibid., p. 339.

La générosité du Tsar n'allait pas en rester là. L'ambassade ottomane à Saint-Pétersbourg était à même d'en juger. La mission avait été confiée au fils adoptif du Grand-Vizir, Halil-Pacha, qui plus tard devint le gendre du Sultan. Ce jeune diplomate devait recevoir de nouvelles preuves de la bienveillance du Tsar. Il s'agissait, en effet, de gagner les Turcs par la douceur et la générosité ! — Halil-Pacha avait su plaire à l'empereur de Russie (1), ce qui avait beaucoup facilité le succès de sa mission. — En vertu d'une convention, signée le 14-26 avril 1830, la Russie consentait, non seulement à diminuer de nouveau le chiffre de l'indemnité de guerre, en dehors du million déjà consenti, pour la reconnaissance de l'indépendance grecque (2), mais aussi à renoncer à l'occupation provisoire des Principautés danubiennes, ainsi que cela avait été stipulé par le traité de paix. La Russie se réservait le droit de garder une garnison dans la ville de Silistrie, jusqu'au complet payement de l'indemnité de guerre, sensiblement diminuée (3).

Voilà les bienfaits russes. La Porte ne pouvait y croire. Et, cependant, ce n'était pas tout. Le Tsar ne se contentait pas de sauver matériellement la Turquie ; il poussait la sollicitude pour le Sultan jusqu'à vouloir sauver son âme : il lui proposait, en effet, d'embrasser le christianisme, afin de donner un renouveau de forces

---

(1) V. L'Empire ottoman (1839-1877). L'Angleterre et la Russie dans la question d'Orient, par un ancien diplomate, Paris 1877, p. 51.

(2) La contribution de guerre était primitivement fixée à 10 millions de ducats. Le comte Orloff avait abandonné un million ; le comte de Nesselrode avait diminué de 2 millions encore ; il ne restait plus que 7 millions, payables en 7 années. V. Rosen, op. cit., P. 1, p. 134.

(3) V. Tatichtcheff, op. cit., p. 340.

à son Empire (1). L'importance de cette proposition ne
pouvait certainement pas échapper à l'empereur Nicolas.
Aussi s'abstint-il de la confier au papier. Il profita du départ de l'ambassadeur du Sultan pour le charger de cette
mission, délicate entre toutes. « A l'audience de congé,
« écrit l'ancien diplomate, auquel nous empruntons ce
« récit, l'Empereur lui (à Halil-Pacha) remit une lettre
« pour le Sultan, en lui exprimant sa satisfaction de la
« manière dont il avait rempli sa mission. Il exprima le
« désir de lui être agréable... L'ambassadeur, en rece-
« vant la lettre des mains de l'Empereur, la porta à ses
« lèvres et à son front et sollicita la permission de formu-
« ler une prière. A un signe d'encouragement de l'Em-
« pereur, il dit : « Je serais heureux de porter un mes-
« sage verbal de Votre Majesté à mon Souverain; *il y a*
« *peut-être des avis que Votre Majesté ne voudrait pas*
« *confier au papier* (2). Je m'engage à remplir scrupu-
« leusement vos ordres. » L'Empereur réfléchit un mo-
« ment en souriant et en fronçant le sourcil en même
« temps. « Il est, en effet, dit-il, des choses qui ne

---

(1) L'Empire ottoman (1839-1877), à la page précédente.

(2) L'empereur Nicolas paraît avoir conclu de ces paroles que le
Sultan nourrissait déjà le projet d'embrasser le christianisme. C'est,
d'ailleurs, lui-même, qui l'avait déclaré, à l'audience de congé du
général Mouraviev, au moment où il devait partir en mission extraordinaire pour Constantinople et Alexandrie, vers la fin de 1832. «... Je
« voulais, aurait dit l'Empereur, te communiquer encore une chose
« que tu dois garder en secret. Quand, après la guerre, Halil-Pacha
« vint chez nous en mission, *j'avais cru comprendre de ses paroles*
« *que le Sultan était disposé à embrasser la religion chrétienne...* »
« Je ne t'en parle pas comme une chose décidée..... mais il m'avait
« semblé comme cela... » V. Mouraviev, les Russes sur le Bosphore,
en 1833 (en russe), Moscou 1869, p. 9-13.

« s'écrivent pas; la meilleure preuve d'amitié que je puisse
« donner à Votre Maître, c'est un avis de ce genre; mais
« je doute que vous puissiez le transmettre. » L'ambas-
« sadeur s'inclina. « Eh bien, ajouta l'Empereur, soyons
« tout à fait franc; je ne vous charge qu'éventuellement
« d'un message verbal. Vous n'en ferez part à mon ami
« le Sultan, que si jamais l'occasion s'en présente, si
« vous pouvez redire à Sa Majesté mes paroles sans
« risque aucun d'encourir son mécontentement. *Je suis*
« *d'avis que pour le Souverain, le moyen le plus sûr de*
« *consolider l'État, le trône, la dynastie, c'est de pro-*
« *fesser la religion de la grande majorité de ses su-*
« *jets.* » Après une courte pause, il demanda à l'ambas-
« sadeur effaré, s'il croyait pouvoir redire ces paroles au
« Sultan? « Votre Majesté, répliqua Halil, a daigné m'ho-
« norer d'un ordre éventuel. Il se peut qu'un jour l'occa-
« sion se présente de répéter textuellement à mon Sou-
« verain ces paroles, qui resteront gravées dans ma
« mémoire, comme la preuve la plus évidente de la bien-
« veillance de Votre Majesté pour mon pays et de son
« amitié pour mon Maître (1) ».

Si l'Empereur de Russie s'était décidé à prononcer des
paroles aussi graves, c'est qu'il avait peut-être attaché
quelque importance aux bruits qui circulaient à cette
époque, et d'après lesquels le sultan Mahmoud II, animé
du désir de réformer sérieusement son Empire, désespérant, d'autre part, de venir à bout du fanatisme musulman, seul obstacle à tout progrès, aurait été disposé à
proclamer le christianisme comme religion d'État (2).

---

(1) V. L'Empire Ottoman, par un ancien diplomate, p. 52-54.
(2) V. Tatichtcheff, op. cit., p. 341.

« Après la destruction des Janissaires, écrit l'ancien di-
« plomate, acte autorisé par l'interprétation donnée, au
« gré du Sultan, par le mufti et le Chéïk-ul-Islam, au
« texte de la loi religieuse et politique qui régit les États
« islamiques, Mahmoud a pu respirer à pleins poumons
« le grand air du pouvoir despotique. Il était cependant
« obligé, par l'essence même de son pouvoir religieux,
« d'avoir recours aux docteurs de la loi et à leurs so-
« phismes pour légitimer chacun de ses actes dans le
« labeur herculéen de la réforme. Sa volonté de fer a été
« souvent réduite à plier, à tergiverser dans le cours des
« négociations suivies par l'intermédiaire de son fidèle et
« boiteux Hosrew (on l'avait surnommé Topal-Pacha) avec
« les Ulémas. Il n'en a ressenti que plus de haine contre
« la religion qui mettait des obstacles perpétuels à la réa-
« lisation de ses salutaires plans de réforme. C'est à
« l'époque de sa lutte contre la Russie qu'il conçut l'idée
« de se convertir au christianisme, à l'exemple du premier
« empereur de Constantinople... Mahmoud n'aimait pas
« les demi-mesures. Convaincu de l'impossibilité de cons-
« tituer un État régulier européen sous la loi de Mahomet,
« il médita la réforme du principe religieux même qui, à
« ses yeux, comme aux yeux de tous les libres penseurs,
« n'est qu'un rouage de la machine gouvernemen-
« tale (1). » Ces bruits, comme on le voit, paraissaient
avoir quelque fondement. De plus, on en trouve la
confirmation dans les paroles mêmes du confident du
Sultan, le grand-vizir Topal Hosrew-Pacha. « A son
« retour, poursuit l'ancien diplomate, Halil consulta Hos-
« rew. Ce dernier l'encouragea de son mieux à parler au

---

(1) V. L'Empire ottoman, par un ancien diplomate, p. 47-50.

« Sultan, et il lui fit entendre que celui-ci méditait déjà,
« depuis quelque temps, le projet, vague encore, de com-
« pléter la réforme et de régénérer l'État, en déclarant le
« christianisme religion dominante dans son Empire » (1).

Le sultan Mahmoud eut-il jamais cette intention? A-t-
il jamais entendu les paroles du Tsar? Il est permis d'en
douter, d'autant plus qu'aucun événement postérieur n'est
venu leur donner un semblant de confirmation. Il n'en est
pas moins certain que ces paroles de l'empereur Nicolas
sont très significatives, car elles nous permettent de comprendre l'état des esprits sur les bords de la Néva. Était-ce
d'une sage politique, conforme à la théorie de Montesquieu,
dont s'inspiraient les hommes d'État russes, que de souhaiter
une forte puissance à la place de la Turquie faible, inoffensive? Il y a là matière à discussion. On peut pourtant
affirmer que la démarche du Tsar n'était inspirée que par
le désir incontestable d'avoir la haute main sur les affaires
d'Orient. Et quel meilleur moyen que celui d'un voisin pro-
fessant la même religion orthodoxe? C'était une autre affaire
que celle de savoir si ce nouvel État, devenu plus fort,
grâce aux éléments nouveaux qui auraient pris les rênes
du gouvernement, consentirait, de gaîté de cœur, à n'être
qu'un client docile et obéissant de la politique russe, s'il
accepterait, sans regimber, le protectorat à peine déguisé,
de la Russie? L'Empereur n'envisageait pas une telle
éventualité. Pour lui la question n'avait pas à être discu-
tée: la docilité et la subordination du nouvel État ne faisaient pas de doute, il le croyait, du moins. Le but de
cette politique était de pourvoir à la sécurité des frontières
méridionales de l'Empire, sécurité absolument indispen-

(2) V. Ibid., p. 55-56.

sable pour le développement économique du pays et, pour
cela, le gouvernement, quel qu'il fût, établi sur les rives
du Bosphore ne devait être qu'un client soumis de la
Russie..

Ce but, comme le remarque M. de Martens, « se mani-
« festa avec un relief particulier dans les négociations
« provoquées par le conflit turco-égyptien... » (1). C'est
durant ce dangereux conflit que la Russie montra, jusqu'à
l'évidence, combien elle ignorait le véritable caractère de
cette interminable question d'Orient. Le gouvernement
russe avait l'air de ne pas se rendre compte que, pour nous
servir de la profonde définition donnée par Prokesch-
« Osten, ce qu'on appelle, à l'égard de la Turquie, une
« question orientale, *n'est qu'une question entre la*
« *Russie et le reste de l'Europe...* » (2).

III

L'incurie de l'administration turque ne se manifestait
pas seulement par le désir de la grande majorité des sujets
du Sultan de se soustraire au joug ottoman, les chrétiens
de la Turquie n'étaient pas l'unique cause de faiblesse de
cet Empire, naguère encore si puissant. Il y avait encore
d'autres causes, d'autres signes de cette décadence.
C'étaient les conflits qui surgissaient, à chaque instant,

---

(1) V. F. de Martens, Recueil des Traités de la Russie, t. I V, p. 441.
(2) Ces paroles du diplomate autrichien sont citées par M. Tatichtcheff,
op. cit., p. 307.

entre le gouvernement central et les tout puissants pachas
des différentes provinces (1).

Au lendemain de la paix d'Andrinople, la Sublime-Porte
s'était trouvée aux prises avec deux de ces pachas,
qui avaient pris l'habitude d'administrer leurs pachaliks
sans tenir aucun compte des prescriptions émanant de
Constantinople. A Bagdad, Daoud-Pacha avait voulu profiter de l'effarement de l'administration centrale, pour
transformer en droit ce qui existait déjà en fait. Le pacha
de Scutari d'Albanie, s'était empressé d'imiter l'exemple
de son collègue de Bagdad. Cependant la Sublime-Porte
avait réussi à ramener ces rebelles à de plus justes principes (2). Il n'en a pas été de même avec le plus puissant
vassal du Sultan, le gouverneur d'Égypte, le vieux Méhémet-Ali Pacha.

Fils de ses œuvres, ce jeune Albanais, né à Cavalla (3),
était parvenu à se tailler une situation exceptionnelle en
Égypte, où il avait combattu, au commencement du siècle,
sous les ordres de Hosrew Pacha. C'était même de cette
époque que datait la haine implacable que Hosrew voua à
l'heureux conquérant de l'Égypte et qui joua un si grand
rôle dans les événements que nous allons rapidement passer en revue.

Plus tard, Méhémet-Ali avait réussi, traitreusement il
est vrai, à débarrasser l'Egypte de ce fléau qui s'appelait
le régiment des Mameluks (1811). Le Sultan lui devait la
reprise de la Nubie, du Sennâar, le Dongola et du Dar-

---

(1) V. Tatichtcheff, op. cit., p. 342.
(2) V. Rosen, op. cit., 1re part., p. 152.
(3) Il était né en 1769, pour les détails, v. Rosen, op. cit. 1re part.,
p. 142 et suiv.

four. Méhémet-Ali avait victorieusement rétabli l'ordre
parmi les Arabes ; il était chargé de la garde des villes
saintes : Mecques et Médina. Dans d'autres circonstances,
le Pacha d'Egypte avait été d'une certaine utilité au Sultan. On sait le concours précieux que les soldats égyptiens, sous les ordres du fils de Méhémet, Ibrahim Pacha,
avaient prêté au Sultan, pendant l'insurrection grecque.
Cette action avait été récompensée, de bien mauvaise
grâce, d'ailleurs, par la cession de l'île de Crète qui,
n'ayant pas eu le bonheur de faire partie du nouveau
royaume de Grèce, passait sous la domination de l'irascible
Pacha d'Egypte (1). Tout cela ne lui suffisait pas. L'ambition de ce vieillard ne connaissait pas de bornes. Il avait
manifesté le désir d'ajouter à ses possessions toute la Syrie
et, au lendemain des désastres de la Porte, il avait offert, à
Constantinople, de payer toute l'indemnité de guerre que la
Turquie devait à la Russie, à la condition toutefois que le
Khalife voulut bien lui laisser l'administration de cette
riche province. Cette demande cachait peut-être d'autres
desseins. « La domination des vastes territoires qui s'éten-
« daient du Nil jusqu'au Taurus, comme le dit M. Tati-
« chtcheff, avait pour but de préparer son élévation au
« rang de régent de l'Empire ottoman, dont la régénéra-
« tion, à la force et à la gloire d'antan était son rêve
« favori (2). »

On imagine, sans peine, l'accueil qu'on avait ménagé,
à Constantinople, à de pareilles prétentions. Loin d'être
disposé à augmenter la puissance de ce Pacha, le Sultan,
dont le confident était l'ennemi juré de Méhémet-Ali, s'in-

(1) V. Rosen, op. cit. Part I, p. 149.
(2) V. Tatichtcheff, op. cit., p. 343.

géniait à diminuer son importance. Mais, en réalité, le
Divan ne pouvait rien entreprendre contre le Pacha
d'Egypte, eu égard à sa faiblesse organique, d'une part,
et d'autre part, parceque le rusé vieillard affectait la plus
grande soumission au Khalife (1).

Désespérant d'arriver à ses fins par ce moyen le pacha
d'Egypte essaya les voies détournées. Profitant d'une que-
relle qui s'était élevée entre lui et son voisin, le pacha
d'Acre (2), il fit marcher ses soldats contre son adversaire
et assiégea Saint-Jean-d'Acre, au mois de novembre 1831 (3).
C'était ainsi que Méhémet-Ali-Pacha entrait en conflit avec
la Porte, celle-ci, ayant donné son appui au pacha d'Acre
Mais ce conflit entre les deux Pachas n'était que le pré
texte plausible. La véritable cause du conflit, nous l'avons
déjà vu, « c'était, comme le remarque M. Thureau-Dangin,
« l'ambition du premier (Méhémet-Ali), qui voulait à la
« fois étendre sa domination en Asie et conquérir son
« indépendance (4). »

Est-il besoin d'insister sur l'effet que ces nouvelles
avaient produit sur les rives du Bosphore ? Effarée pendant un moment, la Sublime-Porte avait songer à aider le
Pacha attaqué. La saison, malheureusement, n'était plus

---

(1) V. Tatichtcheff, op. cit, p. 343.

(2) Abdullah-Pacha, gouverneur d'Acre, avait donné asile aux mameluks et fellahs, émigrés d'Égypte. Méhémet-Ali avait demandé
leur expulsion. Mais on lui avait répondu que les Égyptiens, étant
des sujets du Sultan, pouvaient librement se fixer sur n'importe quel
point de l'Empire, sans que pour cela le Pacha d'Égypte soit autorisé
à protester. V. Rosen, op. cit. P. I, p. 153-155.

(3) V. Rosen, p. 157.

(4) V. Thureau-Dangin, Histoire de la Monarchie de Juillet, t. II
p. 356.

propice aux opérations de guerre. On s'arma, pendant
tout l'hiver; on se prépara pour envoyer une nombreuse
armée du Sultan, contre les forces du Pacha d'Égypte. Le
haut commandement fut confié au seraskier Husséin Pacha (1).

Cependant, Ibrahim Pacha, n'avait pas jugé nécessaire
d'attendre le choc des deux armées sous les murs de Saint-
Jean-d'Acre. Dès le mois de mai 1832, il attaqua la place
qui ne put résister à l'assaut; le 26 du même mois la ville
d'Acre n'était plus qu'un monceau de ruines (2). Aussitôt
après, il se dirigea à la rencontre de l'armée du Sultan. Désormais sa marche vers Constantinople n'était plus qu'une
suite de brillantes victoires. Il prit Damas et y installa
une nouvelle administration, au nom de son père (3). Le
9 juin, il livra la célèbre bataille de Homs, dans la vallée
de l'Oronte et, malgré la supériorité numérique de son
adversaire, Ibrahim remporta la victoire (4). Vers la fin
de juillet, les soldats égyptiens faisait leur entrée à
Alexandrette (5), au commencement d'août, Ibrahim était
déjà à Adana (6). A la fin de 1832, toute la Syrie était
sous la domination effective d'Ibrahim Pacha, son avant-
garde avait déjà atteint le Taurus. Les soldats du Sultan,
pris de panique, avaient battu en retraite, dans un désordre indescriptible.

L'émotion fut grande à Constantinople. Déjà, après la

---

(1) V. Rosen, op. cit. P. 1, p. 159.
(2) V. Ibid., p. 161.
(3) V. Ibid., loc. cit.
(4) V. Ibid., p. 164-165.
(5) V. Ibid., p. 167.
(6) V, Ibid., p. 168.

prise de Saint-Jean-d'Acre, on savait à quoi s'en tenir.
Mais le sultan Mahmoud n'avait qu'une idée, une idée
fixe, s'il en fût, c'était de fournir à son armée tout ce qui
pouvait lui être nécessaire ; augmenter le nombre des soldats, faire tout, en un mot, pour écraser le rebelle. Bientôt, toutes ces illusions devaient se dissiper, en fumée. On
apprit, au milieu du mois d'août, la défaite infligée par
Ibrahim, ainsi que son apparition sous le Taurus (1). La
déception était cruelle, pour le Sultan, quand il eut connaissance de la retraite précipitée de ses soldats, vers la
Caramanie (2).

Dans ces conditions, le Divan n'avait, raisonnablement,
qu'une chose à faire : s'adresser aux puissances ; se mettre,
en quelque sorte, sous leur protection, afin d'obtenir
la paix entre lui et son gouverneur rebelle (3).

Comment cette demande allait-elle être accueillie par les
Cabinets des quatre grandes Puissances ?

Connaissant les vues du Cabinet de Saint-Pétersbourg,
il nous est facile d'y répondre. La situation était, en effet,
très critique. Le *statu quo* de l'Orient était gravement
menacé et la Russie n'entendait point voir un jeune gouvernement musulman succéder à son débile voisin. Le
comte de Nesselrode, dans son rapport à l'Empereur, n'hésitait pas à le déclarer formellement. « Les victoires de
« Méhémet-Ali, disait-il, peuvent amener la Turquie à une
« dissolution définitive. Que devra faire la Russie, en

(1) V. Talichtcheff, op. cit , p. 344.
(2) V. Rosen, op. cit. P. I, p. 170.
(3) V. Thureau-Dangin, t. II, p. 358.

« présence de cette éventualité? » (1). Il rappelait les décisions du comité spécial, de 1829. Il ne trouvait, cependant pas, qu'il fût nécessaire de s'entendre avec les autres Cabinets, pour régler cette difficulté, et la raison en était que « la France et l'Angleterre témoignaient trop « d'hostilité à l'égard de la Russie », l'Autriche, au contraire, était bien disposée, « mais on ne saurait user « d'assez de prudence avec elle, dans les pourparlers sur « les affaires de Turquie » (2). Le vice-chancelier de l'Empire constatait, qu'au moins sur un point, il se trouvait constamment d'accord avec le prince de Metternich : c'était le principe de la conservation de la Turquie. A Vienne, comme à Saint-Pétersbourg, on ne désirait aucunement « la création d'un État arabo-égyptien, sur les rives du « Bosphore » (3). Le *statu quo* présentait toutes sortes d'avantages pour ces deux Cours, aux yeux desquelles l'exemple de la malheureuse Pologne n'avait cessé de miroiter. Comme autrefois pour cette République, ces deux copartageants s'entendaient à merveille pour entretenir l'état de trouble et d'anarchie, qui seul pouvait leur fournir l'occasion des interventions et des occupations provisoires ; comme jadis, il ne leur était pas difficile de s'entendre pour empêcher toutes les mesures qui auraient pu donner un renouveau de vie et de force à leur faible voisin ; ces deux Empires s'érigeaient en gardiens jaloux de l'intégrité de la Turquie ; ils n'admettaient point que

(1) V. Rapport du 7 janvier 1833, dans le Recueil de Martens (F. de), t. IV, p. 441-442.

(2) V. Même Rapport, loc. cit.

(3) V. F. de Martens, op. cit., t. IV, p. 441.

d'autres lui portassent des coups décisifs, car cette œuvre
ne devait être entreprise que par eux ; ils étaient d'accord,
en même temps, pour défendre la Turquie en vertu d'un
principe, cher au prince de Metternich : le légitimisme.
Et c'était bien de cela qu'il s'agissait. Méhémet-Ali n'était
qu'un rebelle contre le souverain légitime (1). Le prince de
Metternich avait, d'ailleurs, une autre räison pour être
dans d'excellents rapports avec la Russie. Il n'était pas
fâché, au lendemain de la Révolution de Juillet, de préparer le terrain à une nouvelle Sainte-Alliance. Il se croyait
menacé par l'esprit de révolution : il se tournait aussitôt
vers le colosse du Nord. L'empereur Nicolas était le centre
de gravité de cette combinaison, comme jadis son
frère Alexandre Ier. Le chancelier d'Autriche avait vraiment trop besoin de la Russie pour ne pas partager les vues
du Tsar sur la conservation de l'Empire ottoman, dont ils
convoitaient, ensemble, la succession (2).

Ainsi, la Russie était d'avance hostile à l'entreprise du
Pacha d'Égypte. Le gouvernement russe désirait, non
seulement aider la Porte par la voie diplomatique, mais
aussi lui fournir des secours matériels, mettre au service
du Sultan, l'ami nécessaire, sa flotte et son armée, Et le
Cabinet de Saint-Pétersbourg n'avait pas hésité un seul
instant, à rompre les relations avec le Pacha rebelle. Le
consul de Russie, à Alexandrie, Lavison, avait reçu l'ordre
de quitter la ville et d'amener le pavillon russe (3). Le
Tsar prenait donc position dans le conflit. « L'avantage
« de la Russie, écrit un éminent historien français, sur le

---

(1) V. Tatichtcheff, op. cit., p. 346.
(2) V. Tatichtcheff, op. cit., p. 346.
(3) V. Ibid., loc. cit.

« reste de l'Europe était d'avoir dans la Question d'Orient,
« une idée simple et nette, mieux encore, une idée fixe.
« Qu'elle n'est pas, en politique, la force de l'idée fixe !
« Pendant que les autres Puissances se laissaient souvent
« distraire, quelquefois dévoyer, par des préoccupations
« diverses, le gouvernement du Tsar allait droit son che-
« min, les yeux toujours dirigés vers le Bosphore, résolu
« à profiter de tous les événements, de tous les acci-
« dents, pour s'en rapprocher. Aussi, l'appel de la Porte,
« ne le trouva-t-il ni inattentif, ni hésitant. Il s'empressa
« d'offrir le secours non seulement de sa diplomatie, mais
« de ses armées, trop heureux de s'ouvrir, à titre de pro-
« tecteur, cette ville de Constantinople, où il n'avait pu
« entrer encore comme conquérant » (1).

Certes, les autres puissances se laissaient souvent distraire par d'autres préoccupations, mais que pouvaient-
elles faire, si leur attention était simultanément sollicitée
sur plusieurs points ? Pouvaient-elles s'occuper uniquement des affaires orientales, alors qu'il était urgent
d'assurer la tranquillité intérieure, ou même, de parer
des coups dangereux, de plus près ? Il n'en est pas moins
vrai que, malgré les graves préoccupations, on ne perdait
pas tout à fait de vue cette question turque et que les Puissances occidentales, elles aussi, avaient leur idée « simple
« et nette », pour ne pas dire « fixe », suivant laquelle on
devait empêcher la Russie d'aider la Porte, par ses escadres; prévenir le prétexte d'une entrée à Constantinople,
parer le coup, en un mot, afin d'éviter le risque de
voir une occupation permanente. Telle était, du moins, la
politique du Cabinet de Paris.

(1) V. Thureau-Dangin, op. cit., t. II, p. 338.

Il faut dire, cependant, que la France se sentait un peu
tiraillée et embarrassée, car elle se trouvait partagée entre
le désir de ne point mécontenter le pacha d'Egypte, le
protégé des Français (1), d'une part, et, de l'autre, l'intention bien arrêtée, de ne point permettre à la Russie
d'intervenir seule dans le conflit oriental, et surtout d'empêcher le débarquement des troupes russes dans la capitale
de la Turquie, de l'aveu même du Sultan. Le duc de
Broglie, qui était alors au ministère des affaires étrangères, avait parfaitement vu la gravité de la situation et
n'avait pas hésité à secouer la torpeur du Cabinet de
Londres (2). A ce moment, on était en pleine « entente
cordiale » avec l'Angleterre et le ministre de Louis-Philippe
pouvait espérer que le Cabinet de Saint-James voudrait
bien agir de concert avec la France, afin de conjurer un
danger commun. — Est-ce à dire qu'on fût décidé, sur les
bords de la Seine, à pousser les choses jusqu'à une guerre
européenne? Il est permis d'en douter. L'éminent homme
d'État qui dirigeait la politique extérieure de la France
était trop pénétré des véritables intérêts de son pays, pour
se lancer, à la légère, dans une pareille entreprise. Il sentait parfaitement bien qu'on se trouvait encore trop près
de 1830 et des conséquences défavorables que la Révolution de Juillet avait eu, au dedans comme au dehors (3).
Aussi ne faut-il pas s'étonner qu'il se soit contenté des
moyens diplomatiques. La démarche du duc auprès des
Anglais n'avait pas réussi. Il décida alors d'agir sur les
rives mêmes du Bosphore, espérant se servir de son

---

(1) V. Rosen, op. cit. P. I, p. 149.
(2) V. Thureau-Dangin, op. cit., t. II, p. 360.
(3) V. Thureau-Dangin, op. cit., t. II, p. 363.

influence auprès du pacha d'Egypte, afin de le ramener à des exigences plus modérées ; il fallait ensuite et en même temps, empêcher la Porte, prise de panique, de se jeter irréparablement dans les bras du Tsar. En un mot, il était urgent d'agir vite et avec fermeté pour arriver à une transaction également acceptable pour le Khalife vaincu et pour le vassal rebelle et vainqueur. Afin de donner plus de poids à cette négociation diplomatique, le duc de Broglie s'empressa d'envoyer, à Constantinople, l'amiral Roussin, qui devait occuper le poste d'ambassadeur resté vacant depuis le départ de Guilleminot ; dans ces graves circonstances, la France ne devait pas rester plus longtemps représentée par un simple chargé d'affaires si actif et si intelligent fût-il.

L'ambassadeur de Louis-Philippe avait comme instructions, « de faire en sorte, par tous les moyens utiles et raisonnables, que les Russes n'occupassent pas Cons-« tantinople du consentement de la Porte, bien sûr que « s'ils l'occupaient contre le gré de la Porte, cela devien-« drait une affaire européenne et que nous aurions plus « d'alliés qu'il ne nous en faudrait pour les en faire « déguerpir (2) ».

Entre temps, les événements s'étaient précipités, et, au moment où l'amiral Roussin faisait son entrée à Constantinople (2), une partie de la flotte russe de la mer Noire, ayant franchi le Bosphore, venait jeter l'ancre à Bouyouk-Déré, en face de la résidence d'été de l'ambassade russe (3).

---

(1) V. Thureau-Dangin, p. 360.

(2) En fevrier 1833.

(3) V. Thurau-Dangin, op. cit., t. II, p. 364 ; Tatchtcheff, op. cit., p. 367.

Que c'était-il donc passé dans l'intervalle?

L'empereur Nicolas Ier était décidé, dès la fin de 1832, d'offrir spontanément des secours au sultan Mahmoud ; le comte de Nesselrode n'avait cependant pas jugé qu'il fût utile ou nécessaire de brusquer ainsi les choses. Le vice-chancelier de l'Empire n'ignorait pas qu'une pareille démarche de la part de la Russie ne. manquerait point d'éveiller la suspicion des Puissances occidentales. Aussi préconisa-t-il à l'Empereur de s'en tenir à un moyen terme. On se décida, alors, à envoyer une mission extra-ordinaire, à Constantinople, afin de porter au Sultan l'assurance des sentiments amicaux du Tsar, ainsi que de son intention de lui prêter main forte si la Porte le jugeait nécessaire. En même temps, et du consentement du Divan, le même envoyé du Tsar devait se diriger, à bord d'une frégate russe, vers Alexandrie, pour tenir à Méhémet-Ali un langage courtois mais ferme, pour lui indiquer nettement le mécontentement que son action avait provoqué chez le puissant monarque de la Russie. On espérait obtenir beaucoup de cette démarche (1). La mission fût confiée au lieutenant-général Mouraviev, qui avait le grand mérite de parler, couramment, le turc, ce qui n'était pas peu, pour s'entendre directement avec le Sultan ; au demeurant, diplomate émérite et ayant déjà fait ses preuves dans les nombreuses missions, dont il avait été précédemment chargé, en Perse et en Khiva (2).

C'était là une demi-mesure, qui ne pouvait pas aboutir à grand chose et le général Mouraviev en fit le premier la

____

(1) V. Tatichtcheff, op. cit., p. 347.

(2) V. Ibid., p. 348-349, où l'on trouvera l'analyse des instructions du comte de Nesselrode à Mouraviev (du 1-13 novembre 1832).

remarque. On ne le chargeait que d'une mission verbale auprès du pacha d'Égypte, mais il croyait, avec raison, que des paroles vides et pompeuses, sans appui sérieux, ne pouvaient point suffir. On ne lui permettait pas de se charger de la médiation entre le Sultan et le Pacha révolté. Le général Mouraviev n'avait pas caché son mécontentement à propos des instructions qu'il trouvait « crain- « tives, pleines d'expressions adroites, indécises et équi- « voques, comme ordinairement on écrit chez nous les « documents diplomatiques (1) ». Il y avait surtout deux points qui le rendaient perplexe. C'était, d'une part, la mission de tenir au Pacha un langage énergique, sans être autorisé à employer la force, pour donner plus de poids à ses paroles. Qu'allait il faire si, par hasard, Méhémet-Ali se refusait même à le recevoir ?... C'était ensuite, l'ordre qu'on lui donnait de déclarer au pacha d'Égypte que, dans le cas de la déposition du Sultan, la Russie défendrait, même par la force, les avantages que le traité d'Andrinople lui assurait (2). Qu'est-ce que cela voulait bien dire ? Était-ce conforme à l'intention arrêtée du Tsar de ne point permettre l'établissement à Constantinople, d'une Puissance jeune et forte ? « Que me serait-il resté « à faire, écrit le général Mouraviev, si le Pacha me ri- « postait que, après la déposition du Sultan, il considérerait « comme un devoir de conserver, dans toute sa force, « notre traité avec la Porte et si, s'emparant de mes pro- « pres paroles, il me démontrait que j'avais mission non « pas de défendre le Sultan, mais le traité d'Andrinople, « ce qui aurait été contraire au but de mon ambassade,

(1) V. Mouraviev, les Russes sur le Bosphore en 1833 (en russe), p. 6.
(2) V. Tatichtcheff, op. c., t, p. 350.

« car dans ce cas nous aurions obtenu précisément ce que
« nous craignions, c'est-à-dire, au lieu du Sultan, un
« voisin fort et inquiétant? (1) ». Afin de dissiper ces
équivoques, le général s'était adressé au comte de Nesselrode, mais il n'avait rien pu obtenir.

A l'audience de congé, l'empereur Nicolas pris le soin
de compléter verbalement les instructions. Il insista sur
la pensée et le motif qui avaient dicté cette mission. « Je
« désire montrer au Sultan mon amitié, aurait dit le Tsar.
« Il faut défendre Constantinople contre l'invasion de
« Méhémet-Ali. Toute cette guerre n'est rien autre chose
« qu'une conséquence de l'esprit de révolte qui s'est ré-
« pandu en Europe, et surtout en France... Avec la prise
« de Constantinople (par Méhémet-Ali) nous allons avoir,
« dans notre voisinage, la retraite de tous les sans-patrie
« et de tous les vagabonds, tous les proscrits des sociétés
« bien organisées. Ces personnages ne peuvent se tenir
« tranquilles. Ils sont actuellement, dans l'entourage de
« Méhémet-Ali, dans son armée et dans sa flotte. Il faut
« détruire ce nouveau germe de mal et de désordre. *Il*
« *faut montrer mon influence dans les affaires d'Orient...*
« Rappelle-toi qu'il faut, autant que possible, gagner la
« confiance du Sultan et inspirer la crainte au Pacha
« d'Égypte... (2) ».

Après le départ de Mouraviev, on apprit, à Saint-Pétersbourg, les nouvelles victoires d'Ibrahim-Pacha. Le fils
de Méhémet-Ali, après avoir passé le Taurus, s'était emparé de Konia et ne se trouvait plus qu'à quelques jours

_____

(1) V. Mouraviev, op. cit., p. 6.
(2) V. Ibid., p. 9-13.

de marche de la capitale des Ottomans (1). La Sublime-
Porte se trouvait acculée à la dernière extrémité et, malgré
quelques répugnances, ne pouvait faire autrement que
saisir le moyen de salut qu'on lui offrait, car la Russie
n'avait plus hésité, après avoir reçu ces nouvelles de
l'Asie-Mineure. Le Tsar se décida à offrir son secours au
Sultan, sans que celui-ci en eût formulé la demande (2).
La Porte s'était empressée de l'accepter, d'autant plus
volontiers qu'elle avait été éconduite par le cabinet de
Saint-James, et la nouvelle de l'insuccès de la mission de
Namik-Pacha, à Londres, était parvenue, à Constantinople le même jour que le bulletin de la défaite de Konia (3).

L'émotion produite par cette dernière victoire de armes
égyptiennes, fut grande partout, en Europe. Plus que jamais l'Empire ottoman menaçait ruine; il s'agissait de
prévenir au plus tôt, cette catastrophe et c'était Talleyrand,
l'ambassadeur de France, à Londres, qui, le premier,
sonna l'alarme (3). Il proposa à lord Palmerston, d'envoyer une escadre franco-anglaise, dans la Méditerranée;
d'imposer à la Porte, ainsi qu'à Méhémet-Ali, la médiation des Puissances ; la cession de la Syrie au Pacha
d'Égypte devait être la base de l'arrangement (5). Nous
avons déjà vu, que l'Angleterre resta sourde à cette proposition d'une action commune. Cet appel ne réussit point
« à secouer son indifférence, ni à vaincre ses méfiances (6) ».

(1) V. Tatichtcheff, op. cit., p. 354 ; Rosen, op. c. P. I, p. 178-179.
(2) V. Rosen, op. cit. P. I, p. 180.
(3) V. Ibid., p. 179-180 ; Tatichtcheff, op. cit., p. 355-356.
(4) V. Beer, op. cit., p. 392.
(5) V. Tatichtcheff, op. cit , p. 356
(6) V. Thureau-Dangin, op. cit., t. II, p. 360.

Peut-être ne voulait-elle pas encore prendre position dans une question qui pouvait bien amener un conflit armé avec la Russie. Toujours est-il, que le cabinet de Saint-James se laissait influencer par le prince de Metternich qui l'assurait sous main, que l'Autriche n'hésiterait pas à faire la guerre à la Russie, si celle-ci s'avisait à s'emparer du moindre lopin de terre, au détriment de la Turquie (1). Au fond, lord Palmerston était animé de deux sentiments : il soupçonnait la France de travailler à faire la part belle à Méhémet-Ali, son protégé, d'une part, et de l'autre, il préférait ne pas se brouiller irrémédiablement avec la Russie. Il souhaitait attirer le cabinet de Saint-Pétersbourg dans une action collective en Orient. Or, la proposition française, ne comportait pas qu'on agit de concert avec la Russie, mais contre la Russie. C'est pourquoi lord Palmerston l'avait repoussée (2).

Le prince de Metternich appuya énergiquement la proposition anglaise, auprès du Cabinet de Saint-Pétersbourg. Le chancelier d'Autriche y trouvait son compte, car — et cela avait toujours été son rêve — il ne croyait à la solution de la question d'Orient que par une action collective de la Russie, de l'Autriche, de l'Angleterre et de la France.

---

(1) V. Tatichtcheff, op. cit., p. 356, où il est dit que lord Palmerston rapportait la déclaration de Metternich à son frère (lettre du 8 octobre 1835). Ce même fait est relaté dans une lettre confidentielle du duc de Broglie au ministre de France à Berlin, en date du 4 février 1834 : « ... lorsque M. de Metternich nous déclara que, si « l'empereur Nicolas prétend s'emparer d'un seul village ottoman, « *l'empereur d'Autriche tirera son grand sabre* »., etc. V. Thureau-Dangin, op. cit., t. II, p. 409

(2) V. Tatichtcheff, op. cit., p. 356.

La proposition de lord Palmerston, même chaudement recommandée par le prince de Metternich, était condamnée d'avance à échouer, si on se rappelle les vues du Tsar et de ses conseillers sur le problème oriental. « Il « faut montrer mon influence dans les affaires d'Orient », avait dit le Tsar à son ambassadeur extraordinaire : pour la montrer, cette influence, la Russie ne pouvait logiquement accepter aucun concours, d'où qu'il vînt. De plus, il y avait trop de méfiance entre la Russie et les Cabinets de l'Occident, à l'égard du Cabinet de Paris surtout, pour que le gouvernement du Tsar consentît à agir de concert avec l'Europe. On se rappelait, sur les bords de la Néva, le rôle de la France, durant l'insurrection polonaise ; on n'avait que des sentiments très peu amicaux, pour ne pas dire haineux, pour le roi Louis-Philippe, le Roi de la Révolution, comme on le disait : « La France et l'Angleterre, « disait le comte de Nesselrode, dans son rapport du « 19 janvier 1833, témoignent trop d'hostilité à l'égard « de la Russie.., l'Autriche (il le croyait du moins) est « bien disposée, mais on ne saurait user d'assez de pru- « dence avec elle, dans les pourpalers sur les affaires de « Turquie (1)... » Dans ces conditions, la Russie ne pouvait faire autrement que refuser d'agir conjointement avec les autres Puissances. Elle préconisait l'action isolée, espérant bien que, finalement, elle serait seule pour aider efficacement sa faible voisine, au moment où elle se trouverait aux bords de l'abîme (2).

Le plus pressé, pour le moment, après le désastre de Konia, c'était d'arrêter la marche triomphante d'Ibrahim-

(1) V. F. de Martens, op. cit., t. IV, p. 442.
(2) V. Tatichtcheff, op. cit., p. 358.

Pacha, de l'immobiliser, en quelque sorte, afin de conjurer
le danger, car il pouvait paraître, d'un jour à l'autre,
devant les portes de Constantinople. Le Sultan, malheureusement pour la Turquie, n'avait plus de soldats capables de conserver un peu de sang-froid et d'opposer
une résistance efficace à l'envahisseur. Personnellement,
Mahmoud était disposé à accepter les offres du Tsar (1),
mais il se heurta à l'opposition de ses conseillers, qui, sous
l'influence de l'or de Méhémet-Ali, d'une part, et de l'autre,
des insinuations du chargé d'affaires, de Varennes, se
prononçaient plutôt pour un arrangement direct avec le
vassal (3). Le sultan Mahmoud avait cependant décidé
d'accepter la proposition que lui avait apportée Mouraviev
et afin de vaincre l'opposition de ses ministres, il usa d'un
stratagème. Il présida le Divan, le 3 janvier 1833, où,
après avoir fait ressortir la gravité de la situation, il
déclara qu'il avait l'intention de partir personnellement,
pour prendre le commandement de l'armée. A cette nouvelle, tous les ministres s'étaient levés pour le prier de
n'en rien faire, de ne pas abandonner la capitale. « Que
« faire, alors », aurait demandé Mahmoud, — « accepter
« la proposition de l'empereur Nicolas, l'immuable ami de
« Votre Majesté » — fut la réponse du fidèle Hosrew-
Pacha, stylé d'avance par son maître. — Les autres
membres du Divan lui donnèrent le même conseil, plutôt
que de voir la sédition dans la capitale. Le tour était
joué (3).

(1) V. Rosen, op. cit. P. I, p. 181.
(2) V. Rosen, op. cit. P. I, p. 180.
(3) Nous empruntons les détails de cette scène à M. Rosen, op. cit.
P. L., p. 181.

Dès le lendemain, le général Mouraviev quittait Constantinople, à destination d'Alexandrie. En même temps, un officier de sa suite, Duhamel, devait gagner par terre, le camp d'Ibrahim-Pacha pour lui demander la cessation des hostilités (1). De son côté, de Varennes avait réussi à obtenir la permission d'envoyer un délégué français auprès d'Ibrahim-Pacha, dans le but aussi d'arriver à la cessation des hostilités. Les intrigues du parti français du Divan avaient réussi à retarder la marche de l'officier russe. Quand Duhamel parvint au camp d'Ibrahim, le général égyptien était déjà prévenu de sa mission, par le délégué français qui l'avait précédé et qui avait d'ailleurs inspiré à Ibrahim, la réponse aux démarches de la Russie. Ibrahim-Pacha répondit, en effet, qu'en sa qualité de généralissime de l'armée égyptienne, il n'avait pas le droit de consentir à un armistice; que c'était à son père de lui envoyer un ordre dans ce sens. L'officier russe avait donc échoué (2). Mais l'agent français n'avait pas mieux réussi. Varennes avait espéré, grâce à son influence auprès des Égyptiens, réussir là où l'envoyé russe avait échoué. Il avait espéré obtenir la cessation des hostilités, après que le général égyptien aurait refusé d'obtempérer à la demande de la Russie. Ce résultat aurait eu pour premier effet de compromettre l'influence russe, à Constantinople, tandis que la France, avec un renouveau de prestige, allait pouvoir dicter la conduite au Divan. Il n'en a rien été. Ibrahim avait trop profité de la leçon que le délégué français lui avait faite : il ne voulut point prendre

_____

(1) Y. Tatichtcheff, op. cit., p. 361.
(2) V. Rosen, op. cit. P. I, p. 183.

sur lui cette responsabilité; le fils se déchargeait sur le père.

Désormais toute l'attention devait se porter sur Alexandrie. Qu'allait-il s'y passer? L'ambassadeur extraordinaire du Tsar parviendrait-il à intimider le vieux Pacha? Obtiendrait-il, ce qu'on désirait ardemment au Sérail, un acte de subordination pur et simple, se remettant entièrement à la générosité de son maître?... Bientôt, on devait avoir une réponse à toutes ces questions. Le général Mouraviev, comme il l'avait, d'ailleurs, prévu, n'avait rien obtenu. Sans doute, Méhémet-Ali s'était montré très empressé et soumis, il avait protesté, avec indignation, contre l'accusation qui lui prêtait l'intention de déposer le Sultan. « Je n'ai jamais cessé de m'appeler son servi- « teur, aurait dit le vieux Pacha, et je le crie assez haut « pour que tout le monde ait pu l'entendre » (1). Sans doute, aussi, il s'était empressé d'expédier, sur-le-champ, l'ordre à son fils de ne pas marcher sur Brousse (2). Mais de là à la soumission, il y avait loin. Le tout, pour Méhémet-Ali, était de savoir les conditions du Sultan, et Mouraviev ne pouvait point le renseigner là-dessus, car il lui était défendu de se charger de la médiation. Il demandait la cessation des hostilités — il l'avait obtenue. Mais après? Il n'avait qu'à partir, car il ne pouvait rien offrir, pour tirer un parti du beau résultat obtenu. Il avait semé, on lui avait défendu de récolter : le principe du légitimisme s'y opposait. C'était là, assurément, une faute grave de la part du gouvernement russe. Il avait voué d'avance à

---

(1) V. Tatichtcheff, op. cit., p. 361.
(2) V. Ibid., p. 362 ; Rosen, op. cit. P. I, p. 184.

l'insuccès une mission dont il attendait, pourtant, les meilleurs résultats.

Ce que Mouraviev avait ordre de ne pas faire, la Sublime-Porte l'avait tenté. Halil-Pacha, le même qui était allé à Saint-Pétersbourg, était venu, à Alexandrie, porteur officiel des propositions de la Porte. En agissant ainsi, la Turquie ne faisait que donner satisfaction au parti français du Divan, qui désirait, nous l'avons vu, l'entente directe avec le Pacha, plutôt que d'accepter ou de provoquer l'intervention étrangère dans les affaires intérieures. Halil-Pacha n'avait même pas jugé nécessaire de s'entendre avec le général Mouraviev, sur les démarches à faire. Il agissait à part et à l'insu de l'envoyé du Tsar. Le représentant russe n'avait plus qu'à mettre à la voile. C'est ce qu'il fit, et dans les premiers jours de février il était déjà de retour à Constantinople.

Cependant, Ibrahim-Pacha avançait toujours, malgré l'ordre que son père lui avait envoyé, probablement aussi parce que cet ordre ne l'avait pas encore touché ! Cette marche en avant avait consterné la Porte. Elle n'avait plus rien à espérer de personne ; les ministres ottomans se décidèrent, enfin, à recourir à la Russie. Le Grand-Vizir fit savoir au ministre Bouténieff que le moment était enfin venu de profiter de l'offre généreuse du Tsar. On demandait, en conséquence, non seulement l'envoi des escadres, mais aussi le secours des soldats russes (1). Le chargé d'affaires de

---

(1) Note de la Porte, du 2 février 1833 ; Tatichtcheff, op. cit., p. 363. M. de Bouténieff avait reçu des compliments de Nesselrode, parce qu'il avait exigé une demande écrite de la Porte. Ce document pouvait servir éventuellement à la Russie pour justifier devant l'Eu-

France, de Varennes, n'ignorait pas la démarche de la Porte, démarche dictée par le Sultan en personne. Mais, malgré l'irrévocabilité apparente de cette décision, il ne désespérait point d'arriver à la faire rapporter. Il était actif, ce qui était un contraste frappant avec de Bouténieff. Celui-ci, n'agissait pas, celui-là, remuant, habile, forçait les choses à venir de son côté, malgré le fort courant opposé. Il mit donc tout en œuvre, il n'hésita même pas à déclarer que si les hostilités avaient enfin cessé, c'était à l'influence française qu'on le devait, alors qu'il était l'évidence même que c'était Mouraviev qui avait obtenu ce résultat; que lui importait, puisqu'il n'y avait personne à le démentir, et que nombre de Turcs ne voulaient que le croire. Il s'ingéniait, enfin, à démontrer le danger auquel s'exposait la Turquie en faisant venir l'escadre russe dans les eaux de sa capitale. Il ne se lassait point de dire que la France seule, grâce à son crédit auprès du Pacha d'Égypte, était à même de leur procurer un bon arrangement avec Méhémet-Ali, qui après tout, vaudrait mieux, parce qu'il ne faisait courir aucun danger à l'Empire. En un mot, l'agent français fit tant et si bien que le Reïs-Effendi finit par envoyer une autre note à M. de Bouténieff, lui demandant de contremander l'arrivée imminente de la flotte russe, sa présence n'ayant plus d'objet, Ibrahim-Pacha ayant déjà arrêté sa marche en avant (1): on se rappelle

---

rope l'envoi de la flotte russe dans les eaux de Constantinople. V. dépêche de Nesellrode à Bouténieff, du 25 février 1833 ; Tatichtcheff op. cit., p. 364-365.

(1) Note du Reïs-Eff. à Bouténieff, du 17 février 1833; Tatichtcheff, op. cit., p. 366.

qu'au moment où la Porte avait demandé des escadres, Ibrahim-Pacha continuait à pousser sa pointe vers Constantinople. Mais cette note de la Porte devait rester sans effet, car elle survenait trop tard. Une partie de la flotte russe avait déjà quitté Sébastopol et ne tarda pas d'arriver devant le Bosphore. Le 8/20 février, l'escadre du contre-amiral Lazaroff venait mouiller devant Bouyouk-Déré (1).

Ainsi, les efforts de Varennes n'avaient pas abouti ; ce que le Cabinet de Paris redoutait le plus, était déjà un fait accompli. — Malgré la présence de la flotte russe à Constantinople, l'ambassadeur de France, l'amiral Roussin, essaya d'arriver à un arrangement, dont le but était de rendre sans objet la présence des Russes ; il s'agissait maintenant de les faire partir au plus tôt (2). Aussitôt arrivé, l'amiral Roussin tint au Divan un langage courtois, mais très énergique ; il alla même jusqu'à menacer la Porte de quitter Constantinople, si celle-ci ne prenait pas sur elle d'éloigner l'escadre russe, dont la présence n'était justifiée par aucun danger imminent (3). Ces paroles, empreintes de fermeté, ne manquèrent pas de produire une certaine impression sur la Porte, d'autant plus que le parti français du Divan comptait dans ses rangs presque tous les hommes d'Etat au pouvoir. La résistance venait du Palais. Le sultan Mahmoud, entouré des personnes entièrement dévouées à la Russie, préférait l'assistance russe à tout autre chose, pouvu qu'il pût réduire

---

(1) Cette escadre comprenait : 4 vaisseaux de ligne, 4 frégates et 2 corvettes. V. Rosen, op. cit. P. I., p. 186.

(2) V. Thureau-Dangin, op cit., t. II, p. 361.

(3) V. Beer, op. cit., p. 394.

son pacha rebelle. C'était donc l'unique obstacle et pour parvenir à ses fins, l'amiral Roussin prit sur lui de s'avancer un peu à la légère; il n'avait pas à hésiter, puisque son idée fixe, à lui, était de faire partir l'escadre russe. Il « se « porta fort de faire accepter les conditions turques par « Méhémet Ali, si les Russes étaient congédiés » (1). C'était trop présumer de l'influence de la France auprès du vieux Pacha, et, en fait, l'amiral Roussin échoua dans sa tentative de pacification. L'ambassadeur français avait envoyé deux agents aux Égyptiens : l'un — au camp d'Ibrahim ; l'autre — à Alexandrie. Il demandait aux Égyptiens de repasser le Taurus, sans délai. Ibrahim-Pacha se retrancha derrière la nécessité d'un ordre formel de son père, il profitait encore des renseignements que l'agent de Varennes lui avait donné. Méhémet-Ali ne regardait que son intérêt; les menaces de l'ambassadeur ne le touchaient point. On lui proposait, il est vrai, la cession des deux Pachaliks de la Syrie, Roussin lui demandait, en retour, la soumission sous conditions. Ces propositions n'étaient pas de nature à satisfaire le pacha d'Alexandrie : il refusa de les accepter (2). Tout ce que l'agent de l'ambassadeur de France put rapporter d'Alexandrie, ce fut la menace d'une reprise des hostilités, si la paix n'était pas signée à bref délai (3).

La situation de l'amiral Roussin était par trop embarrassante et fausse. Il s'était engagé trop en avant; il avait promis la paix et ne pouvait donner à la Porte que des paroles de guerre que son agent rapportait d'Egypte.

---

(4) V. Thureau-Dangin, op. cit., t. II, p. 361.
(1) V. Rosen, op. cit. P. I, p. 188.
(2) V. Ibid., p. 189.

L'influence française à Constantinople avait reçu un coup
mortel : elle croulait, elle était gravement compromise.
La Turquie se jetait définitivement dans les bras de la
Russie. Elle gardait, non seulement l'escadre qui se trouvait déjà dans les eaux de la capitale, mais elle avait
demandé aussi à M. de Bouténieff l'envoi de troupes et
d'une autre escadre encore (1). Au commencement d'avril,
la nouvelle escadre russe faisait son entrée dans le Bosphore ; plus de 5.000 soldats du Tsar furent débarqués et
prirent leur campement sur le rivage asiatique du Bosphore (2).

Ainsi, au lieu de faire partir la première escadre russe,
l'amiral Roussin devait supporter la mortification de voir
les Russes s'intaller en maîtres dans le Bosphore, après
l'échec de sa médiation. Cet insuccès aurait pu coûter
cher à l'influence française, en Orient, si les diplomates
russes avaient su en tirer tout le parti possible. Il se trouvait que la mission du Tsar, à Constantinople, ne faisait
rien (3). Au lieu d'essayer de prendre la place que l'échec
de Roussin avait laissée libre, Bouténieff considérait sa
mission terminée, du moment que les flottes russes se
trouvaient dans les eaux de la capitale ottomane. Il était
pourtant évident que cela ne pouvait durer ainsi. Qu'allait-on faire ? Croyait-on que le Sultan pousserait l'humiliation jusqu'à reprendre la Syrie, grâce aux baïonnettes
russes ? Cette solution était-elle possible dans un pays

---

(1) V. Tatichtcheff, op. cit., p. 370 ; Thureau-Dangin, op. cit., t. II,
p. 361-362.

(2) Thureau-Dangin, op. cit., t. II, p. 362 ; Tatichtcheff, op. cit.,
p. 371.

(3) Tatichtcheff, op. cit., p. 372.

musulman? Que penseraient les croyants si le Khalife
faisait marcher des chrétiens, des ennemis d'hier, contre
les Egyptiens, rebelles sans doute, mais qui étaient quand
même des frères de religion? Assurément Mahmoud aurait
plutôt préféré perdre la Syrie que de la reconquérir avec
le concours de l'armée du Tsar. Et les diplomates russes
auraient dû prévoir cela. Pourquoi ne s'étaient-ils pas
chargés de la médiation, car c'était là le seul concours
efficace qu'on en attendait en Turquie? La situation de la
Russie sur les rives du Bosphore était unique; elle
pouvait parler et convaincre, surtout au moment où les
Turcs étaient prêts aux sacrifices; pourquoi les agents du
Tsar n'avaient-ils pas su profiter de l'avantage que leur
procurait la présence des soldats et surtout l'échec de
l'amiral Roussin? Il y avait là une faute irréparable pour
la Russie. On avait dû s'en apercevoir sur les bords de la
Néva, car on jugea nécessaire et urgent d'envoyer, à
Constantinople, un ambassadeur d'une certaine importance, de beaucoup de prestige, afin de donner plus d'activité à l'action diplomatique de la Russie. Le choix s'était
porté sur le comte Orloff (1).

En attendant, l'amiral Roussin ne s'était pas enfermé
chez lui après l'insuccès. Il profita de l'inaction de Bouténieff pour reconquérir le terrain perdu. Il insinua à la
Porte qu'on pourrait peut-être conclure la paix, si on
sacrifiait la Syrie. Le Sultan le comprenait maintenant.
Ses ministres, tous gens dévoués à la France, le lui con-
seillaient aussi. On se décida enfin à renouer la négociation avec Méhémet-Ali, sur la base de la cession de la
Syrie. La Porte pria l'amiral Roussin d'envoyer M. de

_____

(1) V. Tatichtcheff, op. cit., p. 374.

Varennes au camp d'Ibrahim-Pacha pour y arrêter les conditions définitives de l'arrangement (1). Et, en effet, le 14 avril, Varennes rapportait, à Constantinople, le projet d'arrangement qui, devenu plus tard un traité définitif, est connu dans l'histoire sous le nom de paix de Kutaïch (2). La Porte proclama aussitôt le rétablissement de la paix, et ce n'était pas la Russie qui l'avait faite. Cette proclamation avait même l'air de dire aux Russes qu'il n'y avait plus de raison d'être à leur présence dans le Bosphore. Les Russes ne bougeaient pas, ils avaient l'air de ne point comprendre. Tout n'était pas fini. Ils étaient venus pour protéger Constantinople contre l'invasion d'Ibrahim-Pacha. Le danger n'était pas encore conjuré et il ne le serait définitivement que lorsque toute l'armée égyptienne aurait repassé le Taurus, lorsqu'aucun soldat de l'armée d'Ibrahim ne se trouverait plus dans l'Asie Mineure. Tel était le prétexte que la Russie invoquait pour justifier sa présence dans les Détroits (3).

Cependant, l'Europe commençait à s'inquiéter. L'Angleterre, elle-même, commençait « à se réveiller enfin de « son sommeil (4) ». Le Cabinet de Londres avait envoyé un nouvel ambassadeur à Constantinople. Lord Ponsonby avait ordre de travailler contre la Russie. Le prince de

---

(1) V. Rosen, op. cit. P. I, p. 191.

(2) V. Ibid., p. 193-194. Par la paix de Kutaïch (5 mai 1833), la Porte cédait non seulement toute la Syrie, mais aussi le Pachalik d'Adana, toutefois sous le gouvernement d'Ibrahim-Pacha. V. Tatichtcheff, op. cit., p. 372 373.

(3) V. Tatichtcheff, op. cit., p. 376.

(4) V. Thureau-Dangin, op. cit., t. II, p. 362.

Metternich lui-même commençait à s'agiter : il ne se sentait plus tranquille. Malgré les ménagements dont il se servait à l'égard de la Russie, le Cabinet de Vienne sortait à nouveau sa proposition de réunir « une conférence « pour traiter de l'avenir de la Turquie (1) ». La France et l'Angleterre s'étaient enfin entendues pour envoyer leurs escadres dans la Méditerranée (2). Elles avaient peut-être l'intention de forcer les Dardanelles et d'aller chasser les flottes russes du Bosphore. Heureusement pour la paix générale, ce plan n'a pas eu de suite. La Russie avait déclaré, à Paris, que l'apparition de la flotte française dans la mer de Marmara serait considérée, par le Cabinet de Pétersbourg, comme une déclaration de guerre (3). Quant à l'escadre anglaise, lord Ponsonby, lui-même, l'avait fait retenir à l'entrée des Dardanelles (4). On n'était pas encore prêt pour la guerre de Crimée.

Ce n'est qu'au commencement de juillet qu'on apprit à Constantinople la retraite définitive d'Ibrahim Pacha au delà du Taurus. Les Russes commencèrent alors leurs préparatifs de départ. Le 10 juillet, les troupes russes furent embarquées et les différentes escadres, accourues à l'appel du Sultan, mettaient à la voile, profitant du vent du Sud, et quittaient le Bosphore, rentrant dans la mer Noire (5).

---

(1) V. Thureau-Dangin, loc. cit.
(2) V. Rosen, op. cit. P. I, p. 195.
(3) V. Tatichtcheff, op. cit., p. 374-375.
(4) V. Ibid., loc. cit.
(5) V. Rosen, op. cit. P. I, p. 200.

IV

Les Cabinets de l'Occident pouvaient enfin respirer librement. Le Cabinet de Saint-Pétersbourg avait rappelé ses soldats et ses escadres des eaux de la capitale turque. Ils espéraient que, désormais, tout allait rentrer dans l'ordre. Ce n'était qu'un leurre. Bientôt les hommes d'État de l'Occident devaient s'apercevoir qu'il y avait du nouveau et ce nouveau expliquait le départ facile des Russes.

En effet, deux jours avant de quitter Constantinople, les Russes avaient procédé à la signature d'un traité d'alliance défensive avec la Turquie, connu sous le nom de traité d'Unkiar-Skéléssi (1).

Les hautes parties contractantes « également animées « du sincère désir de maintenir le système de paix et de « bonne harmonie, heureusement établi entre les deux « Empires, est-il dit dans le préambule, ont résolu « d'étendre et de fortifier la parfaite amitié et la confiance « qui règnent entre eux, par la conclusion d'un traité « d'alliance défensive »... L'article 1er proclame l'alliance : « Cette alliance, dit l'article 1er, ayant uniquement pour « objet la défense commune de leurs États contre tout « empiètement. Leurs Majestés promettent de s'entendre, « sans réserve, sur tous les objets qui concernent leur « tranquillité et sûreté respectives et *de se prêter mutuel-*

---

(1) V. Martens, Nouveau Recueil, t. XI, p. 655 et suiv., ainsi que dans le Recueil de Jouséfovitch, p. 89-93 ; pour les détails Cf. Rosen, P. I, p. 202 à 205.

« *lement à cet effet des secours matériels et l'assistance*
« *la plus efficace* ».

Nous avons, à dessein, souligné le passage où l'on parle
de secours et assistance mutuels et efficaces. Qu'est-ce
que cela pouvait bien signifier, si l'on se rappelle la situation respective des deux parties en présence ? D'un côté,
nous avons la Russie, dont la puissance et les moyens
d'action n'étaient pas discutables. Elle pouvait, en conséquence, efficacement aider la Porte, et elle l'avait déjà fait,
même sans qu'elle y fut obligée par traité. Mais on se
demande quel secours efficace pouvait attendre la Russie
de la Turquie, dans le cas où la Russie viendrait à être
attaquée dans « sa tranquillité et sûreté ? » En réalité la
réciprocité, dont il question, n'était, et ne pouvait être,
qu'une fiction. On l'y avait mise pour la forme. Et ceci
résulte d'ailleurs, du texte même des autres articles du
traité patent. « En conséquence du principe de conservation
« et de défense mutuelle qui sert de base au présent traité,
« dit l'article III, et par suite du plus sincère désir d'assu-
« rer la durée, le maintien et l'entière indépendance de
« la Sublime-Porte, S. M. l'Empereur de toutes les Rus-
« sies, dans le cas où les circonstances qui pourraient dé-
« terminer de nouveau la Sublime-Porte à réclamer l'as-
« sistance navale et militaire de la Russie viendraient à
« se présenter... promet de fournir, par terre et par mer,
« autant de troupes et de forces, que les deux hautes par-
« ties contractantes le jugeraient nécessaire. D'après cela,
« il est convenu, qu'en ce cas, les forces de terre et de
« mer dont la Sublime-Porte réclamerait le secours seront
« tenues à sa disposition. » Ainsi, malgré la stipulation de
réciprocité, on ne nous parle, dans le texte explicatif, que
du cas où la Sublime-Porte réclamerait le secours de la

Russie. On n'envisageait même pas celui où la Russie
réclamerait un secours à la Porte. Il ne pouvait y avoir
de doute, que ce traité patent, à lui seul, suffisait pour
caractériser la nouvelle situation que la Turquie s'était
faite, d'ailleurs, en exerçant la plénitude de sa souveraineté. La Porte avait mis sa signature au bas d'un traité
qui proclamait le protectorat de la Russie sur l'Empire
ottoman.

Mais il y avait plus. Les délégués des deux cours avaient
signé, le même jour que le traité patent, un article additionnel et secret qui avait pour objet de stipuler la nature
du secours que la Turquie devait prêter à la Russie, en
vertu de la réciprocité, car si on n'envisageait pas l'éventualité des secours, en soldats et en flotte, la Turquie
devait tout de même contrebalancer l'avantage que la
Russie lui promettait. Le Cabinet de Saint-Pétersbourg ne
prenait pas des engagements aussi onéreux et qui pouvaient souvent lui créer des ennemis, en Europe, uniquement pour le plaisir d'être agréable à la Turquie. Il y
avait donc une compensation et elle était de telle nature
qu'on comprend facilement le soin pris par les diplomates
russes de la soustraire aux yeux des curieux. Ils avaient
cru plus sage de tenir secrète une stipulation dont la gravité n'échappait à personne.

« En vertu d'une clause de l'article Ier du traité patent d'al-
« liance défensive conclu entre la Sublime Porte et la Cour
« impériale de Russie, lisons-nous dans cet article secret,
« les deux hautes parties contractantes sont tenues de se
« prêter mutuellement des secours matériels et l'assistance
« la plus efficace pour la sûreté de leurs États respectifs.
« Néanmoins, comme S. M. l'Empereur de toutes les
« Russies, *voulant épargner à la Sublime-Porte la charge*

« *et l'embarras qui résulteraient pour elle de la presta-*
« *tion d'un secours matériel,* ne demandera pas ce se-
« cours si les circonstances mettaient la Sublime-Porte dans
« l'obligation de le fournir, *la Sublime-Porte ottomane,*
« *à la place du secours qu'elle doit prêter au besoin*
« *d'après le principe de réciprocité du traité patent,*
« *devra borner son action en faveur de la Cour impé-*
« *riale de Russie à fermer le détroit des Dardanelles,*
« *c'est-à-dire à ne permettre à aucun bâtiment de*
« *guerre étranger d'y entrer sous aucun prétexte quel-*
« *conque* (1). »

Les diplomates russes qui firent accepter ce texte aux
plénipotentiaires de la Turquie, pouvaient, avec raison,
s'en faire une gloire. C'était le comte Alexis Orloff qui,
grâce à son habile activité, était parvenu à regagner le terrain perdu par l'indolence et le manque d'unité de direction de la mission russe à Constantinople. Les diplomates
de l'Occident se réjouissaient du départ des flottes russes,
du Bosphore ; ce beau résultat était considéré, en Europe,
comme un succès des Cabinets européens. La nouvelle de
la signature du traité d'Unkiar-Skéléssi, et surtout ce qui
se chuchottait, tout bas, sur le contenu de l'article secret,
produisit l'effet d'un coup de foudre. Il n'y avait pas à se
le dissimuler. D'un trait de plume, la Russie s'était taillé,
sur les rives du Bosphore, une situation aussi enviable
qu'incomparable. L'Orient européen avait consenti à subir
sa protection exclusive. Grâce à la stipulation « d'assurer
la tranquillité et la sûreté » de la Porte, la Russie se réservait le droit de régler, à elle seule, les affaires d'Orient,
car cette malencontreuse stipulation présentait le grave

(1) V. Martens, Nouveau Recueil, t. XI, p. 659.

inconvénient de laisser la porte toujours ouverte, et à
deux battants, à l'intervention armée de la Russie. Le
gouvernement du Tsar pouvait facilement exploiter ce
prétexte. Mais comme si cela ne suffisait pas, la Sublime - Porte avait poussé la subordination jusqu'à
reconnaître la domination russe sur la mer Noire,
cette mer qui, jadis encore, était un lac de la
Turquie ; l'Empire ottoman contractait l'obligation de tenir
fermés les Dardanelles, pour le plus grand bien de la
Moscovie. N'est-ce pas là une singulière ironie de l'histoire?
« Ainsi, écrivait Guizot, le Cabinet de Saint-Pétersbourg,
« convertissant en droit écrit le fait de sa prépondérance
« à Constantinople, faisait de la Turquie son client offi-
« ciel, et de la mer Noire un lac russe, dont le client gar-
« dait l'entrée contre les ennemis possibles de la Russie,
« sans que rien la gênât elle-même pour en sortir et lancer
« dans la Méditerranée ses vaisseaux et ses soldats (1). »
C'est cette dernière remarque de l'éminent historien et
homme d'État français qui caractérise particulièrement le
traité d'Unkiar-Skéléssi. C'est ce qui le distingue du traité
anglo-turc de 1809 et de la fermeture qui y était stipulée. L'article XI du traité de 1809 stipulait, en effet,
la fermeture « du détroit des Dardanelles et de celui de la
mer Noire... » vis-à-vis de toute puissance « quelle qu'elle
soit ». Ce traité, conclu entre la Porte et la Grande-Bretagne, était certainement avantageux pour la Russie,
quoiqu'elle n'y fut pas partie, car, en cas de guerre entre
la Russie et la Grande-Bretagne, à supposer que la Porte
fût restée en paix, les vaisseaux de guerre de S. M. Bri-

---

(1) V. Guizot, Mémoires pour servir à l'histoire de mon temps.
Paris (1858 et suiv.), t. IV (publié en 1861), p. 49.

tannique n'auraient point pu venir inquiéter les frontières
méridionales de l'Empire des Tsars. Mais cet avantage
entraînait aussi un inconvénient, en ce que, dans la même
hypothèse, les escadres russes de la mer Noire, n'auraient
point eu la faculté de passer devant le Sérail et d'aller
attaquer les Anglais dans la Méditerranée. Voilà ce que
stipulait le traité de 1809. Tout au contraire, le traité
d'Unkiar-Skéléssi, tout en conservant, en le fortifiant,
l'avantage de la sécurité des côtes russes de l'Euxin, détruisait l'inconvénient qui résulterait pour la Russie de la
fermeture du Bosphore, en ce que la fermeture des détroits
ne concernait que les Dardanelles, et cela dans une seule
direction, celle qui allait de la Méditerranée à la mer Noire.
Le contraire était donc possible : la Russie pouvait passer
de l'Euxin dans l'Archipel. C'était là le *maximum* des
avantages que la Russie était en mesure d'attendre
de la puissance qui possédait l'entrée de l'Euxin (1).

L'Europe ne pouvait rester impassible devant cet état
de choses. Il lui était impossible de permettre à la Russie
de s'arroger, seule, le droit de régler la question orientale, alors que tant d'autres intérêts y étaient engagés.
Une protestation était imminente. Elle eut lieu. L'amiral
Roussin avait eu vent des négociations qui avaient précédé la signature du traité. Il avait eu, un instant, l'intention « de se mettre en travers et de signifier à la Porte,
« si elle se livrait à la Russie, l'hostilité de la France (2)».
C'est lord Ponsonby qui l'en avait détourné. « J'ai dis-
« suadé l'amiral Roussin, disait-il un jour à Bois-le-Comte,
« de s'opposer à la signature du traité russe; c'eût été pro-

(1) V. Rosen, op. cit. P. 1, p. 205-206.
(1) V. Rosen, op. cit. P. 1, p. 205-206.
(2) V. Guizot, op. cit., t. IV, p. 49.

« voquer une lutte que nous n'étions pas alors en mesure
« de soutenir (1) ». Mais si la diplomatie occidentale laissa
se conclure le traité d'Unkiar-Kéléssi, les Cabinets de
Londres et de Paris protestèrent après la signature.

Chose curieuse, à l'encontre de ce qui s'était passé à
Constantinople, c'était le Cabinet de Londres qui était le
plus irrité. Tandis que lord Ponsonby conseillait la modération à l'ambassadeur de France, ce fut le duc de
Broglie qui dut modérer lord Palmerston. L'Angleterre
qui, naguère, avait refusé son concours à la France,
vivement émue par la marche des événements en
Orient, et surtout par l'acte final du 8 juillet 1833,
ne proposait rien moins que d'envoyer les escadres
franco-anglaises dans la Méditerranée, de forcer les Dardanelles et d'aller détruire, dans l'Euxin, cette flotte russe
qui était la cause de tant d'ennuis, qui était « toujours
« prête à envahir Constantinople, sous prétexte de la proté-
« ger (2) ». Heureusement que le duc de Broglie n'entendait
pas suivre son collègue du Foreign-Office. Tout hostile qu'il
fût à la Russie, il ne croyait pas sage de se lancer dans
une pareille entreprise, et nous avons déjà vu pour
quelles causes (3). « A son avis, il fallait protester, refuser
« d'accepter ce qui était fait, écrit M. Thureau-Dangin,
« mais prendre garde de s'engager dans un conflit pré-
« maturé et de réveiller la Question d'Orient qui semblait
« s'assoupir (4) ». C'est ce qu'on fit (5).

---

(1) V. Guizot, t. IV, p. 50.
(2) V. Ibid., p. 51. Thureau-Dangin, op. cit., t. II, p. 363.
(3) V. Supra, p. 264.
(4) V. Thureau-Dangin, op. cit., t. II, p. 363.
(5) V. Tatichtcheff, op. cit., 382-383.

La protestation des deux Cabinets de l'Occident pouvait, à la rigueur, se comprendre, au point de vue politique. Elle ne pouvait aucunement s'expliquer en droit. Car, en somme, il ne s'agissait là que d'un acte passé entre deux États également indépendants et agissant dans la plénitude de leur souveraineté. La Sublime-Porte, si faible qu'elle fût, était parfaitement libre de contracter telle ou telle alliance, voire même de renoncer à l'exercice d'une partie de sa souveraineté, au profit d'un autre État, sans que pour cela elle fût obligée d'en rendre compte à qui que ce soit. Elle agissait dans la limite de sa souveraineté. Certes, ce traité pouvait être préjudiciable aux intérêts des autres Puissances. Mais les intérêts froissés n'étaient pas un titre suffisant; il ne pouvait pas y avoir de griefs juridiques (1). Le prince de Metternich l'avait très bien senti et s'était sagement abstenu de s'associer à la démarche des Cabinets de Londres et de Paris. Il savait qu'il était inutile de faire du bruit. Non pas que le chancelier d'Autriche fût indifférent à ce qui s'était passé sur les rives du Bosphore. La domination prépondérante de la Russie en Turquie était, pour lui aussi, plus que pour un autre, une cause de réelle inquiétude. Mais il ne lui convenait pas de provoquer, par une démarche irréfléchie et nullement fondée, un conflit qui pouvait être autrement inquiétant et dangereux (2). Il espérait obtenir satisfaction en laissant faire le temps, et nous verrons qu'il ne se trompait pas.

Est-ce à dire que les protestations anglo-françaises aient produit quelque chose? Non, assurément. Elles n'avaient

(1) V. M. Renault à son cours (année 1897-1898).
(2) V. Guizot, op. cit., t. IV, p. 52.

produit qu'une nouvelle tension des rapports. La situation devenait critique. Le comte de Nesselrode avait répondu sur un tel ton qu'on croyait pendant quelque temps à une rupture imminente. Le prince de Metternich s'interposa, heureusement, et empêcha l'explosion. Il fit promettre à la Russie qu'elle serait modérée dans l'application du traité d'Unkiar-Skéléssi (1). Mais il n'avait pu s'empêcher de blâmer l'explosion inopportune de la mauvaise humeur des deux Cabinets. « Pourquoi avoir porté votre « protestation jusqu'à Pétersbourg, disait le baron Stur- « mer, internonce d'Autriche, à Bois-le-Comte; passe en- « core pour Constantinople; mais, à Saint-Pétersbourg, « c'est une démarche provocante, et vous vous êtes attiré « une réponse qui peut vous blesser et aigrir les es- « prits (2) ».

---

(1) V. Thureau-Dangin, op. cit., t. II, p. 364.
(2) V. Guizot, op. cit., t. IV, p. 52.

CHAPITRE V

Les Cabinets européens cherchent à soustraire la Turquie à l'influence exclusive de la Russie. — L'entrevue de Munchengraetz. — Traités de Munchengraetz et de Berlin. — Les Puissances occidentales profitent du second conflit turco-égyptien pour régler, en commun, cette question. — La Russie essaye d'éviter l'intervention collective ; elle penche vers un arrangement direct entre la Porte et le Pacha. — Faute d'instructions en ce sens, Bouténieff signe la note collective du 27 juillet 1839. — Comme prix du sacrifice, le gouvernement du Tsar cherche à séparer la France et l'Angleterre. — La Russie devine le désaccord entre lord Palmerston et le Cabinet de Paris, sur la question des limites. — Mission du baron Brunnow, à Londres. — Convention de la quadruple alliance, du 15 juillet 1840. — Son exécution, même avant l'échange des ratifications. — Etat critique résultant de l'exclusion de la France. — On cherche à la ramener dans le concert européen. — Projet de M. Guizot, pour un acte général. — Convention des Détroits du 13 juillet 1841. — Engagements qui en résultent. — Leur caractère.

I

Le traité d'Unkiar-Skéléssi fut la cause d'une tension qui devait peser assez longtemps, sur les relations de la

Russie avec l'Occident. Les quatre Puissances de l'Europe
avaient pris, il est vrai, des positions bien différentes,
après la conclusion de ce célèbre traité d'alliance défensive,
qui assurait à la Russie une situation prépondérante, sur
les rives du Bosphore. Tandis que l'Angleterre et la
France faisaient entendre, à Constantinople comme à
Pétersbourg, un langage des plus énergiques, les Cabinets
de Vienne et de Berlin, ayant jugé nécessaire d'adopter
une ligne de conduite toute contraire, envoyaient leurs
félicitations, au gouvernement du Tsar, à l'occasion de ce
brillant succès de la Diplomatie russe (1). Il ne faut
cependant pas se laisser tromper par les démarches de ce
genre qui, sous l'apparence d'une approbation pleine et
entière, cachaient peut-être, d'autres vues, d'autres desseins.
Nous avons tout lieu de croire que le chancelier d'Autriche n'était pas, au fond, aussi enchanté du nouvel état
de choses, en Orient, qu'il essayait de le faire croire aux
diplomates des bords de la Néva. L'attitude de la Russie
dans la question orientale lui causait, au contraire, plus
d'une inquiétude, et les projets du Tzar, sur la formation
d'une plus grande Grèce, à la place de la Turquie ago-
nisante, n'était pas de nature à plaire au prince de
Metternich, ni surtout à le tranquilliser (2). Néanmoins,
le chancelier des Habsbourgs était tenu de ménager la
Russie. Les événements d'Occident, le danger révolutionnaire qui l'avait toujours hanté, le préoccupaient sans
cesse. Désireux d'assurer la tranquillité de la monarchie
des Habsbourgs, il se voyait obligé de se tourner vers le
colosse du Nord. La Russie devait être le pivot d'une

_____

(1) V. Tatichtcheff, op. cit., p. 386.

(2) V. Conversation entre l'empereur Nicolas et le comte de Fic-

triple alliance conservatrice, qu'on aurait opposé à l'esprit révolutionnaire qui s'était déjà emparé du gouvernement, en France et en Angleterre (1).

C'était pour cette simple raison que le prince de Metternich paraissait approuver le gouvernement du Tsar, alors qu'il avait tout lieu d'en être mécontent ; c'était encore pour la même raison qu'il avait consenti à jouer un rôle aussi effacé et aussi secondaire dans cette question d'Orient, alors que les intérêts des deux monarchies se rencontraient et se heurtaient, sur ce terrain si brûlant. Tout ce qu'il lui importait, c'était de rassurer le Cabinet de Saint-Pétersbourg sur les intentions de sa Cour, de gagner la confiance du gouvernement du Tsar, en ayant l'air de lui donner *quitus* sur ce qui venait de se passer. Une fois ce résultat obtenu, et quand le moment serait venu de traiter ensemble, il serait toujours temps d'obtenir, par la persuasion, ce que les Puissances maritimes n'avaient point obtenu par leurs vaines protestations. M. Guizot avait raison de dire, que « Metternich excellait à se servir des « changements apportés par le temps dans l'état des faits « et des esprits pour insinuer les vérités qu'il n'avait pas « d'abord voulu dire, et pour atténuer les dangers qu'il « n'avait pas osé combattre au moment de la crise! » (2).

L'entrevue de Munchengraetz lui fournit l'occasion d'exercer son « influence calmante » sur l'empereur

---

quelmont, ambassadeur d'Autriche, à Pétersbourg, (13 fév. 1833, Fr. de Martens, op. cit., t. IV, p. 442-444.

(1) V. Tatichtcheff, op. cit., p. 387 ; Gigareff, op. c., t. I, p. 397-398 ; Guizot, op. cit., t. IV, p. 53, ainsi qu'un rapport de Pozzo di Borgo (8 mars 1832), Martens, op. cit., t. XII, p. 14 et suiv.

(2) V. Guizot, op. cit., t. IV, p. 52.

Nicolas ; les nombreuses conférences que les deux chanceliers tinrent dans cette ville de la Bohême, eurent
pour résultat la signature d'une convention relative aux
affaires d'Orient.

Si l'entrevue de Munchengraetz était possible, après la
conclusion du traité d'Unkiar-Skéléssi, c'est que les deux
Cours étaient d'accord sur la nécessité de maintenir la
Turquie dans l'état où elle se trouvait, à cette époque (1).
L'idée d'un changement qui aurait eu pour résultat
d'amener, sur les rives du Bosphore, une jeune puissance
arabo-égyptienne, était également repoussée par le
comte de Nesselrode et par le prince de Metternich (2).
Mais il y avait plus. L'empereur Nicolas était sincèrement
convaincu que la Turquie était à la veille de sa complète destruction et il sentait bien qu'il devait s'assurer le concours,
au moins de l'Autriche, dans une pareille éventualité. Le
puissant monarque russe n'en faisait d'ailleurs pas un
mystère et l'avait nettement déclaré, à l'ambassadeur
d'Autriche, dans une conversation qui eut lieu, le
13 février 1833. L'empereur Nicolas n'avait pas dissimulé,
au comte de Ficquelmont, qu'il était prêt à envoyer ses
soldats et ses escadres, à son ami, le Sultan, si toutefois
celui-ci en faisait la demande... Mais « c'est tout ce que je
« puis faire, avait-il ajouté ; *je ne saurais rappeler à la*
« *vie l'Empire ottoman, qui a cessé d'exister.* En atten-
« dant, les intérêts impérieux de l'Autriche et de la
« Russie exigent que le sort des possessions turques ne
« soit point fixé sans leur concours et à l'encontre de leurs

---

(1) V. F. de Martens, op. cit., t. IV, p. 442.
(2) V. Tatichtcheff, op. cit., p. 390-391.

« désirs » (1). Le Tsar constatait que ce n'était pas pour
la première fois qu'on envisageait cette éventualité, mais
jusqu'alors, on n'avait pu s'entendre, « à cause des
« défiances et des rivalités mutuelles qui divisent les États. »
Heureusement, il n'en était plus de même,'grâce à l'intimité
des rapports, entre Vienne et Pétersbourg, et le Tsar considérait l'entente comme « parfaitement réalisable ». « Je
« voudrais, poursuivait lE'mpereur, maintenir la Turquie.
« Si elle tombe, je ne veux rien de ses débris. Je n'ai
« besoin de rien... Que faire ?... L'Empire turc s'est subs-
« titué à l'Empire grec, par la conquête ; ses racines
« sont peu profondes ; les populations des provinces de
« l'ancien Empire grec, même sur la rive asiatique du
« Bosphore, sont en majorité chrétiennes. Pourquoi l'Em-
« pire turc se détruisant lui-même, par sa propre incapacité,
« *ne chercherions-nous pas à rétablir un* Empire grec ?...
« Je ne vois, de mon côté, rien de mieux à faire (2). »

Ainsi donc, l'Empereur de Russie repoussait l'idée de
partage et s'accordait sur la nécessité d'une entente avec
l'Autriche. Le prince de Metternich ne demandait rien de
mieux. Cependant il ne goûtait pas du tout, l'idée de
l'Empereur, quant à la création d'un Empire grec au
flanc de l'Autriche, surtout dans l'éventualité de voir le
trône Impérial de Constantinople, occupé par un prince
de la maison de Bavière. « Il serait imprudent à elle
« (l'Autriche), disait-il, d'avoir le même adversaire en
« dos qu'elle a en face (3). « Le mieux c'était encore de

(1) V. Fr. de Martens, op. cit., t. IV, p. 442.

(2) V. Martens, op. cit., t. IV, p. 443.

(3) V. Dépêche de Tatichtcheff, ambassadeur de Russie, à Vienne,
du 11 mars 1833, Martens, loc. cit.

soutenir le Sultan « jusqu'à la dernière extrémité », et si cela était vraiment impossible, « *de préférer à toute* « *autre combinaison, l'établissement en souverainetés* « *indépendantes des Etats qui forment le territoire de* « *la Turquie européenne* (Moldavie, Valachie, Serbie, « Bosnie, Bulgarie, Albanie). Mais dans aucun cas, il ne « fallait.., admettre que le Souverain à qui échouerait les « rives du Bosphore et dont Constantinople serait la « capitale, assumât le titre d'Empereur (1). »

C'est dans cet état d'esprit, et également animés du désir de s'entendre sur les principes dirigeants à l'égard de la Turquie, que les deux Cabinets acceptèrent l'idée d'une entrevue, où l'on finirait par tomber d'accord sur la ligne de conduite, de l'avenir. Et, en effet, l'Empereur Nicolas, subissant l'influence du prince de Metternich, se laissa convaincre de la sincérité de ses intentions et, en toute confiance, laissa signer une convention qui avait pour résultat de lui enlever toute la liberté d'action, en Orient, cette liberté que le Tsar proclamait absolument indispensable, pour y montrer son influence.

« S. M. l'Empereur d'Autriche et S. M. l'Empereur de « toutes les Russies, disait le préambule de la convention « de Munchengraetz, considérant que leur intime union, « durant les derniers événements d'Egypte, a puissam- « ment contribué à préserver l'Empire ottoman des dan- « gers dont il était menacé et l'Europe — des complica- « tions qui auraient pu en résulter, *animés d'ailleurs de* « *cet esprit de conservation qui préside à leur politique* « *commune* et voulant garantir la sûreté et le repos de « leurs propres États, limitrophes de la Turquie, ont

_____

(1) Martens, op. cit., p. 444.

« résolu d'adopter également ce principe d'Union comme
« règle fondamentale de leur conduite future relativement
« aux affaires d'Orient (1). » Les trois articles patents de
de la convention ne font qu'appliquer pratiquement ce principe salutaire de conservation. Les deux Cours s'engageaient « de persévérer dans la résolution qu'elles
« (Leurs Majestés) ont prises de maintenir l'existence
« de l'Empire ottoman sous la dynastie actuelle, et à
« consacrer à ce but, dans un parfait accord, tous les
« moyens d'influence et d'action qui sont en leur pou-
« voir (2). » En outre, les Hautes Parties Contractantes
s'engageaient « de s'opposer en commun à toute combi-
« naison qui porterait atteinte à l'indépendance de l'auto-
« rité souveraine en Turquie, soit par l'établissement
« d'une régence provisoire, soit par un changement com-
« plet de dynastie. Si l'un ou l'autre cas venait à se
« réaliser, les deux Hautes Parties Contractantes, non
« seulement ne reconnaîtraient point un pareil ordre de
« choses, mais se concerteraient sur les mesures les plus
« efficaces à adopter, en commun, afin de prévenir les
« dangers que le changement, survenu dans l'existence
« de l'Empire ottoman, pourrait entraîner pour la sûreté
« et les intérêts de leurs propres États, limitrophes de la
« Turquie (3). »

Le texte de la convention publique ne faisait, on le
voit, que poser, en termes généraux, les principes sur
lesquels les deux Cabinets étaient parvenus à tomber

---

(1) V. Fr. de Martens, op. cit., t. IV, p. 445. — La convention est
du 18 septembre 1833.

(2) Article I de la Convention, Ibid, p. 446.

(3) Article II de la Convention. Ibid. p. 447.

d'accord, à savoir : *a*) maintien de la Turquie ; *b*) nécessité de prendre ensemble des mesures sérieuses, dans le
cas où leurs intérêts se trouveraient menacés, par suite
de changements éventuels et faciles à prévoir, en Turquie.
Ce n'était donc pas là que résidait l'intérêt de cette convention, mais bien dans les articles secrets, qui complé-
taient et développaient, en quelque sorte, les principes
posés dans les articles patents de la convention. Le premier de ces articles secrets visait spécialement le Pacha
d'Egypte. Le second traitait des mesures à prendre, en
commun, dans le cas, où la Turquie viendrait à disparaître. Connaissant la divergence des vues des deux
Cabinets sur ce dernier point, nous n'avons pas lieu
d'être surpris, ni frappés de la différence du texte de ces
deux articles. Nous avons vu qu'à Vienne, comme à Saint-
Pétersbourg, on voulait empêcher l'établissement de
Méhémet-Ali, sur les rives du Bosphore. Aussi, l'article
qui le vise est-il remarquable de précision. « Les Hautes
« Parties Contractantes, y est-il-dit, entendent appliquer
« spécialement au pacha d'Egypte les stipulations de
« l'art. II de la convention patente de ce jour, *et Elles*
« *s'engagent expressément à empêcher d'un commun*
« *accord que, soit directement, soit indirectement, l'au-*
« *torité du Pacha d'Egypte ne s'étende sur les pro-*
« *vinces européennes de l'Empire ottoman* (1).» Tout au
contraire, les négociations qui avaient précédé l'entrevue
de Munchengraetz n'avaient point abouti à un accord sur
la question de savoir qui serait le ou les remplaçants de
la Turquie. Aussi, ce second article, s'en est-il un peu
ressenti. Le contraste est significatif. Qu'on en juge. « En

(1) V. Fr. de Martens, op. cit., t. IV, p. 447-448.

« signant la convention patente d'aujourd'hui, les deux
« Cours impériales n'ont pas dû exclure de leurs prévi-
« sions le cas où, malgré leurs vœux et efforts communs,
« l'ordre actuel des choses en Turquie viendrait à être
« renversé, et il est de leur intention que, ce cas venant
« à se réaliser, n'apporte aucun changement au principe
« d'union pour les affaires de l'Orient que la convention
« patente est destinée à consacrer entre elles. Il est
« entendu, en conséquence que, le cas échéant, *les deux*
« *Cours Impériales n'agiront que de concert et dans un*
« *esprit de solidarité pour tout ce qui concerne l'éta-*
« *blissement du nouvel ordre de choses, destiné à rem-*
« *placer celui qui existe aujourd'hui*, et qu'elles veille-
« ront en commun à ce que le changement, survenu dans
« la situation intérieure de cet Empire, ne puisse porter
« atteinte, ni à la sûreté de leurs propres états et aux
« droits que les traités leur assurent, ni au maintien de
« l'équilibre européen (1). »

Ainsi, on cherchera vainement quelque précision dans
cet article. Que mettra-t-on à la place de la Turquie?
Était-ce l'idée du tsar Nicolas, la création de l'Empire
grec, qui avait prévalu? Était-ce, au contraire, la proposition du prince de Metternich, la création des petits États
indépendants? Nous ne le savons pas, le texte ne nous dit
rien. Il est à supposer que, si on avait insisté sur ce
point, si on s'était appliqué à préciser un peu plus, l'accord ne serait pas intervenu. Au lieu de tout compromettre, on préféra ajourner la difficulté. Metternich
voulait s'assurer le concours du Tsar, pour les affaires de
l'Occident, sur la base d'un principe qui lui était cher

(1) V. Fr. de Martens, op. cit., t. IV, p. 448 (IIe art. secret).

entre tous, le principe de la conservation. Le Tsar, de son côté, désirait attirer la Cour de Vienne dans son orbite, quant aux affaires d'Orient ; et sans trop approfondir la chose, on tomba d'accord de s'accorder plus tard, sur les détails, qui avaient pourtant leur importance. Lequel des deux Cabinets a été la dupe ? C'est un grave problème, qui ne comporte pas une solution par trop simpliste. Il est d'autant plus difficile à répondre à cette question, que les deux parties paraissent satisfaites du résultat de l'entrevue. Chacun croyait avoir trompé l'autre. En apposant sa signature au bas de la Convention de Munchengraetz, le gouvernement du Tsar avait surtout en vue de détacher la Cour de Vienne des Puissances maritimes et de s'assurer son concours, dans l'éventualité d'une nouvelle complication en Orient (1). La diplomatie russe était sincèrement convaincue que la convention de Munchengraetz assurait ces deux résultats et le comte de Nesselrode n'avait point hésité à s'en faire l'écho, dans son rapport à l'empereur Nicolas. « Cette convention, écrivait le vice- « chancelier, nous permet d'espérer que dans toutes les « complications futures, en Orient, nous aurons l'Autriche « avec nous et non pas contre nous (2) ».

Il semble bien, cependant, que la Russie avait donné plus qu'elle n'avait obtenu par ce traité international. Elle consentait, nous l'avons déjà dit, à perdre sa liberté d'action sur les rives du Bosphore ; elle détruisait, d'un trait de plume, toute la situation privilégiée que lui assurait, en droit du moins (3), le traité d'Unkiar-Skéléssi. La con-

---

(1) V. Tatichtcheff, op. cit., p. 393.
(2) V. Ibid. p. 396.
(3) V. En effet, des hommes très compétents, même en Russie,

vention de Munchengraetz, en réalité, n'assurait pas aussi
complètement qu'on le croyait, à Saint-Pétersbourg, le
concours du Cabinet de Vienne. Ce concours était, d'ores
et déjà, acquis, s'il s'agissait de soutenir le pouvoir du
Sultan et d'empêcher la réalisation des rêves ambitieux
de Méhémet-Ali, mais pouvait-on compter sur le concours
du prince de Metternich pour assurer le triomphe de la
politique russe en Orient lors de la disparition de la Turquie? Il est permis d'en douter. Tout ce que Metternich
avait promis, c'était d'agir ensemble. Il s'était bien gardé

---

mettaient en doute l'efficacité de l'avantage que ce traité d'alliance
défensive assurait à la Russie. Si les diplomates russes croyaient sincèrement que la mer Noire se trouvait à l'abri de toute invasion ennemie, grâce à la clause secrète qui fermait les Dardanelles aux
flottes des autres puissances, les hommes du métier avaient des raisons
sérieuses pour ne pas partager cet enthousiasme. Et leur crainte
n'était pas du tout basée sur la mauvaise foi des Turcs, mais sur la faiblesse organique de l'Empire ottoman. Le lieutenant-général Mouraviev
le dit clairement dans son livre. « D'abord, écrit-il, le gouvernement
« turc ne sera jamais en mesure de prévoir, à temps utile, le danger
« qui le menace ; c'est pourquoi il ne faut même pas accuser la Porte
« de mauvaise foi, si elle ne nous demande pas, à temps, les secours.
« Ensuite, la flotte Turque, grâce à sa faiblesse et à son inaction, ne
« sera guère en mesure d'empêcher les flottes étrangères de forcer les
« Dardanelles ; au contraire, les escadres ennemies s'en empareront
« et s'en serviront contre nous. De plus, quand les escadres ennemies,
« qui d'ordinaire se trouvent à Symrne, voudraient envahir l'Euxin,
« elles pourraient procéder au bombardement d'Odessa, avant que la
« nouvelle de leur présence dans la mer Noire soit parvenue à Saint-
« Pétersbourg. » [A cette époque il n'y avait pas encore de télé-
« graphe]. « De sorte que, poursuit Mouraviev, non seulement notre
« armée ne pourrait défendre les Dardanelles, mais elle ne verrait pas
« le Bosphore avant d'avoir chassé les escadres ennemies des eaux de
« l'Euxin... » L'aide de camp du général Mouraviev, le colonel Du-

d'en indiquer le sens ou la base (1). L'habile chancelier
d'Autriche avait cependant obtenu un résultat positif :
c'était l'engagement, pris par le Tsar, de ne rien faire ni
entreprendre, en Orient, sans une entente préalable. Et
cette entente devait remplir certaines conditions, qui ont
leur importance. Aucune démarche ne devait être contraire à « l'esprit de solidarité » des intérêts des deux
Empires, ni de nature à porter atteinte à la sûreté de
leurs États, voire même à l'équilibre européen. Toutes ces
réserves que le prince de Metternich avait jugé utile d'insérer dans la convention secrète de Munchengraetz ne
peuvent prouver qu'une seule chose, c'est que le chancelier des Habsbourgs avait pris un soin jaloux de se ménager
des échappatoires, dans le cas, plus que probable, où les
intérêts de son pays lui feraient un devoir de ne point
marcher de front avec la Russie. Car, en somme, que
signifiait la solidarité des intérêts, entre l'Autriche et la
Russie, alors qu'il était question des affaires d'Orient, où,
plus que partout ailleurs, les intérêts de ces deux Empires
étaient constamment en conflit? « En réalité, écrit

hamel, était allé visiter les forts qui protégeaient les Détroits et il
était loin d'en emporter une impression favorable. Tout cela avait été
rapporté à l'empereur Nicolas. Cette appréciation pratique du traité
d'Unkiar-Skéléssi avait-elle exercé une influence quelconque sur les déterminations du Tsar? Peut-elle nous expliquer l'attitude de Nicolas Ier
à Munchengraetz, où il avait l'air de sacrifier des avantages considérables, alors qu'il était convaincu de leur inanité? On peut le supposer,
sans cependant pouvoir l'affirmer, car rien ne nous permet de savoir
à quel point le langage du général Mouraviev avait agi sur l'esprit du
Tsar. Nous ne le donnons donc qu'à titre d'une simple indication. [V.
Mouraviev, op. cit., p. 433 et 449.]

(1) V. Tatichtcheff, op. cit., p. 394.

« M. Tatichtcheff, ce n'est pas nous qui associions l'Au-
« triche à nos besoins et à nos intérêts, mais c'est elle qui
« nous liait par les mains et par les pieds, se réservant
« une entière liberté d'action pour l'avenir » (1). C'était
aussi l'avis du prince de Metternich, lorsqu'il disait, avec
emphase, que « quand la Russie suivait un autre chemin
« que moi, je l'ai abandonnée. A présent, je marche avec
« elle, parce qu'elle marche avec moi. Il y a quelques
« années, dans la question grecque, je ne marchais pas
« avec elle, on me l'a reproché. Maintenant qu'elle désire
« et doit désirer le maintien de l'Empire turc, je marche
« avec elle et on me le reproche de nouveau. Je ne me
« règle sur personne, je ne fais que suivre le chemin que
« je crois être le vrai. Je prends avec moi quiconque se
« trouve sur ce chemin. C'est ainsi que, peu à peu, j'ai
« vu venir à moi tous mes adversaires les plus fou-
« gueux » (2).

Quelques semaines après la conclusion de la convention
de Munchengraetz, les représentants des trois Cours du

_____

(1) V. Tatichtcheff, op. cit., p. 395.

(2) Qu'il nous soit permis de rapporter ici le texte même, car nous
n'avons pas grande confiance dans notre connaissance, malheureu-
1ement très insuffisante, de la langue allemande. Voici les paroles du
prince, d'après M. Adolf Beer : « Als Russland einen andern Weg gieng
« als ich, liess ich es gehen ; heute gehe ich mit ihm, weil es mit mir
« geht. Vor wenigen Jahren in der griechischen Sache gieng ich nicht
« mit ihm, man tadelte mich deshalb. Heute wo es die Erhaltung des
« türkischen Reiches will und wollen muss gehe ich mit ihm, und man
« tadelt mich wieder. Ich richte mich nach Niemanden, sondern gehe
« den Gang, welchen ich für den richtigen halte. Wen ich auf diesem
« Wege finde, den nehme ich mit mir. Ich habe nach und nach die
« heftigsten Gegner wieder zu mir Kommen sehen. » V. Beer op. cit.,
p. 401.

Nord procédaient à la signature d'un traité, qui consacrait l'alliance de l'Autriche, de la Prusse et de la Russie, dans le but de raffermir le système de conservation, qui constitue « la base immuable de leur politique » (1).

II

Si la Cour de Vienne se trouvait rassurée, grâce aux engagements que l'empereur Nicolas avait contracté, quant à sa future politique orientale, on ne peut pas dire que l'entrevue de Munchengraetz ait produit une détente dans les rapports de la Russie avec les Puissances maritimes. Le mystère qui entourait les différentes conventions signées à Munchengraetz et à Berlin avait, au contraire, autorisé toutes les suppositions et, loin de détruire la tension qui pesait sur les relations internationales depuis le mois de juillet 1833, cela n'avait fait qu'aigrir les esprits encore davantage si possible.

En France, notamment, la Question d'Orient préoccupait les esprits, et le duc de Broglie ne la perdait pas de vue. Cependant, pour des raisons de politique intérieure, il croyait sage de ne pas la rouvrir aussitôt et de la laisser s'assoupir. Il entrevoyait pourtant que, dans un avenir qui n'était pas très éloigné, cette question d'Orient pouvait bien motiver une conflagration générale en Europe, si la Russie persistait à vouloir agir seule dans cette partie du continent. Il ne fallait pas se le dissimuler, la question

_____

(1) Traité de Berlin, signé le 15 octobre 1833, dans le Recueil de Fr. de Martens, t. IV, p. 460-462.

turque avait causé de très vives inquiétudes au quai
d'Orsay ; on y était convaincu que le Cabinet de Saint-
Pétersbourg n'avait qu'une idée, et cette idée n'était autre
que de s'emparer des clefs de la mer Noire. « Est-ce de
« vive force, écrivait le duc de Broglie à M. Bresson,
« ministre de France à Berlin, enseignes déployées,
« en écrivant sur les drapeaux qu'elle (la Russie) va
« s'emparer de Constantinople? Il faudrait être bon
« enfant pour le croire. Le bon sens, les antécédents,
« l'histoire du partage de la Pologne, nous apprennent
« que les moyens les plus propres pour parvenir à ce
« but *sont des occupations armées, colorées de divers*
« *prétextes* (1), des occupations successives, si les

---

(1) Il est à remarquer que l'idée des occupations était préconisée
par les hommes d'État russes, de l'époque. Le comte Matuszévitch,
qui était alors conseiller à l'ambassade de Londres, appréciant la
protestation de lord Palmerston contre le traité d'Unkiar-Skéléssi,
préconisait au comte de Nesselrode de ne pas céder, de tenir ferme,
car, si la Russie fléchissait, « elle sacrifierait ses droits, ses intérêts,
« sa dignité et son indépendance », au contraire, la Russie devait être
en mesure *de s'emparer « des clés de la mer Noire et de prévenir*
« *ses ennemis, par une flotte et une armée qui puissent en tout*
« *temps occuper les détroits du Bosphore et des Dardanelles* ».
(Lettre du comte Matuszévitch, du 2 déc. 1833, citée par M. Fr. de
Martens, dans son Recueil, t. XII, p. 46-47. — Le général Kisséleff,
qui commandait l'armée d'occupation des Principautés danubiennes,
après le traité d'Andrinople, était du même avis. V. mémoire secret
de Kisséleff, du 3 mai 1832, cité par Tatichtcheff, op. cit., p. 328-329.
— Dans une lettre qu'il adressait, les 8/20 juin 1833, à son ami, le
comte Orloff, le général Kisséleff revenait à la charge. « Tu dis,
« écrivait-il, que tu as des doutes sur l'amitié des ministres turcs pour
« nous : je suis convaincu, quant à moi, qu'ils nous haïssent ; il ne
« faut pas compter, non plus, sur l'amitié du Sultan, qui, au premier
« changement de vent, changera ses sentiments à notre égard »...

« premières rencontrent trop de difficultés de la part des
« autres Puissances ; des occupations prolongées, si la
« résistance est moindre ; mais des occupations conduites
« jusqu'à ce point que la prise de possession de Constan-
« tinople soit considérée comme un fait accompli, c'est-à-
« dire comme un fait sur lequel tout le monde s'arrange
« et prend son parti. Aussi, lorsque M. de Metternich nous
« déclare que, si l'empereur Nicolas prétend s'emparer
« d'un seul village ottoman, l'empereur d'Autriche tirera
« son grand sabre, lorsqu'il nous déclare que l'empereur
« d'Autriche repousserait avec horreur la simple idée de
« recevoir en partage un seul village de l'Empire ottoman,
« il fait un étalage de rhétorique fort inutile. L'occasion
« ne se présentera pas directement de déployer tant de
« courage et de désintéressement. L'empereur Nicolas
« n'élèvera jamais des prétentions directes et ostensibles
« à s'emparer de tout ou partie de l'Empire ottoman ;
« *mais il s'y établira, si on le laisse faire, sous quelque*
« *prétexte,* du consentement de l'Autriche et, une fois
« établi, l'Autriche fera comme le chien qui portait au cou
« le déjeuner de son maître, elle acceptera sa part après
« coup, ce qu'elle ne ferait probablement pas, si on lui

C'est pourquoi le général Kisséleff s'ingéniait à démontrer que ce n'est
pas par des traités qu'on pourrait jamais assurer les intérêts russes, mais
par des occupations ; pour commencer, il voudrait que la Russie gardât
les Principautés. « Je pense ainsi, poursuivait-il, parce que je considère
« le Danube comme la frontière de l'Empire et, malgré Nesselrode et
« tous nos politiciens pétersbourgeois, la force même des choses
« finira par avoir le dessus sur leur système et nous serons là où nous
« devons être. *En prolongeant l'occupation, nous habituerons les*
« *esprits à nous y voir, et l'annexion se fera plus aisément.* »
V. Tatichtcheff, op. cit., p. 330.

« proposait de procéder au partage à main armée et de
« propos délibéré » (1).

Tel était, aux yeux de l'éminent ministre français, le
but suprême de la politique orientale de la Russie. On ne
peut s'empêcher d'admirer la clairvoyance de l'homme
d'État célèbre qui dirigeait la politique extérieure de la
France, car, malgré les nombreuses déclarations de l'empereur Nicolas, malgré les protestations de certains auteurs
de la Russie contemporaine, on ne peut raisonnablement
nier que l'idée fixe de la Russie a toujours été d'avoir en
mains « les clés de la mer Noire », de monter la garde à
l'entrée de « sa maison et sa cour intérieure », comme le
dit Danilevsky (2). Or, il était d'un intérêt majeur pour la
France, de ne pas permettre cet état de choses. Le duc de
Broglie devait donc envisager les moyens propres à
prévenir l'accomplissement de ce rêve russe. Il n'y avait,
d'après lui, qu'un seul, vraiment efficace : c'était la guerre.
Il reconnaissait toutefois que l'emploi de ce moyen était
hérissé de difficultés. Avant de ce décider à ce moyen
extrême, le duc de Broglie entendait s'entourer de
sérieuses garanties, qui lui auraient permis de réussir. Il
lui fallait non seulement le concours loyal de l'Angleterre,
mais aussi celui de l'Autriche. « La guerre seule, pour-
« suivait le chef du quai d'Orsay, peut empêcher la Russie
« de s'emparer de Constantinople. *Il faut que les deux*

***

(1) Cette lettre confidentielle est du mois de février 1834. M. Thureau-Dangin a été le premier à la livrer à la publicité, v. op. cit., t. II,
p. 409.

(2) V. Danilevski, Recueil des études politiques et économiques (en
russe), Saint-Pétersbourg, 1890 ; L'étude sur la « Guerre pour la Bulgarie ». III. Détroits, p. 70.

« *Puissances,* qui ont eu, dans le xvIII^e siècle, le tort et la
« honte de souffrir d'abord l'occupation armée de la
« Pologne, puis le partage de ce malheureux pays, *soient*
« *bien déterminées à ne point souffrir d'abord l'occupa-*
« *tion, puis ensuite le partage de la Turquie...* Si l'An-
« gleterre et la France s'engagent à fond dans cette ques-
« tion, l'Autriche s'y engagera un peu plus tard, un peu
« de mauvaise grâce, mais enfin elle s'y engagera, car il
« est très vrai qu'au fond elle ne désire point le partage
« de la Turquie et que les restes de l'empereur Nicolas
« ne lui font pas grande envie (1). » Cependant pour
s'assurer le concours de la cour de Saint-James, il fallait
gagner sa confiance, et le duc de Broglie ne l'ignorait
pas. Il savait aussi que si le cabinet de Londres n'avait
point suivi la France au commencement du premier conflit turco-égyptien, c'était surtout parce que lord Palmerston conservait quelques méfiances sur les véritables
intentions du cabinet de Paris. La partialité de la France
pour le Pacha d'Égypte lui avait certainement nui aux
yeux de l'Europe. Afin de réussir dans l'œuvre que le duc
de Broglie projetait, « il fallait abandonner toute arrière-
« pensée de mettre Méhémet-Ali à la place du Sul-
« tan » (2).

Tel était le plan du duc de Broglie, mais il n'était pas
destiné à recevoir une application immédiate. C'était une

---

(1) V. Thureau-Dangin, op. cit., t. II, p. 410 — Lord Palmerston était
du même avis que le duc de Broglie, quant à l'Autriche «... L'Au-
« triche, écrivait-il à son frère, le 3 mars 1834, se joindra à nous, si
« elle voit que nous sommes sérieusement décidés à faire la guerre. »
V. Talichtcheff, op. cit. p. 398.

(2) V. Thureau-Dangin, op. cit., t. II, p. 410.

œuvre de longue haleine et qui demandait plusieurs années, avant d'être prête à se réaliser. « Plus nous avan-
« çons, concluait le ministre, plus la situation intérieure
« de la France se consolide, plus se développe son ascen-
« dant au dehors, plus grand sera alors le rôle que la
« France pourra jouer dans la guerre. Si la rivière coule
« du côté de la Russie, en Orient, la rivière coule du côté
« de la France, en Europe. Elle est placée, naturellement
« à la tête du mouvement des esprits et des idées. Sa
« tâche, sa mission c'est de contenir et de régler ce mou-
« vement : quand elle y réussit, elle en est payée avec
« usure ; il ne faut pas qu'elle se hasarde légèrement et
« sans nécessité à laisser les esprits se lancer de nouveau
« dans la carrière des révolutions et des aventures. Le
« temps approche où la guerre pourra être engagée, pour-
« suivie, conduite dans des voies régulières et sans dé-
« chaîner toutes les imaginations. Il n'est pas encore venu.
« D'un autre côté, à mesure que nous nous éloignons de
« la Révolution de Juillet, la coalition du Nord que cette
« révolution a ressuscité et resserrée tend à s'affaiblir et
« à se disloquer... Plus nous différerons, plus nous au-
« rons des chances de voir les alliés de la Russie se dé-
« tacher d'elle, dans cette question (1) ».

Voilà les raisons qui avaient déterminé le duc de Broglie
à ne pas brusquer les choses. Il s'était contenté de protester énergiquement et ne voulait rien entreprendre pour
le moment, car le temps n'était pas encore propice. C'était
pour les mêmes motifs qu'il s'était appliqué à modérer
l'ardeur belliqueuse de son collègue de Downing-street.
C'était là, sans aucun doute, une sage et prévoyante po-

---

(2) V. Thureau-Dangin, p. 410-441.

litique; la prudence en était la base. On allait se recueillir, tout en préparant bien lentement, mais sûrement, une action décisive, pour des temps meilleurs.

Lord Palmerston, de son côté, avait fini par comprendre que la modération, à l'égard de la Russie, s'imposait, dans les circonstances (1). Mais, cependant, si la politique lui faisait un devoir de se montrer calme et modéré, il n'en était pas moins inquiet et irrité contre la Russie. Il ne pouvait aucunement se reconcilier avec l'article secret du traité d'Unkiar-Skélessi, qui stipulait la fermeture des Dardanelles à toutes les Puissances qui se trouveraient en guerre avec la Russie et il faisait justement observer que cette clause avait aussi un autre effet : elle révoquait les dispositions du traité anglo-turc, de 1809. Et, en effet, par l'article XI de ce traité, le gouvernement britannique prenait l'engagement nous l'avons vu, de respecter l'ancienne règle de l'Empire ottoman, d'après laquelle les détroits des Dardanelles et du Bosphore étaient rigoureusement fermés au pavillon de guerre étranger; mais si l'Angleterre avait contracté cet engagement, c'était à la condition que cette règle serait également appliquée au pavillon de guerre de toutes les autres nations sans distinction (2). Or, tout cela était jeté par dessus bord, par la clause secrète du traité du 8 juillet 1833, et le cabinet de Londres avait le droit de s'en plaindre.

Vainement, le prince de Lieven, ambassadeur du Tsar, à la Cour de Saint-James, essaya-t-il de démontrer que ce traité n'assurait aucun avantage particulier à la Russie.

---

(1) V. Martens, Recueil des traités de la Russie, t. XII, p. 47.
(2) V. Ibid. p. 49; Rosen, op. cit., P. I, p. 231.

Il avait même communiqué au noble lord, une dépêche du comte de Nesselrode, datée du 17 août 1833, où le vice-chancelier de Russie donnait, pour le propre usage de l'ambassadeur, le véritable sens de cette clause. Cet article, aux yeux du comte Nesselrode, « n'impose à la Porte au-« cune condition onéreuse et ne lui fait contracter aucun « engagement nouveau. Il sert uniquement à constater le « fait de la fermeture des Dardanelles au pavillon de « guerre des Puissances étrangères, système que la Porte « a maintenu de tout temps, et dont elle ne saurait dévier « en effet sans porter préjudice à ses intérêts les plus di-« rects (1) ». Mais cette démonstration, plus brillante que conforme à l'esprit de la clause en question, n'était pas faite pour rassurer et convaincre le chef du Foreign-Office, car, en somme, on ne comprenait pas aisément pourquoi le gouvernement du Tsar avait gardé un si profond silence, même à l'égard de ses alliés, l'Autriche et la Prusse ? Pourquoi consentait-il à subir les nombreux inconvénients qui résultaient forcément de la tension des rapports, si ce traité ne lui assurait, au fond, aucun avantage précieux. Aussi, lord Palmerston interpella-t-il, « non « sans une certaine ironie », ajoute M. de Martens, le prince de Lieven, en lui demandant : « Mais si ce traité « ne vous apportait ni avantages, ni privilèges nouveaux, « qui vous a donc engagé à le conclure (2) ». Et sur la réponse de l'ambassadeur, que c'était la Porte qui, la première, avait proposé la conclusion de ce traité, lord Palmerston lui opposa le plus formel démenti. « Ce-« pendant, lui avait-il dit, nous savons de science certaine

(1) V. Martens, op. cit., t. XII, p. 43-44
(2) V. Ibid. p. 50.

« que la proposition est venue de vous, que M. de Bou-
« ténieff avait reçu ordre de la faire, même avant l'ar-
« rivée du comte Orloff à Constantinople, et qu'à cette
« époque, elle y provoqua des objections de plusieurs
« membres du Divan (1) ».

Plus tard, lorsque le comte de Nesselrode envoya à
Londres le comte de Medem, en qualité de chargé d'affaires, la Question d'Orient fut de nouveau abordée. Lord
Palmerston lui tint un langage qui mérite d'être rapporté,
car il résume nettement la situation créée par le traité
d'Unkias-Skéléssi. « Peut-être est-ce faux, disait le noble
« lord au comte de Medem, que nous attribuons à votre
« Cour des vues secrètes ayant trait ou à un partage ou
« à un démembrement de l'Empire ottoman ; *mais il n'en*
« *est pas moins vrai que cette idée prévaudra ici aussi*
« *longtemps que la Turquie se trouvera dans l'état de*
« *dépendance où l'a placée le traité du 8 juillet...* Nous
« rendrons justice à la modération de l'Empereur, nous
« reconnaîtrons ses efforts pour le maintien de la paix,
« mais nos craintes ne cesseront pas relativement aux
« conséquences de la suprématie russe en Orient (2) ».
Cela revenait à dire que même si le traité d'Unkias-Skéléssi venait à être supprimé, la Russie ne devrait pas
compter sur la confiance de l'Angleterre, tant que le Cabinet de Pétersbourg essayerait d'avoir une influence prépondérante en Orient, aussi longtemps qu'elle prétendrait
régler le sort de la Turquie en dehors du contrôle des
autres Puissances. — Le comte de Medem ne s'était pas
trompé sur le véritable sens de ces paroles. Tout le sys-

---

(1) V. Martens, loc. cit.
(2) V. Ibid. op. cit., t. XII, p. 53.

tème de lord Palmerston se ramenait, d'après lui, à trois points : « a) Que jamais nous ne parviendrons à inspirer « à l'Angleterre une confiance véritable dans notre désin- « téressement et notre loyauté, quels que soient nos ef- « forts pour arriver à ce résultat; b) que le gouverne- « ment britannique croira devoir profiter de chaque nouvel « incident pour chercher par tous les moyens en son « pouvoir à nuire à nos relations d'intimité avec la Porte; « c) que si la Cour de Londres témoigne le désir de s'en- « tendre avec nous pour maintenir et consolider l'Empire « ottoman, elle y est portée par le besoin de conserver « la paix et de contrôler le degré de notre influence (1) ».

Il était impossible d'être mieux renseigné sur les inten- tions du gouvernement britannique, qu'il fût tory ou whig. A la première complication en Orient, la Russie n'avait qu'à subir le concours, c'est-à-dire le « contrôle » de l'An- gleterre et des autres Puissances, ou, si elle persistait à vouloir régler seule et dans son unique intérêt, la Question d'Orient, elle risquerait de trouver, contre elle, les forces réunies de la France et de l'Angleterre, voire de l'Autriche, son alliée. Le chargé d'affaires pouvait se convaincre, bientôt, que cette politique n'était pas seule- ment celle de lord Palmerston, mais qu'elle servait aussi de ligne de conduite au Cabinet qui remplaça, en dé- cembre 1834, celui du lord Grey et lord Palmerston, et à la tête duquel se trouvait le duc de Wellington et sir Ro- bert Peel.

Et, en effet, c'était toujours la même idée qui était au fond des conversations que le comte de Medem eut avec

---

(1) V. Rapport du comte de Medem, du 26 septembre 1834, dans le Recueil de Fr. de Martens, t. XII, p. 54.

ces deux hommes d'État éminents. « Pourquoi ce traité,
« demandait sir Robert Peel, pourquoi la stipulation rela-
« tive aux Dardanelles, pourquoi cette épithète de *séparé*,
« lorsque le Cabinet russe s'efforce de démontrer qu'il ne
« s'est assuré par là aucun avantage exclusif, aucun droit
« qu'il n'eût pas déjà possédé antérieurement... Que fera
« votre Gouvernement si une Puissance maritime, se
« trouvant en guerre avec lui, voulait forcer les détroits
« et que les Turcs ne se crussent pas en état d'en empê-
« cher le passage... (1)? » C'était aussi le même langage
que lui tenait le duc de Wellington. « Un fait patent et
« positif, lui disait-il, c'est l'existence de ce traité qui est
« envisagé par le public de tous les pays comme plaçant
« la Turquie dans un état de vassalité vis-à-vis de la Rus-
« sie. Cette opinion est générale, elle durera aussi long-
« temps que ce traité subsistera... Après que la Cour de
« Russie est convaincue et qu'elle nous prouve que ce
« traité n'est au fond d'aucune importance réelle pour elle,
« pourquoi, si le Sultan s'y prêtait de son côté, ne rési-
« lierait-elle pas un acte qui éveille contre elle à un si
« haut degré l'animosité nationale dans tous les pays et
« principalement dans celui-ci? Je le déclare en toute fran-
« chise, aussi longtemps que ce traité sera en force, il
« nous sera impossible de ne pas avoir parfois à nous re-
« procher des réticences envers votre Gouvernement,
« avec lequel nous aimerions tant nous entendre sur tous
« les points (2). »

---

(1) V. Rapport du même, en date du 3 février 1835, dans le même
Recueil, p. 55.
(2) V. Martens, op. cit., t. XII, p. 56-57.

Ainsi donc, la conclusion du traité d'Unkiar-Skéléssi
n'avait eu pour résultat que de provoquer cette animosité
dont parlait le duc de Wellington. En France, comme en
Angleterre, on n'en était pas content, on s'en méfiait et
on était décidé à empêcher la Russie d'exercer son influence prépondérante, dans ce coin oriental de l'Europe;
on était décidé à lui montrer, le cas échéant, qu'en dehors
des intérêts russes, si grands qu'ils fussent, il y avait
aussi d'autres intérêts, qu'il fallait ménager et non pas
négliger. Le second conflit turco - égyptien fournit aux
Puissances occidentales l'occasion de soustraire la Turquie de l'état de vassalité où l'avait placée le traité du
8 juillet 1833, et de régler collectivement cette nouvelle
crise orientale.

III

La paix de Kutaïch qui avaient heureusement terminé
le conflit entre la Porte et le Pacha d'Égypte n'était pas
destinée à durer longtemps. Tout, au contraire, contribuait à lui donner le caractère d'une transaction provisoire. En effet, les avantages que cet arrangement avait
assurés au Pacha révolté ne pouvaient point plaire au
Sultan, qui ne rêvait que de détruire la puissance de son
vassal insoumis. Ces mêmes conditions de Kutaïch avaient
le tort de ne point satisfaire l'ambition du vieux Méhémet-
Ali. — Le Pacha d'Égypte avait rêvé d'obtenir, non seulement l'agrandissement de la province qu'il administrait,
mais aussi— ce qui lui était plus cher encore — de rompre

toute attache avec la Porte, de s'assurer, en un mot, la
complète indépendance.

Les circonstances seules avaient obligé les deux parties
en présence à s'incliner et à signer cette convention qui
n'était, en réalité, qu'une trève. Mais ni le Sultan, ni
Méhémet-Ali ne croyaient sincèrement à la durée de l'arrangement. Aussi, ne faut-il pas être surpris, si dès le lendemain du rétablissement de la paix, les armements recommencèrent, de part et d'autre. On se préparait on
attendait le moment opportun pour se jeter, l'un sur
l'autre. Le Sultan espérait profiter de la première occasion pour porter le coup de massue à son ennemi acharné,
le Pacha pour obtenir, enfin, son indépendance (1).

Les grandes Puissances étaient parfaitement rensei-
gnées sur cette situation, particulièrement grave et qui
menaçait de rouvrir, du jour au lendemain, la question
d'Orient. Elles savaient aussi qu'il fallait éviter, autant
que possible, ces nouvelles complications, car, dans l'état
critique de la situation internationale, on risquait de voir
cette crise locale se transformer aussitôt en guerre européenne. C'est pourquoi, toutes les Puissances s'étaient
efforcées de conjurer l'explosion du nouveau conflit entre
le Pacha et la Porte (2).

Cette disposition des Cabinets semble avoir été mise à
profit par l'ambassadeur britannique, à Constantinople,
lord Ponsonby, afin de mieux combattre l'influence de la
Russie et de s'assurer, à sa place, une situation prépondérante. Grâce à l'habileté qui le distinguait, il avait saisi
les véritables sentiments du Sultan Mahmoud, ainsi que

(1) V. Tatichtcheff, op. cit., p. 420.
(2) V. Ibid. loc. cit.; Thureau-Dangin, op. cit., t. IV, p. 9.

le côté faible par où il pouvait agir sur lui. Ce qui avait
déterminé, nous l'avons déjà vu, le Sultan à demander
l'assistance de la Russie, en 1833, c'était la haine implacable qu'il avait conçue contre le Pacha d'Alexandrie. Ce
qui l'avait poussé à signer l'acte d'Unkiar-Skélessi, c'était
l'espoir, qu'un jour, grâce à l'appui de la Russie, il par-
viendrait à reprendre les provinces perdues, ainsi qu'à
châtier l'audacieux vieillard. L'attitude de la Russie, après
l'arrangement de Kutaïeh, les conseils à la modération
que le représentant du Tsar faisait entendre aux ministres
de Mahmoud, n'étaient pas de nature à répondre à ses
intentions; il voyait, avec dépit, que la Russie ne montrait pas beaucoup d'empressement à encourager ses projets belliqueux; il avait peut-être le tort de ne pas se
rendre compte que si la dignité de la Russie faisait une
obligation au Tsar de maintenir, dans son intégrité, le
traité d'Unkiar-Skélessi, les vrais intérêts de son Empire,
lui imposaient, au contraire, le devoir d'en conjurer le
plus longtemps possible, l'application pratique. L'ambassadeur de France à Saint-Pétersbourg avait très bien saisi
le sens vrai de la politique russe, et il avait parfaitement raison d'écrire, « que la Russie n'a en ce moment,
« aucun projet sur la Turquie. Elle craint plus qu'aucune
« puissance, de voir arriver le cas prévu par le traité
« d'Unkiar-Skélessi. Par orgueil, elle tiendrait sa parole
« et enverrait une armée, à Constantinople; seulement
« elle prévoit que ce serait la guerre, et la guerre de tous
« contre elle. Aussi elle veut le *statu quo* et s'effraye
« quand il y a péril » (1).

---

(1) V. Dépêche de M. de Barante, du 4 déc. 1838, cité par M. Thureau-Dangin, op. cit., t. IV, p. 9.

Lord Ponsonby n'hésita pas longtemps à prendre position. Il se déclara l'ennemi acharné du Pacha d'Égypte et
cette animosité contre Méhémet-Ali n'était pas seulement
inspirée par des considérations politiques, elle était
réelle. En effet, le vieux Pacha avait vivement mécontenté l'ambassadeur anglais en se refusant de faciliter
la réalisation des plans britanniques, quant à l'établissement des communications rapides et directes avec les
Indes (1). Peut-être aussi, lui tenait-il rigueur d'avoir des
dispositions particulièrement amicales à l'égard de la
France. Quoi qu'il en soit, l'insuccès de ses démarches
avait vivement excité la mauvaise humeur de lord Ponsonby. Dès lors, il chercha à lui nuire et ne s'attarda pas
longtemps au choix des moyens. L'essentiel pour lord
Ponsonby était de miner la force de Méhémet-Ali, et, pour
y mieux réussir, il s'attaqua aux finances du Pacha. Il
n'ignorait pas que l'avantage de Méhémet-Ali sur la
Porte, consistait dans les moyens financiers dont il
disposait. Il s'employa à les détruire. Le traité de commerce anglo-turc lui fournit le prétexte (2). En vertu
des clauses de ce traité, la Turquie était tenue de supprimer toutes les mesures qui étaient de nature à porter préjudice au commerce anglais. A la tête de ces mesures se
trouvaient les monopoles. Or, les produits des monopoles
étaient la principale ressource de Méhémet-Ali. Lord
Ponsonby voulut lui supprimer cette ressource. Son
argumentation était bien faite pour plaire à la Porte. Il
prétendait, en effet, que le traité de commerce devait s'appliquer à toutes les provinces de l'Empire ottoman, indis-

---

(1) Rosen, op. cit. P. 1, p. 252 et 262.
(2) V. Tatichtcheff, op. cit., p. 414.

tinctement et, notamment, en Égypte, sans que pour cela
le consentement du Pacha fût indispensable. Il demandait, en conséquence, la suppression des monopoles
égyptiens, par un simple décret, émané de la Sublime-
Porte. La Porte s'empressa d'obtempérer à cette demande
et le firman fut expédié à Méhémet-Ali (1).

Lord Ponsonby croyait que le Pacha le prendrait de
très haut et que cela devait être le signal des hostilités.
Il s'agissait, en effet, dans le plan du noble lord, de provoquer le Pacha, de le pousser à prendre l'offensive pour
lui faire supporter ensuite tous les inconvénients qui s'at-
tachent ordinairement à la qualité d'agresseur. — Cependant, son plan échoua, parce que Méhémet-Ali ne brus-
qua pas les choses. Peut-être aussi les conseils de modération que le colonel Duhamel, consul de Russie à Alexandrie, n'avait pas manqué de lui donner, ont-ils exercé une
certaine influence sur les décisions du Pacha (2). Quoi
qu'il en soit, Méhémet-Ali tourna la difficulté, en déclarant qu'il n'existait aucun monopole en Egypte, mais
uniquement certains impôts spéciaux, qu'il se déclarait,
d'ailleurs, prêt à supprimer si cela pouvait être agréable
à l'Angleterre. Si donc, lord Ponsonby ne réussit pas à
brouiller Méhémet-Ali avec la Porte, grâce à la sagesse
du Pacha d'Alexandrie, qui n'entendait pas assumer la
responsabilité de troubler l'ordre et de supporter, ensuite,
tout le tort que cela pouvait lui faire aux yeux de l'Europe,
l'ambassadeur d'Angleterre avait cependant obtenu un
beau résultat. Il s'était posé, devant le Sultan, comme
quelqu'un qui était soucieux de sauvegarder les intérêts

---

(1) V. Rosen, op. cit. P. I, p. 263.
(2) V. Ibid. loc. cit., Tatichtcheff, op. cit., p. 421.

de la Turquie et qui n'avait en vue que de lui procurer
les moyens de rétablir la domination effective du Sultan,
sur les provinces quasi perdues. Cela lui donnait un ascendant incontestable, il s'était créé une situation très
enviable à Constantinople (1).

Méhémet-Ali ne perdait toujours pas l'espoir d'obtenir
son indépendance. Il croyait y parvenir d'autant plus facilement, que son ennemi Hosrew-Pacha avait été éloigné
des affaires. Ce changement ministériel l'avait enhardi et
le vieux Pacha n'avait pas hésité à formuler sa demande
en même temps qu'il avait envoyé de très riches cadeaux
dans la capitale du Khalife. Pétrew-Pacha qui était à la
tête du gouvernement, avait appuyé la demande de Méhémet-Ali auprès du Sultan Mahmoud. Sous l'influence de
l'excellente impression qu'avaient produite les douze
millions de piastres qui venaient d'arriver d'Alexandrie (2),
le Sultan avait pu, pour un instant, oublier sa haine contre
le Pacha d'Egypte, et se trouvait disposé à se montrer généreux envers lui. Et, en effet, dès le mois de février 1837,
un commissaire impérial quittait la capitale à destination
d'Alexandrie, avec la proposition d'octroyer au Pacha
l'hérédité pour l'Egypte et l'administration viagère pour
la Syrie, moyennant une augmentation du tribut (3). En
réalité, cette proposition de la Porte était raisonnable et
paraissait, au fond, sauvegarder les intérêts de la Turquie.
Méhémet-Ali étant déjà très âgé, les ministres du Sultan
espéraient parvenir à soustraire la Syrie à l'administration
du Pacha, et cela à bref délai et sans coup férir, car il était

(1) V. Rosen, op. cit. P. I, p. 264.
(2) C'était le tribut pour Candie.
(3) V. Rosen, op. cit. P. I, p. 293.

puéril d'espérer qu'on arriverait jamais à briser la puissance de Méhémet-Ali, qui disposait encore de tous ses moyens d'action. Cette proposition n'était cependant pas de nature à plaire au Pacha d'Egypte, il espérait mieux que la simple administration héréditaire de l'Egypte ; la négociation n'eut pas de suites (1).

D'ailleurs, ces bonnes dispositions du Sultan n'eurent pas de lendemain. Le changement ministériel qui eut pour résultat de ramener au pouvoir le vieux Hosrew-Pacha, n'était pas fait pour entretenir ces dispositions de bienveillance. Les relations entre la Porte et Méhémet-Ali devenaient de plus en plus tendues. Le Sultan suscitait sous main, des insurrections en Syrie contre l'autorité du Pacha (2). Les armements recommencèrent. Le Sultan Mahmoud avait ordonné la concentration de ses troupes, en Anatolie, sous le haut commandement de Hafiz-Pacha, un des chefs le plus considéré de l'époque (3). Méhémet-Ali, de son côté, concentrait ses forces dans le vilayet d'Adana, afin de prévenir toute surprise.

L'émotion fut grande, en Europe, lorsqu'on apprit ces graves nouvelles. La situation devenait, en effet, des plus graves. Les deux armées qui se trouvaient en présence et dans un voisinage aussi dangereux, pouvaient, au moindre incident de frontière, se jeter l'une sur l'autre et, dès lors, on pouvait redouter les plus grandes complications. Quelle allait être l'attitude du Cabinet de Saint-Pétersbourg dans le cas, facile à prévoir, où l'armée du Sultan viendrait à être mise en déroute ? Est-ce que les Cabinets

---

(1) V. Rosen. p. 204.
(2) V. Tatichtcheff, op. cit., p. 422 ; Guizot, op. cit., t. IV, p. 333.
(3) V. Ibid. p. 422.

de Londres et de Paris allaient assister, impassibles, au renouvellement des événements de 1833 ? Pouvaient-ils permettre au gouvernement du Tsar d'appliquer le traité d'Unkiar-Skélessi ? Fallait-il, au contraire, prendre, en temps opportun, les mesures nécessaires pour prévenir ce résultat, soit à l'amiable, soit par la force ? Telles étaient les questions qui se posaient aux Cabinets de l'Occident.

Lord Palmerston était fermement décidé à s'opposer à toute action isolée dans le nouveau conflit turco-égyptien (1). Pour mieux réussir, il lui fallait une entente avec le gouvernement de Louis-Philippe (2). Il souhaitait d'autant plus engager la France à marcher de concert avec lui, que le Cabinet du comte de Molé ne le rassurait qu'à demi. On sait, en effet, quelle était l'intention du roi Louis-Philippe à ce moment. Depuis assez longtemps déjà, il caressait le rêve de se rapprocher des monarchies du Continent et d'échapper, de la sorte, aux multiples inconvénients qui résultaient, pour la France, de la fatale obligation où l'on se trouvait de n'avoir que l'Angleterre comme alliée (3). Le président du Conseil était aussi pénétré de l'intérêt qu'avait la France à s'allier aux Puissances continentales. Il faisait de réels efforts pour y parvenir. C'était justement ce que lord Palmerston craignait et voulait empêcher. Il désirait lier la France au moyen d'une convention relative au secours qu'on devait prêter, en commun, à la Porte. Ce que le chef du Foreign-Office redoutait par dessus tout, c'était une entente entre

(1) V. Martens, op. cit., t. XII, p. 70.
(2) V. Tatichtcheff, op. cit., p. 424.
(3) V. Ibid. loc. cit.; Thureau-Dangin, op. cit., t. II et IV, passim.

Paris et Saint-Pétersbourg. « Il ne faut pas oublier, écrivait
« le noble lord à son ambassadeur à Paris, que l'éventualité
« d'une entente entre la France et la Russie présente le
« plus grand danger pour l'Europe » (1)... Malheureusement, les sentiments hostiles et haineux que l'empereur
de Russie nourrissait à l'égard de Louis-Philippe, ne pouvaient permettre la réalisation de cette combinaison politique. La France se voyait donc presque obligée de ne
s'inspirer que de sa politique traditionnelle.

C'est dans cette disposition d'esprit que s'engagèrent
les négociations. Bientôt d'ailleurs, le plan de lord Palmerston s'élargit quelque peu. Ayant appris que presque
tous les Cabinets de l'Occident s'étaient prononcés en
faveur du maintien de la Turquie, le chef du Foreign-Office
ne se contentait plus d'une entente à deux, mais voulait
soumettre la question aux délibérations des cinq grandes
puissances de l'Europe. Il fallait, d'après lui, montrer à
Méhémet-Ali, que toutes les Puissances étaient unanimes
pour le désapprouver ; qu'elles se trouvaient toutes d'accord pour maintenir la Turquie et, ne lui laissant aucun
espoir de succès, le décourager avant même l'ouverture
des hostilités. « Nous voulons, écrivait lord Palmerston,
« que les représentants des cinq Puissances se réunissent
« à Londres, pour leur exposer la situation et leur sou-
« mettre un programme d'action combinée (2). » Et on
devait y discuter l'éventualité des secours à accorder à la
Porte. Le ministre du Downing-street était d'avis que,
dans ce cas, il serait préférable que trois d'entre les Puis-

---

(1) V. Tatichtcheff. loc. cit. (Dépêche à lord Granville, du 8 juin 1838).
(2) V. Dépêche de Palmerston à lord Granville, du 6 juillet 1838,
citée par Tatichtcheff, op. cit., p. 425.

sances, notamment l'Angleterre, la France et la Russie, fussent autorisées à envoyer au Sultan leurs flottes, pendant que l'Autriche fournirait une année, par terre. Et il proposait cela dans le but d'empêcher l'intervention isolée de la Russie, intervention qui aurait certainement éveillé les méfiances des autres puissances (1).

(1) V. Tatichtcheff. loc. cit. — Il est à remarquer qu'avant même d'avoir obtenu le consentement des Puissances pour la réunion d'une conférence à Londres, lord Palmerston avait essayé d'en improviser une. Le comte Pozzo di Borgo, l'ambassadeur à Londres était invité, sur sa demande, à venir voir le chef du Foreign Office, un jour de l'automne, en 1838. « Lorsque l'ambassadeur se présenta, « à l'heure indiquée, à Downing Street, écrit M. de Martens, il trouva « chez lord Palmerston les représentants de la France, de l'Autriche « et de la Prusse. Le noble lord voulait, par ce moyen élémentaire, « improviser ainsi une conférence sur le conflit turco-égyptien, en « réunissant ainsi, à la même heure, dans son cabinet, les représen- « tants des cinq grandes Puissances. Le ministre anglais ouvrit les « débats, en exprimant son désir de voir l'accord s'établir entre toutes « les grandes Puissances sur la question d'Egypte ». Le comte Pozzo di Borgo ne se laissa pas prendre au piège et se contenta d'observer le plus profond silence, durant toute l'audience. Néanmoins, il ne laissa pas la chose sans protester. Il s'en était plaint à lord Melbourne. Celui-ci, toujours d'après le récit de M. de Martens, aurait blâmé « la manière d'agir » de son collègue. Il ne cacha pas cependant au représentant du Tsar que lui aussi désirait vivement l'accord des Puissances sur cette question et qu'il était, sur ce point, de l'avis de lord Palmerston : d'empêcher l'action isolée de la Russie. C'était pour cela que le comte Pozzo di Borgo invitait son gouvernement à se préparer sérieusement pour le cas où les événements lui feraient une obligation d'envoyer au Sultan, des forces de terre et de mer, conformément aux stipulations du traité du 8 juillet 1833, car « la prudence « et notre salut nous commandent *de convertir cette démonstration* « *en une occupation solide et capable de repousser les attaques de*

De toutes les propositions qu'on aurait pu formuler à l'occasion de la Question d'Orient, la proposition de lord Palmerston était peut-être celle que le Cabinet de Saint-Pétersbourg goûtait le moins. Il entendait intervenir seul, le cas échéant, en vertu du traité d'Unkiar-Skéléssi, et, au lieu de cela, on lui proposait une démonstration dans la Méditerranée, à laquelle la Russie participerait, en envoyant quelques uns de ses vaisseaux de guerre. De plus, il ne lui convenait pas de voir les troupes autrichiennes devant Constantinople. L'empereur Nicolas n'hésita pas à décliner ce plan d'action et il chargea son ambassadeur de porter à la connaissance du Cabinet de Londres cette décision impériale (1).

Le prince de Metternich, de son côté, n'était pas du tout satisfait des intentions du Cabinet anglais. « Si, écri-« vait-il au comte de Nesselrode, lord Palmerston croit « que la Syrie est une province limitrophe de l'Autriche, « il pourra invoquer, sans doute, l'ignorance qui carac-« térise les soi-disant hommes d'État qui se trouvent à la « tête du gouvernement en Angleterre (2). » C'était bien là un langage emphatique digne du chancelier d'Autriche : Au fond, la proposition de lord Palmerston ne lui déplaisait peut-être pas. Ce qu'il ne pouvait point accepter, c'était l'idée d'une conférence, qui aurait à discuter la Question d'Orient, à Londres, alors que le but de sa politique consistait à réunir cette conférence, dans la joyeuse capitale des Habsbourgs. Cela dérangeait vraiment trop ses

---

« *nos ennemis* »... V. dans le Recueil de M. Fr. de Martens, t. XII, p. 71-72.

(1) V. Martens, op. cit., t. XII, p. 72.

(2) V. Tatichtcheff, op. cit., p. 426.

plans et on comprend aisément le langage sarcastique
dont il criblait les « soi-disant hommes d'État » de la
Grande-Bretagne.

Pendant qu'on discutait le principe d'une conférence,
d'une intervention collective, on s'était aussi préoccupé
du danger qu'il y avait à laisser les deux armées dans un
voisinage, danger gros de conséquences imprévues. Lord
Palmerston avait tenté d'enlever, à Méhémet-Ali, tout espoir
de succès. Il avait ordonné au consul britannique à Alexandrie, de porter à la connaissance du Pacha, la ferme résolution de l'Angleterre de maintenir l'Empire ottoman, ainsi
que l'accord de toutes les Puissances sur ce point. Si donc
le Pacha essayait de réaliser son rêve ambitieux, d'aboutir
à l'indépendance, loin d'assurer l'avenir de ses enfants, il
n'allait travailler qu'à le compromettre (1). Le Cabinet de
Paris avait fait tenir un langage presque identique à
Alexandrie. Le président du Conseil avait fait connaître au
Pacha que jamais la France ne consentirait à reconnaître
l'indépendance de l'Égypte, qu'elle était décidée, au contraire, à la combattre de toutes ses forces et qu'elle se
proposait, pour commencer, par proclamer l'Égypte et la
Syrie en état de blocus (2). Malheureusement, ce langage
énergique ne découragea pas le Méhémet-Ali, car il savait
pertinemment que le danger d'une rupture irréparable ne venait pas du côté de l'Égypte. N'étant pas

(1) V. Lord Palmerston au colonel Campbell, le 7 juillet 1838, dans
le livre de M. Tatichtcheff, p. 427.

(2) V. Le comte de Molé au consul général Cochelet (24 juillet 1838)
Ibid. loc. cit.

l'agresseur, et fermement décidé à ne pas l'être, il espérait que l'Europe allait lui en tenir compte (1).

Lord Palmerston n'ignorait pas qu'il fallait agir en même temps, sur les rives du Bosphore, si on voulait sérieusement prévenir le conflit. Il insista, dans ce sens, auprès de l'ambassadeur ottoman à Londres (2). Mais c'était peine perdue, car rien ne pouvait plus empêcher le Sultan de mettre à exécution son plan contre Méhémet-Ali. Et en effet, dès le printemps de 1839, les troupes ottomanes s'étaient mises en marche. A la fin du mois d'avril, Hafiz-Pacha faisait son entrée en Syrie, et dès le mois de mai les opérations contre les troupes égyptiennes, avaient commencé (3).

Ce n'est que vers la fin du mois de mai qu'on apprit à Paris la nouvelle de la marche des Turcs en Syrie. Le Cabinet de Londres en fut aussi informé. Le chef du Foreign Office chercha aussitôt à s'entendre avec le gouvernement de Louis-Philippe, sur les mesures qui ne souffraient pas de lendemain. Dès ce moment on peut voir le désaccord qui devait plus tard, aboutir à l'exclusion de la France du règlement définitif de la question d'Egypte. Si, en effet, l'accord pouvait facilement s'établir sur la base du maintien de l'Empire ottoman, en tant qu'une combinaison politique nécessaire à l'équilibre européen, les deux Cabinets avaient de profondes divergences de vues sur ce qu'on a appelé la question des limites.

La politique que la France entendait suivre en Orient

_____

(1) V. Rosen, op. cit. P. I, p. 321.
(2) V. Tatichtcheff, op. cit., p. 428.
(3) V. Ibid. p. 430; Rosen, op. cit. P. I, p. 321.

avait été brillamment développée par Guizot, dans un remarquable discours que l'éminent historien prononça le 2 juillet 1839, devant la chambre des députés : « Nous « n'avons pas à chercher longtemps la politique qui con- « vient à la France, disait Guizot, nous la trouvons depuis « longtemps toute faite. C'est une politique traditionnelle, « séculaire, c'est notre politique nationale. *Elle consiste* « *dans le maintien de l'équilibre européen par le main-* « *tien de l'Empire ottoman,* selon la situation des temps « et dans les limites du possible, ces deux lois du gou- « vernement des Etats (1). » Et il rappelait que cette politique était celle suivie par Henri IV, sous Louis XIV, voire même par Napoléon. Ce qui lui importait donc de savoir, ce n'était pas de rechercher telle ou telle autre politique, mais bien de voir si cette politique « historique » et « nationale » était encore praticable. « La réponse « dépend de deux choses, poursuivait Guizot : l'état de « l'Empire ottoman lui-même et l'état des Grandes Puis- « sances. — Quant au premier, je suis loin de contester « son déclin, il est évident (2). » Cependant il n'allait pas jusqu'à dire que cet empire devait nécessairement tomber, du jour au lendemain. « La Providence, conti- « nuait-il, qui ne partage pas les impatiences et les pré- « cipitations de l'esprit humain, semble avoir pris plaisir « à donner d'avance un démenti aux prédictions dont « l'Empire ottoman est maintenant l'objet ; elle a donné « ce démenti sur le même sol, dans les mêmes murs ; « elle a fait durer là un autre Empire, l'Empire grec, non « pas des années, mais des siècles, après que les gens

---

(1) V. Guizot, op. cit., t. IV, p. 326.
(1) V. Ibid, op. cit., t. IV, p. 327.

« d'esprit du temps avaient prédit sa ruine (1). » Mais si
on ne doit point se presser de prévoir la dissolution de ce
faible empire, on peut cependant admettre que certaines
provinces s'en détachent et forment des États à part, car
le pouvoir central est incapable de les garder. Et avec
son langage imagé l'éminent homme d'État qualifiait
ces pertes successives des Principautés Danubiennnes
de la Grèce, comme « *des pierres qui sont tombées*
« *naturellement de l'édifice* ». Les influences et les intrigues des puissances ont peut-être aidé ce *processus,* mais
il serait faux de dire qu'elles l'ont fait. Il en sera de
même de l'Égypte. « Ce n'est pas nous, poursuivait Guizot
« qui avons amené l'Égypte si près d'échapper à l'Empire
« ottoman. Sans doute, par notre expédition de 1798,
« par les exemples et les triomphes de l'armée française
« et de son glorieux chef, nous sommes pour quelque
« chose dans l'apparition de cette puissance nouvelle ;
« elle n'est pourtant pas de notre fait ; c'est là aussi un
« démembrement naturel de l'Empire ottoman, tenté et
« presque accompli par le génie et la puissante volonté
« d'un homme. C'est Méhémet-Ali qui a fait l'Égypte
« actuelle, en s'emparant du mouvement que nous y
« avions porté (2)... Nous avons vu là une dislocation

---

(1) V. Guizot. loc. cit.

(2) Ces paroles sont tout à fait caractéristiques de l'état des esprits
en France. On était en plein engouement égyptien et si des hommes
éminents comme Guizot n'avaient pu y échapper, on peut s'imaginer ce qui en était des autres. Cette fausse idée qu'on se faisait, en
France, des forces et des ressources de Méhémet-Ali n'a pas été étrangère à la situation critique qu'avait créée, pour la France, et pour
l'Europe aussi, le traité du 15 juillet 1840.

« naturelle de l'Empire ottoman et peut-être une puis-
« sance nouvelle, destinée à devenir indépendante et à
« jouer un jour son rôle dans les affaires du monde (1). »
Et l'éminent orateur terminait son discours en traçant ce
tableau de la politique française en Orient : « Maintenir
« l'Empire ottoman pour maintenir l'équilibre européen ;
« et quand, par la force des choses, par le cours naturel
« des faits, quelque démembrement s'opère, quelque pro-
« vince se détache de cet empire en décadence, favoriser
« la transformation de cette province en une souveraineté
« nouvelle et indépendante, qui prenne place dans la
« famille des États et qui serve un jour au nouvel équi-
« libre européen, à l'équilibre destiné à remplacer celui
« dont les anciens éléments ne subsisteront plus (2). »

S'inspirant de cette politique, le gouvernement de Louis-
Philippe ne pouvait être que très favorablement disposé
pour les aspirations « naturelles » de Méhémet-Ali. — Tel
n'était cependant pas l'avis de lord Palmerston. Le ministre
anglais ne voulait même pas laisser au Pacha d'Égypte
les avantages qui auraient pu résulter pour lui du fait
qu'il n'était pas l'agresseur. « Le fait d'agression, disait-il,
« au baron de Bourquenay, a son importance morale, car
« il y a un principe de justice, dont nous ne pouvons
« méconnaître la puissance... mais nous devons en même
« temps nous rappeler que nous ne nous sommes jamais
« portés garants des arrangements de Kutaïeh... ces choses
« venant à changer, il y aurait à examiner jusqu'à quel
« point le souverain a le droit de ressaisir par les armes

---

(1) V. Guizot, op. cit.. t. IV, p. 329-330.
(2) V. Ibid. p. 330-331.

« ce que les armes du vassal lui ont enlevé (1) ». D'ailleurs cette question n'attendait pas une solution immédiate. Ce qu'il importait, c'était de s'entendre sur les
moyens d'action en commun et, à cet égard, l'accord ne
tarda pas à intervenir entre les deux Cabinets. « Je prends
« pour point de départ, disait lord Palmerston, que le but
« de notre politique commune est la conservation de
« l'Empire ottoman, comme la moins mauvaise garantie
« du maintien de l'équilibre européen (2) ». Et tout en
constatant le point sur lequel ils étaient incontestablement
d'accord, le chef du Foreign-Office prenait un soin jaloux
d'indiquer aussi ce qui les séparait. « Il y a chez nous,
« comme en France, poursuivait-il, une certaine opinion
« favorable au développement de la puissance égyptienne.
« *Cette opinion, le Cabinet anglais ne la partage pas,*
« mais c'est une des difficultés nombreuses qu'il rencontre
« sur sa route dans les affaires d'Orient... Notre premier
« devoir est donc d'arrêter le plus tôt possible la collision
« si malheureusement entamée, avec quels moyens
« d'action ? dans quelles limites ? (3) ». C'était ce qu'il
importait de déterminer. Lord Palmerston éliminait le
moyen du débarquement des troupes, eu égard aux nombreuses difficultés que ce moyen présentait, et surtout par
suite de la perte d'un temps précieux, or, il fallait se
presser. Les escadres seules pouvaient agir immédiatement, car elles se trouvaient à proximité, elles étaient
dans les eaux du Levant.

---

(1) V. Dépêche du baron de Bourquenay au maréchal Soult, du
25 mai 1839, Guizot, op. cit., t. IV, Pièces historiques, p. 481.

(2) V. Ibid., p. 480.

(3) V. Ibid., p. 481.

« Les instructions de nos amiraux, continuait lord Pal-
« merston, devraient prévoir deux cas : celui où, en se
« présentant su: la côte de Syrie, ils trouveraient le Pacha
« victorieux, celui où ils arriveraient pour assister à sa
« défaite (1) ». Dans l'un comme dans l'autre cas, ils
devraient avoir comme instructions d'arrêter la marche
du vainqueur et pour obtenir ce résultat, on n'hésiterait
pas à bloquer tel ou tel port suivant le cas, à empêcher le
ravitaillement des Égyptiens ou des Turcs. Tel était le
plan de l'action commune et immédiate, et on l'adopta
sans difficultés.

Restait l'action diplomatique. « Ici encore, avait repris
« lord Palmerston, nous avons deux cas différents à pré-
« voir. La Porte peut avoir déjà *imploré* et *reçu* les
« secours de la Russie, en homme et en vaisseaux ; elle
« peut les avoir demandés et la Russie hésiter à les
« accorder. Dans le premier cas, nous devons proposer
« au Cabinet autrichien de s'unir à nous pour déclarer que
« l'Europe occidentale exige, au nom de l'équilibre euro-
« péen, que les troupes auxiliaires russes rentrent immé-
« diatement sur leur territoire, après avoir accompli
« l'objet de leur mission, et sans qu'il puisse en résulter
« pour le gouvernement russe ni conquêtes, ni stipula-
« tions d'avantages commerciaux ou politiques. Cette
« déclaration, quelle que fût la forme, devrait être péremp-
« toire au fond, et ne laisser à la Russie aucune incer-
« titude sur les conséquences auxquelles une conduite
« opposée à celle des alliés l'exposerait inévitablement.
« Dans le second cas, nous presserions la Cour de Vienne
« de proposer avec nous à Pétersbourg un concert préa-

---

(1) V. Dépêche précitée, Guizot, op. cit., IV, p. 482

« lable entre les cinq grandes Puissances, concert dont le
« but serait le maintien de l'indépendance de l'Empire
« ottoman et dont l'action se fixerait en commun. *Nous*
« *réglerions alors le rôle auxiliaire de la Russie* et nous
« l'enfermerions dans les limites d'une entente com-
« mune (1) ». Ce plan n'était pas encore approuvé par le
Conseil, au moment où lord Palmerston le communiquait
au chargé d'affaires de France. Bientôt, d'ailleurs, le chef
du Foreign-Office obtint du Conseil une pleine et entière
approbation (2). Cependant, le Conseil avait ajouté deux
points que lord Palmerston n'avait pas du tout abordé
dans son programme. D'abord, les négociations devaient
être ouvertes, à Constantinople comme à Alexandrie, « sur
« la double base de la constitution de l'hérédité de l'Égypte
« dans la famille de Méhémet-Ali et de l'évacuation de la
« Syrie par les troupes égyptiennes (3) ». Le Conseil
s'était, en outre, occupé de l'hypothèse où les Russes se
trouveraient déjà à Constantinople. Malgré la gravité de
cette éventualité, il avait été décidé d'y envoyer les
escadres alliées. « Cette immense question, rapporte le
« baron de Bourquenay, a été discuté sous la profonde
« impression qu'a causée ici la phrase de la dépêche n° 16
« de Votre Excellence : « Je crains qu'on n'ait pris à
« Londres bien facilement son parti d'une nouvelle expé-
« dition russe ». Le Conseil a pensé que, dans ce cas,
« *nos escadres devraient paraître devant Constanti-*

---

(1) V. Dépêche de Bourquenay au maréchal Soult, du 25 mai 1839;
Guizot, op. cit. Pièces Historiques, p. 483.
(2) V. Ibid. p. 489-493 (dépêche du 17 juin 1839).
(3) V. Même dépêche, p. 491.

« *nople, en amies, si le Sultan acceptait nos secours, de*
« *force, s'il les refusait* (1) ».

Ainsi, le désir d'empêcher la Question d'Orient de re-
naître avait eu pour résultat le prompt établissement d'un
accord entre le Cabinet de Londres et celui de Paris, sur
la plupart de ces points. Le maréchal Soult avait même
fait plus. Sans s'être préalablement entendu avec lord
Palmerston, il fit partir deux commissaires, l'un à Constantinople et l'autre à Alexandrie, avec mission « de réclamer
« la suspension immédiate des hostilités et en porter
« eux-mêmes l'ordre » aux deux camps ennemis (2). Le
Cabinet de Paris ordonnait, en même temps au baron de
Bourquenay, de communiquer au Foreing-Office toutes
les démarches faites en vue d'arriver à un concert des
cinq grandes Puissances, sur cette importante question
Cette franchise dans les communications ne pouvait que
plaire à lord Palmerston. « Nous nous entendons sur
« tout, disait-il au baron de Bourquenay; notre accord
« sera complet. Principe, but, moyens d'exécution, tout
« est plein de raison, de simplicité et de prévoyance...
« Ce n'est pas la communication d'un gouvernement à un
« autre gouvernement; on dirait plutôt qu'elle a lieu
« entre collègues, entre les membres d'un même Ca-
« binet » (3). C'est ainsi que le maréchal Soult faisait
connaître à son représentant, à Londres, le résultat de
sa proposition tendant à réunir les délégués des grandes
Puissances, à une conférence, où on devait s'entendre sur

---

(1) V. Même dépêche, p. 492.
(2) V. Guizot, op. cit., t. IV, p. 335.
(3) V. Dépêche de Bourquenay, du 20 juin 1839, Guizot, IV (P. H.)
p. 494.

les mesures à prendre, en commun. « L'accueil qu'ont
« reçu à Berlin et surtout à Vienne nos premières ouver-
« tures pour arriver à un concert propre à assurer ce
« résultat, écrivait le maréchal, est de la nature la plus
« satisfaisante... Le Cabinet de Vienne n'a pas hésité à
« se prononcer franchement, catégoriquement, sur les
« dispositions à prendre dans cette grave circons -
« tance » (1)... Il ne faut point être surpris de voir
le prince de Metternich aussi favorables à l'idée d'un
concert entre les puissances, car la proposition du gouvernement français lui permettait d'espérer que cette
réunion de l'aréopage européen aurait lieu à Vienne et
qu'enfin, il verrait se réaliser son rêve de présider cette
œuvre de pacification. Cela était d'autant plus agréable au
prince de Metternich que le maréchal Soult n'avait pas de raisons pour s'opposer à la réunion de cette conférence à Vienne ;
le chancelier d'Autriche ne l'ignorait pas et avait lieu d'être
d'autant plus satisfait, qu'il se proposait de se servir de l'appui du gouvernement français pour détruire les dernières
objections qui auraient pu venir du côté de Downing-
street. « Elle (la dépêche que le comte Appony avait com-
« muniquée au maréchal Soult) se termine par une obser-
« vation qui m'a frappé, écrivait le Maréchal, parce que
« j'y ai vu l'apparition timide d'une pensée toujours
« caressée par le Cabinet de Vienne et toujours repoussée
« par la Russie, celle d'établir dans la capitale de l'Au-
« triche une conférence des affaires d'Orient ; Vienne,
« dit M. de Metternich, est, relativement à la grande
« question dont il s'agit, un point tellement central que

---

(1) V. Dépêche du maréchal Soult à Bourquenay, 13 juin 1839 ;
Guizot (P. II.), p. 484.

« les réponses peuvent y parvenir pour ainsi dire en
« même temps » (1). Le maréchal Soult ne s'y opposait
point et avait, en effet, insisté auprès de lord Palmerston
pour le pousser à s'y décider aussi, car, écrivait le maréchal Soult, « le gouvernement du Roi comprend l'utilité
« d'un concert entre les grandes Puissances pour arriver
« aux moyens d'assurer, par une entente et un langage com-
« muns, le maintien de l'Empire ottoman » (2)... Il croyait
fermement, d'ailleurs, que l'action commune de la flotte
franco anglaise aurait pour résultat d'empêcher la continuation des hostilités, si elles avaient déjà commencé.
« Lorsqu'on saura, en Orient, poursuivait le Maréchal,
« que de telles forces agissent dans le même esprit et ten-
« dent vers un même but, il n'est pas possible de sup-
« poser que, soit la flotte du Sultan, soit celle du Pacha,
« veuillent s'exposer à lutter contre elles. Je dis plus ;
« leur déploiement, en rendant la guerre presque impos-
« sible, ôtera à la Russie tout prétexte de mettre en mou-
« vement sa flotte de Sébastopol ou même son armée de
« de terre » (3)... Mais, comme lord Palmerston, le maréchal Soult prévoyait le cas, où les Russes seraient à Constantinople. « Ce qu'il faudrait obtenir, écrivait-il à Bour-
« quenay, c'est que son action fût déterminée et limitée,
« de concert avec les autres Cours; c'est qu'elle se tint à
« celle que la France et l'Angleterre auraient de leur côté
« à exercer; c'est qu'enfin, par le fait, *une convention*
« *européenne remplaçât les stipulations d'Unkiar-Ské-*

(1) V. Dépêche déjà citée, du 13 juin 1839 ; p. 486.
(2) V. Dépêche du maréchal Soult au baron de Bourquenay, du
17 juin 1839 ; Ibid. p. 486-487.
(3) V. Ibid., p. 487.

« *léssi* » (1)... Et pour terminer sa dépêche, le maréchal Soult effleure, en passant, la question, très épineuse de la solution finale du conflit égyptien. Il connaissait déjà les vues de lord Palmerston à cet égard, vues nettement hostiles à Méhémet-Ali; le chef du gouvernement français s'employait à en démontrer l'injustice, sans cependant trop y insister, pour le moment, car il devait appréhender le désaccord. « La nécessité, disait-il, de concéder
« à Méhémet-Ali l'investiture d'une partie au moins de
« ses possessions actuelles paraît maintenant admise
« d'une manière *à peu près* générale. On a compris qu'au
« point de grandeur où il est parvenu, le besoin d'assurer
« l'avenir de sa famille et de la mettre, après sa mort, à
« l'abri des vengeances de la Porte, se fasse sentir trop
« impérieusement à son esprit pour qu'il puisse se livrer
« à des pensées pacifiques, tant qu'il n'a pas obtenu
« quelque satisfaction, à cet égard... La nature et l'é-
« tendue de cet avantage ne sont certes pas faciles à
« déterminer... Lord Palmerston pense qu'il ne faudrait
« pas moins que la rétrocession de la Syrie tout entière...
« Quant à nous... nous reconnaissons que la Porte aurait
« droit à une compensation réelle, mais nous croyons que
« l'instant d'en fixer la proportion n'est pas arrivé, qu'une
« question pareille ne peut être résolue que d'après des
« données sérieuses et compliquées, dont l'appréciation
« ne peut être l'œuvre d'un moment, et que ce point doit
« être renvoyé au concert... qui s'établira entre les
« Puissances (2). »

---

(1) V. Guizot, op. cit., t. IV (P. II.) p. 488.
(2) V. Ibid., p. 488-489.

Pendant que les cabinets de l'Occident cherchaient à
s'entendre sur les mesures à prendre, en commun, afin
d'empêcher l'explosion d'une nouvelle guerre, en Orient,
et prenaient nettement position dans le conflit, le gouvernement de Saint-Pétersbourg se faisait surtout remarquer
par l'inaction, l'hésitation, la crainte de se prononcer, de
prendre une ligne de conduite nettement tracée. Si on se
reporte à la première crise turco-égyptienne, de 1832-1833,
on ne peut que constater une profonde différence dans
l'attitude de la Russie. Nous avions vu le gouvernement du
Tsar agir promptement et énergiquement, l'empereur
Nicolas n'avait pris conseil que de ses propres intérêts et
sentiments ; il lui fallait montrer son influence, en Orient.
et il l'avait fait, sans autrement se préoccuper de l'effet
que cela allait produire sur l'Occident. En 1839, au contraire, nous ne voyons rien de cette rondeur militaire
dans l'action diplomatique. Le contraste est frappant.
Quelle en était la cause ?

On peut dire, et on l'a dit, en Russie, que la situation
politique était loin de ressembler à celle de 1833. A cette
époque, la Russie était libre d'agir, comme elle l'entendait,
au mieux de ses intérêts. Il n'en était plus de même, en
1839, car il y avait les célèbres conventions de Munchengraetz, dont les stipulations n'avaient pour résultat
que de paralyser, en quelque sorte, la liberté d'action de
la Russie (1). Cela pouvait, en effet, avoir été pour
quelque chose dans la politique expectante de la Russie,
mais à elle seule, cette raison ne peut point nous expliquer
l'attitude très embarrassée du gouvernement du Tsar. Il
faut chercher autre chose, et il y a, en effet, une autre

(1) V. Tatichtcheff, op. cit., p. 445.

raison, plus sérieuse que la première. C'était tout simplement le fait que la Russie ne se sentait pas prête à se mesurer avec toute l'Europe, et cette raison est nettement indiquée dans les documents diplomatiques de l'époque. Nous avons d'abord les témoignages du baron de Bourquenay. Au moment ou se poursuivaient les négaciations que nous avons analysées, plus haut, le grand-duc héritier de Russie, se trouvait à Londres. Le comte Alexis Orloff qui l'accompagnait, ne se lassait point de garder sa réserve sur ces graves événements. « Toutes les fois, écrivait le « baron de Bourquenay, que le comte Orloff m'a rencontré « depuis cinq jours, il a nié avec affectation devant moi « l'authenticité de la nouvelle de la reprise des hostilités « entre les Turcs et les Égyptiens. Il se fondait sur les « dernières lettres de l'Empereur. Votre Excellence sait « qu'il se donne volontiers pour le confident de la pensée « Impériale. Il a tenu le même langage à presque tous les « membres du corps diplomatique (1). » Et soucieux de tenir au courant le Cabinet de Paris, le jeune diplomate français observait tout ce qui pouvait le renseigner sur l'attitude de la Russie. C'est ainsi que dans sa dépêche du 17 juin, il revenait encore à la charge. « L'ambassadeur russe, « écrivait-il au maréchal Soult, écoute, regarde, mais « hésite dans son action, comme dans son langage. Nous « avons eu bien des Russes, depuis un mois, à Londres,... « et des plus haut placés dans la confiance de l'Empereur. « Je hasarde timidement une opinion formée à la hâte ; « *mais il me semble évident que de ce côté là on n'est pas*

---

(1) Bourquenay au Maréchal Soult, le 29 mai 1839 ; Guizot, op. cit. t. IV, p. 339-340.

« *prêt, non plus, pour les parties extrêmes* (1). » Trois
jours plus tard, le baron de Bourquenay porte à la connaissance de son chef, l'avis de lord Palmerston sur cet
important sujet. « Du reste, écrivait-il,... j'ai trouvé à cet
« égard lord Palmerston, très disposé à admettre, comme
« votre Excellence,.., que la Russie craindrait à ce moment
« d'être mise en demeure d'exécuter le traité d'Unkiar-
« Skéléssi, et qu'elle n'est nullement prête pour une
« rupture avec l'Europe Occidentale (2) ».

Ces conjonctures sont, en outre, confirmées par les instructions mêmes que le vice-chancelier de Russie donnait
à son ambassadeur, à Londres, le comte de Pozzo
di Borgo. C'est là, on l'avouera, une confirmation irrécusable... « Loin de vouloir provoquer une complication
« dans le Levant, écrivait le comte de Nesselrode, nous
« employons tous nos soins à la prévenir ; et au lieu de
« nous prévaloir avec empressement de notre traité d'al-
« liance avec la Porte, nous sommes les premiers à dési-
« rer nous-mêmes éloigner le renouvellement d'une crise
« qui nous forcerait, malgré nous, à reprendre une atti-
« tude militaire sur les rives du Bosphore... (3). » Le
comte de Nesselrode tenait, d'ailleurs, un pareil langage
aux représentants des Puissances, à Saint-Pétersbourg.
« En toute occasion, rapportait l'ambassadeur anglais, en
« Russie, le comte de Nesselrode m'a exprimé le désir
« qu'avait le gouvernement russe d'éviter la possibilité

---

(1) Bourquenay au Maréchal Soult, le 17 juin 1839, Ibid. (P. II.),
p. 493.

(2) V. Dépêche de Bourquenay, du 20 juin 1839 ; Guizot, t. IV
(P. II.) p. 495-496.

(3) V. Tatichtcheff, op. cit., p. 444 ; Guizot, op. cit., t. IV. p. 340.

« d'un *casus federis* en vertu du traité d'Unkiar-Skéléssi.
« Il a tenu le même langage à tous mes collègues, et je
« crois que ce désir est, de sa part, aussi sincère qu'in-
« quiet (1). »

Tel était le véritable motif de l'expectative dans
laquelle se confinait le Cabinet de Pétersbourg. Il lui
répugnait de s'associer aux autres Puissances, pour régler
les affaires orientales, car il n'ignorait point que, sous le
couvert de maintenir le pouvoir du Sultan, les grandes
Puissances visaient surtout à détruire, à jamais, le traité
d'Unkiar-Skéléssi, à engager la Russie à ne plus intervenir
seule, à Constantinople. C'est ce que les Russes
voulaient éviter. Cependant, on sentait bien, sur
les bords de la Néva, qu'il fallait se résigner à cette action
commune, car on ne pouvait pas encore envisager, de
sang-froid, une guerre générale, dans laquelle la Russie
risquait fort de se trouver seule contre tous. Les rapports
du prince de Lieven et du comte de Medem, que nous
avons déjà analysés, ne pouvaient laisser subsister aucun
doute là-dessus. L'empereur Nicolas avait été surtout
frappé des paroles du duc de Wellington (2), et M. de Martens n'a peut-être pas tort quand il nous dit « qu'il suffit
« de se rappeler le profond respect que l'empereur Nicolas
« professait pour le héros de Waterloo pour comprendre
« l'impression que les paroles du duc ont dû faire sur ce
« souverain. Il est fort possible que les épanchements du
« duc aient contribué pour une bonne part à décider

_____

(1) V. Lord Clanricarde à lord Palmerston, le 8 juillet 1839, dépêche citée par Guizot, op. cit., t. IV, p. 340-341.

(2) V. Rapport déjà cité, du comte Medem, (3 fév. 1833), Martens,
op. cit., t. XII, p. 56.

« l'Empereur à ne point renouveler le traité d'Unkiar-
« Skéléssi (1). »

On pouvait croire, dès lors, que le concours du Cabinet
de Saint-Pétersbourg était assuré. Et, en fait, la proposition du prince de Metternich avait été très bien accueillie
en Russie (2), et on avait même laissé espérer au chancelier d'Autriche la prompte nomination d'un délégué russe,
à la conférence projetée (3). L'ambassadeur anglais à
Vienne, confirmait aussi cette nouvelle. « Le plan de paci-
« fication, écrivait-il, entre la Porte et Méhémet-Ali est
« déjà esquissé, et peut être considéré comme adopté par
« l'Angleterre, l'Autriche, la Prusse et la Russie... (4). »
C'était aller un peu vite, et tel ne fut point le résultat définitif. Alors que tout le monde croyait pouvoir compter sur
le concours de la Russie, alors que tous les Cabinets se
disposaient à envoyer leurs délégués à la conférence de
Vienne, avec la satisfaction à peine déguisée, de voir le
gouvernement russe se prêter, avec tant de facilités, à ce
travail collectif, dont le premier résultat eût été d'enlever
à la Russie sa liberté d'action, en Orient, et de la lier
envers l'Europe tout entière, on apprit, avec surprise,
dans quelques capitales, avec dépit, dans d'autres, que le
gouvernement du Tsar refusait à prendre part à la
conférence projetée. Un revirement s'était, sans doute,
produit, sur les bords de la Néva. A quoi devait-on l'attribuer ?

---

(1) V. Martens, Ibid., p. 57.

(2) V. Tatichtcheff, op. cit., p. 444.

(3) V. Ibid., p. 446.

(4) V. Dépêche de lord Beauvale à lord Palmerston, du 11 juillet 1839
citée par Guizot, op. cit., t. IV, p. 344.

C'est que la diplomatie russe avait entrevu la possibilité d'éviter le concert européen. Les circonstances défavorables lui avaient fait presque un devoir de se résigner à subir le contrôle européen, et la Russie s'y était décidée, de bien mauvaise grâce. Tout à coup, et au moment même où elle allait peut-être s'engager irrévocablement, une lueur d'espoir avait paru à l'horizon. Les nouvelles qui lui venaient, de l'Orient semblaient bien augurer, et prévoyant l'éventualité d'échapper à l'action commune, la Russie opérait sa retraite.

Et, en effet, pendant que les Cabinets négociaient sur l'opportunité de régler en commun l'affaire turco-égyptienne, les événements s'étaient précipités, en Orient. Les armées du Sultan et du Pacha d'Égypte n'avaient point attendu la permission de l'Europe pour se jeter l'une sur l'autre. Comme il était facile à le prévoir, Ibrahim-Pacha avait remporté la victoire, près de la petite ville de Nézib. L'armée du Sultan n'était plus qu'une masse démoralisée, battant en retraite, dans le plus grand désordre (1). La flotte Turque, d'un autre côté, avait été livrée, par Tevsi-Pacha, au vieux Méhémet-Ali (2). Ibrahim-Pacha était maître en Anatolie; son chemin était entièrement ouvert et Constantinople, n'ayant rien à lui opposer, pouvait facilement être prise, et risquait de voir apparaître, le glorieux chef des troupes égyptiennes. A tout ces désastres venait s'ajouter un autre malheur. Le Sultan Mahmoud avait rendu le dernier soupir, le 30 juin 1839 (3).

---

(1) La bataille de Nézib eut lieu le 27 juin 1839. V. pour les détails. Rosen, op. cit. P. I., p. 321 et suiv.

(2) V. Guizot, op. cit., t. IV, p. 342.

(3. V. Rosen, op. cit. P. I. p. 328.

La situation était des plus graves. Les conseillers du nouveau Sultan, le jeune Abdul-Medjid, croyaient encore qu'il était préférable de s'entendre directement avec le pacha d'Égypte. L'entente leur paraissait d'autant plus facile, que la mort de Mahmoud mettait une fin à la haine personnelle contre Méhémet-Ali. Dès le 5 juillet, Hosrew-Pacha envoyait une lettre dans ce sens à Alexandrie : « Sa Hautesse, y était-il dit, douée de droiture et de sa-« gacité, qualités dont le ciel l'a favorisée, a dit, aussitôt « qu'elle fut montée au trône : « le pacha d'Égypte, « Méhémet-Ali, s'étant permis certains procédés offen-« sants envers feu mon glorieux père, il s'est passé jusqu'à « présent beaucoup de choses et dernièrement encore on « a entrepris des préparatifs (1). Mais je ne veux pas que « la tranquillité de mes sujets soit troublée et que le sang « musulman soit versé. J'oublie donc le passé, et pourvu « que Méhémet-Ali remplisse exactement les devoirs de la « sujétion et du vasselage, je lui accorde mon pardon « souverain ; je lui destine une décoration magnifique et « semblable à celle de mes autres illustres vizirs, et j'ac-« corde la succession héréditaire de ses fils au gouverne-« nement de l'Égypte » (2).

On pouvait d'avance prévoir le résultat de cette dé-marche, car on savait déjà que le pacha d'Égypte avait refusé de se contenter de l'hérédité qu'on lui avait pro-

---

(1) Il résulte de ces paroles qu'on ignorait à Constantinople, le 5 juillet 1839, la catastrophe de Nézib. Au moment de la mort de Mahmoud, en effet, la nouvelle n'était pas encore parvenue dans la capitale, mais il est certain qu'à la date du 5 juillet, on en avait été informé. Cependant on feignit l'ignorance, afin d'avoir l'air d'être magnanime et généreux. V. Rosen, op. cit. P. II, p. 4 et 6.

(2) V. Guizot, op. cit., t. IV, p. 342-343.

posée, deux ans auparavant, sous le ministère de Halil-et-Pétrew-Pacha. Cette lettre n'était, en somme, qu'une entrée en matière ; la Sublime-Porte était disposée à traiter « avec Méhémet-Ali, écrivait le premier drogman « anglais à lord Ponsonby, sur la base suivante : 1° le « gouvernement d'Égypte donné héréditairement à Mé-« hémet-Ali ; 2° le gouvernement de toute la Syrie donné « à Ibrahim-Pacha ; 3° à la mort de Méhémet-Ali, Ibrahim-« Pacha aura le gouvernement de l'Egypte, et la Syrie « rentrera de nouveau sous l'autorité immédiate de la « Porte, comme cela était autrefois » (1). Que la Porte fût portée à la paix, il n'y avait là rien d'étonnant, car les ministres turcs savaient parfaitement l'inutilité de la lutte, et surtout la lenteur de la mise en mouvement du concert européen. Malheureusement pour la Turquie, les propositions Hosrew-Pacha n'avaient pas eu le bonheur de plaire au vieux Pacha, et le 21 juillet 1839, Aakif-Pacha était de retour d'Alexandrie, avec une réponse négative (2). Méhémet-Ali lui avait ménagé un brillant accueil ; il l'avait rassuré en lui déclarant que son fils avait déjà reçu l'ordre de s'arrêter à Marach ; il se déclarait prêt à aller, personnellement, à Constantinople, afin d'y exprimer son respect au Sultan, cette « pierre pré-cieuse », comme il l'appelait (3). Mais il n'entendait pas se contenter de l'hérédité de l'Égypte. Il voulait conserver, au contraire, non seulement la Syrie, mais aussi le vilayet d'Adana et le Sandjak de Marach. Il demandait, en outre,

---

(1) Frédéric Pisani à lord Ponsonby, le 22 juillet 1839. V. Guizot, op. cit., t. IV, p. 313-344

(2) V. Rosen, op. cit. P. II, p. 7.

(3) V. Rosen, op. cit. P. II, p. 7.

l'éloignement des affaires de son ennemi acharné, le vieux Hosrew-Pacha, qu'il accusait d'être le vrai coupable des conflits sanglants entre les mulsulmans (1).

On s'imagine aisément l'effet produit à Constantinople par cette réponse décourageante. On se croyait menacé d'une reprise des hostilités, et, on l'avouera, la peur a toujours été mauvaise conseillère. C'est ce qui explique les bonnes dispositions de la Porte, qui préférait tout accorder au vieux Pacha, plutôt que de continuer une guerre sans soldats et sans chance aucune d'améliorer les conditions définitives de la paix. Hosrew-Pacha s'était empressé de communiquer aux cinq ambassadeurs les conditions du Pacha (2). Les représentants des Puissances craignaient par dessus tout la générosité sans borne de la Porte, effet de son découragement, de son abattement Il importait de donner un peu de courage aux ministres du jeune Sultan, au moment où ils allaient, peut-être, consentir à tout. Ce but fut pleinement atteint par la note collective du 27 juillet 1839.

Et, en effet, le matin même, le baron Sturmer avait reçu un important courrier de Vienne. Le prince de Metternich lui donnait l'ordre d'empêcher la Porte de traiter directement avec le Pacha. Le chancelier d'Autriche comprenait parfaitement que, si l'accord intervenait entre les deux parties en présence, la réunion de la conférence de Vienne deviendrait inutile, parce qu'elle serait sans objet. Or, il tenait, plus que jamais, à ne pas compromettre ce résulat, juste au moment où il touchait, enfin, au but de sa

---

(1) V. Rosen, op. cit., P. II, p. 7.
(2) V. Tatichtcheff, op. cit., p. 454.

vie. L'internonce s'empressa de réunir, chez lui, les représentants des autres Cours. Les cinq représentants n'eurent pas de peine à tomber d'accord sur ce point, car ils savaient tous que des pourparlers, entre leurs Cabinets, avaient lieu au sujet d'une action commune. De plus, le courrier autrichien leur avait apporté des dépèches des ambassadeurs accrédités à la Cour de Vienne, qui confirmaient que l'accord s'était établi là dessus (1). Le représentant du Tsar, M. de Bouténieff, ne pouvait faire autrement que de se conformer aux déclarations de l'ambassadeur russe à Vienne ; il lui était impossible de savoir que le jour même où il était appelé à signer la note collective, un courrier quittait Saint-Pétersbourg pour lui porter, au plus vite, des instructions en sens contraire ; il ignorait complètement le revirement qui s'était produit dans la politique russe, au reçu des nouvelles tentatives de Hosrew-Pacha, pour l'arrangement direct. Bouténieff signa donc la note collective, engageant, de la sorte, son gouvernement dans une voie qu'on espérait, sur les rives de la Néva, pouvoir encore éviter.

« Les soussignés, disait la note du 27 juillet 1839, ont
« reçu ce matin, de leurs gouvernements respectifs, des
« instructions en vertu desquelles ils ont l'honneur d'in-
« former la Sublime Porte que *l'accord sur la Ques-*
« *tion d'Orient est assuré entre les cinq grandes*
« *Puissances*, et de l'engager à suspendre toute détermi-
« nation définitive sans leurs concours, en attendant l'effet
« de l'intérêt qu'elles lui portent » (2).

---

(1) Tatichtcheff, op. cit., p. 454.
(2) V. Guizot, op. cit., t. V (Pièces historiques), p. 423-424.

Il n'était que temps, car, sans cela, la Porte s'était déjà décidée à s'incliner devant les exigences du vieux Pacha d'Égypte. On prétend même que le firman d'investiture était prêt à partir pour Alexandrie (1). Cette note termina la négociation directe entre la Porte et le Pacha et qui était si près d'aboutir.

Ainsi donc, faute d'instructions et grâce à la lenteur des communications, à une époque où les chemins de fer n'étaient pas encore connus en Russie, alors qu'il n'y avait pas de communications télégraphiques, le ministre russe à Constantinople signait un acte qui se trouvait être entièrement contraire aux véritables intentions de sa Cour. En effet, lorsque les nouvelles des négociations directes étaient parvenues dans la capitale des Tsars, on y avait presque battu les mains de joie ; on avait entrevu tout le parti qu'on en pouvait tirer. Le comte de Nesselrode donna immédiatement l'ordre d'encourager cette négociation directe, afin de rendre inutile le concert des Puissances (2). Le baron de Bourquenay signalait dans ces termes ce changement des intentions de la Russie : « Lord Pal- « merston m'avait annoncé hier, écrivait-il, que... la « Russie se retirait des négociations projetées de Vienne. « M. de Kisséleff, qui m'a succédé chez lord Palmerston, « était chargé d'une communication dans ce sens. *C'est* « *au nom du respect pour l'indépendance des États sou- « verains que le Cabinet russe décline toute intervention*

---

(1) V. Thureau-Dangin, op. cit., t. IV, p. 58. Cf. aussi lettre de lord Ponsoby à lord Palmerston, du 29 juillet 1839, Tatichtcheff, op. cit., p. 455.

(2) V. Instructions au chargé d'affaires de Russie, à Londres, N. D. Kisséleff, Tatichtcheff, op. cit., p. 452.

« *dans les affaires intérieures de la Turquie.* Avant les
« événements de Syrie, avant la mort du Sultan, quand
« il n'y avait pas d'autre issue possible que la guerre aux
« différends de la Porte et de l'Égypte, le cabinet russe
« aurait pu partager l'opinion des autres Puissances de
« l'Europe sur l'ouverture d'une négociation conduite en
« dehors des parties mêmes intéressées ; mais aujourd'hui
« que la Porte va elle-même au devant d'un rapproche-
« ment et adresse à l'Égypte des propositions d'accommo-
« dements acceptables, il faut laisser marcher la négocia-
« tion à Constantinople *et la seconder uniquement de ses*
« *bons offices,* autrement il n'y a plus de Puissance
« ottomane indépendante. Tel est, Monsieur le Maréchal,
« l'esprit de la démarche de M. de Nesselrode (1). »

Malheureusement pour la Russie, le changement de sa
politique intervenait trop tard. La signature de M. de Bou-
téniell au bas de la note collective, du 27 juillet, engageait le gouvernement du Tsar à marcher de concert avec
les autres Puissances, car si elle essayait d'en sortir,
après cette note, elle n'aurait pu le faire « qu'en *provo-*
« *quant des complications pour lesquelles elle n'est pas*
« *prête* (2). » Forcé, désormais, de suivre une voie qu'il
avait tout fait pour éviter, le Cabinet de Pétersbourg chercha
à se rapprocher de l'Angleterre. Le Cabinet de Londres, de
son côté, était disposé à ne plus se montrer aussi hostile
qu'auparavant, car si avant la signature de la fameuse note
de juillet, « on n'admettait pas la possibilité du concours

---

(1) Dépêche du baron de Bourquenay au maréchal Soult, du
9 août 1839. V. Guizot, op. cit., t. IV (P. II.), p. 536.
(2) Dépêche du même, du 18 août 1839, ibid., p. 541.

« de la Russie » (1), depuis cette note on espérait ce
concours. Du moment où il se voyait engagé dans
cette voie, le gouvernement du Tsar se décida à travailler
fermement pour s'entendre avec l'Angleterre. Afin de
donner plus de poids aux négociations qui allaient commencer, le vice-chancelier de l'Empire russe envoya le
baron de Brunnow en mission extraordinaire à Londres (2).
Désormais, toute la négociation relative aux Affaires
d'Orient allait se concentrer sur les bords brumeux de la
Tamise, au très grand désespoir du prince de Metternich.
Son rêve était si près de se réaliser ; il avait tout fait, tout
organisé et, au moment de monter au fauteuil présidentiel
de la Conférence européenne sur les Affaires d'Orient,
tout s'écroulait par la base. La première place était attri-
buée à lord Palmerston, parce que la Russie savait qu'il
fallait gagner l'Angleterre. Il ne faut donc pas être surpris
de ce que le chancelier des Habsbourgs avait exprimé, en
termes sévères, sa colère sur ce point. Il n'avait pas de
mots assez forts pour juger la conduite de la Russie :
« L'Europe comprend trois races, disait-il à Prokesch-
« Osten, la race germanique, la race latine et la race
« slave. Dans la race germanique, le mot « *honneur* » est
« tout puissant ; chez les Latins, ce mot se ramène au
« *point d'honneur ;* chez les Slaves, ce mot n'existe même
« pas dans leur langue. — Au sein du Cabinet russe, les
« races germanique et slave sont également représentées,
« et la Politique suit l'une ou l'autre, suivant que l'une
« des deux a le dessus. Chez l'Empereur (Nicolas), les
« deux principes se rencontrent également, mais il penche

---

(1) Même dépêche, p. 342.
(2) V. Fr. de Martens, op. cit., t. XII, p. 108-109.

« plutôt du côté slave » (1). On peut être surpris de voir
le prince de Metternich disserter et discuter sur les questions d'honneur en politique, alors qu'il avait lui-même
agi sans tenir aucun compte de ses engagements solennels
envers la Russie, en vertu du traité de Munchengraetz ;
on comprend cependant sa déception et, à ce titre, on peut
lui pardonner ces paroles.

IV

La note du 27 juillet 1839 et l'arrivée du baron de
Brunnow à Londres, qui en était la conséquence immédiate, marquent une nouvelle phase dans les négociations
relatives au règlement du conflit turco-égyptien.

Et, en effet, si jusqu'à la remise de la note de Juillet à
la Sublime-Porte, l'attitude de la Russie ne s'était pas
nettement dessinée, depuis cette note le Cabinet de Saint-
Pétersbourg prit nettement position et, obligé de se
joindre aux autres Puissances, chercha à occuper au moins
une place bien en vue dans le concert européen. La Russie
ne demandait plus qu'à s'entendre entièrement avec
l'Angleterre ; on était tout disposé, sur les bords de la
Néva, à faire certaines concessions, afin d'établir quelques
liens solides avec le Cabinet de Londres. L'intention de
l'empereur Nicolas est, désormais, d'arriver à brouiller le
gouvernement britannique avec celui de Louis-Philippe ;
ce résultat une fois obtenu, il se proposait de régler la
Question d'Orient, en laissant de côté la France ; l'entente

_____

(1) V. Adolf Beer, op. cit., p. 409.

cordiale devait se transformer en entente anglo-russe. L'Autriche et la Prusse ne comptaient pas (1).

Par malheur, l'opinion publique ainsi que le gouvernement, en France, subissaient également cette sorte d'engouement pour le Pacha d'Égypte qui a fait tant de mal au pays. On se faisait des illusions sur la force et les moyens de résistance du vieillard d'Alexandrie. Cet état d'esprit contribua surtout à donner une fausse direction à la politique traditionnelle de la France, qui aboutit à son exclusion du concert européen. Mais, n'anticipons pas. Reprenons le récit des négociations qui ont abouti à ce triste résultat.

Ce n'est que vers le milieu du mois de septembre que le baron Brunnow vint à Londres. Il avait pour mission d'inviter « le gouvernement anglais franchement à nous « dire ce qu'il pense, ce qu'il désire et où il veut aller (2) ». Une fois qu'on saurait au juste ce que le Cabinet de Saint-James voulait, il serait toujours temps de faire les concessions nécessaires pour se l'attacher.

Dès le lendemain de son arrivée, le baron Brunnow fut reçu par lord Palmerston. Le ministre russe commença aussitôt son travail de persuasion. Il s'ingéniait à démontrer au chef du Foreign-Office que son auguste maître était fermement résolu à ne plus renouveler le traité d'Unkiar-Skéléssi. La Russie semblait renoncer, du coup, à cette prépondérance exclusive en Orient, qui avait pesé, comme nous l'avons déjà dit, pendant si longtemps sur les relations de ces deux pays. « Je ne saurais, Monsieur

---

(1) V. Thureau-Dangin, op. cit., t. IV, p. 66.
(2) V. Instruction au baron Brunnow, du 16 août 1839; Martens, op. cit., t. XII, p. 109.

« le Comte, écrivait le baron Brunnow au vice-chancelier
« de Russie, vous dépeindre la sensation que ce langage a
« produit sur lord Palmerston. A mesure que je lui déve-
« loppais les intentions et les vues de notre auguste
« Maître, tous ses traits annoncèrent un sentiment de sur-
« prise autant que d'admiration. Il m'a exprimé ce double
« sentiment sans hésitation aucune (1) ». Et cela ne doit
nullement nous étonner, car lord Palmerston ne s'attendait point à un si facile succès. Depuis des années, il
avait dirigé sa politique vers un but : détruire à jamais
la situation exclusive que le fameux traité d'Unkiar-Skéléssi assurait à la Russie; c'était pour en empêcher l'application, qu'il avait pris cette attitude franchement hostile envers la Russie, durant toute la période qui avait
précédé la signature de la note du 27 juillet, cette note
célèbre qui, contrairement à la réalité des faits, proclamait « que l'accord sur la Question d'Orient est assuré
« entre les grandes Puissances », et tout à coup, c'est la
Russie elle-même qui venait déclarer son intention de ne
pas s'en prévaloir; mieux que cela, l'empereur Nicolas renonçait à renouveler les stipulations de 1833 et consentait
à transformer le principe de la fermeture des détroits en
un principe de droit public européen. Alors que lord Palmerston s'employait à réunir les Puissances de l'Occident,
afin d'empêcher la Russie de se prévaloir du traité de
1833, alors qu'il se proposait de la forcer à prendre part
dans une Conférence européenne, la Russie venait lui offrir, sur un plat d'or, si on nous permet cette expression,
ce que le ministre anglais n'espérait obtenir qu'après de
longues et dangereuses négociations, voire même par une

---

(1) Rapport du baron Brunnow, du 24 sept., 1839 ; ibid., p. 111.

guerre générale. Sans doute, la Russie ne renonçait pas entièrement aux avantages qui résultaient, pour elle, du traité d'Unkiar-Skéléssi, quant aux détroits, car elle essayait de conserver, en fait, ce qu'elle sacrifiait en droit. Le baron Brunnow proposait, en effet, que dans le cas où le trône du Sultan se trouverait menacé, on donnerait à la Russie le mandat d'aller le défendre, de sorte que la Russie se réservait, quand même, le privilège d'envoyer, seule, ses vaisseaux et ses soldats dans le Bosphore, à cela près qu'elle y serait au nom de l'Europe (1). Sous cette condition, le baron Brunnow déclarait que « le « Tsar adhérait entièrement à ses (de lord Palmerston) « vues sur les affaires d'Égypte; qu'il s'associait à toutes « les mesures qui seraient jugées nécessaires pour leur « donner effet; qu'il s'unirait pour cela à l'Angleterre, à « l'Autriche et à la Prusse, *soit que la France entrât* « *dans ce concert, soit qu'elle restât à l'écart...* » Et il ajoutait : « *Tout en reconnaissant, au point de vue po-* « *litique, l'avantage d'avoir la France avec soi, le* « *Tsar, personnellement, préférerait qu'elle fût laissée* « *en dehors* (2) ».

Ainsi, la Russie était prête à consentir toutes sortes de concessions, elle acceptait aveuglément telle ou telle solution du conflit turco-égyptien pourvu qu'on laissât la France en dehors du concert des Puissances. Et le baron Brunnow avait parfaitement raison de dire que c'était là une préférence personnelle de l'empereur Nicolas, car tout le monde connaissait les sentiments du Tsar à l'égard

---

(1) V. Martens, op. cit., t. XII, p. 440 ; Thureau-Dangin. op. cit., t. IV, p. 72.

(2) Thureau-Dangin. t. IV, p. 71.

de Louis-Philippe. « L'Empereur, disait le baron Brun-
« now, n'a pas en haute estime le gouvernement français
« actuel, parce qu'il ne lui inspire aucune confiance et
« qu'il se voit obligé de louvoyer entre tous les partis ;
« voilà pourquoi l'Empereur établit une distinction cons-
« tante entre la France et l'Angleterre. L'une n'est pas un
« pouvoir régulier sur lequel on puisse compter ; l'autre
« est une puissance avec laquelle on peut traiter, parce
« que, fondée sur des bases légitimes, elle saura toujours
« remplir et respecter les engagements qu'elle aura contrac-
« tés (1) ». Et le baron Brunnow pouvait d'autant plus facilement se permettre ce langage, désobligeant pour la France,
en causant avec le chef du Foreign-Office, avec l'allié de la
France, qu'il connaissait déjà l'existence d'un dissentiment entre les deux Cabinets amis. Il ne s'agissait, pour
le ministre russe, que d'enfoncer le plus possible le coin
dans cette fissure, afin d'en faire une brèche et, plus tard,
un abîme, et le baron croyait y avoir réussi, car il se
croyait en mesure d'écrire que « l'Angleterre n'est pas
« encore à nous, mais elle n'est plus à la France (2) ».

C'était peut-être aller un peu vite en besogne, car, si
lord Palmerston était ravi de la tournure que prenait la
négociation, tous les ministres anglais étaient, au contraire, loin de vouloir sacrifier, aussi à la légère, leur
alliée, et cela pour des avantages après tout bien problé-
matiques. Malheureusement, le Gouvernement français
s'obstinait dans sa partialité pour Méhémet-Ali, et semblait ne pas comprendre la gravité de la situation. Au lieu
de faire quelque chose qui pût encourager la résistance

_____

(1) Martens, op. cit., t. XII, p. 112.
(2) V. Rapport du 8 octobre 1839, ibid., p. 114.

du Cabinet anglais, la France, en s'obstinant, donnait des
armes à lord Palmerston, le ministre de Downing-Street,
pour exploiter les vues ambitieuses du Cabinet de Paris,
sur les bords du Nil, et enlever de la sorte les dernières
résistances hésitantes. Quel dommage que les idées de sagesse, dont s'inspirait naguère le duc de Broglie, n'étaient
plus présentes à l'esprit du chef du Gouvernement français ! Cet éminent homme d'État avait bien compris que,
pour les vrais intérêts français, il fallait sacrifier les intérêts exclusivement égyptiens. En 1839, tout le monde,
semblait-il, la Presse, les Chambres, le Gouvernement,
s'exagérait la force de résistance du vieux Pacha (1); tout
le monde, sans exception, ne demandait que l'agrandissement de la Puissance égyptienne et rien n'était en mesure de leur faire changer d'opinion, de mettre un frein
à ce qui constituait un véritable engouement. Cette fausse
idée qu'on se faisait de la situation du Pacha était tellement enracinée, même dans les sphères gouvernementales, qu'on n'attachait aucune importance aux nombreux
avertissements que le général Sébastiani, ambassadeur du
Roi à Londres, ne se lassait point de donner sur la
gravité de la situation.

Bien avant l'arrivée de Brunnow à Londres, le général
Sébastiani n'avait pas hésité à sonner l'alarme. « Je ne
« puis, du reste, le dissimuler à Votre Excellence, écri-
« vait-il, le 5 septembre 1839, la disposition du Cabinet
« anglais à l'emploi des moyens coercitifs contre Méhémet-
« Ali, soit pour obtenir la restitution de la flotte ottomane,
« soit pour lui faire accepter exclusivement l'hérédité de
« l'Égypte comme base de l'arrangement à intervenir

---

(1) V. Guizot, op. cit., t. IV, p. 353 et 373.

« avec la Porte, peut bien de temps à autre céder sur cer-
« tains points aux représentations de la France, mais elle
« reparaît toujours, et si elle rencontre de notre part une
« répugnance invincible et absolue à l'emploi d'un moyen
« de coercition quelconque contre le Vice-Roi, *je crains*
« *que l'on ne se persuade ici qu'il est inutile de conti-*
« *nuer une négociation dans laquelle on a ôté d'avance*
« *la sanction même éventuelle de la force* (1). » Et
quelques jours plus tard, lorsque lord Palmerston lui
avait donné connaissance des propositions du baron
Brunnow, le général Sébastiani ne se croyait pas autorisé
à cacher à son Gouvernement, que le chef du Foreign-
Office ne lui avait pas « laissé ignorer que, personnelle-
« ment, il était favorable à l'acceptation de ces proposi-
« tions (2) ». « Il m'est démontré, poursuivait l'ambas-
« sadeur, que le Cabinet anglais regarde l'abolition du
« traité d'Unkiar-Skéléssi comme un succès suffisant pour
« sa politique actuelle en Orient. Or, ce succès, il ne croit
« pas trop le payer par son assentiment préalable à l'ap-
« parition des forces russes dans le Bosphore ; et, d'ail-
« leurs, en la subordonnant à la marche d'Ibrahim sur
« Constantinople, *il espère poser une hypothèse qui ne*
« *se réalisera pas* (3) ».

Tous ces cris d'alarme n'étaient, malheureusement,
qu'une voix dans le désert. On devait se faire, à Paris, de
singulières idées sur la véritable signification du verbe
« négocier ». Metternich avait raison de dire que « la

---

(1) V. Dépêche du général Sébastiani au maréchal Soult, du 5 septembre 1839, Guizot, op. cit., t. IV (P. H.), p. 548.

(2) Même dépêche, ibid, p. 551.

(3) Même dépêche, ibid, p. 552.

« France, en parlant à d'autres, est trop souvent disposée
« à se croire seule; quand on négocie, on est plu-
« sieurs (1) ».

Le baron de Brunnow attendait avec impatience la
décision du Conseil sur ses propositions. Il n'a pas eu
lieu à en être satisfait, car le Conseil avait pris la décision
de déclarer au représentant du Tsar, que l'Angleterre
entendait ne pas se séparer de la France. « Le Cabinet
« anglais, rapportait le général Sébastiani, n'adhère point
« aux propositions du Cabinet impérial, pésentées par
« M. le baron Brunnow. Lord Palmerston a déclaré, ce
« matin, à l'envoyé russe, que la France ne pouvait
« consentir, pour sa part, à l'exclusion des flottes alliées
« de la mer de Marmara, dans l'éventualité de l'entrée
« des forces russes dans le Bosphore, *et que l'Angleterre*
« *ne voulait point se détacher de la France avec laquelle*
« *elle avait marché, avec une parfaite union, depuis*
« *l'origine de la négociation* (2). » C'était déjà quelque
chose de la part du Cabinet de Londres. Mais les ministres
anglais ne s'en étaient pas tenus là. Le Conseil avait
décidé en outre, de donner une satisfaction partielle au
client de la France. Lord Palmerston avait été autorisé à
consentir à la cession héréditaire, non seulement de
l'Egypte, comme il l'avait déjà proposé, mais encore le
pachalik de Saint-Jean-d'Acre. Et le général Sébastiani,
qui avait bien compris dans quel esprit on faisait cette
concession, déclarait au maréchal Soult, que *c'était* « *par*

---

(1) Paroles citées par Guizot, op. cit., t. IV, p. 358.
(2) V. Dépêches de Sébastiani, du 3 octobre 1839. Ibid. (P. II.),
p. 553 et suiv. Cf. aussi, F. de Martens, op. cit., t. XII, p. 115.

« *le désir, que je crois sincère, de faire acte de défé-*
« *rence envers la France* (1). »

Peu content de ce résultat, le baron Brunnow prenait
bien lentement, il est vrai, ses dispositions pour quitter
Londres. — Il était convaincu que lord Palmerston jouait
un double jeu. Pendant qu'il assurait l'envoyé du Tsar,
de son désir de s'entendre même au prix d'une séparation avec la France, il menaçait, d'autre part, le gouvernement français de s'entendre avec la Russie, peut-
être en dehors de la France, et la présence de Brunnow à
Londres, lui facilitait le jeu (2). Le baron Brunnow était
peut-être un peu sévère pour le chef du département de
Downing-Street, car lord Palmerston était, personnellement en désaccord avec les membres du Conseil. D'ailleurs, les paroles que le baron Brunnow rapportait à son
chef, indiquent clairement à quel point le chef du Foreign
Office était désireux d'engager la Russie, pendant qu'elle
s'offrait si généreusement. C'était du prince Esterhazy que
le ministre russe tenait cette déclaration. « Je suis décidé
« aurait dit lord Palmerston à l'ambassadeur d'Autriche,
« à me prononcer pour l'acceptation des propositions de
« la Russie, telles quelles ; c'est une occasion unique
« qu'il ne faut pas laisser échapper et qui pourra ne se
« reproduire jamais. Si nous jetons de l'eau froide sur le
« bon vouloir de l'Empereur, il nous dira une autre fois :
« Vous n'avez pas voulu de mes offres, — votre refus me
« dispense d'agir de concert avec vous ; je ferai désormais
« à moi seul, ce que je croirai nécessaire et utile (3). »

(1) V. Dépêche de Sébastiani, déjà citée, Guizot, p. 554.
(2) V. F. Martens, op. cit., t. XII. p. 117.
(3) V. Rapport très secret du baron Brunnow, du 8 octobre 1839.
Ibid., loc. cit.

Quoi qu'il en soit, ce qui était certain c'était que le
Cabinet de Londres avait fait un pas au devant de la
France. En a-t-elle profité? S'empressa-t-elle de saisir le
moyen qu'on lui offrait, pour continuer à occuper une
des premières places dans le concert des Puissances? Pas
le moins du monde. On se montrait, sur les bords de la
Seine, aussi intransigeant qu'avant; on s'obstinait plus
que jamais et on ne demandait rien moins· que de
voir toutes les Puissances, y compris la Turquie, s'incliner respectueusement devant la toute puissance d'un grand
génie, on le croyait du moins, et très sincèrement,
en France, et ce grand génie n'était autre que le
Pacha d'Egypte. « Le gouvernement du Roi, écrivait le
« maréchal Soult à son ambassadeur, à Londres, après
« avoir mûrement pesé les objections du Cabinet de
« Londres, ne peut que persister dans les vues que je
« vous ai fait connaître sur les bases d'un arrangement
« des Affaires d'Orient... Nous avons la conviction que les
« propositions du Cabinet britannique n'atteindraient pas
« ce but, et que plutôt que de les subir, Méhémet-Ali qui
« y verrait sa ruine, *se jetterait dans les chances d'une*
« *résistance moins dangereuse pour lui qu'embarrassante*
« *et compromettante pour l'Europe.* Nous nous refu-
« serions à le pousser dans cette voie, lors même que
« nous aurions la certitude absolue que notre refus serait
« le signal d'un accord intime entre l'Angleterre et la
« Russie. Heureusement cette certitude est loin d'exis-
« ter (1). » C'est clair, c'est péremptoire, et on refuse, au
nom du Pacha, une proposition qui n'avait même pas été

_____

(1) Dépêche du maréchal Soult au général Sébastiani, du 14 octobre 1839, Guizot, op. cit., t. IV, p. 365-366.

mise sous ses yeux... Si le maréchal Soult n'avait pas la
certitude que l'accord entre la Russie et l'Angleterre fût
possible, c'est qu'il ne croyait pas que le gouvernement
du Tsar consentirait jamais à voir les flottes anglo-françaises dans la mer de Marmara, dans le cas où les vaisseaux de guerre du Tsar seraient appelés à franchir le
Bosphore. Le maréchal Soult connaissait la décision du
Conseil du Cabinet anglais sur ce point; cela étant, il était
convaincu qu'avant d'arriver à un accord, les deux gouvernements devraient d'abord commencer par combler
l'abîme qui les séparait. Mais ce n'était là, de la part du
maréchal Soult, qu'un manque de prévoyance qui vraiment, nous surprend un peu. Que nous sommes loin de
la remarquable sagacité du duc de Broglie! Décidément les
esprits devaient être obscurcis pour que le gouvernement
lui-même, s'en ressente à un tel point. Aussi ne faut-il
pas s'étonner qu'au moment où le général Sébastiani
communiquait les déclarations de son chef à lord Palmerston, celui-ci se soit contenté de répondre par cette phrase
aussi laconique qu'éloquente : « je dois vous déclarer, au
« nom du Conseil, que la concession que nous avions fait
« d'une portion du pachalik d'Acre est retirée (1). »

L'intransigeance du Cabinet de Paris faisait tout à fait le
jeu de lord Palmerston, car si ce dernier avait consenti à
la concession du Pachalick d'Acre, c'était uniquement
parce qu'il s'était vu forcé de le faire, afin de calmer « les
« inquiétudes de quelques-uns de ses collègues (2) ». Au
fond, il était bien aise que le maréchal Soult ait refusé

_____

(1) Dépêche du général Sébastiani, du 18 octobre 1839, Guizot, op.
cit., t. IV (P. H.), p. 367.

(2) Ibid., loc. cit.

cette transaction. Désormais, il avait très beau jeu, au
sein du Conseil; il pouvait, tout à son aise, travailler à
l'accord anglo-russe, en s'éloignant, de plus en plus,
de la France, car les collègues du Conseil ne pouvaient
plus rien lui objecter; on avait fait tout ce qui était
possible, pour ne point abandonner l'alliée d'au delà la
Manche; c'était elle qui n'en voulait rien entendre. Le
chef du Foreign-Office pouvait très facilement faire retomber tous les torts sur le gouvernement de Paris.

Lord Palmerston croyait, au contraire, facilement
arriver à s'entendre avec la Russie, car il était convaincu
que le Tsar était décidé à tout accepter, même la présence
de la flotte anglaise dans la mer de Marmara, si toutefois
il parvenait à séparer les deux alliés (1). Du côté russe,
aussi, il y avait de l'obstination! Lord Palmerston l'avait
d'ailleurs, indiqué très franchement... « Je ne doute pas,
« disait-il au général Sébastiani, que le Cabinet russe (2),
« *dans son aveugle et folle partialité contre la France,*
« n'ait été surtout préoccupé du désir de bien mettre en
« évidence notre dissentiment et de prendre partie pour
« notre point de vue contre le vôtre; il n'y a sorte de
« gracieusetés que la Russie n'ait essayées avec nous...
« pour diviser nos deux gouvernements; nous sommes
« restés froids à toutes ces avances (3) ».

Le général Sébastiani n'était pas seul à avertir son gouvernement de la gravité de la situation. Le chancelier
d'Autriche, lui aussi, essayait de lui indiquer le
danger qui menaçait la France. L'ambassadeur du Roi, à

---

(1) Guizot, op. cit. t. V, p. 367.
(2) Il eût été plus juste de dire « l'empereur Nicolas ».
(3) V. Guizot, op. cit., t. IV, p. 362.

la Cour de Vienne, M. de Saint-Aulaire, avait voulu connaître l'opinion du prince de Metternich sur l'éventualité d'un accord entre la Russie et l'Angleterre. « Je ne sais trop « que vous en dire, lui aurait répondu le Prince, parce « que j'ignore ce qui conviendra à lord Palmerston, *mais* « *j'ose vous répondre que la difficulté ne viendra pas* « *du côté de l'empereur Nicolas.* Il est puéril d'imaginer « qu'il ait commencé cette négociation sans vouloir la « mener à bien. *D'ailleurs, sur cette question des* « *Détroits où vous le croyez inflexible, il a pris son* « *parti depuis longtemps.* La plus grosse de vos fautes « est assurément votre division avec l'Angleterre. Si vous « êtes encore à temps pour la réparer, ne perdez pas un « moment. Vous courez chaque jour le risque d'apprendre « qu'on vous a mis en dehors de l'affaire d'Orient, et « qu'on va faire sans vous ou contre nous, ce qu'on « n'aura pu faire avec vous... Nous donnerons les mains « à ce qui aura été convenu à Londres et vous n'aurez « plus que l'alternative d'assister à l'exécution rigou- « reuse du client que vous voulez protéger, ou de le « défendre en ayant toute l'Europe contre vous (1) ».

Ce n'étaient donc pas les avertissements qui avaient fait défaut au Cabinet de Paris. C'était surtout la pré- voyance qui lui avait manqué pendant toute cette période. Et, en effet, bientôt après, on apprit avec stupeur, à Paris, que le baron de Brunnow allait revenir à Londres, avec les pleins pouvoirs nécessaires pour signer la con- vention projetée sur la question d'Orient. Le Tsar avait hâte d'arriver à l'exclusion de la France et, afin d'y parvenir,

---

(1) V. Extrait des mémoires inédits de Saint-Aulaire, cité par M. Thureau-Dangin, op. cit., t. IV, p. 78-79.

il avait consenti à tout ce que demandait l'Angleterre (1). L'envoyé extraordinaire du Tsar n'arriva que vers le milieu de décembre et ne fut point content de l'état des choses à Londres, car, écrivait-il, tout était « misérable au dernier « point » (2). Lord Palmerston ne lui avait pas caché que le plus grand obstacle venait de la faiblesse du Cabinet de lord Melbourne, un cabinet qui n'osait pas braver le Parlement et l'opinion publique, qui étaient entièrement acquis à la France. Se croyant assez pénétré de la nécessité de l'entente avec la Russie, le chef du Foreign-Office engagea le ministre russe à agir surtout sur les autres membres du Cabinet (3). De son côté, le général Sébastiani avouait, paraît-il, la faiblesse de son gouvernement, car il était « impuissant à museler les crieurs « dans les Chambres et dans la presse françaises (4). »

Sans perdre une minute, le baron Brunnow s'était mis à l'œuvre. Il eut des entretiens avec les différents membres du Cabinet et s'employa de son mieux à leur démontrer « la nécessité de régler cette question, même sans le « concours de la France. » Il ne rencontra cependant pas le même accueil qu'auprès de lord Palmerston. Ce fut surtout lord Clarendon qui s'était élevé contre cette thèse : « L'Empereur peut se passer parfaitement de la France, « aurait dit le noble lord, mais nous ne le pouvons « pas » (5). Malgré ce langage, le baron de Brunnow ne désespérait point du succès. Dès le commencement du

---

(1) V. Martens, op. cit., t. XII, p. 119.
(2) V. Rapport du 30 décembre 1839. Ibid, p. 121.
(3) V. même rapport. Ibid., loc. cit.
(4) V. Ibid., loc. cit.
(5) V. Ibid., t. XII, p. 121.

mois de janvier 1840, lord Palmerston était en mesure de communiquer à l'ambassadeur de France le nouveau plan de la Russie, qui développait deux ordres d'idées. D'abord, les mesures à prendre pour imposer à Méhémet-Ali un arrangement. Ensuite, l'établissement de l'accord européen sur les Affaires d'Orient. « Le mode d'interven- « tion, rapportait aussitôt après le général Sébastiani, de « la Russie, dans le cas où elle serait appelée par la Porte, « sera convenu et réglé entre les Puissances ; la Russie, « dans l'éventualité de la marche d'Ibrahim sur Constan- « tinople et de l'appel du Divan, *franchira le Bosphore* « *avec des troupes de débarquement et sera chargée de* « *la défense de Constantinople au nom de l'Europe. Les* « *autres Puissances pourront alors faire passer les* « *Dardanelles à quelques bâtiments de guerre qui croi-* « *seront dans les eaux de la mer de Marmara, de* « *Brousse à Gallipoli.* Le nombre de ces bâtiments sera « de deux à trois pour chaque pavillon. Une fois le but « que se proposent les Puissances atteint par la soumis- « sion de Méhémet-Ali, *la Porte rentrera en pleine et* « *immuable possession du droit de clôture des deux* « *détroits à tous les pavillons européens.* Ce droit sera « également et formellement consacré en principe dans « la convention à intervenir à Londres, préalablement à « toute action en Orient » (1). La Russie proposait donc elle-même de faire de la fermeture des détroits à tous les pavillons de guerre, sans exception, un principe du droit public européen, sauf l'exception de l'hypothèse nettement précisée. Il convient d'ajouter, cependant, qu'il y avait

---

(1) V. Guizot, op. cit., t. IV (P. II.) p. 561 ; dépêche du 5 Janvier 1840.

également lieu d'appliquer ce principe de fermeture en temps de paix ou en temps de guerre indistinctement (1).

Telle était la base de la convention que la Russie désirait signer, et l'Empereur de Russie insistait pour qu'on se hâtât, car il souhaitait sincèrement mettre fin, et très promptement, à ce conflit turco-égyptien qui n'avait que trop duré. Le comte de Nesselrode regrettait aussi toutes ces lenteurs dans la négociation. « A proprement parler, « écrivait-il, nous sommes en dehors de la question... Le « débat n'est point entre la France et nous, mais entre « l'Angleterre et la France. Celle-ci propose d'abandonner « à Méhémet-Ali toutes ses conquêtes, l'Angleterre insiste « sur la restitution à la Porte des provinces envahies ; la « Russie, l'Autriche et la Prusse s'associent au projet « anglais. Ceci posé, de quoi s'agit-il aujourd'hui pour le « gouvernement anglais ? Non point d'opter entre la France « et nous, mais entre la France et lui-même (2) ».

Néanmoins, et malgré l'impatience de la Russie, on ne

---

(1) V. Martens, op. cit., t. XII, p. 126. La condition de la fermeture des détroits, en temps de paix, comme en temps de guerre, était expressément demandée par la Russie. « D'ailleurs, écrit M. Martens, « dans son traité de droit international, il (l'empereur Nicolas) « n'accorda son concours qu'à la condition que les Puissances signe- « raient un acte déclarant que la fermeture du Bosphore et des Dar- « danelles, *en temps de paix comme en temps de guerre*, constitue- « rait à l'avenir un principe de droit public européen. Cette clause « figura dans la convention qui fut signée à Londres, en 1841. » V. Traité de droit international, traduction française, Paris 1886, t. II, p. 359. Nous verrons plus loin dans quel sens on doit entendre la fermeture des détroits en temps de guerre.

(2) Le comte de Nesselrode au baron Brunnow, 1er février 1840, Martens, t. XII, p. 124.

se hâtait pas en Angleterre. C'est qu'on ne désespérait pas encore de voir la France rentrer dans le droit chemin. Nous avons déjà signalé un premier pas vers la France, lorsque le Cabinet anglais lui faisait la concession du Pachalik d'Acre. Maintenant, le Cabinet de Londres s'ingéniait à ralentir la marche de la négociation, afin « de « laisser une porte ouverte à la France » (1). A cet effet, le gouvernement britannique avait décidé de conclure une convention, non pas entre les grandes Puissances, comme la Russie l'avait proposé, mais entre les grandes Puissances d'une part, et la Porte de l'autre (2). Cette décision eut pour premier résultat d'arrêter complètement les pourparlers jusqu'à l'arrivée d'un plénipotentiaire ottoman, et cela demandait du temps à cette époque. Ce n'était pas la seule raison qui avait mécontenté le baron Brunnow. Le ministre russe n'avait pas lieu de se considérer comme satisfait du contre-projet de lord Palmerston.

En effet, rien dans ce contre-projet, n'était précis et définitif. Le chef du Foreign-Office ne déterminait « ni les « limites de l'Egypte, ni ses rapports de vasselage avec le « Sultan (3). » Ce qui avait surtout irrité le délégué du Tsar, c'était l'intention qui avait présidé à la rédaction de ce contre-projet, intention qui n'avait point échappé à la sagacité du baron Brunnow. En réalité, le général Sébastiani rapportait ces paroles caractéristiques dans la bouche du ministre de Downingstreet : « Je dois seule- « ment mentionner ici l'observation faite par lord Pal-

---

(1) V. Martens, op. cit. t. XII, p. 125.
(2) Le général Sébastiani au maréchal Soult, le 20 janvier 1840, Guizot, op. cit., t. IV (P. H.), p. 564.
(3) V. Martens, op. cit., t. XII, p. 123.

« merston, écrivait l'ambassadeur français, en terminant
« la lecture de son projet : *Qu'il en avait calculé la ré-*
« *daction de manière à ce qu'il fût facile à la France de*
« *l'accepter et de se rallier à l'action commune des Puis-*
« *sances* (1). »

Ainsi donc, non seulement le Cabinet britannique prenait soin de rédiger son contre-projet de façon à permettre et à faciliter la rentrée de la France, mais il lui donnait aussi un long délai, qu'on aurait pu et dû utiliser, sur
les bords de la Seine. L'ambassadeur de Louis-Philippe
qui, étant sur les lieux mêmes, voyait mieux que personne
le danger dont son pays était menacé, n'avait point dissimulé sa satisfaction en apprenant cette décision du Conseil ; il avait parfaitement vu le parti qu'on en pouvait tirer.
« Malgré la juste impatience qu'elle doit éprouver de voir
« se résoudre une question si remplie de difficultés et de
« périls, écrivait-il au maréchal Soult, peut-être Votre
« Excellence trouvera-t-elle que ce délai... n'est pas sans
« avantage pour la politique du gouvernement du Roi, et
« qu'il est permis de voir un succès dans tout retard op-
« posé par le gouvernement anglais à l'empressement et à
« l'activité de M. de Brunnew et Neumann. Telle est du
« moins ma propre conviction, et jusqu'à nouvel ordre,
« elle dirigera ici ma conduite et mes paroles (2). » Malheureusement, ce langage n'était point fait pour plaire, à
Paris. Les amis du Cabinet commençaient à le trouver

---

(1) Dépêche du 20 janvier 1840, Guizot, op. cit., t. IV (P. H.),
p. 567.

(2) Dépêche du général Sébastiani, du 28 janvier 1840, Guizot, op.
cit., t. IV (P. H.), p. 571-572.

« trop favorable à la Turquie (1). » La seule récompense qu'on daignât lui accorder pour sa remarquable sagacité, fût de lui enlever le poste qu'il occupait; on le rappela de Londres, car il ne pouvait plus y représenter utilement les vues de son gouvernement. Ce fut M. Guizot qui le remplaça.

L'éminent historien avait un double titre pour occuper, avec un certain éclat et avec beaucoup d'autorité, ce poste de combat. D'abord, il partageait, comme il le reconnaît d'ailleurs, dans ses mémoires, l'aveuglement, les erreurs et les croyances du gouvernement, du Parlement et de l'opinion publique. Il était sincèrement persuadé de l'absolue inefficacité des mesures coercitives qu'on se proposait, à Londres, à employer contre le tout puissant Pacha d'Égypte. Cet aveuglement était un titre sérieux, aux yeux du Cabinet de Paris. Il n'était pas le seul. A côté et, peut-être, au dessus, il y avait encore le prestige et la considération, dont il jouissait déjà, en Angleterre, et dont on attendait le meilleur effet, pour les intérêts de la France. Peut-être aussi, n'était-on pas fâché de se débarrasser d'un orateur influent, dans la Chambre, et qui pouvait causer quelques embarras au gouvernement (2).

En effet, la société anglaise s'empressa de ménager un accueil des plus chaleureux au nouvel ambassadeur de France : l'historien fut fêté beaucoup plus que l'ambassadeur.. Mais Guizot ne s'y trompa point. Grâce à sa sagacité, il ne tarda pas à s'apercevoir à quel point on se trompait, à Paris, sur les véritables dispositions du gou-

(1) V. Guizot, op. cit., t. IV, p. 370.
(2) V. Ibid., t. IV, passim; Thureau-Dangin, op. cit., t. IV, passim.

vernement anglais. Se trouvant sur les lieux, observant
attentivement tout ce qui pouvait intéresser son pays, le
nouvel ambassadeur du Roi avait, du coup, saisi le faible
côté de la politique française. Dès lors, ses dépêches ne
sont plus qu'une pluie d'avertissements sur le danger
imminent dont la France était menacée. Comme le général
Sébastiani, Guizot essayait de dessiller les yeux de ceux
qui s'obstinaient à ne point vouloir regarder. « Il y a ici
« du progrès, écrivait-il à son ami, le duc de Broglie, et je
« le dis à Thiers et à Rémusat, *mais soyez sûr que j'en*
« *dis bien autant qu'il y en a* ; lord Palmerston est exces-
« sivement engagé, *et le travail même qui se fait dans*
« *un sens contraire au sien l'engage quelquefois encore*
« *plus, car il se défend* (1) ». Et il ajoutait, afin de
donner une idée plus exacte encore de la situation : « ren-
« dez-vous bien compte de ma situation : tout le monde
« est aux pieds de l'Angleterre ; tout le monde offre de
« faire ce qui lui plaît ; nous seuls nous disons *non*, nous
« qui nous disons ses amis particuliers. Et c'est au nom
« de notre amitié, pour maintenir notre alliance que nous
« lui demandons de ne pas accepter ce que lui offrent tous
« les autres (2) »... Dans ses dépêches à Thiers, Guizot ne
dissimulait pas, non plus, le danger de cet état des choses.
Il s'ingéniait surtout à lui démontrer qu'il serait dangereux
de croire qu'on ne ferait rien, parce que l'absence du délégué turc empêchait la marche de la négociation. « Je suis
« maintenant convaincu, écrivait-il, le 12 mars à son chef,
« que lord Palmerston n'a aucun dessein de rien faire, ni

(1) V. Guizot au duc de Broglie, le 7 avril 1840, dans ses mémoires,
t. V, p. 52.
(2) Ibid., t. V, p. 53

« de rien décider avant l'arrivée du plénipotentiaire turc,
« nous avons donc du temps. Mais je dois faire observer
« dès aujourd'hui, à Votre Excellence, que cet avantage
« deviendrait peut-être un danger si nous nous laissons
« aller à supposer que, parce qu'il ne se fait rien à pré-
« sent, il ne se fera rien plus tard, et que nous serons
« définitivement dispensés de prendre une résolution
« parce que nous n'en sommes pas pressés immédiate-
« ment (1) ». Il ne se lassait pas de dire que le Cabinet
britannique croyait le moment favorable pour régler la
Question d'Orient et soustraire cette région de l'Europe à
la domination exclusive de la Russie ; qu'il était en un
mot, sérieusement décidé d'en profiter. Le gouvernement
de Londres ne demandait pas mieux que de rester avec la
France, il était tout disposé à lui faire des concessions, si
besoin était. « Cependant, poursuivait Guizot, si, de notre
« côté, nous n'arrivions à rien de positif, si nous parais-
« sons ne vouloir qu'ajourner toujours et convertir toutes
« les difficultés en impossibilités, *un moment viendrait,*
« *je pense, où, par quelque résolution soudaine, le*
« *Cabinet britannique agirait sans nous et avec d'autres*
« *plutôt que de ne rien faire* (2) »... Quatre jours plus
tard, l'ambassadeur de France écrivait à Thiers, pour lui
annoncer la prochaine arrivée du plénipotentiaire turc et il
ajoutait, « qu'il pourrait arriver qu'au lieu des négociations
« prolongées, nous nous vissions bientôt en face de la solu-
« tion et de ses difficultés (3) ». Il revenait à la charge, dans
sa dépêche du lendemain. « Il se peut, écrivait-il, que

---

(1) Guizot à Thiers, le 12 mars 1840, op. cit., t. V, p. 59.
(2) Ibid., p. 60.
(3) Dépêche du 16 mars 1840, Ibid., p. 60-61.

« les événements se précipitent et que nous nous trouvions
« bientôt obligés de prendre un parti (1) ». Quel parti
pouvait prendre la France ? Il n'y en avait que deux,
d'après Guizot. S'entendre avec l'Angleterre, moyennant
une transaction, quant à la Syrie, ou bien, se retirer de la
négociation et laisser aux quatre Puissances le soin de
régler l'affaire. « Je dis seulement, poursuivait Guizot,
« que cette conclusion (entre les quatre Puissances) me
« paraît probable... et il faut... s'y tenir préparés » (2).

Malheureusement, tout cela ne pouvait rien sur les
esprits à Paris. Il est même surprenant que le sage roi
Louis-Philippe ne s'en inquiétât un peu d'avantage. « Je
« trouve, disait-il au général Baudrand, que dans ses der-
« nières lettres au président du Conseil, M. Guizot paraît
« trop préoccupé des dispositions de l'Angleterre, qui lui
« semblent douteuses envers nous. Il est enclin à croire
« que les ministres anglais traiteront sur les affaires de
« la Turquie, avec les Puissances étrangères, sans nous.
« Soyez bien convaincu, mon cher général, *que les An-*
« *glais ne feront jamais, sur un tel sujet, aucune con-*
« *vention avec les autres Puissances, sans que la France*
« *soit une des parties contractantes.* Je voudrais que
« notre ambassadeur en fût aussi convaincu que je le
« suis » (3). Les événements se chargèrent de donner un
cruel démenti à l'assurance du Roi . Si Guizot ne partageait pas la quiétude des Français en France, c'est qu'il
était loin de Paris, qu'il se trouvait en dehors de cette
atmosphère aveuglante qui obscurcissait la vue d'hom-

---

(1) Dépêche du 17 mars 1840, Ibid., p. 61.
(2) V. Dépêche du 17 mars 1840, Guizot op. cit., t. V, p. 61.
(3) V. le général Baudrant à M. Guizot. Ibid., p. 62.

mes d'Etat aussi éminents ; c'est enfin qu'il pouvait bien observer le travail qui se faisait à Downingstreet et dans le Cabinet.

Cependant, si le Roi s'abusait à tel point sur les véritables dispositions des Anglais, s'il ne voulait point croire aux avertissements de Guizot, il n'en était pas de même du président du Conseil. Thiers était un des rares qui ne se dissimulait point le danger, mais se contentait d'en faire retomber toute la responsabilité à la note collective du 27 juillet 1839. Tout ce qu'il prescrivait à son ambassadeur, c'était de ne rien faire, de ne point s'engager, de gagner du temps, toujours du temps. On peut dire, avec M. Thureau-Dangin, que c'est là « l'idée qui, « tout d'abord, se dégage avec le plus de netteté », dans « le plan de Thiers (1). Les instructions qu'il avait données à Guizot pouvaient se ramener à quelques points : gagner du temps, se montrer plutôt coulant et non pas intransigeant, sans parti pris ; s'employer, en outre, à critiquer la politique des autres Cours et particulièrement celle de lord Palmerston, en un mot, « retarder ainsi toute résolu- « tion définitive » (2). De plus, dans ses entretiens, l'ambassadeur de France devait toujours éviter de traiter en commun cette question turco-égyptienne ; il devait avoir l'air de ne traiter qu'avec l'Angleterre (3). Il s'agissait de bien montrer que ces négociations n'avaient rien de commun avec la note collective du 27 juillet 1839 ; cette malencontreuse note qui pesait tant sur la politique de Thiers.

---

(1) V. Thureau-Dangin, op. cit., t. IV, p. 193.
(2) V. Guizot, op., cit., t. V, p. 64.
(3) V. Ibid., loc cit.

Voilà ce que préconisait le président du Conseil. Quelle
en était la politique, dans quel but voulait-il tant gagner
du temps? C'est M. Thiers lui-même qui a essayé de
nous en donner, après coup, une explication. Dans une
conversation qu'il eut, après les événements de 1848, avec
Senior, Thiers prétendait qu'il lui fallait gagner du temps,
afin de trouver le moment opportun où « l'opinion fran-
« çaise distraite ou fatiguée de son engouement égyptien,
« eût permis de consentir une transaction, pour le mo-
« ment impossible (1). C'est, en effet, très ingénieux
comme explication, mais tout ce qu'on peut lui reprocher,
c'est de n'être pas conforme à la vérité, telle que les documents de l'époque nous l'ont conservée. Le véritable
but de Thiers était de profiter du temps qu'il s'agissait de
gagner en amusant lord Palmerston, pour amener un arrangement direct entre Constantinople et Alexandrie. Une
fois cet arrangement conclu, par dessus la tête des diplomates qui discutaient gravement, à Londres, toutes sortes
de mesures coercitives et autres, il n'y aurait plus aucune
nécessité d'une entente entre les cinq grandes Puissances,
d'autant plus que le fonctionnement de cette machine,
qu'on appelait le Concert européen, n'était pas exempt de
dangers (2). « Pourrait-on agir à Constantinople ou au
« Caire, écrivait-il à Guizot, le 21 mars, en conseillant
« aux deux parties de s'entendre directement? Nous
« l'avons fait, en nous bornant à des conseils très pres-
« sants (3) ». Il allait ainsi au devant des objections, car

---

(1) V. Thureau-Dangin, op. cit., t. IV, p. 194.
(2) V. Ibid., op. cit., t. IV, p. 195 : Guizot, op. t. V, p. 64-65.
(3) V. Guizot, t. V, p. 207.

on pouvait lui dire que son plan présentait plus d'un inconvénient; on pouvait justement l'accuser de jouer
double jeu : faire traîner les négociations à Londres,
d'une part; et, de l'autre, encourager, sous main, un arrangement direct. Thiers avait prévu cela; c'est pourquoi
il écrivait qu'il se contentait des « conseils pressants ».
« Entamer, poursuivait-il, une négociation spéciale, di-
« recte, qui nous serait imputée, ne produirait pas plus
« d'effet que les conseils et nous exposerait, à l'égard de
« l'Angleterre, au reproche de duplicité, car elle dirait
« que nous temporisons à Londres pour agir au Caire ou
« à Constantinople (1) ». Il y revenait encore, dans sa
dépêche du 28 avril. « J'ai recommandé à nos agents, soit
« au Caire, soit à Constantinople, écrivait-il à Guizot, de
« ne pas pousser à une négociation directe entre le Sultan
« et le Pacha, pour que l'Angleterre ne nous accuse pas
« de jouer double jeu (2) ». Tout ce qu'il permet de faire,
c'est, comme il prend soin de nous le dire, de tirer « le
« câble des deux côtés pour rapprocher les deux par-
« ties (3) ».

Voilà ce que préparait Thiers, comme don de joyeux
avènement. Il risquait beaucoup, en jouant au plus
fin, mais que lui importait ? Et, en fait, les événements semblèrent, à un moment, lui donner gain de
cause. Un changement ministériel était survenu, au commencement de mai, sur les rives du Bosphore. Le vieux
Hosrew-Pacha, l'ennemi acharné de Méhémet-Ali, était

---

(1) V. Guizot, t. V, loc. cit.
(2) V. Ibid., loc. cit.
(3) V. Ibid., loc. cit.

tombé en disgrâce, et éloigné du pouvoir (1). C'était le consul de France, à Alexandrie, qui, le premier, annonça cette nouvelle au vieux Pacha. Cet événement avait bien auguré pour la paix. Méhémet-Ali, rapportait le Consul, « fit un bond sur son divan et sa figure prit une expres- « sion de joie extraordinaire, et des larmes vinrent même « dans ses yeux » (2). Il déclara que la chute de Hosrew était la disparition du plus grand obstacle à l'arrangement. « Aussitôt que j'aurai la nouvelle officielle de la destitu- « tion du Grand-Vizir, disait le Pacha, j'enverrai à Cons- « tantinople Sami bey, mon premier secrétaire ; je le char- « gerai d'aller offrir au Sultan l'hommage de mon respect « et de mon dévouement ; je demanderai à sa Hautesse « de me permettre de renvoyer la flotte ottomane... et « une fois que les relations de bonne intelligence et d'har- « monie seront rétablies, *je m'arrangerai avec la* « *Porte* » (3). Dans ces conditions, l'agent de France n'avait plus qu'un conseil à donner au Pacha : c'était de persévérer dans ces bonnes résolutions. En même temps, on devait essayer de démontrer à la Porte, qu'il était de tout point préférable de s'accorder « directe- « ment », et ce conseil devait être appuyé, en essayant de la « décourager de rien attendre du concert euro- « péen » (4).

Entre temps, les négociations continuaient à Londres, où l'on ignorait encore ce qui se préparait à Constanti- nople et à Alexandrie. Le délégué de la Turquie était déjà

---

(1) V. Guizot, op. cit., t. V, p. 204.
(2) V. Rapport de Cochelet, du 26 mai 1840 ; Ibid., p. 205.
(3) V. Ibid., p. 206.
(4) V. Thureau-Dangin, op. cit., t. IV, p. 196.

arrivé dans la capitale britannique. Ce n'était que le plénipotentiaire Turc à Paris, Nouri-Effendi qui avait reçu
l'ordre d'aller à Londres uniquement afin de faire acte de
présence, en attendant l'arrivé du ministre spécial qui
devait venir de Constantinople (1). Les négociations avaient
aussitôt pris un peu plus d'activité. Toutes les Cours
étaient désireuses d'entraîner la France. On allait même
au devant du gouvernement du Roi, en lui faisant quelques concessions. Le baron de Bulow, ministre de Prusse,
avait exprimé à M. Guizot le désir de son Roi, de résoudre
toutes les difficultés « de concert entre les cinq Puis-
« sances » (2). Et il suggérait la transaction de l'Égypte
héréditaire et la Syrie, à titre viager (3). Le 15 avril, l'ambassadeur de France eut la visite du chargé d'affaires de
la Cour de Vienne, le baron de Neumann, qui lui proposa le partage de la Syrie (4). Le 5 mai, le baron de
Neumann était en mesure de préciser davantage sa proposition. Dans le plan de la Cour d'Autriche, le Pacha
d'Égypte devait garder, pour lui, le Pachalik d'Acre,
ainsi que l'avait proposé lord Palmerston, l'année d'avant;
de plus, la forteresse même de Saint-Jean-d'Acre était
comprise dans le territoire cédé au Pacha (5). Lord Palmerston avait aussi confirmée la proposition de l'Au-

---

(1) V. Guizot, op. cit., t. V, p. 70-71, Cf., aussi la note remise
aux représentants des grandes Puissances pour les inviter à presser
la solution du conflit, ainsi que cela résultait de la note du 27 juillet 1839;
Ibid., t. V, p. 420 et suiv.

(2) V. Guizot, op. cit., t. V, p. 79.

(3) V. Ibid., p. 80.

(4) V. Ibid., p. 81-82.

(5) V. Ibid., p. 85.

triche (1). C'était là tout ce qu'on pouvait faire pour entraîner la France. Tel n'était cependant pas l'avis de
Thiers. Le gouvernement français repoussa la proposition, car, au lieu d'y voir quelque chose de définitif, on
s'est plu à la considérer comme une simple entrée en
matière, et Thiers était convaincu que lord Palmerston
n'était pas encore au bout de ses concessions (2). « Nous
« trouvons le partage de la Syrie, écrivait-il, le 11 mai,
« inacceptable pour le Pacha; nous sommes certains,
« d'après les dernières dispositions connues, qu'il ne l'ac-
« ceptera pas » (3)... Cette fois encore, comme l'avait
fait, en 1839, le maréchal Soult, le gouvernement français
n'avait pas jugé utile de proposer au Pacha cette transaction ; on savait qu'un tel homme, qu'un pareil génie,
ne pouvait consentir à s'incliner, et surtout, on se dispen-
sait de lui en donner le conseil.

Cependant, le plénipotentiaire turc Chékib-Effendi, était
arrivé à Londres, venant de Constantinople. Dès le 31 mai,
il adressait aux représentants des cinq Puissances signataires de la note du 27 juillet 1839, une note par laquelle il
réclamait la prompte solution du conflit, tout en se plai-
gnant de la lenteur des négociations qui avait eu pour
premier résultat de rendre la situation de son pays plus
critique que jamais (4). Les négociations allaient commencer après ce coup d'aiguillon, quand, tout à coup, parvinrent les nouvelles des démarches directes du Pacha
d'Égypte. Lord Palmerston ne s'y trompa point, il avait

---

(1) V. Guizot, op. cit., t. V, p. 86.
(2) V. Ibid., op. cit., t. V, p. 193.
(3) V. Ibid., p. 190.
(4) V. Ibid., Pièces Historiques, p. 441

découvert le jeu du ministre des affaires étrangères de Paris. Si l'arrangement direct réussissait, c'était, comme l'écrivait plus tard Guizot, le triomphe de la France et la mortification des quatre Puissances (1). Le chef du Foreign-Office ne pouvait guère se résigner à ce rôle. Il était engagé d'honneur dans cette négociation, il devait, en quelque sorte, défendre son œuvre. Dès lors, il n'avait plus qu'une seule idée : se venger jusqu'au bout et, pour y réussir, il était urgent d'aboutir, afin d'empêcher cet arrangement direct que M. Thiers préparait, en secret. A partir de ce moment, lord Palmerston poussa vigoureusement la négociation, dans le but évident d'arriver, au plus tôt, à la signature de la convention à quatre. Ce n'est plus qu'une sorte de *match* entre ces deux hommes d'État qui dirigeaient la politique extérieure, en France et en Angleterre. Il s'agissait de savoir qui, de lord Palmerston ou de Thiers, serait finalement joué.

Lord Palmerston eut, il est vrai, à surmonter quelques obstacles qui ralentissaient la marche de la négociation. Le roi de Prusse venait, en effet, de mourir. Le ministre de la Cour de Berlin ne pouvait rien faire, avant d'avoir reçu et présenté ses nouvelles lettres de créances. Mais le noble lord n'était pas homme à se formaliser avec cette question d'étiquette diplomatique ; il passa outre et on admit, contrairement à l'usage, que Bulow pourrait signer la convention. Si Thiers voulait gagner du temps, lord Palmerston désirait surtout ne pas en perdre, et ce petit incident nous prouve à quel point les ministre anglais était pressé d'aboutir (2). Et, en effet, la convention de la qua-

---

(1) V. Lettre à Rémusat, du 26 juil. 1840 ; Guizot, op. cit. t. V, p. 244.
(2) V. M. Renault à son cours (le 17 février 1898).

druple alliance fut signée, à Londres, le 15 juillet 1840 (1).
La France, malgré les efforts de tout le monde, s'était fait
exclure du concert européen.

On prenait soin d'indiquer, dans le préambule de la
convention, que c'était le Sultan lui-même qui avait eu
recours aux quatre puissances contractantes « pour récla-
« mer leur appui et leur assistance au milieu des difficultés
« dans lesquelles il se trouve placé par suite de la con-
« duite hostile de Méhémet-Ali (2) ». Si donc les quatre
puissances interviennent dans ce conflit intérieur de la
Turquie, ce n'est point en vue de se mêler des affaires
intérieures de l'Empire ottoman, mais bien parce qu'elles
avaient été préalablement invitées par la Sublime-Porte.
Cela dit, les Puissances prennent un soin jaloux pour
nous indiquer et nous préciser le but de leur intervention.
Ce n'est pas seulement parce que les quatre Cours sont
« mues par le sentiment d'amitié sincère qui subsiste
« entre elles et le Sultan » et qu'elles sont « *animées du*
« *désir de veiller au maintien de l'intégrité et de l'indé-*
« *pendance de l'Empire ottoman, dans l'intérêt de l'af-*
« *fermissement de la paix de l'Europe* », mais aussi,
et, semble-t-il, surtout, parce que ces quatre Cours sont
restées « fidèles à l'engagement qu'elles ont contracté par
« la note collective remise à la Porte par leurs repré-
« sentants à Constantinople, le 27 juillet 1839... » Ce
dernier considérant est à retenir, car il constitue un blâme

---

(1) V. les actes signés à Londres, le 15 juillet 1840, dans les
Recueils de De Clercq, t. IV, p. 570 et suiv. ; Neumann, t. IV,
p. 453 et suiv. ; Jouséfovitch, p. 93-101 (en russe), nous nous sommes
servis du Recueil de M. de Martens, t. XII, p. 130 et suiv.

(2) V. F. de Martens, op. cit., t. XII, p. 130.

à l'adresse de la France. Nous savons que le représentant de la France avait aussi signé cette note collective et si la France n'était pas partie contractante dans une convention qui n'était en somme que la conséquence, que la suite naturelle de cette note, c'est, il n'y avait pas à s'y méprendre, que le gouvernement de Paris n'était pas resté fidèle aux engagements contractés (1).

L'article Ier de la convention de 1840 déclarait que le Sultan s'était entendu avec les quatre puissances « sur « les conditions qu'il est de l'intention de Sa Hautesse « d'accorder à Méhémet-Ali », et les quatre Cours déclaraient s'engager à « agir dans un parfait accord et d'unir « leurs efforts pour déterminer Méhémet-Ali à se con- « former à cet arrangement, chacune des Hautes-Parties « contractantes se réservant de coopérer à ce but « selon les moyens d'action dont chacune d'elles peut « disposer (2) ».

Dans le deuxième article, on prévoyait le cas où le pacha d'Egypte refuserait de se soumettre aux injonctions du Sultan ; alors, il était convenu que les quatre puissances se mettront d'accord, « à la réquisition du Sultan », pour lui imposer cet arrangement. En attendant, et toujours sur l'invitation du Sultan, les forces des quatre puissances se joindront à celles du Sultan pour couper les communications de l'Égypte avec la Syrie, pour « empê- « cher l'expédition des troupes, chevaux, armes, muni- « tions et approvisionnement de guerre de tout genre « d'une de ces provinces à l'autre (3) ».

---

(1) V. M. Renault, à son cours.
(2) V. Martens, op. cit., t. XII, p. 132.
(3) V. Ibid., p. 133.

Le troisième article avait pour but de déterminer la
nature et le caractère des secours que les quatre puissances étaient décidées de donner à la Porte, dans le cas
où les forces du Pacha se dirigeraient sur Constantinople.
« Les Hautes-Parties contractantes, y est-il dit, sur la
« réquisition expresse qui en serait faite par le Sultan à
« leurs représentants à Constantinople, sont convenues,
« le cas échéant, de se rendre à l'invitation de ce souve-
« rain et de pourvoir à la défense de son trône au moyen
« d'une coopération concertée en commun, dans le but
« de mettre les deux détroits du Bosphore et des Darda-
« nelles, ainsi que la capitale de l'Empire ottoman à l'abri
« de toute agression (1) ».

Il était bien entendu, en outre, que ces forces ne
devaient rester dans les détroits qu'aussi longtemps « que
« leur présence sera requise par le Sultan » et qu'aussitôt
l'objet de leur présence atteint, elles « se retireront *simul-*
« *tanément* (2). En acceptant de signer cet article, la
Russie détruisait toute sa situation privilégiée, à Constantinople, car elle consentait, non seulement à la présence
dans les détroits des escadres autres que les siennes
propres, mais aussi à se retirer « *simultanément* » avec
les autres. Elle avait fait plus, car l'article IV de la convention, après avoir déclaré que la présence des escadres
alliées dans les Détroits n'était qu'une mesure exceptionnelle, posait le principe de la fermeture des deux détroits.
« Il est convenu, y est-il dit, *que cette mesure ne dérogera*
« *en rien à l'ancienne règle de l'Empire ottoman,* en

---

(1) V. Martens, op. cit., t. XII, p. 134.
(2) V. Ibid. loc. cit.

« vertu de laquelle il a été de tout temps défendu aux
« bâtiments de guerre des Puissances étrangères d'entrer
dans les détroits des Dardanelles et du Bosphore (1) ».
Le principe, une fois posé dans ces termes, le Sultan
déclarait « sa ferme résolution de maintenir à l'avenir ce
« principe invariablement établi comme ancienne règle
« de son Empire, *et tant que la Porte se trouve en paix*,
« de n'admettre aucun bâtiment de guerre étranger dans
« les détroits ». Les quatre Puissances contractantes, de
leur côté, s'engageaient « à respecter cette détermination
« du Sultan et à se conformer au principe... énoncé (2) ».

La convention que nous venons d'analyser n'était pas
le seul acte international signé à Londres, le 15 juillet 1840. Il y avait, en outre, plusieurs autres. D'abord
un acte séparé qui avait pour but de poser les conditions
de la soumission du Pacha d'Égypte. Par l'article Iᵉʳ de cet
acte séparé, le Sultan promettait à Méhémet-Ali, l'administration de l'Égypte, à titre héréditaire et l'administration
viagère du Pachalik d'Acre. Mais pour que cette concession
fût définitive, il fallait que le Pacha déclarât y adhérer
dans les dix jours de la notification. Dans le cas de non
adhésion, le Sultan lui retirait l'administration du Pachalik d'Acre, en ne lui conservant que celle de l'Égypte,
à titre héréditaire (3). Un nouveau délai de dix jours lui
était accordé pour accepter cette concession restreinte. Si
le Pacha n'acceptait pas, à l'expiration de ce délai de

---

(1) V. Martens, op. cit. T. XII, p. 134.

(2) V. Ibid., p. 134-135. Un protocole est annexé à cet article, en
vertu duquel la Porte se réservait le droit de délivrer des firmans de
passage aux stationnaires des légations ; V. Ibid., p. 139-140.

(3) V. art. I et II de l'acte séparé ; Martens, op. cit., t. XII,
p. 135-137.

vingt jours, à compter du jour de la première notification, le Sultan pourrait se considérer libre de prendre telle ou telle mesure et « de suivre... telle marche ultérieure que « ses propres intérêts *et les conseils de ses alliés* pourront « lui suggérer (1) ». Dans tous les cas, le Pacha d'Égyte devait restituer la flotte ottomane et payer tribut, sans qu'il soit admis à faire aucune défalcation des dépenses qu'il aura faites pour l'entretien de la flotte, pendant la durée du sequestre (2). L'Égypte devait continuer, en outre, à faire partie intégrante de l'Empire ottoman, partant, tous les traités et lois de la Turquie continueront à s'appliquer en Égypte, comme dans toutes les autres parties de l'Empire (3).

Il y avait enfin un *protocole réservé* qui est un monument dans le droit international, car il constitue une dérogation importante au point de vue de l'exécution des conventions. En vertu de cet acte, on ordonnait l'exécution immédiate des articles concernant l'Égypte et cela avant que ces actes internationaux aient été ratifiés par les Puissances contractantes. Cela encore nous prouve à quel point lord Palmerston était soucieux de ne pas perdre du temps. Les plénipotentiaires commençaient par constater qu'il faudrait un certain temps pour les ratifications ; or, ils étaient tous d'accord pour reconnaître la gravité de la situation et l'urgence d'y mettre une fin, « pénétrés de la conviction que... *des inté-* « *rêts d'humanité* aussi bien que les graves considérations « de politique européenne.. réclament impérieusement d'évi- « ter, autant que possible, tout retard dans l'accomplisse-

(1) V. art. VII, Martens, op. cit. T. XII, p. 138-139.
(2) V. art. III et IV, Ibid., p. 137.
(3) V. art. V, Ibid., p. 138.

« ment de la pacification... (1) » En conséquence, « lesdits
« plénipotentiaires, *en vertu de leurs pleins pouvoirs*, sont
« convenus entre eux que les mesures préliminaires men-
« tionnées à l'article II de ladite convention (2), *seront*
« *mises en exécution tout de suite*, sans attendre l'échange
« des ratifications ; les plénipotentiaires respectifs consta-
« tent formellement par le présent acte l'assentiment de
« leurs cours à l'exécution immédiate de ces mesures (3) ».

Tels sont, dans leur ensemble, les actes signés à Londres et dont la mise en exécution ne manqua point de
créer une situation très critique en Europe, par suite de
l'exclusion de la France. Qu'allait faire le gouvernement
de Paris? Allait-il assister, impassible, à l'exécution rigoureuse de son client, comme l'avait dit, jadis, le prince de
Metternich? Permettrait-il de voir le règlement de la
question d'Orient à son exclusion, partant, à l'encontre des
intérêts de la France? Enfin, allait-il pardonner au Cabinet britannique d'avoir fait aussi bon marché de l'alliance
française et d'avoir usé de tant de mauvais procédés à
l'égard de la voisine de l'autre côté de la Manche?

C'était avec une vive inquiétude qu'on se posait toutes
ces questions, en Angleterre, car il ne faut pas l'oublier,
c'était lord Palmerston qui avait entraîné le Cabinet, en
le menaçant de donner sa démission (4). C'est tout à fait
de haute lutte qu'il avait réussi à arracher le consentement aux membres hésitants du Conseil. La France croyait

_____

(1) V. Martens, op., cit., t. XII, p. 140.
(2) C'étaient les mesures de coercition contre le Pacha.
(3) V. Martens, op. cit., t. XII, p. 141.
(4) V. Dépêche de l'ambassadeur à Thiers, du 11 juillet 1840;
Guizot, op. cit. t. V, p. 216.

à la résistance de Méhémet-Ali. Lord Palmerston, au contraire, était convaincu que le Pacha ne pourrait rien faire contre les forces réunies des quatre Puissances. La suite des événements lui donna raison et dès le mois de juillet 1840, le chef du Foreign-Office comptait sur un succès facile, tout en ayant la satisfaction d'avoir « mortifié » le ministre des Affaires étrangères de France (1).

V

Ce n'est que le 17 juillet que le Cabinet de Saint-James communiqua à l'ambassadeur de France les dispositions générales de la convention signée deux jours auparavant, sans toutefois lui donner connaissance du protocole réservé, quant à l'exécution immédiate des mesures de coercition contre le client de la France.

Lord Palmerston avait eu soin d'écrire sa déclaration, afin d'être tout à fait « sûr d'exprimer exactement et com-« plètement sa pensée (2) ». Ce mémorandum commençait par rappeler les différents essais qu'on avait vainement employés afin de s'entendre à cinq sur la pacification de l'Orient; mais les quatre Puissances avaient constaté, à leur vif regret, que ce résultat était impossible à atteindre. Ce n'est qu'alors seulement qu'elles s'étaient vu obligées « de prendre la résolution de marcher en avant « sans la coopération de la France, et d'amener, au moyen

---

(1) V. Guizot, op. cit. T. V, p. 254.
(2) V. Ibid., p. 220, le texte du memorandum; Ibid., p. 221-223 et dans Testa, op., cit., t. II, p. 538 et suiv.

« de leurs efforts réunis, une solution des complications
« du Levant, conforme aux engagements que ces quatre
« Cours ont contractés avec le Sultan, et propre à assurer
« la paix future (1) ». D'ailleurs, il n'y avait là qu'une
séparation momentanée qui, on l'espérait, « ne portera
« aucune atteinte aux relations de sincère amitié qu'elles
« (les quatre Cours) désirent si vivement conserver avec
« la France ; mais, de plus, elles s'adressent avec instance
« au Gouvernement français, afin d'en obtenir du moins
« l'appui moral, malgré qu'elles ne peuvent en espérer
« une coopération matérielle... (2) ».

On s'imagine facilement l'effet que cette nouvelle devait
produire à Paris. Thiers se croyait joué et ne cachait
point son irritation, mais il ne croyait pas qu'il fût nécessaire de s'en plaindre. « Votre dernière dépêche, écrivait-
« il à Guizot, le 21 juillet, m'a beaucoup surpris... Le
« parti pris par les Puissances d'agir à quatre, sans mettre
« la France en demeure de s'associer à l'action commune,
« est un procédé fort naturel de la part des Cabinets qui
« n'ont pas vécu dans notre alliance depuis dix ans, mais
« fort étrange et fort peu explicable, par des motifs satis-
« faisants, de la part de l'Angleterre... Se plaindre est
« peu digne de la part d'un Gouvernement aussi haut placé
« que celui de la France, mais il faut prendre acte d'une
« telle conduite... Désormais, elle (la France) est libre de
« choisir ses amis et ses ennemis, suivant l'intérêt du
« moment et le conseil des circonstances. Il faut sans
« bruit, sans éclat, afficher cette indépendance de rela-
« tions... (3) ».

---

(1) V. Guizot, op. cit., t. V, p. 222.
(2) V. Ibid., p. 223.
(3) V. Ibid., p. 230-231.

Telle devait être, désormais, l'attitude de la France. En se tenant à l'écart de ce qui s'était fait sans son concours, elle devait inspirer de l'inquiétude sur ses décisions futures, sans cependant faire de l'éclat, pour le moment. On devait gagner du temps, laisser les choses suivre leur cours ; l'alliance des quatre Puissances ne saurait être durable, il fallait observer attentivement l'apparition de la moindre petite fissure et s'empresser aussitôt d'y enfoncer le coin. Cette attitude de recueillement devait être corroborée par des préparatifs militaires, afin de se trouver prêt à toute éventualité et de montrer, d'un autre côté, combien il était puéril de travailler soi-disant à assurer la paix de l'Europe, au moyen de certains procédés qui étaient de nature, au contraire, à tout bouleverser.

Tout cela n'était pas fait pour tranquilliser les esprits. Déjà, en Prusse et en Autriche, on commençait à s'inquiéter, c'était une sorte d'expiation de la faute commise à la légère. Le baron de Bulow et le baron de Neumann s'en étaient fait les interprètes auprès du chargé d'affaires de France (1). « Il est impossible avait dit le baron de « Neumann à Bourquenay, qu'après dix ans de sagesse « tous les gouvernements de l'Europe ne se donnent pas « la main pour travailler en commun au dénouement « pacifique de la crise actuelle. Pour nous, nous vous « donnerons bien la preuve de la pureté de nos inten- « tions ; nous ne lèverons pas un soldat... il en est de « même de la Prusse (2). »

---

(1) M. Guizot se trouvait alors au Château d'Eu, où l'on discutait, avec le Roi, l'attitude future de la France.

(2) V. Bourquenay à M. Thiers, au mois d'août 1840 ; Guizot, op. cit., t. X, p. 267.

En Angleterre même, on était pénétré de la nécessité de montrer quelques égards envers la France. Le duc de Wellington ne s'était pas empêché de le dire au représentant de la France. Le vieux duc s'était approché du baron de Bourquenay, lors de la réception de la reine et lui avait dit textuellement : « moi, j'ai une ancienne idée « politique bien simple, mais bien arrêtée, *c'est qu'on ne* « *peut rien faire dans le monde pacifiquement qu'avec* « *la France.* Tout ce qui se fait sans elle compromet la « paix. *Or on veut la paix; il faudra donc s'entendre* (1).» Le duc de Wellington était peut-être poussé à faire cette déclaration, parce qu'il sentait la nécessité impérieuse de s'entendre avec la France, mais sans cela, il est permis de mettre en doute la sincérité de ses paroles. Était-il si sûr que cela de son idée politique « bien simple et bien arrêtée? » N'était-ce pas lui, au contraire, qui avait dit, vers la fin de 1839, au baron de Brunnow, que l'alliance anglo-française, « cette aliance de papier mâché » était à la veille de finir, de rompre? « Vous pouvez en être assuré, avait « dit le duc au ministre du Tsar, jamais nous ne pourrons « tolérer les empiétements de la France dans la Méditer- « ranée. Ses arrière-pensées relativement à l'Égypte sont « en opposition directe avec nos intérêts. Ici, l'alliance « a échoué et devait échouer (2). » Cette méfiance à l'égard de la France, quant à ses vues sur l'Egypte n'était-elle pas le mot de l'énigme de la séparation anglo-française? Ne peut-elle pas nous expliquer suffisamment l'implacable hostilité de lord Palmerston à l'égard de

(1) V. Bourquenay à Thiers, le 11 août 1840, Guizot, op. cit., t. V, p. 268.

(2) V. Fr. de Martens, op. cit., t. XII, p. 119.

Méhémet-Ali? N'était-ce pas là la véritable raison qui l'a empêché de consentir au développement de la puissance égyptienne et à son agrandissement territorial? Le duc de Wellington était donc, lui aussi, décidé à se passer du concours de la France, et il ne l'avait point dissimulé au baron de Brunnow. Mais après la conclusion de la quadruple alliance, eu égard à la situation critique qui en était résultée, le vieux duc revenait à son soi-disant système politique immuable et « bien arrêté » et qui consistait à demander, à nouveau, l'entente avec la France. D'ailleurs, le duc de Wellington n'était pas seul de cet avis, en Angleterre. Le roi des Belges, lui aussi, s'était pénétré de cette idée et s'était employé à rapprocher les ci-devant alliés. Il était surtout soucieux d'affermir son trône bien nouveau encore, et pour cela, il souhaitait ardemment la conservation de la paix. A côté de cette raison politique, il y avait les liens de famille, qui le rapprochait également de la Cour de Saint-James et de celles des Tuileries (1). « La convention du 15 juillet, « disait-il, ne sera véritablement abolie dans ses désas- « treux effets sur l'opinion de la France que le jour où « elle sera remplacée par un traité entre les cinq Puis- « sances *dont le but avoué soit l'indépendance et l'inté-* « *grité de l'Empire ottoman* (2). » C'était là, à ses yeux, le seul moyen efficace de mettre un terme à l'isolement de la France, isolement si gros de conséquences, à la faire rentrer, en un mot, dans le concert des grandes Puissances.

Cette proposition était parvenue au château d'Eu juste au moment où le Roi, Thiers et Guizot étaient réunis pour

---

(1) Guizot, op. cit., t. V, p. 269.
(2) Ibid. loc. cit.

discuter la future ligne de conduite de la France. On l'a
trouvée fort acceptable, sous certaines conditions toutefois. Il fallait que cette convention à cinq pût garantir le
statu quo. « Mais si au contraire, disait Thiers, le traité
« à cinq n'avait pas pour but de garantir le *statu quo*
« pour tout le monde, si, par exemple, il contenait la
« garantie de l'existence de l'empire Turc, en laissant
« exécuter le traité à quatre qu'on vient de stipuler,
« ce qu'on ferait n'aurait aucun sens. Tandis qu'on exé-
« cuterait à notre face le vice-roi d'Égypte, contre nos
« intérêts et nos désirs, nous signerions, avec les quatre
« exécuteurs, un traité à cinq contre les dangers futurs
« de l'Empire ottoman, uniquement pour faire quelque
« chose en commun » (1).

C'est dans ce sens que furent rédigées les instructions
de Guizot, au moment où il se disposait à regagner son
poste (2). Dès son arrivée à Londres, il eut des entretiens
avec le baron de Bulow, qui partageait entièrement les
vues du roi Léopold (3). L'ambassadeur de France profita
de son séjour à Windsor pour s'entretenir avec le Roi
des Belges et il s'ingénia à bien spécifier les conditions
que la France croyait indispensables pour faciliter sa
rentrée. Le roi Léopold eut une conversation, à ce sujet,
avec lord Palmerston. « J'ai ouvert la brèche, disait-il, le
« lendemain, à Guizot, le sentiment de la gravité de la
« situation est réel, mais l'obstination est grande ; *il y a*
« *de l'amour-propre blessé, de la personnalité inquiète ;*
« les noms propres se mêlent aux arguments, des récri-

---

(1) V. Guizot, op. cit., t. V., p. 270.
(2) V. Instructions du 14 août, Ibid. p. 270 et suiv.
(3) V. Ibid. p. 276.

« minations aux raisons. Lord Palmerston persiste d'ail-
« leurs à dire que Méhémet-Ali cédera... Il y a pourtant
« un grand pas de fait; l'idée d'un traité entre les cinq
« Puissances pour garantir l'Empire ottoman est fort
« accueillie ; la nécessité de faire rentrer la France dans
« la question est fort sentie... » (1).

Cependant, il ne fallait pas se presser, car lord Palmerston était plus que jamais décidé à exécuter entièrement la convention du 15 juillet, ce n'est qu'après cette
exécution qu'il était disposé à traiter à cinq ; ce n'est qu'à
ce prix qu'il pouvait se venger entièrement. Le chef
du Foreign-Office avait d'ailleurs pris soin de ne le
point laisser ignorer à l'ambassadeur de Louis-Philippe. Il
reconnaissait la nécessité de faire tomber toutes les conventions spéciales sur la question et de les remplacer par
un acte conclu à cinq. « Cela est vrai, disait-il à Guizot,
« le 19 août, *et c'est ce qui n'est pas possible à présent.*
« Un traité a été conclu entre quatre Puissances, non
« dans un but général et permanent, comme serait celui
« dont nous parlons, mais dans un but spécial et momen-
« tané. Ce traité partiel doit suivre son cours, et lorsqu'il
« aura atteint son but, le traité général pourra fort bien
« prendre place. *Aujourd'hui, il faut attendre les évé-*
« *nements...* (2). Et c'était là son dernier mot sur ce
point.

Bientôt d'ailleurs, les nouvelles qui arrivaient du Levant
étaient venues confirmer ce que lord Palmerston avait
prévu : c'est le chef du Foreign Office qui avait raison,
c'est lui qui avait gain de cause.

---

(1) V. Guizot, op. cit., t. V. p. 282-283.
(2) V. Ibid., p. 288.

La Sublime-Porte avait accueilli avec satisfaction la nouvelle de la convention du 15 juillet, et s'était aussitôt empressée de la mettre en exécution. Dès le 11 août, Riffaat-Bey faisait son entrée à Alexandrie et procédait à la première notification (1). Méhémet Ali refusa de s'y soumettre (2). En même temps, et avant l'expiration du premier délai, l'escadre anglaise venait jeter l'ancre devant Beyrouth. Le commodore Napier adressait, dès le 14 août, une sommation à Soliman-Pacha (3) d'avoir à évacuer la ville (4). Cette sommation avait été vainement renouvelée, le 11 septembre suivant ; ce résultat avait vivement mécontenté le commodore anglais : il ordonna, le jour même, le bombardement de la ville. On procédait, en même temps, au débarquement des troupes ottomanes, qui, de la sorte, s'établissaient sur un point très important, d'où on pouvait facilement, non seulement couper la retraite d'Ibrahim-Pacha, mais aussi agir très activement pour soutenir l'insurrection de la Syrie contre l'autorité du Pacha (5).

Ces premières opérations avaient eu pour résultat d'encourager la Porte. Quand, au commencement de septembre, Riffaat Bey rentra à Constantinople, rapportant la nou-

(1) V. Guizot, op. cit., t. V, p. 306; Rosen, op. cit. P. II, p. 37.
(2) Méhémet-Ali avait répondu en acceptant l'hérédité de l'Egypte, et en se remettant, pour le surplus, à la magnanimité du Sultan. V. Rosen, op. cit. P. II, p. 37.
(3) C'était un français, nommé Octave Joseph, au service de l'Egypte.
(4) V. Guizot, op. cit., t. V, p. 308; Rosen, op. cit. P. II, p. 40-41.
(5) V. Ibid. op. cit., t. V, p. 328 ; Ibid. op. cit. P. II, p. 42-43.

velle de son insuccès à Alexandrie, le Divan, oubliant les stipulations de la convention de 1840, qui lui faisait une obligation de se conformer aux conseils de ses alliés, s'était cru autorisé à proclamer la destitution du Pacha d'Egypte (1). Sans doute, l'acte séparé du 15 juillet, avait stipulé pour le Sultan la faculté de suivre telle ou telle marche, dans le cas de non adhésion de la part du Pacha, mais à vrai dire, ce n'était là qu'une question de pure forme. Au fond, le Sultan n'avait aucunement le droit de prononcer cette destitution, sans avis préalable des Puissances contractantes et cela résulte des termes mêmes de l'article VII, ainsi que nous l'avons déjà vu (2).

Cette destitution était d'autant plus grave qu'elle survenait, en quelque sorte, juste au moment où le comte Walewski était arrivé à Constantinople, portant les nouvelles propositions du Pacha d'Egypte. En effet, Thiers n'avait point perdu l'espoir de faire aboutir l'arrangement direct entre la Porte et le Pacha et il avait envoyé à cet effet, le comte Walewski en Egypte (3). L'envoyé français avait essayé de démontrer au vieillard ambitieux l'impossibilité dans laquelle il se trouvait placé de lutter contre les forces réunies des quatre Puissances et était parvenu, grâce à l'influence dont jouissait la France auprès du Pacha, à obtenir quelques concessions. Le vice-roi avait fini par résumer « enfin ses prétentions dans l'Égypte héréditaire et la Syrie viagère » (4). Le comte Walewski

(1) V. Guizot, op. cit., t. V, loc. cit.
(2) V. Martens, op. cit., t. XII, p. 139.
(3) V. Guizot, op. cit., t. V, p. 314.
(4) Thiers à Guizot, le 17 sept. 1840, V. Guizot, op. cit., t. V. p. 314-315.

était allé, lui-même, porter à Constantinople cette bonne
et heureuse nouvelle. Le Pacha d'Egypte avait écrit à la
Porte qu'il s'adressait à la France pour lui demander sa
médiation (1). La Porte avait répondu par la destitution du
Pacha d'Égypte. C'était là une exécution de la convention
du 15 juillet, dans ses limites les plus extrèmes, c'était un
défi jeté à la France. Pouvait-elle tolérer cet écrasement
complet de son client? Il eût été puéril de le supposer et
on pouvait, d'ailleurs, bien le sentir. L'effet de ces nouvelles fut une vive sensation. « Vous pouvez vous figurer
« aisément, écrivait Thiers à Guizot, l'impression du public
« de Paris. Il m'est impossible de dire ce qui en résultera.
« ni quelles seront les résolutions du gouvernement... En
« attendant, vous ne devez pas dissimuler combien la si-
« tuation est grave. Elle ne l'a jamais été, à beaucoup
« près, autant » (2). Thiers avait raison de le dire, la situation était des plus critiques. On poussait plus que jamais
les travaux des armements, sur terre et sur mer. On
envisageait l'éventualité d'une guerre. Thiers, obligé de
s'appuyer sur la gauche, au Parlement, subissait l'entraî-
nement et penchait visiblement vers ce moyen extrème,
gros de conséquences. Le président du Conseil avait envoyé à Guizot une déclaration, par laquelle il faisait savoir
que la France ne pourrait admettre la destitution de Méhémet-Ali. « La déchéance du vice-roi mise en exécution,
« y était-il dit, serait, aux yeux de la France, une atteinte
« à l'équilibre général de l'Europe. On a pu livrer aux
« chances de la guerre actuellement engagée, la question
« des limites qui doivent séparer, en Syrie, les possessions

_____

(1) V. Rosen, op. cit., t. II, p. 45.
(2) V. Dépèche du 2 oct. 1840, Guizot, op. cit., t. V, p. 328-329.

« du Sultan et du vice-roi d'Égypte, mais la France ne
« saurait abandonner à de telles chances l'existence de
« Méhémet-Ali comme prince vassal de l'Empire...... Dis-
« posée à prendre part à tout arrangement acceptable qui
« aurait pour base la double garantie de l'existence du
« Sultan et du vice-roi d'Égypte, elle se borne en ce
« moment à déclarer que, pour sa part, elle ne pourrait
« consentir à la mise en exécution de l'acte de déchéance
« prononcé à Constantinople » (1). Cette ferme attitude, ce
langage énergique contribua pour beaucoup à sauver la
cause de Méhémet-Ali, car le Cabinet anglais en fut profondément impressionné et c'est sous le coup de ce sentiment que lord Palmerston adressa, le 15 octobre, de
nouvelles instructions à lord Ponsonby, lui donnant l'ordre
de ramener la Porte dans le droit chemin, de la contenir
et de lui dire nettement qu'elle n'avait pas le droit de
prendre seule de pareilles mesures, car elle devait, en
tout cas, attendre les conseils, c'est-à-dire, les ordres de
ses alliés (2). En même temps, le chef du Foreign-Office
communiquait ces instructions au Cabinet de Paris, comme
une preuve de bonne volonté.

Ce document n'était cependant pas capable de calmer
l'irritation de l'opinion publique, en France. Le Cabinet de
Thiers se laissait entraîner et épousait les passions qui
s'étaient déchaînées dans le pays. Il penchait de plus en
plus vers la guerre ; la paix générale de l'Europe courait
le plus grand des dangers. L'intervention pacifique du roi
Louis-Philippe empêcha heureusement cette calamité. Le
roi de France avait refusé de signer le projet de discours

---

(1) V. Déclaration du 8 octobre 1840, Guizot, op. cit., t. V, p. 337.
(2) V. Guizot, op. cit., t. V, p. 339-340.

que le Cabinet lui proposait pour l'ouverture du Parlement,
parce que le langage lui avait paru par trop belliqueux.
Louis-Philippe proposa un autre projet plus pacifique. Le
Cabinet refusa de l'adopter et donna sa démission (1).

Le Cabinet qui lui succéda était présidé par le maréchal
Soult et Guizot était placé au quai d'Orsay (2). Pendant sa
mission en Angleterre, l'éminent homme d'État avait
beaucoup vu et beaucoup appris. Il s'était nettement prononcé contre la guerre (3), c'est pourquoi le Roi désirait
lui confier la direction de sa politique extérieure. Dès qu'il
prit en mains la direction des affaires étrangères, Guizot
s'empressa d'informer ses agents auprès des Grandes-
Puissances de l'attitude que comptait prendre la France.
« Nous n'avons nul dessein, écrivait-il au comte de Saint-
« Aulaire, à Vienne, de rester en dehors des affaires géné-
« rales de l'Europe. Nous sommes convaincus qu'il nous
« est bon d'en être et qu'il est bon pour tous que nous en
« soyons. On s'est passé de nous; il faut qu'on sente et
« qu'on nous dise qu'on a besoin de nous... Plus j'y pense,
« plus je me persuade... que c'est là la seule conduite
« qui convienne. Le Roi en est très persuadé... (4) ». C'est
encore cette idée que Guizot développait dans sa dépêche
au baron de Bourquenay ; « Deux sentiments sont ici en
« présence, lui écrivait-il, *le désir de la paix et l'hon-*
« *neur national* ». Et il montrait que ce qui rendait la
situation aussi dangereuse, ce n'était que le mauvais pro-

---

(1) V. Guizot, op. cit., t. V, p. 404.

(2) V. C'est le Cabinet du 29 octobre, comme on l'a appelé.

(3) V. la lettre de Guizot au duc de Broglie, du 13 oct. 1840, Mémoires, t. V, p. 390 et suiv.

(4) V. Guizot, op. cit., t. VI, p. 38-39.

cédé dont on s'était servi à l'égard de la France. « Là est
« le grand mal, poursuivait-il, qu'a fait le traité du
« 15 juillet, là est le grand obstacle à la politique de la
« paix. Pour guérir ce mal, pour lever cet obstacle, il faut
« prouver à la France qu'elle se trompe; il faut lui prou-
« ver qu'on attache à son alliance, à son amitié, à son
« concours beaucoup de prix, assez de prix pour lui faire
« quelque sacrifice... (1) ».

Les autres cabinets, tout au moins ceux de Vienne et de
Berlin, ne pensaient pas autrement. On avait vu avec satisfaction, et on peut dire avec soulagement, l'avènement
du gouvernement du 29 octobre. On s'était empressé aussitôt de trouver une prompte solution à cette crise péril-
leuse, de ramener la France dans le concert des Puissances (2). Même au sein du cabinet anglais ce sentiment s'était fait jour. De toutes parts on s'employait à faciliter la tâche du nouveau Cabinet en France, à répondre
à ses efforts pacifiques. « Le Cabinet qui vient de se for-
« mer pour le maintien de la paix, disait lord Clarendon,
« ne peut vivre qu'avec un sacrifice des Puissances signa-
« taires du traité du 15 juillet » (3). Le seul membre du
gouvernement britannique qui s'obstinait toujours, c'était
lord Palmerston. Ce n'était pas qu'il se refusât à reconnaître la nécessité de faire quelque concession à la
France; mais il ne voulait pas se fier à elle. « Il est juste
« et prudent, disait-il au baron Brunnow, de témoigner
« des égards envers la France. Il ne faut pas la heurter,
« Mais on ne peut ni se fier à elle, ni lui faire des conces-

---

(1) V. Guizot, op. cit., t. V p. 41.
(2) V. Guizot, op. cit., t. VI. p. 40.
(3) V. Ibid., loc. cit.

« sions. L'idée de vouloir offrir à M. Guizot quelques con-
« cessions dans l'intérêt de le soutenir personnellement,
« est une erreur et une illusion. Guizot n'est qu'un acci-
« dent. Il disparaîtra demain, après demain. Le roi le lais-
« sera tomber, comme ses prédécesseurs, lorsqu'il en aura
« tiré tout le parti qu'il peut. Alors Guizot ne sera plus
« rien, resteraient alors les concessions qu'on lui aurait
« accordées et alors on s'apercevrait trop tard qu'on les
« avait faites en pure perte » (1). C'était là, en effet, le
grand obstacle, car si le chef du Foreign-Office n'était pas
de cette opinion quant à la France, il aurait pu facilement
se mettre sur le terrain des petites concessions, qui auraient permis à la France de faire sa rentrée dans le concert européen. Nous disons facilement, car lord Palmerston
avait déjà obtenu tout ce qu'il pouvait et voulait obtenir
de la convention du 15 juillet.

Dès le 3 novembre, l'amiral Stapford s'était emparé de la
forteresse de Saint-Jean-d'Acre (2), et la Syrie était, dès
lors, complètement perdue pour le Pacha d'Égypte,
surtout à cause de l'insurrection que l'or des Anglais
avait fomentée dans cette province et qui prenait chaque
jour des proportions plus considérables (3). Méhémet-Ali
n'avait plus qu'une préoccupation. Il s'agissait de sauver
l'Égypte, car lord Palmerston ne voulait plus s'arrêter à
mi-chemin. Le prince de Metternich était cependant fermement décidé à ne plus suivre le noble lord anglais ; il
s'était enfin posé en modérateur de l'ardeur excessive du
chef du Foreign Office. « Assurez M. Guizot, disait-il au

---

(1) V. Fr. de Martens, op. cit., t. XII, p. 149.
(2) V. Rosen, op. cit. P. II, p. 44.
(3) V. Guizot, op. cit., t. VI, p. 46.

« comte de Saint-Aulaire, que nous agirons pour que
« tout s'arrête à la Syrie. D'accord avec l'Angleterre, j'en
« suis certain, mais m'expliquant dès aujourd'hui pour
« le compte de l'Autriche, je vous déclare qu'elle s'abs-
« tiendra de toute attaque contre l'Égypte, et *qu'elle s'en*
« *abstiendra par égard pour la France* (1). »

Les événements n'allèrent cependant pas jusque-là.
Chose curieuse, au moment où lord Palmerston se proposait, peut-être, d'entamer l'Égypte, un de ses agents
s'employait, sans instructions aucunes à ce sujet, à mettre
un terme au conflit turco-égyptien. Le commodore Napier
avait réussi, après quelques heures de correspondance, à
rétablir la paix et à rendre inutile la continuation des
hostilités. Cet officier de la marine anglaise était venu,
avec quelques vaisseaux devant Alexandrie ; il avait
démontré, clairement et franchement, les risques que
courait le Pacha s'il ne prenait point le parti de renvoyer
promptement et sans conditions, la flotte ottomane. Le
vieux Pacha était, depuis longtemps déjà, parfaitement
convaincu de l'inutilité de la lutte. Il s'était montré très
empressé à saisir ce moyen de salut qui allait lui permettre d'entrer en négociation avec les Puissances alliées.
On signa, séance tenante, une convention en vertu de
laquelle Méhémet-Ali contractait l'engagement de renvoyer
la flotte ottomane aussitôt après que les Puissances lui
auraient assuré l'administration héréditaire de l'Égypte (2).
Et le commodore Napier prenait un engagement, au nom
des quatre Puissances, sans en avoir jamais reçu le moindre

---

(1) V. Guizot, op. cit. t. VI, p. 51.
(2) V. Convention du 27 nov. 1840, Rosen, op. cit. P. II, p. 46-47.

mandat à cet égard ! Mais il ne faut s'étonner de rien dans
ce conflit : tout du commencement à la fin, devait être
extraordinaire ! Après avoir assisté à l'emploi des
moyens coercitifs, stipulés par une convention non encore
ratifiée, nous voyons, maintenant, un officier s'arroger le
droit de conclure une convention, sans en avoir reçu
l'autorisation préalable, et engager de la sorte, les quatre
Puissances alliées ! Le commodore Napier n'agissait que
de sa propre initiative ; il s'était érigé en diplomate et il
s'est trouvé que cette négociation unique dans son genre,
réussit, car la nouvelle fut favorablement accueillie sur les
bords de la Tamise.

Il faut dire cependant, que la Sublime-Porte montra
quelque répugnance à tenir des engagements pris en son
nom, par un agent qui n'avait aucune qualité pour s'occuper de la question. « Votre Seigneurie, écrivait lord
« Ponsonby à son chef, a reçu le rapport du commodore ;
« tout ce que j'ai à vous dire c'est que la Porte a expres-
« sément déclaré la convention nulle et de nul effet, et
« que mes collègues et moi nous nous sommes associés
« à cette déclaration (1). » On comprend aisément, en
effet, la déception de la Porte car, pendant qu'elle
y était, elle n'aurait pas été fâchée d'en finir, une
fois pour toutes, avec Méhémet-Ali et elle comptait
réellement exploiter à son profit la situation politique,
peut-être sans espoir de lendemain. « Comment pourrait-
« on, disait Réchid-Pacha, après tout ce qui s'est passé,
« confier de nouveau l'autorité à un homme tel que

---

(1) Dépêche de lord Ponsonby à lord Palmerston, du 8 déc. 1840.
V. Guizot, op. cit., t. VI, p. 57.

« Méhémet-Ali ? » (1) Lord Ponsonby s'était associé, en
pure perte, à la déclaration de la Porte, quant à la nullité
de la convention de Napier. Heureusement, dans une
question qui paraissait surtout intéresser la Porte, on
n'avait que faire de l'avis de la Turquie. Le chef du
Foreign Office, malgré l'opinion de son ambassadeur à
Constantinople, avait approuvé sans difficultés, un acte
qui couronnait avec tant d'éclat, son plan d'action (2). La
Porte n'avait qu'à s'incliner et à faire publier une autre
déclaration, en sens contraire de la première ; elle aussi
devait reconnaître la validité d'une convention qu'elle
s'était empressée d'annuler. La Turquie s'exécuta, un peu
de mauvaise grâce, il est vrai, mais enfin, elle rendit
un Hatt-i-Chériff, en date du 13 février 1841, qui accordait
l'hérédité de l'Égypte dans la famille de Méhémet-Ali (3).

VI

Le but de la convention de la quadruple alliance était
réalisé. Désormais rien ne pouvait s'opposer à entamer la
négociation sur l'acte général, signé à cinq, et qui devait
remplacer les actes spéciaux signés le 15 juillet 1840. La
question ne pouvait plus avoir qu'un côté : il s'agissait de
savoir ce qu'on allait mettre dans cet acte général.

---

(1) V. Guizot, op. cit., t. VI, p. 57.
(2) V. Ibid. p. 59.
(3) V. Ibid. p. 67 ; Rosen, op. cit., p. 51 (P. II). Ce firman a été
confirmé et complété par un nouveau firman, en date du 1er juin 1841.

L'éminent ministre de Louis-Philippe préconisait de
faire un acte, par lequel les cinq Puissances régleraient
certaines questions d'ordre général, ayant un intérêt européen. Telle était la question d'Orient et Guizot proposait
les points suivants : 1° « la clôture des deux détroits ; »
2° la « reconnaissance du *statu quo* de l'Empire ottoman,
« dans son indépendance et son intégrité ; 3° des
« garanties qu'on devait obtenir de la Porte, pour les chré-
« tiens, de Syrie, car si cette province, en passant sous l'ad-
« ministration directe de la Porte, venait à retomber dans
« l'anarchie, l'intérêt général de l'Europe ne manquerait pas
« d'être compromis ; 4° certaines stipulations en faveur
« de Jérusalem, enfin 5° certaines stipulations de
« liberté, voire de neutralité pour les routes commerciales
« à travers l'isthme de Suez, par la Syrie et l'Euphrate (1) ».

Il y avait là certainement de quoi faire une convention
générale, mais la négociation n'allait pas toute seule. Il y
avait une foule d'obstacles et l'opposition du chef du
Foreign Office n'était pas la moindre de ces difficultés.
Lord Palmerston, en effet, n'était pas du tout convaincu
de la nécessité d'un acte général. Il avait déjà repoussé
cette idée, au mois d'août 1840, lorsque le roi Léopold de
Belgique avait pris l'initiative de cette négociation. Le
ministre anglais s'était contenté de parler au baron
Brunnow d'une convention qui devait intervenir entre les
cinq grandes Puissances, mais il était loin de lui donner
une aussi grande extension. Le but de cette convention,
d'après le noble lord, ne devait consister que dans la fer-

---

(1) Dépêche au comte de Saint-Aulaire, du 13 janvier 1841, Guizot,
op. cit., t. VI, p. 72-74.

meture des détroits de Constantinople (1). Lord Palmerston
ne voulait aucunement insérer dans cette convention, la
clause de garantie pour l'intégrité et l'inviolabilité de la
Turquie, car il la considérait comme visant directement la
Russie, partant on risquait de voir la Russie refuser de
s'y associer (2). Quant aux stipulations relatives aux routes
commerciales, lord Palmerston ne voyait aucune utilité à
leur consacrer une clause dans l'acte général à intervenir,
car les différents pays avaient des traités de commerce
particuliers avec la Porte, des traités qui avaient déjà
stipulé cette liberté pour les routes de commerce (3). Il n'y
avait vraiment que la question de la clôture des détroits
qui pouvait et devait fournir la matière de cette convention. « Tous les membres de la Conférence, écrivait
« M. Rohan de Chabot, sauf M. de Brunnow, désirent qu'une
« démarche de courtoisie soit faite prochainement envers
« la France pour l'engager à reprendre sa place dans le
« concert européen et que cette démarche soit suivie d'un
« acte général sur les affaires d'Orient, conclu avec la
« France (4) ». Il s'agissait cependant de trouver un mode
pratique pour cette rentrée ; la France de son côté, ne
voulait rien faire aussi longtemps que le conflit turco-
égyptien ne fût pas définitivement réglé et liquidé.

Au moment même où se poursuivaient ces négociations,
le conflit semblait ne pas avoir reçu sa solution complète,

---

(1) Rapport de Brunnow, du 25 août 1840, Martens, op. cit.,
t. XII, p. 150.

(2) V. Martens, op. cit., t. XII, p. 151 ; Guizot, op. cit., t. VI,
p. 78 et 84 suiv.

(3) V. Guizot, loc. cit.

(4) V. Ibid., p. 76.

malgré le firman du 13 février. En effet, ce firman que la
Porte avait dû rendre, en vertu du mémorandum de
janvier que les quatre Puissances lui avaient envoyé,
n'accordait au Pacha d'Égypte qu'une hérédité des plus
précaires. Il s'agissait donc de ramener la Porte à de
plus justes principes (1). Cet incident empêchait la signature de l'acte général, Guizot se refusait péremptoirement
à signer ces actes, avant que la convention du 15 juillet
fût définitivement vidée. Il consentit cependant à les
parafer, « pour constater que nous les approuvions, comme
« il le disait, en attendant le moment de la signature défi-
« nitive. (2) » Cette signature définitive ne fut apposée que
le 13 juillet 1841. « Les plénipotentiaires des six Cours,
« écrivait le 13 juillet, le baron de Bourquenay, ont été
« convoqués aujourd'hui au Foreign Office. Les plénipo-
« tentiaires d'Autriche, de Grande-Bretagne, de Prusse,
« de Russie et de la Porte-Ottomane ont d'abord apposé
« leur signature au protocole de clôture de la question
« égyptienne, qui a reçu la date du 10 juillet... La conven-
« tion générale sur la clôture des détroits a été signée
« ensuite de nous tous dans l'ordre des Puissances, sous
« la date du 13 juillet 1841. Le délai pour l'échange des
« ratifications a été fixé à deux mois (3) ». C'est ainsi que
la France fit son entrée dans le concert européen.

Nous avons vu que lord Palmerston n'avait point consenti à insérer dans l'acte général une clause concernant
l'intégrité et l'indépendance de la Turquie. On avait fini,
néanmoins, par tomber d'accord sur la nécessité de men-

(1) V. Guizot, op. cit. t. VI, p. 101 et suiv.
(2) V. Ibid., p. 102.
(3) V. Ibid., p. 127.

tionner cette inviolabilité de la Porte, dans le préambule de la convention des détroits. Après avoir constaté
que leur union et leur accord offrent à l'Europe le gage
« le plus certain de la conservation de la paix générale »,
le préambule continuait ainsi : « Leurs dites Majestés,
« voulant attester cet accord en donnant à S. H. le Sultan
« *une preuve manifeste du respect qu'Elles portent à*
« *l'inviolabilité de ses droits souverains,* ainsi que de
« leur désir sincère de voir se consolider le repos de son
« Empire... » ont convenu de consigner dans « un acte
« formel leur détermination unanime de se conformer à
« l'ancienne règle de l'Empire ottoman... (1) ». L'article Ier de la Convention a pour but de poser ce principe
ainsi que les obligations réciproques qui en résultent pour
la Porte et pour les Puissances. « S. H. le Sultan, d'une
« part, y est-il dit, déclare qu'il a la ferme résolution de
« maintenir le principe invariablement établi comme an-
« cienne règle de son Empire et en vertu duquel il a été
« de tout temps défendu aux bâtiments de guerre des
« Puissances étrangères d'entrer dans les détroits des
« Dardanelles et du Bosphore, et que, tant que la Porte
« se trouvera en paix, Sa Hautesse n'admettra aucun bâ-
« timent de guerre étranger dans lesdits détroits. Et Leurs
« Majestés... de l'autre part, s'engagent à respecter cette
« détermination du Sultan, et à se conformer au principe
« ci-dessus énoncé (2). »

Telle était la convention des détroits qui constitue véritablement la grande charte de cette question. Pour la première fois, les grandes Puissances constatent en commun,

---

(1) V. Martens, op. cit., t. XII, p. 156.
(2) V. Ibid., p. 158.

dans l'intérêt de l'équilibre européen, la nécessité de cette unité politique qui s'appelle l'Empire ottoman, trop faible pour être à même de se défendre et d'assurer son existence par ses propres moyens. Dès lors, les Cabinets d'Europe prennent en mains d'assurer, à son lieu et place, cette triste existence, dans l'intérêt de la paix générale. Le traité du 15 juillet 1840 nous a clairement démontré qu'il était impossible à l'une des Puissances d'avoir une politique isolée et indépendante dans les conflits du Levant. Les attaques qu'on avait dirigées précédemment contre le traité d'Unkiar-Skéléssi ne pouvaient guère s'expliquer autrement et la Russie a été bien obligée de sacrifier sa situation privilégiée sur les rives du Bosphore, car c'était là une cause permanente de trouble et de tension dans les rapports avec le reste de l'Europe, tension qui, tôt ou tard, devait amener ou la guerre générale ou la renonciation spontanée, en apparence du moins, du Cabinet de Saint-Pétersbourg. L'empereur Nicolas avait trouvé moyen de donner cette satisfaction à l'Europe et croyait trouver une compensation au sacrifice qu'il faisait, en poussant l'Angleterre à se séparer de la France. C'était là certainement un incident qui était de nature à assouvir la haine personnelle du Tsar à l'égard du roi Louis-Philippe, mais ce ne pouvait être qu'un incident passager et dont on ne voyait plus la trace, en 1856. Le fond de la Question restait toujours le même et pouvait se ramener à cette simple formule : ne point permettre à une Puissance, quelle qu'elle fût, d'avoir une situation prépondérante en Orient. C'est cette idée qui exigeait que la Russie renonçât aux avantages que le traité d'Unkiar-Skéléssi lui assurait; c'est en s'inspirant de cette même idée qu'on avait exclu la France, alors que le Gouvernement de Louis-Philippe,

désireux de favoriser l'agrandissement et l'affermissement
de la puissance du Pacha d'Égypte, espérait pouvoir exercer son influence prépondérante sur cette partie orientale
du bassin de la Méditerranée. Cette prétention de la
France, les arrière pensées qu'on lui supposait et qui
n'étaient peut-être pas sans fondement, ne pouvaient point
être tolérées par les autres Puissances et particulièrement
par l'Angleterre, qui ne voulait y voir qu'un empiètement
des plus dangereux sur ses intérêts vitaux, en tant que
l'Égypte se trouvait être le chemin le plus direct pour ses
possessions de l'Extrême-Orient, des Indes surtout.

C'est là la seule leçon qui se dégage avec beaucoup de
netteté des négociations qui ont été provoquées par le second conflit turco-égyptien, ainsi que de celles qui ont
précédé la conclusion de la convention des détroits.

Il nous reste à examiner la nature des engagements
qui résultent de cet acte international.

A première vue, on pourrait croire que le seul engagement, la seule obligation qui résulte clairement de cette
convention, c'est l'obligation contractée par les grandes
Puissances, de respecter la fermeture des Détroits, ainsi
que cela résulte d'une ancienne règle de l'Empire ottoman.
C'est du moins ce qui semblerait résulter du texte même
de l'article 1er, car il y a une différence marquée dans la
rédaction des deux paragraphes qui forment cet article.
Dans le premier, nous l'avons vu, il n'y a qu'une simple
déclaration de la Porte, en vertu de laquelle elle a la
ferme résolution de maintenir à l'avenir cette ancienne
règle de l'Empire ottoman; dans le second paragraphe,
au contraire, on parle d'un engagement contracté par les
Puissances, engagement qui consiste à respecter cette
ancienne règle, ainsi que la détermination, toute spon-

tanée, semble-t-il, de la Sublime-Porte. Mais ce n'est là, en réalité, qu'une apparence, qu'une question de forme, parce qu'on a voulu respecter, dans la forme du moins, l'indépendance du Sultan. Au fond, il y a un engagement formel de la Turquie, qui consistait dans l'obligation de ne point se départir de cette règle, en faveur d'une des Puissances, quelle qu'elle fût.

Les représentants des cinq Puissances d'Europe avaient cru utile de ne point trop insister, de faire cette concession de forme, surtout pour éviter, en apparence du moins, le contraste frappant entre le préambule de la convention, où l'on déclarait, très solennellement, manifester le respect que les Puissances portaient « à l'inviolabilité des droits « souverains », du Sultan, d'une part, et de l'autre, les stipulations du premier article de cette même convention, qui dérogeaient singulièrement à ce respect des droits souverains. On respecte l'indépendance de la Porte, d'un côté, et on lui dit, tout de suite après, qu'il lui est défendu d'ouvrir les Détroits, si cela lui semble bon, car cette ancienne règle de l'Empire ottoman n'est qu'une décision de la Porte, qu'elle était libre, semble-t-il, de mettre de côté, et en procédant de la sorte, elle n'aurait en rien dépassé les droits souverains, qu'on manifestait le désir de respecter. Il y avait là une contradiction qui n'a point échappé aux diplomates éminents qui ont présidé à la conclusion de cette convention. On a voulu condescendre jusqu'à donner cette satisfaction de forme à la Turquie, car, on ne l'ignorait point, la Porte est très sensible sur le point de l'étiquette. L'article ainsi rédigé, paraissait dire que le Sultan, dans l'exercice de ses droits souverains, déclarait maintenir, à l'avenir, cette ancienne règle, tandis que les Puissances contractaient l'engagement de s'incliner devant les mesures prises par la Turquie, dans la plénitude de sa souveraineté. Comme le fond de la question restait tel que les Puissances le voulaient, on n'a pas fait de difficultés pour sauver ainsi les apparences.

Ce qui le prouve bien, d'ailleurs, c'est le texte même de l'article II de la convention du 13 juillet 1841. « Il est « entendu, y est-il dit, qu'en constatant l'inviolabilité de « l'ancienne règle de l'Empire ottoman mentionnée dans « l'article précédent, *le Sultan se réserve, comme par le* « *passé, de délivrer des firmans de passage* aux bâti- « ments légers sous pavillon de guerre, lesquels seront « employés, comme il est d'usage, au service des léga- « tions des Puissances amies (1) ». Si l'on parle d'un droit que le Sultan *se réserve d'exercer,* comme cela se prati- quait auparavant, c'est parce que le premier article avait pour but de faire perdre au Sultan le droit qu'il avait, sans doute, de laisser passer les vaisseaux de guerre étrangers, si cela lui plaisait. Le premier article lui enlevait ce droit; cet article avait pour but de porter une atteinte à sa souveraineté; le second avait, au con- traire, pour but de bien spécifier qu'il ne lui reste plus qu'une toute petite parcelle de l'exercice de ce droit sou- verain, et cette petite parcelle de droit consiste dans la faculté que le Sultan avait de délivrer des firmans de passage aux stationnaires et rien qu'aux stationnaires.

Il y avait donc une obligation contractuelle dans cette convention de 1841. Mais cette obligation présentait encore une autre particularité, car elle n'était pas une simple obligation de la Porte envers chacune des Puissances con-

---

(1) V. Martens, op. cit., t. XII, p. 158.

tractantes ni une obligation de chacune des Puissances, prise séparément envers la Porte. C'était tout au contraire une obligation collective. Cette convention collective ne constitue pas, comme le dit Heinrich Geffcken, « cinq ou six « obligations séparées des grandes Puissances vis-à-vis de « la Turquie, mais bien une seule obligation que ces « puissances ont contractée envers la Sublime-Porte et « qu'elles sont tenues d'observer, non seulement vis-à-vis « du Sultan, mais encore l'une vis-à-vis de l'autre, de « manière que chacune a le droit de demander compte à « l'autre de toute infraction à l'engagement commun. Si « les signataires de ce traité, poursuit Geffcken, s'étaient « simplement engagés vis-à-vis de la Porte, chacun « pourrait, une fois d'accord avec cette dernière, abroger « le traité conclu avec elle : mais cela ne se peut pas ; « chacun des signataires est lié par le contrat auquel il a « souscrit, tant qu'il n'y a pas l'accord de tous les signa- « taires pour abroger ou modifier l'obligation qu'ils ont « contractée collectivement (1) ». Telle est la nature de cette obligation, et nous n'avons ni la compétence ni la prétention de rien ajouter de plus au langage du célèbre jurisconsulte allemand.

Cette convention, est-il besoin d'insister, était donc une atteinte à la souveraineté de la Turquie, car aucun traité antérieur que nous sachions, ne lui imposait une pareille obligation, nous voulons dire une obligation aussi générale et permanente. Le traité d'Unkiar-Skéléssi n'impliquait pour la Porte que l'obligation de fermer les Dardanelles au pavillon de guerre des autres Puissances, mais cette

---

(1) V. M. F. Heinrich Geffcken, la question des Détroits, dans la Revue de Droit International, 1885, p. 365-366.

fermeture ne devait avoir lieu que dans une hypothèse rigoureusement spécifiée. Il fallait pour cela que la Russie fût attaquée et ce n'est qu'alors, et alors seulement, que la Porte devait fermer les Dardanelles aux autres puissances. Dans tous les autres cas, la Porte conservait toute sa liberté d'action, elle pouvait appliquer ou non, suivant ses convenances, l'ancienne règle de l'Empire ottoman ; elle n'avait, en agissant ainsi, aucun compte à rendre à qui que ce fût. Il était de même du traité anglo-turc, de 1809. Il y avait là sans doute une obligation pour la Porte, mais elle était conditionnelle, en quelque sorte. L'Angleterre contractait l'engagement de respecter l'ancienne règle de l'Empire ottoman, à la condition toutefois qu'elle fût également appliquée aux autres puissances. Par conséquent, la Porte était libre d'agir à ses risques et périls, comme bon lui semblait, quitte à voir la Grande-Bretagne libérée de son engagement. C'est bien là le sens du traité de 1809. Sans doute, l'Angleterre, suivant l'inspiration et la conduite que ses intérêts pouvaient lui imposer, aurait pu protester et s'y opposer, en ce sens que le Cabinet de Londres aurait pu prétendre à profiter du changement survenu, de la dérogation apportée à l'ancienne règle de l'Empire ottoman. La Grande-Bretagne, si ses intérêts lui en faisaient l'obligation, aurait pu prendre les armes pour maintenir l'égalité du traitement entre les Puissances. Il n'est pas moins vrai que ce traité de 1809 était loin d'égaler en importance, celui de 1841. Et sir R. Gordon, l'ambassadeur britannique à la Cour de Vienne, ne lui donnait pas une interprétation bien différente. Dans une conversation qu'il eut avec le baron Brunnow, il affirmait, ce qui n'était pas prouvé, comme nous le verrons, que la convention des Détroits tournait

entièrement au profit de la Russie. Le baron de Brunnow
répliquait qu'il n'y avait là aucune innovation, car le principe de la fermeture des Détroits avait existé de tout
temps. « Il m'a répondu que non, rapportait le baron de
« Brunnow, qu'à la vérité, le traité de 1809 conclu avec
« l'Angleterre, avait mentionné ce principe comme une
« ancienne règle de l'Empire ottoman, mais qu'alors il
« avait été facultatif pour la Porte d'ouvrir les Darda-
« nelles à volonté en temps de paix, et d'ouvrir même le
« Bosphore; que l'Angleterre s'était engagée seulement
« envers la Porte à respecter ce principe tant que celle-ci
« y tenait, mais que si la Porte avait voulu faire une
« exception à cette règle en faveur de l'Angleterre et ad-
« mettre le pavillon anglais dans la mer Noire, le Sultan
« en aurait eu indubitablement le droit, sous l'influence
« du traité de 1809. Mais qu'aujourd'hui, cela ne se pou-
« vait plus. Qu'après la lettre de notre convention actuelle,
« c'était la Porte qui s'était engagée envers nous à main-
« tenir l'ancienne règle de son Empire, de sorte qu'elle
« n'a plus la faculté d'ouvrir à volonté les Détroits, mais
« qu'elle est obligée de les tenir fermés (1) ». Cette
déclaration ne manque pas de clarté, car sir R. Gordon
avait l'air de prétendre que l'Angleterre seule avait contracté une obligation par le traité de 1809, tandis que
la Porte avait la faculté d'ouvrir les détroits pour les
vaisseaux de guerre, mais il s'empressait de dire que l'Angleterre pouvait entrer dans la mer Noire. L'interprétation
aurait beaucoup gagné si l'honorable diplomate s'était
appliqué à envisager l'ouverture des détroits, non pas au
pavillon de guerre britannique, mais à celui d'une autre

(1) V. Martens, op. cit., t. XII, p. 155.

nation qui n'était pas partie contractante au traité de 1809 ; c'est alors seulement que nous aurions pu juger de la nature de l'obligation qui résultait pour la Porte de ce traité de 1809. Il est évident que, du moment où c'est l'Angleterre qui profitait d'une dérogation à l'ancienne règle de l'Empire ottoman, le Cabinet de Londres se serait bien gardé de se prévaloir de l'article XI du traité de 1809. Quoi qu'il en soit, la déclaration de sir R. Gordon ne peut avoir qu'une valeur pour nous, c'est de nous confirmer que l'obligation de 1809 était loin d'égaler, en importance, celle de 1841. En dehors de cela, on ne peut y avoir qu'un désir, bien naturel après tout, de faire ressortir, aux yeux de la Russie, les immenses avantages qui, soi-disant, résultaient uniquement pour elle de la convention.

Au fait, on n'avait pas de grandes difficultés en Russie, pour se croire très satisfait de cette convention. On était convaincu que, grâce aux stipulations de cette convention, les côtes russes de la mer Noire se trouvaient désormais, en toute sécurité, qu'on n'était pas exposé à des surprises. C'était dans cette préoccupation que la Russie avait signé le traité d'Unkiar-Skéléssi. Il s'est trouvé que ce traité de 1833 présentait le grave inconvénient d'irriter l'Europe tout entière. Maintenant c'était l'Europe qui avait signé un acte dont le premier résultat croyait-on en Russie, était d'assurer l'entière sécurité des frontières méridionales de l'Empire des Tsars (1). Voilà ce qu'on croyait avoir obtenu, sur les bords de la Néva. Qu'y avait-il de vrai, en réalité, dans cette croyance? Pour répondre à cette question, il faut envisager plusieurs

_____

(1) V. Martens, op. cit., t. XII, p. 154.

hypothèses. Nous dirons cependant, tout de suite, que ce résultat était loin d'avoir été obtenu par la convention de juillet. Cette assurance de la Russie, d'après laquelle les côtes russes de l'Euxin, étaient à l'abri de toute surprise, aurait pu être justifiée, à la condition toutefois que la clôture des détroits fût stipulée, indistinctement, en temps de paix comme en temps de guerre, c'est-à-dire que la Sublime Porte fût en état de paix ou en état de guerre. Alors, et alors seulement, la Russie aurait pu se considérer, avec quelque raison, à l'abri de toute attaque dans la mer Noire. Cependant, la convention de 1841 ne stipulait rien de semblable. A vrai dire, la Russie voulait aboutir à la clôture en temps de paix comme en temps de guerre, sans spécifier; c'était dans ce sens que le baron Brunnow rédigea sa proposition, pendant les négociations de Londres. Mais cette phrase prêtait à l'équivoque et le négociateur russe dut y ajouter une autre ainsi conçue : « *aussi longtemps que la Porte se trouvera en paix avec elles* » (les Puissances) (1). Cela revenait à dire que les détroits ne seraient fermés que si la Porte se trouve en état de paix. Si au contraire la Turquie était en guerre avec une des Puissances, l'obligation de 1841, tombait *ipso facto* et la Porte recouvrait son entière liberté d'action, elle pouvait avoir recours à la flotte russe de la mer Noire pour aller combattre dans la Méditerranée et vice-versa.

Cela étant, le seul cas où la Russie pouvait vraiment tirer quelques avantages de ces stipulations, c'était dans l'hypothèse où le gouvernement du Tsar se trouverait en état de guerre avec une des Puissances, et que la Sublime-

_____

(1) V. Martens, op. cit., t. XII, p. 126.

Porte continuât à garder la neutralité, que la Porte fût, en un mot, en état de paix avec les deux belligérants. C'était dans ce sens seulement qu'on pouvait dire que les détroits du Bosphore et des Dardanelles, suivant le cas, étaient fermés au pavillon de guerre, en temps de paix et en temps de guerre. C'était ce qui, en droit, résultait de la convention de 1841, et, indubitablement, il y avait là un grand avantage théorique pour la Russie. Nous disons théorique, car il est bien invraisemblable que la Turquie, grâce à sa faiblesse organique, pût résister aux intrigues. Si une puissance quelconque se trouvait en conflit armé avec la Russie, il est, au contraire, permis de supposer, et l'hypothèse n'a rien d'impossible, que la Turquie se laisserait facilement entraîner par l'un ou l'autre des belligérants. Et aussitôt après que la Porte serait entraînée, la fermeture des détroits n'allait plus exister, car il est évident que la Porte pouvait, comme toute autre Puissance, avoir des alliés et se servir contre la Russie des escadres des Puissances maritimes.

Mais enfin, dira-t-on, la Porte n'est pas nécessairement condamnée à faire la guerre à la Russie, parce que l'une des Puissances occidentales se trouverait en état de guerre avec elle. Sans doute, mais alors il s'agirait de savoir si la Turquie serait en état de protéger efficacement l'entrée des Dardanelles, si les forts et les batteries qui sont à l'entrée des Dardanelles seraient en état de repousser une escadre étrangère qui tenterait de forcer les détroits? La résistance de la Porte, on le savait, n'était pas chose effrayante. La Turquie n'avait pas été en état d'opposer une résistance un tant soit peu sérieuse à un de ses subordonnés, au vieux Méhémet-Ali, et c'était pour protéger Constantinople contre les soldats d'Ibrahim-

Pacha, que la Russie avait envoyé, en 1833, ses escadres
de la mer Noire avec des troupes de débarquement. Comment pouvait-on donc envisager sérieusement l'hypothèse
d'une résistance de la Porte contre une grande Puissance,
quelle qu'elle fût? Sans doute, la situation géographique
des détroits, avec leurs nombreuses têtes de pont,
aurait permis d'en faire un passage infranchissable ; mais
il aurait fallu, pour cela, s'occuper d'installer des forts aux
points où les détroits deviennent le plus étroits, par
exemple, comme le général Brialmont l'a proposé, à
Kilid-Bahr et à Tchanak-Kaléssi, dans les Dardanelles, et,
pour le Bosphore, en aval d'Anatoli-Kavak ; il aurait fallu,
toujours d'après l'opinion du général, remplacer « les
« vieux forts *Seddul-Bahr* et *Kum-Kaleh* par des forts
« cuirassés, puissamment armés, et construire dans leur
« intervalle, de 3.850 mètres, un troisième fort cuirassé
« sur un enrochement artificiel, qui exigerait une dépense
« énorme, puisque la mer, à cet endroit, a une profon-
« deur de 60 à 70 mètres » (1). Voilà ce qu'on aurait dû
faire pour rendre dangereux, sinon impossible, le force-
ment des détroits. Mais rien de pareil n'était à prévoir de
la part de la Turquie. Restait donc le respect que les
Puissances devaient à la règle de l'Empire ottoman, la
stricte observation d'une obligation solennelle. Malheureusement, nous savons, par la pratique courante, ce que
cela veut dire, quand on se trouve en présence de la tentation et de la possibilité de porter un coup, aussi sensible
que facile à accomplir, à la puissance de la Russie dans la
mer Noire. Ce n'est pas une clause de traité qui aurait

_____

(1) V. Général Brialmont, la défense des côtes et les têtes de pont
permanentes, Bruxelles, 1896, p. 138-139.

sérieusement empêché l'Angleterre d'aller attaquer et
bombarder les ports russes de la mer Noire. Les diplomates et les jurisconsultes de la Couronne sont très compétents, sur les bords de la Tamise, à donner telle ou telle
interprétation aux textes, suivant que leur gouvernement
a besoin de faire tel ou tel acte de violence et d'arbitraire. Il y a des accommodements avec tout, n'est-il pas
vrai?

Ainsi donc, dans les deux hypothèses, l'avantage n'était
pas si grand qu'on le croyait sur les bords de la Néva.
D'ailleurs, si vraiment il y avait là un avantage exclusif
pour la Russie, pouvait-on croire que lord Palmerston y
aurait donné son consentement? La seule chose qui aurait
dû, ce nous semble, ouvrir les yeux aux Russes, n'était-
ce pas l'empressement du chef du Foreign-Office à signer
cet acte? Nous avons une dépêche du baron de Bourquenay qui est très caractéristique à cet égard. Dans une
conversation que le chargé d'affaires eut avec lord Palmerston, au mois de juillet 1839, ce dernier vint à parler
des détroits et du régime qui devait remplacer le fameux
traité d'Unkiar-Skélessi : « Lorsqu'en 1835 nous revînmes
« au pouvoir, disait-il au baron de Bourquenay, je me
« rendis chez le duc de Wellington ; mes rapports avec
« lui me permettaient une démarche de confiance, et je
« dis au duc que l'Orient étant appelé à jouer un grand
« rôle dans les affaires de l'Europe, je tenais essentielle-
« ment à connaître son opinion sur les deux systèmes qui
« se présentaient à notre politique : travailler à ouvrir la
« mer de Marmara à nos flottes, et conséquemment à
« celles des autres Puissances, ou la fermer à toutes, y
« compris les nôtres. Le duc me répondit sans hésitation :
« *à la fermer ; nous sommes, dans ces parages, très loin*

« *de nos ressources, et la Russie touche aux siens*. Ce
« mot, continua lord Palmerston, m'a frappé comme
« plein de sens et de raison » (1). Voilà dans quel esprit
avait travaillé l'Angleterre à la fermeture des détroits.
C'était une mesure contre la Russie, car elle permettait
d'immobiliser les flottes russes de la mer Noire, tout en
laissant aux flottes des Puissances maritimes la possibilité
d'aller y détruire les escadres, les ports, le commerce
russe de l'Euxin. Les événements de 1853-1856 en sont
une preuve irrécusable.

***

(1) Dépêche du baron de Bourquenay au maréchal Soult, du
12 juillet 1839, v. Guizot, op., cit., t. IV, P. H., p. 510.

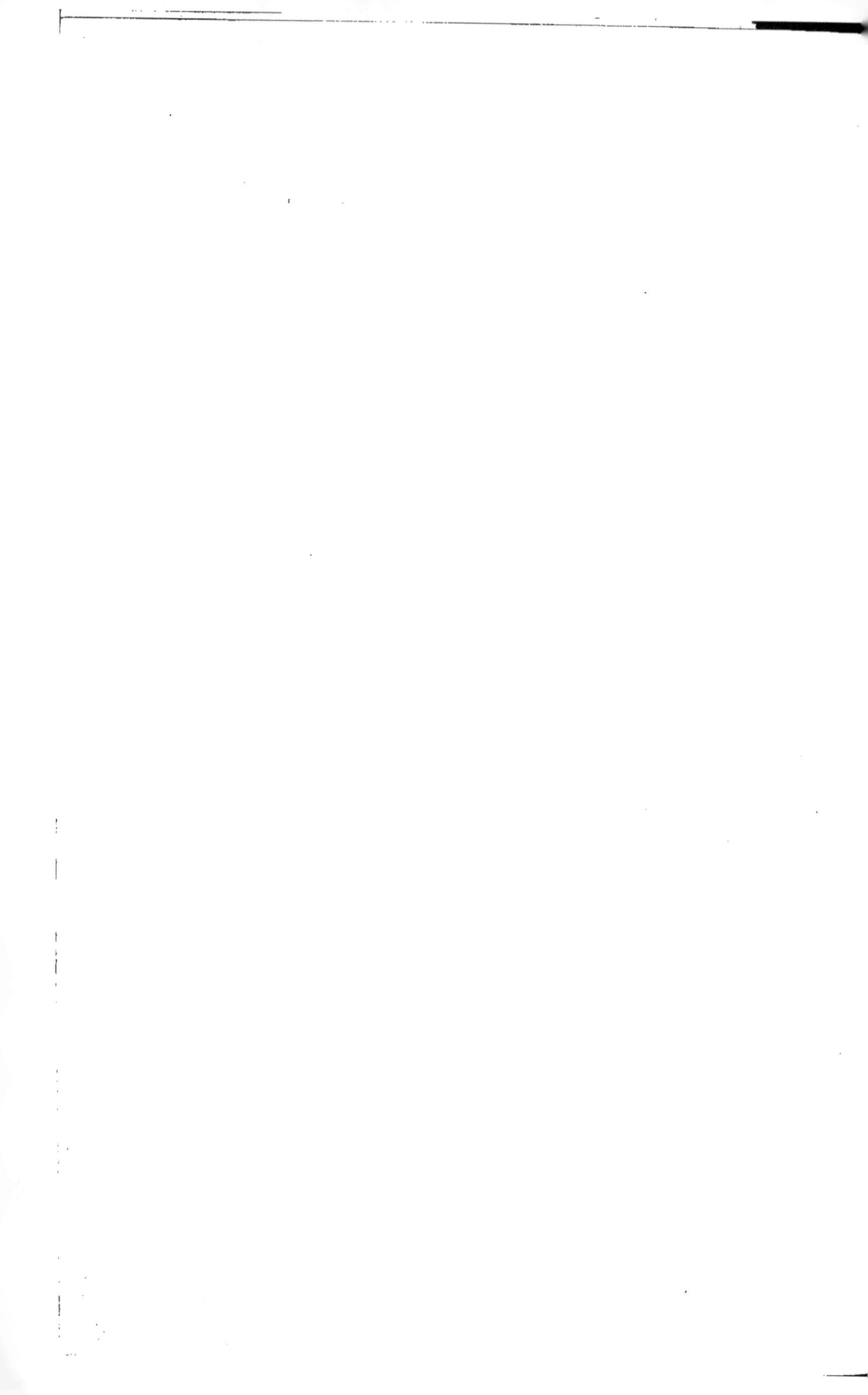

CHAPITRE VI

LA NEUTRALISATION DE LA MER NOIRE

(1856).

Le conflit des Lieux-Saints. — Ses vrais motifs. — La Russie veut profiter de l'occasion pour ressaisir son influence prépondérante en Orient. — Mission du prince Menchikow à Constantinople. — Rôle des ambassadeurs de France et d'Angleterre. — Ultimatum et départ du prince Menchikow. — La Russie occupe la Moldavie et la Valachie par mesure de sûreté. — L'arrivée des escadres anglo-françaises devant les Dardanelles répond à cette mesure. — La Porte déclare la guerre à la Russie. — Subtilités diplomatiques à Vienne. — Le combat de Sinope et ses conséquences. — Les « Quatre Points ». — La Russie les accepte. — Le prince Gortchakov et les conférences de Vienne (1855). — Projet de préliminaires. — Le baron de Brunnow en éclaireur à Paris. — Le Congrès de Paris. — Rôle de l'empereur Napoléon III. — Signature du traité du 30 mars 1856.

I

La convention des détroits semblait avoir mis un terme à la situation anormale qui avait été créée par le célèbre traité d'Unkiar-Skéléssi. On aurait pu croire qu'en appo-

sant sa signature au bas d'un acte international dont le
but était de mettre l'Empire ottoman sous la tutelle des
cinq grandes Puissances de l'Europe, la Russie renonçait
définitivement et sans espoir de retour à sa situation privilégiée sur les rives du Bosphore, convaincue qu'elle
était de l'impossibilité de maintenir, sans danger pour la
paix, son influence exclusive sur le Divan. Tout ce qui
s'était passé avant la conclusion de cette convention à
cinq, en 1841, semblait clairement indiquer au Cabinet de
Saint-Pétersbourg que l'existence de la Turquie était indispensable pour le maintien de l'équilibre européen et qu'en
conséquence, aucune des Puissances ne pouvait et ne
devait s'arroger le droit de régler seule le sort de cet
Empire, sans courir le risque de provoquer une coalition,
assez forte pour prévenir ou réprimer toute tentative
d'empiètement, d'où qu'elle vînt. Tel paraissait être le
seul enseignement qui se dégageait nettement de l'acte
signé à Londres, le 13 juillet 1841. On pouvait croire que
cet enseignement était unanimement compris et admis par
toutes les Puissances signataires. Et, en effet, il était
inadmissible que la Russie ait consenti, de propos délibéré, à perdre sa situation prépondérante, à Constantinople, dans le seul but de brouiller la France et l'Angleterre. Si puissante que soit l'influence des sentiments
malveillants, à l'égard de telle ou telle personnalité mar-
quante, il est puéril de croire qu'un gouvernement un
tant soit peu sérieux et soucieux des intérêts les plus
sacrés du pays, se serait jamais décidé à sacrifier des
avantages inappréciables, uniquement pour le plaisir de
donner satisfaction à une haine personnelle. Si l'empereur Nicolas 1er avait donc consenti à signer la convention de 1841, ce ne pouvait être, semblait-il, qu'après

mûre réflexion et non pas uniquement afin de nuire au roi Louis-Philippe.

Les événements qui provoquèrent la guerre de Crimée prouvèrent cependant que le gouvernement du Tsar n'avait point renoncé à la prétention d'avoir, quand même, la haute main dans les affaires d'Orient ; qu'il avait, tout au contraire, la ferme intention de mettre à profit la première occasion, pour ressaisir son influence prépondérante sur les rives du Bosphore. Ce moment, cette occasion favorable semble avoir été choisi au lendemain de la Révolution de 1848. Toutes les Puissances de l'Europe avaient été secouées par cette crise terrible. En France, la Monarchie de Juillet se trouvait remplacée par le gouvernement de la République ; la Prusse était presque entièrement bouleversée ; la Monarchie des Habsbourgs n'avait pas été épargnée et courait à sa chute par suite de l'insurrection magyare ; on pouvait facilement prévoir sa fin, si les troupes du Tsar n'étaient pas venues lui prêter main forte.

Durant toute cette crise, il n'y avait qu'un potentat du continent qui restait debout, sans que la marée révolutionnaire ait pu l'atteindre, c'était l'Empereur de toutes les Russies. Aussi, comprend-on que tous les pays d'Europe aient invoqué l'assistance du colosse du Nord, aient invoqué son aide puissante.

Au lendemain de cette crise, tous les gouvernements n'avaient et ne pouvaient avoir qu'une seule préoccupation, c'était de raffermir leur pouvoir à l'intérieur. Ce n'était guère le moment, semblait-il, de faire autre chose et avant de songer à l'existence de la Turquie, force leur était bien d'assurer celle de leurs propres pays. Le moment était donc des plus opportuns et on essaya d'en profiter. Le conflit des Lieux-Saints ne pouvait surgir mieux à propos. On s'en empara : c'était le prétexte.

Il n'entre pas dans les limites de cet essai de raconter, en détail, ce qu'était ce conflit (1). Qu'il nous suffise de dire que, dès le commencement, on lui fit perdre le caractère religieux qu'il n'aurait point dû abandonner, pour montrer au monde qu'il n'y avait là qu'une lutte des influences politiques (2).

Et, en effet, ce conflit avait surgi à la suite des querelles fréquentes entre les clergés grec et latin de Jérusalem, des querelles qui remontaient déjà à l'année 1847. L'ambassadeur de France à Constantinople n'avait point manqué de faire des démarches auprès de la Porte, afin d'obtenir une prompte satisfaction. Mais l'affaire n'eut cependant pas de suite, car la Révolution de 1848 était venue empêcher la négociation. Plus tard, quand Louis Napoléon, devenu Président de la République, préparait le Coup d'État et avait grandement besoin de l'appui des cléricaux, reprit l'affaire et, dès 1850, fit des démarches sur les rives du Bosphore, en invoquant les dispositions de l'article 33 des capitulations accordées au marquis de Villeneuve, en 1740 (3). Pour se tirer d'embarras, la Porte proposa de confier à une commission mixte le soin

---

(1) V. pour les détails, Thouvenel, op. cit., passim. ; Etude diplomatique sur la guerre de Crimée, par un ancien diplomate (c'est le baron de Jomini), Paris 1874, 2 vol., t. I, passim ; Rosen, op. cit., P. II., p. 153 et suiv.

(2) V. Rosen, op. cit., P. II, p. 154 ; Gigareff, op. cit., t. II, p. 28.

(3) V. Ibid., p. 153-154 ; le texte de cet art. dans Noradounghian, op. cit., p. 287.

d'examiner les titres de propriété (1). Ce n'est qu'au mois
de juin de l'année suivante, que le nouvel ambassadeur
de France, le marquis de Lavalette accepta cette proposition de la Porte et consentit à la constitution d'une commission mixte (2).

L'affaire paraissait en bonne voie de solution, lorsque
l'intervention de la Russie vint tout remettre en question.
Le gouvernement du Tsar ne pouvait, en réalité, rester
indifférent en présence de l'intervention de la France, car
le fort appui de la France en faveur du clergé latin pouvait aboutir à une solution nuisible aux intérêts du clergé
orthodoxe, et c'était au Cabinet de Saint-Pétersbourg qu'il
appartenait d'en prendre la défense. Mais à côté de cette
raison suffisante, à elle seule, pour expliquer l'intervention
de la Russie, il y avait là une question politique des plus
considérables, car l'abstention de la Russie dans cette question soi-disant religieuse, pouvait détruire entièrement
l'influence de la Russie sur les chrétiens de Turquie.

Si, en effet, la convention de 1841 avait détruit la prépondérance de la Russie sur les rives du Bosphore, en
tant que le gouvernement du Tsar s'était érigé en protecteur attitré de la Turquie, il y avait, néanmoins, une
autre situation privilégiée de la Russie, qu'aucun traité
international n'était à même de détruire, c'était celle qui
résultait des liens religieux qui existaient entre la seule
puissance orthodoxe et les millions de sujets orthodoxes
de la Porte. Il y avait là une force considérable pour la
Russie, une force qui échappait entièrement aux coups

_____

(1) V. note d'Aali-Pacha, en date du 3 déc. 1850 ; Rosen, op. cit.,
P. II, p. 156 ; Gigareff, op. cit., t. II, p. 23.

(2) V. Rosen, op. cit., P. II, p. 157.

que l'Europe occidentale était, de tout temps, désireuse
de porter à l'influence russe en Turquie. Et cette situation
imprenable de la Russie résultait de ce que toutes ces populations espéraient revivre, ressusciter pour ainsi dire,
rompre les liens qui les asservissaient au joug intolérable
du musulman, et c'était la Russie qui paraissait leur promettre de réaliser cet idéal. Les regards de tous ces chrétiens se dirigeaient, tout naturellement, vers les rives de la
Néva, vers Moscou aussi, cette ancienne capitale des tsars,
cette *troisième Rome* de la chrétienté, comme on l'a appelée (1). Afin de conserver intact ce précieux avantage, il
importait au plus haut point de ne pas permettre aux
Puissances occidentales certains empiètements sur le terrain de la religion. Il fallait montrer à ces populations
que la puissance moscovite veillait jalousement sur les
intérêts communs de l'Église orthodoxe. Ceci se compli-
quait du désir non moins vif, d'empêcher la France
d'obtenir un succès diplomatique qui, sur les rives
du Bosphore, signifiait : influence prépondérante sur
le Divan (2). Mais ce n'était pas tout. Le cabinet de
Pétersbourg n'était pas du tout rassuré sur les véritables intentions de Louis Napoléon (3). Que voulait-
il faire? Agissait-il uniquement dans le but de donner une
satisfaction au parti clérical, dont le concours lui était
précieux? Cherchait-il, au contraire, à se venger de l'empereur Nicolas, le seul monarque qui lui marchandait
encore les bons procédés (4)? Voulait-il enfin tout boule-

---

(1) V. Ouspensky, op. cit., p. 21.
(2) V. Rosen, op. cit. P. II, p. 158.
(3) V. Gigareff, op. cit., t. II, p. 24.
4) Il ne faut pas oublier, en effet, que le Tsar Nicolas Ier avait re-

verser afin de rester fidèle à la tradition napoléonienne?
Choisissait-il de préférence le Levant, où peut-être, il ne
risquait pas grand'chose?

Le comte de Nesselrode semblait admettre cette dernière hypothèse. Dans une dépêche au baron de Brunnow, le vice-chancelier de Russie reproduisait le langage
que, d'après lui, devait se tenir Napoléon III. « Rétablir
« l'Empire pour l'Empire, devait monologuer Napoléon
« sans que les limites de la France soient en rien changées,
« ne serait qu'une parodie ridicule. En prenant la place
« des Bourbons, je suis tenu à faire *plus* que les Bour-
» bons. En tous cas, je ne saurais faire *moins*. Les
« Bourbons de la branche aînée ont conquis l'Algérie.
« Louis-Philippe a brisé le royaume de Pays-Bas. Où
« trouver, en Europe, un accroissement? Sur le Rhin ou
« l'Escaut, impossible. Je créerai moi-même une coalition
« contre la France. Ce que l'Occident nous refuse, il faut le
« chercher en Orient. Brouillons la Russie et la Porte, en
« obligeant celles-ci par mes exigences à mécontenter et insul-
« ter la première... La Russie perdra patience et la guerre
« éclatera. Aucune coalition, ne sera, en Orient, contre
« moi. Au contraire, elle se fera contre la Russie qui sera
« seule, pas moi! car la Prusse sera nulle et indifférente
« dans la question; l'Autriche neutre tout au plus, sinon

---

fusé de reconnaître le chiffre « III » dont Napoléon faisait suivre son
nom. L'Empereur de Russie considérait qu'en acceptant ce chiffre, on
détruirait toute l'œuvre salutaire de 1815. C'était pour cette raison
que dans sa correspondance avec Napoléon, il n'écrivait jamais « Monsieur mon frère », comme c'était l'usage, mais bien « mon cher
ami ». V. Martens, op. cit., t. XII, p. 300-301; Gigareff, op. cit.,
t. II, p. 18.

« favorable à la Porte. Cette guerre n'emploie pas toutes
« mes forces. Elle n'en réclame qu'une partie minime.
« Elle ne se fait pas sur mes frontières et ne menace
« pas ma sécurité. Les forces navales de la Turquie,
« de l'Angleterre et de la France auront bon marché
« de la flotte russe. Pénétrer dans la mer Noire, y dé-
« truire le commerce de la Russie, incendier les établis-
« sements, jeter des renforts aux insurgés du Caucase ;
« tout cela, combiné à trois, n'exigerait pas des sacri-
« fices trop ruineux... C'est de la gloire et du bruit à bon
« marché... La Russie peut occuper les Principautés et
« renverser l'Empire ottoman. Eh bien, soit ! qu'elle le
« renverse ! Elle ne saurait tout prendre, encore moins
« tout garder. Et, dès lors, surgit la question du par-
« tage » (1). Voilà le langage que le comte de Nesselrode prêtait à Napoléon. Tel était le tableau que le vice-
chancelier de Russie traçait de la situation politique.

Les événements ultérieurs ont démontré combien certaines de ces prévisions étaient justes. Mais on se demande pourquoi, étant si bien informée sur les visées
ambitieuses de Napoléon III, la Russie a-t-elle tout fait
pour faciliter son jeu ? Pourquoi a-t-elle pris une attitude
telle que l'Empereur des Français pût facilement former
cette coalition, dont parlait le comte de Nesselrode ? La
diplomatie russe ne devait-elle pas, au contraire, manœuvrer de façon à déjouer les plans de Napoléon ? Et cela
ne semblait d'ailleurs pas au dessus des moyens du Cabinet de Pétersbourg. Il lui aurait suffi de se tenir strictement sur le terrain religieux, sans rechercher autre chose

_____

(1) V. Fr. de Martens, op. cit., t. XII, p. 301-302 ; la dépêche est
du 2/14 février 1853.

qu'une garantie pour les intérêts de son Église, l'Église orthodoxe. Il fallait ne point essayer d'en faire un échec pour la diplomatie française. Il était surtout indispensable de ne pas peser sur la Sublime-Porte, afin de profiter de son effarement et lui extorquer une nouvelle convention, dans le genre de celle que le comte Alexis Orloff avait réussi à obtenir au lendemain de l'arrangement de Kutaïeh.

Si la diplomatie russe s'était renfermée, dès le début, dans les limites ci-dessus tracées, il eût été bien difficile pour le gouvernement français de former une coalition contre la Russie, car, il ne faut pas l'oublier, aucune des Chancelleries occidentales ne s'était montrée bienveillante aux demandes françaises, à ces demandes qu'on taxait unanimement d'exagération (1). Tant que la Russie se serait tenue sur le terrain religieux, aussi longtemps que le conflit aurait conservé ce caractère de dispute localisée aux Lieux-Saints, il était à supposer que ni l'Autriche, ni surtout l'Angleterre ne se seraient jamais décidées à brusquer les choses, car on désirait la conservation de la paix, autant, sinon plus, que la Russie (2). Le Cabinet de lord Aberdeen pouvait être une garantie pour la Russie, à cet égard (3). Mais pour cela, nous le répétons, le gouvernement du Tsar aurait dû se renfermer dans les limites ci-dessus indiquées. Aussitôt que le Cabinet de Saint-Péters-

---

(1) V. Rosen, op. cit., P. II, p. 155.

(2) V. Ibid., p. 158 ; sur les sentiments pacifiques du Tsar, voyez la dépêche du général Castelbajac, ambassadeur de France à Pétersbourg, en date du 15 avril 1852, dans le livre de Thouvenel, op. cit., p. 35-36.

(3) V. Martens, op. cit., t. XII, p. 302 303.

bourg s'est départi de cette attitude, on lui supposa toutes
sortes d'intentions ambitieuses et dangereuses pour l'existence de la Turquie. Nous ne discutons pas la question de
savoir si la Russie, ou plutôt l'empereur Nicolas, nourrissait des intentions pareilles qui étaient de nature à détruire une combinaison politique, nécessaire à l'équilibre
européen, cela importait peu dans la circonstance. Il suffisait qu'on lui supposât de pareilles visées pour que tout
le monde s'en effrayât; c'était là une conséquence fatale
et que subissaient même les personnes les plus dévouées
à la Russie, tel lord Aberdeen.

Voilà ce que la Russie devait faire et c'est justement ce
qu'elle ne fit pas. Il faut croire que, sur les bords de la
Néva, on ne se rendait pas un compte exact du véritable
état d'esprit en Europe et que l'on croyait pouvoir profiter
de l'occasion pour porter un coup sensible à ce concert
européen, qui avait le grand tort de gêner les mouvements de la Russie sur le Bosphore (1). On ne comptait
pas rencontrer des difficultés du côté de la Prusse. On espérait que la Cour de Vienne n'irait jamais prendre place
dans les rangs d'une coalition contre la Russie, surtout
après le concours gracieux que le Tsar lui avait prêté,
dans des circonstances très difficiles, en 1849 (2). Restait
l'Angleterre, mais les diplomates russes étaient complètement rassurés de ce côté; loin de craindre le concours que
le Cabinet de Londres pouvait prêter à la France, on
croyait, à Pétersbourg, que le gouvernement de lord
Aberdeen s'emploierait à contenir l'empereur Napo-

---

(1) V. comte Bernard d'Harcourt, Les quatre ministères de
M. Drouyn de Lhuys, Paris, 1882, p. 72.
   (2) V. Ibid., p. 76.

léon III (1). Les rapports du baron Brunnow avaient puissamment contribué à égarer le Cabinet de Pétersbourg
sur les véritables dispositions de la Grande-Bretagne. Cet
éminent diplomate ne se lassait point d'informer sa Cour
que le chef du Cabinet britannique était particulièrement
hostile à la Turquie. « Je hais les Turcs, lui aurait dit
« lord Aberdeen, car je regarde leur gouvernement
« comme le plus mauvais, le plus oppressif qu'il y ait au
« monde (2) ». Ces paroles avaient permis à l'ambassadeur du Tsar de tirer cette conclusion que l'opinion publique, en Angleterre, avait évolué dans un sens très hostile à l'Empire ottoman. « Nous approchons, je le crois,
« écrivait Brunnow, d'une époque où l'Angleterre s'habi-
« tuera à considérer la Puissance ottomane comme une
« combinaison qui a fait son temps. A ce point de vue,
« chacun se croira libre de travailler à la dissolution de
« cet Empire avec la même ardeur qu'on mettait autrefois
« à le défendre (3) ».

L'ambassadeur russe allait peut-être un peu vite
en besogne, mais de pareilles déclarations ne pouvaient
que faire une profonde impression sur l'empereur Nicolas.
Nous avons déjà vu que le puissant monarque était, depuis
bien longtemps déjà, convaincu de la désagrégation imminente de la Turquie. Il s'en était ouvert, en 1833, à l'ambassadeur d'Autriche. Il y croyait encore, à la veille de la
guerre de Crimée. Il ne pouvait donc pas dissimuler son
plaisir, en constatant que cette idée, qui lui était chère,

---

(1) V. Martens, op. cit., t. XII, p. 302.
(2) V. Rapport, du 21 février 1853; Martens, op. cit., t. XII,
p. 303.
(3) Ibid., p. 304.

commençait à gagner du terrain, même sur les bords de la
Tamise. Il pouvait donc espérer une entente avec le Cabinet de Saint-James, sur cette éventualité. Les rapports
de Brunnow étaient là pour lui dire clairement que le Cabinet anglais y était préparé, partant, l'Empereur n'admettait pas que la Grande-Bretagne pourrait faire partie
d'une coalition, dont le but serait de maintenir un gouvernement qu'elle méprisait.

Tout cela avait fortement agi sur l'esprit de l'empereur
Nicolas et c'est peut-être là qu'il faut chercher l'explication
de tout ce qui s'est passé depuis. Du moment qu'on ne
courait pas le risque d'avoir l'Angleterre contre soi, on
pouvait, croyait-on, aller hardiment et frapper un coup. La
France ne pouvait rien faire, à elle seule. Voilà l'erreur
sur laquelle reposait toute la politique du Tsar. Dès lors,
rien ne pouvait plus l'arrêter, sur ce chemin, sur cette
pente dangereuse. Afin de bien montrer la nouvelle attitude
qu'il comptait prendre, sur le Bosphore, l'empereur Nicolas
y envoya un ambassadeur plus énergique que M. Titoff,
car ce dernier, étant très versé dans les affaires d'Orient,
menait les négociations d'une façon très prudente, ce qui
ne convenait plus à sa Cour (1). Dès son arrivée à Constantinople, Ozérow prenait nettement position, en invoquant les dispositions du traité de Kioutchouk-Kaïnardji,
à l'instar des Français qui s'abritaient derrière les capitulations de 1740 (2).

En même temps, l'empereur Nicolas essayait de s'entendre, personnellement, avec l'Angleterre, sur l'éventua-

---

(1) V. Rosen, op. cit., P. II, p. 165.
(2) V. art. VII, VIII et XIV du traité de Kaïnadji, Noradounghian,
op. c., p. 323-325.

lité d'un démembrement de la Turquie. Ce sont les célèbres
entretiens qu'il eut avec sir Hamilton Seymour, l'ambassadeur de la Reine à la Cour de Russie (1). Les rapports de
Seymour occasionnèrent une vive inquiétude, à Londres.
La franche conversation du Tsar ne fit que raviver les
suspicions, les méfiances des Anglais (2). La nouvelle des
armements russes, d'une part, et, de l'autre, la mission
mystérieuse du prince Menchikow à Constantinople,
n'avait fait que les irriter encore davantage (3).

L'Empereur de Russie était fort mécontent des lenteurs
qu'apportaient les Turcs dans le règlement de la question.
Dès le mois de janvier 1853, il avait conçu le projet d'envoyer une ambassade extraordinaire, à Constantinople.
Cette mission devait être confiée à une haute personnalité, dans l'intention de mieux « inspirer de la crainte à
la Turquie (4). » Le comte de Nesselrode s'employait à
faire tomber le choix sur le comte Alexis Orloff, qui avait
déjà fait ses preuves, qui inspirait grande confiance au
chancelier de Russie, étant un diplomate sagace et capable
de mener à bien ces délicates négociations, sans accroc
et avec beaucoup de calme et de sang-froid. Malheureusement, le Tsar désigna le prince Menchikow, qui jouissait,
sans doute, de l'entière confiance du Tsar, mais ce n'était
pas là un titre suffisant pour la besogne qu'il avait à faire.
Le prince Menchikow n'était pas du tout l'homme de la

---

(1) Martens, op. cit., t. XII, p. 305-306; Rosen, op. cit. P. II,
p. 172; Beer, op. cit., p. 431 et suiv. Gigareff, op. cit., t. II,
p. 29-31, et surtout Stieglitz, op., cit., t. I, p. 722-731.

(2) Rosen, op. cit. P. II, p. 173; Gigareff, op. cit., t. II, p. 31.

(3) V. Martens, op. cit., t. XII, p. 309.

(4) Nesselrode à Brunnow, Martens, op. cit., t. XII, p. 310.

situation, parce qu'il était peu apte à mener à bon port une entreprise aussi délicate, car il pouvait, non seulement « perdre patience », comme le disait le comte de Nesselrode, mais aussi et surtout, adresser « des grosses « paroles aux ministres turcs (1). ».

Quelle était la mission du prince Menchikow ? Il n'y avait, en apparence du moins, qu'un double but, la question du Monténégro, et le conflit des Lieux-Saints. Il y avait, en effet, une question de Monténégro qui venait compliquer, encore plus si possible, la gravité de la situation.

Vers la fin de 1851, un changement s'était produit dans le droit public de cette principauté. A la mort de l'Evêque, c'était son neveu, Danilo Pétrovitch, qui lui avait succédé, au trône et qui, n'ayant aucun caractère religieux, pouvait fonder une dynastie (2). De plus, le nouveau prince avait élevé certaines prétentions sur les villes de Spouge et Zabljak qu'il s'était d'ailleurs empressé d'occuper effectivement. La Turquie, soucieuse d'empêcher l'établissement de la dynastie des Pétrovitch, qui aurait pu raffermir le trône et, partant, lui ôter pour toujours, l'espoir d'établir sa domination sur ce peuple de montagnards, voulut s'y opposer et ordonna à Omer-Pacha, qui se trouvait alors en Bosnie, à la tête d'une nombreuse armée, de marcher sur le Monténégro (3). La petite principauté s'était vue, tout de suite, acculée dans une impasse ; sa situation était presque désespérée. Il n'est donc pas surprenant que la

---

(1) V. Martens, op. cit., t. XII, p. 310.
(2) V. Rosen, op. cit. P. II, p. 176.
(3) V. Beer, op. cit., p. 434; Rosen, op. cit. P. II, p. 177; Stieglitz, op. cit., t. I, p. 377-378.

Russie ait voulu la sauver, en faisant des démarches auprès
de la Porte, en faveur de Danilo Pétrovitch. Le prince
Menchikow était, en conséquence, chargé de s'interposer
dans ce conflit et il était autorisé à le faire, en vertu des
liens plus que séculaires qui existaient entre la Russie et
ce petit pays, des liens qui dataient déjà du temps de Pierre
le Grand.

Le prince Menchikow n'a cependant pas eu à remplir
cette partie de sa mission, car la prompte intervention de
la cour de Vienne avait terminé l'affaire. Et en effet, le
Cabinet autrichien s'était empressé d'envoyer deux officiers au camp d'Omer-Pacha, pour intimer l'ordre d'arrêter sa marche (1). En même temps, le comte de Leiningen
était délégué à Constantinople, où il obtint promptement
une solution satisfaisante. Tout cela avait été rapidement
conduit, et lorsque le prince Menchikow parvint à Constantinople, le comte de Leiningen avait déjà quitté la capitale de la Turquie (2).

Le prince Menchikow n'avait plus qu'à s'occuper du
règlement du conflit des Lieux-Saints. C'était là sa mission
avouée. Il n'aurait pas tardé, lui aussi, à obtenir une
solution satisfaisante, si toutefois il s'en était tenu là,
la France même, la principale intéressée dans la question,
était dans de bonnes dispositions, prête à faire certaines
concessions, car elle était surtout animée du désir de ne
pas fournir à la Russie, l'occasion de ressaisir son influence,
à Constantinople (3). Mais c'est bien de cela qu'il s'agissait !
Le prince avait une autre mission, secrète celle-là, telle-

(1) V. Beer, op. cit., p. 437 et suiv.
(2) V. Ibid., p. 441-443 ; Rosen, op. cit. P. II, p. 178-179.
(3) V. Rosen, op. cit. P. II, p. 187.

ment secrète, que le vice-chancelier de Russie, lui-même,
prétendait l'avoir ignorée (1), c'était d'exiger de la Turquie
le consentement de signer une convention, un acte séparé,
dont le but serait de confirmer et préciser mieux « les
« droits traditionnels de la Russie sur les populations
« chrétiennes » de la Turquie (2). Cette partie des
instructions, comme bien l'on pense, avait été gardée
rigoureusement secrète, on n'avait pas jugé prudent de la
communiquer soit à Vienne, soit à Londres, tellement on
redoutait le mauvais effet qu'elle pouvait y produire (3).
On espérait arracher à la Porte la signature de cette convention, sans aucun amendement, comme cela s'était si
bien passé, en 1833, et une fois l'Europe mise devant le
fait accompli, elle n'aurait plus eu qu'à s'incliner. La
Russie obtiendrait, du coup, une des meilleures places
en Orient, une place comme jamais jusqu'alors elle
n'avait occupé, car cela allait lui permettre d'intervenir,
seule, et à chaque instant, dans les affaires intérieures
de l'Empire ottoman (4). Tel était le plan de l'empereur
Nicolas Ier.

Afin de le mener à bonne fin, il fallait s'assurer le
concours des ministres du Sultan. Or, il y en avait un qui
pouvait singulièrement gêner la négociation : c'était Fuad-
Effendi, alors ministre des affaires étrangères. Il était
indispensable d'éloigner des affaires ce « coquin », comme
on le qualifiait en Russie (1). Et, en effet, le prince

---

(1) V. Martens, op. cit., t. XII, p. 310.
(2) V. Ibid., p. 309 ; Rosen, op. cit., II, p. 182.
(3) V. Gigareff, op. cit., t. II, p. 34.
(4) D'Harcourt, op. cit., p. 72.
(5) V. Martens, op. cit., t. XII, p. 312.

Menchikow s'abstint de se présenter chez le ministre des affaires étrangères. Cette attitude du prince fit une grande impression sur le Divan. On avait cru que l'ambassadeur extraordinaire du Tsar avait ordre de déclarer la guerre à la Porte, le Divan n'était guère rassuré, et afin de se mettre à l'abri de toute surprise, les ministres turcs demandèrent aux représentants de l'Angleterre et de la France de faire venir leurs flottes respectives, dans les eaux du Levant (1). Fuad-Effendi prenait en même temps le parti de résigner ses fonctions. Riffaat-Pacha lui succéda (3).

Ce changement ministériel ne produisit cependant pas le résultat qu'en attendait le prince Menchikow. Riffaat-Pacha, pas plus qu'un autre ministre ottoman ne pouvait souscrire, de propos délibéré, à des conditions aussi onéreuses pour la Turquie, et le nouveau ministre des affaires étrangères avait d'autant plus de raisons de s'en méfier que l'envoyé du Tsar prenait un soin jaloux à se tenir dans le vague. Quelles devaient être au juste les clauses que la Russie entendait insérer dans la convention projetée? On ne l'avait jamais dit. Et lorsque le ministre du Sultan devint un peu plus pressant sur ce point, le prince Menchikow voulut s'entourer de certaines garanties de secret avant d'en donner communication à la Porte. Il exigeait de Riffaat-Pacha une promesse formelle de ne

(2) En effet, la flotte française vint mouiller en rade de Smyrne ; le colonel Rose, cédant aux instances de son collègue français, donna l'ordre à l'amiral Dundas de quitter Malte et de se rapprocher des Dardanelles. V. M. Martens, t. XII, p. 312-313.

(3) V. Rosen, op. cit. P. II, p. 181.

point communiquer le projet de convention aux ambassades de France et de Grande-Bretagne (1).

Tant de précautions effarouchèrent encore plus, si possible, les ministres turcs, qui ne savaient vraiment pas comment sortir de l'impasse. La situation paraissait des plus graves. C'est l'ambassadeur d'Angleterre, lord Stratford de Redcliffe et celui de la France, de Lacour, qui, par leurs conseils, surent tirer la Porte de cette situation peu enviable. Leur plan avait pour but de démasquer le jeu de la Russie, de l'obliger, en un mot, à se découvrir. Il préconisèrent, à la Porte, de séparer bien nettement la question des Lieux-Saints de celle de la convention des garanties pour l'avenir. La Turquie devait s'ingénier à satisfaire, autant que possible, les exigences de la Russie sur la première question, afin de rendre sans objets toutes les demandes ultérieures du prince Menchikow. En même temps, la Porte devait abandonner entièrement le projet de convention (2).

La Sublime-Porte s'empressa de suivre ces précieuses indications et, dès le 5 mai, Riffaat-Pacha portait à la connaissance du prince Menchikow que satisfaction lui était donnée sur la question des Lieux-Saints (3). Cette réponse ne pouvait guère plaire à l'envoyé du Tsar. L'objet de sa mission n'était pas uniquement d'obtenir satisfaction sur le premier point. Cette question des Saints-Lieux était le prétexte dont on se servait pour obtenir la convention et c'était justement cette seconde partie que le ministre turc passait complètement sous silence. Il n'y avait

---

(1) V. Rosen, op. cit., II, p. 183.

(2) V. Ibid., p. 186; Martens, op. cit., t. XII, p. 315.

(3) V. Ibid., p. 187; Gigareff, op. cit., t. II, p. 36.

plus une minute à perdre. Le moment était venu de se servir des « grosses paroles », des moyens infaillibles. Dès le lendemain, le prince Menchikow faisait parvenir, à la Porte, son ultimatum. Il insistait sur la nécessité de consigner, dans une convention, la reconnaissance des droits traditionnels de la Russie. Tout ce qu'il pouvait faire pour faciliter la tâche des ministres, c'était de leur faire une concession de forme (1). Il consentait, en conséquence, de ne plus insister sur le mot « convention », il allait se contenter d'un simple « Sened » ou firman ou tout autre acte qui contiendrait toutefois, les garanties exigées et qui étaient absolument indispensables à la Russie. La Porte devait lui répondre, catégoriquement, jusqu'au dix mai (2).

Et, en effet, la Porte répondit, le dix mai, en refusant de signer l'acte demandé par la Russie, car cela lui paraissait contraire et inconciliable avec les droits souverains et l'indépendance politique de l'Empire ottoman (3). Il semble, qu'après cette réponse, l'envoyé du Tsar aurait dû rompre. Il s'en garda bien et essaya d'un autre moyen : il s'adressa directement au Palais. Mais le Sultan n'était pas plus disposé que ses ministres à faire tant de sacrifices, alors surtout qu'il se sentait soutenu par les Puissances maritimes (4). Éconduit de toute part, le prince Menchikow rompit les négociations et quitta Constantinople, le 22 mai, accompagné de tous les membres de l'ambassade russe (5).

---

(1) V. Martens, op. cit., t. XII, p. 318.
(2) V. Rosen, op. cit., II, p. 189 ; Gigareff, op cit., t. II, p. 37.
(3) V. Ibid., p. 192 ; ibid., loc. cit.
(4) Rosen, loc. cit.
(5) V. Ibid., p. 193.

L'attitude impérieuse du prince Menchikow ne pouvait
que produire une très vive impression en Europe, et particulièrement à Londres. Les nouvelles de Constantinople
rendaient chaque jour plus difficile la situation de lord
Aberdeen, ce « seul soutien » de la politique du Tsar, en
Angleterre. « Ma confiance dans la politique de l'Em-
« pereur, disait le noble lord à l'ambassadeur de Russie,
« reste inébranlable. Mais lorsqu'il nous arrive tous les
« jours et de tous côtés des interpellations fàcheuses,
« lorsqu'à chaque instant on me reproche de m'être laissé
« aveugler, et lorsque je me sens moi-même dans l'obs-
« curité sur l'issue vers laquelle votre négociation peut
« arriver à Constantinople, c'est alors que je suis prêt à
« perdre courage » (1). Et, en effet, c'était le secret dont
on avait entouré le véritable but de la mission du prince
Menchikow qui pesait, de tout son poids, sur la conscience
de lord Aberdeen, car il était le seul membre du Cabinet
britannique qui croyait, quand même, à la sincérité de la
politique du Tsar. Il ne faut pas oublier que lord Palmerston et lord Clarendon faisaient également partie du
Cabinet et leur influence dans le Conseil était telle que le
chef du gouvernement britannique pouvait, en fin de
compte, se laisser entraîner.

Le baron de Brunnow avait saisi toute la gravité de cette
situation et s'était aussitôt empressé de le dire nettement,
à Saint Pétersbourg. « Il faudrait ne pas trop tendre la
« corde, écrivait-il au comte de Nesselrode. Ou bien elle
« finirait par tordre le cou du Sultan, ou bien elle ris-
« querait de se rompre entre nos mains. Comme vous ne
« voulez ni l'un ni l'autre de ces deux résultats, il faudrait

_____

(1) V. Martens; op. cit., t. XII, p. 311.

« se contenter d'un tout petit sened... Ce serait là, si je
« ne me trompe, le dénouement le plus satisfaisant de cette
« crise. Un article plus ou moins long, plus ou moins dur,
« n'ajouterait rien à la réalité de notre influence en Tur-
« quie. *Elle est dans les choses, elle n'est pas dans les*
« *mots.* La Russie est forte, la Turquie est faible, voilà le
« préambule de tous nos traités... Cette épitaphe est déjà
« inscrite sur le tombeau de l'Empire ottoman... » (1)
Malheureusement, cet avertissement ne pouvait plus rien
changer à la marche de la négociation. Le prince Menchikow avait déjà brusqué les choses et il ne pouvait faire
autrement que de rompre et de quitter la capitale de la
Turquie. Les diplomates de l'Occident, présents à Constantinople, s'étaient même étonnés de le voir prolonger son
séjour, après la note de Riffaat-Pacha, en date du
10 mai (2).

Le baron Brunnow continuait, cependant, à sonner
l'alarme. L'éminent ambassadeur rendait compte, dans sa
dépêche du 3 mai, des entretiens qu'il avait eus avec lord
Aberdeen et lord Clarendon. A ce moment, le Cabinet britannique avait déjà reçu le rapport de Stratford de Redcliffe, sur les exigences de Menchikow. Il s'agissait toujours de la fameuse convention des garanties, dont le but
était d'étendre une sorte de protectorat russe sur les chrétiens de Turquie. « Si cela était, disait lord Aberdeen au
« baron Brunnow, mon parti serait pris. Je me démettrais
« du pouvoir. Mon opinion a prévalu dans le Cabinet uni-
« quement *parce que j'ai envisagé la question en litige*

---

(1) Brunnow au comte de Nesselrode, le 2 avril 1853 ; Martens, op.
cit., t. XII, p. 311-312.

(2) V. Rosen, op. cit. P. II, p. 192.

« *comme restreinte au règlement de l'affaire des Saints-*
« *Lieux.* Si elle change de face, *si elle altère la situation*
« *des sujets chrétiens* de l'Empire ottoman dans leur tota-
« lité, mon opinion ne vaut plus rien. C'est à mes collè-
« gues qu'il appartient d'aviser alors aux mesures qu'ils
« jugeraient nécessaires de prendre(1) ». Lord Clarendon
était encore plus énergique et ses déclarations indiquaient
bien clairement au ministre russe ce que l'Angleterre
était décidée à tolérer et ce qu'elle ne pouvait point permettre. Le Cabinet de Saint-James était décidé à ne
point faire obstacle à la demande de la Russie de faire
reconnaître expressément les droits des Russes et des
Grecs orthodoxes sur les Saints-Lieux, mais rien de plus.
Toute autre clause ayant pour but de préciser, en les
étendant, certains droits qui constitueraient un protectorat
sur tous les sujets chrétiens de la Turquie, devait rencontrer l'opposition inflexible de la Grande-Bretagne (2).
Et les ministres de la Reine ne pouvaient que persévérer
dans cette ligne de conduite, même après, et peut-être
surtout après avoir reçu communication du projet de
convention russe. La principale objection de lord Clarendon était qu'en demandant l'extension de l'art. VII du
traité de Kioutchouk-Kaïnardji, la Russie n'avait en vue
que de se réserver le droit d'intervenir, à tout propos,
dans les affaires intérieures de la Turquie et les argumentations du baron Brunnow ne pouvaient rien pour ébranler
cette conviction des ministres britanniques (3).

Il semble, cependant, que le comte de Nesselrode n'avait

(1) V. Martens, op. cit., t. XII, p. 314.
(2) V. Ibid , p. 314-315.
(3) V. Ibid., p. 316-317.

pas attaché une trop grande importance à cette divergence
entre les deux Cabinets. L'éminent vice-chancelier de
Russie croyait que l'hostilité du Cabinet de Londres à
l'égard de la convention projetée était uniquement due à
la malveillance de lord Stratford de Redcliffe, l'ambassadeur anglais à Constantinople. C'était se tromper du tout
au tout. Néanmoins, le comte n'avait pas hésité à s'en
plaindre à Londres. Il était peut-être convaincu qu'il lui
suffisait d'indiquer au Cabinet de Saint-James le danger
où la politique « d'un ambassadeur insensé et furibond »
devait le mener, pour en obtenir le remplacement, sinon
la destitution. « Voudra-t-il (le Cabinet de Londres) con-
« venir, écrivait le comte de Nesselrode au baron Brun-
« now, que la conduite de lord Redcliffe, les conseils qu'il
« a donnés à la Porte sont en contradiction manifeste avec
« ses promesses envers nous et, par conséquent, *le désa-*
« *vouer, — alors tout pourra encore se réparer.* Dans le
« cas contraire, Dieu seul peut savoir où nous mènera ce
« triste dénouement de la mission Menchikow, car l'Em-
« pereur ne reculera pas d'un cheveu, et l'occupation des
« Principautés sera effectuée à la fin du mois » (1). Ainsi
donc, le vice-chancelier croyait sincèrement que le Cabinet
britannique, tout entier, était à la remorque de la malveillance d'un ambassadeur, et particulièrement de celui qui
était à Constantinople ! Le Cabinet de Londres n'avait
donc pas de système politique, pour se laisser mener
par un ambassadeur ? Non vraiment, c'était une erreur
que de croire cela. Il n'y avait pas là une question
de sentiments ou de personnes. La divergence des vues

_____

(1) Le comte de Nesselrode au baron de Brunnow, le 1er juin 1853;
Martens, op. cit., t. XII, p. 318-319.

entre ces deux Cabinets reposait sur une question permanente, les personnes pouvaient changer, les principes dirigeants de la politique britannique, en Orient,
allaient toujours être les mêmes. Il s'agissait de savoir si,
oui ou non, on allait permettre à la Russie de s'arroger
le droit de régler, à elle seule, les affaires d'Orient ?
Là était la difficulté et c'était pour cette raison que
l'Angleterre n'avait aucun motif pour désavouer son habile
représentant auprès de la Porte. Lord Stratford de Red-
cliff pouvait ne pas plaire aux Russes, il faisait, au contraire, tout à fait l'affaire de son pays, et il était dans son
rôle.

La Russie n'avait donc rien obtenu des négociations. Il
ne lui restait plus qu'à employer les moyens de coercition, l'intention de la Russie de se pourvoir des garanties
matérielles, et à ce propos, le Cabinet de Saint-Pétersbourg se préparait à occuper la Moldavie et la Valachie.
Mais avant de mettre en exécution ce moyen de contrainte
contre la Turquie, le vice-chancelier de l'Empire tenta
une dernière démarche sur le Bosphore. Il adressa, le
31 mai 1853, une note à Rechid-Pacha, lui demandant de
signer le projet de note que le prince Menchikow lui
avait soumis, faute de quoi l'Empereur était décidé de
donner l'ordre à ses troupes d'occuper immédiatement les
Principautés danubiennes (1).

La Porte persista à refuser, mais se déclara prête à envoyer un plénipotentiaire à Pétersbourg, afin de renouer
la négociation et d'arriver, si possible, à une entente qui,

(1) V. Rosen, op. cit. P. II. p. 194; Gigareff, op. cit., t. II,
p. 39.

toutefois, ne devait contenir rien qui pût porter atteinte à l'indépendance du Sultan (1).

Cette fois, tout espoir de s'arranger était perdu. Il fallait passer de la menace aux actes. Les troupes russes franchirent le Pruth, le 22 juin 1853 (2).

L'apparition des escadres anglo-française devant les Dardanelles, suivie peu après par leur présence dans la mer de Marmara, répondit à l'occupation des Principautés par les troupes russes (3). Rien ne pouvait plus empêcher l'Angleterre de suivre la France, car la nouvelle de la violation du territoire turc, en temps de paix, avait produit une vive sensation, sur les bords de la Tamise. Lord Clanricard n'avait pas hésité de qualifier cette mesure « d'acte de piraterie » et il n'était pas seul de cet avis. Seul, lord Aberdeen restait inébranlable, mais il ne pouvait plus que suivre ses collègues. « Notre Aberdeen, « écrivait Brunnow, est tout seul (4) ».

Le Cabinet de Paris, avait dès lors, très beau jeu, car il pouvait invoquer la convention de 1841 et s'en prévaloir auprès des Puissances signataires. En faisant franchir le Pruth à ses troupes, la Russie semblait ne plus tenir compte de ce qu'on avait solennellement « manifesté » dans le préambule de cette célèbre convention des détroits. Le gouvernement de Londres n'avait point hésité à prendre nettement position et s'était rangé du côté de la France pour voir dans l'occupation du territoire ottoman une violation du traité de 1841, tout au moins une violation

---

(1) V. Rosen, op. cit., t. II, p. 194 ; Gigareff, op. cit., t. II, p. 39.
(2) V. Gigareff, p. 41.
(3) V. Martens, op. cit.; t. XII, p. 319.
(4) V. Brunnow à Nesselrode, le 29 juin 1853. Ibid., loc. cit.

d'un principe qui semblait être la base de cette convention, le principe de l'intégrité et de l'inviolabilité de la
Turquie.

A ce propos, il y a lieu de se demander si, en droit, la
convention des détroits contenait l'obligation, pour les
Puissances signataires, de ne point porter atteinte à l'intégrité de l'Empire ottoman?

Le Cabinet de Paris et, après lui, celui de Londres,
s'étaient prononcés pour l'affirmative; le gouvernement
russe, au contraire, repoussait cette thèse. Il nous semble
intéressant de signaler ici, l'opinion du baron de Brunnow,
l'un des signataires de la convention de 1841, l'un des
diplomates qui ont présidé à l'élaboration de cet acte international.

C'est lord Aberdeen qui s'était adressé à l'éminent ambassadeur, peut-être après avoir reçu les invites du gouvernement français. L'honorable chef du gouvernement
britannique désirait se faire renseigner sur cette importante question, par l'une des personnes qui avaient pris
une part aussi active aux négociations qui avaient pré-
cédées la signature de ce pacte. « Je désirerais, aurait-il
« dit au baron Brunnow, que vous me donniez votre avis
« sur le sens littéral du traité de 1841, dont vous êtes
« signataire. Une différence d'opinion s'élève sur l'inter-
« prétation de ce traité. On nous dit qu'en vertu de cet
« acte, nous sommes tenus de venir en aide à la Turquie,
« si elle est menacée dans son repos. Comment entendez-
« vous cet engagement » ? Le baron Brunnow n'avait
point hésité à répondre qu'il n'y avait pas d'engagement
sur ce point. Il avait rappelé, ce qui était d'ailleurs parfaitement vrai, que lors de la conclusion de cette convention,
il avait été question d'insérer une clause spéciale, garan-

tissant l'intégrité de la Turquie (1), mais que cela n'avait
pas été jugé nécessaire, par suite de l'opposition de la
Russie, qui y voyait une mesure de méfiance à son égard.
La clause n'avait donc pas été insérée. Mais afin de concilier les deux intérêts, on s'était arrêté à un moyen
terme. On parla de l'inviolabilité des droits souverains du
Sultan, dans le préambule de la convention. Pouvait-on,
en droit, en tirer une obligation contractuelle ? Le baron
Brunnow ne le pensait pas, car « le préambule du traité,
« disait-il, exprime le *désir* du maintien de la Turquie
« dans son intégrité ; mais il n'en contracte nullement
« l'obligation. Ce considérant n'est pas un engagement, en
« droit strict ; c'est la préface d'une stipulation qui se
« rapporte uniquement à la fermeture des détroits, en
« temps de paix » (2).

Si l'on se rapporte, en effet, aux négociations qui avaient
précédé la conclusion du traité de 1841, on ne peut ne
pas reconnaître la justesse de l'argumentation du baron
Brunnow. On avait voulu mettre l'intégrité de la Turquie
sous la garantie collective des Puissances signataires. La
Russie s'y était cependant opposée et si l'on avait insisté
sur l'insertion de cette clause, il était à supposer que la
Russie se serait abstenue d'y participer. Or, au moment
où l'on désirait vivement mettre fin à la situation anormale qui résultait de l'isolement de la France, les Puissances avaient pensé qu'un peu de concessions ne mes-
siérait pas, afin de ne point provoquer un autre isolement,

---

(1) Nous avons vu que M. Guizot, dans son projet d'acte général,
avait prévu cette clause. V. Guizot, op. cit., t. VI, p. 73.

(2) V. Rapport de Brunnow, du 15 juin 1853 ; Martens, op. cit.,
t. XII, p. 322-323.

celui de la Russie, cette fois. Dans cet esprit, et sans
précisément faire une obligation pour les Puissances
signataires de ne point porter atteinte à l'intégrité de la
Turquie, on s'était contenté d'indiquer clairement que
lorsque l'une d'entre elles serait tentée de menacer la
Turquie, elle risquerait de rencontrer sur son chemin
toutes les autres. Il n'y avait pas d'obligation, à proprement parler, mais il y avait une déclaration nette et précise, dont chacune des Puissances signataires devait tenir
compte et non pas en faire bon marché. Le mot n'y était
pas, si l'on veut, mais la chose y était. C'était une de ces
obligations qui, en droit, ne constitue point un engagement formel, mais qui, en fait pouvait être, et, dans la
circonstance, était plus forte que toutes les obligations
contractuelles. Voilà, ce nous semble, le véritable sens de
ce préambule.

La Russie paraissait ne pas le comprendre ainsi. Elle a
dù bientôt s'apercevoir de l'étendue de son erreur. Si
donc, la France et l'Angleterre avaient décidé de s'en
prévaloir, ce n'était pas en tant que la Russie avait, par
l'occupation des Principautés, violé une obligation formelle, mais en tant que le gouvernement du Tsar se
déclarait ne plus être d'accord avec les autres Puissances
pour donner au Sultan « une preuve manifeste du respect
« qu'Elles (Leurs Majestés) portent à l'inviolabilité » des
droits souverains du Sultan, en tant que cette occupation
des Principautés pouvait virtuellement menacer l'existence de l'Empire ottoman, dont le maintien se trouvait
être indispensable pour le maintien de ce que l'on appelle
l'équilibre européen, pour assurer, en un mot, la conservation de la paix générale.

On objectera peut-être, que la Russie n'avait nulle

envie de troubler la paix générale, qu'elle ne poursuivait aucun avantage nouveau, qu'il ne s'agissait là
que d'une demande dont le but était simplement de préciser un peu le vague de certaines clauses antérieures.
C'est très possible quoique nous n'en sachions rien là
dessus. Un éminent historien ne veut pour preuve de la
bonne foi du tsar Nicolas Ier, que le fait que l'Empereur
n'avait point voulu frapper un grand coup, quelques
années auparavant, alors que ses troupes, venues pour
réprimer l'insurrection magyare, se trouvaient précisément sur le Danube et pouvaient très facilement fondre
sur les Turcs et s'emparer de telle province que bon lui
aurait semblé, car l'Europe de 1848 n'était pas encore à
même de s'y opposer (1). Mais à supposer que la bonne
foi de l'Empereur de Russie fût hors de cause, pourquoi avait-on employé des moyens peu rassurants?
Comment s'expliquer le mystère de la mission Menchikow? Comment rassurer l'opinion publique en Europe,
alors que les communications officielles du gouvernement
du Tsar étaient en contradiction manifeste avec tout ce
qu'on apprenait de Constantinople? On avait peut-être
des intentions plus que modestes, voire désintéressées. Il
faut néanmoins, avouer qu'on s'y était très mal pris,
qu'on avait tout fait pour susciter les méfiances de
l'Occident. Si le comte de Nesselrode avait si bien deviné
le secret désir de Napoléon III, pourquoi lui avoir fourni
tous les éléments du succès? Peut-être faut-il chercher le
mot de cette énigme, si toutefois énigme il y a, dans le

(1) V. Julian-Klaczko, Deux Chanceliers, le Prince Gortchakof et le
Prince de Bismark, 3e édition, Paris, 1877, p. 27.

fait que l'empereur Nicolas « entendait être son propre
« ministre des Affaires Étrangères (1). »

La France et l'Angleterre étaient donc décidées à s'opposer, au besoin par la force, à tout empiètement de la
Russie en Turquie. L'envoi de leurs escadres devant le
détroit des Dardanelles et, plus tard, devant Constantinople même, était une indication nette, sans équivoque
possible, de leurs dispositions. Cela paraissait cependant
ne pas suffire aux deux puissances maritimes. Il s'agissait
encore d'arriver à entraîner l'Autriche, en tant que Puissance signataire de la convention de 1841. Toutefois ce
n'était pas là le vrai motif pour lequel on voulait s'assurer
la coopération de la Cour de Vienne. Il y en avait un
autre, d'un ordre plutôt stratégique. En effet, l'action des
deux puissances maritimes n'aurait point pu sérieusement
faire du mal à la Russie : on n'avait aucune prise sur elle.
Il y avait, sans doute les opérations maritimes, mais cela
n'aurait pu que « chatouiller la plante du colosse ou de
lui limer un ongle. » (2) L'Autriche, au contraire, aurait
pu atteindre la Russie, en plein cœur, du côté de la Pologne,
et c'était bien ce qu'il fallait aux Puissances maritimes.

Cependant, l'attitude de la Cour de Vienne était telle
que personne ne pouvait en être satisfait. On eût dit que
les conseillers des Habsbourgs n'avaient point le courage
de prendre nettement position, soit pour la Russie, soit
contre elle et par conséquent, pour les Puissances maritimes. Durant toute la crise, ce qui caractérise la politique
de l'Autriche c'est le manque d'énergie. Il faut, toutefois,
avouer que la situation de la Cour d'Autriche n'était guère

---

(1) V. Klaczko, op. cit., p. 28.
(2) V. Ibid., p. 39.

enviable, sa situation était au contraire très embarrassante. L'Autriche devait, d'une part, chercher à défendre ses intérêts les plus sacrés ; d'un autre côté, la Cour de Vienne avait le désir très vif, de ne point mériter le reproche d'ingratitude pour les services rendus, il n'y avait pas encore bien longtemps, par l'empereur Nicolas lui-même. Cette préoccupation pesait de tout son poids sur les décisions des ministres de l'Autriche. Si elle n'écoutait que ses intérêts, l'Autriche aurait dû prendre en mains la défense de la Turquie, s'armer du principe de l'intégrité de l'Empire ottoman, pour assurer le maintien de l'équilibre européen et de la paix générale, elle devait en un mot s'associer aux efforts des Puissances maritimes, car il lui était impossible de voir la Russie installée dans les Principautés ; elle ne pouvait aucunement se concilier avec l'idée d'une domination aussi puissante que celle de la Russie, sur le bas Danube, sur les bouches du Danube, cette artère indispensable à sa vie, tant ses intérêts commerciaux lui faisaient un devoir sacré de veiller sans cesse sur le maintien du *statu quo* dans ces régions (1). Ses intérêts vitaux poussaient donc naturellement la monarchie des Habsbourgs à prendre le parti de la Turquie ; elle devait, semblait-il, fatalement se ranger dans la coalition qni se formait en Europe, contre la toute puissance de la Russie. Mais ce n'était pas tout. L'Autriche avait d'autres considérations, elle entendait la voix de la reconnaissance, doublée d'un sentiment très intéressé aussi. La Cour de Vienne avait le souci de se conserver la précieuse alliance de la Russie qui seule, lui était une garantie contre le péril rouge, contre les pertur-

(1) V. Klaczko, op. cit., p. 37.

bations révolutionnaires auxquelles, par sa situation, elle se trouvait constamment exposée. Et n'était-ce pas, en effet, l'intervention généreuse de l'empereur Nicolas qui l'avait déjà sauvée une première fois d'une crise terrible, d'une crise où la monarchie avait été à deux doigts de sa perte (1) ?

Tel était le dilemme qui se posait à l'Autriche. Le Cabinet de Vienne se trouvait, pour nous servir du langage de M. Klackzo, « placé entre un sentiment de reconnais-« sance très vif et très réel, quoi qu'on ait dit, et une « grande nécessité politique » (2)... Que lui restait-il à faire, dans ces conditions? S'allier aux Puissances maritimes, lui semblait impossible, d'autant plus que le comte de Buol, lui-même, n'avait rien trouvé d'exorbitant dans les demandes de la Russie, jusqu'à la note du comte de Nesselrode, du 31 mai (3). Le chancelier d'Autriche était resté bien disposé envers la Russie, même après avoir reçu les nouvelles des exigences du prince Menchikow, car il n'y avait vu qu'un excès de zèle de l'agent aux « grosses paroles. » Il espérait et il attendait un désaveu de sa Cour, car le comte de Buol avait cru, un instant, que le prince Menchikow avait pris sur lui d'outrepasser ses instructions. Ce désaveu n'était pas venu. La fameuse note du 31 mai avait déchiré les voiles. La Russie déclarait à l'Europe son intention de procéder immédiatement à l'occupation des Principautés danubiennes comme mesure de garantie (4). » L'occupation avait lieu, dès la fin du mois de juin et, par le fait

---

(1) V. Beer, op. cit., p. 452.
(2) V. Klaczko, op. cit., p. 37.
(3) V. Beer, op. cit., p. 440.
(4) V. Ibid., p. 447.

même, la Russie avait creusé un abîme entre ces deux puissances alliées. Si donc le Cabinet de Vienne ne se décidait pas encore à marcher de front avec la France et l'Angleterre, il était, au contraire, dans l'impossibilité de se laisser entraîner par la Russie, après cette malencontreuse occupation de la Moldavie et de la Valachie, de ces deux pays où l'Autriche se croyait surtout vulnérable. « Il n'y a pas de morale, écrit M. Klaczko, si sublime qu'on « veuille bien l'imaginer, qui, parmi les devoirs de la « reconnaissance, songeât à mettre le suicide. Or, ce « n'était rien moins que l'asservissement absolu, l'anéan- « tissement de sa personnalité comme grand État euro- « péen que demandaient les Russes à l'Autriche, en lui « proposant de souscrire à leurs prétentions sur « l'Orient (1). »

Les Russes ne lui demandaient pas tant de sacrifices, ni tant d'abnégation ; il est cependant impossible de contester le fait que les intérêts autrichiens pouvaient être lésés par suite d'un changement du *statu quo* sur le Danube. Et, ceci encore est indiscutable, aucun gouvernement, un tant soit peu pénétré de sa responsabilité, ne peut, ce semble, oublier les intérêts vitaux, les intérêts les plus sacrés du pays, devant un sentiment de gratitude, si profond qu'il fût. « A l'impossible nul n'est tenu », dit l'adage, et les Russes, en occupant les Principautés danubiennes, avaient justement rendu impossible le concours de l'Autriche.

L'Autriche ne pouvait donc pas assister la Russie. Elle n'avait pas le courage de prendre rang dans la coalition contre la Russie. Elle mécontentait tout le monde, en suivant sa politique des demi-mesures. Le comte de Buol

_____

(1) V. Klaczko, op. cit., p. 35.

mettait toute son habileté en action dans cette sorte de
jeu, qui consistait à contenir les Turcs et à tranquilliser
les esprits à Paris et à Londres (1). Cette conduite équivoque a peut-être fait le plus de mal à la Russie, car on y
avait vu, sur les bords de la Néva, un encouragement de la
part de l'Autriche (2). Il eût peut-être mieux valu prendre
une décision plus énergique, s'installer d'ores et déjà au
camp ennemi. Cette action aurait certainement fait réfléchir à Saint-Pétersbourg ; on y aurait mieux vu le danger
dont on était menacé. L'Autriche ne l'a point fait, et son
attitude était bien faite pour aveugler les Russes ; loin de
leur dessiller les yeux, la politique hésitante et incertaine,
cette politique de tâtonnement de la Cour de Vienne ne
faisait que leur jeter un peu plus de poudre aux yeux.

Il faut cependant avouer que l'empereur François-Joseph
n'avait point marchandé les avertissements à Saint-Pétersbourg. (3) Il avait notamment essayé de prévenir cette
occupation des Principautés, qui allait peser d'un tel poids,
sur les rapports des deux pays. Le jeune souverain de
l'Autriche avait envoyé le comte de Gyulay en mission
extraordinaire, à Saint-Pétersbourg, avec la prière de
renoncer à ce projet. On ne l'écouta pas et, afin de
montrer le mécontentement qu'une pareille démarche produisait aux bords de la Néva, le Tsar signa l'ordre de
marche pour ses troupes, le jour même où on lui remettait
la lettre autographe de François-Joseph (4).

Entre temps, on s'était ingénié à trouver un moyen

---

(1) V. Beer, op. cit., p. 448-449.
(2) V. Ibid., op. cit., p. 449.
(3) V. Klaczko, op. cit., p. 37.
(4) V. Beer, op. cit., p. 450-451.

propre pour arranger les choses et ne point permettre les
hostilités entre la Russie et la Turquie. Lord Aberdeen,
toujours convaincu du désintéressement du Tsar, avait
parlé au baron Brunnow d'un certain projet de convention
qui devait satisfaire les deux parties, car il était, d'après le
noble lord, également honorable pour la Russie et la Porte.
Il avait même insinué l'idée d'une correspondance directe
entre le Tsar et la Reine, qui aurait permis de bien s'expliquer, sur tous ces points (1).

C'était là certainement un louable effort de la part du
noble lord, mais malheureusement il se trouvait être
« seul » de son avis. Le projet de convention n'était pas
de nature à plaire à la Russie. On le refusa (2). Par contre,
la Russie goûta mieux l'idée d'une note que la Porte
devait accepter. Cette idée était due au comte de Buol et
la Russie se déclarait toute disposée à accepter les « bons
offices » de la Cour de Vienne. De toutes ces négociations
entre les ambasadeurs de France, d'Angleterre, de Prusse
et le comte de Buol, était sortie la fameuse « note de
Vienne, » du 31 juillet 1853, cette note que Drouyn de
Lhuys appelait « la note d'Arlequin » (3). Dans ce projet
de note, la Sublime-Porte déclarait promettre formellement d'assurer l'inviolabilité des droits et privilèges de
l'Église orthodoxe, tels qu'ils résultaient des traités antérieurs de la Russie (4). Le Cabinet de Saint-Pétersbourg
s'était empressé d'accepter la note, à la condition toutefois

---

(1) V. Martens, op. cit., t. XII, p. 320-321.
(2) V. Martens, op. cit., t. XII, p. 321.
(3) V. Beer, op. cit., p. 452; Rosen, op. cit. P. II, p. 201.
(4) V. Gigareff, op. cit., t. II, p. 43; Jomini, op. cit., t. I, passim,
où l'on trouvera les détails sur ce point.

que la Porte l'acceptait aussi, sans qu'elle fût admise à
y apporter des modifications. Si la Turquie se décidait d'y
faire certains changements, la Russie se réservait toute sa
liberté d'action (1). On pouvait croire que le conflit allait
s'assoupir, car on était loin de supposer que la difficulté
viendrait de la Turquie. C'est pourtant ce qui arriva.
C'est la Sublime-Porte qui refusait d'y adhérer avant
qu'on n'ait consenti à y faire certaines modifications, dont
la principale avait pour but de démontrer que les droits
et privilèges de l'Église orthodoxe en Turquie, loin d'être
basés sur des stipulations antérieures de la Russie,
n'étaient, en réalité, que le résultat de la générosité du
Sultan envers ses sujets chrétiens.

Ainsi, la Porte ne paraissait aucunement disposée à
donner satisfaction à la Russie, telle que les autres
Puissances l'avaient déterminée, dans le projet de note du
31 juillet. La Turquie poussait même la hardiesse jusqu'à
demander d'une façon détournée, il est vrai, l'abrogation
des stipulations de Kaïnardji, qui avaient trait à la religion
orthodoxe, des stipulations qui avaient été approuvées et
même invoquées par les Puissances occidentales, dans la
note de Vienne (2).

La Russie ne pouvait guère souscrire à de telles prétentions, sans porter atteinte à sa dignité et, il nous semble,
que les Puissances occidentales auraient dû bien s'en pénétrer, car l'attitude de la Porte était, au premier chef,
blessante pour les auteurs de cette note. Mais, à supposer
que les quatre Puissances occidentales ne se soient pas

---

(1) Beer, op. cit. p. 453.

(2) V. Gigareff, op. cit., t. II, p. 44-47; Rosen, op. cit. P. II,
p. 203.

crues blessées par le procédé de la Porte comprend on vraiment qu'elles aient pu permettre à la Sublime-Porte d'apporter des modifications aussi profondes, alors que ce droit
était refusé à la Russie ? Il y avait là, on en conviendra,
une différence de traitement, fort inexplicable, si les Cabinets européens étaient effectivement disposés à aboutir
à un résultat sérieux (1). Loin d'imposer à la Porte, le
projet de note qu'elles avaient élaboré et que la Russie
avait déjà accepté, sous condition de ne pas y faire des
modifications, les quatre représentants avaient décidé que
tout était permis à cet enfant prodigue qui avait le bonheur de dominer sur le Bosphore. Les Puissances insistè-
rent, en conséquence, auprès du Cabinet de Pétersbourg
pour que la Russie acceptât les modifications de la Turquie (2). L'ambassadeur de Russie à Vienne, le baron de
Meyendorf, implorait sa Cour de souscrire à cette injuste
exigence et de mettre à profit cette occasion unique pour
évacuer honorablement les Principautés, ce seul obstacle
qui séparait la Cour de Vienne de la Russie ; il n'avait point
hésité à rappeler, très judicieusement, les événements
du commencement du siècle. Ce qui avait empêché, naguère, l'Autriche de prêter son concours à la Russie, à la
veille de la bataille d'Eylau, c'était encore une pareille
occupation des mêmes Pricipautés (3).

Malheureusement, les esprits n'avaient plus assez de calme,
en Russie, pour profiter de ces avertissements, si précieux.
On était indigné de ce manque d'égard envers le loyal

(1) V. Danilewsky, la Russie et l'Europe (en russe), 5ᵉ édit , Saint-
Pétersbourg, 1895, p. 15.

(2) V. Beer, op. cit., p. 453.

(3) V. Beer, op. cit , p. 454.

monarque de la Russie et nous comqrenons très bien ce
sentiment. On refusa nettement d'y adhérer; c'était une
erreur (1).

La note russe du 7 septembre 1853, par laquelle le comte
de Nesselrode avait signifié à l'Autriche son refus d'accepter les modifications de la Porte, était, dans la suite, le
principal obstacle à toutes les nouvelles tentatives d'arrangement que le comte de Buol, dans son inépuisable activité, avait imaginées. Le chancelier d'Autriche ne voulait
point désespérer de réussir là où les autres Puissances ne
voyaient plus que la guerre, comme unique issue. Et en
effet, les interprétations que faisait le comte de Nesselrode
de la note de Vienne, étaient de telle nature que les modifications proposées par la Porte paraissaient, aux yeux
des Puissances, comme entièrement justifiées. Comment
s'était-il fait que ce document, assurément destiné à rester
secret, était parvenu à la connaissance des représentants
des autres Puissances? On ne le sait pas. C'était certainement une indiscrétion des plus regrettables, car elle fit
beaucoup de tort à la Russie.

Après l'entrevue d'Olmütz, où l'empereur Nicolas parvint à convaincre de nouveau le jeune Empereur d'Autriche qu'il ne poursuivait aucun avantage particulier, —
le comte de Buol essaya de nouveau de faire accepter à la
Porte la fameuse note de Vienne. Mais, cette fois, le
chancelier d'Autriche se heurta au mauvais vouloir des
Cabinets de Londres et de Paris (2). D'ailleurs, toutes ces
tentatives ne pouvaient plus rien changer à la situation,

(1) V. Beer, op. cit., p. 454; Gigareff, op. cit., t. II, p. 48.
(2) V. Ibid., op. cit., p. 455. Sur l'entrevue d'Olmutz, qui eut lieu
le 24 sept. 1853. V. Rosen, op. cit. P. II, p. 205-206.

car la Sublime-Porte prenait d'elle-même la précaution
d'y mettre un terme ; le 4 octobre 1853, la Turquie déclara
la guerre à la Russie (1).

II

La nouvelle de la déclaration de guerre n'était parvenue à Saint-Pétersbourg, que vers la fin du mois
d'octobre. Aussitôt après, l'empereur Nicolas fit publier
un manifeste, dans lequel il invitait le peuple russe à
prendre la défense de la religion orthodoxe, dont les droits
et privilèges avaient été méconnus par la Turquie (2).

Il semblait, qu'après la publication de ce manifeste, la
Russie était fermement décidée à obtenir satisfaction par
les armes, car les négociations étaient rompues provisoirement du moins. En fait, cependant, il n'en a rien été.
Le vice-chancelier de Russie avait vu à quel point l'effet
du manifeste impérial, par lequel le Tsar conviait son
peuple à prendre la défense de sa religion, pouvait
retentir dans toute l'Europe, le comte de Nesselrode sentait parfaitement bien que derrière la Turquie, il y avait
les Puissances maritimes. La gravité de la situation
n'avait point échappé à la sagacité du vieux chancelier,
c'était pourquoi il s'ingéniait à ne point brusquer les
choses. Il essaya, en conséquence, d'atténuer les termes
du manifeste impérial. Dans une dépêche-circulaire, il

(1) V. Beer, op., cit., p. 436 ; Rosen, op. cit. P. II, p. 209 ; Gigareff,
op. cit., II, p. 49.
(2) Rosen, op. cit. P. II, p. 211-212 ; le texte du manifeste, en date
du 20 oct.-1er nov. 1853, dans Stieglitz, op. cit, t. I, p. 385-386.

prit soin d'informer les Cabinets d'Europe que la Russie
n'entendait point sortir de la défensive, aussi longtemps
qu'elle ne se verra obligée de prendre une autre attitude,
par suite de l'offensive de la Turquie. Dans ces conditions,
le comte de Nesselrode se déclarait tout disposé à poursuivre les négociations relatives à l'arrangement, mais,
eu égard aux circonstances, il ne lui appartenait pas d'en
prendre l'initiative (1). Il était, sans doute, bien difficile
de concilier ces deux actes du Gouvernement russe. D'un
côté on proclamait la guerre sainte, on demandait, de
l'autre, à poursuivre les négociations de la paix. Quoi
qu'il en soit, la dépêche du comte de Nesselrode n'a pas
manqué de produire une excellente impression en Europe.
Ce fut surtout le comte de Buol qui s'en montra le plus
satisfait. Le chancelier d'Autriche, soucieux avant tout de
ne point prendre parti pour ou contre la Russie, s'était
emparé de la déclaration pacifique de son collègue de
Russie et essaya de renouer le fil des négociations. Dans
ce but, l'habile chancelier des Habsbourgs imagina d'offrir
aux deux belligérants, les bons offices des Puissances
occidentales, afin d'arriver à la conclusion de la paix,
avant même qu'on eût tâté sérieusement le fer (2).

Cette proposition qui eut la bonne fortune d'être agréée
par les autres Puissances et qui aurait pu aboutir, si on
désirait sincèrement la paix, avait évidemment un autre
but. Il s'agissait, en effet, de bien montrer à la Russie ce
qu'elle semblait ignorer, que les Puissances occidentales
étaient fermement décidées à ne jamais lui permettre de
régler, à elle seule, ses différends avec la Porte, même

---

(1) V. Gigareff, op. cit., t. II, p. 49.
(2) V. Beer, op. cit., p. 459.

dans le cas où les armes russes seraient victorieuses partout. Il s'agissait, ensuite, de faire voir au Cabinet de Saint-Pétersbourg que ces Puissances occidentales n'étaient pas seulement la France et l'Angleterre, mais aussi la Prusse et surtout l'Autriche.

Si on s'était montré empressé à offrir les bons offices aux deux belligérants, c'était peut-être moins pour travailler à la paix, — ceci du moins pour les Puissances maritimes, — que pour démontrer au monde que si, en fin de compte, on était amené à prendre la défense du Croissant contre la Russie, ce serait bien parce que la Russie persistait dans son intransigeance, parce qu'elle refusait tous les moyens d'accommodement. Dans leur pensée, il importait de faire retomber d'avance toute la responsabilité d'une conflagration générale sur le mauvais vouloir du gouvernement du Tsar. C'est pourquoi on peut dire que cette tentative des Puissances d'arriver à la conclusion de la paix entre la Russie et la Porte, n'était pas du tout sincère. Il n'y avait là qu'une manœuvre, qu'une sorte de piège qu'on avait tendu aux Russes. C'était trop subtil et cela était d'autant plus dangereux que c'était une subtilité diplomatique.

Et ce qui le prouve bien, c'est la différence qu'on établit, dès le principe, entre la Russie et la Porte. Dans le protocole du 5 décembre 1853, cette différence saute, pour ainsi dire, aux yeux et à première vue. Qu'on en juge. — Après avoir dit que la continuation de la guerre est de nature à provoquer de graves conséquences et que les deux parties belligérantes ne voudraient certainement pas encourir une aussi lourde responsabilité, les représentants des quatre Puissances offrent les bons offices de leurs Cours respectives, afin de faciliter l'entente « par un

« échange de loyales explications ». Et ce qui ne rend pas
cette tâche trop difficile, ce sont « les assurances données
« à différentes reprises par S. M. l'Empereur de Russie »,
qui « excluent de la part de cet auguste Souverain *l'idée*
« *de porter atteinte à l'intégrité de l'Empire ottoman* ».
C'est déjà là une indication bien nette, car on dit à la
Russie que la paix n'est pas difficile à conclure si l'on veut
bien convenir qu'il n'y a rien à faire quant à l'intégrité de
la Turquie. Si, au contraire, la Russie se propose d'y porter atteinte, alors on va se mesurer. Mais ce n'est pas
tout, on prend un soin jaloux de le bien faire comprendre
sur les bords de la Néva. « L'existence de la Turquie,
« poursuivait le protocole, dans les limites que les traités
« lui ont assignés, est, en effet, devenue une des conditions nécesssaires de l'équilibre européen » ; en conséquence, « les Plénipotentiaires soussignés constatent avec
« satisfaction *que la guerre actuelle ne saurait, en au-*
« *cun cas, entraîner dans les circonscriptions territo-*
« *riales des deux Empires des modifications susceptibles*
« *d'altérer l'état des possessions que le temps a consacré*
« *en Orient et qui est également nécessaire au repos de*
« *toutes les autres Puissances* ».

Ainsi donc, on offrait les bons offices, mais on signifiait, en même temps, et d'une façon péremptoire, que la
Russie ne devait espérer aucune modification des frontières. Ce n'était pas tout. Les quatre Puissances prenaient
soin de dire à la Russie qu'elle ne devait espérer aucune
extension nouvelle des privilèges religieux. « La Cour de
« Russie, poursuivait le protocole, a ajouté qu'en récla-
« mant du Gouvernement ottoman un témoignage de sa
« fidélité à des engagements antérieurs, elle n'avait nulle-
« lement entendu amoindrir l'autorité du Sultan sur ses

« sujets chrétiens, et que son but unique avait été de de-
« mander des éclaircissements de nature à prévenir tout
« équivoque et tout motif de mésintelligence avec une
« puissance amie et voisine (1) ».

Telle était la partie de ce protocole célèbre qui concernait la Russie. Ce ne sont, on le voit, que des conditions
restrictives qu'on a la ferme intention d'imposer au gouvernement de Pétersbourg, sans lui demander préalablement son consentement ou, tout au moins, son avis, à
cet égard. Les grandes Puissances de l'Occident entendaient le priver, d'avance, du fruit de ses victoires, faciles
à prévoir, et on s'emparait de ses déclarations d'avant la
guerre pour lui signifier que, même dans le cas où le sort
favoriserait les armes russes, le Tsar ne pourrait point
modifier les conditions qu'il avait exigées avant d'avoir
versé le sang de ses soldats, avant d'avoir dépensé des
sommes énormes. Il y avait là, à n'en pas douter, une série
d'injonctions comminatoires, et ces injonctions étaient
uniquement adressées à cette grande Puissance qui s'appelait la Russie.

Tout au contraire, et c'est là le contraste que nous
signalions, la partie de ce protocole qui est à l'adresse de
la Turquie, est marquée au coin de toutes sortes de pré-
venances. « Les sentiments manifestés par la Sublime-
« Porte, lisons-nous dans cette partie du protocole, pen-
« dant les dernières négociations, attestent, d'un autre
« côté, qu'elle était prête à reconnaître toutes ses obli-
« gations contractuelles et à tenir compte, dans la mesure
« de ses droits souverains, de l'intérêt de S. M. l'Empe-

____

(1) V. Protocole du 5 déc. 1853, dans le Recueil de De Clercq, t. VI,
p. 400-401.

« reur de Russie pour un culte qui est le sien et celui de
« la majorité de ses peuples. Dans cet état de choses, les
« soussignés sont convaincus que le moyen le plus prompt
« et le plus sûr d'atteindre le but désiré par leurs Cours
« serait de faire en commun une communication à la
« Sublime-Porte pour exposer le vœu des Puissances de
« contribuer par leur intervention amicale au rétablis-
« sement de la paix et *la mettre en demeure de faire*
« *connaître les conditions auxquelles elle serait disposée*
« *à traiter* (1) ».

Ainsi, tandis qu'elles traçaient d'avance les limites dans
lesquelles devait se tenir la Russie, les quatre Puissances
d'Europe poussaient leur déférence à l'égard de la Turquie jusqu'à lui laisser l'entière liberté de déterminer,
seule, les conditions de la paix. Injonctions comminatoires — d'une part, liberté d'action — de l'autre. Était-ce
la meilleure manière de procéder, si on voulait sérieusement travailler à la paix ? Ne fallait-il pas, tout au contraire, s'employer sincèrement à trouver un moyen qui
permît à la Russie de sortir de sa fausse situation, sans
porter atteinte à sa dignité ? Il était indispensable, pour
cela, de lui fournir ce moyen, de lui faciliter la tâche, de
lui faire enfin, certaines concessions de forme, sinon de fond,
et non pas de lui signifier des ultimatums, une sorte de
texte *ne varietur*. Si le désir de conserver la paix générale était aussi sincère qu'on voulait bien le faire croire,
pourquoi ne pas avoir gardé, dans ce protocole célèbre, la
parité de traitement entre les deux belligérants ? Pourquoi

---

(1) V. Declercq, op. cit., t. VI, p. 401. On y trouvera aussi la note
collective adressée à Rechid-Pacha, pour lui communiquer la décision
des Puissances.

s'était-on montré d'avance hostile à la Russie? Qu'est-ce
que les Puissances auraient perdu si on avait aussi
demandé à la Russie ses conditions de paix, quitte à les
discuter après et à ne pas les accepter? On se perd en
conjonctures, en effet, ou alors il faut admettre, ce qui nous
paraît le plus vraisemblable, que cette démarche pacifique
des Puissances, tout au moins de la France et de l'Angleterre, n'était, au fond, qu'un trompe-l'œil.

Cette attitude des Puissances s'était manifestée, une fois
de plus, lorsqu'on avait reçu à Vienne la réponse de Rechid-
Pacha. C'est la note que la Porte avait adressée, le 31 décembre 1853, à l'internonce d'Autriche, à Constantinople (1). La Turquie y énumérait très longuement ses
conditions pour la paix.

En premier lieu, la Porte demandait l'évacuation aussi
prompte que possible, des Principautés danubiennes. La
question du renouvellement des traités avec la Russie,
formait le deuxième point. La troisième condition de la
Porte, c'était la confirmation des privilèges des sujets
chrétiens du Sultan, *octroyés* par le Padichah. La Porte se
déclarait prête à consigner ces privilèges dans des firmans qu'elle se proposait de porter à la connaissance des
Puissances. « Elle (la Porte), n'hésitera pas, écrivait
« Rechid-Pacha... à adresser à tous les États une décla-
« ration portant qu'elle est animée de l'intention sincère
« et ferme de maintenir à perpétuité les privilèges reli-
« gieux des différentes communautés de ses sujets... »
Les négociations, d'après la Turquie, devaient être ouvertes aussitôt après que la Russie aurait accepté les con-

(1) V. Annexe au protocole, du 13 janvier 1854, Declercq, op, cit.,
t. VI, p. 402 et suiv.

ditions ci dessus énoncées. Les négociations devaient avoir
lieu dans une ville neutre, au choix des quatre Puissances.
De plus, la Sublime-Porte réclamait le « droit et la fa-
« culté de participer à la solidarité qui lie ces États (les
« Puissances européennes) entre eux et la sécurité qu'ils
« y puisent. » En conséquence, on reconnaîtra la néces-
« sité de confirmer et de compléter dans ce sens le traité
de 1841... »

Telles étaient, dans leur ensemble, les conditions de la
Porte. Les représentants des quatre Puissances réunis en
conférence à Vienne, pour en prendre connaissance, s'empressèrent de reconnaître, à l'unanimité, que ces conditions
étaient « conformes aux vœux de leurs gouvernements et
« de nature à être communiquées au Cabinet de Saint-
« Pétersbourg ». « De plus en plus pénétrés de la gra-
« vité de la situation, poursuivait ce protocole et de
« l'urgence d'y mettre un terme, les soussignés expriment
« la confiance que la Russie acceptera la reprise des négo-
« ciations sur les bases qui, dans leur opinion, en
« assurent le succès et offrent aux deux parties belligé-
« rantes l'occasion de se rapprocher *d'une manière digne*
« *et honorable*, sans que l'Europe soit plus longtemps
« attristée par le spectacle de la guerre » (1). Le Cabinet
de Vienne était chargé de faire parvenir à Saint-Pétersbourg les décisions prises par les représentants des quatre
Puissances. Le comte de Buol s'empressa de s'acquitter
scrupuleusement, et le jour même, de cette mission, non
sans accompagner tous ces documents d'instantes prières

----

(1) V. Protocole, n° 11 de la conférence tenue à Vienne, le 13 janvier 1854, pour le rétablissement de la paix en Orient. De Clercq,
t. VI, p. 402.

pour que la Russie consentît à adhérer à ce qui avait
été convenu entre les quatre Cabinets de l'Occident (1).

Le Cabinet de Saint-Pétersbourg aurait été bien inspiré
s'il s'était décidé à suivre les conseils pressants du comte
de Buol, car la situation était vraiment grave et la Russie
ne devait plus se faire d'illusions. Le gouvernement du
Tsar aurait dû faire taire certaines voix d'indignation que
le mauvais procédé des Puissances pouvait avoir provoqué. Ce n'était plus le moment de manifester des sentiments
de dignité ou d'amour-propre froissé, car il y allait des
intérêts les plus sacrés de l'Empire. Ce qui s'était passé
dans l'intervalle aurait dû, ce nous semble, dessiller les
yeux des diplomates des bords de la Néva. L'attitude des
Puissances maritimes après la célèbre bataille de Sinope,
où la puissance navale de la Turquie avait été complètement anéantie par l'escadre de l'amiral Nakhimoff, devait
donner à réfléchir sur les suites d'une obstination aveuglée. Il n'y avait rien d'équivoque dans cette attitude de la
France et de la Grande-Bretagne.

En effet, vers la fin du mois de novembre 1853, la flotte
russe avait surpris, dans le port de Sinope, les forces maritimes de la Turquie et les avait entièrement détruites (2).
Il n'y avait là rien d'extraordinaire, car la Russie se trouvait en état de guerre avec la Porte, partant, elle avait
parfaitement le droit d'attaquer et de détruire la flotte
turque dans les eaux turques ou en haute mer, dans un
port turc ou dans un port russe, ou encore au large. Du
moment que deux puissances se trouvent en guerre, il est

(1) Beer, op. cit. p. 460.
(2) V. Rosen, op. cit., P. II, p. 213 ; Gigareff, op. cit., t. II,
p. 57.

bien naturel qu'elles profitent de toutes les occasions pour
détruire les forces respectives, afin d'amener l'une ou
l'autre plus facilement à composition. Ce sont là des
choses qu'il est vraiment puéril d'avoir à démontrer. En
droit donc on ne pouvait, en toute justice, en faire un
grief contre la Russie. Tel n'a pas été l'avis des Puissances
maritimes (1).

La nouvelle de la bataille de Sinope avait, en effet,
provoqué à Paris comme à Londres, une véritable levée des
boucliers, qui s'explique, d'ailleurs par la politique de ces
deux Cabinets. Sur la proposition de l'Empereur des Français, les amiraux des flottes anglo-française reçurent
l'ordre de franchir immédiatement le Bosphore, de pénétrer dans la mer Noire afin d'y couvrir les ports de la
Turquie et de les protéger de toute attaque ultérieure de la
part de la Russie. En même temps, les représentants de
ces deux pays à la Cour de Russie, étaient chargés d'informer le comte de Nesselrode que des intructions avaient
été envoyées aux deux amiraux, en vertu desquelles
« tout vaisseau de guerre russe qui serait rencontré en
« mer serait invité à rentrer dans le port et au besoin y
« serait contraint par la force (2). » Que signifiait cette
mesure? Était-ce une déclaration de guerre sous une
forme déguisée, il est vrai? Les Puissances maritimes ne
l'admettaient point et prétendaient quand même rester en
paix, conserver cette singulière neutralité. On croit vraiment rêver lorsqu'on considère qu'on ait pu agir de la
sorte, tout en continuant à rester neutre, car, en somme,
cette démarche, cette intervention des deux Puissances

(1) V. Martens, op. cit., t. XII, p. 327.
(2) V. Baron Jomini, op. cit., t. I, p. 246.

n'avait et ne pouvait avoir aucune justification juridique.
Les deux Cabinets élevaient la prétention de porter atteinte
aux droits de la Russie, en tant que belligérant, tout en
restant neutres, de favoriser l'un des belligérants en le
mettant à couvert des coups que la Russie avait incontestablement le droit de lui porter sans pour cela perdre leur
qualité de puissances neutres. Nous dirons même plus, et
c'est un usage constant en droit international, ces deux
puissances n'avaient pas le droit de faire cette démarche,
alors même qu'elle eût été également appliquée à la Russie
et à la Turquie. En le faisant, elles manquaient à leurs
devoirs de neutres, alors même qu'elles eussent proclamé
mettre à couvert les ports de la Russie, contre les
attaques presque impossibles de la Turquie. Cette réciprocité apparente n'aurait été qu'une question de forme,
car la Turquie n'avait plus aucun moyen d'attaque. Mais
les Puissances maritimes n'avaient pas jugé nécessaire de
se servir de cette formalité. Les deux Cabinets de l'Occident prétendaient donc conserver leur neutralité, tout en
oubliant d'une façon aussi singulière les devoirs les plus
élémentaires qui résultent de la neutralité.

Ce que le droit ne peut justifier, la politique nous
l'explique sans toutefois l'excuser. Il était évident qu'après
la catastrophe de Sinope, la Turquie aurait pu se trouver
à la merci de son puissant ennemi ; la Russie pouvait désormais lui porter une série de coups mortels sans autrement se déranger, car elle dominait dans la mer Noire.
C'était justement ce que les Puissances voulaient prévenir ; il importait de maintenir la Turquie afin de conserver intacte cette combinaison politique si utile et aussi
indispensable pour le maintien de l'équilibre politique en
Europe. Au mépris du droit des gens, les deux Puissances

maritimes se décidèrent à cette intervention, afin d'empêcher le Tsar de profiter de ses victoires.

C'était un avertissement bien net, bien précis pour la
Russie. Cela voulait dire que, si, désormais, elle voulait
continuer quand même, les opérations, elle courait le risque
de trouver derrière la Turquie, voire au premier plan de la
bataille, les forces alliées des deux Puissances maritimes,
en attendant le concours des autres Puissances de l'Occident. On n'avait pas voulu déclarer la guerre à la Russie,
espérant bien qu'elle comprendrait le·véritable sens de
cette mesure. La Russie pouvait donc, même à ce moment,
prévenir l'extension des hostilités! L'envoi des protocoles
de la conférence de Vienne, du 13 janvier 1854, et les
instances du comte de Buol, lui procurait une occasion
inespérée d'en sortir, de terminer une crise qui ne pouvait qu'avoir des conséquences plus graves encore.

Malheureusement, on ne voulait rien voir aux bords de
la Néva; le Cabinet de Saint-Pétersbourg ne voulait point
se départir de son intransigeance. La dignité, l'amour-
propre froissé, voilà les sentiments qui empêchaient les
hommes d'État russes de voir le danger, de se bien rendre
compte qu'il y allait des intérêts vitaux de l'Empire. A
côté de cela, il y avait encore les vaines illusions, quant
à l'attitude de l'Autriche reconnaissante et la Prusse,
puissance amie et alliée. Ce sont ces deux causes qui nous
expliquent le refus de la Russie d'adhérer au protocole
du 5 décembre, aux conditions de la Porte, du 31 décembre, adoptées par les quatre Puissances, le 13 janvier 1854.

C'est dans le troisième protocole de la conférence de
Vienne, du 2 février 1854, que se trouve consigné le refus
de la Russie. Les plénipotentiaires des quatre Puissances,

« après avoir soumis à l'examen le plus attentif les pro-
« positions susdites, ont constaté dans leur ensemble et
« dans leurs détails, des différences tellement essentielles
« avec les bases des négociations arrêtées le 31 décembre,
« à Constantinople et approuvées le 13 janvier, à Vienne,
« *qu'ils ne les ont pas jugées de nature à être trans-*
« *mises au gouvernement de S. M. I. le Sultan* » (1).

La Russie persistait, en effet, à ne pas se soumettre
aux exigences des Puissances, à vouloir, quand même,
traiter directement avec la Porte, sans intermédiaire aucun;
après tout ce qui venait de se passer, elle espérait encore
pouvoir régler seule la crise orientale. Dans cet ordre
d'idées, le gouvernement du Tsar demandait l'envoi, à
Saint-Pétersbourg, d'un plénipotentiaire turc, où d'ailleurs on se proposait de lui ménager un très bon accueil.
Les représentants des quatre Puissances près de la Cour
de Russie allaient être admis à lui donner des conseils,
mais c'était tout; pas de médiation, voire des bons offices.
Ceci quant à la forme de la négociation. Des différences
considérables se rencontraient dans la réponse russe,
quant au fond de la question. D'abord, il y avait une
condition que la Russie ne pouvait accepter sans porter
atteinte à sa dignité : c'était la demande d'évacuer les
Principautés avant l'ouverture des négociations, avant
même d'avoir obtenu satisfaction. Si elle avait occupé ces
Principautés, c'était uniquement dans le but de se nantir
d'une garantie matérielle contre le mauvais vouloir de la
Porte. Or, lui demander de les évacuer, avant que la
Porte se soit décidée à reconnaître les droits et privi-

(1) V. Protocole nº III, du 2 février 1854, De Clercq, op. cit.,
t. VI, p. 404.

lèges résultant des traités antérieurs, c'était porter atteinte
à la dignité d'une grande Puissance, telle que la Russie. —
La Russie demandait, ensuite, la confirmation des traités
antérieurs, à partir de 1774 ; un acte séparé concernant
les privilèges religieux ; *le statu quo ante* des Principautés
danubiennes, conformément aux stipulations du traité
d'Andrinople ; maintien du traité de 1841, partant, refus
d'admettre la Turquie dans le concert des Puissances européennes (1).

Telles étaient les contre-propositions du Cabinet de
Saint-Pétersbourg après avoir vu les véritables intentions
de l'Angleterre et de la France. Comment s'expliquer un
tel aveuglement sinon par l'espoir qu'on conservait toujours.
dans la chancellerie du pont des Chantres, de s'assurer la
stricte neutralité de l'Autriche et de la Prusse ? Et en
effet, l'empereur Nicolas avait confié au comte Orloff la
mission de s'assurer la neutralité de la Cour de Vienne,
en même temps que le comte de Budberg devait travailler
dans le même sens aux bords de la Sprée (2). Cette double
mission avait été précédée des propositions séduisantes
qu'on avait pris soin d'insinuer sur les bords du Danube.
Le Tsar avait proposé à l'Autriche d'occuper la Serbie, la
Bosnie, l'Herzégovine, ce qui serait la contre-partie de
l'occupation russe des Principautés (3).

C'était là un retour à la politique de naguère, à la
célèbre entente de Joseph II avec Catherine de Russie,
c'était la politique des appétits, afin de mieux assurer la

---

(1) V. Annexe au protocole n° III, De Clercq. t. VI, p. 404-405.

(2) Sur la mission du comte Orloff, v. Beer, op. cit., p. 461
et suiv. ; Rosen, op. cit., P. II, p. 217.

(3) V. Stieglitz, op. cit., t. I, p. 394.

délivrance des chrétiens, c'était la politique du partage (1).
L'Autriche ne pouvait plus suivre cette politique, car ses
intérêts vitaux lui faisaient un devoir de ne point permettre
à la Russie de s'établir sur le bas Danube, ni d'avoir
entre ses mains, les bouches de ce fleuve qu'on appelait
germanique. Ce n'était pas tout. La proposition du Tsar
soulevait une question très délicate. Comment le Cabinet
de Vienne pouvait-il se lancer dans une semblable aventure,
alors que la France et l'Angleterre étaient opposées à
toute idée de partage et que le cabinet de Paris pouvait
aisément lui faire sentir son mécontentement? N'est-ce
pas en Italie que la Cour de Vienne était le plus vulnérable? N'est-ce pas là aussi, que la France pouvait le plus
facilement, lui créer des difficultés? (2) Qu'à cela ne
tienne, répondait le comte Orloff; il avait mission de conclure une convention avec l'Autriche, en vertu de laquelle
les deux Puissances germaniques s'engageraient de garder
une stricte neutralité, qu'elles défendraient, le cas échéant,
par les armes. Mais en retour, les trois Puissances devaient
se garantir l'intégrité de leurs possessions, de sorte que
si l'Autriche venait à être menacée dans ses possessions
d'Italie, la Prusse et la Russie, en vertu de la garantie
projetée, seraient tenues à lui prêter leurs concours. On
le voit, l'empereur Nicolas était prêt à recommencer
l'expédition de Souvoroff, en Italie. La Russie se déclarait
d'ailleurs, prête à terminer la guerre avec la Porte,
aussitôt que sa dignité serait satisfaite. En tout cas, si un
changement quelconque s'opérait dans la situation, l'Empereur de Russie s'engageait de ne rien entreprendre

---

(1) V. Beer, op. cit., p. 461.
(2) V. Ibid., p. 463.

sans une entente préalable avec ses alliées (1). Cette
mission, ainsi que celle du comte Budberg, n'eut aucun
résultat ; le comte Orloff quitta Vienne le 8 février 1854,
sans avoir rien obtenu de bien positif (2).

Dans l'intervalle, le gouvernement du Tsar avait
demandé des éclaircissements à Paris et à Londres sur la
nature de l'action des flottes alliées, dans la mer Noire.
L'attitude des deux Puissances, les injonctions adressées
à la Russie pouvaient, sans aucun doute, être considérées
comme un *casus belli*. Le Cabinet de Saint-Pétersbourg
avait d'ailleurs pris la précaution de le dire aux bords de
la Tamise bien avant la bataille de Sinope (3). Néanmoins,

(1) V. Beer, op. cit., p. 464-465.

(2) V. Ibid., p. 469-470.

(3) V. Dépêche du comte de Nesselode au baron de Brunnow, du
26 octobre 1853 ; Martens, op. cit., t. XII, p. 362. — A ce propos, il
s'était élevé une discussion juridique sur le point de savoir si — le
traité de 1841 ayant cessé de s'appliquer par suite du fait que la
Porte était en état de guerre — la mer Noire était une mer fermée
ou ouverte, partant, si les escadres des Puissances neutres pouvaient
y pénétrer, sans perdre leur neutralité et sans que la Russie eût le
droit de considérer ce fait comme un *casus belli*. Comme on peut
facilement le comprendre, il y a eu deux réponses à cette question, conformément aux deux intérêts du moment. Les Russes prétendaient, d'une
part, que, malgré l'ouverture des détroits, les flottes anglo-françaises
n'avaient pas le droit de pénétrer dans la mer Noire, parceque ces deux
Puissances n'étaient pas riveraines de l'Euxin, partant, elles n'avaient
que faire dans les eaux de cette mer, si ce n'est dans une intention
hostile à la Russie. Les Puissances maritimes soutenaient, au contraire,
que la qualité de riverain ne voulait rien dire, dans la circonstance,
et quecela ne signifiait aucunement que les Puissances riveraines de
l'Euxin eussent, seules, le droit de prétendre à une propriété exclusive
sur la haute mer : qu'elles n'avaient ce droit exclusif que sur la petite
bande de mer qui suit leur littoral respectif et ce qu'on appelle ordi-

le Cabinet de Saint-Pétersbourg hésitait encore à se
décider à ce parti extrême. Il voulait espérer que les Puissances maritimes entendaient imposer les mêmes restrictions aux deux belligérants, qu'elles gardaient, en un
mot, une sorte de réciprocité entre les deux parties en

---

nairement la mer territoriale, mais qu'elles ne peuvent, en droit,
prétendre à rien de plus. Dès lors, les détroits étant ouverts à tous
les pavillons de guerre, le principe de la clôture se trouvant suspendu,
par suite de la guerre de la Porte, les autres Puissances avaient
parfaitement le droit d'y faire naviguer leurs flottes de guerre. Il
faut reconnaître que le droit était du côté des Puissances. La Russie
ne pouvait sérieusement contester ce droit, en invoquant, comme elle
le faisait, les principes du droit international. Le baron Jomini a,
d'ailleurs, le bon sens de ne pas beaucoup insister sur le terrain du
droit, qu'il sentait probablement lui échapper. « Nous leur (aux
« Puissances) contestions, écrivait-il, en stricte justice, le droit d'y
« pénétrer à moins qu'elles ne voulussent prendre fait et cause pour
« l'un ou l'autre des belligérants... Dans tous les cas, *même en dehors*
« *du droit strict, il y avait là une question d'opportunité politique,*
« qui évidemment devait recommander aux Puissances de s'abstenir,
« dans l'intérêt de la paix générale... » (V. baron Jomini, op. cit.,
t. I, p. 350.) A la bonne heure ! Ce n'est plus au point de vue du
droit qu'on conteste aux Puissances le droit d'entrer dans la mer
Noire, mais en considération d'une opportunité politique, ce qui est
bien différent. En tout cas, les Puissances avaient parfaitement le
droit de pénétrer dans l'Euxin, leurs flottes pouvaient même aller
mouiller dans les ports belligérants, ce qui est d'un usage constant,
sans que pour cela elles soient nécessairement obligées de prendre
fait et cause pour l'un ou l'autre des belligérants. Tout ceci est bien
établi, c'est incontestable. C'est un droit du neutre mais il
y a là contre-partie, il y a le *devoir* du neutre, qui ordonne de
s'abstenir scrupuleusement de tout acte d'hostilité envers l'un ou
l'autre, de toute faveur pour l'un ou l'autre ; il leur est défendu
même d'employer la même faveur ou la même restriction à l'égard
des deux belligérants, car cette mesure peut être plus favorable à

présence. « L'attitude prise par les deux Puissances mari-
« times, écrit le baron de Jomini, pouvait être interprétée
« comme ayant pour but de circonscrire les calamités de
« la guerre, de la restreindre à la lutte déjà engagée sur
« le Danube et en Asie, et *d'en garantir la mer Noire*
« *au moyen d'une espèce de neutralité et d'armistice*
naval (1). » Les déclarations faites à Saint-Pétersbourg
par les deux ambassadeurs de France et d'Angleterre
n'avaient pas toute la clarté voulue sur ce point. Le gouvernement du Tsar chargea, en conséquence, le baron
Brunnow et Kisséléff de demander catégoriquement aux
Cabinets de Londres et de Paris des explications plus
détaillées. Ils devaient demander, à la France comme à la
Grande-Bretagne, « si effectivement les amiraux ont eu
« ordre d'empêcher toute agression de la part des Turcs
« contre le territoire et le pavillon russes ? » En même
temps, les deux ambassadeurs russes devaient soumettre
aux gouvernements français et anglais les « conditions à

---

l'un qu'à l'autre, dès lors, le neutre sort de son devoir strict. Si les
neutres n'observent pas strictement les obligations qui résultent de la
neutralité, la partie lésée a le droit de leur demander compte, de les
considérer comme ayant perdu la neutralité, il y a là un *casus belli*.
Heffter l'a bien clairement dit. L'un des devoirs des neutres consiste
« à garder la plus entière, la plus complète *impartialité* dans les
« relations avec les deux belligérants et s'abstenir de tout acte, ayant
« le caractère d'un secours auxiliaire accordé à l'un contre l'autre.
« La Puissance neutre qui viole l'un de ces devoirs, s'expose, non
« seulement à des représailles, mais aussi à une déclaration de
« guerre immédiate de la part du belligérant lésé ». Nous empruntons ce passage au livre de M. Bonfils, op. cit., p. 780-781. Cf. aussi
Calvo, op. cit., t. IV, n° 2492, p. 411.

(1) V. baron Jomini, op. cit., t. I, p. 248.

« observer pour que l'entrée de la flotte anglo-française
« dans la mer Noire ne fût pas considérée comme un
« *casus belli*. » Voici ces conditions : « 1° Les Puis-
« sances alliées s'engageraient à détourner les Turcs de
« toute attaque contre les côtes et les ports russes et à
« n'élever aucun obstacle aux communications entre
« ceux-ci ; 2° les deux Puissances s'engageraient à borner
« l'action de leurs flottes à la défense des ports Turcs,
« et 3° de notre côté, nous nous engagerions à ne point
« attaquer ceux-ci » (1).

Ce n'est que le 23 janvier 1854 que le baron Brunnow
s'acquitta de cette délicate mission. L'éminent ambassadeur de Russie à la Cour de Saint-James avait demandé à
lord Aberdeen une réponse catégorique sur deux questions ainsi rédigées : « 1° Est-il entendu que le pavillon
« et le littoral russes, d'une part, le pavillon et le littoral
« ottomans, de l'autre, soient réciproquement à l'abri
« d'une agression ? 2° Est-il entendu, qu'en ce qui regarde
« la libre communication d'un port à l'autre, il y avait
« une égale réciprocité entre les deux parties belligé-
« rantes ? » (2).

Ces questions ne pouvaient se justifier ou plutôt s'expliquer que par le désir qu'on avait à Saint-Pétersbourg
de gagner du temps, car on ne savait pas encore quelle
allait être l'issue de la mission du comte Orloff, à Vienne.
Les deux Cabinets occidentaux n'étaient d'ailleurs pas
pressés de répondre aux demandes de la Russie. A Paris

---

(1) V. Rapport du comte de Nesselrode à l'empereur Nicolas, du
19 déc. 1853 et les instructions identiques à Brunnow et Kisséleff, du
16 janv. 1854, Martens, op. cit., t. XII, p. 338-339.

(2) V. Ibid., p. 340.

comme à Londres, on attendait aussi de connaître le
résultat de la mission du comte Orloff. Aussitôt qu'on sût
l'échec de cette mission, « les deux Cours maritimes,
« écrit Jomini, n'hésitèrent plus à nous faire parvenir
« leur réponse à nos interpellations (1) ». Il n'est pas
nécessaire d'en donner les détails. Cette réponse ne faisait
que constater, ce que l'on savait probablement à Saint-
Pétersbourg, que les flottes alliées devaient favoriser la
Turquie et que les injonctions ne s'adressaient qu'à la
Russie seule. Cette réponse fut suivie de la rupture
immédiate des relations diplomatiques. Le baron Brunnow
et Kisséléff quittèrent, aussitôt après, leurs postes, ainsi
que cela leur était ordonné par leur Cour (2).

Cependant les opérations de guerre ne commencèrent
pas aussitôt après le départ des ambassadeurs russes. Les
deux Puissances maritimes procédèrent par étapes. Les
deux Cabinets commencèrent par conclure une alliance défensive et offensive, avec la Turquie (3). Ensuite, la France
et l'Angleterre présentèrent un ultimatum à la Russie,
l'invitant d'évacuer les Principautés, dans le plus bref délai
possible et sans aucune condition préalable. Cette note
resta sans réponse de la part du gouvernement russe. La
Russie refusait donc de se soumettre aux injonctions, à la
sommation des Puissances maritimes. Dès lors elles

---

(1) V. Baron Jomini, op. cit., t. I, p. 255.

(2) V. Martens, op. cit., t. XII, p. 341.

(3) Le traité d'alliance est du 12 mars 1854 ; dans le Recueil de De
Clercq, t. VII, p. 22 et suiv. Cf. aussi Gigareff, op. cit., t. II, p. 61 ;
Rosen, P. II, p. 222-223. La Sardaigne prit une part active à la guerre
en 1855. V. Stieglitz, op. cit., t. I, p. 386.

n'avaient plus qu'à recourir aux armes.. Elles lui décla-
rèrent la guerre (1).

III

Les affaires d'Orient avaient donc fini par provoquer une
conflagration générale. Les Puissances occidentales s'érigeaient en défenseurs attitrés de la Porte ottomane, dans
l'intérêt de la paix générale en Europe. On eût dit que la
France et l'Angleterre ne faisaient, dans les circonstances
présentes, que suivre le plan tracé, naguère, par un diplomate français des plus éminents. C'était le duc de
Broglie, en effet, qui, au lendemain de la conclusion du
célèbre traité d'Unkiar-Skéléssi, avait écrit dans une dépêche confidentielle, que le seul moyen de soustraire réellement la Turquie à l'influence prépondérante de la Russie,
c'était une grande guerre européenne, dont le premier
résultat serait de mettre l'Empire ottoman sous la garde,
sous la garantie collective des Puissances de l'Europe.
L'éminent ministre de Louis-Philippe avait tout prévu,
vingt ans avant l'exécution de ce plan (2). Il avait pris le
soin d'indiquer, nous l'avons déjà vu, non seulement le
rôle considérable de la France et de l'Angleterre, mais
aussi les dispositions de l'Autriche à l'égard de son allié de
la veille. Ce plan avait failli recevoir son application, lors
du second conflit turco-égyptien. La Russie l'avait évité.
La divergence des vues entre Paris et Londres, sur la fa-

---

(1) V. Gigareff, op. cit., t. II, p. 61. Stieglitz, op. cit., t. I, p. 395.
(2) V. Dépêche du duc de Broglie à Bresson, du 4 février 1834,
Thureau-Dangin. op. cit., t. II, p. 408-411, précédemment citée.

meuse question des limites, avait eu pour résultat de rapprocher, pour un instant, la Russie et la Grande-Bretagne.
Le Tsar s'était montré tout disposé à ne pas se prévaloir
du traité du 8 juillet 1833. On pouvait croire, dès lors,
qu'on avait enfin compris, sur les bords de la Néva, que
les affaires d'Orient étaient uniquement du domaine de
l'Europe et que les paroles de Prokesch-Osten y avaient
été reconnues comme pleines de sens et de vérité.

Cependant, la Russie paraissait n'avoir agi de la sorte
que dans l'unique désir de brouiller les deux Puissances
maritimes. Les événements qui nous préoccupent actuellement, cette terrible crise d'Orient, de 1854-1856, prouvent
bien à quel point on se trompait, en Russie. La France et
l'Angleterre pouvaient ne pas s'accorder sur un point
spécial, mais non pas jusqu'à permettre à la Russie de
s'arroger le droit de régler seule la Question d'Orient, cette
question européenne, qui a le malheur de toucher à trop
d'intérêts contradictoires.

L'alliance entre la France et l'Angleterre n'avait donc
pas eu de difficultés à surmonter, pour se faire. Il s'agissait de savoir si les deux autres Puissances de l'Occident
allaient y participer. Désormais, si les deux Puissances
maritimes vont essayer de s'assurer le concours de l'Autriche et, au besoin, celui de la Prusse, la Russie, de son
côté, va s'ingénier de toutes les façons, afin d'empêcher
ce résultat, de prévenir l'extension de la coalition, de
restreindre à trois le nombre de ses ennemis. « Dans la
« pénible situation où se trouvait la Russie, écrit le baron
« Jomini, l'activité politique du Cabinet impérial, débordée
« par les événements de la guerre, ne pouvait plus avoir
« qu'un seul but : *resserrer les limites de la guerre qui*
« *s'engageait;* faire en sorte que nous n'eussions pas à

« combattre d'autres adversaires que la Turquie, la France
« et l'Angleterre ; prévenir la coalition générale que l'on
« cherchait à ameuter contre nous ; retenir dans l'immobilité
« s'il était possible, d'abord l'Autriche, puis la Prusse et
« l'Allemagne, et comme conséquences naturelles, les
« Puissances scandinaves. Tel a été l'unique mobile, et,
« pour ainsi dire, la clef de notre politique (1). »

L'éminent auteur prenait soin de nous indiquer qu'il n'y
avait que deux moyens pour obtenir ce beau résultat : les
succès militaires, des succès prompts et décisifs, d'une
part, et, de l'autre, tout le système des concessions. Le
premier de ces deux moyens, n'était, malheureusement,
plus réalisable, la Russie étant obligée d'assurer, avant
tout, sa défense. Il n'y avait plus moyen de songer à prendre
l'offensive. Restait le second moyen. On s'en est servi (2),
mais, il faut le constater, avec regret, on s'en est servi,
toujours trop tard. Des concessions faites au moment
opportun auraient pu prévenir telle ou telle combinaison ;
lorsqu'on se décidait finalement à céder, ce qu'on se proposait d'empêcher avait fini par devenir un fait accompli.
Tel fut le cas, notamment, avec la Cour de Vienne.

Il y avait pourtant un moyen d'empêcher le Cabinet de
Vienne de glisser, de plus en plus, sur cette pente qui
l'éloignait de la Russie : c'était l'évacuation des Principautés danubiennes. L'Autriche se croyait, à tort ou à
raison, cela importe peu, gravement menacée par un changement du *statu quo* sur le bas Danube. Dès lors elle
n'avait plus qu'une seule préoccupation : s'appliquer « à
« confondre ses intérêts particuliers sur le Danube avec les

(1) V. Baron Jomini, op. cit., t. II, p. 8.
(2) V. Ibid., p. 9.

« intérêts généraux des Puissances en Orient (1). » La
Cour de Vienne ne pouvait rien entreprendre seule. Mais,
d'un autre côté, l'alliance de l'Angleterre et de la France
ne pouvait guère lui suffire pour une intervention active,
sur les frontières polonaises de la Russie. Il lui fallait
absolument, le concours de l'Allemagne, de la Prusse, en
particulier. Et ici encore, l'Autriche est heureuse de pouvoir confondre « ses intérêts particuliers sur le Danube »,
avec les intérêts allemands, en général. Et, à supposer
même que la Cour de Vienne fût mal disposée à l'égard de
la Russie, l'obstination du Cabinet de Pétersbourg à ne
pas évacuer les Principautés, ne faisait que faciliter le jeu
de l'Autriche. Cela permettait au Cabinet viennois d'entraîner plus facilement la Prusse à sa suite et cela
aussi longtemps que les intérêts germaniques, en général,
se trouveraient menacés par les Russes. Le Danube était
considéré comme un fleuve allemand et les pays allemands
ne pouvaient que se réunir, en unité compacte, derrière
l'Autriche, pour veiller jalousement sur le *statu quo* du
Danube (2).

Pourquoi donc la Russie ne l'avait-elle pas compris,
pourquoi n'avait-elle point pris le parti de supprimer cet
obstacle, de combler cet abîme qui la séparait de l'Autriche et de la Prusse? Pourquoi n'avait-elle rien fait pour
prévenir la généralisation de la coalition? Et qu'on ne
nous dise point que le Cabinet de Saint-Pétersbourg
n'était pas renseigné sur le danger dont il était menacé.
Son représentant à la Cour de Vienne lui signalait tous

---

(1) V. Rothan (G.), La Prusse et son Roi pendant la guerre de
Crimée, Paris 1888, p. 16.
(2) V. Beer, op. cit., p. 474.

les bruits qui pouvaient lui servir d'indication à cet égard.
« Bourquenay (ambassadeur de France à Vienne) n'a au-
« cun doute sur la coopération de l'Autriche, écrivait le
« baron de Meyendorf. A ceux qui lui demandent quand
« elle aurait lieu, il répond : « Dans six ou huit semaines,
« quand nous serons à même de la soutenir ! Alors, il y
« aura une grande sommation ; les Russes menacés par
« nous à gauche, par Omer-Pacha au centre, par l'Au-
« triche à droite, devront se retirer. Une fois l'évacuation
« faite et les *chrétiens émancipés* (comment?), les Puis-
« sances négocieront, mais elles imposeront à la Russie
« les conditions les plus dures. On détruira, à l'aide des
« flottes, les points fortifiés du Caucase, on soulèvera les
« Montagnards d'accord avec les Turcs, on débarquera en
« Crimée, on attaquera Sébastopol, par terre et par mer,
« on prendra les Russes à revers, en Bessarabie. Ces
« plans ne sont pas arrêtés quant à la suite des faits, ils le
« sont quant au but, qui est *d'occuper la Crimée comme*
« *un gage pour forcer la Russie à renoncer à ses*
« *traités et même à modifier les circonscriptions terri-*
« *toriales. La perte de la Crimée serait la ruine de la*
« *prépondérance de cette Puissance au Caucase, dans*
« *la mer Noire et en Orient.* C'est le but décidé des
« Puissances, surtout de l'Angleterre qui ne veut pas ter-
« miner la guerre avant de l'avoir obtenu (1) ».

Tels étaient les propos que tenait le baron de Bourquenay. On n'ignorait donc pas le véritable but des Puissances : détruire l'influence de la Russie au Caucase,
dans la mer Noire et en Orient. Et ce but ne pouvait

---

(1) V. Dépêche du 13 mars 1834, dans Jomini, op. cit., t. II,
p. 110-111.

guère déplaire à l'Autriche, la Cour de Vienne pouvait aisément y adhérer. Ce n'était pourtant pas chose faite et la Russie aurait pu prévenir un tel résultat. On ne l'a même pas tenté. L'Autriche et la Prusse se rattachèrent aux deux autres Puissances de l'Occident, par le protocole du 9 avril 1854.

Par ce protocole, les Cours de Vienne et de Berlin adhéraient aux conditions de la paix qui avaient été précédemment approuvées par la conférence de Vienne (1). Par un traité du 20 avril 1854, l'Autriche avait réussi de s'assurer le concours de la Prusse. Les deux parties contractantes se garantissaient réciproquement l'intégrité des possessions. Elles reconnaissaient, dans un article séparé, que l'occupation prolongée des Principautés danubiennes par les troupes russes était nuisible, au plus haut point, aux intérêts allemands. Il était convenu, en conséquence, que l'Autriche enverrait à Saint-Pétersbourg une sommation pour demander l'évacuation desdites Principautés, et que la Prusse, de son côté, appuierait cette sommation. Dans un second article, on prévoyait le cas où la Russie voudrait garder les Principautés, ou étendre les opérations de guerre au delà de la ligne des Balkans. Dans ce cas, il était convenu que ce fait serait considéré comme *casus belli*, par les deux parties contractantes (2).

Ainsi, non seulement la Prusse avait promis son appui à la sommation que l'Autriche devait faire à la Cour de Russie, tout comme avaient fait, quelques semaines auparavant, la France et l'Angleterre, mais aussi la Cour de

---

(1) V. Protocole du 9 avril 1854, Rosen, op. cit., P. II, p. 228, Gigareff II, p. 64.

(2) V. Beer, op. cit., p. 475-476.

Berlin avait promis son concours armé, dans deux hypothèses bien déterminées, il est vrai.

Telles étaient les dispositions des deux Cours germaniques. Il ne restait plus qu'à faire coordonner cet accord austro-prussien, d'une part, avec l'alliance anglo-française, de l'autre. Ce dernier pas fut franchi dans la Conférence de Vienne du 23 mai 1854 (1).

L'Autriche pouvait donc envoyer sa sommation en Russie. Le comte de Buol s'empressa de le faire, dès le 3 juin. Dans cette note, le chancelier d'Autriche prenait soin d'insister sur les obligations qui résultaient pour la Cour de Vienne du protocole du 23 mai précédent ; le comte de Buol mettait toute son habileté en action pour démontrer à la Russie que l'occupation des Principautés était le seul obstacle à la solution de la question. C'est pourquoi le gouvernement du Tsar devait fixer un délai, pas trop éloigné pour l'évacuation de ces deux provinces turques. De plus, la Russie était prévenue qu'il ne fallait pas subordonner cette évacuation à des conditions, dont l'accomplissement ne dépendait nullement de l'Autriche (2).

---

(1) V. Beer, op. cit., p. 476-478.

(2) V. Ibid., p. 479-480. Il convient de signaler ici un incident qui s'était produit pendant que le général Hess négociait, à Berlin, la convention du 20 avril 1854. Au moment où l'on discutait l'opportunité de la sommation, le roi de Prusse avait proposé de faire aussi une invitation aux Puissances maritimes d'évacuer la mer Noire : on aurait eu l'air, ainsi, de tenir la balance égale des deux côtés ! Cette mesure aurait, sans doute, facilité la tâche à la Russie, car la proposition du roi de Prusse avait pour but de marquer la réciprocité du traitement. Il était pourtant, peu probable de supposer que les Puissances maritimes se seraient prêtées à une pareille mesure ; or, il importait à

Ce n'est que le 29 juin que le comte de Nesselrode
envoya sa réponse, à Vienne, par l'entremise du prince
Gortchakov. Cette réponse était loin de satisfaire l'Autriche. La Russie se déclarait prête à adhérer au protocole
du 9 avril, sauf une réserve quant au point qui établissait
une garantie collective pour l'existence de la Turquie,
dans l'intérêt de l'équilibre européen (1). Malgré le silence
du comte de Nesselrode sur ce dernier point, l'Autriche
pouvait encore se croire rassurée, car la Russie reconnaissait le principe de l'intégrité de la Turquie, partant
elle n'avait pas l'intention de garder les Principautés.
Mais elle se refusait à les évacuer, sans s'être préalablement entourée de certaines garanties. Si cette occupation était, comme l'avait dit le comte de Buol, dans sa
note du 3 juin, le seul obstacle au règlement du conflit,
le comte de Nesselrode voulait savoir si, en évacuant
les Principautés, partant, en supprimant cet obstacle, les
hostilités allaient cesser, et surtout si l'Autriche était en
mesure de l'assurer (2)? C'était déjà un premier pas vers
la paix que cette adhésion au protocole du 9 avril 1854.
L'Autriche ne pouvait cependant pas être satisfaite du
silence que gardait le comte de Nesselrode, sur le point

------

l'Autriche de ne point faire dépendre l'évacuation des Principautés
d'une condition qu'elle savait difficile à obtenir. On abandonna donc
ce projet. Mais la phrase de la sommation autrichienne relative aux
conditions dont l'accomplissement ne dépendait pas de l'Autriche,
avait justement pour but de prévenir la Russie qu'il était inutile de
demander l'évacuation de la mer Noire comme contre partie de l'évacuation des Principautés danubiennes. V. sur ce point, Beer, op. cit.,
p. 474, Gigareff, op. cit., t. II, p. 65.

(1) V. Gigareff, op. cit., t. II, p. 66.
(2) V. Beer, op. cit., p. 482.

des garanties, pour l'avenir. Le comte de Buol, de plus en plus porté vers l'Occident, n'y avait vu qu'une manœuvre habile du Gouvernement russe. Le Cabinet de Pétersbourg, croyait-il, désirait terminer la guerre, tout en se réservant de reprendre la question, dans d'autres moments, plus favorables à la Russie. L'Autriche, au contraire, n'entendait nullement laisser échapper cette occasion peut-être unique, pour enchaîner définitivement la Russie dans une garantie collective, quant aux questions Orientales. Le Cabinet de Vienne persista, en conséquence, à demander l'évacuation, sans condition (1).

Dans l'intervalle, le comte de Buol s'était préoccupé de faciliter l'occupation par les troupes autrichiennes, des provinces turques qu'on demandait à la Russie d'évacuer. La Cour de Vienne avait conclu, dans ce but, le traité du 14 juin, avec la Porte ottomane, en vertu duquel la Turquie lui accordait la faculté d'occuper, sans condition, la Moldavie et la Valachie. Afin de se donner l'air de la légalité, il y était stipulé que l'Autriche procédera à l'occupation de ces deux provinces, simultanément avec les troupes ottomanes (2). L'Autriche était décidée à tout, comme on le voit, afin d'obtenir l'évacuation des Principautés par les troupes du Tsar.

On avait fini par comprendre, à Saint-Pétersbourg, la gravité de cette situation. Les troupes autrichiennes allaient se trouver en face des soldats russes. Il était à craindre un de ces incidents qui met irréparablement le feu aux poudres. Le Tsar prit la résolution d'évacuer le

---

(1) V. Note du comte Bual, du 9 juillet 1854, Beer, op. cit., p. 488, V. aussi Rosen, op. cit., P. II, p. 229.

(2) V. Beer, op. cit., p. 486-487 ; Rosen, op. cit., P. II, p. 230.

territoire ottoman. Le prince Gortchakov informa, dès le 8 août 1854, le Cabinet de Vienne, que les troupes russes avaient reçu l'ordre d'évacuer les Principautés. Mais il avait aussi des instructions pour bien préciser que cette décision du Tsar n'était nullement la conséquence des menaces. La Russie, en la faisant, ne s'inspirait que des nécessités d'ordre stratégique (1). A la fin du mois d'août, les troupes russes avaient repassé le Pruth (2).

Si tardive que fût la décision de la Russie d'évacuer les Principautés, elle n'eut pas moins pour résultat de détacher la Prusse et les petits États d'Allemagne de la coalition générale. En effet, le roi de Prusse s'était montré très satisfait de la réponse du comte de Nesselrode, du 29 juin (3). La nouvelle de l'évacuation des Principautés ne pouvait que lui plaire encore d'avantage. Il s'était rattaché à l'Autriche dans le seul but d'assurer les intérêts allemands sur le Danube. La Russie, par ses actes, leur avait donné pleine et entière satisfaction. La convention du 20 avril précédent n'avait plus de raison d'être et la Prusse se réservait toute sa liberté d'action (4). « Abandonnée par la Prusse », comme l'écrit M. Rothan, la Cour de Vienne n'avait plus qu'à s'unir aux puissances maritimes. C'est ce qu'elle fit en signant le traité du 2 décembre 1854, contenant « une clause offensive (5). »

L'évacuation des Principautés avait produit aussi un autre résultat. On pouvait croire que le moment était enfin

(1) V. Beer, op. cit., p. 489-490.
(2) V. Rosen, op. cit., P. II, p. 231; Gigareff, op. cit., t. II, p. 67.
(3) V. Beer. op. cit., p. 487.
(4) V. Ibid, p. 492.
(5) V. Ibid., p. 512; Rothan, op. cit., p. 20.

venu pour recommencer l'œuvre de la paix. Le comte de
Buol surtout désirait aboutir à la liquidation du conflit.
Et, en effet, du moment que les intérêts de l'Autriche sur
le bas Danube n'étaient plus menacés par les Russes, du
moment que la Cour d'Autriche ne pouvait plus compter
sur le concours de la Prusse et des États allemands, il
importait au premier chef, de prévenir les complications
ultérieures, afin que les armées de l'Autriche n'eussent pas
à combattre la Russie. Le comte de Buol avait donc pris
l'initiative de convoquer une conférence, dans la capitale
des Habsbourg. La Prusse refusa d'y participer. On se
passa de son concours. Les représentants de la France,
de l'Angleterre et de l'Autriche se concertèrent pour déterminer les bases de la négociation (1). C'est de ces négociations que sortirent les fameux « quatre points »
que la Russie devait accepter, avant d'ouvrir les négociations définitives pour la paix. Ces quatre points
n'étaient, en somme, que les conditions transmises à
Saint-Pétersbourg par l'entremise du comte de Buol, le
13 janvier 1854 (2).

Ces conditions, comme nous l'avons déjà vu, ne bril-
laient pas précisément par la précision, et on s'était bien
gardé de préciser, car cela aurait pu empêcher toute négociation. On préférait se tenir dans le vague, afin de pouvoir y apporter des modifications, suivant les nouvelles
qu'on attendait avec anxiété du champ de bataille et, secrè-
tement, on pensait bien que ces modifications ultérieures

---

(1) V. Beer, op. cit., p. 493 ; Gigareff, op. cit., t. II. p. 68.

(2) V. Pétroff, Les diplomates russes aux conférences de Vienne (en
russe), *Istoritcheski Viéstnik* (Messager historique), 1890, n° d'avril,
p. 23.

ne seraient que des agravations. Là était en effet, toute la question. On voulait sans doute la paix, mais on ne voulait y parvenir qu'à la condition d'amoindrir la force de la Russie (1), l'éminent ministre des Affaires étrangères, en France, n'hésitait pas à le reconnaître. « Plus je réfléchis, « écrivait-il au baron de Bourquenay..., plus je suis « convaincu que nous avons eu raison de dire, dès le « commencement de la crise actuelle, que nous nous pro- « posons pour objet essentiel d'en empêcher le retour (2) ». Et pour prévenir le retour de cette crise, il fallait obtenir « la cessation de sa (de la Russie) prépondérance dans « l'Euxin », et ce seul moyen était dans « l'amoindrisse- « ment des moyens agressifs de la Russie (3) ». Tel était le but, mais on se gardait bien de lui donner une forme officielle. Pour le moment, il était urgent, c'était du moins l'intérêt de l'Autriche, de renouer le fil des négociations.

IV

La Russie ne s'y était, cependant pas prêtée de suite. Elle avait d'abord commencé par refuser d'adhérer aux « Quatre points » (4). Puis elle avait été amenée à chan-

---

(1) V. Pétroff, op. cit. p. 23.

(2) Drouyn de Lhuys au baron de Bourquenay, le 20 janvier 1855, d'Harcourt, op. cit., p. 101 et suiv.

(3) Ibid., loc. cit.

(4) Note du comte de Nesselrode, du 26 septembre 1854, Gigareff, op. cit., t. II, p. 68.

ger d'opinion. Les bruits des négociations qui avaient
précédé la conclusion du traité du 2 décembre 1854,
étaient peut-être parvenues jusqu'au bord de la Néva.
Cette nouvelle avait dû faire réfléchir les hommes d'État
de la Russie. On ignorait aussi jusqu'à quel point la
Prusse pourrait contenir la Cour de Vienne. Tout cela
avait fait pencher la balance du côté des concessions. On
finit par accepter les quatre points comme point de départ
de la négociation (1).

Ce n'est qu'après cette acceptation que le comte de Buol
avait jugé utile de porter à la connaissance du prince
Gotchakow, le traité du 2 décembre, qui liait la Cour de
Vienne aux deux Puissances maritimes. Il s'agissait de
bien montrer à la Russie, que l'heure des sacrifices avait
définitivement sonné et qu'il était urgent d'arriver à la
conclusion de la paix (2). « Le prince Gorschakov a été
« comme frappé par la foudre, écrivait le baron de Bour-
« quenay à son chef. Je suis joué, s'est-il écrié, mon rôle
« est fini : je n'ai plus qu'à me retirer. J'étais venu tra-
« vailler à la paix, c'est vous qui l'avez rendue impos-
« sible... J'avais été l'organe des sacrifices que je croyais
« accomplis et sur lesquels je basais toutes mes espérances.
« Vous renversez l'édifice ; vous faites à mon Cabinet
« une blessure mortelle ; je dois prendre mes passe-
« ports » (3).

---

(1) Le comte de Nesselrode à Gortchakoff, le 28 novembre 1854
baron Jomini, op. cit., t. II, p. 182-183. Cf. aussi Gigareff, op. cit.,
t. II, p. 70.

(2) V. le baron de Bourquenay à Drouyn de Lhuys, le 4 décembre
1854, d'Harcourt, op. cit., p. 78-79.

(3) Ibid., loc. cit.

Ce langage du prince Gortchakov s'explique aisément.
Au moment où le Tsar acceptait les quatre points proposés
par les Puissances occidentales, et qu'on devait entamer
les négociations de la paix, l'Autriche prenait le soin de
s'allier définitivement à l'Occident, elle contractait l'obligation de faire la guerre à la Russie, alors qu'on n'avait
pas encore entamé la discussion des quatre points sur
lesquels on avait fini par tomber d'accord. Sans doute, en
faisant cela, la Cour de Vienne ne se proposait que de
peser diplomatiquement sur le Cabinet de Saint-Pétersbourg, afin d'arriver plus promptement à la paix (1), car
il ne faut pas croire que l'Autriche était sincèrement
décidée à faire la guerre : ce serait lui faire l'honneur de
croire à son courage. Elle ne pouvait guère en avoir, tant
que les secours de la Prusse et des États allemands lui
feraient défaut. Mais enfin, cette détermination tardive de
l'Autriche pouvait aussi compromettre l'œuvre de la paix
qu'elle poursuivait. Cette convention pouvait rendre les
deux Puissances maritimes, encore plus intransigeantes,
sachant bien que l'Autriche devait agir à bref délai. Quoi
qu'il en soit, le prince Gortchakov s'empressa d'en
informer sa Cour. Il continua à rester à Vienne et reçut
l'ordre de poursuivre les négociations.

Le 28 décembre, l'ambassadeur du Tsar assista à la
première séance préparatoire de la Conférence pour la
paix, si tant est qu'on puisse donner ce nom à une réunion où le représentant de la Russie était appelé à écouter
la sentence que d'autres avaient rendue, en dehors de son
concours. Qu'il nous soit permis de reproduire ici le récit
qu'en avait fait le baron de Bourquenay, afin qu'on puisse

_____

(1) V. Rothan, op. cit., p. 137.

mieux se rendre compte de l'esprit de partialité et d'hostilité qui avait présidé à cette réunion, ainsi, d'ailleurs, qu'à celles qui l'avaient suivies... « Nous nous sommes « donné rendez-vous pour aujourd'hui, à midi, rappor- « tait le baron de Bourquenay, afin de procéder à la « signature du protocole. Le prince Gortchakov a été in- « vité à se présenter devant nous, à une heure... Pour ne « rien livrer aux hasards de l'improvisation ou aux acci- « dents de la discussion, il était convenu que nous jette- « rions, sur le papier, un court préambule qui rappelât « le droit, toujours réservé, des conditions particulières (1), « et qui précédât l'interprétation textuelle des quatre « garanties extraites du Protocole, que nous venions de si- « gner. Ce mémento ne devait être considéré que comme « un guide pour la mémoire, dans une circonstance solen- « nelle *où les mots, les syllabes mêmes contenaient le sort* « *de la négociation et devaient être acceptés ou rejetés* « *en bloc sans équivoque ou réserve* (2).

Ainsi, cette citation suffit pour caractériser cette soi-disant conférence. Les représentants de l'Angleterre, de l'Autriche et de la France se réunissent, une heure aupa-ravant, pour arrêter, d'un commun accord, les termes d'une sentence. Ils poussent la condescendance jusqu'à « inviter » à se présenter devant eux le représentant du Tsar qui, pour toute discussion, n'aurait eu qu'à entendre,

---

(1) Il s'agissait là des conditions en dehors des quatre points et in-téressant particulièrement l'Autriche, car elle entendait évincer la Russie de la possession d'un des bras du Danube, ainsi que nous le verrons plus loin.

(2) V. Bourquenay à Drouyn de Lhuys, le 28 décembre 1854, d'Har-court, op. cit., p. 86.

en silence, sa condamnation, qu'à accepter, en bloc, les
mots et les syllabes de cette sentence. Était-ce conforme
à la déclaration du comte de Buol, d'après laquelle ces
quatre points « n'avaient d'autre valeur que celle d'un
point de « départ » (1) ? N'était-ce pas le subtil chancelier
des Habsbourgs qui avait donné au prince Gortchakov
l'assurance expresse que, durant les délibérations, « aucune
« des parties ne serait gênée dans l'expression de sa
« pensée » ? (2) Au lieu de cela, on accule la Russie à un
dilemme d'accepter ou de refuser, sans objection d'aucune
sorte. Mais continuons notre citation.

« Le comte de Buol, poursuivait le baron de Bour-
« quenay, a pris la parole le premier pour expliquer le
« but de la réunion... J'ai appuyé ce court et simple
« exposé, et j'ai ajouté que, si le prince Gortchakov le
« désirait, j'avais, ainsi que mes collègues, sous les yeux
« une pièce écrite dans le seul but de fixer, avec plus de
« précision, les termes mêmes qu'il lui importait de
« connaître exactement pour prononcer une adhésion ou
« un rejet. J'étais prêt à lui en donner lecture. Le prince
« Gortchakov a fait un signe d'assentiment, et j'ai lu,
« d'un bout à l'autre, le mémento. Le prince Gortchakov
« m'écouta avec une extrême attention, et sans m'inter-
« rompre une seule fois. La lecture achevée, il a demandé
« si c'était là l'opinion des trois Cours qu'il venait d'en-
« tendre. — Des trois Cours, a répondu le comte de Buol.
« Il était évident que la question ne s'adressait qu'à lui. —
« C'est alors une œuvre préméditée, a repris le prince
« Gortchakov, et je ne sais pas, moi, comment impro-

(1) **V.** Jomini, op. cit., t. II, p. 150.
(2) **V.** Ibid., p. 186.

« viser une réponse. Est-ce à cette rédaction complète,
« textuelle, que j'ai à signifier une adhésion, sans
« réserve? Mais j'ai saisi des passages que repousse la
« dignité de ma Cour. Nous n'en sommes point aux
« Fourches-Caudines, et je crois parler encore au nom
« d'une grande Puissance » (1). Et après avoir passé en
revue les quatre garanties, en y faisant des objections, le
prince Gortchakow avait terminé en disant : « J'ai con-
« senti à mettre mon nom à une paix de sacrifices, mais
« pas de ceux qui porteraient atteinte à la dignité de mon
« gouvernement et à l'honneur de mon pays » (2). Il
devait, en conséquence, communiquer à sa Cour le contenu du mémento. La conférence lui donna quinze jours,
pour demander et recevoir des nouvelles instructions (3).

Dès cette première séance on avait pu voir que toute la
difficulté de la négociation tournerait autour du troisième
point, celui qui exigeait la revision du traité de 1841,
dans l'intérêt de l'équilibre européen. Le 28 décembre, le
prince Gortchakov avait entendu la lecture du mémento
et ce point y était interprété dans le sens de mettre fin à
la prépondérance de la Russie dans la mer Noire. Qu'est-
ce que cela voulait dire? Par quels moyens entendait-on
y parvenir? On ne le disait pas encore. L'habile représentant du Tsar en avait profité pour tenter de tourner la
difficulté; il s'était déclaré prêt à accepter tous les moyens,
sauf ceux qui étaient de nature à porter atteinte soit à la
dignité du Gouvernement russe, soit à l'honneur de la
Russie. Il précisa encore davantage sa pensée sur ce point,

---

(1) V. Dépêche déjà citée, d'Harcourt, op. cit., p. 86-87.
(2) V. Ibid. p. 91 ; Cf. aussi baron Jomini, op. cit., t. II, p. 199.
(3) V. Ibid. p. 92 ; Ibid. t. II, p. 198.

dans la deuxième réunion, le 7 janvier 1855. Ce qu'il avait repoussé à la réunion du 28 décembre disait-il, n'était que « ce qui pourrait porter atteinte à la dignité ou à la *souveraineté* » de son gouvernement (1). Mais ce n'était pas de cela qu'il s'agissait. Les Puissances occidentales, lui avait-on répondu, étaient surtout soucieuses « d'éta-« blir dans la mer Noire l'équilibre européen auquel nous « nous sommes proposés de rattacher l'Empire ottoman. « La conséquence est rigoureuse et n'admet ni réserve ni « équivoque » (2).

La situation du comte de Buol n'était vraiment pas enviable. Soucieux avant tout d'assurer les intérêts de son pays, il se croyait tenu d'appuyer les exigences des Puissances maritimes. Cependant, il ne pouvait le faire aussi complètement que les représentants de France et d'Angleterre auraient pu le souhaiter, que lui-même personnellement le voulait, peut-être, sans outre-passer les volontés formelles de son maître, qui désirait la paix et espérait qu'elle sortirait certainement des conférences qui allaient s'ouvrir dans sa capitale (3). Le prince Gortchakov avait vu tout le parti qu'il pouvait tirer de ce dissentiment entre l'Empereur d'Autriche et son chancelier, aussi ne manqua-t-il pas de profiter des nombreuses audiences qu'il eut chez François-Joseph. Le représentant du Tsar put tirer des renseignements très précieux. Il en avait notamment tiré la conviction que l'Autriche n'avait aucune envie de conclure de nouveaux actes avec

---

(1) V. Dépêche de Bourquenay à Drouyn de Lhuys, le 7 janvier 1855, d'Harcourt, op. cit., p. 96.

(2) Même dépêche, Ibid. loc. cit.

(3) V. Pétroff, op. cit., Messager Russe, 1890, avril, p. 25.

les Puissances maritimes, des actes qui pourraient lui
enlever toute liberté d'action (1). C'était peut-être aussi
par déférence aux dispositions pacifiques du jeune Empereur, que les Cabinets de Paris et de Londres avaient
consenti à prendre part à ce semblant de négociations,
espérant bien que les conférences n'aboutiraient qu'à un
refus de la Russie (2).

Ce que la France et l'Angleterre auraient certainement
préféré, c'était de frapper quelques coups décisifs en
Crimée et d'envoyer aussitôt après un ultimatum à la
Russie. Or, au moment où les négociations commençaient
dans la capitale des Habsbourgs, les opérations traînaient
en longueur, grâce à la résistance des Russes. Jusqu'alors
les troupes alliées n'avaient rien fait de bien brillant, ni de
bien décisif, ce qui faisait que les représentants des deux
Cours alliées ne se trouvaient pas à l'aise pour formuler
leurs exigences dans toute leur intransigeance. Aussi,
peut-on facilement comprendre qu'ils n'aient pas mis beaucoup d'empressement à continuer activement la négociation. Si les opérations traînaient en Crimée, leur diplomatie aussi devait, de préférence, piétiner sur place,
avant de pouvoir lancer l'ultimatum. « La France et
« l'Angleterre, écrivait le prince Gortchakov, essayent
« de retarder les conférences, voire même de les écarter

---

(1) V. Pétroff, p. 29.
(2) V. Baron Jomini, op. cit., t. II, p. 201. — « Je me croyais, disait
« Gortchakov au comte de Buol, d'accord avec vous, et, à peine entré
« dans la salle des délibérations, je me suis aperçu qu'on m'avait en-
« traîné dans un guet-apens, que ce n'était pas en vue de la paix que
« les ministres de France et d'Angleterre vous avaient amené à réunir
« la conférence, mais pour m'arracher un refus. » V. Rothan, op.
cit., p. 207.

« complètement. Leur but principal c'est de gagner
« du temps, dans l'espoir que leurs suprêmes efforts en
« Crimée, amèneront la solution de la principale ques-
« tion (1). »

En attendant l'ouverture des conférences, le prince
Gortchakov poursuivait ses investigations à Vienne. Dans
ses nombreuses entrevues avec le comte de Buol, il essayait de le retenir sur la pente, car il sentait bien que
sans le concours de l'Autriche, la Russie ne pourrait en
rien atténuer les dures exigences des Cours alliées (2).
Il n'hésitait pas à faire entrevoir au chancelier d'Autriche
l'éventualité d'une entente entre la France et la Russie et
tous les inconvénients qui pourraient en résulter pour les
possessions autrichiennes en Italie (3). Cependant le
prince Gortchakov devait bientôt constater que tout cela
n'aboutissait à rien et dans ses dépêches, il constatait
qu'on ne pouvait point se fier à l'Autriche (4).

Ce n'est pas que le Cabinet de Vienne envisageât sans
appréhension l'éventualité d'une rupture avec la Russie.
L'éminent diplomate russe n'ignorait point les sentiments
personnels de François-Joseph, sur ce point, ni surtout
ce qui était encore plus sûr, l'hostilité de la Prusse envers
l'Autriche, cette lutte pour les influences politiques en
Allemagne, qui se trouvait si admirablement servir la
Russie, durant cette crise. Car en effet, sans le concours
de la Prusse, l'Autriche ne pouvait rien faire et ce

---

(1) V. Gortchakow au comte de Nesselrode, le 21 janvier 1855,
Pétroff, op. cit., p. 30.
(2) V. Ibid. p. 35.
(3) V. Ibid. p. 34.
(4) V. Dépêche du 6 février 1855, Ibid. p. 39.

concours, elle était presque sûre de ne pas l'avoir. C'était surtout cela qui portait à la paix le Cabinet de Vienne, tout en craignant de mécontenter la France, par ses tergiversations (1). C'est dans ces dispositions et dans cette inaction qu'on était arrivé à la fin de février et les conférences de la paix ne commençaient toujours pas. Ce qui les retardait pour le moment, c'était l'absence de Drouyn de Lhuys et de lord John-Russell, qui devaient personnellement prendre part à ces conférences.

Malheureusement, il n'était pas réservé à l'empereur Nicolas de présider à la conclusion de la paix. Les tristes événements en cours, dont le résultat douloureux était déjà facile à prévoir, avaient puissamment contribué à précipiter ce dénouement fatal qui privait la Russie de son Empereur. La mort de Nicolas 1er, survenue le 2 mars 1855, provoqua une vive émotion en Europe (2). Ce fut surtout François-Joseph qui s'en montra le plus affecté. Il était allé personnellement chez le prince Gortchakoff, pour lui dire la part qu'il prenait au deuil de la Russie (3). On pouvait croire désormais, qu'avec la disparition d'un homme qui était engagé à un si haut point dans cette crise désastreuse, les obstacles allaient facilement être supprimés. Cela paraissait d'autant plus probable qu'on connaissait les sentiments du grand-duc héritier, devenu l'empereur Alexandre II, sentiments qui étaient en désaccord avec la politique du père (4).

---

(1) V. Pétroff, op. cit., p. 31 et 40.
(2) V. Rosen, op. cit., P. II, p. 238; Gigaroff, op. cit., t. II, p. 70.
(3) V. Pétroff, op. cit. passim.
(4) V. Drouyn de Lhuys à Bourquenay, le 7 mars 1855, d'Harcourt, op. cit., p. 107.

Il convenait néanmoins, de ne pas trop se presser, de ne pas trop espérer, car il était impossible au jeune Tsar de désavouer entièrement la politique de son père. L'allocution qu'il avait adressée au corps diplomatique, n'était pas faite pour laisser trop longtemps persister cette espérance. « Je persévère, avait dit le jeune Empereur, dans « la ligne des principes qui ont servi de règle à mon « oncle et à mon père. Ces principes sont ceux de la « Sainte-Alliance, et si cette Sainte-Alliance n'existe plus, « ce n'est certes pas de la faute de mon père. Ses inten- « tions sont toujours restées droites et loyales, et si, en « dernier lieu elles ont été méconnues par quelques-uns, « je n'ai pas de doutes que Dieu et l'histoire ne leur « rendent justice ; la parole de mon père m'est sacrée. « Comme lui, je suis prêt à tendre franchement la main « à une entente sur les conditions qu'il avait accep- « tées » (1).

Sur ces entrefaites, les conférences de la paix s'étaient ouvertes au commencement de mars, aussitôt après l'arrivée de lord John-Russell. Le ministre des Affaires étrangères de France n'était pas encore présent, mais cela n'avait point empêché la réunion de la conférence, d'autant plus que dans les premières séances on ne devait discuter que les deux premiers points, relatifs à la cessation du protectorat russe sur les Principautés danubiennes, ainsi qu'à la liberté de navigation sur le Danube. Ces deux garanties intéressaient particulièrement l'Autriche et on savait que l'accord serait facile sur ces deux points. En effet, le prince Gortchakov avait obtenu de sa Cour, l'autorisation de se montrer coulant là-dessus, afin de pou-

_____

(1) V. d'Harcourt, op. cit., p. 108.

voir se créer des titres pour l'assistance bienveillante de l'Autriche, au moment où l'on viendrait à discuter la troisième garantie, la pierre angulaire de tout l'édifice de la paix (1).

C'est à la sixième séance qu'on devait aborder la discussion de cette troisième garantie. Mais le comte de Buol avait pris le soin de préparer d'avance le prince Gortchakov à ce qui allait s'y passer. Il l'avait invité à un entretien à deux (2). Il s'agissait de rechercher ensemble, les moyens propres à prévenir les actions agressives de la flotte russe de la mer Noire. On n'avait cependant pas indiqué ces moyens. Fallait-il attribuer ce silence à la crainte de voir les négociations échouer dès le début? car le prince Gortchakov avait nettement déclaré qu'il n'allait pas discuter des mesures pouvant porter atteinte à la dignité ou à la souveraineté de son pays. C'était possible, du moins pour l'Autriche. Le comte de Buol n'avait pas hésité à reconnaître, durant cet entretien confidentiel, le droit indiscutable pour l'empereur Alexandre II, d'entretenir autant de vaisseaux de guerre, que bon lui semblerait, dans tel ou tel port russe de la mer Noire (3). Mais il avait en même temps insisté sur l'attitude intransigeante des Puissances maritimes qui persistaient à considérer la flotte russe de l'Euxin, comme un péril constant pour la Porte ottomane. Il fallait donc trouver un moyen de nature à concilier ces deux intérêts contradictoires et

---

(1) V. les détails de la première séance, dans Pétroff, op. cit., Messager historique, nᵒ de mai 1890, p. 265 et suiv.

(2) V. Compte rendu du prince Gortchakoff, du 24 mars 1855, Ibid. p. 276-278.

(3) Ibid. p. 276.

le meilleur, d'après le comte de Buol, serait encore que
l'initiative de la restriction des forces russes de la mer
Noire vînt de l'empereur Alexandre lui-même. C'était le
seul moyen de sauvegarder les droits souverains de la
Russie, en tant que la restriction ne serait qu'une décision
spontanée de l'Empereur, prise dans la plénitude de sa
souveraineté. C'était aussi un moyen pour satisfaire aux
exigences irréductibles des Puissances maritimes. Le
comte de Buol avait ajouté que c'étaient là les vues de
l'empereur François-Joseph, qui considérait ce moyen
comme le seul possible pour hâter la conclusion de la
paix. Le prince Gortchakov se déclarait prêt à accepter
ad referendum, cette proposition, à la condition toutefois
qu'elle fût faite à la conférence, par les représentants des
deux Puissances alliées, qu'ils laissassent en un mot, à
l'initiative du Tsar, le choix des moyens ayant pour but
de faire cesser la prépondérance russe dans l'Euxin (1).

Le 26 mars eut lieu la sixième conférence qui n'était, en
somme, que la reproduction de l'entretien de Buol avec le
prince Gortchakow. On devait donc attendre la réponse du
Cabinet de Saint-Pétersbourg (2).

C'était bien augurer du succès de la paix. Les deux représentants des Puissances maritimes paraissaient conci-
liants et pas trop exigeants. Il serait cependant faux d'en
tirer la conclusion qu'ils étaient bien disposés pour la
Russie. La véritable raison de cette attitude conciliante,
était justement que leurs Cabinets respectifs ne s'étaient
pas encore entendus sur le régime auquel on entendait
soumettre les forces russes de la mer Noire. Drouyn de

(1) Pétroff, op. cit., p. 278.
(2) V. Ibid. p. 279.

Lhuys n'était pas encore arrivé à Vienne et on attendait son arrivée, avant d'aller plus loin. La proposition du comte de Buol permettait de ralentir la négociation, de gagner du temps. Elle était la bien venue. On s'y rallia, en attendant mieux.

C'était Drouyn de Lhuys qui devait apporter les dernières décisions definitives du Cabinet de Paris et de celui de Londres. Aussi, afin de donner une plus grande cohésion à l'action diplomatique, à Vienne, avait-il pris le parti de se rendre à Londres, avant de partir pour Vienne, afin d'arriver à une entente complète sur ce point délicat de la négociation. Ce qui s'était passé sur les bords de la Tamise, le plan d'action commune qu'on y avait arrêté, se trouve longuement exposé dans le rapport que l'éminent ministre adressa à l'empereur Napoléon III, à son retour de la Cour de Saint-James. Il porte la date du 1er avril 1855 (1).

Drouyn de Lhuys commençait par dire qu'on se trouvait en présence de deux solutions possibles : 1° la neutralisation de la mer Noire ; 2° la limitation des forces navales russes dans cette mer. La préférence du ministre français allait à la première de ces solutions. « L'Empire ottoman, « ai-je dit aux ministres de la Reine, écrit Drouyn de « Lhuys, ne saurait être menacé sans que la paix euro- « péenne soit mise en péril, et les coups qui pourraient être « portés à cet Empire, partout ailleurs dangereux, peuvent « être mortels dans la mer Noire. Tout conflit surgissant « dans le bassin de cette mer entre la Russie et la Porte, « appelle fatalement l'intervention de l'Europe, et l'iné-

(1) V. Rapport à l'empereur Napoléon III, du 1er avril 1855, dans le livre du comte B. d'Harcourt, op. cit., p. 114-125.

« galité trop disproportionnée des forces entretient jusqu'au
« sein de la paix une inquiétude et un malaise perpétuels,
« parce que le coup peut toujours précéder la menace et
« devancer les secours qui aideraient à le parer. »

« Le danger pourrait être écarté le jour où les moyens
« d'agression auraient cessé d'être supérieurs aux moyens
« de défense. *Mais le but serait atteint plus sûrement le*
« *jour où il n'y aurait plus à se préoccuper de la dé-*
« *fense, parce que l'agression ne serait plus possible.* »
Ainsi, dans la pensée de l'éminent homme d'État français, il importait de détruire toute la Puissance moscovite dans l'Euxin, afin de mieux garantir la paix européenne. C'était vraiment trop exiger. Car, en somme,
aucune Puissance ne se serait soumise à un pareil
empiètement à son droit incontestable de conservation.
Et de plus, était-ce bien sûr qu'on assurait la paix euro
péenne, en humiliant une grande Puissance, qui cher-
cherait la première occasion pour se venger ? Et quand
on prétendait qu'il n'y avait là aucune atteinte, non
pas à la dignité, mais à la souveraineté de la Russie,
ce n'était là, en effet, qu'une sorte d'euphémisme.
Drouyn de Lhuys le savait bien, c'est pourquoi il avait
pris le soin de répondre d'avance à toutes les objections possibles. « Sur quoi donc pourraient porter les
« objections ? » se demandait-il, dans son rapport. « La
« neutralisation, appliquée pour le bien général à plusieurs
« territoires en Europe, ne pourrait-elle l'être à la mer
« Noire dans le même intérêt ? Dira-t-on que la Russie y
« verrait une restriction à l'exercice de sa souveraineté
« territoriale, que son honneur ne lui permettrait pas d'ac-
« cepter ? Mais cette restriction ne serait pas une nou-
« veauté historique ». Et il citait à l'appui, l'exemple du

« port d'Anvers, concédé aux Pays-Bas (en 1814), avec
« l'obligation d'en faire un port de commerce. La Russie
« elle-même, poursuivait-il, impose à une Puissance limi-
« trophe des conditions autrement onéreuses que celles qui
« résulteraient pour elle de la neutralisation de l'Euxin,
« quand elle a exigé de la Cour de Téhéran, sans réci-
« procité, que le pavillon de guerre persan disparût de la
« mer Caspienne (1).

Les exemples du ministre français n'étaient pas bien
probants, parce qu'il était chimérique de comparer la
Suisse, la Belgique ou les Pays-Bas à cette grande Puissance qu'on appelait unanimement le colosse du Nord. Si
un État faible peut trouver, et trouve certainement, son
compte à aliéner une grande partie de sa souveraineté et
de son indépendance, afin d'obtenir l'assurance et la garantie de vivre, tel ne pouvait point être le cas d'une
grande Puissance, qui était loin encore d'avoir mis en
œuvre toutes ses ressources, quasi inépuisables. On pouvait, dans les circonstances présentes, lui imposer cette
restriction. Mais était-on vraiment sûr que ces circonstances, qui obligèrent la Russie à s'incliner devant l'a-
réopage européen, existeraient toujours? Était-ce, dès
lors d'une sage politique de travailler au rétablissement
de la paix, par des moyens aussi dangereux pour la conservation de cette paix générale, qui paraissait être si
précieuse, aux yeux des hommes d'État de l'Occident?
Exiger des sacrifices aussi humiliants pour une grande
Puissance, n'était-ce pas, bien au contraire, mettre un

(1) V. Traité russo-persan, signé à Gulistan, le 12 oct. 1813, et le
le traité de Tourkmantchaï, du 10 fév. 1828, dans le Recueil de
Jouséfovitch, p. 208 et suiv. et 214 et suiv.

germe de destruction dans les fondations même de l'édifice de la paix? L'argument tiré de la situation de la
Perse dans la mer Caspienne n'était pas plus heureux, ni
mieux choisi. Sans doute il y avait là une atteinte indéniable et très sensible aux droits souverains de la Cour de
Téhéran, mais elle résultait de la supériorité marquée de
la Russie dans cette mer, et la Perse ne pouvait jamais
espérer une amélioration de son sort, parce que cette
supériorité était permanente. Est-ce que la situation était la
même dans la mer Noire? Au moment des négociations
qui nous préoccupent, la supériorité était, certes, du côté
des Puissances maritimes. Mais cette prépondérance n'é-
tait pas, ne pouvait pas être, perpétuelle. Les circonstances qui l'avaient amenée pouvaient changer, pouvaient
devenir plus favorables à la Russie. Comment supposer,
alors, que le gouvernement du Tsar aurait résisté à la tentation d'en profiter, de briser les cercles de fer dans lesquels
une diplomatie imprévoyante et aveuglée par les passions
l'avait enserré, afin de gêner ses mouvements? Et ce désir,
très naturel de la part d'une grande Puissance, ne consti-
tuait-il pas une menace, autrement grave, une sorte d'épée
de Damoclès, suspendue, pour toujours, sur la paix de
l'Europe?

Toutes ces objections auraient pu être faites par les
ministres britanniques. On s'en était pourtant abstenu.
On ne demandait qu'à être convaincu. Le déchaînement
des passions avait obscurci les esprits et empêché les
gens de voir la réalité des faits, de voir qu'ils travaillaient
activement à préparer la guerre prochaine et grosse de
conséquences, alors qu'ils avaient la conviction, peut-être
sincère, de travailler à la consolidation de la paix générale. Les ministres anglais se laissèrent donc persuader

et adoptèrent les points de l'arrangement qu'on devait imposer éventuellement à la Russie. En voici la rédaction officielle, faite par Drouyn de Lhuys :

« 1° La Russie et la Turquie n'auront point de bâti-« ments de guerre dans la mer Noire, *non plus que dans* « *la mer d'Azov;*

« 2° Les ports des deux États, sur la mer Noire et sur « celle d'Azov, seront uniquement ports de commerce;

« 3° Les puissances étrangères pourront y avoir des « consuls;

« 4° Il n'y aura pas de rassemblement de troupes, mena-« çant pour la sécurité de l'un ou de l'autre des deux « États limitrophes;

« 5° Les Puissances alliées, France, Angleterre et Au-« triche, feront entrer leurs forces navales par les « détroits, dans la mer Noire si les clauses des traités « sont violées;

« 6° Les deux Puissances riveraines de l'Euxin pourront « avoir des bâtiments légers pour la police de la mer et « des côtes et des navires non armés exclusivement appro-« priés au transport des troupes (1). »

Tel était le plan d'arrangement qui avait certainement la préférence marquée du ministre français. Il s'agissait de savoir si cette base de pacification avait quelques chances d'être approuvée et soutenue par l'Autriche. On n'en était pas tout à fait sûr et, en homme prévoyant, Drouyn de Lhuys n'avait garde de se laisser surprendre au dépourvu. Il avait pris le soin de développer minutieu-sement un autre plan, celui de la limitation. « Si l'Au-« triche consent à appuyer la neutralisation solidairement

----

(1) V. même rapport, d'Harcourt, op. cit., p. 118-119.

« et jusqu'à la guerre, poursuivait le ministre de Napo-
« léon III, nous pouvons rompre dans la conférence sur
« ce système. Mais si l'Autriche repousse la neutralisation
« ou ne s'engage pas à la soutenir jusqu'à la guerre, il
« peut être alors utile d'avoir à produire un système qui,
« malgré les imperfections, constaterait notre victoire et
« nous mettrait en position, s'il était habilement combiné,
« de faire face aux dangers de l'avenir. Ce résultat, ai-je
« ajouté, ne serait obtenu qu'à la condition qu'une limite
« précise fût marquée aux forces de la Russie dans
« l'Euxin et que notre présence sur ces eaux fût un prin-
« cipe de droit européen. Sur ce point, comme sur tous
« les autres, les ministres anglais sont tombés d'accord
« avec moi et m'ont demandé... de rédiger les principaux
« articles qui me paraîtraient devoir faire la base des
« propositions à présenter à la conférence. J'ai donc mis
« sur le papier les principes suivants :
     « 1° La Russie et la Turquie n'auront dans la mer Noire
« et la mer d'Azov que quatre vaisseaux, quatre frégates
« et un nombre proportionné de bâtiments légers et de
« navires non armés exclusivement adoptés au transport
« des troupes ;
     « 2° La France, l'Angleterre et l'Autriche pourront avoir
« dans la mer Noire chacune *moitié* de ce nombre de bâti-
» ments et *la Russie ne pourra prétendre à la récipro-*
« *cité du droit de passage de l'Euxin dans la Médi-*
« *terranée ;*
     « 3° En cas de danger, sur l'appel de la Porte, toutes
« les forces navales de l'Angleterre, de la France et de
« l'Autriche pourront entrer dans la mer Noire ;
     « 4° Les Puissances signataires pourront avoir des con-

« suls dans tous les ports des deux États, sur la mer
« Noire et la mer d'Azov (1). »

Il était bien entendu que ce second plan n'était qu'un
pis-aller et les deux Cabinets étaient convenus de ne point
le faire connaître à l'Autriche, qu'après avoir acquis la
conviction « qu'elle aurait une répugnance insurmontable
« à accepter la solidarité d'une rupture sur le plan de la
« neutralisation (2). »

C'était là le plan que Drouyn de Lhuys se proposait de
faire prévaloir à Vienne. Il se croyait assez fort pour cela,
après la double approbation de l'Empereur des Français
et de la Cour de Saint-James. Il arriva le 6 avril dans la
capitale des Habsbourgs. Son champ d'action n'était pas
tant autour du tapis vert de la salle des conférences que
dans les coulisses, si nous pouvons nous exprimer de la
sorte. Il devait, pour commencer, sonder les dispositions,
s'assurer du terrain sur lequel il devait opérer. Le ministre
de Napoléon III put bientôt se rendre compte de ce qui
séparait le comte de Buol de l'Empereur d'Autriche. Ce
qu'il avait vu et entendu n'était guère de nature à le satisfaire. Il sentait que le grand obstacle viendrait du côté
de François-Joseph. Dès les premières paroles de l'audience, Drouyn de Lhuys avait pénétré le secret désir du
jeune empereur, désir pacifique s'il en fût... « Dans le
« petit discours que j'ai prononcé, rapportait le ministre,
« j'avais dit quelques paroles sur la ferme et loyale ré-
« solution de l'empereur Napoléon de concourir avec ses
« alliés soit à la conclusion d'une paix durable, soit à la
« continuation d'une guerre légitime... Mon auguste

---

(1) V. même rapport, d'Harcourt, op. cit., p. 121-122.
(2) V. Ibid., p. 123-124.

« interlocuteur a fortement et à plusieurs reprises, insisté
« sur le mot de paix, de façon à ne me laisser aucun
« doute sur le côté vers lequel, dans cette alternative,
« penchaient ses préférences (1)... » Après lui avoir exposé
le plan de la neutralisation, en insistant sur les deux premiers points qui intéressaient particulièrement l'Autriche,
Drouyn de Lhuys s'était attaché à démontrer que le Cabinet de Vienne devait prêter son concours à la réalisation
d'un plan qui avait ce double but d'assurer une paix durable, tout en favorisant les intérêts particuliers de certaines Puissances. Pour toute réponse, l'Empereur lui
avait recommandé la modération. « Sa Majesté, poursui-
« vait Drouyn de Luys dans son rapport, me réplique que
« deux devoirs préoccupaient son esprit : la fidélité en-
« vers ses alliés et la sollicitude pour l'intérêt de son
« peuple ; qu'elle était bien résolue à les remplir tous
« deux, et *qu'elle persistait à croire que la négociation*
« *suivie avec une loyale modération pouvait en fournir*
« *les moyens.* Elle a passé alors en revue le système de
« la limitation et celui de la neutralisation.... *Je n'ai pas*
« *réussi à faire admettre la neutralisation.* Sans nier
« les avantages de cette combinaison, au point de vue des
« intérêts européens, *l'empereur François-Joseph la con-*
« *sidère comme inacceptable pour la Russie,* et pense
« qu'une limitation des forces navales de cette puissance,
« dans une certaine mesure, constituerait une garantie
« suffisante (2). »

_____

(1) V. Comte rendu de l'entrevue avec l'empereur François-Joseph,
d'Harcourt, op. cit., p. 131-132.

(2) V. Ibid., p. 134. — Il faut signaler ici que le système de la limitation préconisée par François-Joseph n'était pas le même que celui de

L'Empereur d'Autriche ne se prêtait donc pas aux idées franco-anglaises. Il ne voulait point souscrire à un système aussi humiliant pour la Russie. Il restait inébranlable sur ce point. Drouyn de Lhuys avait vainement essayé de parler de la conclusion d'une convention militaire, comme conséquence naturelle du traité du 2 décembre 1854, l'Empereur s'était contenté de lui dire « qu'il serait peut-être plus convenable d'attendre l'issue « de la négociation, parce qu'on saurait alors seulement « si l'Autriche est appelée à prendre part à la guerre (1) ». C'était un refus, à peine déguisé, puisque l'Autriche espérait et souhaitait ardemment la prompte conclusion de la paix. « L'Empereur François-Joseph était lié d'amour- « propre, comme le dit le baron Jomini, aux succès des « conférences de la paix (2) ».

Ce n'est qu'à la dixième conférence, du 17 avril 1855, que Drouyn de Lhuys prit part, pour la première fois, aux négociations de la paix. Le prince Gortchakov devait y donner la réponse de son gouvernement sur l'invitation qu'on lui avait adressée de formuler des propositions sur le troisième point. Le délégué russe « déclara que sa « Cour, tout en appréciant l'intention des Puissances, ne « se sentait pas appelée à prendre l'initiative sur le troi- « sième point. C'était les Puissances qui avaient pro- « posé la révision du traité de 1841, en vue de la sécurité

Drouyn de Lhuys. C'était un projet élaboré par le cabinet de Vienne et qu'on avait tenté de faire accepter à Londres. V. sur ce point Beer, op. cit., p. 583.

(1) V. d'Harcourt, op. cit., p. 135 ; Cf. aussi Beer, op. cit., p. 535-536.

(2) V. baron Jomini, op. cit., t. II, p. 325.

« de la Turquie ; c'était à elles d'en indiquer les moyens.
« Les plénipotentiaires de la Russie étaient prêts à les
« discuter, pourvu qu'il n'y eût aucun qui portât atteinte
« aux droits de leur Souverain (1) ». Drouyn de Lhuys
protesta alors des intentions des Puissances ; personne,
d'après lui, n'avait l'intention « de toucher aux droits
« souverains de l'Empereur de Russie » et que la limitation à l'augmentation indéfinie de la Puissance russe
dans l'Euxin n'avait nullement pour but d'atteindre à ces
droits (2).

Dès ce moment, on pouvait prévoir l'échec des conférences. Néanmoins, on continua à négocier, on s'ingénia
de trouver un moyen d'entente. Chaque fois que les délégués du Tsar ou le comte de Buol proposaient une transaction, il se trouvait que les représentants des Puissances
maritimes n'avaient plus d'instructions, ils se dérobaient,
ils gardaient toujours leur intransigeance. On ne pouvait
aboutir à rien.

Nous n'allons pas raconter, par le détail, tout ce qui
s'était passé à ces longues et parfaitement inutiles conférences. Qu'il nous suffise d'analyser rapidement les différents contre-projets qui avaient été présentés. Il faut
signaler d'abord le contre-projet du prince Gortschakoff,
présenté le 21 avril 1855, et ayant pour base l'ouverture
des détroits à tous les pavillons de guerre, partant, liberté
de navigation sur la mer Noire pour les vaisseaux de
guerre de toutes les nations, sans exception (3). Sa propo-

---

(1) V. Baron Jomini, op. cit., t. II, p. 326 ; Pétroff, op. cit., Messager historique 1890, mai, p. 284.

(2) V. Pétroff, op. cit., p. 284-285 ; Beer, op. cit., p. 538.

(3) V. Ibid., no de juin 1890, p. 514-515 ; Beer, op. cit., p. 539 ;
baron Jomini, op. cit., t. II, p. 329.

sition était appuyée par une déclaration, « destinée à
« prouver que l'infériorité maritime de la Turquie n'était
« le fait ni de nos traités, ni même de la prépondérance
« de nos forces navales. La Turquie possédait un déve-
« loppement immense de mers et de côtes des plus favo-
« rables à sa puissance navale. Elle possédait dans les
« détroits et à Constantinople une position que la nature
« avait faite imprenable. La Russie, obligée de disséminer
« ses forces sur trois mers séparées par de grandes dis-
« tances, était loin d'avoir les mêmes ressources. Le dan-
« ger dont on prétendait que ses établissements maritimes
« menaçaient la Porte était illusoire. En somme, nos es-
« cadres ne pouvaient débarquer qu'environ 20.000 hommes
« en cinq semaines. Ce ne pouvait être une menace sé-
« rieuse pour la Turquie, mais ce pouvait être un utile
« appui. L'année 1833 l'avait démontré. Les escadres an-
« glaises et françaises de Malte et de Toulon n'étaient pas
« moins dangereuses que les nôtres pour l'Empire otto-
« man. Dès lors, l'existence de nos forces navales était
« une condition nécessaire de l'équilibre européen. La
« clôture des détroits n'était pas de notre fait. C'était un
« ancien principe turc. Nous avions, au contraire, les
« premiers ouvert ce passage au commerce. Il dépendait
« du Sultan de l'ouvrir à la marine de guerre. Dès lors,
« la sécurité serait complètement garantie, puisque les
« flottes étrangères seraient toujours en mesure de sur-
« veiller les événements et d'accourir au secours du Sul-
« tan, dès qu'il se trouverait menacé (1) ». C'était peut-

(1) V. Baron Jomini, op. cit., t. II, p. 329-330. Cette déclaration se
trouve aussi, à l'état de projet, dans la dépêche du prince Gortchakov
au comte de Nesselrode, du 6 avril 1855. V. Pétroff, op. cit.,

être la seule proposition raisonnable, car elle constituait
un retour au droit commun, à la liberté de navigation
sur toutes les mers. Mais une telle proposition n'avait aucune chance de succès. Les idées des Puissances maritimes étaient, nous l'avons bien vu, depuis longtemps
arrêtées. On voulait, certes, rétablir dans l'Euxin l'équilibre européen, mais on entendait y parvenir par l'anéan-
tissement ou tout au moin, l'amoindrissement des forces
russes. Cela étant, comment les Puissances maritimes
pouvaient-elles souscrire à une transaction qui, loin d'obtenir ce résultat, laisserait, au contraire, subsister la
flotte russe dans la mer Noire et, ce qui était tout à fait
inadmissible pour elles, lui procurerait éventuellement la
liberté de passer à travers le Bosphore et les Dardanelles, pour venir équilibrer les forces navales dans la
Méditerranée?

Ce contre-projet est tout à l'honneur du prince Gortchakow, car c'était là la meilleure solution possible à la question des Détroits. La fermeture des détroits, nous l'avons
vu, n'était guère utile à la Russie. Le Cabinet de Saint-
Pétersbourg avait cru trouver dans le principe de la
clôture, une sécurité pour ses extrémités méridionales. En
réalité, ce principe ne pouvait que lui nuire, car il n'avait
qu'un seul résultat : celui d'immobiliser là flotte russe de
la mer Noire, sans pour cela la mettre à l'abri des attaques
des flottes ennemies. La convention de 1841 n'avait stipulé la fermeture des détroits qu'en temps de paix. Or,
toutes les fois que la Russie se serait trouvée en guerre

---

p. 283-284 (n⁰ de mai). Ce n'est qu'après avoir reçu l'approbation de
son chef, que le prince en donna lecture, dans la séance du
21 avril 1853.

avec l'une des Puissances occidentales, elle courait le
risque de voir la Turquie entraînée dans la lutte ou incapable de défendre efficacement le passage des Dardanelles
et du Bosphore. Partant la Russie ne pouvait nullement
se croire à l'abri des attaques, dans la mer Noire. Par
contre, les barrages existaient toujours pour la flotte
russe, c'est-à-dire que la Russie se trouvait dans l'impossibilité de faire une diversion dans la Méditerranée, en
se servant des forces navales de l'Euxin, car il ne fallait
pas songer à faire une telle diversion avec les flottes de la
Baltique qui, avant d'arriver dans la Méditerranée, devraient essuyer le feu du Pas-de-Calais, de la Manche et
du détroit de Gibraltar. Supprimer cet obstacle uniquement dirigé contre la Russie, telle était l'intention du
prince Gortchakow. Sans doute, dans son contre-projet,
les flottes des Puissances occidentales obtenaient aussi la
liberté de naviguer dans les eaux de la mer Noire. Mais
quel était le mal, tant qu'on restait en paix ? Et, en temps
de guerre, la pratique n'avait-elle pas suffisamment
démontré l'inefficacité de la clôture?

En approuvant ce contre-projet, le Cabinet de Saint-
Pétersbourg n'avait point manqué de coup d'œil. C'était
d'une sage politique pour les intérêts russes. Il y avait,
malheureusement peu de chance de ramener les autres
Cabinets à cette manière de voir. Le Cabinet de Vienne
même était loin d'y trouver son compte. Il lui était impossible d'envisager avec sang froid, l'éventualité de la
présence continuelle des flottes anglo-françaises dans la
mer où venaient se jeter le Danube, ce fleuve si important pour les intérêts austro-allemands (1). Le projet du

_____

(1) V. Baron de Jomini, op. cit., t. II, p. 331.

prince Gortchakov fut donc repoussé. Aali-Pacha, plénipotentiaire turc à la conférence, récitant une leçon apprise
par cœur, déclara que la Porte était fermement résolue de
ne point transiger sur le principe de la fermeture (1).
Drouyn de Lhuys fit savoir, comme l'usage l'avait déjà
consacré, qu'il ne pouvait même pas discuter ce projet,
n'ayant pas des instructions sur ce point (2).

Ce premier contre-projet n'ayant pas abouti, l'habile
diplomate russe essaya de trouver un autre moyen qui
pût mettre fin à la prépondérance russe dans l'Euxin, tout
en conservant le principe de la fermeture des détroits,
pour la Russie seulement, bien entendu. Il demanda, par
dépêche, à sa Cour l'autorisation de proposer la clôture des
détroits, en principe, avec la faculté pour le Sultan, de les
ouvrir — en cas de péril — au pavillon de guerre de
toutes les puissances, la Russie exceptée (3). On ne lui
donna point cette autorisation. Il en avait été même blâmé.
« L'Empereur s'étonne beaucoup, lui avait télégraphié le
« comte de Nesselrode, que vous ayez pu demander de
« réponse à une proposition que vous auriez dû péremp-
« toirement repousser (4) ».

Ce que le Cabinet de Saint-Pétersbourg ne voulait pas
admettre, c'était l'exclusion de la Russie d'une faveur que
le Sultan se réservait d'accorder aux autres pavillons de
guerre. Cela avait suffi pour indiquer au prince Gortchakow le sens de son nouveau contre-projet. C'était le

---

(1) V. Baron Jomini, op. cit. t. II, p. 331 ; Beer, op. cit., p. 539.

(2) V. Beer, loc. cit.

(3) V. Dépêche du 23 avril 1855 ; Pétroff. op. cit.. juin 1890,
p. 516.

(4) V. Ibid., loc. cit.

même que le précédent, sans l'exclusion du pavillon russe.
La réciprocité du traitement pour les pavillons de guerre
de toutes les nations y était expressément stipulée. On
poserait comme principe la clôture des détroits, avec
faculté pour le Sultan d'ouvrir les détroits, en cas de
péril, à tel ou tel pavillon de guerre, suivant le cas (1).
Cet autre contre-projet n'eut guère un meilleur sort. Les
représentants des Puissances occidentales prétendaient ne
pas avoir d'instructions pour en discuter les détails.

Ainsi, toutes les tentatives faites pour arriver à un résultat
n'avaient abouti à rien, parce que les différents contre-projets imaginés par le prince Gortchakov n'avait en vue que
d'échapper à la neutralisation ou même à la limitation
des forces navales de la Russie dans la mer Noire. Le
prince Gortchakov s'était appliqué à rétablir l'équilibre
européen dans l'Euxin, non pas au moyen d'un anéantis-
sement ou d'une diminution des forces russes, mais par
l'augmentation des forces ottomanes, soit par les propres
moyens de l'Empire turc, soit indirectement, en lui laissant pleine et entière liberté de s'adresser aux Puissances
maritimes pour leur demander le concours précieux de
leurs flottes. C'était assurément un moyen très acceptable,
si l'on voulait une paix durable, mais ce moyen n'était
point fait pour satisfaire les exigences exorbitantes des
Puissances de l'Occident.

Drouyn de Lhuys se préparait déjà à rentrer à Paris.
Néanmoins, les représentants des trois Cours alliées
s'étaient réunis afin de discuter les termes d'une proposition définitive qu'on devait faire à la Russie, une sorte

_____

(1) V. Baron Jomini, op. cit., t. II, p. 332; Pétroff, op. cit.,
nᵒ de juin 1890, p. 516.

d'ultimatum (1). Après de longues et laborieuses négociations, on finit par tomber d'accord sur le projet suivant :

« 1° Garantie européenne de l'indépendance et de l'in-
« tégrité territoriale de l'Empire ottoman ;

« 2° Clôture des détroits, absolue pour la Russie, sauf
« exception pour les alliés ;

« 3° Les alliés pourront avoir chacun dans la mer Noire
« deux frégates ;

« 4° Si la Russie dépasse l'effectif actuel de ses forces
« navales dans l'Euxin, chaque allié pourra y faire entrer
« un certain nombre de bâtiments égal à la moitié des
« bâtiments russes ;

« 5° En cas de danger, entrée de la totalité des forces
« navales alliées ;

« 6° La France, l'Angleterre et l'Autriche signeront
« immédiatement un traité portant comme un cas de
« guerre l'augmentation de la flotte russe au delà de l'ef-
« fectif de 1853, soit que la Russie prenne ou refuse l'en-
« gagement de ne point dépasser cet effectif » (2).

Ce n'était ni la neutralisation de la mer Noire, ni la
limitation telle que Drouyn de Lhuys la comprenait.
Néanmoins, le ministre français avait fini par comprendre
qu'il était nécessaire de faire quelques concessions, si
minimes fussent-elles, afin de décider la Cour de Vienne à
soutenir le projet jusqu'à la guerre. C'était une transaction faite en vue de la conclusion de la paix, qu'on désirait peut-être, après les efforts inutiles des alliés, en
Crimée. Néanmoins, avant de proposer cette transaction

---

(1) V. Beer, op. cit., p. 539-540.
(2) V. le comte Bernard d'Harcourt, op. cit., p. 142, Cf. aussi
Beer, op. cit., p. 540.

aux plénipotentiaires de la Russie, il fallait avoir l'approbation de Napoléon III, ainsi que celle de la Cour de
Saint-James. Or, à Paris comme à Londres, on n'était pas
du tout disposé à transiger. « Je suis revenu hier de mon
« voyage, télégraphiait Napoléon III à son ministre, le
« 23 avril 1855... J'ai reçu hier soir votre dépêche du 21,
« contenant l'ultimatum de l'Autriche. Après l'avoir reçu,
« j'ai écrit à Londres, par télégraphe, pour savoir ce que
« ferait le Cabinet anglais. *Mon opinion est de refuser et*
« *de rompre.* Aujourd'hui, je reçois votre dépêche du 22,
« à six heures du soir, qui semble modifier la situation.
« Ne connaissant pas la modification, je ne puis vous auto-
« riser à accepter ou à refuser, *mais pour rien au monde*
« *je n'accepterai quoi que ce soit qui maintienne l'état*
« *d'avant la guerre* » (1). Cette dernière phrase nous
montre à quel point on était intraitable sur les bords de
la Seine. Le prince consort avait, de son côté, qualifié la
transaction de Vienne de chose absurde et lord Palmerston
la considérait comme une moquerie (2).

Drouyn de Lhuys était donc désavoué par sa Cour. Il
ne lui restait plus qu'à rentrer à Paris pour donner sa
démission. Le 24 avril, il eut son audience de congé chez
l'Empereur d'Autriche. « Je regrette sincèrement, lui
« avait dit François-Joseph, qu'il me soit impossible d'aller
« au delà du plan que vous avez dû envoyer à Paris. Mais
« lorsque l'Empereur le connaîtra tel qu'il a été formulé
« en dernier lieu, j'espère qu'il trouvera comme moi
« qu'une alliance perpétuelle entre nous, pour défendre
« sur terre comme sur mer l'Empire ottoman contre la

---

(1) V. d'Harcourt, op. cit., p. 143.
(2) V. Beer, op. cit., p. 540,

« Russie, vaut mieux qu'un chiffre plus ou moins élevé.
« Cet ultimatum est la guerre, mais une guerre dans
« laquelle j'aurai pour moi le témoignage de ma cons-
« cience, l'assentiment de mes peuples et l'appui de l'Al-
» lemagne (1). »

L'appui de l'Allemagne ! C'était l'éternelle question
qui retenait toujours le Cabinet de Vienne. Il ne pouvait
rien faire sans ce concours précieux. Or, l'attitude du
prince Gortchakov avait obtenu du moins ce résultat que
l'Autriche ne pouvait point se décider à soutenir les
exigences des Puissances maritimes jusqu'à déclarer la
guerre à la Russie. On aurait pu le craindre un instant,
au moment où le prince Gortchakov avait proposé l'ouverture des détroits. Le comte de Buol pouvait aisément
s'en servir pour convaincre François-Joseph des visées
ambitieuses de la Russie, il aurait pu s'en prévaloir auprès
des États allemands. La contre-position de la Russie sur
la clôture des détroits avec faculté d'ouverture, lui avait
enlevé ce puissant argument de persuasion (2). Désormais
il ne restait plus au comte de Buol qu'à rechercher un
autre moyen de pacification, ainsi qu'il l'avait déclaré, en
clôturant la conférence du 21 avril (3).

Cette fois, il poussa en avant l'idée de régler toutes les
difficultés soulevées par le troisième point, au moyen
d'une entente directe entre la Porte et la Russie. On y
fixerait le nombre respectif des bâtiments de guerre, dans

---

(1) V. Drouyn de Lhuys à Napoléon III, le 24 avril 1855 ; d'Harcourt, op. cit., p. 144.

(2) Le prince Gortchakov au comte de Nesselrode, Pétroff, op. cit.,
p. 521-522.

(3) V. Jomini, op. cit., t. II, p. 333.

les eaux de la mer Noire (1) Il avait donné lecture du
projet d'article sur ce point, à la dernière conférence.
« La Russie et la Porte, y était-il dit, proposeront d'un
« commun accord à la conférence l'effectif égal des forces
« navales que les deux Puissances riveraines entretien-
« draient dans la mer Noire et qui ne devra pas dépasser
« l'état actuel des bâtiments russes à flot dans cette mer.
« L'arrangement pris à cet égard fera partie intégrante
« du traité » (2) Mais ce dernier projet eut le même sort
que les précédents. On était déjà au mois de juin, et on
préféra laisser les choses en l'état.

La conférence de Vienne avait complètement échoué.
Le seul résultat obtenu, c'était que l'Autriche, par son
attitude. avait vivement mécontenté tout le monde. Elle
s'était refusée à soutenir jusqu'à la guerre les conditions
des Puissances maritimes. Elle n'avait pas, non plus, soutenu la Russie. Le dernier essai du chancelier d'Autriche,
de renouer les deux bouts du fil rompu, avait été marqué
au coin d'une grande perfidie. Que signifiait en effet,
la restriction de l'effectif au nombre des bâtiments russes
actuellement à flot dans l'Euxin ? Était-ce de ces bâtiments qui étaient coulés dans les eaux de Sébastopol.
qu'il s'agissait ? (3) On ne le sait au juste. Le but du comte
de Buol était certainement d'arriver à l'amoindrissement
des forces navales de la Russie, tout en ayant l'air de ne
porter aucune atteinte aux droits souverains du Tsar. Il

(1) V. Jomini, op. cit. p. 337-338 ; Beer, op. cit , p. 530 ; Pétroff.
op. cit., p. 524-525.
(2) V. Jomini, op. cit , t. II, p. 339-340.
(3) V. Pétroff, op. cit , Messager historique, nᵒ de mai 1890,
p. 287.

proposait, à cet effet, une entente directe entre les deux adversaires, tout en indiquant le néant comme mesure de l'effectif future des forces russes. Tout cela n'était rien autre chose que des subtilités, où le comte de Buol était passé maître, et qui ne pouvaient aboutir à rien de bien sérieux.

Désormais, on ne devait plus rien faire avant d'avoir un résultat positif et décisif en Crimée. Tous les regards convergeaient vers les bastions de Sébastopol, où les soldats russes défendaient, avec tant de bravoure, chaque pouce du sol russe. Malheureusement, tout a une fin et le général Gortchakov se vit obligé d'évacuer la ville, le 12 septembre 1855. Sébastopol était entre les mains des alliés (1).

La chute de Sébastopol devait amener la prompte conclusion de la paix. Cependant, l'opinion publique, en Angleterre surtout, se montrait très belliqueuse et on demandait la continuation de la campagne (2). En France, au contraire, on était plutôt porté à la paix. La plus grande partie de la gloire revenait aux armes françaises. Le rôle des Anglais, durant toute la campagne, n'avait pas été bien considérable. Ils n'étaient point préparés pour les combats sur terre. Au commencement de la crise, on avait cru, sur les bords de la Tamise, que les opérations auraient surtout lieu en mer. Il était arrivé tout juste le contraire et naturellement, la première place était aux Français. A quoi bon continuer la guerre ? C'eût été servir des intérêts qui n'étaient pas français. De plus, le désir de s'assurer les bonnes dispositions de la Russie n'était peut-être

---

(1) V. Beer, op. cit., p. 553.
(2) V. Ibid, op. cit., p. 554.

pas étranger à ce mouvement vers la paix. Sans doute, l'empereur Napoléon III tenait à l'alliance anglaise et espérait sa continuation même après cette crise qu'il importait de terminer. Il n'en est pas moins vrai qu'on souhaitait une réconciliation avec les vaillants adversaires de la veille. Déjà le ministre français s'en était fait l'interprète, lors de son séjour à Vienne. Le prince Gortchakow n'avait pas hésité à montrer à Drouyn de Lhuys le danger, pour l'avenir, d'imposer à la Russie des conditions par trop humiliantes. « Vous êtes un homme d'Etat suffi-
« samment éclairé, avait dit le prince, pour ne pas compren-
« dre l'utilité des bons rapports entre nos deux pays. C'est
« pourquoi, la France ne doit pas, dans les négociations
« présentes, nous laisser des souvenirs bien douloureux,
« ni exiger ce qui n'est pas compatible avec notre hon-
« neur. La nation qui aura reçu une blessure saignante,
« s'en souviendra toujours (1). » Et le ministre de Napoléon III lui répliqua que c'était là le fond de sa pensée, le cri de son cœur (2). D'ailleurs, l'éminent homme d'Etat français avait parlé de l'éventualité d'un accord avec la Russie bien avant son entretien avec le prince de Gortchakov. Dans une dépêche qu'il adressait, le 20 janvier précédent au baron de Bourquenay, il s'était préoccupé de l'attitude de l'Autriche, dans la discussion du troisième point. Drouyn de Lhuys avait insisté sur la nécessité d'amoindrir les forces navales russes dans l'Euxin, afin d'empêcher le retour des nouvelles complications en Orient. Si donc on n'obtenait pas ce résultat, avec le concours de l'Autriche, mieux vallait, d'après lui, abandonner toutes

---

(1) V. Pétroff, op. cit. (no de juin 1890), p. 517.
(2) V. Ibid., op. cit., p. 517.

les autres garanties, qui, en somme, importaient si peu
à la France. « Quand on a vaincu son ennemi, écrivait
« Drouyn de Lhuys, on se garde de l'humilier si l'on n'est
« pas décidé en même temps à le désarmer. Mieux vau-
« drait... faire de la lutte actuelle, une simple question
« d'honneur militaire entre la Russie et nous, et après
« avoir obligé l'empereur Nicolas à reconnaître la supé-
« riorité de notre valeur et de nos ressources, lui rendre
« sans condition son épée. A ce compte, du moins, le
« désintéressement dont nous aurions témoigné ne serait
« pas perdu ; dans les complications ultérieurement pos-
« sibles en Europe, il n'y aurait point entre la Russie et
« nous d'inimitiés systématiques et certaines ; et si le
« concours de cette Puissance pouvait un jour ou l'autre
« entrer dans les combinaisons de notre politique, nous
« nous serions réservé par cette conduite, la chance de
« l'obtenir (1). » Sans nous exagérer la portée de ces
paroles, destinées sans doute à peser sur les déterminations de la Cour de Vienne, on ne peut nier, cependant,
qu'il y avait là une préoccupation certaine ; l'idée de s'assurer éventuellement le concours de la Russie devait, de
plus en plus, gagner du terrain. Comme le disait Drouyn
de Lhuys, il fallait attendre le moment de la victoire et
alors, désespérant d'entraîner l'Autriche, il fallait prendre
les devants et se montrer généreux. Après la chute de
Sébastopol, on se trouvait justement en présence de cette
situation. L'honneur des armes françaises était à couvert.
On pouvait donc tendre la main à l'ennemi de la veille et
l'ami probable et très secourable de demain.

------

(2) V. d'Harcourt, op. cit., p. 102-103.

Le successeur de Drouyn de Lhuys, le comte Walewski l'avait bien compris. Aussi, ne faut-il pas s'étonner de le voir bien disposé à faire quelques concessions. La Russie n'avait plus de représentant sur les bords de la Seine. Mais on arriva, néanmoins, à communiquer, grâce à l'intermédiaire du ministre de Saxe, le baron de Seebach, un des beaux-frères du comte de Nesselrode. Sans doute le comte Walewski se refusait à prendre l'initiative de la négociation. C'était à la Russie à prendre cette initiative. Il consentait, néanmoins, à indiquer le sens des propositions que le gouvernement du jeune Tsar pouvait faire. Comme dans les négociations précédentes, le troisième point formait toujours la pierre d'achoppement. Le ministre du quai d'Orsay envisageait deux hypothèses possibles. Une entente directe entre la France et la Russie, sur la base de la limitation des forces russes dans la mer Noire, ou bien la neutralisation, *avec faculté pour la Russie d'entretenir une flotte de guerre dans la mer d'Azov*. C'était sans doute la neutralisation, mais une neutralisation qui avait l'avantage de garder un semblant d'égalité entre la Turquie et la Russie. Si la Porte conservait le droit d'entretenir des flottes de guerre dans la mer de Marmara, le gouvernement russe aussi pourrait entretenir des escadres, dans la mer d'Azov, qui était une mer essentiellement intérieure pour la Russie (1).

Le duc de Morny, qui, sans caractère officiel bien déterminé, agissait pour le compte du Cabinet de Paris, avait aussi fait des ouvertures, dans ce sens, à l'ambassadeur russe près la Cour de Vienne. Le caractère non officiel de ses démarches, lui permettait même de préciser

_____

(1) V. Baron Jomini, op. cit., t. II, p. 372-373.

un peu plus que le comte Walewski. Il s'essayait à démontrer qu'il n'y avait rien de déshonorant pour un gouvernement s'il se résignait à souscrire, *par raison d'État*, à des conditions onéreuses, sans doute, mais qui avaient *l'avantage de réserver l'avenir*. « *Des pareils* « *traités*, insinuait le duc de Morny, *ne durent générale-* « *ment qu'autant que les circonstances qui les ont ame-* « *nés*, mais que peu à peu à mesure que les haines et « que les situations se modifient, ils s'effacent et s'ou- « blient, *et que souvent c'est la nation qui a imposé la* « *condition d'une limitation des forces qui est la pre-* « *mière à en demander la violation* » (1). Ainsi, on indiquait clairement à la Russie, que si les circonstances lui faisaient une obligation de souscrire à des conditions si dures, il ne fallait point se cabrer, tout au contraire. Et une fois la paix conclue, c'était la France qui allait lui fournir peut-être l'occasion, lui faciliter le moyen de s'en débarrasser. N'était-ce pas là la meilleure preuve de l'inefficacité de ces exigences exorbitantes, si on voulait préparer une paix durable? N'est-ce pas là une démarche qui se passe de commentaires? C'était une abrogation quasiment promise, avant même que la neutralisation fût chose faite.

Le Cabinet de Saint-Pétersbourg n'eut garde de laisser tomber ses ouvertures. Il poussa le baron de Secbach à continuer la négociation. Il fit même parvenir, toujours par l'intermédiaire du ministre de Saxe, des propositions sur lesquelles on pouvait discuter et tomber d'accord. Les voici : « 1° les détroits resteraient fermés ; 2° aucun pa- « villon militaire ne serait admis dans la mer Noire, à

(1) V. Baron Jomini, op. cit., t. II, p. 373-374.

« l'exception des bâtiments de guerre que les deux Puis-
« sances riveraines jugeraient nécessaire d'entretenir ;
« 3° le nombre de ces bâtiments serait réglé par une en-
« tente directe entre nous (les Russes) et la Porte, sans
« aucun intermédiaire (1). » On le voit, on pouvait obtenir ce que les Puissances maritimes désiraient, tout en
sauvant les apparences, tout en ayant soin de sauvegarder les droits souverains d'un puissant Monarque.

Telles étaient les propositions de la Russie. Ce n'était
certes pas ce que le comte Walewski avait indiqué, mais
il y avait là matière à négociation, et la bonne volonté
aidant, on pouvait aboutir à un résultat honorable. Malheureusement, les événements s'étaient précipités et cette
négociation ne pouvait plus réussir. L'Autriche avait de
nouveau paru sur la scène. Maintenant que les Russes
étaient battus à Sébastopol, elle pouvait décidément passer
au camp ennemi. Le comte de Buol s'était entendu avec
le Cabinet de Londres et de Paris pour envoyer un ultimatum à la Russie (2). Cet ultimatum devait contenir les
fameux quatre points, à cela près, qu'ils étaient définiti-

(1) V. Baron Jomini, op. cit., t. II, p. 379.

(2) C'était le comte de Beust qui, le premier, avait informé le chancelier d'Autriche des négociations qui se poursuivaient entre le comte
Walewski et le baron de Seebach. Le comte de Buol n'avait plus une
minute à perdre ; il avait enfin pris le parti de s'associer à la France
et à l'Angleterre. Il s'agissait, pour lui, de ne point se trouver reléguer au second plan. En prenant l'initiative d'un ultimatum à envoyer à la Russie, il espérait encore avoir voix au chapitre. Le pauvre
homme s'était bien cruellement trompé, car son rôle au Congrès de
Paris était loin d'être aussi brillant qu'il l'avait espéré. V. sur ce point
Beer, op. cit., p. 555-556.

vement rédigés en termes précis et nets. Pour le troisième
point, notamment, on s'était définitivement arrêté au
principe de la neutralisation de la mer Noire. L'Autriche
y avait pourtant ajouté un dernier point, en dehors des
quatre déjà connus. En vertu de cette addition « les
« Puissances belligérantes (lisez la Cour de Vienne) se
« réservaient la faculté de produire de nouvelles condi-
« tions, dans un intérêt européen, durant le cours des
« négociations » (1).

C'est le comte Esterhazy qui fut envoyé à Saint-
Pétersbourg, pour porter l'ultimatum de l'Autriche, auquel
la Russie devait répondre par *oui* ou *non* (2). Le gouvernement du Tsar fit cependant parvenir sa réponse directement à Vienne. Elle n'était pas satisfaisante pour la Cour
de Vienne, car la Russie voulait éviter toute rectification
des frontières, ce que l'Autriche visait par son article
additionnel : on voulait éloigner la Russie du bras de
Kilia, et à cet effet on avait demandé une rectification
de la frontière au profit de la Bessarabie (3). Après cette
réponse, il ne restait plus qu'à frapper le grand coup.
L'Autriche s'y est prêtée de bonne grâce. Elle fit savoir
sur les bords de la Néva, que si la Russie n'adhérait pas
complètement à son projet de préliminaires, jusqu'au
18 janvier 1856, l'ambassadeur d'Autriche à la Cour de
Russie avait reçu l'ordre de quitter Pétersbourg (4). C'était

---

(1) Ultimatum de l'Autriche du 16 décembre 1855, baron Jomini,
op. cit., t. II, p. 386 ; Gigareff, op. cit., t. II, p. 78-79; Rosen, op. cit.,
P. II, p. 254-255.

(2) V. Beer, op. cit., p. 556.

(3) V. Ibid. p. 557-559 ; Rosen, op. cit., P. II, p. 269.

(4) V. Ibid. p. 559.

la guerre. — Si pénibles que fussent les conditions posées, la Russie devait choisir. Si elle refusait, c'était l'extension des calamités, on risquait de voir les opérations s'étendre dans la Baltique ; la capitale des Tsars pouvait courir le risque d'une attaque. L'Autriche, de son côté, allait porter la guerre au flanc de la Russie. L'heure des sacrifices avait définitivement sonné ! Le tsar Alexandre II l'avait compris. Il convoqua le comité pour lui soumettre la question. On décida d'accepter l'ultimatum, le 15 janvier (1). Le 16 janvier, la Russie faisait parvenir à Vienne son adhésion (2). Le projet des préliminaires fut signé à Vienne, le 1er février 1856. Le congrès devait se réunir à Paris dans les trois semaines (3).

V

En attendant la réunion du Congrès, le gouvernement russe avait donné l'ordre au baron Brunnow, de se rendre à Paris, afin de sonder les dispositions du gouvernement français. On savait déjà, sur les bords de la Néva, quelles étaient les dispositions de l'empereur Napoléon III. Il s'agissait néanmoins de bien étudier, sur les lieux mêmes, l'étendue de ces sentiments pacifiques et bienveillants à l'égard de la Russie. Il fallait surtout connaître jusqu'à quel point les délégués russes pouvaient compter sur l'appui du gouvernement français. Le baron

(1) V. Gigareff, op. cit., t. II, p. 81.
(2) V. Beer, op. cit., p. 559.
(3) V. Ibid. p. 560.

Brunnow se trouvait à proximité. Il avait plus d'une semaine à sa disposition avant l'arrivée du comte Alexis Orloff, le premier plénipotentiaire de la Russie au Congrès.

Dès le 19 février le baron Brunnow était en mesure de communiquer au comte de Nesselrode les fruits de ses observations. Ce qui était le mieux mis en relief dans cette dépêche, c'était les dispositions conciliantes de la Cour des Tuileries. « L'intention du gouvernement fran« çais, écrivait Brunnow à son chef, consiste dans le vif « désir de Napoléon d'aboutir le plus tôt possible, à la « conclusion de la paix... Les difficultés ne peuvent venir « que du côté de l'Angleterre et de l'Autriche (1). » Mais ce désir d'aboutir à la paix n'allait pas chez l'Empereur des Français jusqu'à compromettre l'alliance entre la France et l'Angleterre. Le comte Walewski avait pris le soin de l'indiquer bien clairement au baron Brunnow. « L'empereur Napoléon, lui disait le chef du quai « d'Orsay, est soucieux d'assurer le maintien du lien qui « l'unit à l'Angleterre (2). » Cette indication suffisait au diplomate russe pour mesurer l'étendue de l'appui de la France. Il fallait donc s'appliquer à accueillir, avec circonspection, les justes exigences de la Grande-Bretagne, c'est-à-dire celles que le Cabinet de Paris allait aussi soutenir. Le comte Walewski avait d'ailleurs assuré le baron Brunnow, que l'empereur Napoléon était tout disposé à s'employer à l'aplanissement de toutes les difficultés qui pourraient surgir, en cours de négociation, « sans

(1) V. Pétroff, Les diplomates russes au Congrès de Paris, dans le Messager Historique (en russe), année 1891, nᵒ de janvier, p. 108.
(2) V. Pétroff, op. cit., p. 108.

« brusquer les choses et sans heurter les hommes (1). »
L'Empereur des Français se réservait donc le rôle de
modérateur dans les négociations qui allaient s'ouvrir.

Ceci une fois acquis, il s'agissait de savoir sur quels
points pouvaient surgir des difficultés. Ici encore, le
comte Walewski ne marchanda point les indications,
aussi franches que précises et, nous ajouterons aussi précieuses. En première ligne venait la question des fortifications des îles d'Aland, situées à l'entrée du golfe de
Bothnie, dans la mer Baltique. Le ministre du quai
d'Orsay déclara au baron Brunnow que l'Angleterre était
décidée à en demander le démentèlement et que le
concours de la France sur ce point, était assuré au cabinet de Saint-James (2). En second lieu, la Grande-Bretagne se proposait de demander à la Russie de ne point
reconstruire les forteresses le long de ses côtes d'Asie.
Le Cabinet de Londres insisterait en outre, sur certaines
modifications des frontières et notamment sur la restitution à la Turquie de la ville de Kars, ainsi qu'une rectification de la frontière entre la Bessarabie et la Moldavie et
au profit de ce dernier pays. Sur ce point, le concours de
la Cour de Vienne était d'ores et déjà assuré au Cabinet
de Saint-James. Ici, à proprement parler, c'était l'Angleterre qui prêtait son concours à la Cour d'Autriche, car il
s'agissait en réalité de supprimer la domination russe sur
l'une des bouches du Danube. Par contre, le Cabinet de
Vienne allait payer ce concours puissant, en appuyant de
son côté les exigences de l'Angleterre, relatives à la
restitution des différents territoires et places fortes en

---

(1) Paroles du comte Walewski, Ibid. loc. cit.
(2) Même dépêche (19 février) Ibid. p. 109.

Asie, qui se trouvaient par suite des opérations de guerre occupées par les troupes russes (1). Tel était le contenu de cette dépêche du 19 février 1856.

Les investigations du baron Brunnow étaient certainement d'une très grande utilité pour les mouvements des plénipotentiaires du Tsar. Cela leur permettait de se sentir sur un terrain solide, d'une part, et, de l'autre, ils étaient exactement renseignés sur la position ou l'emplacement des nombreux écueils, qu'ils devaient, en pilotes expérimentés, soigneusement éviter, afin de ne point provoquer une rupture des négociations, de ne point compromettre la conclusion de la paix.

Ce n'est que le 21 février que le comte Orloff arriva à Paris. Dès le 23, il fut reçu par l'empereur Napoléon (2). Les conversations qu'il eut avec le comte Walewski et, ensuite, dans le Cabinet de l'Empereur, lui confirmèrent tout ce que le baron Brunnow avait déjà appris. Il pouvait donc très librement s'adresser à Louis-Napoléon, toutes les fois qu'il rencontrerait des difficultés, pendant les négociations de la paix.

Le comte Orloff eut, bientôt l'occasion de profiter de cette autorisation, car les prétentions de l'Angleterre n'avaient point tardé à se produire.

L'empereur Napoléon avait, en effet, laissé entendre au comte Orloff qu'il fallait se résigner à subir la rectification de la frontière de Bessarabie ; mais comme compensation, la Russie devait pouvoir garder la place forte de Kars. Néanmoins, les prétentions de l'Angleterre étaient de

---

(1) V. Pétroff, op. cit., p. 109.

(2) V. Le comte Orloff au comte de Nesselrode, le 2 mars 1856, Pétroff, op. cit., Messager historique, n° de février 1891, p. 387.

nature à compromettre ce résultat. La Russie devait, non seulement subir la modification de sa frontière sur le Danube, mais aussi restituer les places et territoires qu'elle avait occupés, en Asie. Il y avait, paraît-il, une résistance insurmontable de la part du Cabinet de Saint-James, sur ce point.

L'empereur Napoléon n'avait rien pu modifier sur ce point. Tout ce qu'il avait pu obtenir c'était d'écarter les « *prétentions exorbitantes* » de la Grande-Bretagne quant à la mer d'Azov, ainsi qu'à l'arsenal de Nicolaïew. Il lui semblait impossible, après ce résultat, d'insister sur la question de Kars, sans courir le risque d'une rupture, et c'était là un résultat qu'il fallait, autant que possible, éviter (1).

Et, en effet, lord Clarendon n'avait pas hésité à attirer l'attention du Congrès sur l'inconvénient qui résultait de l'existence de l'arsenal de Nicolaïew. Il avait soulevé cette question, à la quatrième conférence, le 4 mars, après l'adoption du principe de la neutralisation de la mer Noire. « M. le premier plénipotentiaire de la Grande-Bretagne, « porte le protocole de cette séance, expose que la Russie « possède à Nicolaïew un arsenal de constructions mari- « times de premier ordre, dont la conservation serait en « contradiction avec les principes sur lesquels est fondé le « paragraphe dont le Congrès vient d'arrêter les termes (2).

_____

(1) V. Dépêche du comte Orloff, du 2 mars 1856, Pétroff, op. cit., p. 396.

(2) V. Voici les termes de ce paragraphe : « La mer Noire est neu- « tralisée ; ouverte à la marine marchande de toutes les nations, ses « eaux et ses ports sont formellement, et à perpétuité, interdits au « pavillon de guerre, soit des Puissances riveraines, soit de tout autre

« Cet arsenal n'étant pas situé sur les bords de la mer
« Noire, lord Clarendon n'entend pas établir que la Russie
« soit tenue de détruire les chantiers qui s'y trouvent,
« mais il fait remarquer que l'*opinion publique* serait au-
« torisée à prêter à la Russie des intentions qu'elle ne peut
« entretenir, si Nicolaïew conservait, comme centre de
« constructions maritimes, l'importance qu'il a acquise (1). »

Ainsi, lord Clarendon prenait le soin d'éviter l'objection
qu'on pouvait lui faire, au point de vue du droit. L'arsenal
de Nicolaïew n'était pas situé sur le littoral de la mer
Noire. Il se trouvait sur le Boug, loin de ce littoral,
partant, c'était un arsenal de premier ordre, sans doute,
mais qui était situé à l'intérieur de l'Empire russe. Pouvait-on, dès lors, admettre, en droit, de pareilles prétentions ? Et si on les admettait, uniquement dans le but
de tranquilliser l'opinion publique, cette opinion publique que l'Angleterre invoque très volontiers, pour justifier des prétentions aussi inadmissibles qu'arbitraires,
ne courait-on pas le risque de voir se produire de nouvelles prétentions de ce genre, comme une conséquence
logique d'un principe déjà admis ? Car, en somme, qui

« Puissance, sauf les exceptions stipulées au présent traité ». (Dans
le texte définitif du traité, il est dit « sauf les exceptions stipulées dans
« les articles 14 et 19 du présent traité ».) Le second paragraphe qui
forme l'article 13 du traité était ainsi conçu : « La mer Noire étant
« déclarée neutre, le maintien ou l'établissement, sur son littoral, des
« places militaires maritimes, devient sans nécessité comme sans
« objet. En conséquence, S. M. l'empereur de Russie et S. M. le Sultan
« s'engagent à n'élever et à ne conserver, *sur le littoral*, aucun ar-
« senal militaire-maritime ». V. Protocole nº IV du Congrès de Paris,
publié dans « Le Moniteur », nº du 30 avril 1856.

(1) V. Même protocole, loc. cit.

allait marquer une limite à ces exigences? A quel prix
pouvait-on tranquilliser cette opinion publique? Et si on se
laissait prendre à ce jeu, ne pouvait-on pas craindre d'aller
très loin avec la logique si rigoureuse de l'opinion publique en Angleterre? N'était-ce pas une autre conséquence
logique de cette même « opinion » anglaise que la demande
de neutralisation de la mer d'Azov? Pouvait-on, en droit,
étendre le principe de la neutralisation à une mer entièrement russe, à une mer intérieure de la Russie? Pourquoi
ne demandait-on pas aussi la neutralisation de la mer Caspienne, afin de calmer l'opinion publique de l'Angleterre,
quant aux attaques éventuelles de la Russie contre la
Perse? Pourquoi ne pas demander, tout de suite, la destruction de toutes les forgeries, de tous les ateliers de
constructions, à l'intérieur de la Russie, puisque cela aussi
pouvait être considéré comme un moyen pour la Russie
de construire, en pièces, des vaisseaux de guerre? Pourquoi, enfin, n'avait-on pas demandé, au même titre, de
désarmer complètement la Russie, afin que l'opinion pu-
plique fût complètement rassurée? On le voit, on pouvait
aller très loin avec cette thèse.

Le Congrès n'a pas admis le point de vue britannique
et les déclarations russes furent jugées pleinement rassu-
rantes. Voici dans quels termes est rapportée la réponse
du comte Orloff : « M. le premier plénipotentiaire de la
« Russie répond que l'Empereur, son auguste maître, en
« accédant loyalement aux propositions de paix, a pris la
« ferme résolution d'exécuter strictement tous les enga-
« gements qui en découlent, mais que Nicolaïew étant
« située loin des rives de la mer Noire, le sentiment de sa
« dignité ne permettait pas à la Russie de laisser étendre
« à l'intérieur de l'Empire un principe uniquement appli-

« cable au littoral; que la sécurité des côtes et leur sur-
« veillance exigent, d'ailleurs, que la Russie ait, ainsi
« qu'on l'a reconnu, un certain nombre de navires légers
« dans la mer Noire, et que, si elle consentait à l'abandon
« des chantiers de Nicolaïew, elle serait dans l'obligation
« d'en établir sur un autre point de ses possessions méri-
« dionales; que pour satisfaire, à la fois et à ses engage-
« ments et aux exigences du service maritime, l'inten-
« tion de l'Empereur est de n'autoriser, à Nicolaïew, que
« la construction des navires de guerre, dont il est fait
« mention dans les bases de la négociation » (1). De
plus, comme preuve de sa loyauté, l'empereur Alexandre II avait donné l'ordre à son représentant, de demander
la liberté de passage, à travers le Bosphore et les Dardanelles, pour les deux vaisseaux de ligne qui seuls restaient
à flot après la crise (2). Le Congrès a non seulement refusé
d'admettre les exigences de la Grande-Bretagne, sur cette
extension de la neutralisation à l'intérieur de la Russie,
mais il a reconnu à la Russie, le droit de continuer à
construire, sur les chantiers de Nicolaïew, des bâtiments
légers, les seuls que la Russie pouvait, désormais, entretenir dans les eaux de l'Euxin. Ce résultat était entièrement dû à l'intervention personnelle de l'empereur
Napoléon III (3).

Après cette question, on a eu à discuter la fixation du

---

(1) V. Protocole déjà cité, *Le Moniteur*, du 30 avril 1856.

(2) V. Ibid. loc. cit. Cf. aussi Pétroff, op. cit. (février 1891),
p. 404.

(3) V. Dépêche du comte Orloff au comte de Nesselrode, du
21 mars 1856, Pétroff, op. cit. (n° de mars 1891), p. 681.

nombre des bâtiments légers que chacune des Puissances riveraines devait entretenir, pour les besoins de la surveillance des côtes. Il était convenu que, sur ce point, la Russie et la Porte devaient traiter directement et, une fois la convention *ad hoc* signée, on devait la communiquer au Congrès et l'annexer au traité général. Sur cette question aussi des difficultés s'étaient élevées, pour cette raison qu'à l'instar du duc de Choiseul, lord Clarendon était devenu « le souffleur de Moustapha ». « Notre négo- « ciation avec les Turcs, rapportait le comte Orloff, le « le 12 mars, relative à la convention maritime est restée « sans résultat. Il nous a fallu recourir au comte Wa- « lewski, d'abord, et chez l'Empereur, ensuite, afin de « donner une solution à la question. Malgré cela, *les* « *Anglais s'obstinent* » (1). Le comte Orloff n'avait fait qu'adopter. sur ce point, le projet français qui prévoyait, pour chacune des deux Puissances riveraines, l'entretien de six bâtiments légers de cinquante et six de soixante-cinq mètres de long. Les Anglais, au contraire, ne voulaient pas que le nombre de ces bâtiments fût supérieur à six, en tout et pour tout. Le comte Orloff revendiquait, en outre, le droit d'entretenir un stationnaire dans chaque port de commerce, en dehors des bâtiments spécialement adaptés au service de transport (2).

Il était bien difficile de concilier ces divergences des vues. On y arriva, néanmoins, au moyen d'une transaction. A la séance du 18 mars, les plénipotentiaires de la Russie et de la Turquie communiquèrent au Congrès le

_____

(1) V. Pétroff, op. cit. (février 1891), p. 410.
(2) V. Protocole n° VIII, séance du 12 mars 1856, *Le Moniteur*, du 30 avril 1856.

texte de la convention maritime. « Les Hautes Parties
« contractantes, lisons-nous dans le premier article de
« cette convention, s'engagent mutuellement à n'avoir
« dans la mer Noire d'autres bâtiments de guerre que ceux
« dont le nombre, la force et les dimensions sont stipulés
« ci-après », et l'article II énumérait ces stipulations :
« chacune des deux H. P. C. se réserve d'entretenir dans
« cette mer six bâtiments à vapeur de cinquante mètres
« de flottaison et quatre bâtiments légers qui ne dépassent
« pas deux cents tonneaux chacun (1). »

C'était tout ce que le comte Orloff avait pu obtenir pour
son pays. Ici encore il avait été secondé par le comte
Walewski(2). Il convient cependant d'ajouter que chacune
des Puissances signataires du traité général obtenait le
droit d'avoir deux bâtiments légers, aux bouches du
Danube (3). Le prétexte invoqué pour justifier cette présence permanente des pavillons de l'Occident dans la mer
Noire c'était la nécessité d'assurer l'exécution des régle-
ments sur la navigation du Danube. En réalité, on n'était
pas fâché d'avoir toujours à proximité des ports russes
des navires en nombre suffisant, pour mieux contrebalancer l'avantage qu'on accordait d'autre part, au gouvernement du Tsar. C'était une façon de reprendre d'une
main, ce qu'on venait d'accorder de l'autre.

Le traité de paix fut définitivement signé le 30 mars
1856 (4).

---

(1) V. Annexe au protocole nº X, *Le Moniteur*, 30 avril 1856.
(2) V. Le comte Orloff au comte de Nesselrode, le 19 mars 1856,
Pétroff, op. cit. (février 1891), p. 411.
(3) V. article 19 du traité de Paris.
(4) V. Le texte du Traité de Paris, du 30 mars 1856, dans les Recueils de De Clercq, t. VII, p. 59 et suiv., Jouséfovitch, p. 107-122.

Le principe de la fermeture des détroits était maintenu. La convention du 13 juillet 1841 était entièrement reproduite dans la première annexe au traité de Paris. L'obligation collective qui résultait de cette convention conservait toute sa force obligatoire. Le seul changement apporté à la convention de 1841, c'est l'extension du droit que le Sultan se réservait d'accorder des firmans de passage aux bâtiments légers, extension motivée par l'article 19 du traité général. En effet, les Puissances devaient, en vertu de cet article, faire stationner leurs bâtiments légers aux bouches du Danube. Le Sultan se réservait le droit de délivrer à ces nouveaux stationnaires des firmans de passage. Ce n'était là qu'une question de détail qui ne pouvait en rien changer le principe fondamental.

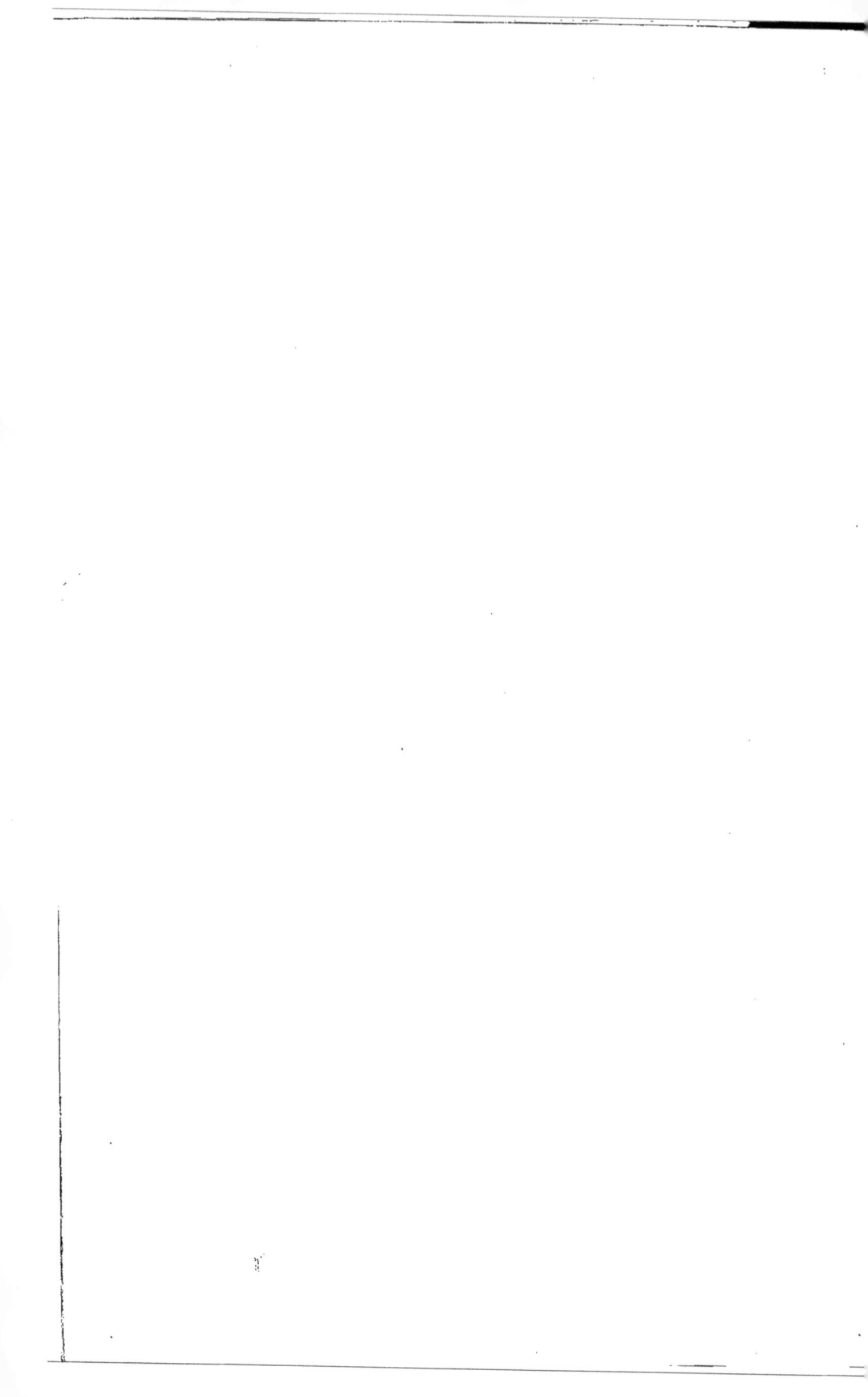

CHAPITRE VII

LA CONFÉRENCE DE LONDRES

(1871)

En quoi la neutralisation de la mer Noire constitue-t-elle une humiliation pour la Russie ? Nécessité pour le cabinet de Saint-Pétersbourg de s'en défaire. — L'occasion se présente pendant la guerre franco-allemande. — Circulaire du prince Gortchakow (octobre 1870). — La Russie pouvait-elle se délier, *motu proprio*, des clauses restrictives du Traité de Paris ? — Dangers d'un pareil précédent. — Observations des cabinets à cet égard. — Conférence de Londres et le traité qui en est résulté. — La fermeture des détroits est-elle de même nature que celle qui résulterait de la convention du 13 juillet 1841 ? — Deux interprétations du traité de 1871.

I

Peu de jours après la signature du traité de Paris, Guizot complimentait, à une soirée, l'un des plénipotentiaires russes au Congrès, de la part qu'il avait prise à la solution de la Question d'Orient. Le diplomate russe déclarait ne point mériter ces compliments, car « ce traité, disait-il, « n'a qu'un seul mérite, celui d'arrêter l'effusion du sang..., « quant à la Question d'Orient, qui a provoqué cette guerre,

« ce traité n'a servi qu'à la compliquer ? » Et il rappelait
les dispositions de l'article VII du traité, « l'adoption par
« la famille des nations européennes et chrétiennes d'un
« membre nouveau », ainsi que celles de l'article IX, « cet
« engagement que ce nouveau membre hétérogène vient
« de contracter le fallacieux Hatti-Houmayon, dont l'Eu-
« rope reconnaît la haute valeur (1) et dont l'application
« ne serait que le suicide du nouveau membre » (2). Mais
comme si cela ne suffisait pas, les Puissances occidentales
avaient jugé utile de faire insérer, dans le même traité,
des clauses qui contenaient le germe de destruction de
cet édifice, si péniblement construit. « Je conçois, pour-
« suivait le diplomate russe, qu'on enlève une province à
« un État vaincu, mais la suppression de ses moyens de
« défense, lorsqu'il s'agit d'un Empire de quatre-vingts

(1) Il faut remarquer qu'il y a là une inexactitude, qui a été
souvent faite dans la suite. D'après le texte de cet article, les
Puissances signataires n'ont pas reconnu la haute valeur « du
Hatti-Houmayou, mais bien de la « communication » qui en
avait été faite, ce qui est bien différent. Voici d'ailleurs le texte :
« S. M. J. le Sultan..... ayant octroyé un firman qui, en
« améliorant leur (des sujets) sort sans distinction de religion ni
« de race, consacre ses généreuses intentions envers les popula-
« tions chrétiennes de son Empire, et voulant donner un nou-
« veau témoignage de ses sentiments à cet égard, a *résolu de*
« *communiquer* aux puissances contractantes ledit firman,
« spontanément émané de sa volonté souveraine.
« Les puissances contractantes *constatent la haute valeur de*
« *cette communication*... » V. Adolphe d'Avril, Négociations
relatives au traité de Berlin et aux arrangements qui ont suivi
(1875-1886), Paris 1886, p. 46.
(2) V. L'Empire Ottoman (1839-1877), par un ancien diplomate,
Paris, 1877, p. 2-3.

« millions d'hommes, c'est une de ces clauses dans les-
« quelles la passion obscurcit le sens politique des hommes
« d'État... Mon humble avis, disait en terminant l'en-
« voyé du Tsar, est qu'on n'a fait que compliquer ce
« problème oriental, rendu la solution plus difficile que
« jamais, et cela en sacrifiant tant de vies humaines et
« tant de capitaux ». (1)

Il est difficile de contester la justesse de ces paroles.
Les Puissances n'avaient aucunement travaillé à la solution de la Question d'Orient ; tout ce qu'elles avaient pu
faire c'était d'empêcher cette solution, d'humilier la Russie,
sous le prétexte d'assurer la paix générale, de maintenir
l'équilibre européen. La célèbre bataille de Sinope avait
provoqué une véritable panique dans l'Occident européen.
Dès lors, on n'avait en vue que de supprimer, coûte que
coûte, la flotte russe de la mer Noire. Et en la détruisant,
on s'imaginait, sans doute, qu'on supprimait, pour toujours, le danger dont la Turquie était menacée. On assurait une sorte d'équilibre des forces, parce qu'on anéan-
tissait les moyens d'agression. La Russie s'était vue
obligée de s'incliner, de souscrire à cette restriction qui
portait atteinte à sa souveraineté, à son indépendance.
Mais était-ce là une sérieuse garantie pour le maintien de
la paix ? Était-il sage de conclure la paix, le couteau sur la
gorge ? Ne valait-il pas mieux, au contraire, se rappeler
que les plénipotentiaires du Tsar parlaient encore, comme
l'avait si bien dit, naguère, le prince Gortchakow, au
nom d'une grande Puissance ? On ne l'a point fait. On a
préféré abuser d'une situation qui n'avait rien de stable,
qui n'était, et ne pouvait être, que passagère. On a donné,

(1) V. L'Empire ottoman, par un Ancien diplomate, p. 12-13.

M. - 35

ainsi à la Russie le droit, et aussi le devoir, de s'en souvenir, de « bouder » l'Europe. Loin d'établir de bonnes
relations entre les ennemis de la veille, ce traité a été
l'origine des méfiances, dont l'effet continue à peser,
même de nos jours, sur les relations de certaines Puissances.

La neutralisation de la mer Noire était, sans aucun doute,
une humiliation pour la Russie. Toute cette série de dispositions des articles XI, XIII et XIV, du traité de Paris,
de la convention russo-turque, relative au nombre des
bâtiments légers, ainsi que celle obligeant la Russie de ne
point fortifier les îles d'Aland, n'avait qu'un seul but, ne
visait qu'une seule chose, c'était de porter une atteinte,
des plus graves, à ce droit de conservation qui appartient,
incontestablement, à tout État indépendant ; ce droit de
conservation qui n'est, en somme, qu'une conséquence
naturelle, qu'un corollaire nécessaire du « seul droit primordial et fondamental », le droit à l'existence (1).
Dénier ce droit à un État, c'est lui porter le coup le plus
sensible, car sans ce droit, « l'État n'existerait pas comme
« entité politique, indépendante et souveraine (2) ». Ce
droit, écrit M. Calvo, « est le premier de tous les droits
« absolus et permanents et sert de base fondamentale à un
« grand nombre de droits accessoires, secondaires ou oc-
« casionnels, *il constitue, on peut le dire, la loi suprême*
« *des nations*, ainsi que le devoir le plus impérieux des
« citoyens et une société qui néglige les moyens de
« repousser les agressions extérieures, manque à la fois à
« ses obligations morales envers les membres qui la com-

_____

(1) V. Bonfils, op. cit., p. 123.
(2) V. Ibid., p. 121.

« posent et au but même de son institution (1) ». En vertu
de ce droit indéniable, un État peut, suivant ses convenances, augmenter ou diminuer l'effectif de son armée et
de sa flotte ; il peut faire construire des forteresses, sur
telle ou telle partie de son territoire ou de son littoral, sans
que personne ait le droit d'y redire. Et les Puissances occidentales n'avaient rien trouvé de mieux que d'imposer à la
Russie l'obligation de renoncer à l'exercice d'un droit, sans
doute sur un point strictement déterminé, mais de renoncer
toujours à l'exercice de ce droit, qu'on ne saurait, en toute
justice, dénier à n'importe quel autre État, si petit soit-il.

Sans doute, ce n'était pas une nouveauté, dans les
annales du droit international, que cette restriction à
l'exercice des droits souverains d'un État. L'intérêt politique du moment avait, maintes fois, porté atteinte à ces
droits indiscutables. Nous trouvons notamment une
pareille obligation, dans le célèbre traité d'Utrecht. L'article IX de ce traité obligeait la France à ne point reconstruire les fortifications de Dunkerque (2). Des servitudes
de ce genre se trouvent surtout consacrées, dans les traités
de notre siècle. Telles étaient notamment les stipulations
relatives au port d'Anvers (3), à la démolition de certaines
forteresses de la Belgique (4), au démantellement de la
forteresse du Luxembourg (5), ainsi que celles de la Bul-

(1) V. Calvo, op. cit., t. 1, § 208, p. 352-353.
(2) V. Traité d'Utrecht, du 11 avril 1713, Dumont, op. cit.,
t. VIII, P. I. p. 345.
(3) V. Traité du 30 mai 1814, du 19 avril 1839 ; Bonfils, op. cit.,
p. 176. V. De Clercq, op. cit., t. II, p. 420, t. IV, p. 476.
(4) V. Traité de Londres, du 14 déc. 1831. Ibid., loc. cit. De
Clercq, t. IV, p. 160.
(5) V. Traité de Londres, du 11 mai 1867, De Clercq, t. IX,
p. 718.

garie et du Monténégro (1). Mais, qu'en est-il resté de la plupart de ces dispositions ? La France avait profité de la première occasion favorable pour faire abolir ces clauses qui la gênaient. Il en est de même de la Belgique qui, comprenant mieux ses devoirs de pays neutralisé, a pris ses précautions pour essayer, en cas de besoin, de faire respecter sa neutralité. C'est pourquoi, le gouvernement de Bruxelles fait construire des fortifications dans la vallée de la Meuse (2). Il en est de même, croyons-nous, de la Bulgarie. Ces restrictions n'étaient donc pas une « nouveauté historique », comme le disait Drouyn de Lhuys, mais l'histoire s'était aussi chargée d'en démontrer l'inefficacité. Les exemples n'étaient pas probants, car la seule chose qui soit prouvée, jusqu'à présent, c'est le caractère éphémère, transitoire, de pareilles stipulations. Si donc, l'histoire nous montre l'inefficacité des clauses pareilles, comment pouvait-on croire qu'une grande Puissance telle que la Russie, allait impassiblement supporter des restrictions de nature à porter atteinte à sa dignité, à sa souveraineté ? Et si l'on ne croyait pas à la sta-

(1) V. Traité de Berlin, du 13 juillet 1878, art. II, XI, XXIX et LII. V. le Recueil de De Clercq, t. XII, p. 324 et suiv., et Livre Jaune de 1878, p. 273-295.

(2) V. Bonfils, op. cit., p. 176. Il convient, cependant de bien préciser le sens de ces nouvelles constructions en Belgique. En faisant fortifier la vallée de la Meuse, le gouvernement de Bruxelles n'a pas dérogé à des obligations, car les stipulations relatives à la destruction des forteresses belges étaient plutôt dans l'intérêt de la Belgique : on voulait épargner au nouvel État les charges de l'entretien de ces forteresses. Il semble pourtant que cette préoccupation des puissances n'était qu'une conséquence logique de la « Neutralité de la Belgique. » V. M. Renault, à son Cours. Cf. aussi le préambule du traité de Londres du 14 déc. 1831, De Clercq, op. cit., t. IV, p. 160.

bilité de ces dispositions, pourquoi s'était-on alors, montré aussi acharné, aussi intransigeant et intraitable pourquoi avait-on insisté tant sur leur insertion, en lettres d'or, dans un acte international qui prétendait assurer une paix durable? Ne craignait-on pas, dans des circonstances un peu moins favorables pour l'Occident, de voir la question se poser de nouveau sur le tapis vert et, peut-être sur les champs de bataille? Ne craignait-on pas alors de voir surgir toutes les conséquences dangereuses qui sont l'apanage inéluctable de toutes les crises orientales? Malheureusement, le bon sens, le sens politique des hommes d'État de l'époque, était, comme l'avait dit à Guizot le comte Orloff, obscurci par les passions. C'était là la raison qui les avait empêchés de trouver une solution juste et équitable. Ce qu'on avait cherché alors, c'était à satisfaire à tel ou tel intérêt égoïste, ne fût-ce que pour un seul instant. Les protocoles du Congrès de Paris sont là pour le prouver, pour en témoigner. On y voit trop fréquemment les préoccupations du très noble lord Clarendon. Il n'était guère soucieux d'arriver à une solution un tant soit peu équitable qui pût garantir à l'Europe une paix aussi bienfaisante que longue et durable. Il était surtout préoccupé d'obtenir telle ou telle satisfaction, afin d'échapper aux clameurs de la presse et de ce que l'on est convenu d'appeler, en Angleterre, l'opinion publique, c'est-à-dire le déchaînement des passions et surtout des appétits.

Qu'on n'essaye point de justifier les clauses humiliantes pour la Russie, en invoquant le prétendu droit de nécessité, en vertu duquel tant d'iniquités ont été commises pendant le XIXᵉ siècle! On dira, peut-être, que ce droit de conservation est tellement vague, que les mesures prises pour assurer la défense peuvent aussi bien être des moyens d'agression, particulièrement dangereux dans la mer Noire et qu'il y avait, en conséquence, une nécessité européenne d'y mettre un terme, afin de soustraire la Turquie à une mort certaine. Cette argumentation ne peut point nous convaincre, car si on admettait cette nécessité comme un principe du droit international, on pourrait aller vraiment trop loin. C'est un principe à double tranchant, partant, trop dangereux et qui, souvent, peut se retourner contre ceux-là même qui, à certains moments, l'invoquent très volontiers. « Le prétendu droit de nécessité, écrit un ju- « risconsulte éminent, doit être repoussé. Il excuserait les « pires injustices, les violations les plus odieuses de l'in « dépendance des États. C'est un expédient imaginé par « quelques politiques pour essayer de légitimer les usur- « pations et l'arbitraire (1). »

Tel était le résultat que les hommes d'État de l'Occident avaient réussi à obtenir. On avait inutilement humilié la Russie. Aussi, ne faut-il pas s'étonner que la Russie ait songé à profiter de la première occasion pour jeter par dessus bord, ces stipulations, ces cercles de fer, qui gênaient tant sa liberté d'action, ses mouvements dans l'Euxin.

Le gouvernement du Tsar ne pouvait point subir, bien longtemps, les conséquences de la guerre de Crimée. Mais avant de se décider à s'en débarrasser, il lui était indispensable de se replier sur lui-même, d'examiner, avec une grande attention, les faibles côtés de son organisation, de panser, en quelque sorte, les blessures de la société russe ces blessures qu'on avait remarquées pendant la crise ; de se recueillir et de se préparer pour les événements que l'avenir réservait à l'Europe. « Si les prochaines négo-

---

(1) V. Bonfils, op. cit., p. 124.

« ciations amènent la conclusion de la paix, écrivait le
« comte de Nesselrode, à la veille de sa retraite, la
« Russie aura à adopter un système de politique étrangère
« différent de celui qu'elle a suivi jusqu'à présent (1). »

« Des circonstances impérieuses lui en font une loi. La
« guerre a imposé au pays des sacrifices dont on ne
« connaît pas au juste l'étendue et les conséquences. On
« peut toutefois se dire, dès aujourd'hui, qu'il en résulte
« pour la Russie une nécessité presque absolue, *de s'oc-*
« *cuper de ses affaires intérieures et du développement*
« *de ses forces morales et matérielles.* Ce travail inté-
« rieur étant le premier besoin du pays, toute activité
« extérieure qui y ferait obstacle devrait être soigneu-
« sement exclue. »

« Jusqu'au commencement de la crise actuelle, notre
« système politique extérieur impliquait l'obligation de
« soutenir par les armes les stipulations des traités et
« celles des conventions particulières conclues avec quel-
« ques Puissances. A l'avenir, ou du moins pendant un
« nombre d'années indéterminé, *on ne se déciderait à exé-*
« *cuter de semblables engagements qu'après avoir pris*
« *conseil des intérêts de la Russie.* Pacifique dans sa ten-
« dance générale, notre politique n'admettrait l'éventualité
« de la guerre que lorsque son inévitable nécessité, ou
« son avantage évident pour la Russie, aura été bien
« constaté. Afin de pouvoir réaliser ce système réclamé
« par nos intérêts intérieurs, il faut se maintenir ostensi-
« blement sur le terrain des transactions existantes, mais,
« par contre, éviter de nouveaux engagements.

---

(1) V. Note du chancelier comte Nesselrode, du 11 février 1856.
Publié par *Rousski Arkhiv.* (Archive Russe), 1872, p. 337-340.

« Ce principe devra s'appliquer à nos relations futures
« avec la France. Entrer, dès à présent, dans une alliance
« formelle et étroite avec elle, ce serait contrevenir pé-
« remptoirement à ce système. Certain de notre appui,
« Napoléon III serait, dès lors, encouragé à se lancer dans
« de nouvelles entreprises, où il ne pourrait pas convenir
« de le suivre aussi loin qu'il voudrait.

« Ainsi les guerres où il appellerait à son aide, soit les
« passions révolutionnaires, soit les nationalités oppri-
« mées, ne devraient jamais recevoir notre approbation,
« et encore moins notre appui matériel ; parce qu'en tout
« état de cause, notre politique doit, dans le véritable inté-
« rêt de la Russie et de la dynastie, rester comme par le
« passé, *monarchique et antipolonaise.*

« Nous ne pouvons pas non plus faire cause commune
« avec Napoléon, s'il voulait conquérir la rive gauche du
« Rhin, car nous ne devons pas oublier que dans la crise
« actuelle, la Prusse seule de toutes les Puissances, a
« fermement manifesté l'intention de ne pas nous être
« hostile... »

Tel était le programme que le vice-chancelier traçait,
à la veille de quitter les affaires. Cette note du comte de
Nesselrode peut parfaitement être considérée comme son
testament politique. Il y indique, discrètement, il est vrai,
toutes les erreurs, tous les errements de la politique de
l'empereur Nicolas Ier et essaye de tracer une ligne de
conduite pour l'avenir, une ligne de conduite qui permettra d'y remédier. N'est-il pas caractéristique ce conseil
qu'il donne, à plusieurs reprises, d'après lequel on ne doit
plus s'inspirer que des intérêts russes, avant de se lancer
dans telle ou telle autre entreprise ? N'est-ce point une
critique de la politique du règne précédent que cet autre

conseil, en vertu duquel on doit travailler, désormais, au développement des forces morales et matérielles du pays? C'est bien là ce qui avait particulièrement manqué à la Russie, pendant le règne de Nicolas Ier. Dès son avènement au trône, ce puissant monarque s'était laissé entièrement absorber par la politique extérieure. Il arrivait au pouvoir tout imprégné des idées de la Sainte-Alliance, si chères au prince de Metternich, car il y trouvait son compte. L'Empereur de Russie s'était érigé, dès lors, en soutien attitré de toutes les monarchies continentables. Il prêtait généreusement, à tort et à travers, son concours précieux à des souverains amis, ou qui paraissaient tels, aussi longtemps qu'ils avaient besoin des soldats du Tsar. L'armée moscovite avait souvent eu à franchir les frontières pour aller réprimer telle ou telle révolution, en pays étranger. En faisant tout cela, on peut se demander, si l'empereur Nicolas avait toujours eu le soin de prendre « conseil des intérêts de la Russie ? » Et, dans la dernière crise, s'était-il préoccupé de connaître le véritable état de la Russie, avant de s'engager aussi loin, assez loin pour ne plus pouvoir dignement reculer ? Non, assurément. Et c'était surtout pendant cette terrible crise de 1853-1856, que le comte de Nesselrode avait eu, plus souvent à s'incliner devant la volonté formelle de son auguste Maître, car il ne parvenait point à faire prévaloir sa manière de voir, son opinion, son système politique. On a eu bien raison de dire que l'empereur Nicolas avait voulu être « son propre ministre des Affaires étrangères ! »

Nous avons signalé, dans le précédent chapitre, le remarquable tableau que le vice-chancelier de Russie avait tracé, naguère, de la politique, des visées ambitieuses de l'Empereur des Français. On pouvait supposer que, s'il avait lu

toute la liberté d'action et surtout la direction effective de
la politique extérieure de la Russie, ce diplomate émérite
se serait habilement employé, avec quelques chances de
succès, semble-t-il, à déjouer les plans de Napoléon III.
Malheureusement pour l'Empire russe, il n'en a point été
ainsi. La Russie devait durement expier, après le traité
de 1856, les fautes graves de tout un règne. Avant de
quitter la direction de la chancellerie du pont des Chantres,
le comte de Nesselrode avait eu à cœur de montrer le
danger de cette politique imprévoyante et faible, car elle
ne tenait aucun compte de l'état intérieur de la Russie ; il
avait voulu indiquer, en traits généraux et malgré cela
avec tant de précision, la politique de demain, celle que
le gouvernement du jeune Tsar devait suivre, à l'avenir.
Il préconisait donc d'avoir surtout en vue la politique
intérieure et d'en faire dépendre le système de politique
extérieure. Les vrais intérêts du pays avant tout! Tel
devait être le cri de ralliement. Et ces intérêts bien compris
ne réclamaient, pour le moment et pour quelques années
encore, que la paix. Un peu de repos était indispensable à
la Russie. Elle ne demandait qu'à travailler au développement de ses « forces morales et matérielles », mais ce
travail, pour être fécond, ne devait point être troublé par
des aventures et des entreprises chimériques, qui ne pouvaient lui assurer aucun avantage, loin de là. Il lui fallait
encore la paix, pour mieux conserver le principe dirigeant
de toute politique moscovite, principe qui devait être avant
tout « monarchique », et « antipolonais ».

Ce n'était que dans ces limites que la Russie pouvait
préparer le terrain à la destruction de la coalition qui
s'était formée contre elle. Des symptômes rassurants
venaient déjà des bords de la Seine. On devait accepter,

avec empressement, les avances de la France, mais il convenait cependant de procéder avec circonspection, afin de
ne point effaroucher la Cour de Potsdam, la seule qui
n'avait pas été hostile à la Russie pendant la guerre, peu
importait le véritable motif de cette bienveillance de la
Prusse; on se souciait fort peu de savoir si la Prusse avait
gardé cette attitude uniquement pour nuire à l'Autriche.
On constatait le fait et cela suffisait.

L'empereur Alexandre II était tout disposé à suivre le
plan que traçait le comte de Nesselrode. Il confia le poste,
resté vacant depuis la retraite du vieux chancelier, au
prince Alexandre Mikhaïlovitch Gortchakov, avec la mission d'appliquer cette politique de recueillement. Le prince
Gortchakov n'avait, d'ailleurs, pas compris autrement sa
mission, et on citait de lui une phrase célèbre : « La Russie ne boude pas, mais se recueille » (1). Il lui fallait,
certes, beaucoup de recueillement, afin de mener à bien
certaines réformes absolument indispensables à la vie
sociale, en Russie. Il lui était nécessaire, ce repos, afin
de se bien préparer pour les éventualités de l'avenir, incertain et peu stable; il lui importait surtout d'édifier sur
tant de ruines, un édifice solide et inébranlable, sur lequel
le gouvernement devrait pouvoir sûrement s'appuyer. Il
devait, désormais, chercher le plus sûr soutien de sa politique dans les forces intérieures du pays, car il était puéril de compter sérieusement sur le concours de l'étranger,
les récents événements ne l'avaient que trop démontré.
N'avait-on pas vu la Prusse et, après elle, tous les petits
États de l'Allemagne, promettre leur concours armé à
l'Autriche, dans deux hypothèses bien déterminées? Et

_____

(1) V. Julien Klaczko, op. cit., p. 107.

pourtant c'étaient les seuls pays qui n'avaient pas été hostiles à la Russie !

Cette politique de recueillement n'impliquait pas toutefois, un complet désintéressement de tout ce qui se passait au dehors, bien au contraire. L'habile diplomate qui avait pris la succession du comte de Nesselrode, ne pouvait guère se résigner à un tel rôle. Il s'employait, au contraire, avec une remarquable adresse, à profiter de toutes les occasions pour replacer son pays, au premier rang des grandes Puissances. Sans provoquer les occasions, il s'en emparaît, dès que d'autres les lui offraient. Napoléon III fut un de ceux qui facilita le plus la tâche du prince Gortchakov. Déjà, pendant le Congrès de Paris, l'Empereur des Français avait conçu son plan sur la guerre d'Italie. « Tranquillisez-vous, avait-il dit à Cavour, quelques jours « après la conclusion du traité de Paris,... j'ai le pres- « sentiment que la paix actuelle ne durera pas long- « temps » (1). Ainsi, et au moment même où l'on procédait à la signature de la paix, à la conclusion du célèbre traité à trois pour garantir l'intégrité et l'indépendance de la Turquie, la France avait son idée contre l'Autriche, l'une des signataires (2).

Afin de réaliser son plan, Napoléon III avait besoin du concours ou, du moins, de la bienveillance du Cabinet de Saint-Pétersbourg. Dès lors, il n'y avait pas de gracieuseté qu'on n'ait faite à la Russie ; le Cabinet de Paris était toujours le plus empressé à appuyer les plénipo-

---

(1) V. Lettre de Cavour à Castelli, citée par Klaczko, op. cit., p. 109.

(2) V. Traité du 15 avril 1856, entre la France, l'Angleterre et l'Autriche. De Clercq, t. VII, p. 90 et suiv.

tentiaires russes, dans toutes les conférences, dont le but
était de régler certaines questions, certaines difficultés
d'exécution du traité de Paris (1). L'éminent vice-chancelier de Russie n'avait garde de contrarier l'Empereur des
Français, « dans ses généreux desseins, toutes les fois
« qu'il s'agissait d'améliorer le sort des populations chré-
« tiennes dans l'Empire ottoman, d'augmenter leur auto-
« nomie, et ... *de réformer le Turc* » (2). Il y trouvait,
au contraire, une satisfaction toute particulière à voir la
France, ce pays qui avait solennellement contracté l'engagement de garantir l'indépendance de la Turquie,
prendre l'initiative de certaines mesures qui ne pouvaient
aboutir, en fin de compte, qu'à une violation de cette indépendance factice de l'empire du Croissant. Quelle devait
être la satisfaction du prince Gortchakov, lorsque des vaisseaux de guerre français se présentèrent dans les eaux de
la Turquie indépendante et souveraine, pour menacer ce
gouvernement, à propos des événements du Monténégro? (3) Il en avait été de même des événements de
Serbie et des Principautés. Tout cela procurait à la Russie
la satisfaction de voir le traité de Paris déchiré en lambeaux par ceux-là mêmes qui s'étaient donné tant de peine
à l'élaborer. Ces violations successives allaient lui servir
pour en demander d'autres, sur les points qui gênaient la
Russie.

Pendant toute cette période qui va de 1856 à 1860, la
Russie s'était employée, uniquement par la voie diploma-

---

(1) V. Klaczko, op. cit., p. 110-111.
(2) V. Ibid., p. 111.
(3) L'*Algésiras* et l'*Impétueuse* devant Raguse, V. Ibid.,
p. 112.

tique, à reconquérir le terrain qu'elle avait perdu, en Europe, depuis la guerre d'Orient. Les relations cordiales avec la France constituaient le pivot de cette politique. La France avait été victorieuse, à Magenta et à Solférino. C'était là une première vengeance du prince Gortchakov sur l'Autriche, pour son *ingratitude*, pour sa perfidie, pendant la crise d'Orient. Pendant cette guerre d'Italie, la Russie avait déjà réussi à se poser en arbitre, parmi les Puissances occidentales. Le prince Gortchakov avait laissé battre l'Autriche et en procédant de la sorte il n'avait fait que tenir sa parole, donnée naguère au comte de Buol. Celui-ci avait été prévenu ! Mais cependant, le vice-chancelier de Russie ne voulait point laisser le champ libre à Napoléon. Il avait su arrêter à temps, les victoires françaises. Il avait contenu les petits États allemands, pendant la première phase de la guerre. Maintenant, il menaçait la France de les laisser agir, si elle continuait ses succès en Italie. En somme, tout le monde se réglait sur lui : c'était l'intermédiaire indispensable (1). « Les « pièces habiles, écrit M. Klaczko, qui émanèrent succes- « sivement dans les années 1856-1860, de la chancellerie « de Saint-Pétersbourg, indiquent d'une façon très plas- « tique, la marche toujours ascendante de la Russie depuis « la paix de Paris. Dans la première de ces circulaires « célèbres, elle déclarait « ne point bouder, mais se « recueillir » ; dans la seconde, à l'occasion des compli- « cations italiennes, elle sortait déjà « de la réserve « qu'elle s'était imposée depuis la guerre de Crimée.» Après « l'annexion de la Savoie « sa conscience lui reprochait « de garder plus longtemps le silence sur l'état malheureux

---

(1) V. Klaczko, op. cit., p. 114 et suiv.

« des chrétiens en Orient »... Enfin dans ce mois d'octobre
« 1860, elle est le porte-voix des intérêts généraux de
« l'Europe. — Protégée modeste de la France et pleine de
« réserve » jusqu'à la guerre d'Italie, elle monte en 1859
« au rang d'une « amie précieuse », pour devenir après
« l'entrevue de Varsovie l'alliée importante et presque
« indispensable, — une alliée bien résolue à ne plus accep-
« ter de rôle secondaire, à garder sa place d'influence
« marquée, à se faire une large part dans les grandes com-
« binaisons de l'avenir (1) ».

Voilà ce qu'avait fait une diplomatie aussi sage qu'a-
visée. C'était vraiment un beau résultat, et le prince
Gortchakov pouvait, ne fût-ce que pour ce seul résultat,
mériter la gratitude de son auguste Maître. Isolée, au
Congrès de Paris, elle était choyée un peu par tout le
monde, trois ou quatre ans après. Nous venons de voir
les avances de la France. La Cour de Vienne n'avait point
voulu être en reste.

Le Cabinet de Vienne avait pu s'apercevoir que son
indécision, sa politique hésitante et embarrassée pendant
la guerre d'Orient, n'avait fait qu'exaspérer et mécontenter tout le monde, la France comme la Russie. Au
moment même où l'Autriche, prenant tout son courage,
avait enfin pris le parti d'envoyer un ultimatum à la
Russie, au moment donc où elle pouvait espérer, sinon la
reconnaissance, du moins la bienveillance de la France,
l'empereur Napoléon n'avait pas hésité à dire à lord Clarendon ces paroles significatives : « Je déteste l'Autriche,
« j'abhorre sa politique » (2). Le prince Gortchakov n'é-

(1) V. Klaczko, op. cit., p. 121-122.
(2) V. Beer, op. cit, p. 576, en note.

tait pas, et pour cause, dans de meilleures dispositions à l'égard du Cabinet de Vienne. Ce qui avait même fait sa popularité en Russie, c'était la haine qu'il avait conçue contre ce pays. Son célèbre mot : « *L'Autriche n'est pas* « *un État, ce n'est qu'un gouvernement* » avait fait fortune dans le pays moscovite (1).

Néanmoins, le Cabinet de Vienne ne croyait pas devoir renoncer à l'idée de s'assurer quand même les bonnes dispositions du gouvernement du Tsar, et il était tout disposé à payer largement ce concours précieux. L'Autriche avait fait, dans ce sens, les premières démarches pour l'abrogation des clauses humiliantes pour la Russie, et cela trois ans à peine après la signature du traité de Paris. En somme, le Cabinet de Vienne n'avait jamais eu de prédilection pour la neutralisation de la mer Noire. Nous avons eu l'occasion de citer les paroles que l'empereur François-Joseph avait adressées, naguère, à Drouyn de Lhuys, sur ce qu'il considérait comme condition inacceptable pour la Russie. Si, finalement, l'Autriche y avait adhéré, ce n'avait été qu'en vue de certains avantages qu'elle se proposait d'obtenir de la France et de l'Angleterre. Ces avantages ne se sont pas produits. Les complications italiennes étaient venues lui démontrer, au contraire, à quel point elle s'était trompée. C'était une déception des plus cruelles. Il était donc urgent de ne point trop s'exposer et d'essayer de se blottir, comme au beau temps de jadis, auprès du colosse du Nord, de faire, en un mot, un retour à la Sainte-Alliance de naguère. Dès lors, elle n'avait plus à hésiter et fit les premiers pas. « Lorsque le baron Werner « fut envoyé à Varsovie (2), écrivait le prince Gortchakov,

(1) V. Klaczko, op. cit., p. 46.
(2) En 1859.

« le 20 octobre 1866, il nous exprima la conviction du
« gouvernement autrichien que la position créée à la
« Russie par le traité de 1856 était nuisible à l'Europe, en
« ce qu'elle ne permettait pas au gouvernement impérial
« de prendre aux affaires générales la part qui lui reve-
« nait dans l'intérêt de la paix et de la politique conser-
« vatrice. Le Cabinet de Vienne nous offrit spontanément
« de prendre l'iniative des démarches auprès des Cours
« signataires du traité, afin d'en proposer la revision dans
« le sens d'une abrogation des clauses considérées par la
« Russie comme particulièrement blessantes (1). »

Cependant, la Russie n'avait pas encore jugé le moment
venu pour se débarrasser des stipulations, en somme si
peu efficaces. Elle ne répudiait pas complètement les
avances du Cabinet de Vienne, mais le principe de sa nouvelle politique, tel que nous l'avons exposé, lui faisait un
devoir de ne point contracter des saintes alliances. D'ailleurs, si même on fut disposé à s'allier, l'alliance de l'Autriche ne pouvait plus suffire aux Russes. On était encore
trop près de la guerre d'Orient, l' « ingratitude » de l'Autriche, durant cette crise, était encore présente à toutes
les mémoires ; on s'en souvenait toujours et, pour conclure une telle alliance, il fallait vraiment vaincre trop de
répugnance.

En réalité, le prince Gortchakov n'avait qu'une sympathie et elle était entièrement acquise à son ancien collègue de Francfort, devenu chancelier de Prusse : c'était
Bismarck. Et l'insurrection polonaise de 1863 n'avait fait
que resserrer encore davantage, si possible, les liens qui
unissaient déjà ces deux pays limitrophes. Un fait était

---

(1) V. Beer, op. cit., p. 598.

resté indéniable, pour tout cœur russe, c'était l'attitude
de la Prusse pendant la guerre de Crimée, attitude qui
n'avait pas été hostile au gouvernement du Tsar. On lui
en savait gré, sans discuter d'ailleurs les mobiles de cette
attitude. Était-ce uniquement pour servir les intérêts
exclusivement russes que le Cabinet de Berlin avait suivi
cette ligne de conduite, ce rôle effacé et secondaire durant
cette crise? Avait-on en vue, au contraire, ce qui était plus
vraisemblable, des intérêts purement prussiens? Le
désir bien naturel pour la Prusse d'amoindrir le plus possible l'influence de l'Autriche en Allemagne? Cela importait peu à la Russie. La Prusse n'avait donc qu'à se louer
d'avoir suivi cette politique, partant, d'avoir mérité la
reconnaissance du peuple de Rourik; elle n'avait qu'à se
féliciter, car cela lui avait permis d'agir sinon très correc-
tement, au moins au plus grand avantage de ses intérêts,
d'abord en 1866, à Sadowa, ensuite, en 1870, à Sedan.

Ce qui frappe, en effet, pendant l'insurrection polonaise
de 1863, c'est le contraste entre l'attitude de la France et
celle de la Prusse. Tandis que le Cabinet de Paris s'employait à perdre tout l'avantage qu'il s'était proposé de tirer
de la cordialité de ses rapports avec la Russie, le chancelier
de la Cour de Berlin s'empressait de signer une convention
militaire avec le gouvernement russe contre l'insurrection (1). Désormais, rien ne pouvait plus empêcher le Cabinet des bords de la Néva de se rapprocher de plus en plus
de la Cour de Berlin. L'intervention de Napoléon III dans
l'insurrection polonaise n'avait eu qu'un double résultat :
faire prolonger l'effusion du sang dans ce malheureux
pays, déjà si éprouvé, sans d'ailleurs en rien soulager le

(1) V. Klaczko, op. cit., p. 177.

sort; creuser un abîme entre la Russie et la France.
C'était là aussi une de ces interventions dont la Russie
allait se souvenir et se venger! Et c'était dans ces conditions que se préparaient les succès de la Prusse, d'abord
à Sadowa, où elle a écrasé l'Autriche, en l'obligeant à
sortir définitivement de l'Allemagne, ensuite à Sedan et
à Paris, où l'on a proclamé l'unité de la grande Allemagne (1).

Après les désastres de la France, alors que le comte de
Beust pouvait s'écrier : « Je ne vois plus d'Europe! » (2),
le Cabinet de Saint-Pétersbourg avait cru que le moment
était enfin venu de jeter par dessus bord les clauses blessantes pour la Russie, — ces clauses qui n'étaient plus,
et « depuis longtemps déjà, qu'une question d'amour-
« propre entre les Puissances occidentales et la Rus-
« sie » (3).

II

A vrai dire, l'Europe ne pouvait que prévoir la détermination de la Russie. La servitude que les vainqueurs
de Sébastopol avaient imposée au gouvernement du Tsar
était une de celles qui ne pouvait guère survivre à la coalition. C'était même miracle que la Russie n'eût point
profité des avances de l'Autriche pour s'en débarrasser
bien plus tôt. Nous avons signalé les ouvertures que le
Cabinet de Vienne avait faites naguère, par l'organe du

---

(1) V. Klaczko, p. 388.
(2) V. Ibid., op. cit, p. 302.
(3) V. Ibid., p. 314-315.

baron Werner. Le comte de Beust avait, lui aussi, tenu
un semblable langage (1). Le prince Gortchakov n'avait
cependant pas voulu en profiter immédiatement, il n'était
point pressé. Il lui était pourtant très agréable de voir
l'ancienne coalition s'en aller en lambeaux. La France
avait, la première, commencé cette œuvre de dislocation.
La guerre d'Italie avait été le premier coup de couteau
porté à cette coalition. Les révélations de Bismarck sur
les exigences françaises, sur cette politique française
qu'il avait baptisée « la politique des pourboires », avaient
puissamment contribué à irriter la Grande-Bretagne contre
le Cabinet de Paris (2). Il n'y avait donc plus, et bien
avant la guerre franco-allemande, cette « volonté collec-
« tive » qui était indispensable si l'on voulait imposer à
la Russie l'observation de clauses aussi onéreuses pour
une grande Puissance.

Le prince Gortchakov avait parfaitement saisi cette
situation ; il en avait même profité pour « dresser l'épi-
« taphe du traité de Paris ». « Notre Auguste Maître,
« écrivait-il le 20 août 1866, n'a pas l'intention d'insister
« sur les engagements généraux des traités, *qui n'avaient*
« *de valeur qu'en raison de l'accord existant entre les*
« *grandes Puissances pour les faire respecter,* et qui
« aujourd'hui ont reçu, par le manque de *cette volonté*
« *collective,* des atteintes trop fréquentes et trop graves
« pour n'être pas invalidées... (3) ». Cette « volonté col-
« lective » faisait défaut plus que jamais au lendemain
de Sedan et le vice-chancelier de Russie n'avait rien

---

(1) V. Beer, op., cit, p. 596-597. (Dépêche du 1er janvier 1867).
(2) V. Klaczko., op. cit., p. 369-370.
(3) V. Ibid., op. cit., p. 311.

fait pour la faire revivre. Et pourtant, ce n'était pas la France qui lui aurait marchandé le prix des services qu'il aurait pu lui rendre, en prenant l'initiative d'une médiation qui aurait eu pour but de mettre une fin à ce redoutable tête-à-tête auquel le chancelier prussien tenait par dessus tout ! Le comte de Beust, ainsi que lord Granville avaient tout essayé pour faire sortir la Russie de son inaction. Ils avaient voulu venir en aide à la France, dans ces moments si difficiles (1). Rien n'y avait fait. Le prince Gortchakov avait son idée et voulait se débarrasser des clauses restrictives dans l'Euxin, sans cependant déplaire, en quoi que ce soit, à son ancien collègue de Francfort. Il laissait faire le comte de Bismarck, en Occident ; il ne demandait, en retour, que le même « laissez faire », en Orient. Aider la France, mais à quoi bon ? Qu'avait-elle fait en 1856, pour aider la Russie ? C'était la vengeance ! C'était un juste retour des choses d'ici-bas !

L'Europe s'attendait donc à voir la question de la mer Noire se poser sur le tapis vert. L'opinion publique, en Russie, n'avait pas manqué de se prononcer en ce sens. « La Russie, écrivait, vers la fin du mois d'août 1870, le « *Golos*, un journal très influent sur les bords de la Néva, « n'a pas empêché l'unification forcée de l'Allemagne et, à « son tour, elle ne songe pas l'unification forcée des Slaves ; « mais elle a le droit de demander que sa position sur la « mer Noire et les bords du Danube soit améliorée. Nous « espérons que ses demandes légitimes seront prises en « considération *dans le Congrès européen qui suivra*

(1) V. Klaczko, p. 374-375.

« *probablement la présente guerre* (1) ». C'était aussi
l'opinion qui prédominait sur les rives du Bosphore. La
situation était tellement différente de celle de 1856, que
dans la capitale de la Turquie on tenait comme certain
que la neutralisation de l'Euxin avait fait son temps, qu'elle
touchait à sa fin et que le Congrès européen, qui devait se
réunir, allait certainement effacer les articles 11, 13 et 14
du traité de Paris (2).

Ce n'était donc pas cela qui causa la surprise de l'Europe.
C'était le procédé choisi par le vice-chancelier de Russie,
afin de s'affranchir de la servitude imposée à son pays, par
le traité de Paris. Par une dépêche-circulaire du 31 octobre
1870, le prince Gortchakov portait à la connaissance des
Puissances signataires du traité de 1856, « que Sa Majesté
« impériale ne saurait se considérer plus longtemps comme
« liée aux obligations du 18/30 mars 1856, en tant qu'elles
« restreignent ses droits de souveraineté dans la mer
« Noire (3) ».

Ainsi, au moment où tout le monde s'attendait à une
demande en revision du traité de 1856, demande qui s'expliquait par le changement dans la situation respective des
Puissances signataires, la Russie étonnait l'Europe par sa
manière d'agir. Elle signifia, sans plus de façon, l'abrogation des clauses résultant pourtant d'un acte synallag-
matique ; elle abrogeait, de son propre fait, certaines obli-

---

(1) Cet article du « Golos » est cité par M. Klaczko, op. cit.,
p. 372.

(2) V. Klaczko, op. cit., p. 373.

(3) Tous les documents relatifs à la revision du traité de Paris
sont publiés dans les Archives diplomatiques, 1873, t. III. La
dépêche circulaire du 31 octobre 1870 se trouve p. 177-180.

gations collectives. Les autres Puissances signataires du traité de Paris étaient placées devant le fait accompli de cette abrogation, sans que le gouvernement du Tsar eût jugé opportun ou nécessaire de demander leur consentement préalable, en tant que parties contractantes au traité. Qu'est-ce qui avait autorisé la Russie à procéder ainsi? Quelles étaient les raisons qui justifiaient ce procédé inusité? Quelle était l'argumentation juridique?

En réalité, il n'y en a point, car les constatations des faits que le prince Gortchakow avait pris le soin d'énumérer dans sa note circulaire, ne peuvent point justifier son procédé? Qu'on en juge.

Le vice-chancelier de Russie commençait par constater que le traité de Paris avait fait à la Russie une situation inégale. « En réalité, lisons-nous dans la dépêche circu-
« laire, tandis que la Russie désarmait dans la mer Noire
« et s'interdisait même loyalement, par une déclaration
« consignée dans les protocoles des conférences, la possi-
« bilité de prendre des mesures de défense maritime
« efficace dans les mers et ports adjacents, la Turquie
« conservait le droit d'entretenir des forces navales illi-
« mitées dans l'Archipel et les détroits ; la France et l'An-
« gleterre gardaient la faculté de concentrer leurs escadres
« dans la Méditerranée. En outre, aux termes du traité,
« l'entrée de la mer Noire est formellement et à perpétuité
« interdite au pavillon de guerre soit des Puissances rive-
« raines, soit de toute autre Puissance ; mais en vertu de
« la convention dite « des détroits », le passage par ces
« détroits n'est fermé qu'en temps de paix. Il résulte de
« cette contradiction que les côtes de l'Empire russe se
« trouvent exposées à toutes les agressions, même de la
« part des États moins puissants, du moment où ils dis-

« posent des forces navales auxquelles la Russie n'aurait
« à opposer que quelques bâtiments de faibles dimen-
« sions ? »

Il n'y avait là qu'une vérité incontestable, sans doute,
car les Puissances maritimes n'avaient pas eu d'autre but,
en neutralisant la mer Noire que de faire la part inégale,
et tout cela dans un esprit de partialité manifeste et de
défiance à l'égard de la Russie. Mais est-ce que ce fait
pouvait donner à la Russie un argument juridique, pour
se délier des engagements contractés solennellement
envers d'autres Puissances ? L'inégalité en question n'était
pas contestable, mais il n'y avait là qu'une question de fait,
acceptée par la Russie, puisqu'elle avait consenti, dans des
moments difficiles, sans doute, à apposer sa signature au bas
de ce traité. Cet engagement avait encore toute sa force
obligatoire, il continuait à lier la Russie envers chacune
des Puissances séparément, et envers toutes les Puissances signataires, collectivement, et le Cabinet de Saint-
Pétersbourg ne pouvait se considérer comme délié, comme
libéré de cet engagement tant que les autres cosignataires
n'auraient pas consenti à y apporter des modifications, à
l'abroger même, si cela était nécessaire, eu égard au
nouvel état des choses.

Mais ce n'était pas tout. L'inégalité faite par le traité de
Paris n'était plus la même ; elle s'était considérablement accrue, et au détriment de la Russie, depuis qu'on avait commencé à construire des cuirassés. « A mesure, poursuivait
« la dépêche, que s'affaiblissaient ainsi les gages offerts
« par le traité et notamment les garanties d'une neutralité
« effective de la mer Noire, l'introduction des bâtiments
« cuirassés et non prévus lors de la conclusion du traité,
« augmentait pour la Russie les dangers d'une guerre

« éventuelle en accroissant, dans des proportions consi-
« dérables, l'inégalité déjà patente des forces navales res-
« pectives. » Ici encore, c'est un argument tiré de l'état
de fait, indéniable sans doute, mais insuffisant pour justifier la détermination du gouvernement russe.

Il y avait pourtant un considérant qui paraissait reposer
sur les principes de droit. C'était l'argument tiré des
nombreuses violations qu'on avait faites au traité de
Paris, telles par exemple, les événements des Principautés
danubiennes, transformées en principauté de Roumanie,
à la suite de l'union déjà faite; tel encore le passage à
travers les détroits, voire l'entrée dans la mer Noire, de
certains vaisseaux de guerre étrangers (1), en flagrante
contradiction avec le principe de la fermeture des détroits
et de la neutralisation de l'Euxin. C'est, nous n'avons pas
besoin d'insister, une sorte de résolution du contrat, du
moment où l'on n'exécute plus l'une de ses dispositions.
L'action résolutoire, en droit privé, est sans doute d'un
usage constant, mais il y a là les tribunaux qui statuent
s'il y a lieu d'appliquer cette clause. Qui allait statuer
dans le cas présent? Est-ce qu'on pouvait admettre que
le Cabinet de Pétersbourg fût simultanément juge et
partie?

Telle était l'argumentation du prince Gortchakov.
« Notre auguste Maître, poursuivait le prince, ne saurait
« admettre, en droit, que les traités enfreints dans plu-
« sieurs de leurs clauses essentielles et générales demeu-

_____

(1) On trouvera la liste des vaisseaux de guerre autorisés, en
vertu du droit que le Sultan s'était réservé, à passer le Bosphore
et les Dardanelles, depuis le traité de Paris, dans les Archives
diplomatiques, 1873, t. III, p. 191-192.

« rent obligatoires dans celles qui touchent aux intérêts
« directs de son Empire. Sa Majesté impériale ne saurait
« admettre, en fait, que la sécurité de la Russie dépende
« d'une fiction qui n'a pas résisté à l'épreuve du temps
« et soit mise en péril par son respect pour des engage-
« ments qui n'ont pas été observés dans leur intégrité. »

Nous comprenons parfaitement bien l'argumentation
tirée de l'état des faits. Mais celle du droit est d'une
singulière faiblesse. Car en somme, la question qui se
posait était celle de savoir de quelle manière prennent fin
les traités entre États ? Quelle est leur force obligatoire ?
Il s'agit bien entendu des traités perpétuels, conclus sans
fixation de terme. Sans doute, la perpétuité des obligations
est chose impossible, mais de ce que cette sorte d'obligations sont appelées, tôt ou tard, à disparaître, par suite de
l'absence des causes qui les avaient occasionnées, il ne
s'ensuit nullement que l'une des parties contractantes
peut, *motu proprio*, se délier des engagements qui résultent pour elle d'un traité de ce genre. « Le système
« contraire, écrit M. Bonfils, aurait pour logique consé-
« quence qu'aucune promesse n'oblige, si ce n'est lorsque
« son accomplissement est avantageux à la partie qui
« l'observe. L'État, lié par un traité qu'il juge n'être plus
« en harmonie avec les nécessités présentes, ne peut se
« libérer par un acte unilatéral de volonté. Il doit provo-
« quer de nouvelles négociations avec les autres États
« signataires de ce traité, établir à leur égard les chan-
« gements opérés, prouver la survenance des circons-
« tances ayant modifié les conditions implicites qui
« avaient causé le traité et justifié sa force obligatoire.
« C'est par une entente commune que la *résiliation* du

« traité doit s'accomplir. Elle ne peut être le résultat de
« la volonté ou du caprice d'un seul (1). »

Il fallait donc une nouvelle négociation, ne fut-ce que
pour constater le changement de la situation. Il ne suffisait pas de dire comme le prince Gortchakov le faisait dans
sa dépêche explicative à l'ambassadeur russe à Vienne,
que « les événements ont marché, qu'ils ont créé pour la
« Russie des droits incontestables (2) », car cette manière
de procéder présente de trop grands inconvénients, de
trop grands dangers. C'est même pour cette raison que
la fameuse clause *rebus sic stantibus* n'est pas unanimement admise en doctrine (3). Elle présente plus d'un
inconvénient.

Et, en vérité, si on admet que, dans tout traité sans
terme, on sous-entend cette clause, il faut encore savoir
qui jugera si les choses sont en l'état ou si elles sont changées ? La Russie prétendait, en 1870, être seule juge de
ce point de fait : « les événements ont marché » avait dit
le prince Gortchakow et il n'hésitait point à en tirer « des
« droits incontestables » pour son pays. Qui ne voit les
dangers d'un tel procédé ? Autant dire que la force est la
seule et unique base morale de toutes les stipulations internationales. « Cela revenait à déclarer, comme le re-
« marque avec tant de justesse M. Albert Sorel, qu'il n'y
« a de droit public que pour les politiques naïfs, que les

---

(1) V. Bonfils, op. cit., p. 470-471.
(2) V. Dépêche à M. de Novicoff, à Vienne, du 1er nov 1870 ;
Archives diplomatiques, 1873, t. III, p. 182-184.
(3) M. Renault, à son cours (1898).

« contrats diplomatiques n'obligent que les États trop
« faibles pour les déchirer et ne protège que les États
« assez forts pour les défendre. C'était le commentaire
« pratique de la parole du comte de Beust : je ne vois
« plus d'Europe ! (2) »

En même temps que cette dépêche circulaire, le prince
Gostchakov envoyait une série de dépêches spéciales,
une pour chaque Puissance, dans l'intention de rassurer
les signataires du traité de Paris sur les desseins purement pacifiques de l'empereur Alexandre II. On n'ignorait pas à la chancellerie des Chantres, l'effet que la communication russe allait produire en Europe ; il s'agissait
d'atténuer, autant que possible, la première impression,
la première émotion.

Dans toutes ces dépêches, il n'y a qu'une idée qui se
dégage avec netteté, c'était celle du maintien et de l'affermissement de la paix générale. En prenant la détermination d'abroger les articles 11, 13 et 14 du traité de Paris,
la Russie n'avait nullement l'intention « de soulever la
Question d'Orient », bien au contraire. « En vous acquit-
« tant de ce devoir, était-il dit dans la circulaire, vous
« aurez soin de constater que notre auguste Maître n'a
« en vue que la sécurité et la dignité de son Empire. Il
« n'entre nullement dans la pensée de Sa Majesté impé-
« riale de soulever la Question d'Orient... Elle maintient
« entièrement son adhésion aux principes généraux du
« traité de 1856, qui ont fixé la position de la Turquie
« dans le concert européen. Elle est prête à s'entendre

---

(1) V. Sorel, Histoire diplomatique de la guerre franco-allemande, Paris, 1875, t. II, p. 91.

« avec les Puissances signataires, soit pour en confirmer
« les stipulations générales, soit pour les renouveler, soit
« pour y substituer tout autre arrangement équitable qui
« serait jugé propre à assurer le repos de l'Orient et
« l'équilibre européen (1) ».

C'était cette idée fondamentale qu'on s'était ingénié à
développer, en y ajoutant des considérations spéciales à
chaque chancellerie. Ainsi, dans la dépêche destinée au
Cabinet de Londres, le prince Gortchakov insistait sur les
dérogations apportées aux dispositions essentielles du
traité de 1856, dérogations qui avaient eu pour résultat
de rompre l'équilibre politique, en Orient, « au détriment
de la Russie », et la détermination du gouvernement russe
« n'a pas d'autre but que de le rétablir. » On espérait que
lord Granville ménagerait bon accueil à la communication russe et cet espoir était basé sur « la conformité des
« principes et d'intérêts » qui existait heureusement
entre les deux gouvernements (2).

Le langage du prince Gortchakov, au Cabinet de Vienne
était, comme le dit M. Sorel, « presque comminatoire (3). »
« Je n'ai pas besoin, disait le prince, d'appuyer sur les
« motifs qui déterminent notre auguste Maître à se délier
« des clauses du traité de 1856, incompatibles avec la
« dignité et la sécurité de la Russie. Ils sont évidents.
« Lorsque j'avais l'honneur d'être accrédité à Vienne, *je*
« *n'ai pas caché ma conviction qu'une politique qui, sans*
« *ébranler la puissance de la Russie, laissait subsister*

---

(1) V. Archives diplomatiques, 1873, t. III, p. 180.
(2) V. Le prince Gortchakow au baron Brunnov, le 1er novem
bre 1870. Ibid., p. 181-182.
(3) Sorel, op. cit., t. II, p. 96.

« *dans les sentiments d'une grande nation une cause*
« *permanente de malaise et d'irritation, ne répondait ni*
« *aux intérêts de l'Europe, ni en particulier à ceux de*
« *l'Autriche* (1). » Certes, il était inutile d'insister sur
ces motifs, car on ne les connaissait que trop, sur les
bords du Danube. Aussi, était-ce de Vienne qu'étaient
parties les premières ouvertures pour reviser ces stipulations « particulièrement blessantes » pour la Russie
ainsi que le prince Gortchakov avait le soin de le rappeler
dans sa dépêche. Les hommes d'État de l'Autriche avaient
déjà vu ce que « l'irritation d'une grande nation » pouvait
leur faire. Les événements de Sadowa n'étaient que trop
présents à leur mémoire et c'était encore à cette « irritation » qu'on devait l'inaction forcée de la Cour de Vienne
pendant les quatre mois qui allaient de juillet à novembre 1870. « Les événements » avaient marché, en effet,
et l'Autriche se sentait trop faible pour entreprendre quoi
que ce soit. Elle était condamnée à écouter, sans bron-
cher, le langage hautain et plein de mépris du chancelier
de Russie. Ce qu'on lui demandait ce n'était rien moins
qu'une réponse catégorique. « M. le comte de Beust com-
« prendra certainement, concluait le prince Gortchakov,
« que la question est si grave pour la Russie, qu'elle devra
« considérer l'attitude des Puissances, dans cette conjonc-
« ture, comme la pierre de touche des dispositions qu'elle
« peut s'attendre à rencontrer de leur part, et par consé-
« quent aussi *de celles qu'elle peut avoir pour chacune*
« *d'elle en réciprocité.* » C'était là une menace à peine
déguisée, car, ou nous nous trompons du tout au tout,

---

(1) Le prince Gortchakov à Novicoff, le 1er nov. 1870 ; Archives
diplomatiques, 1873, t. III, p. 182-184.

ou cette phrase finale voulait dire que le Cabinet de Vienne
devait choisir entre deux propositions : accepter et soutenir la demande du gouvernement russe, partant, mériter
sa précieuse amitié ; refuser de s'associer aux propositions, aux résolutions de la Russie, partant, courir le
risque d'un nouveau Sadowa. C'était clair. Le Cabinet de
Vienne était prévenu.

Le vice-chancelier de Russie avait dû se sentir autrement à l'aise, lorsqu'il avait à rédiger la dépêche à
M. d'Uxkull, ambassadeur du Tsar, à Florence. Ce qui lui
rendait la tâche bien facile, c'était précisément l'attitude
de l'Italie à l'égard de la France. Le Gouvernement italien
avait, en effet, profité des premiers revers de la France,
pour notifier au Gouvernement de la Défense nationale
qu'il ne se considérait plus tenu d'observer la convention
relative à Rome (1). Le prince Gortchakov ne faisait, en
somme, que se servir de l'exemple contagieux donné par
l'Italie ; son procédé ne différait en rien de celui que Vis-
conti-Venosta avait utilisé pour dénoncer, de sa volonté
propre et unilatérale, des engagements que son pays avait
contractés, dans une circonstance solennelle, envers une
Puissance qui avait tant fait pour l'unité italienne. Cela
étant, le ministre de Florence serait bien mal venu de critiquer un procédé, qui lui était si cher, car il en avait été
l'inventeur. Aussi, s'explique-t-on le ton « hautain » que
l'ambassadeur de Russie devait tenir à l'éminent homme
d'État italien. « Veuillez lui dire, écrivait le prince Gort-
« chakov, que nous ne doutons pas un instant de l'accueil
« que le Gouvernement italien fera à la demande qui nous
« est prescrite. *Il a trop la conscience de sa propre di-*

---

(1) V. M. Renault, à son cours (1898).

« *gnité pour ne pas comprendre les devoirs que la nôtre*
« *nous impose…* (1) ».

La dépêche à la Sublime-Porte était un peu plus difficile
à faire. Néanmoins, l'éminent diplomate qui était à la tête
des Affaires étrangères s'en était tiré tout à son avantage.
« Elle (la déclaration russe) ne contient aucune menace
« envers la Turquie, écrivait-il à M. de Staal. Tout au
« contraire, plus nous avons la conviction que le traité
« de 1856 crée entre elle et nous une position anormale,
« dont la situation générale de l'Orient doit se ressentir
« défavorablement, plus nous sommes persuadés que le
« retour à des rapports d'où seraient écartées des restric-
« tions blessantes, peut devenir entre les deux pays le
« point de départ des bonnes relations dont leurs annales
« offrent plus d'une tradition. Il dépendra de la Porte de
« s'inspirer de ces traditions et d'abandonner le terrain de
« la défiance où elle s'est placée à notre égard, en entrant
« dans la voie où nous la convions loyalement (2) ». Et,
dans une lettre particulière à M. de Staal, le prince Gortchakov insistait sur la situation anormale que le traité de
Paris avait faite à la Russie, ainsi que sur les dangers qui en
résultaient pour la Porte. En prenant donc, la détermination de faire cesser pacifiquement cet état de choses anormal,
la Russie ne faisait, en somme, que travailler au plus
grand bien de la Turquie. « C'est évidemment, écrivait le
« vice-chancelier de Russie, une des causes qui entretien-
« nent l'agitation en Orient et qui paralysent les efforts

---

(1) Le prince Gortchakov à M. d'Uxhull, à Florence, le 1er novembre 1870, dans les Archives diplomatiques, 1873, t. III, p. 184-
185.

(2) Dépêche à M. de Staal, à Constantinople. Ibid., p. 185.

« d'apaisement que le gouvernement impérial n'a pas
« cessé de faire depuis 1856. La détermination prise par
« notre auguste Maître tend à écarter pacifiquement cet
« obstacle permanent. Nous croyons que la Porte peut y
« trouver, à son tour, une garantie de repos et de sécu-
« rité que ne lui ont pas offerte, jusqu'à présent, des sti-
« pulations qui n'ont pas résisté à l'épreuve des temps
« Cette considération n'échappera certainement pas à la
« perspicacité d'Aali-Pacha (1) ».

Restait enfin la France, l'une des principales parties,
au traité de 1856. La vengeance du prince Gortchakov
n'allait pas jusqu'à négliger complètement cette grande
Puissance. Il s'était contenté de lui communiquer la détermination russe, plusieurs jours après qu'elle avait été
communiquée aux autres Puissances. Il s'agissait de bien
marquer la différence qu'il y avait, à ses yeux, entre les
gouvernements de droit et un gouvernement de fait (2).
S'il se décidait à porter à la connaissance du gouvernement de la Défense nationale, sa détermination de porter
la plus grave atteinte au traité de Paris, c'était en quelque
sorte, une condescendance de la part de la Russie.
Et ce qui le prouve bien, c'est la phrase suivante que nous
tirons de la dépêche adressée à M. Oukounoff, agent de
la Russie près de la Délégation de Tours. « *Bien que*,
« écrivait Gortchakov, le gouvernement qui dirige actuel-

----

(1) V. Archives diplomatiques, 1873, t. III, p. 186.
(2) V. M. Renault, à son cours. M. Sorel place la communication à la France, à la date du 17 novembre, alors qu'elle avait
été communiquée à Londres le 9 novembre. Cela faisait une
différence de 8 jours, un retard considérable, comme on le voit.
V. op. cit., t. II, p. 97.

« lement les affaires de la France n'avait pour but que la
« défense nationale, cette Puissance occupe une trop grande
« place en Europe pour que le Cabinet impérial puisse
« tarder, à lui faire part de cette modification (1) »...
Mais ce n'était pas tout. Il semble bien que le prince
Gortchakov ait éprouvé un malin plaisir à rappeler à la
France, ses erreurs d'autrefois et il poussait la complaisance jusqu'à se donner la peine de tracer à tous les gouvernements futurs, en France, la ligne de conduite pour
l'avenir. « La guerre de 1854 et le traité de 1856, écri-
« vait-il à Oukounoff, ont été les premiers pas apportés
« dans la voie des perturbations politiques qui ont ébranlé
« l'Europe et ont abouti à de si désastreuses conséquences.
« Quel que soit le gouvernement qui s'établisse définiti-
« vement en France, sa tâche sera de réparer les maux
« causés par un système politique dont le résultat a été
« si fatal (2). »

                              III

Telle était, dans ses grandes lignes, l'importante corres
pondance qui était sortie, au commencement du mois de
novembre 1870, de la chancellerie du pont des Chantres.
Le prince Gortchakov avait sans doute saisi le « moment
« psychologique (3) » pour narguer, du haut de son poste,
toute l'Europe impuissante. Néanmoins, si la Russie

---

(1) V. Dépêche à Oukounoff, Archiv. diplom., 1873, t. III,
p. 187.
(2) V. Archives diplomatiques, loc. cit.
(3) V. Klaczko, op. cit., p. 380.

devait, finalement, obtenir pleine et entière satisfaction
quant au fond de sa demande, l'Europe entière, si faible
qu'elle fût, se dressa contre le procédé dont le prince
Gortchakov s'était servi. Sans doute, il n'y avait plus
d'Europe, car la célèbre *ligue des neutres* n'avait fait que
consacrer son impuissance (1), sans doute aussi, la situation politique était telle que personne ne se serait lancé,
de gaîté de cœur, dans les plus dangereuses aventures,
afin de faire respecter une « fiction ». Il n'en est pas
moins vrai cependant, que l'abdication de l'Europe n'allait
pas jusqu'à consacrer, par son silence, un précédent aussi
dangereux et gros de conséquences. On s'attacha donc,
« à rendre aux principes et au droit les honneurs diplo-
« matiques », ainsi qu'on l'a dit (2).

La Grande-Bretagne dénonça, la première, cette manière d'agir. Dès le lendemain du jour où le baron Brunnow avait communiqué, au Foreign-Office, les dépêches
du prince Gortchakow, lord Granville avait réuni le Conseil, afin de lui soumettre cette grave déclaration. Les
décisions qui y ont été prises sont longuement exposées
dans la dépêche qu'il adressa aussitôt à l'ambassadeur de
la Reine, à Saint-Pétersbourg. Le Cabinet de Saint-James,
comme nous l'avons remarqué, ne s'attaquait pas au fond
de la demande. Sa critique portait uniquement sur la
question de la forme. « Cette manière de considérer les
« choses, écrivait le noble lord à sir A. Buchanan, est
« tout à fait indépendante de la question de savoir si le
« désir de la Russie est, au fond, conforme ou non à la
« raison... Car ce qu'il faut savoir, c'est en quelles mains

_____

(1) V. Bonfils, op. cit., p. 471.
(2) V. Sorel, op. cit., t. II, p. 96.

« réside le pouvoir de délier une ou plusieurs des parties
« de toutes ou de quelques-unes des obligations contrac-
« tées. Il a toujours été admis que ce droit appartient
« uniquement aux gouvernements qui ont été parties
« dans l'instrument original. »

Telle était la donnée que lord Granville développait avec
une remarquable argumentation. Son but était évidemment de ne point brusquer les choses et d'amener la
Russie à une nouvelle négociation, pour sauver les apparences, tout au moins, car il prenait soin de lui laisser
espérer une entière satisfaction quant au fond même de
la demande du Tsar. « Les dépêches du prince Gor-
« tchakov, poursuivait lord Granville, paraissent avoir
« pour but de soutenir cette prétention qu'une des Puis-
« sances quelconque, signataire de l'engagement, peut
« alléguer que, dans son opinion, il s'est produit des faits
« en opposition avec les clauses du traité. Sans que cette
« manière de voir soit partagée ni admise par les Puis-
« sances cosignataires, cette Puissance pourrait fonder
« sur cette allégation, non pas un appel aux gouverne-
« ments pour examiner la question, mais une déclaration
« qu'elle est affranchie ou qu'elle se tient pour affran-
« chie de toutes les stipulations du Traité qu'elle trouve-
« rait bon de désapprouver. Il est de toute évidence que
« l'effet d'une pareille doctrine et des actes qui, sciem-
« ment ou non, sont fondés sur cette doctrine, est de
« mettre l'autorité et l'efficacité des Traités à la discrétion
« de chacune des Puissances qui les ont signés. Le ré-
« sultat serait l'entière destruction des traités dans leur
« essence, car l'unique but des traités est de lier les Puis-
« sances les unes aux autres; *pour y arriver, chacune*

« *des parties doit abandonner une portion de sa liberté*
« *d'action* (1). »

On ne saurait mieux dire, car en somme, c'est bien là
le véritable caractère des traités. Si toutes les Puissances
étaient intraitables sur le principe de la souveraineté, si
on donnait à ce principe une interprétation par trop
absolue et rigide, il est à peine besoin de dire que le
droit international n'existerait plus. Si donc il importe à
deux États de communiquer entre eux, d'avoir des rapports continus, pour le plus grand bien de leurs sujets, de
leurs peuples respectifs, il faut qu'ils se résignent à transiger ; il faut enfin consentir à subir, de temps en temps,
certaines restrictions à la liberté d'action. Il faut donc user
de ces restrictions, chaque traité en suppose, mais il faut
aussi, bien se garder d'en abuser, car alors on ne fait rien
de stable, les traités sont faussés dans leur but. C'est ce
qu'on avait pourtant fait, en 1856. Les restrictions qu'on
avait imposées à la Russie, après la guerre de Crimée,
étaient, nous l'avons souvent dit, par trop attentatoires à la
dignité, à la souveraineté d'une grande Puissance. Des
restrictions de ce genre, sont déjà arbitraires, lorsqu'on
les applique à un petit État. Mais les faibles ont toujours
tort, a-t-on dit. Ne discutons pas. Les forts, les puissants,
par contre, ne peuvent subir impunément de tels abus. Tel
était le cas de la Russie. Néanmoins, cela ne pouvait point
justifier son procédé.

La situation n'étant plus la même qu'en 1856, la Russie
aurait dû provoquer une nouvelle négociation, et les puis-

_____

(1) V. Lord Granville à sir A. Buchanan, le 10 nov. 1870.
Archives diplomatiques, 1873, t. III, p. 188-190.

sances cosignataires ne se seraient point fait faute de lui donner satisfaction, car elles ne pouvaient point faire autrement. Le but que poursuivait la Russie aurait pu être atteint, sans porter un tel coup au droit des gens, sans ébranler si fortement le droit public européen. C'est précisément ce qui résulte de la dépêche de lord Granville. « La question soulevée, poursuivait-il, n'est donc pas de « savoir si le désir exprimé par la Russie doit être exa- « miné avec soin, *dans un esprit amical* par les Puis « sances cosignataires, mais bien de savoir si ces « Puissances doivent accepter la déclaration que de son « propre fait et sans leur consentement, la Russie s'est « déliée d'elle-même d'un contrat solennel ». Et deux jours plus tard, le 12 novembre, lord Granville revenait à la charge. « Si, disait-il, au lieu de dénoncer la conven- « tion spéciale annexée au traité de Paris comme en fai- « sant partie, le gouvernement russe avait demandé au « gouvernement britannique aussi bien qu'aux autres « gouvernements qui ont pris part à ce traité, d'examiner « s'il n'y avait pas des raisons qui justifieraient qu'il y fût « apporté quelques modifications, le gouvernement de la « Reine, d'accord avec les cosignataires, aurait pris en « considération *la justesse de cette demande...* » (1).

Le comte de Beust n'avait pas hésité non plus à se placer sur le terrain de la force obligatoire des traités. Dans sa dépêche du 16 novembre, il invoquait particuliè- rement l'article 24 du traité de Paris, qui avait réglé d'avance la procédure à suivre pour annuler ou modifier les stipulations du traité de Paris. « Nous ne saurions

(1) Dépêche à sir A. Buchanan, du 12 nov. 1870; Arch. dipl. 1873, t. III, p. 194.

« concevoir ni admettre de doute relativement à la force
« absolue de cet engagement réciproque, écrivait-il à son
« ambassadeur, sur les bords de la Néva, lors même que
« l'une ou l'autre des parties contractantes se jugerait en
« position de faire valoir les considérations les plus so-
« lides contre le maintien d'aucune des stipulations d'un
« traité au sujet duquel il avait été convenu de déclarer
« d'avance qu'il ne pourrait être annulé ou modifié sans
« l'assentiment de toutes les puissances qui l'ont signé (1) ».
D'ailleurs, le Cabinet de Vienne n'était point rassuré sur
le contre-coup que le procédé russe pouvait avoir dans
les Principautés et en Serbie. « Dans le Levant, poursui-
« vait-il, cet essai de la Russie de se faire justice elle-
« même sera envisagé sans doute comme une preuve que
« cette puissance a jugé le moment venu de prendre en
« main la solution de ce qu'on est convenu d'appeler la
« Question d'Orient. Les imaginations si ardentes des
« peuples chrétiens de ces contrées y trouveront un sti-
« mulant des plus actifs (2) ». Quelques jours après, le
comte de Beust prenait la précaution, malgré les assurances de la Russie, de conseiller aux gouvernements de
Belgrade et de Bucarest, le respect dû aux traités internationaux, ainsi que de les prévenir qu'il était fermement
décidé à ne tolérer aucun empiètement (3).

---

(1) Dépêche du comte de Beust à l'ambassadeur d'Autriche à
Pétersbourg, dans les Archives diplomatiques, ainsi que dans
Calvo, op. cit., t. I, p. 505.
   (2) V. Beer, op. cit., p. 602.
   (3) V. Ibid., loc. cit. (Dépêche du 23 nov.) ; Cf. aussi Gigareff,
op. cit., t. II. p. 126.

Entre temps, le Cabinet de Londres avait essayé de se renseigner sur la nature des rapports qui existaient ou qu'on supposait exister entre la Russie et la Cour de Berlin. C'était là une hypothèse qui expliquait parfaitement bien l'attitude de la Russie à l'égard de la France et qui jetait une singulière lumière sur les véritables motifs des refus obstinés du Cabinet de Pétersbourg de prendre l'initiative d'une médiation.

A vrai dire, rien ne prouvait l'existence d'une entente secrète entre ces deux Cours, quant au point spécial qui nous occupe (1). Ce qui est vrai, cependant, c'est que le comte de Bismarck ne pouvait point se montrer hostile à la demande de la Russie, alors qu'il lui devait tant de succès (2). A un moment donné, il avait même dû éprouver quelque contrariété, car toutes les nouvelles complications internationales pouvaient, en somme, avoir pour résultat de mettre fin à l'isolement de la France; le tête-à-tête auquel le chancelier de Prusse tenait par dessus tout, pouvait être troublé, et il entendait rester seul en présence de sa victime, afin de lui imposer les conditions les plus dures. La circulaire russe aurait donc pu lui faire du mal sur ce point. Mais cette appréhension ne dura qu'un instant. Le Cabinet anglais fournit à la Prusse l'occasion de tourner la difficulté.

En effet, lord Granville avait décidé d'envoyer un délégué spécial au quartier général de Prusse, à Versailles, avec mission de tirer au clair les doutes de la Grande-Bretagne sur l'accord secret entre la Russie et la

---

(1) V. M. Renault à son cours.
(2) V. Gigareff, op. cit., t. II, p. 127.

Prusse, quant à l'abrogation des clauses restrictives du traité de Paris (1).

Ce n'est que le 21 novembre que l'envoyé britannique fut reçu par le chancelier de la Confédération de l'Allemagne du Nord, et le récit de cette entrevue porte l'empreinte de la remarquable habileté de Bismarck· Il avait, en effet, commencé par exprimer ses regrets d'être dans l'impossibilité d'intervenir. Néanmoins, il consentait à prendre l'initiative d'une conférence, où l'on discuterait la question (2). Il y avait là un renversement des rôles. Le comte de Bismarck craignait par dessus tout, nous l'avons vu, la médiation de l'Europe. Il avait fini, grâce à son habileté et surtout aux circonstances favorables, par imposer sa médiation au Cabinet de Saint-James, car il s'offrait à s'interposer à Saint-Pétersbourg, afin d'appuyer et de faire accepter l'idée de la conférence, et cela, tout en affectant de rendre un immense service au gouvernement de la Reine. Il se posait comme ayant obligé l'Angleterre, alors qu'il ne servait que des intérêts prussiens et, par ricochet, des intérêts russes. « En prenant la di-« rection des affaires d'Orient, écrit M. Sorel, la Prusse, « qui n'avait été admise au traité de Paris que par poli-« tesse, *ad pompam et ostentationem*..., marquait la « place qu'elle comptait désormais occuper en Eu-« rope (3). »

La Russie se laissa très facilement convaincre; cela ne

---

(1) V. Lord Granville à Odo Russell, à Versailles, le 11 novem bre 1870. Archives diplomatiques, 1873, t. III, p. 193.

(2) V. Dépêche d'Odo Russell à Lord Granville. Arch. diploma tiques, 1873, t. III, p. 214.

(3) V. Sorel, op. cit., t. II, p. 104.

lui coûtait rien; car, en somme, sa déclaration si dédaigneuse allait pouvoir être consacrée par un aréopage européen. « La Russie, écrit encore M. Sorel, avait décrété « que la convention de la mer Noire n'existait plus, elle « en avait averti les Cours signataires de cette convention; elle ne leur demandait point de conseils, elle ex- « posait un fait accompli... Après avoir obligé l'Europe à « montrer son impuissance, il ne déplaisait point au chan- « celier de l'admettre à sanctionner par un protocole les « dérogations qu'il avait imposées au traité de 1856 (1). » Dans ces conditions, l'idée de la conférence avait conquis tous les suffrages. Dès le mois de décembre, toutes les Puissances, sauf la France, avait fait parvenir leur adhésion (2).

Le gouvernement de la Défense nationale hésitait, en effet, d'accepter l'invitation pressante qu'il avait reçue de lord Granville. On ne voulait point envoyer un plénipotentiaire à une Conférence, convoquée à la suite d'une initiative de la Prusse. On n'était point rassuré et on craignait de se laisser prendre à un piège (3). Le comte de Chaudodry avait cependant bien saisi tout le parti que pouvait tirer la France de sa présence à la Conférence. A cette réunion, le représentant de la France allait, enfin, se trouver au milieu des plénipotentiaires des autres grandes Puissances; il allait pouvoir se rendre utile à telle ou telle d'entr'elles, et c'était le moment, ou jamais, de se faire payer le concours dont on ne pouvait point se passer. — La Conférence avait pour but de régler une

---

(1) V. Sorel, op. cit., t. II, p. 101.
(2) V. Beer, op. cit, p. 604.
(3) V. Sorel, op. cit., t. II, p. 105.

question spéciale, résultant d'un traité collectif, dont la
France faisait partie ! Et pour que cette question fût définitivement et normalement réglée, l'adhésion de la France
était absolument indispensable. L'éminent diplomate qui
avait la direction des Affaires étrangères, à Tours, se rappelait peut-être le rôle que le prince de Talleyrand avait
joué naguère au Congrès de Vienne. « M. de Talleyrand,
« écrit M. Sorel, n'hésita pas à se rendre à Vienne. Le
« gouvernement français comptait sur les conflits d'inté-
« rêts qui surgiraient entre les Puissances. Le principal
« pour lui était d'y être : *sa présence valait des traités !*
« Le fait est qu'à Vienne la France prit, au bout d'un
« mois, un rôle prépondérant et fit prévaloir les arrange-
« ments qu'elle jugeait les meilleurs ; au bout de trois
« mois elle avait des alliances (1) ».

Malheureusement, le gouvernement de la Défense
nationale n'en a rien voulu savoir. On discuta longuement
sur le point de savoir si on devait accepter l'invitation de
l'Angleterre. On décida d'abord de ne pas se faire représenter à la Conférence, et cela était décidé malgré les
efforts de lord Granville (2). Finalement, l'opinion de
Gambetta pesa sur les décisions du comité et on tomba
d'accord qu'il fallait envoyer un représentant à Londres.
Ce n'est pas que l'éminent orateur avait compris tout
l'avantage diplomatique de cette présence au milieu des
plénipotentiaires des Puissances d'Europe. Il avait un
autre but, il visait un autre résultat, tout à fait différent :
il y voyait surtout la reconnaissance implicite de la République du 4 Septembre, comme gouvernement légal, de

(1) V. Sorel, op. cit., t. II, p. 110.
(2) V. Ibid., p. 115.

droit, et non plus, comme on le considérait jusqu'alors, comme gouvernement de fait (1). Quoi qu'il en soit, on décida de participer à la Conférence (2).

Mais tout n'était pas fini. Cette décision fut suivie de toutes sortes de démarches, de déterminations, dans les détails desquelles il nous est impossible d'entrer, et qui eurent pour résultat de retarder l'arrivée du plénipotentiaire français à Londres. Au lieu de confier cette mission à un diplomate expérimenté, qui aurait pu, sans perdre un temps précieux, se rendre sur les bords de la Tamise et occuper immédiatement la place réservée à la France, on désigna Jules Favre comme plénipotentiaire, qui d'ailleurs ne voulait point quitter Paris. Là dessus est venue se greffer la fameuse question dite des sauf-conduits (3). Toutes ces fautes n'avaient fait que montrer l' « incompétence absolue » de ceux qui avaient la mission de gouverner la France (4). Ce n'est que vers la fin de la Conférence que le duc de Broglie put prendre part aux délibérations de Londres.

La Conférence de Londres, après avoir siégé pendant près de deux mois, aboutit à la conclusion d'un traité qui sanctionnait la détermination de la Russie. Cependant, et dès la première séance de la Conférence, les plénipotentiaires des Puissances avaient pris le soin de protester, rétrospectivement il est vrai, contre le procédé de la Russie. « Les plénipotentiaires..., lisons-nous dans le « protocole du 17 janvier 1871..., reconnaissent que c'est

---

(1) V. Sorel, op. cit., t. II, p. 116.
(2) V. Ibid., p. 122.
(3) V. Ibid., p. 123-123-148 et suiv.
(4) V. Ibid., p. 150

« un principe essentiel du droit des gens qu'aucune Puis-
« sance ne puisse se libérer des engagements d'un traité,
« ni en modifier les stipulations, qu'à la suite de l'assen-
« timent des parties contractantes, au moyen d'une
« entente amicale (1). » La Russie signa aussi cette déclaration et cela ne pouvait vraiment pas lui coûter beaucoup,
car son attitude, depuis le mois de novembre 1870, était
en contradiction flagrante avec cette profession de foi,
plutôt platonique.

En somme, la Conférence de Londres n'avait servi qu'à
permettre à l'Angleterre de sortir d'une situation, fausse
en lui donnant la satisfaction de sauver les apparences.
Car, à supposer que la Conférence, après avoir signé la
déclaration que nous venons de citer, n'eût point consenti à donner *quitus* au Cabinet de Pétersbourg de sa
conduite, croyait-on vraiment que la Russie se serait considérée comme liée par le protocole du 17 janvier ? Allait-
elle renoncer à son désir de se délier des articles 11, 13
et 14 du traité de Paris ? Non, assurément. Il y avait
certainement un moyen, seul capable de la ramener à de
plus justes principes ; c'était de la forcer à respecter ce
traité, et pour la forcer il fallait une guerre, et, ce qui
était essentiel, une guerre victorieuse, d'où la Russie
serait sortie de nouveau amoindrie et vaincue. Ce n'était
pourtant pas le cas, ni le moment, et la Russie le savait
bien, c'était pourquoi elle s'était prêtée, avec tant de bonne
grâce, à donner cette satisfaction platonique au Cabinet de
Saint-James. Elle avait accepté de participer à une Conférence dont la décision avait été d'avance, sinon arrêtée,

(1) V. Bonfils, op. cit., p. 472.

du moins facile à prévoir, car il n'y en avait pas deux
possibles.

La conférence de Londres n'était, en fin de compte,
qu'une simple comédie. C'est du moins l'impression qu'on
en avait au sein du Parlement anglais. A l'ouverture de la
cession, le 9 février 1871, Disraëli ne s'était pas faute
de tourner en ridicule le rôle de la Grande-Bretagne,
durant toute la négociation provoquée par la circulaire du
prince Gortchakov. Il croyait à l'existence d'un traité
secret entre le Cabinet des bords de la Sprée et celui de
Pétersbourg. Cette entente entre les deux Cours rendait la
démarche de l'Angleterre auprès du comte de Bismarck
aussi naïve que peu digne pour le pays. Disraëli s'élevait
en terminant, contre cette « *cynical cordiality* » avec
laquelle le chancelier allemand avait offert de venir en
aide au Cabinet de Saint-James, en proposant la réunion
d'une conférence, dont le résultat allait être, tout naturellement, la sanction et la justification de ce procédé de
« haute main » L'éminent homme d'État anglais allait
même plus loin. Il condamnait la conférence, dont le principal résultat allait être l'humiliation de l'Angleterre,
parce qu'elle ne devait aboutir qu'à une solution préalablement établie, malgré l'affirmation du contraire (1).

Telle était l'œuvre de la conférence de Londres. La neutralisation de la mer Noire, cette création artificielle et
antirationnelle de la diplomatie occidentale, était pour
toujours abrogée. La Russie reprenait toute sa liberté
d'action dans l'Euxin. Elle pouvait désormais y faire construire des arsenaux maritimes et autant de vaisseaux de

---

(1) Nous empruntons le résumé de ce remarquable discours à
l' « Annual Register », année 1871. Partie I, p. 27-28.

guerre que bon lui semblerait. Elle pouvait fortifier tel ou
tel point du littoral, sans avoir des comptes à rendre à qui
que ce soit. Elle obtenait, en un mot, le retour pur et
simple au droit commun.

Les Puissances maritimes avaient commis une erreur, et
des plus graves, en imposant à la Russie une situation
anormale. Dans la célèbre séance du Parlement anglais, du
9 février, Gladstone avait établi, sans qu'on ait pu lui infliger un démenti, que, ni lord Clarendon, ni lord Palmerston n'avaient cru à l'éternelle durée de cette clause,
aussi humiliante pour la Russie. Quinze ans à peine après
le traité de Paris, le prince Gortchakow avait pris sa revanche, d'autant plus éclatante que la Russie l'avait
obtenue sans coup férir et sans bourse délier. M. Julian
Klaczko nous a donné le récit d'une anecdote qui se présente naturellement à notre esprit, après le récit succinct
des négociations de 1870-1871, « Un jour, écrit-il, après
« un long entretien avec le prince Gortchakov, le comte
« de Buol voit entrer ce bon Kadernoschka (un huissier du
« Ballplatz) d'un air plus solennel que d'ordinaire : c'est
« qu'il avait à faire une communication à Son Excellence
« dans l'intérêt du service ! » Et le comte de Buol d'ap-
« prendre que l'envoyé russe, après avoir quitté Son
« Excellence, avait paru tout bouleversé et suffoquant de
« colère — qu'il avait demandé un verre d'eau ; s'était
« promené pendant une demi-heure dans la salle d'attente,
« gesticulant avec violence, se parlant à lui-même et
« s'écriant de temps à autre, en français : « *Oh ! ils me*
« *le payeront bien un jour, ils me le payeront* (1)... » Et
ils l'avaient payé, en effet. D'abord l'Autriche, par deux

_____

(1) V. Klaczko, op. cit., p. 42.

fois, à Solférino-Magenta, en 1859, à Sadowa, en 1866 ;
ensuite, la France, la désastreuse guerre de 1870. L'Angleterre, sans avoir été aussi cruellement frappée, protégée qu'elle était toujours, par sa situation insulaire, n'en
est pas moins restée humiliée, son effacement pendant la
guerre franco-allemande a été complet (1). Il n'y avait que
la Prusse qui, à tort ou à raison, avait mérité la gratitude
du peuple russe et le gouvernement du Tsar l'avait largement payé de retour; peut-être l'a-t-on un peu trop
payé, et au détriment des intérêts russes, mais, qu'importait cela, à côté de la revanche, pleine et entière, de la
revanche sans compassion! Tels étaient les résultats d'une
politique imprévoyante qui n'avait en vue que la satisfaction des passions du moment!...

IV

Il nous reste à examiner les deux interprétations qui se
sont produites au Congrès de Berlin, relativement à l'article II du traité de Londres, du 13 mars 1871. Cet article
ne faisait que confirmer le principe de la fermeture des
détroits, tel qu'il résultait des stipulations antérieures. A
la conférence de Londres on y avait pourtant apporté une
modification, en ce que le droit du Sultan de délivrer des
firmans de passage à travers les détroits avait été élargi.

D'après la convention du 13 juillet 1841, confirmée par
le traité de Paris, le Sultan n'avait le droit de délivrer des
firmans de passage qu'aux bâtiments légers, destinés à
assurer le service des ambassades, d'un côté, et de l'autre,

---

(1) V. Sorel, op. cit., p. 105.

à stationner aux embouchures du Danube. En vertu de la
convention de Londres, le Sultan avait la faculté « d'ou-
« vrir les détroits, *en temps de paix,* aux navires de
« guerre des Puissances amies et alliées, dans le cas ou la
« Sublime-Porte le jugerait nécessaire, afin d'assurer l'exé-
« cution des stipulations du traité de Paris de 1856. (1) »
Ainsi, le Sultan était seul juge pour apprécier la nécessité
d'ouvrir les détroits à la flotte de telle ou telle Puissance,
dans une hypothèse d'ailleurs déterminée.

Quelle était la véritable portée de cette modification ? Y
avait-il autre chose qu'une simple extension d'un droit
déjà antérieurement reconnu ? S'ensuivait-il, au contraire,
que l'engagement collectif, sur le principe de la clôture,
avait changé de nature ? Est-ce que le traité de 1871 ne
contenait plus cette obligation collective, et l'avait-on
remplacée par une obligation simple du Sultan envers
chacune des Puissances signataires ? Il est bien difficile de
répondre à ces questions. Il semble, qu'on ait intention-
nellement évité de rédiger l'article avec plus de précision,
probablement parce qu'on risquait de ne plus s'entendre
du tout.

Le gouvernement britannique n'avait pourtant pas tardé
à prendre un parti dans la question. Il a affirmé qu'il n'y
avait plus d'obligation collective, depuis le traité de 1871,
quant à la clôture des détroits. C'est à la séance du 11 juillet
1878, au Congrès de Berlin, que lord Salisbury a lu une
communication, au nom de son gouvernement, sur ce
point. « Considérant, disait-il, que le traité de Berlin
« changera une partie importante des arrangements sanc-
« tionnés par le traité de Paris de 1856 et que l'interpré-

---

(1) V. Calvo, op. cit., t. I, p. 506.

« tation de l'article II du traité de Londres peut aussi être
« sujette à des contestations;

« Je déclare, de la part de l'Angleterre, que les obliga-
« tions de Sa Majesté Britannique, concernant la clôture
« des détroits, *se bornent à un engagement envers le*
« *Sultan*, à respecter à cet égard les déterminations in-
« dépendantes de Sa Majesté, conformes à *l'esprit* des
« traités existants (1). »

La Russie ne laissa point cette déclaration sans y répondre. A la séance suivante, elle fit enregistrer sa propre
doctrine sur ce point important. « Le comte Schouvalow,
« rappelant la déclaration faite dans la précédente séance
« par lord Salisbury au sujet des détroits, demande l'in-
« sertion au protocole d'une déclaration sur le même
« sujet, présentée par les plénipotentiaires de Russie :

« Les plénipotentiaires de Russie, sans pouvoir se
« rendre exactement compte de la proposition de M. le
« second plénipotentiaire de la Grande-Bretagne, concer-
« nant la clôture des détroits, se bornent à demander, de
« leur côté, l'insertion au protocole de l'observation ; qu'à
« leur avis, le principe de la clôture des Détroits est un
« principe européen et que les stipulations conclues à cet
« égard en 1841, 1856 et 1871, confirmées actuellement
« par le traité de Berlin, sont obligatoires de la part de
« toutes les Puissances, conformément à *l'esprit et à la*
« *lettre* des traités existants, *non seulement vis-à-vis du*
« *Sultan, mais encore de toutes les Puissances signa-*
« *taires de ces transactions* » (2).

Telles sont les deux interprétations du traité de 1871.

_____

(1) V. Adolphe d'Avril, op. cit., p. 443-444.
(2) V. Ibid., p. 444.

Il s'agit de savoir laquelle est la vraie. Est-ce la thèse de
l'Angleterre, d'après laquelle le Sultan aurait seul le droit
de faire entrer les flottes des Puissances occidentales dans les
eaux de l'Euxin, ou de permettre à la Russie de pénétrer dans
la Méditerranée, sans que les autres Puissances, signataires du traité de 1871, aient rien à y redire? Est-ce, au
contraire, celle de la Russie qui dénie ce droit au Sultan
et reconnaît aux autres Puissances signataires le droit de
s'opposer à une mesure de ce genre? Dans la première
doctrine, il n'y a qu'un engagement simple entre le Sultan
et chacune de ces Puissances, partant, du moment où le
Sultan consent à ne plus se prévaloir de ce principe,
en faveur de l'une des Puissances signataires et
cette puissance consent, de son côté, à profiter de la
suspension de la clôture, les autres Puissances n'ont rien
à y voir, car on se trouve en présence des deux États souverains et indépendants qui ont consenti d'abord à contracter un engagement, et qui consentent ensuite à l'abroger. Dans la seconde thèse, les choses ne sont pas aussi
simples ; il y a là l'obligation collective, partant, pour
suspendre ou abroger le principe, il ne suffit plus du consentement du Sultan et de l'une des Puissances signataires, mais il faut le consentement de toutes les parties
contractantes. Cela étant, on peut facilement se rendre
compte de deux intérêts en présence : l'intérêt de l'Angleterre de se faciliter, autant que possible, l'entrée dans
l'Euxin, et, à cet égard, le consentement du Sultan est
toujours plus facile à obtenir que celui de toutes les Puissances. On peut même forcer les Dardanelles et obtenir
l'autorisation du Sultan, après coup, ainsi que cela s'était
vu pendant la guerre de 1877-1878. Et l'intérêt de la
Russie, qui était tout le contraire.

Il est cependant bien difficile de se prononcer soit pour l'une, soit pour l'autre de ces interprétations, car nous nous trouvons en présence d'un texte qui n'est pas clair, et pour cause ; de plus, le traité de Berlin n'a pas tranché la question. On a inséré aux protocoles les deux déclarations et les Puissances n'ont pas jugé utile, ni prudent peut-être, de se prononcer pour l'une ni pour l'autre. L'article 63 du traité de Berlin se contente de confirmer, purement et simplement les dispositions du traité de 1871, c'est-à-dire, on lui conserve toute l'obscurité qui caractérise l'article II de ce traité.

Cependant, si on se rapporte aux travaux préparatoires du traité de 1871, on peut y puiser de précieux renseignements, qui semblent justifier l'interprétation britannique. L'idée qui s'en dégage avec netteté c'est, ainsi que le remarque notre éminent maître, M. Louis Renault, qu'en abrogeant la neutralisation de la mer Noire, on s'était préoccupé de donner une sorte de compensation équivalente à la Turquie, une compensation suffisante, afin de contre-balancer l'inconvénient ou les inconvénients qui allaient résulter, pour la Porte, de la perte d'une garantie aussi précieuse (1). On ne l'a point dit dans le texte et c'est précisément ce qui le rend équivoque, mais on l'avait pourtant discuté et les traces de cette discussion se trouvent dans les protocoles de la Conférence de Londres.

C'est à la deuxième séance que le plénipotentiaire de la Turquie, Musurus-Pacha, avait, le premier, formulé la demande « des garanties équivalentes et compatibles avec

---

(1) V. M. Renault, à son cours (mai 1898).

la sécurité de l'Empire ottoman (2). » Et on a pensé que la faculté de faire pénétrer dans la mer Noire les flottes des Puissances maritimes, constituerait précisément cette garantie équivalente et largement suffisante. La Russie allait pouvoir construire des arsenaux militaires, des navires de guerre en nombre illimité. C'était évidemment un inconvénient; mais on en serait quitte pour envoyer à la Turquie une assistance efficace, ainsi que cela s'était passé, pendant la guerre de Crimée; on opposerait, de la sorte, les flottes considérables des Puissances maritimes, aux flottes du Tsar. Or, pour aboutir à ce résultat, pouvait-on faire dépendre l'ouverture des détroits, en temps de paix, du consentement des Puissances signataires du traité! Pouvait-on espérer jamais que la Russie consentirait à autoriser, ou tout au moins à ne pas s'opposer, à l'ouverture des détroits, alors que cette mesure serait spécialement dirigée contre elle! Non, assurément. Dès lors, on devait s'arranger de façon que le Sultan seul pût avoir ce droit, sans qu'il soit obligé de rendre compte de ses actes, à qui que ce soit. Cela étant, la pensée qui a dû présider aux délibérations de la conférence de Londres avait certainement été de changer le caractère collectif de cette obligation d'en faire une simple obligation du Sultan avec chacune des Puissances et une obligation de chaque Puissance séparément envers le Sultan. La fermeture des détroits, dans l'esprit des plénipotentiaires des Puissances occidentales, ne devait plus être un principe de droit public européen, mais, au contraire, une simple mesure que prenait le Sultan, dans la

---

(1) V. Protocole du 24 janvier 1871, dans les Archives diplomatiques, 1873, t. III.

plénitude de sa souveraineté, mesure que chaque Puissance, séparément prenait l'obligation, seulement envers le Sultan, de respecter. Si donc, le Sultan croyait nécessaire, dans une hypothèse prévue, de mettre momentanément de côté cette mesure, et au profit d'une des Puissances signataires, — la Russie excepté, croyait-on (1) — personne n'aurait le droit de protester, car il n'y aurait point une atteinte portée à un principe européen, il n'y avait pas d'obligation collective, mais bien une mesure administrative, prise dans la plénitude de la souveraineté du Sultan.

Tel devait être l'esprit de cette modification apportée au texte de la convention de 1841. Malheureusement on n'en a rien dit, ni dans le traité de 1871, ni dans celui de 1878, qui l'a confirmé. Partant, il est bien difficile de contester le caractère collectif de ce traité et de l'obligation qui en résulte (2). L'intention des Puissances de lui enlever ce

---

(1) En effet, dans la rédaction première de ce passage, on avait parlé des « flottes des puissances non riveraines. » C'est le délégué turc qui n'avait pas voulu de cette rédaction, d'abord parce qu'elle portait atteinte à la souveraineté du Sultan, en tant qu'elle lui imposait l'obligation de ne jamais se servir du droit d'ouvrir les détroits en faveur de la Russie; ensuite, parce qu'elle visait directement la Russie. Il avait proposé de remplacer l'épithète de « non riveraines » par celui d' « amies » ; le plénipotentiaire italien l'a complété en proposant d'y ajouter le mot « alliées », c'est ainsi qu'on adopta la rédaction définitive des « puissances amies et alliées. » V. Protocole de la conférence de Londres du 3 février, dans les Archives diplomatiques, 1873, t. III, cf. aussi Gigareff, op. cit., t. II, p. 128-129.

(2) V. sur ce point l'article de Geffeken. Revue de Droit intern., 1885, p. 365 367.

caractère collectif, est certainement incontestable. Mais pourquoi s'était-on abstenu de le dire bien nettement ? Pourquoi n'a-t-on pas précisé ? Pourquoi a-t-on préféré cette rédaction qui permet toutes les interprétations, partant, qui soulève tant de difficultés ? La raison en est bien simple : on risquait de ne pas aboutir, et, en 1871, la Grande-Bretagne n'était point prête à soutenir jusqu'à la guerre, un principe qui lui était cependant si cher. Il en a été de même au Congrès de Berlin. Ne pouvant y donner une solution satisfaisante, on laissa la chose en l'état, on la réserva et nous nous trouvons, en conséquence, en présence d'une réelle difficulté. Et cela est d'autant plus regrettable, que l'absence d'une juridiction supérieure, en droit international, complique encore davantage la difficulté. Qui tranchera la question ? Qui départagera les parties adverses ? Qui prononcera dans l'un ou l'autre sens ? Sans doute, en droit privé, il est d'un usage constant de chercher dans les travaux préparatoires la lumière pour certains textes obscurs ou équivoques, mais c'est les tribunaux qui décident et c'est là une garantie très précieuse pour les parties. En droit international on est en même temps juge et partie ; on invoque ou non les travaux préparatoires, suivant que l'intérêt du moment l'exige. Et cet intérêt politique change, avec le temps et alors, on peut voir telle puissance invoquer un jour ces travaux préparatoires et les repousser le lendemain. La chose n'est pas seulement hypothétique ; cela s'est vu et se voit tous les jours. Dans cette question de la fermeture des détroits, nous avons vu, tout récemment, la Grande-Bretagne adopter la thèse russe de 1878, et la Russie s'empresser d'adopter l'interprétation de l'Angleterre sur le caractère de la clôture des détroits, cette

même interprétation que lord Salisbury avait communiquée
au Congrès de Berlin et que les plénipotentiaires du
Tsar avaient repoussée avec indignation. Les intérêts avaient changé, voilà tout. Lors de la dernière crise
crétoise, les Puissances avaient décidé l'envoi des contin-
gents dans la malheureuse île de Crète. La Russie voulut
se servir de sa flotte de la mer Noire, partant, elle avait un
intérêt considérable à obtenir le libre passage à travers
le Bosphore et les Dardanelles, tout au moins pour un
cuirassé de sa flotte de l'Euxin (1). Dernièrement encore,
on a parlé de certaines négociations entre la Porte et la
Russie, en vue de la conclusion d'un traité qui aurait
permis à la Russie de faire passer des cuirassés et des
transports de la flotte « volontaire », avec des troupes
destinées à l'Extrême-Orient, et le tout devait passer
devant la pointe du Sérail (2). « Le correspondant du
« *Times* à Odessa, rapportait *Le Temps*, prétend savoir
« de bonne source que des négociations se poursuivent
« entre la Russie et la Porte, pour que les cuirassés de
« l'escadre russe de la mer Noire soient autorisés à passer
« le Bosphore afin de rejoindre les autres forces navales
« du Tsar dans les eaux Chinoises. Le correspondant du
« *Times* fait remarquer que les croiseurs de la flotte
« volontaire et que même des canonnières peuvent déjà
« passer par le Bosphore lorsque notification en a été
« faite à la Porte ; si le passage est autorisé pour un cui-
« rassé, la Russie se trouvera privilégiée d'une façon
« unique et enviable » (3).

---

(1) V. M. Renault à son cours.
(2) V. *Le Temps,* n° du 28 janvier 1898.
(3) V. ibid., n° du 16 février 1898: cf. aussi la note semi-ofli-

Nous ne savons pas ce qu'il y a de vrai dans tous ces bruits, dans tous ces renseignements. Il est toutefois facile à concevoir que la Russie ait un intérêt considérable à pouvoir utiliser quelques unités de guerre de sa flotte de la mer Noire, pour les complications, aussi graves que soudaines, de l'Extrême-Orient. L'intérêt de la Grande-Bretagne était non moins évident et contraire à celui de la Russie. On comprend donc facilement que ces deux Puissances aient de temps à autre l'occasion de s'emparer des doctrines respectives; c'est en quelque sorte un échange de bons procédés, qui consiste à s'approprier les interprétations réciproques et diamétralement opposées. C'est une façon de s'honorer, quand même, quoique rétrospectivement. A des époques différentes, ce sont toujours les mêmes interprétations qui se produisent, à cette différence près que les rôles sont renversés. La doctrine anglaise de l'an de grâce 1878, est devenue une doctrine russe en 1898, et vice-versa.

Pratiquement, la question se ramène au point de savoir qui jouit d'une influence prépondérante sur les rives du Bosphore. Est-ce la Russie? — c'est sa thèse qui triomphe; est-ce, au contraire, la Grande-Bretagne? — elle sera sûre d'y faire prévaloir sa manière de voir. Lutte des intérêts, luttes pour les influences politiques. Et tout cela, parce qu'on n'a pas eu le courage, ni la prévoyance de liquider une bonne fois pour toutes cette éternelle question des détroits; parce qu'on n'a pas voulu adopter la seule solution rationnelle, le retour pur et simple au droit commun : l'ouverture des détroits à tous les pavillons de guerre !

cielle du « *Novoïé-Vriémié* » (le Nouveau Temps, de Saint-Pétersbourg), n° du 8/20 mars 1898.

CHAPITRE VIII

DU TRAITÉ DE 1871 A NOS JOURS

La Russie et la Turquie ne sont plus les seules riveraines de la mer Noire. — Conséquences qui résultent de ce nouvel état de choses. — La Bulgarie peut-elle entretenir une flotte de guerre dans ses ports de l'Euxin ? — Blocus établi par la Turquie sur le Bosphore, pendant la guerre de 1877-1878. — Dispositions du traité de San-Stéphano à cet égard. — La question du dédoublement des stationnaires et le rôle des Etats-Unis.

I

Pendant très longtemps, la Russie et la Turquie étaient les seules puissances riveraines de la mer Noire. Depuis le traité de Paris et surtout depuis le traité de Berlin, cette situation n'est plus la même. Deux autres pays y possèdent des côtes, quoique sans un bien grand développement.

Déjà, vers la fin du siècle précédent, la Moldavie avait accès à la mer. Au commencement de notre siècle, et par suite des dispositions du traité de Bucarest, de 1812, elle en fut éloignée. Le Pruth était devenu la ligne frontière

entre cette province turque et la Russie (1). Cette situation ne dura d'ailleurs pas très longtemps. Après le désastre de Sébastopol, et afin de donner pleine et entière
satisfaction aux intérêts allemands, on avait pris un soin
jaloux d'évincer la Russie des embouchures du Danube.
Au congrès de Paris, on recula ainsi la frontière russe et
la bande de terre qui restait libre avait été annexée à la
Moldavie. C'était, par conséquent, le bras de Kilia avec
le territoire qui allait du lac de Bournas jusqu'au Pruth,
en passant un peu au sud de Bolgrad (2). Depuis, un dernier remaniement des possessions de cette principauté, ou
plutôt de la Roumanie, eut lieu : c'était au congrès de
Berlin. La Russie tenait, par dessus tout, à effacer le dernier vestige de son humiliation de 1856. Elle exigea, en
conséquence, la rétrocession de cette partie de la Bessarabie avec le bras de Kilia, que le traité de Paris lui avait
enlevée. C'était là une des conditions *sine qua non* de
l'indépendance de la Roumanie.

Cependant, on n'a point voulu amputer de la sorte un
pays qui avait prêté son concours à la Russie, pendant la
guerre de 1877-1878 ; on se décida à amputer la Bulgarie,
pour donner une compensation à la Roumanie, et cela
était d'autant plus facile, qu'on avait déjà amputé cette
principauté, avant que de naître ; amputation au profit de
la Turquie, amputation au profit de la Serbie, pendant
qu'on y était, on pouvait bien lui enlever une autre province, de crainte de lui en laisser de trop. La Russie n'y
avait vu aucun inconvénient, et c'est ainsi que la Rou-

(1) V. Article IV du traité du 16 mai 1812, dans le Recueil de Jouséfovitch, p. 51.
(2) V. article XX du traité de Paris, du 30 mars 1856.

manie obtint dans son lot, non seulement les bouches du Danube, mais une assez longue étendue de côtes qui s'arrêtait au sud de Mangalia, avec le port de Kinstendjé, qui pouvait devenir, et qui est devenu depuis, un point très important (1).

En vertu de l'article II du traité de Berlin, une petite partie des côtes de la mer Noire devenait la frontière orientale de la nouvelle principauté de Bulgarie. Le littoral bulgare commençait là où s'arrêtait celui de la

---

(1) V. articles 45-46 du traité de Berlin, du 13 juillet 1878, d'Avril, op. cit., Appendice p. 470-471. — Cette cession de la Dobroudja à la Roumanie est le point de départ d'une politique un peu embarrassante, tout au moins en apparence, pour les Roumains. Il s'agit, en effet, de roumaniser la majorité, la grande majorité de la population de cette province, qui reste quand même bulgare. La tâche ne doit pas être bien facile, c'est pourquoi le gouvernement de Bucharest se voit souvent obligé de recourir aux moyens vexatoires que les Hongrois emploient aussi contre les Roumains de Transylvanie. De sorte que tandis que les Roumains essayent, avec raison, d'intéresser l'Europe au sort malheureux de leurs frères de l'autre côté des Karpathes; qu'ils protestent, toujours avec beaucoup de raison, contre les moyens d'un autre âge que le Cabinet de Budapest emploie, en Transylvanie, pour imposer sa langue, voire sa religion aux Roumains, sujets hongrois, sous prétexte d'une civilisation supérieure, — le gouvernement de S. M. le roi Carol Ier, fort de l'appui de toute l'opinion publique en Roumanie, ne se fait pas faute de donner implicitement son approbation sans réserve, aux procédés magyares, car il leur emprunte gracieusement ces mêmes procédés « civilisateurs », pour les employer contre les Bulgares de la Dobroudja. Il paraît que la civilisation exige cela ! Il y a là certainement une situation embarrassante pour la Roumanie. Il faut croire qu'on n'y songe pas souvent et que les considérations d'un ordre exclusivement commercial et politique priment celles de la morale et des idées civilisatrices de notre temps.

Roumanie, au Sud de Mangalia, pour aboutir au Sud, à
« l'embouchure du ruisseau près duquel se trouve les
« villages Hadjak... Aïvadjik... etc. (1) ». Depuis la
révolution pacifique de Plovdiv, le littoral de l'ancienne
province privilégiée de la Turquie, la Roumélie orientale
est venu augmenter l'étendue des côtes bulgares de la
mer Noire.

Il faut passer rapidement en revue les conséquences
qui résultent, en droit, de ce nouvel état de choses.

L'une des premières, l'une des principales, est, sans
aucun doute, l'apparition des nouveaux pavillons de
commerce et de guerre dans la famille des nations maritimes, en général, et dans les eaux de la mer Noire, en
particulier. Du jour où la Roumanie et la Bulgarie avaient
accès à la mer, elles obtenaient *ipso facto,* le droit incontestable d'utiliser la voie navigable pour les besoins de
leur commerce. D'ailleurs ces deux pays auraient pu avoir
un pavillon spécial, même si on les avait tenus éloignés de
la mer, et cela par le fait même de leur qualité d'États
riverains du Danube. De par les traités internationaux, ils
se trouvaient en possession d'une étendue de côtes, plus
où moins grande; leur droit de naviguer sous leurs
propres pavillons, en était une conséquence logique et
toute naturelle. Leur dénier ce droit, ce serait porter
atteinte à leur droit d'existence, en tant qu'États. Aucun
texte ne vient porter une restriction quelconque à ce
droit fondamental et indéniable qui appartient à tout
État, si petit soit-il, ayant accès à la mer. Partant, la
Roumanie et la Bulgarie peuvent avoir des marines

(1) V. article II du traité de Berlin, d'Avril op. cit. Appendice,
p. 458.

marchandes et des marines de guerre, sans que pour
cela il soit nécessaire d'une stipulation expresse ou
formelle, pour leur reconnaitre ce droit. C'est une conséquence qui résulte du fait même de leur existence.

Ceci est tout à fait incontestable quant à la Roumanie,
État complètement indépendant, possédant la personnalité
internationale, en tant qu'aucune stipulation des traités
ne porte atteinte à sa souveraineté. Mais, on peut se
demander s'il en est de même de la Bulgarie, État tribu-
taire, placé sous la suzeraineté du Sultan. Est-ce que cette
principauté peut avoir un pavillon de guerre?

Pour répondre à cette question, il faut examiner d'abord
la situation juridique de la Bulgarie, telle qu'elle résulte
des traités internationaux. Il faut voir ensuite, si l'interdiction d'avoir un pavillon de guerre résulte nécessairement du fait de la vassalité, si en un mot, c'en est une
conséquence *ipso facto*.

La Bulgarie est un État vassal, suivant les uns, mi-
souverain, suivant les autres. M. Bonfils n'aime point la
dénomination d'États mi-souverains, parce que, dit-il,
« l'expression est amphibologique; l'idée est vague et
« inexacte. Un État qui n'a pas la liberté de ses relations
« internationales, ou qui ne l'a partielle qu'en vertu de la
« permission d'autrui, n'est pas souverain au point de
« de vue du droit international (1) ». Il préfère en conséquence, la classification de cette sorte d'États, en États
vassaux et protégés. Un État vassal, d'après lui, est celui
qui « n'a qu'une souveraineté amoindrie, dérivant d'un
« autre État suzerain, envers lequel il est dans un rapport
« de subordination ». Partant, tout État vassal doit se

_____

(1) V. Bonfils, op. cit., p. 100.

présenter ordinairement, comme absolument privé « de
« la jouissance et de l'exercice de la souveraineté exté-
« rieure (1) ». Ceci revient à dire qu'un État vassal ne
peut point exercer activement le droit de représentation,
qu'il ne peut pas traiter directement et sans intermédiaire,
avec les autres États et que les traités politiques ou commerciaux, conclus par l'État suzerain sont applicables
ipso facto, à l'État vassal. Ce n'est pas tout. L'État suzerain peut, suivant le cas, exercer certaines immixtions
dans l'administration intérieure de l'État vassal, telles par
exemple, les interventions dans le pouvoir législatif, dans
l'exercice de la justice, dans l'organisation de l'armée,
voire dans la frappe de la monnaie. — Tels seraient suivant les idées du savant professeur, les traits caractéristiques de la vassalité.

Il nous semble pourtant que cette définition risque bien
de ne jamais recevoir d'application pratique, parce qu'elle
manque de souplesse, parce qu'elle est par trop rigide. En
effet, il est bien difficile de trouver un seul État vassal
qui réponde à toutes ces conditions. La vérité, c'est que
cette matière ne se prête nullement aux déductions strictes
et logiques des principes du droit international. L'état de
fait y prédomine. M. Gabriel Hanotaux, l'ancien ministre
des Affaires étrangères de France, l'a très bien établi
quant aux États protégés. « Qu'est-ce qu'un protectorat ? »
se demandait-il, dans une remarquable étude, et la seule
réponse qu'il y donnait était celle-ci : « C'est un état de
« fait, et voilà tout ». « Il ne se définit pas, poursuit M. Ha-
« notaux, parce que le protectorat n'est rien autre chose,
« à vrai dire, qu'une restriction, une limitation, une modé-

_____

(1) V. Bonfils, op. cit., p. 97.

« ration que, dans son intérêt, la Puissance victorieuse
« s'impose à elle-même au moment de sa victoire, dans
« la mesure où il lui convient, alors qu'elle pourrait, en
« vertu du droit de la guerre, aller jusqu'au bout de sa
« conquête. N'en déplaise à nos jurisconsultes de Cabinet,
« le protectorat ne se définit pas, parce qu'il n'y a pas de
« tribunal pour juger les conflits qui pourraient s'élever
« entre la nation protectrice et la nation protégée sur la
« portée des termes de l'arrangement ; et que, d'autre
« part, la force de la puissance protégée étant brisée et
« anéantie par une occupation permanente et un désar-
« mement complet, tout recours à la guerre, sanction
« suprême des différends internationaux, est, par là même,
« rendu impossible (1) ». Il en est de même des États
vassaux, toutes proportions gardées, car si un État protégé
marche vers la complète absorption par l'État protecteur,
l'État vassal, en sens contraire, marche, le plus souvent,
vers l'entière indépendance, comme nous le verrons. On
ne peut pas le définir, car, lorsqu'on examine la situation
juridique de tel ou tel État vassal, on est obligé, non pas
de regarder ce que les principes du droit nous disent,
mais bien de se rapporter au texte qui forme, en quelque
sorte, la charte constitutive de chaque État vassal. Et il
est bien rare qu'on rencontre des conditions identiques et
toujours les mêmes dans deux textes, dans deux traités
qui établissent la vassalité des deux États différents. Le
plus souvent, on y met, suivant les circonstances, telle ou
telle restriction, telle ou telle extension.

Il importe, néanmoins, de bien établir une règle d'in-

_____

(1) V. Hanotaux, Madagascar et le régime de Protectorat, Revue de
Paris, 1896, n° du 1er avril.

terprétation pour le cas où le traité garderait le silence
sur plusieurs points, pourtant très importants. A supposer
que nous nous trouvions en présence d'un traité établissant la vassalité d'un État, sans rien préciser, sans en
établir, en détail, les éléments. Quel serait, dans ce cas,
le critérium qui nous permettrait de savoir les droits qu'il
faudrait reconnaître à cet État vassal, ainsi que ceux qu'il
importerait de lui refuser? Appliquerait-on, sans distinction aucune, les conséquences rigoureuses que M. Bonfils
tire de l'état de vassalité? Ne serait-il pas juste, au contraire, de tenir compte, dans une certaine mesure, de
l'état de fait? Car, on voudra bien en convenir, il est bien
difficile d'admettre que tous les États vassaux, qui ont
existé naguère, ou qui existent aujourd'hui, présentent les
mêmes caractères, ont la même mission ou la même destinée. Et si l'on doit tenir compte de l'état de fait, que res-
tera-t-il de la stricte définition juridique?

C'est uniquement pour cette raison que nous préférons
la dénomination d'États mi-souverains. Sans doute, ces
États n'ont pas la plénitude de la souveraineté extérieure,
mais aussi, prend-on soin de ne pas les appeler des États
souverains. Néanmoins, on admet, et cela se rencontre
dans la pratique, qu'ils puissent exercer telle ou telle
autre attribution de la souveraineté, peu nous importe
l'origine de cette jouissance ou de cet exercice partiel de
la souveraineté; nous constatons le fait et c'est à ce titre
qu'on les nomme des États mi-souverains. Si donc l'État
protégé n'est, en fin de compte, qu'un état de fait, où la
Souveraineté extérieure est entièrement absorbée par
l'État protecteur, l'État vassal aussi n'est qu'un état de
fait, où la Souveraineté extérieure, sans être entière, n'est
cependant pas anéantie complètement.

Il convient, en conséquence, de ne point se renfermer dans la rigidité des principes du droit. Le bon sens nous ordonne d'être disposé à des transactions, suivant les cas, de donner, pour tout dire d'un mot, plus de souplesse au droit des gens. Nous nous rappelons, sur ce point, la distinction que faisait, naguère, notre éminent maître, M. Louis Renault. Avant de savoir quel droit accorder ou refuser à un État vassal, il faut se demander quelle est l'origine de cet État vassal. Est-ce une province qui se détache d'un Empire, incapable de la retenir ? La vassalité, dans ce cas, n'est qu'une étape vers l'entière indépendance, vers le complet affranchissement ; c'est une sorte d'arrêt avant de monter au rang d'État entièrement souverain. Il convient, en conséquence, de lui reconnaître l'exercice et la jouissance de la souveraineté extérieure, autant que le respect du lien envers l'État suzerain le permettra. Mais, le plus souvent, ce respect ne sera qu'une pure question de forme. En fait, l'État vassal qui, un peu plus tôt ou un peu plus tard, finira nécessairement et par la force même des choses, par devenir un État entièrement indépendant et souverain, cet État vassal est admis à exercer et à jouir, pleinement et presque sans restriction, de la souveraineté extérieure. Est-ce, au contraire, un État vassal qui doit, comme les États vassaux en Allemagne, par exemple, finir par être absorbé et confondu dans une plus forte et plus grande agglomération ? Là on se trouve en présence d'une situation transitoire qui aboutira non seulement à la fin de la vassalité, mais aussi et surtout à l'extinction même de l'autonomie intérieure de cet État vassal. Dans cette hypothèse, mais dans celle-ci seulement, on peut interpréter la vassalité dans un sens restrictif et de l'exercice et de la jouissance de la souveraineté extérieure (1).

La principauté de Bulgarie est, sans aucun doute, dans la situation d'un État vassal qui marche vers l'indépendance complète, comme cela s'est passé pour la Serbie, pour la Moldavie et la Valachie. Aussi, ne faut il pas s'étonner que les Puissances lui reconnaissent la jouissance et l'exercice de la souveraineté extérieure. Cela est si vrai que le traité de Berlin, cette *magna charta libertatum* de la Bulgarie, lui reconnaissait, implicitement, il est vrai, le droit de traiter avec les Puissances. « Les « traités de commerce et de navigation, dit l'article VIII « de ce traité, ainsi que toutes les conventions et arran- « gements conclus entre les Puissances étrangères et la « Porte et *aujourd'hui en vigueur*, sont maintenus dans « la principauté de Bulgarie, *et aucun changement n'y* « *sera apporté à l'égard d'aucune Puissance avant* « *qu'elle n'y ait donné son consentement* (2). »

Ainsi, on admettait que les traités et autres actes internationaux de la Turquie et en vigueur au moment de la conclusion du traité de Berlin, seraient applicables à la Bulgarie. Mais, les traités et conventions que la Porte pourrait ultérieurement conclure avec les Puissances, n'allaient plus être applicables, *ipso facto*, en Bulgarie. C'est que, au moment du traité, la Bulgarie n'était pas encore organisée; il n'y avait pas encore un gouvernement, et force était bien cependant de ne pas laisser le pays sans dispositions internationales, sans traités. On décida d'y appliquer, provisoirement, le régime conven-

---

(1) V. M. Renault à son cours (semestre d'été de l'année 1894).
(2) V. d'Avril, op. cit., p. 410 (Appendice).

tionnel de la Turquie, avec possibilité de traiter à nouveau, du jour où cela serait possible, du moment aussi, où chacune des Puissances consentirait à y apporter des modifications. Sans doute, il y avait là une servitude pour la Bulgarie, en ce qu'elle était obligée d'observer les traités de la Turquie aussi longtemps que cela pouvait plaire aux Puissances signataires du traité de Berlin; mais il n'en est pas moins vrai qu'on lui reconnaissait le droit de traiter, sans que la Porte eût rien à y voir. La Bulgarie pouvait donc, en vertu de cet article, s'adresser à chacune des Puissances, afin de demander leur consentement à certaines modifications. Cette clause ne resta d'ailleurs pas lettre morte. Le gouvernement princier s'en est servi; les Puissances ne s'y sont pas opposées et, tout récemment, le Cabinet de Sofia signa une série de traités de commerce avec presque toutes les Puissances, voire avec la Turquie (1).

La principauté de Bulgarie peut donc traiter avec les Puissances, et cela est en contradiction avec la définition de M. Bonfils, qui lui refuse toute jouissance ou tout exercice de la souveraineté extérieure. Mais ce n'est pas tout. Certaines Puissances lui reconnaissent aussi le droit d'exercer la représentation active. C'est ainsi que le gouvernement bulgare a pu accréditer auprès des Cours voisines, d'abord, et ensuite, auprès des grandes Puissances, des agents diplomatiques. Actuellement, la Bulgarie entretient des légations à Paris, à Saint-Pétersbourg, à Vienne, depuis très-longtemps; à Berlin, tout dernièrement, voire dans la capitale du Suzerain. Elle a, en outre, des représentants

---

(1) Le traité de commerce entre la France et la Bulgarie a été publié dans les Archives diplomatiques, année 1897.

à Bucharest, à Belgrade, à Cettigné et à Athènes. Dans toutes ces capitales les agents bulgares font partie du corps diplomatique, jouissent des prérogatives diplomatiques. De plus, et depuis plus de deux ans, la Turquie a consenti à l'établissement des agents commerciaux bulgares dans les principales villes de la Turquie d'Europe. Sans que leur caractère soit bien nettement déterminé, ces agents de commerce n'en remplissent pas moins les fonctions des consuls. Les corps consulaires, dans ces villes, les considèrent comme en faisant partie et ils peuvent, ce qui est à retenir, hisser le pavillon bulgare sur la maison de l'agence commerciale. Tout dernièrement enfin, nous avons appris que la principauté de Bulgarie n'avait pas été oubliée et qu'on l'avait invitée à se faire représenter à la conférence de la Haye. Sans doute, on y parle « d'autorisation » de la part du Sultan (1), voire d'une condition préalable qui consisterait à reconnaître « expres-« sément la suzeraineté de la Turquie (2), » mais il n'y a là qu'une question de forme, qu'une sorte de courtoisie, d'égard envers le Sultan. Et ce qui le prouve bien, c'est la différence qu'il y a entre la conférence de la Haye, à laquelle la Bulgarie sera représentée par ses propres délégués, et la conférence de Londres, de 1883, relative au Danube, à laquelle la Bulgarie n'avait pas été admise à participer, malgré sa demande formelle, en tant qu'État riverain du Danube, et malgré l'appui du baron de Morenheim, le plénipotentiaire de la Russie à cette conférence. Le délégué turc s'était opposé à l'admission du délégué bulgare, parce que c'était à lui, comme représentant du Sultan,

---

(1) V. « Le Temps », nᵒ du 25 avril 1899.
(2) V. « Le Temps », nᵒ du 28 avril 1899.

suzerain de la Bulgarie, de représenter les intérêts de la
Principauté et cette thèse avait été acceptée par les autres
Puissances (1). Aujourd'hui il n'en va plus de même.

Tout cela est loin de correspondre à la définition de
M. Bonfils. En vérité, la Bulgarie est un État vassal, dont
le lien de vassalité, envers la Turquie, va toujours en se
relâchant. C'est un État souverain et indépendant de
demain, partant, les Puissances ne s'opposent point à ce
qu'il exerce, d'ores et déjà, tous les attributs de la souveraineté extérieure ; elle en a toute la jouissance, tout
l'exercice, sauf les restrictions ou plutôt certaines restrictions de pure forme. Telle est, en droit, et en fait, la situation internationale de la Bulgarie.

Il s'agit, maintenant, de savoir si la vassalité implique
nécessairement et implicitement l'interdiction d'avoir un
pavillon de guerre. Nous répondons, sans tarder, par la
négative. La principauté de Bulgarie, quoique placée sous
la suzeraineté du Sultan, peut parfaitement bien entretenir
une flotte de guerre dans les ports de la Mer Noire. Et
pour le prouver, en droit, — car en fait cette question n'a
plus d'intérêt, la Bulgarie ayant déjà une canonnière, —
nous n'aurons pas besoin d'aller bien loin. Il nous suffira
d'examiner la situation juridique de l'Égypte, sur ce point
spécial.

D'abord, nous allons rapidement examiner la nature du
lien qui existe entre la Turquie et l'Égypte. On admet
généralement que l'Égypte est un État vassal de la Turquie (2). Il nous paraît plus conforme à la teneur des

(1) V. M. Renault à son cours (premier semestre de l'année sco-
laire 1894-1895).

(2) V. Bonfils. op. cit., p. 97. Cf. aussi Calvo, op. cit, t. I, p. 207
et 305.

textes de ne considérer l'Égypte que comme une simple province de l'Empire ottoman, comme une portion administrative de la Turquie (1). Il suffit, en effet, de lire attentivement les nombreux firmans de 1841, 1873, 1879 et en dernier lieu celui de 1892, pour s'en convaincre. Si on ajoute, à côté de cela, l'esprit qui avait présidé à la quadruple alliance, à l'intervention des quatre Puissances de l'Occident, lors du second conflit turco-égyptien, en 1840-1841, il est absolument impossible d'arriver à la conclusion que les Puissances signataires de la convention du 15 juillet 1840, ainsi que de l'acte séparé, relatif à Méhémet-Ali-Pacha, acte qui se trouve annexé à cette convention, aient voulu faire la part belle au Pacha d'Égypte. Le Cabinet de Paris avait été même exclu du Concert européen, parce qu'on lui connaissait de la bienveillance à l'égard du Pacha d'Égypte. On se passa de son concours, afin de mieux exécuter le Pacha rebelle et on appuya autant que cela était possible, sur le fait que l'Égypte restait, avant comme après, une province de la Turquie et rien de plus. C'était cette intervention qui créa la situation actuelle de l'Égypte vis-à-vis de la Porte, et cette intervention était franchement hostile au Pacha d'Égypte.

Ce qui caractérise encore les concessions faites par le Sultan à l'Égypte, c'est leur caractère personnel. Ces privilèges, ces concessions, ne s'adressaient point aux Égyptiens, en tant que nation, mais bien à un individu, à une seule famille. Il s'agissait, en effet, de contenter partiel-

---

(1) V. L'Égypte et les firmans, une très intéressante étude publiée par la Revue générale de droit international public, 1896, n° 3 (mai-juin), p. 291-313.

lement, puisqu'on ne pouvait pas faire autrement, les ambitions personnelles du Pacha d'Égypte. On n'accordait pas une autonomie à l'Égypte, on n'accordait que l'hérédité, dans la famille de Méhémet-Ali, de la fonction de gouverneur général de cette province turque. La démonstration en a été faite, textes à l'appui, dans l'étude que nous avons déjà citée ; nous n'y insisterons donc pas.

Or, dans ces firmans, entre autres stipulations restrictives, il s'en rencontre une qui parle expressément de la flotte de guerre de l'Égypte. Il y est formellement dit que les gouverneurs d'Égypte ne pourront faire construire des navires de guerre sans l'autorisation préalable du Sultan (1). Ainsi, le Sultan était très soucieux de restreindre, le plus possible, la souveraineté extérieure et intérieure de l'Égypte et il pousse la minutie jusqu'à interdire à un de ses vizirs, qui occupe le poste de gouverneur de l'une de ses provinces, le droit de faire construire des vaisseaux sans, une autorisation expresse.

Il ne s'agit point ici, qu'on y fasse bien attention, d'un État vassal, dont le lien avec la Porte se réduit à une pure question de forme. Bien au contraire, l'Égypte n'a pas de pavillon propre ; le drapeau des troupes égyptiennes n'est autre que celui de la Turquie ; les lois et les traités de l'Empire ottoman sont applicables, *ipso facto*, à l'Égypte. ou, dans le cas contraire, il y a une délégation spéciale de la part du Sultan ; la frappe de la monnaie ne se fait qu'au nom du Sultan et toute pièce monnayée doit porter, sur l'un des revers, le chiffre du Sultan ; tous les droits souverains que le Pacha d'Égypte peut exercer, à l'inté-

<hr>

(1) V. Bonfils, op. cit., p. 98-99 ; L'Égypte et les firmans, étude déjà citée, p. 297 et 304.

rieur du pays ne sont que des délégations du véritable et l'unique souverain de cette province : le Sultan. L'Égypte n'a ni le droit de représentation, ni le pouvoir de traiter avec les Puissances étrangères, sauf le cas d'une délégation spéciale. Et malgré toutes ces restrictions, que nous n'avons point rencontrées en Bulgarie, le Sultan ne juge pas inutile ni superflu d'inscrire une autre restriction expresse et précise, quant à la flotte de guerre. Qu'est-ce à dire, sinon que le droit, pour un pays, d'organiser la défense, par terre ou par mer, est un de ces droits fondamentaux, qui résultent de l'existence même de tout État, souverain ou vassal; l'existence de ce droit s'induit du fait de l'existence de l'État. Par contre, pour qu'on puisse lui dénier ce droit primordial, il ne suffit pas d'une induction, d'une clause implicite, d'une interprétation extensive de telle ou telle stipulation d'un traité ou d'un firman. Pour enlever ce droit, il est indispensable qu'on le dise clairement, expressément, il faut une clause *ad hoc*.

Le Sultan l'avait si bien senti, qu'il n'avait point manqué d'inscrire cette stipulation restrictive, alors même qu'il s'agissait d'une de ses provinces. Et qu'on le remarque aussi, cette clause des firmans qui se sont succédés depuis 1841, n'a pas pour résultat d'enlever au Pacha d'Égypte le droit de faire construire des vaisseaux de guerre ou des bâtiments blindés. Elle lui imposait le devoir de demander une autorisation préalable au Sultan. Le droit subsiste donc ; il y a seulement une certaine procédure à suivre, quant à l'exercice de ce droit. Voilà ce que le Sultan a fait, dans les firmans qui s'adressaient au gouverneur d'une province turque.

Mais, à supposer même, ainsi que certains auteurs l'admettent, que l'Égypte soit réellement un État vassal,

cette stipulation n'aura d'autre valeur que de prouver ce
fait, d'ailleurs incontestable, que pour interdire à un État
vassal la libre jouissance et le libre exercice du droit de
conservation, du droit d'organiser sa défense, par terre
comme par mer, pour lui interdire le droit d'entretenir une
flotte de guerre ou de ne l'entretenir qu'avec le consentement préalable et formel de l'État suzerain, il est indispensable qu'il y ait une stipulation expresse dans ce sens.
Si cette stipulation n'existe pas, il est impossible d'impliquer
de la vassalité, l'incapacité d'avoir un pavillon de guerre,
une flotte de guerre.

Si donc une pareille stipulation a été jugée indispensable
pour sauvegarder le droit du Sultan en Égypte, province
turque, quoique privilégiée, à plus forte raison aurait-on dû
l'inscrire, en lettres d'or, si on voulait empêcher la principauté de Bulgarie d'entretenir une flotte de guerre dans
les eaux de la mer Noire.

On ne l'a pourtant pas fait. Dans aucun texte international, que nous sachions, du moins, nous n'avons rencontré une semblable restriction. Cela revient à dire,
qu'on a laissé intact le droit, pour la Bulgarie, d'assurer
la surveillance et, au besoin, la défense de ses côtes de la
mer Noire. C'est une toute autre question que celle de
savoir si la Bulgarie, par des considérations intérieures et
surtout financières, n'avait point profité de ce droit. C'est
une autre question aussi que celle de savoir si la Bulgarie
peut avoir une flotte puissante, elle n'en a point les
moyens. Mais de ce qu'on n'exerce pas ce droit fondamental,
on ne peut point induire que ce droit n'existe pas. Dans
la matière on ne peut parler de prescription.

La question que nous venons d'examiner n'est pas seulement théorique. Elle a été soulevée, en réalité, tout der-

nièrement. Il y a deux ans, le gouvernement de Sofia
avait commandé, à un chantier de Bordeaux, la construction d'un aviso-canonnière, destiné à assurer la surveillance des côtes bulgares de la mer Noire. En même temps,
le gouvernement de la République française consentait à
envoyer, en Bulgarie, une mission d'officiers instructeurs.
C'étaient les premiers jalons d'une organisation maritime.
Ces nouvelles ne passèrent pas inaperçues, et nous trouvons un très long article, sur ce point, dans le « *Péters-*
« bourgsky Listok (1) ».

L'organe russe commence par constater que le prince
Ferdinand avait depuis longtemps songé à cette entreprise
et que, dès 1892, on avait signalé des bruits à cet égard.
Mais comme, à cette époque, les relations entre la Russie
et la Bulgarie étaient encore dans la phase anormale, les
journaux russes avaient pris le soin de discuter vivement
le projet du prince, dans un sens hostile à la Bulgarie,
bien entendu. L'un des grands journaux de Saint-Pétersbourg avait même mis en avant l'idée d'une saisie de tous
les bâtiments bulgares déjà mis en chantier ou à construire, dans un avenir incertain, et cela uniquement parce
que les seules Puissances qui avait incontestablement le
droit d'entretenir des flottes de guerre dans la mer Noire
c'étaient la Russie et la Turquie. (Quid de la Roumanie?)
Ce langage, ajoute le « *Pétersbourgsky Listok* », s'expliquait tout naturellement, à une époque où le régime de
Stamboulov était en pleine vigueur, mais qu'actuellement
(1897) personne ne songe plus à élever de telles prétentions. Il constate l'amélioration des rapports entre la

_____

(1) Nous empruntons la reproduction de cet article au journal
bulgare le « Mir » (la Paix), Sofia, 17/29 septembre 1897.

Russie et la Principauté; partant, il ne voit plus d'inconvénients sérieux à la création d'une flotte bulgare dans l'Euxin. Les objections ne viendront donc plus du côté de la Russie. Mais, pour cela, il n'en subsistera pas moins quelque difficulté, résultant de la situation internationale de la Bulgarie, en tant qu'État vassal de la Turquie. L'avenir de la flotte naissante de la Bulgarie se présente sous un jour tout à fait incertain, car le Sultan pourrait la considérer comme un renforcement de la flotte ottomane. Sans doute, poursuivait l'organe pétersbourgeois, cette incertitude plane déjà sur toute la situation politique de la Bulgarie. Mais la flotte bulgare aura, peut-être, la première à en supporter tout le poids, d'autant plus que dans les actes internationaux, actuellement en vigueur, il n'est question que *des flottes russes et turques* de la mer Noire. C'est pourquoi, dit-il en terminant, il serait nécessaire de bien préciser la situation de la future flotte bulgare de l'Euxin, dans un arrangement international, *ad hoc*. Quoi qu'il en soit, le journal russe s'empresse de saluer l'apparition de « ces nouveaux camarades d'armes » dans la mer Noire, d'autant plus sincèrement que, désormais, le retour du régime de Stamboulov est impossible, en Bulgarie et la nouvelle flotte bulgare ne sera jamais contre la Russie. Et cette condescendance du journal russe est d'autant plus naturelle que ce sont les amis des Russes — les Français — qui préparent et organisent cette nouvelle arme de la Bulgarie.

Ainsi donc, la question de savoir si la Bulgarie peut entretenir une flotte de guerre dans la mer Noire dépendrait de ce que les traités internationaux ne la mentionnaient pas; ensuite, de ce que le Sultan pourrait la considérer comme faisant partie intégrante de la flotte ottomane;

de ce qu'enfin, une Puissance quelconque, la Russie, dans l'espèce, pourrait prendre ombrage d'une attaque éventuelle, quoique tout à fait invraisemblable, de cette nouvelle arme dans l'Euxin.

Qu'est-ce qu'il y a de fondé dans ces objections ? Rien absolument. Et d'abord, les traités, dit le journal russe, ne parlent point de l'existense d'une flotte bulgare. Cela est vrai, sans doute, mais qu'est-ce que cela prouve ? Les actes internationaux, actuellement en vigueur, ne parlent que des flottes russes et ottomanes dans les eaux de la mer Noire pour cette simple raison que, en fait, c'étaient les seules puissances qui entretenaient effectivement des flottes dans cette mer, au moment où les traités furent conclus. Ce sont les traités du 13 juillet 1841, du 30 mars 1856, du 13 mars 1871. L'article 63 du traité de Berlin, du 13 juillet 1878, n'a fait que confirmer ces traités antérieurs, « dans toutes celles de leurs dispositions qui ne « sont pas abrogées ou modifiées par les stipulations qui « précèdent (1). » Et c'est tout. Nous nous demandons, dès lors, comment, si l'on n'est pas prévenu, peut-on en induire, que les États nés postérieurement à ces traités, ne peuvent point entretenir des flottes de guerre ? La Bulgarie n'existait pas en 1856, ni en 1871. Comment, dès lors, ces deux traités pouvaient-ils parler de la flotte d'un État qui n'existait pas encore ? Et de ce que ces traités n'envisageaient que les flottes russes et turques, les seules existantes à ce moment, s'ensuivait-il nécessairement que jamais plus, et à aucune époque ultérieure, quoi qu'il advienne dans la situation de la mer Noire, les eaux de

---

(1) V. d'Avril, op. cit., p. 474. (Appendice.)

cette mer ne seraient sillonnées que par le pavillon de
guerre de la Russie et de la Turquie ?

Ce sont là vraiment des choses qu'il est puéril d'avoir
à démontrer. L'article 63 du traité de Berlin est pourtant
bien net et précis. Les traités de Paris et de Londres
ne sont maintenus que dans celles des dispositions qui
n'avaient pas été abrogées ou modifiées par les articles
mêmes du traité de Berlin. Or, le traité de 1878, renfer-
mait précisément plus d'une modification. La Roumanie,
notamment, avait été reconnue comme État indépendant.
Pouvait-on lui dénier le droit d'entrenir une flotte de
guerre dans l'Euxin ? Et pourtant, si l'on adoptait la thèse
du journal russe, on aboutirait à cette conclusion logique.
L'argument ne tient donc pas. Le traité de Berlin ne
contient aucune restriction à cet égard ni pour la Roumanie, ni pour la Bulgarie. Par contre, du fait même de
leur existence, consacrée par les dispositions du traité de
Berlin, résulte la création de deux nouvelles flottes
dans l'Euxin. C'est une des modifications, dont parle l'article 63. Partant, il est bien difficile de leur dénier, par ces
moyens détournés, le droit d'assurer la défense de leurs
côtes.

Et qu'on ne nous dise pas que le silence des Puissances,
sur ce point spécial, ne constitue qu'un oubli, qu'une
omission de leur part ; que, dans leur esprit, elles entendaient bien refuser, soit à la Roumanie, soit à Bulgarie,
le droit d'avoir un pavillon de guerre, dans l'Euxin. Cela
n'est guère admissible pour cette raison, très simple, que
plusieurs dispositions de ce fameux traité de Berlin, ont
pour but précisément de consacrer une série de restrictions de ce genre, même pour certains États, dont on
reconnaissait pourtant l'indépendance.

Ainsi, pour le Monténégro, l'article 29 de ce traité portait plusieurs atteintes à l'indépendance qu'on lui accordait. « Il y aura pleine et entière liberté de navigation « sur la Bojana pour le Monténégro, y était-il dit. *Il ne* « *sera pas construit de fortifications sur le parcours de* « *ce fleuve*, à l'exception de celles qui seraient néces- « saires à la défense locale de la place de Scutarie, les- « quelles ne s'étendront pas au dela d'une distance de six « kilomètres de cette ville. *Le Monténégro ne pourra* « *avoir ni bâtiments ni pavillons de guerre*. Le port « d'Antivari et toutes les eaux du Monténégro resteront « fermés aux bâtiments de guerre de toutes les nations. « — Les fortifications situées entre le lac et le littoral, « sur le territoire monténégrin, seront rasées et il ne « pourra en être élevé de nouvelles dans cette zone. — La « police maritime et sanitaire, tant à Antivari que le long « de la côte du Monténégro, sera exercée par l'Autriche- « Hongrie au moyen des bâtiments légers garde-côtes (1). »

Ainsi, entre deux stipulations portant l'obligation pour le Monténégro de raser ses forteresses et de ne point en ériger de nouvelles, on a intercalé l'interdiction pour la même principauté de n'avoir ni pavillon de guerre, ni flotte de guerre. Qu'est-ce à dire, sinon que ces stipulations avaient pour but de déroger à un droit fondamental pour chaque État, le droit de conservation, le droit de défense? Mais pour arriver à ce résultat, on ne pouvait se contenter d'une simple indication de l'état d'esprit des Puissances, au moment où elles avaient procédé à l'élaboration de ce texte. Il fallait une déclaration formelle et spéciale pour chaque restriction qu'on y apportait.

---

(1) V. d'Avril, op. cit., p. 467. (Appendice.)

L'article 52 du même traité de Berlin établit une semblable restriction pour certains États riverains du Danube. « Afin « d'accroître les garanties assurées à la liberté de navigation « sur le Danube, reconnue comme étant d'intérêt européen, « les Hautes Parties contractantes décident que toutes les « forteresses et fortifications qui se trouvent sur le parcours • du fleuve depuis les Portes de Fer jusqu'à ses embouchures « seront rasées et qu'il n'en sera pas élevé de nouvelles. « Aucun bâtiment de guerre ne pourra naviguer en aval « des Portes de Fer, à l'exception des bâtiments légers « destinés à la police fluviale et au service des douanes. « Les stationnaires des Puissances aux embouchures du « Danube pourront toutefois remonter jusqu'à Galatz (1). » Ainsi, et dans un intérêt européen, la Serbie, la Roumanie et la Bulgarie ne pourront avoir ni des navires de guerre, sauf l'exception faite pour les bâtiments légers, ni des forteresses dans une partie déterminée du parcours du fleuve, et on prenait le soin de le dire. De ce qu'on prescrit la démolition de forteresses existantes et l'interdiction d'en élever de nouvelles, il ne résultait point, par une interprétation *a fortiori*, que les mêmes États riverains du Danube ne devaient pas y entretenir de bâtiments de guerre. On ne l'ignorait pas, et c'est pourquoi nous trouvons une stipulation expresse pour chacune de ces deux parties, de ces deux faces, d'un seul droit, le droit de défense, par terre et par eau.

Enfin, pour la principauté de Bulgarie, — on le voit, personne n'a été oublié à ce Congrès, — nous trouvons toujours dans le traité de Berlin, une série de servitudes. « ... Il est entendu, disait l'art. 11, *in fine*, ... qu'il ne

(1) V. d'Avril, op. cit., p. 471. (Appendice.)

« pourra être élevé de fortifications dans un rayon de dix
« kilomètres autour de Samokow (1). ... Toutes les an-
« ciennes forteresses, portait l'art. XI, seront rasées
« aux frais de la Principauté, dans le délai d'un an, ou
« plus tôt si faire se peut; le gouvernement local prendra
« immédiatement des mesures pour les détruire et ne
« pourra en faire construire de nouvelles (2). »

Si donc, les Puissances réunies en Congrès, ne s'étaient
point montrées sobres dans les restrictions apportées au
droit de défense, non seulement pour un pauvre petit État
vassal, qu'on avait amputé et mutilé sans pitié, mais aussi
pour des États parfaitement indépendants, comment s'expliquer, comment peut-on admettre que ces mêmes Puissances aient oublié de statuer sur l'interdiction du pavillon
de guerre pour la Roumanie et la Bulgarie? Mais, à supposer même que ces Puissances avaient l'intention de leur
refuser le pavillon de guerre, et que le silence du traité
sur ce point n'est qu'un oubli, cela ne suffirait pas encore
pour empêcher ces États d'exercer un droit qui est essentiel, ce droit de conservation qui « constitue, pour nous
« servir du langage de M. Calvo, la loi suprême des na-
« tions, ainsi que le devoir le plus impérieux des
« citoyens (3). Ou alors, il aurait fallu une stipulation
formelle. Mais elle n'existe pas. La Bulgarie peut donc, si
ses moyens le lui permettent, entretenir une flotte de
guerre dans ses ports de la mer Noire.

Reste à savoir si cette flotte pourrait être considérée par

---

(1) V. d'Avril, op. cit., p. 459.
(2) V. Ibid., p. 461.
(3) V. Calvo, op. cit., t. I, p. 352.

la Porte, comme faisant partie intégrante de la flotte de l'Empire ottoman.

Ici encore se présentent les mêmes comparaisons avec l'Égypte, ainsi que les mêmes objections. Tandis que les textes sont formels pour reconnaître que, soit les troupes égyptiennes, soit la flotte de guerre égyptienne, forment partie intégrante des forces navales ou terrestres de la Turquie (1), les traités internationaux gardent le silence le plus significatif, quant aux troupes et à la marine bulgares, nous n'y reviendrons donc pas.

D'ailleurs, les événements de ces dernières années sont venus nous démontrer d'une façon pour ainsi dire palpable et irréfutable la différence qui existe entre la Bulgarie et l'Égypte, sur la question de savoir si les troupes et flottes de la Bulgarie ou de l'Égypte font parties, au même titre, des forces turques. Nous avons vu pendant la dernière guerre greco-turque, que la Bulgarie, quoique placée sous la suzeraineté du Sultan, pouvait parfaitement bien observer une neutralité stricte, pouvait continuer à garder le ministre grec à Sofia, et les consuls grecs, partout en Bulgarie, que l'agent diplomatique bulgare continuait sa mission, à Athènes, alors que la Turquie se trouvait en état de guerre avec la Grèce. L'Égypte au contraire, a rompu ses relations avec la Grèce, pendant la dernière guerre. Si donc, les forces militaires et maritimes de la principauté de Bulgarie faisaient parties intégrantes des forces militaires et maritimes de la Turquie, comment s'expliquer alors la neutralité de la Bulgarie,

---

(1) V. Bonfils, op. cit., p. 98 ainsi que l'étude sur l'Egypte et les firmans, dans la R. G. de D. Int. Public, 1996, mai-juin, p. 297 304.

alors que son suzerain se trouvait en guerre? Est-ce
admissible qu'une partie très respectable des forces
d'un État reste neutre, alors que l'autre partie est en
guerre?

En fait, il semble bien qu'on est bien loin en Europe de
partager cette manière de voir. Tout dernièrement, l'aviso-
canonnière bulgare, la « Nadèjda », après avoir quitté
Bordeaux à destination de Bourgas, a été autorisé à traverser les Détroits et à pénétrer dans la mer Noire. A en
croire les dépêches, la publication de l'Iradé impérial accordant cette autorisation n'avait été faite qu'après de longues
et difficiles négociations. « M. Markoff, agent diploma-
« tique bulgare, lisons-nous dans une dépêche au *Temps*,
« avait informé la Porte qu'au cas où l'autorisation de-
« mandée ne serait pas accordée, la canonnière traverse-
« rait néamoins les Dardanelles et qu'elle laisserait toute
« responsabilité à la Porte dans le cas où les forts des
« Dardanelles s'y opposeraient » (1). A Constantinople, on
avait même pensé qu'il serait opportun de se prévaloir du
régime égyptien pour s'emparer de la première canonnière bulgare. « Il avait d'abord été question, télégraphiait-
« on au *Temps*, de saisir la « Nadèjda », d'en rembourser
« le prix à la Bulgarie et d'incorporer le bâtiment dans la
« flotte ottomane » (2). Il n'en a rien été, cependant. Les
velléités des hommes d'État ottomans semblent ne pas
avoir trouvé bon accueil auprès des Puissances· Nous ne
sommes point en état de rien affirmer sur tout ceci, l'incident étant trop récent pour que nous puissions en savoir
plus long. Ce que nous savons pourtant, de science cer-

_____

(1) V. « *Le Temps* », nᵒ du 29 novembre 1898.
(2) V. Ibid., nᵒ du 8 décembre 1898.

taine, comme on dit, c'est que la « Nadèjda » est parvenue à destination, déployant pour la première fois, le pavillon de guerre de la Bulgarie, devant la pointe du Sérail et sur les eaux de la mer Noire. Et elle n'a pas été incorporée dans la flotte de la Turquie. Tels sont les faits, et ils viennent à l'appui des textes, ou plutôt à l'absence des textes, pour confirmer l'existence d'un droit qu'on n'a jamais pu sérieusement contester.

Quant à l'objection du « Pétersbourgski Listok », relative à la commodité ou à l'inconvénient, pour la Russie, de ce que de nouvelles armes commencent à se créer dans la mer Noire, nous nous contenterons de dire que cette considération ne mérite même pas qu'on s'y arrête. De ce que l'exercice d'un droit primordial et fondamental peut porter quelque ombrage à un État voisin ou co riverain, cela ne veut point dire qu'on puisse contester l'existence de ce droit, partant, d'en empêcher le libre exercice. La Russie, elle-même, n'a pas été arrêtée par des considérations de ce genre dans le développement de sa flotte de la mer Noire vers la fin du siècle précédent. Et, cependant, Dieu sait si la Turquie en prenait ombrage. Si on admettait, en principe, qu'un État ne pourrait exercer le droit de défense que dans la limite où cet exercice ne porterait aucun ombrage à ses voisins, on pourrait aller bien loin, trop loin même. Armé de ce principe, les grandes Puissances, ou la plus forte d'entre elles, pourraient impunément justifier leur conduite abusive et arbitraire.

II

L'apparition des nouveaux États riverains de l'Euxin entraine une autre conséquence, quant à l'établissement du blocus dans la mer Noire.

Sur ce point, il ne peut pas y avoir de discussion, à proprement parler, car l'établissement du blocus, en temps de guerre, est suffisamment réglé par la déclaration de Paris du 16 avril 1856. « Les blocus, dit le 4.ᵉ point de « cette déclaration, pour être obligatoires, doivent être « effectifs, c'est-à-dire maintenus par une force suffisante « pour interdire réellement l'accès du littoral de l'en- « nemi (1). » La Russie et la Turquie ayant signé cette déclaration, on pouvait espérer qu'à l'avenir on ne verrait plus se reproduire tous les abus d'autrefois, avec la pratique du blocus fictif. Désormais, si la Turquie se trouvait en état de guerre avec la Russie, elle serait parfaitement en droit d'établir le blocus devant les ports russes, à la condition toutefois que ce blocus fût effectif. La Turquie, par contre, ne peut point bloquer effectivement l'unique sortie de la mer Noire, dans le but de bloquer les ports de la Russie. Il y aurait là un abus contraire aux stipulations formelles.

En fait, cependant, la Turquie n'a pas tenu compte des dispositions de la déclaration de Paris, pendant la dernière guerre d'Orient (1877-1878). Profitant de sa situation géographique, éminemment favorable, la Sublime-Porte se crut autorisée à bloquer le Bosphore, afin de couper les communications de la Russie. Par le décret du 3 mai 1877,

---

(1) V. De Clercq, Recueil, t. VII, p. 91.

la Turquie déclarait établir le blocus sur tout le littoral
russe de la mer Noire. « Le blocus ici décrété, disait
« l'art. 11, commencera le 5 mai de cette année à devenir
« effectif et sera maintenu par une flotte ottomane en
« force suffisante (1). »

Ce n'était là, cependant, qu'une déclaration platonique,
afin d'avoir l'air de se conformer aux engagements formels
qui résultaient, pour la Turquie, de la déclaration de 1856.
Il était évident que l'Empire ottoman n'était pas en mesure
de maintenir effectivement le blocus sur une étendue de
plus de 2.500 kilomètres de côtes (2). Et ce fait avait été
reconnu par l'amiral turc en personne. « On a posé, disait-
« il dans une lettre, et je crois qu'on pose encore la ques-
« tion de savoir si un blocus effectif, qui, après tout, a
« pour but de prévenir les communications de l'ennemi
« et de nuire à son commerce, ne peut, dans la position
« géographique particulière de la Russie et de la Turquie,
« être mis en pleine force au seul débouché pour les
« communications et le commerce par eau, à savoir le
« Bosphore. *Quoi qu'il en soit, il est clair que nous
« n'avons jamais eu assez de navires à soustraire aux
« autres importants devoirs pour admettre que nous
« ayons gardé un blocus strict* (3). »

Telle était la thèse de la Turquie. Sans doute, disait-
on, le blocus doit être effectif. Mais encore faut-il savoir
quel est le but du blocus. Or, ce but est de couper les

---

(1) V. Calvo, op. cit., t. V, p. 202.

(2) V. l'Empire ottoman (1839-1877) par un ancien diplomate,
p. 188.

(3) Lettre de Hobart-Pacha au Levant-Herald, le 11 janvier 1878,
citée par Calvo, t. V, p. 202,

communications, de nuire et de détruire le commerce de
l'ennemi. Partant, la Turquie ayant une situation géographique, unique dans le monde, pouvait, effectivement
couper les communications de la Russie en ne bloquant
que le Bosphore. Et de plus, même s'il n'en était pas
ainsi, il y avait un fait incontestable, c'était le manque de
navires en nombre suffisant pour assurer un blocus effectif
sur une aussi longue étendue de côtes. Partant, la
Turquie pouvait bloquer le Bosphore, et considérer ce
blocus comme parfaitement suffisant, peut-être même
légal.

Et pourtant, c'était là un abus, sans aucun doute possible.
Le manque de navires n'était pas une excuse suffisante
pour violer des engagements solennels. La Turquie n'avait
nullement le droit de bloquer le Bosphore, et cela, non
seulement parce qu'elle atteignait en le faisant, les intérêts
des États riverains du Danube, restés neutres, mais aussi
parce que tout blocus fictif avait été clairement et expressément aboli. A supposer même que la Russie et la Turquie fussent les seules Puissances riveraines de la mer
Noire et qu'en établissant le blocus devant le Bosphore, la
Porte n'eût atteint que les intérêts de son ennemi, alors
même la Turquie n'avait pas en droit la faculté de procéder
comme elle l'avait fait. Mais, la situation n'est plus la
même. Depuis le traité de Berlin, ainsi que nous l'avons
dit, il y a deux autres États riverains de l'Euxin et qui
peuvent garder éventuellement la neutralité, dans le cas
d'une guerre entre la Russie et la Turquie. Si donc, la
Sublime-Porte s'avisait d'établir des blocus fictifs, en
bloquant le Bosphore, elle porterait atteinte aux intérêts
des neutres. Tout ce que la Turquie a le droit de faire,
c'est de bloquer les ports russes de la mer Noire, et d'une

façon effective ; tant pis pour elle si, faute de navires de guerre en nombre suffisant, l'exercice de ce droit de la guerre lui est impossible.

La Russie avait d'ailleurs pris ses précautions pour empêcher le retour d'abus aussi criants. Par le traité de San-Stéphano, la Turquie contractait l'obligation de ne plus établir des blocus fictifs. « Le Bosphore et les Dar- « danelles, lisons-nous dans l'article 24 de ce traité, reste- « ront ouverts, en temps de guerre comme en temps de « paix, aux navires marchands des États neutres arrivant « des ports russes ou en destination de ces ports. La « Sublime-Porte s'engage en conséquence à ne plus « établir dorénavant devant les ports de la mer Noire et « de celle d'Azov, de blocus fictif, qui s'écarterait de l'esprit « de la déclaration signée à Paris, le 4-16 avril 1856 (1). »

Le traité de Berlin ne conserva point cette stipulation. On ne doit cependant pas en conclure que la Turquie pourrait éventuellement bloquer le Bosphore. La décla- ration de Paris reste toujours en vigueur, et, la Turquie étant une des signataires de cette déclaration, doit s'in- terdir l'usage d'un procédé qui constitue une violation d'un principe de droit international, admis par la Porte.

III

Nous devons signaler, avant de terminer ce chapitre, l'incident des stationnaires qui donna lieu à des négocia- tions très laborieuses et qui prend son importance du fait

----

(1) V. d'Avril, op. cit., p. 289-290.

que les États-Unis d'Amérique essayèrent de jouer un rôle politique dans la question d'Orient, une sorte d'intervention qui était en contradiction manifeste avec leur célèbre doctrine de Monroë.

Il n'entre point dans notre sujet, d'examiner à la suite de quels événements, les grandes Puissances de l'Europe jugèrent nécessaires de demander le dédoublement des stationnaires à Constantinople. Qu'il nous suffise de dire que ce n'était qu'une demi-mesure, destinée d'avance à avorter, à rester stérile. La Grande-Bretagne n'avait pas hésité à proposer une sérieuse démonstration devant le Palais de Yldiz ; elle y voyait un moyen efficace pour le rétablissement de l'ordre et l'introduction des réformes sérieuses dans l'Empire ottoman. Les intérêts particuliers de certaines Puissances, et surtout de la Russie, les méfiances réciproques qui caractérisent les rapports entre les Puissances du concert européen (1), avaient puissamment contribué à réduire cette proposition à une simple demande d'introduire dans les eaux de la capitale turque un nouveau stationnaire pour chaque Puissance. Il s'agissait d'assurer, au plus tôt, l'ordre à Constantinople ; ce résultat une fois obtenu, on aviserait après sur le reste.

Or, pour augmenter le nombre des stationnaires, il fallait demander et obtenir une autorisation du Sultan pour le passage à travers les Détroits (2). Ce qui n'était pas chose facile, parce que la Porte y avait vu un moyen de gagner du temps, en résistant, afin de concentrer l'attention des Puissances sur ce point secondaire, de les dis-

----

(1) V. Étienne Lamy, la France du Levant Revue des Deux-Mondes, n° du 15 novembre 1898, p. 426-427.

(2) V. les traités de 1841, de 1856 et de 1871.

traire de la véritable question, les massacres Arméniens, et surtout de mettre à l'épreuve la solidité de ce concert européen, qui prétendait lui imposer la loi. Nous n'entrerons pas dans les détails.

Ce que nous signalerons, à part, c'est le fait que le ministre des États-Unis en Turquie, M. Terell, avait aussi formulé une semblable demande, invoquant d'ailleurs le même prétexte que les autres ambassadeurs : le désir et l'obligation de pourvoir à la sécurité de ses ressortissants (1).

Il semble, nous devons le reconnaître, que cette demande du gouvernement de Washington n'était point contraire aux textes. Si l'on se rapporte, en effet, à l'article 11 de la Convention de 1841, confirmé en 1856 et 1871, on est bien obligé de reconnaître que le droit réservé au Sultan, de délivrer les firmans de passage à travers les Détroits, n'était aucunement limité aux seules Puissances signataires, en ce sens que ces Puissances n'avaient point le privilège d'en profiter, à l'exclusion des autres États qui n'y sont pas parties. « Le Sultan se « réserve, dit cet article, comme par le passé, de déli- « vrer des firmans de passage aux bâtiments légers..... « employés, comme il est d'usage, au service des léga- « tions *des Puissances amies* (2). »

En droit donc, la demande du ministre des États-Unis était parfaitement fondée, car il est inadmissible de croire que l'expression de « Puissances amies » ne s'appliquait

---

(1) V. Revue générale de droit international public, 1896, mai-juin, chronique des faits internationaux, p. 372.

(2) V. F. de Martens Recueil des Traités de la Russie, t. XII, p. 158.

qu'aux Puissances signataires de ces actes. Mais aussi,
n'est-ce pas là le point important. Ce qui l'était davantage,
c'était précisément la circonstance dans laquelle cette
demande se produisait. C'était, on se le rappelle, au lendemain des massacres Arméniens, presque aussitôt après
les événements sanglants de Constantinople, à l'époque
où le concert européen, — à ce moment encore au grand
complet, — avait pris en mains le rétablissement de l'ordre
en Turquie, d'abord, et ensuite, l'introduction des réformes. Et si le concert européen intervenait ou se disposait à intervenir, c'était bien en vertu des droits et
devoirs incontestables qui résultaient pour les six grandes
Puissances de l'Europe, des actes solennels, dont le
dernier en date était le traité de Berlin, du 13 juillet 1878.

Il semble que les Américains auraient dû laisser aux
Puissances qui avaient seules le droit d'intervenir, le soin
de s'occuper de cette question. Tel n'avait pas été cependant l'avis du Cabinet de Washington. On paraissait ne
pas être pleinement rassuré sur l'efficacité de l'intervention européenne, et on avait raison, ce n'est certes pas
nous qui adresserions des louanges sur ce point, au fameux concert européen. Cela étant, on essaya de faire
des démarches, d'intervenir activement, là où l'Europe
paraissait ne rien vouloir faire. Pour la première fois,
M. Terrel, fit des démarches, à la Porte, afin d'exiger des
sérieuses mesures de protection, pour les missionnaires
américains, dans la région de Marasch (1). L'ambassadeur britannique, sir Philippe Currie, avait fait de son
côté, les mêmes démarches auprès des ministres du Palais.

_____

(1) V. *Le Temps*, n° du 25 nov. 1895.

Mais ces démarches n'étaient pas suffisantes, pour les Américains. Ils avaient donc pris le parti d'agir isolément, de leur côté, pour obtenir les mêmes protections que le Cabinet de Londres demandait.

Mais ce n'est pas tout. Les événements de l'Arménie avaient tout bouleversé en Amérique. Chose curieuse, le messager du président Cleveland, cet homme de tact, était marqué au coin du profond mépris que lui inspiraient les grandes Puissances, parce qu'elles ne faisaient rien de bien sérieux pour remplir leurs devoirs. « Plusieurs des « plus puissants États européens, disait ce message aux « Chambres, ont acquis par traité des droits et assumé « des devoirs, non seulement envers leurs propres natio- « naux et pour le maintien de leurs intérêts, mais aussi « comme représentants du monde chrétien. Ils doivent « obliger le gouvernement turc à réprimer les violences « de fanatisme, S'ils ne peuvent obtenir cela, leur devoir « est de s'interposer pour empêcher les terribles éven- « tualités qui ont récemment ému le monde civilisé ! Les « Puissances déclarent que ces droits et ces devoirs appar- « tiennent à elles seules, et il est vivement à espérer « qu'une action effective de leur part ne sera pas long- « temps différée (1). »

Les Puissances de l'Europe avaient certainement mérité ce reproche. Il n'est pas moins curieux de voir dans un document officiel et d'une aussi haute portée, de telles expressions. Le gouvernement de Washington avait l'air de pousser l'obligeance jusqu'à dicter à l'Europe, ce que, en vertu de ses droits, elle devait faire. Il y avait là quelque chose d'inusité. Mais, malgré la rareté de tels documents

_____

(1) V. *Le Temps,* n° du 5 déc. 1895.

officiels, le langage du président Cleveland n'était que trop
modéré, si on le compare aux discours prononcés et aux
résolutions prises par les Chambres américaines. On avait
décidé, notamment, de demander au président Cleveland,
« de faire connaître au Sultan l'indignation ressentie par
« les Américains, en présence des outrages dont les chré-
« tiens d'Arménie sont victimes, *et la résolution qu'ils ont*
« *prise de ne plus tolérer le renouvellement de ces*
« *massacrées* (1) ». Cela revenait à dire que les États-Unis
étaient prêts à intervenir, par la force, si besoin était,
pour rappeler les Turcs à de meilleurs principes.

Tout cela contribuait à donner à la demande de
M. Terrel une note suffisamment caractérisée. Les États-
Unis semblaient, — et ils nous donnèrent depuis des
preuves irréfutables, — abandonner la fameuse formule :
« l'Amérique aux Américains. » Ils semblaient étouffer
dans ce cadre devenu étroit; il leur fallait d'autres terrains où exercer le trop plein de leurs sentiments « huma-
« nitaires »; ils réclamaient, en conséquence « l'Europe
« et l'Amérique aux Américains », avant de venir finalement à une autre formule qui pourrait consister à
dire « le monde entier aux Américains. » C'était cette
tendance, cette nature de la demande des États-Unis qui
a fait dire au journal *Le Temps* qu'il y avait déjà une sep-
tième grande Puissance en Europe aussi soucieuse de
l'humanité... que les autres !

La demande des États-Unis resta cependant sans ré-

---

(1) V. Revue générale de droit international public, 1896, nᵒ 3,
p. 383.

sultat. L'iradé d'autorisation fut publié le 10 décembre 1895, et cette autorisation n'était accordée qu'aux six grandes Puissances. L'Allemagne, seule, ne voulut point en profiter ; elle n'envoya pas de second stationnaire (1).

_____

(1) V. Ibid., p. 374.

CHAPITRE IX

I

L'exposé historique qui précède nous a permis de
suivre l'évolution de la question des détroits et de la mer
Noire. Nous nous sommes efforcé d'en marquer les différentes étapes. Nous avons vu la mer Noire ouverte au
commerce et à la navigation des Anciens. Puis, dès l'établissement des Turcs à Constantinople, le commerce et la
navigation de cette mer commencent à rencontrer de très
grands obstacles qui, peu à peu, se sont transformés en
interdiction absolue, du jour où toutes les côtes de cette
mer se trouvèrent sous la domination directe ou indirecte
des Osmanlis. Ce n'est que pendant cette période, qui va
de la fin du xvᵉ à la fin du xviiiᵉ siècle, que la mer Noire a
été vraiment une mer intérieure de la Turquie et l'interdiction pour les nations étrangères d'y naviguer pouvait
s'expliquer juridiquement. A la fin du xviiiᵉ siècle la mer.

Noire est de nouveau ouverte au commerce et à la navigation du monde. La paix de Kioutchouk-Kaïnardji marque incontestablement une date dans l'histoire de cette importante question. Du jour où la Russie avait accès à la mer, les Turcs ne pouvaient plus s'opposer à l'apparition du pavillon de commerce et du pavillon de guerre de l'Empire des Tsars. C'est surtout l'apparition du pavillon de guerre qui n'était pas du goût des Turcs. Les raisons politiques qui les avaient toujours poussés à tenir fermée la mer Noire, subsistaient plus que jamais depuis l'apparition de ce pavillon russe dans l'Euxin. Afin de mettre en sûreté la capitale de l'Empire ottoman, on imagina le système de la fermeture des détroits au pavillon de guerre de toutes les nations, ou pour mieux dire, l'ancienne règle de l'Empire ottoman, qui ne s'appliquait qu'aux Dardanelles, fut appliquée au Bosphore aussi. Cette règle du droit public ottoman finit par se transformer en principe fondamental du droit public européen. C'est le régime qui est encore en vigueur.

Ce régime exceptionnel n'a sa raison d'être que dans certains intérêts généraux de l'Europe. La Russie a cru y trouver une sûreté pour ses frontières méridionales. Les Puissances de l'Occident y trouvèrent aussi leur compte, car il ne leur déplaisait pas d'immobiliser les forces navales russes de la mer Noire, par un système essentiellement artificiel et anormal, eu égard à l'état du droit international moderne.

Il n'y a, de par le monde, qu'un seul exemple, que nous sachions, d'une mer qui ne communique avec le reste du monde que par des détroits aussi étroits que le Bosphore et les Dardanelles, nous voulons parler de la mer Baltique et des détroits du Sund et des Belts. La situation géographique est exactement la même. Là aussi, la Russie se trouve enfermée en quelque sorte et obligée de passer devant les forts des Puissances riveraines avant de gagner la mer du Nord. La situation politique était, autrefois, la même que celle des détroits qui font communiquer l'Euxin et la Méditerranée : les deux rives du Sund appartenaient au Danemark. Et pourtant, à aucune époque, que nous sachions, le principe de la fermure du Sund et des Belts au pavillon de guerre de toutes les nations n'a été appliqué. Nous n'ignorons pas les obstacles qu'on y mettait. La navigation commerciale était obérée par le payement des droits de péages, mais ce régime n'existe plus. Actuellement le Sund et les Belts sont ouverts à la navigation de toutes les nations, pour le pavillon marchand comme pour le pavillon de guerre. Et cependant, le Bosphore et les Dardanelles, tout en étant complètement ouverts à la navigation commerciale, continuent à rester fermés aux navires de guerre de toutes les Puissances. D'où vient cette différence ?

On nous a répondu que cela venait uniquement de la situation politique de l'Empire ottoman. « La Russie, écrit « un auteur anonyme, qui, malgré son énorme étendue, « se sentait dépendre entièrement de la liberté des pas- « sages à la mer du Nord et à la Méditerranée, fut... pre- « mièrement poussée à leur conquête. Elle a dû rester « dans cette phase de sa politique aussi longtemps qu'elle « y voyait la seule manière de sauvegarder ses intérêts « les plus sacrés. Depuis, ne trouvant plus sa sécurité « menacée du côté du Sund, la Russie a cessé d'être l'en- « nemie naturelle de la Suède. Pourquoi n'a-t-elle pas en « même temps cessé d'être celle de la Turquie ? Parce « que la Suède, jouissant du calme et du bonheur sous

« ses souverains intelligents et sous l'influence d'une ins-
« truction publique, la meilleure peut-être du monde,
« n'aspire plus qu'à la liberté et au bien-être, tandis que
« la Porte ottomane est toujours restée le foyer et la résis-
« tance opiniâtre contre tout progrès et l'oppresseur des
« populations européennes que les faits d'armes d'un âge
« barbare ont mises à sa merci. La situation a changé des
« deux côtés. Mais de l'un, l'harmonie a succédé aux
« hostilités ; de l'autre, la question de prépondérance
« politique est devenue une question de puissance com-
« merciale, politique et nationale. Tandis que la Russie a
« désormais tous les motifs pour voir d'un œil satisfait le
« Sund rester entre les mains de ses gardiens actuels...
« elle ne peut sans appréhension laisser au hasard l'état
« des choses actuel, au Bosphore. Tandis qu'elle sait pou-
« voir trouver chez une Scandinavie fortement conso-
« lidée un appui et un soutien dans toutes les questions
« où serait engagé le libre passage de son mouvement
« commercial..., elle ne peut voir le Bosphore livré à son
« gardien actuel sans renoncer aux garanties suffisantes
« qu'exigent à la fois son trafic libre dans le bassin de la
« Méditerranée, son influence sur les affaires d'Orient, et
« le développement, conforme aux besoins contempo-
« rains des nationalités fières (1). » Ceci revient à dire
que, d'un côté, on se trouve en présence d'un élément
civilisateur, tandis que de l'autre, on a affaire à un
élément perturbateur. La Scandinavie est une garantie
sûre de la paix et de la liberté commerciale ; aucune
commotion sérieuse n'est à craindre du côté du Sund.

---

(1) V. Deux Détroits. Quelques réflexions sur la phase actuelle de
la Question d'Orient. Stockholm 1879. p. 16-17.

Tout au contraire, la situation politique sur les rives du Bosphore est loin de présenter ces garanties de stabilité, car on se trouve en présence d'un État conquérant qui, malgré les cinq siècles de conquêtes, reste toujours campé au milieu des populations subjuguées, par des moyens d'un autre âge, d'un « âge barbare, » comme dit l'auteur. C'est là le caractère anormal de la situation politique de ce coin de l'Europe. Partant, il n'y a là qu'un état des choses provisoire, une sorte de pis-aller. D'où résulte cette lutte pour les influences politiques, ce mal chronique, pour ainsi dire, car on est bien obligé de prendre toutes sortes de précautions afin de ne rien laisser au hasard ; s'entourer des garanties, afin de mieux assurer la liberté du trafic et de prévenir la rupture de l'équilibre politique entre les Puissances. Pour tout dire d'un mot, il faut s'opposer à toutes solutions dont le résultat serait d'empêcher l'établissement d'une prépondérance « *légitime* » de la Russie sur toute la presqu'île des Balkans. Et l'une de ces garanties c'était précisément la clôture des Dardanelles et du Bosphore, l'exclusion du pavillon de guerre étranger de la navigation des détroits et de la mer Noire. C'était, du moins, ce qu'on attendait, en Russie, du principe de la fermeture des détroits.

En vérité, et nous avons souvent eu l'occasion de le dire, le principe de la fermeture du Bosphore et des Dardanelles, a surtout été favorable aux intérêts de l'Occident. La pratique a démontré son inefficacité, en tant que moyen sûr pour garantir la sécurité des côtes russes de l'Euxin. Quoi qu'il en soit, on a cru, de part et d'autre, y trouver de sérieux avantages et on persiste, pour le moment, dans cette manière de voir, en attendant mieux.

Le principe de la fermeture du Bosphore et des Dardanelles n'est donc qu'un système transitoire. Que mettra-t-on a sa place ? Quel serait ce meilleur régime qu'on espère y appliquer ? Ici, nous touchons à toute la Question d'Orient, car avant de pouvoir donner une réponse satisfaisante à la question spéciale que nous posons, il faudrait savoir par qui serait remplacée la Turquie actuelle. La question des détroits ne peut point se résoudre indépendamment de la Question d'Orient. L'une est le corollaire indispensable de l'autre. Nous dirons même plus : la question des détroits domine la question générale des Affaires d'Orient.

En effet, tous les projets qui ont été proposés pour la liquidation de cette interminable Question d'Orient, ont invariablement pour aboutissant, pour pivot même, la question des détroits. S'agit-il de cette catégorie de projets qui a pour but d'amener l'annexion totale ou partielle de la presqu'île des Balkans à l'Empire russe : c'est la question des Détroits qui est au fond. Le point de départ et d'arrivée reste invariablement le même : la Russie a besoin de posséder les clefs de sa propre maison, de sa cour intérieure, comme on dit en Russie ; l'Empire des Tsars doit avoir en sa possession exclusive, le Bosphore et les Dardanelles, car quel serait l'avantage si la Russie ne possédait que le Bosphore, alors qu'une autre puissance, quelle qu'elle soit, serait établie aux Dardanelles ? Et pour avoir cette possession exclusive, il faut à la Russie une partie ou la totalité du territoire adjacent : c'est l'annexion de la péninsule balkanique. S'agit-il, au contraire, de cette autre catégorie de projets, qui tient compte des intérêts européens et, par ricochet, car il n'y a là qu'un concours heureux des circonstances, des intérêt des populations de ce pays, la question des détroits en forme toujours la base. Toute la

question est de savoir si on permettra, oui ou non, à la
Russie de prendre le Bosphore et les Dardanelles. Là est
la difficulté de cette éternelle Question orientale et nous
croyons ne pas trop nous tromper, en disant qu'on aurait
pu liquider, bien avant, le problème orientale, si ce problème n'était pas aggravé par la question des détroits.
C'est cette situation géographique, exceptionnellement
favorable, qui a fait le malheur de la presqu'île balkanique. Trop d'intérêts contraires et irréductibles y convergent, pour que les Prussiens aient le temps de s'occuper
des principes du droit, partant du seul intérêt des populations de ce pays. Les intérêts égoïstes dominent la matière. Tout ce qu'on a dit des sentiments plus ou moins
humanitaires de la Russie ou d'une autre Puissance quelconque ; toutes les fois qu'on a invoqué les idées civilisatrices, les considérations désintéressées, toutes ces belles
paroles enfin, qui font bonne figure dans les documents
diplomatiques, tout cela n'est rien autre chose qu'un leurre.
Et si on nous montrait la création, l'existence, nous
pourrions dire, la misérable existence de quelques petits
États dans cette malheureuse péninsule, nous ne sommes
pas assez naïfs pour croire à la sincérité de ces belles paroles, aussi pompeuses que vides de sens ; nous savons parfaitement bien que la naissance de ces petits États n'était
due qu'à un concours de circonstances, qui n'est au fond,
rien autre chose que l'éternel conflit d'intérêts entre les
grandes Puissances. La Roumanie, la Serbie et la Bulgarie n'existent aujourd'hui, en tant qu'États indépendants et vassaux, que par suite du désir, de la volonté de
l'Europe, qui ne voulait pas laisser ces pays sous la domination, soit de la Russie, soit de l'Autriche. Ne pouvant pas les laisser sous le joug de la Porte, on en a fait

des États indépendants ou vassaux, tout en poussant les
« sentiments humanitaires » jusqu'à ne point leur permettre de vivre et de se développer librement, car on ne
leur a accordé l'indépendance ou l'autonomie, qu'après les
avoir enserré dans un cercle de fer de servitudes et de
clauses restrictives.

Il nous faudra donc passer rapidement en revue les
principales solutions possibles, car il serait oiseux d'examiner tous les projets qui ont été présentés jusqu'à
présent.

II

Nous avons déjà indiqué, en passant, les deux groupes
de solutions : celles qui aboutissent à l'annexion, avouée
ou déguisée, à la Russie, d'une part, et, de l'autre, celles
qui repoussent cette annexion et qui préconisent la création des petits États indépendants ou la conservation de la
Turquie, mais une Turquie nouvelle, sérieusement réfor-
mée, une Turquie, en un mot, qui serait digne de prendre
place parmi les Puissances européennes.

L'une des plus caractéristiques, dans le premier groupe,
est, sans aucun doute, la solution proposée par un historien
éminent, un diplomate russe, très versé dans les choses
d'Orient : nous avons nommé M. Tatichtcheff, actuellement
l'agent des finances à l'ambassade russe de Londres. Le
but final de la politique de la Russie, dans la question
d'Orient, doit être, d'après cet homme d'État russe, l'établissement de la domination russe sur les détroits du
Bosphore et des Dardanelles, d'une part, et, de l'autre,

l'établissement du protectorat russe sur les populations
slaves des Balkans (1). Et ce n'est point par hasard que
l'éminent diplomate aboutit à cette conclusion aussi catégorique que franche. C'est un historien trop consciencieux
pour s'occuper de propositions plus ou moins fantai-
sistes. Il est amené à cette solution par l'étude patiente
et minutieuse de l'histoire de la politique extérieure
de la Russie, comme il prend, d'ailleurs, le soin de nous
le dire. « Pendant un quart de siècle, nous dit-il, nous
« avons concentré toutes nos forces intellectuelles à l'étude
« des questions de politique étrangère, d'abord dans le ser-
« vice actif, journellement en relation avec les hommes
« d'État russes et étrangers, ensuite, dans le calme et le
« silence des archives et des bibliothèques, cherchant à en
« tirer les sources inédites de l'histoire de la politique
« russe (2). » Et ce n'est qu'après avoir compulsé un
aussi grand nombre de documents de première main que
l'éminent auteur est amené à dire que la conclusion logique de la politique russe, plus que séculaire, est dans
l'établissement de la puissance moscovite sur les détroits
et la mise sous tutelle des populations des Balkans. « Le
« moment est venu, écrit-il, de dire cela franchement, sans
« hésitation ni réticence, sans une timidité mensongère
« et que rien ne justifie, conscients de notre droit et de
« *notre force*, comprenant notre vocation historique (3). »

---

(1) V. Entretiens diplomatiques sur la politique extérieure de la
Russie (en russe). 1re année 1889; Saint-Pétersbourg 1890. p. 29 et
suiv.

(2) V. Entretiens diplomatiques etc., p. 8 de l'introduction.

(3) V. Ibid. p. 29.

Et il cite la politique de Pierre le Grand, de son disciple, Catherine II, d'Alexandre Ier, du moins pendant le laps de temps qui va de Tilsit à Erfurt. Il nous indique enfin la politique de Nicolas Ier, qu'il a particulièrement étudiée. « Pendant les premières années de son règne, « écrit M. Tatichtcheff, l'empereur Nicolas informa toute « l'Europe que la Russie a le même intérêt à dominer sur « le Bosphore et les Dardanelles que la Grande-Bretagne, « sur le détroit de Gibraltar. Et si, plus tard, il a déclaré « ne pas convoiter, pour lui, le moindre lopin de terre « ottomane, ce n'était qu'à la condition formelle qu'il ne « permettrait à aucune autre Puissance de prendre une « parcelle du territoire turc. C'est assurément dans le « même sens, qu'à la veille de la dernière guerre d'Orient « l'empereur Alexandre II a promis, à l'ambassadeur an- « glais, de ne point occuper Constantinople (1). »

C'est là une des causes, car elle n'est pas la seule, qui ont déterminé M. Tatichtcheff à nous proposer cette solution. L'éminent historien nous indique aussi les intérêts légitimes de la Russie, surtout depuis le traité de Berlin, du 13 juillet 1878. En effet, la Russie avait, comme on le sait, répandu le sang de ses fils et dépensé des sommes fabuleuses, sans rien attendre, en retour. Cependant, il n'en a pas été de même des autres Puissances, qui n'avaient pas eu à supporter tant de sacrifices. L'Angleterre, d'abord, s'était fait adjugé l'île de Chypre et, plus tard, elle a occupé l'Égypte, afin de mieux dominer le canal de Suez, si important pour son trafic des Indes. La monarchie des Habsbourgs, a occupé, —du consentement préalable de la Russie, il convient de le signaler — la

---

(3) V. Entretiens Diplomatiques, loc. cit.

Bosnie et d'Herzégovine. La France a reçu des pleins pouvoirs pour s'installer en Tunisie. L'Italie s'est taillé une colonie sur les bords de la mer Rouge. Il n'y a que la Russie qui soit restée les mains vides, car elle n'a rien obtenu, toutes proportions gardées aux efforts déployés. Cela étant, l'équilibre des forces se trouve rompu, depuis le Congrès de Berlin, et cela au détriment des intérêts vitaux de la Russie. Il y donc lieu de chercher une compensation, aussi juste que légitime. L'occupation des dédroits de Constantinople serait une juste satisfaction, constituerait un redressement, une sorte de rétablissement de l'équilibre des forces.

Mais ce n'est pas tout. Le Cabinet de Saint-Pétersbourg est tenu de ne jamais perdre de vue la sécurité des frontières méridionales de la Russie et de rechercher les moyens propres de l'assurer. Or, tant que la Russie n'aura pas établi sa domination effective sur les détroits en question, son droit de conservation ne sera jamais entièrement exercé. Enfin, la Russie orthodoxe est tenue, c'est un devoir pour elle, de soustraire ses frères de race et de religion à tous les empiètements des Puissances occidentales et pour cela faire quel autre moyen que de les mettre sous la tutelle de la grande nation sœur (1)?

En somme, si la Russie a battu les Turcs pendant trois siècles, si elle a délivré les Slaves d'un joug insupportable, ce n'était certes pas pour en faire une arme contre la Russie et au service des Puissances ennemies du Cabinet de Saint-Pétersbourg. Si les frères du Nord ont répandu leur sang, ce n'était que parce qu'ils avaient la conviction que les frères du Sud comprendraient d'eux-mêmes la

_____

(1) V. Tatichtcheff, op. cit., p. 29-31.

solidarité qui les liait à la nation bienfaitrice, partant,
qu'ils abdiqueraient, de leur propre mouvement, toute
leur liberté d'action et se soumettraient à la direction
politique de la Russie. Or, les Russes ont vainement
attendu que cette initiative partît des frères des Balkans,
qui faisaient, qui font encore la sourde oreille et ne
veulent point comprendre à demi-mot. Ils ont cru pouvoir
être entièrement indépendants, avoir une politique nationale ou soi-disant telle, car ils se trompent toujours, parce
qu'il s'est souvent trouvé que leur politique nationale fût
contraire aux intérêts de la Russie. Il appartient à l'Empire des Tsars de les ramener à de plus justes principes,
à le faire rentrer dans le droit chemin, de leur montrer,
en un mot, qu'ils ne peuvent assurer leur indépendance
que par une étroite union avec la Russie, et que c'est là
la seule solution rationnelle, pour leur plus grand bien
et aussi parce que le moment est venu de leur montrer
que la Russie est « consciente de son droit et de sa
force », comme le disait, en commençant, l'éminent historien. Si ces populations slaves n'agissent point comme
l'indique M. Tatichtcheff, si elles ne veulent point se sui-
cider, renier leur nationalité ou presque, eh bien il n'y
aurait, là encore, que des ingrats (1). L'ingratitude est un
mot très en faveur en Russie !

Voilà l'analyse, aussi complète que possible, des problèmes de la politique orientale de la Russie, pour
l'avenir, d'après M. Tatitchtcheff.

M. Alexandre de Stieglitz, membre honoraire de la
chancellerie particulière de S. M. l'Empereur de Russie,
aboutit, lui aussi, à la solution dont nous venons de donner

_____

(1) V. Tatichtcheff, loc. cit.

l'analyse, à cette différence près qu'il essaye — et c'est là l'originalité de cette proposition — de l'étayer des principes du droit international moderne, du célèbre principe de l'équilibre politique, dont on s'est si souvent servi pour justifier les abus les plus criants. Qu'on en juge : « Pour « notre part, écrit M. de Stieglitz, nous nous demandons « en quoi le principe qui repousse tout agrandissement « démesuré, excessif de l'un des membres de l'union « internationale est-il en opposition avec la Question « d'Orient, telle que la comprennent la Russie orthodoxe « et le monde slave orthodoxe? » (lisez : M. de Stieglitz et ceux qui pensent comme lui, ce qui est loin d'englober toute la « Russie orthodoxe et les Slaves orthodoxes. ») « ... Le résultat auquel tend la Russie est celui que lui « recommandent sa mission historique et son penchant « naturel. Quant aux Slaves, les Slaves orthodoxes sur- « tout, ils sont unis à la Russie par des liens du sang, par « des liens intellectuels et moraux. » Et il ajoute qu'il en est de même, à peu de choses près, des Slaves catho- liques ou protestants. « Si la Russie, poursuit l'éminent « auteur, se place à la tête des peuples slaves qu'elle a « délivrés, ou d'une façon plus générale si elle prend en « main la direction des peuples des Balkans, *elle ne mon-* « *trera pas le moins du monde par ce fait un désir de* « *domination universelle.* Verra-t-on quelque chose de « commun entre Charles-Quint, Napoléon et le Tsar « orthodoxe russe, parce que ce dernier se sera fait le « *protecteur* et le *chef* d'une Confédération des Slaves « orthodoxes? (1) ». Restent, il est vrai, les Slaves catho-

(1) V. Stieglitz, De l'équilibre politique, du légitimisme et du principe des Nationalités, Paris 1893, t. 1, p. 417-418.

liques, et il serait cruel de les laisser à leur propre sort, alors qu'on assume la fonction de bienfaiteur et qu'on se montre assez libre penseur pour ne pas leur faire un crime de ne pas professer la religion orthodoxe. Sans doute, pour ces Slaves là, la question n'est pas aussi simple que pour ceux de la Turquie. Néanmoins, cela n'est point fait pour embarrasser un homme tel que M. de Stieglitz. Il a tout prévu, tout réglé dans les détails les plus minutieux, et cela dans un sentiment de complet désintéressement, sincèrement convaincu, ou tout au moins, en en ayant l'air, qu'il travaille pour le seul et plus grand bien de l'Europe tout entière. « En ce qui concerne les Slaves « autrichiens, dit-il, la Question d'Orient ne demande « aucunement que le protectorat russe soit étendu jusqu'à « eux, et que leur réunion à la Confédération balkanique « soit regardée comme indispensable. Il faut, pour que nous « arrivions au but vers lequel tendent tous nos efforts, « *que l'Autriche devienne un État où l'élément slave* « *aura la direction politique extérieure. Il faut qu'elle* « *soit sous la dépendance de la Russie, tout comme elle* « *l'est déjà sous celle de l'Allemagne* (1). » Telle est la solution « *naturelle* de la Question d'Orient, que nous « regardons comme *conforme au droit international, à* « *la justice, à l'équité et, par suite, au principe de l'équi-* « *libre international* (2) ».

Les populations slaves des Balkans doivent donc se soumettre au protectorat de la Russie, pour leur plus grand bonheur, bien entendu. Mais quel serait la nature de ce protectorat? Dans quelle mesure le gouvernement

---

(1) V. Stieglitz, op. cit., p. 418.
(2) V. Ibid. p. 419.

du Tsar entend-il limiter leur liberté d'action? Ici encore
MM. Tatichtcheff et de Stieglitz sont parfaitement d'accord. « Le protectorat russe, écrit ce dernier, ne doit pas
« mener à une ingérance dans les affaires intérieures des
« membres composant la Confédération ». Et, afin de nous
donner une idée concrète de sa pensée, l'honorable auteur
fait une comparaison de nature à bien nous éclairer sur
le but éventuel de la Russie. « Les peuples qui formeront
« la Confédération des Balkans, ajoute-t-il, doivent jouir
« de la même liberté dont les Finlandais jouissent jusqu'à
« présent (1). »

M. Tatichtcheff est plus clair, plus explicite sur ce point.
D'après lui, le protectorat russe doit comprendre, d'une
part, la direction de la politique extérieure de ces pays,
et, de l'autre, l'entière disposition des forces militaires des
Slaves des Balkans (2).

Nous n'essayerons pas de démontrer l'inanité de ces
propositions. Qu'il nous soit permis cependant de dire
qu'elles ont un vice originel, le grand tort de ne tenir aucun compte des intérêts européens, qui, n'en déplaise aux
deux hommes d'État éminents, existent néanmoins.
Sans doute, la politique plus que séculaire de la
Russie n'a en vue que la subordination des Slaves des
Balkans, comme contre partie de l'établissement indispensable de la domination russe sur le Bosphore et
les Dardanelles. C'est là surtout que trouve son expli
cation la célèbre légende de la mission ou de la « vo-
« cation » historique de la Russie: là aussi se trouve le
mot de l'énigme d'un autre problème historique, la ques-

(1) V. Stieglitz, op. cit., t. 1, p. 420.
(2) V. Tatichtcheff, op. cit., p. 31.

tion de savoir si, oui ou non, il a jamais existé de « testament » de Pierre le Grand.

Quand on a prétendu que la mission historique de la Russie était l'une des plus nobles, parce qu'elle était complètement désintéressée; qu'elle ne consistait que dans le désir qu'on avait, en Russie, de délivrer les chrétiens de Turquie, sans aucune arrière-pensée, ce n'était là qu'une façon de parler, qu'une manière, à coup sûr ingénieuse, d'éblouir les profanes ou les gens naïfs; c'était peut-être le but d'une politique idéale, qui n'a jamais reçu d'application pratique; c'était sans doute le tableau de la politique orientale de la Russie, telle qu'elle aurait dû être; — mais de là à conclure que cette politique aussi noble, aussi élevée, a, de tout temps, été celle des gouvernements des Tsars, il y a, on voudra bien en convenir, tout un abîme. Et c'est justement pour cela qu'il nous est bien difficile de partager, sur ce point, l'optimisme de l'éminent professeur de la Faculté de Pétersbourg, M. Fr. de Martens (1). M. Tatichtcheff est dans le vrai, lorsqu'il nous dit que, de l'étude de la politique russe dans la Question d'Orient, on doit nécessairement aboutir à la solution qu'il nous a proposée. Mais l'étude de cette politique nous montre aussi une autre chose, la contre-partie de ce but, c'est que l'Europe ne permettra jamais la réalisation de ce rêve. Il suffit de jeter un coup d'œil rapide sur l'histoire de cette Question d'Orient pour s'en convaincre. N'avonsnous pas vu cette sorte de dualité entre la Russie, d'un côté, désireuse d'avoir la haute main dans les Balkans,

---

(1) V. Etude historique sur la politique de la Russie dans la Question d'Orient, Revue de droit international et de législation comparée, 1877, t. IX, p. 49 et suiv.

et, de l'autre, les Puissances occidentales, toujours prêtes
à s'opposer, voire par la force, aux prétentions russes,
taxées d'exagération? L'histoire ne nous enseigne-t-elle
pas encore que le Cabinet de Saint-Pétersbourg a toujours
vivement désiré intervenir, à lui seul, dans les affaires de
l'Orient, et les Puissances occidentales toujours soucieuses
d'amener, d'obliger la Russie à traiter en commun, à intervenir collectivement, toutes les fois qu'il s'agissait des
nombreux conflits en Turquie? Qu'on examine tous les
documents historiques depuis le jour où la Russie est entrée en relations avec la Turquie jusqu'à nos jours et
qu'on nous en montre un seul où cette dualité ne serait
pas étalée tout au long. Que signifiait cette levée de boucliers au lendemain de la conclusion du célèbre traité
d'Unkiar-Skélessi, le 8 juillet 1833, ce traité unique qui
assurait la prépondérance, pas même effective, de la Russie sur les rives du Bosphore? Quel est le sens véritable
de la convention du 15 juillet 1840, ainsi que de celle du
13 juillet 1841? Quelle était, enfin, la vraie cause de la
guerre de Crimée?

En vérité la Question d'Orient n'est rien autre chose,
comme l'avait si bien dit, naguère, Prokesch-Osten,
« qu'une question entre la Russie et le reste de l'Eu-
« rope ». La Russie doit, en conséquence, compter avec
l'Europe. Elle ne peut pas, pacifiquement du moins, imposer sa solution, celle qui lui convient le mieux, malgré
les intérêts incontestables de l'Europe.

Ce n'est, d'ailleurs, qu'une affirmation purement gra-
tuite que de prétendre s'annexer, d'une façon avouée ou
déguisée, tout ou partie de la presqu'île des Balkans, sans
porter aucune atteinte au principe de l'équilibre européen.
Nous ne voulons pour preuve que le développement que

donne M. de Stieglitz à sa proposition. Il se contredit du
tout au tout, comme on le verra : « L'Allemagne d'aujour-
« d'hui, nous dit-il, forte de son unification, se réunit à
« l'Autriche pour retarder la solution naturelle de la
« Question d'Orient, elle aspire à former dans les Balkans
« une puissante confédération, sous l'influence austro-
« allemande, à enlever aux Slaves leur nationalité, à les
« convertir au catholicisme. *Et si une telle prétention
« venait à se réaliser, il y aurait là une force considé-
« rable, une Puissance qui serait un danger pour l'équi-
« libre international et une menace pour le droit inter-
« national.* Les membres d'une telle confédération telle
« que l'envisagent l'Allemagne et l'Autriche ne formeraient
« un tout que sous l'action constante des deux nations.
« Rien dans leur groupement ne prouverait qu'ils obéis-
« sent à un idéal commun, à un penchant naturel, tel que
« témoigne d'ordinaire l'esclave à l'égard de celui qui lui
« a donné la liberté. De plus, *les autres Puissances euro-
« péennes, sans en excepter les « grandes » elles-mêmes,
« se trouveraient être pour ainsi dire dans un état de
« vassalité par suite de l'hégémonie austro-allemande
« dans les Balkans* (1). » Tout cela est bien vrai. Mais
d'où vient que le Protectorat russe sur les Balkans ne
serait pas aussi dangereux pour l'équilibre européen, que
celui de l'Allemagne et de l'Autriche ? Si l'établissement du
protectorat austro-allemand est si contraire aux principes
du droit international, à l'équilibre européen, comment se
fait-il que l'établissement du protectorat russe sur le
même pays, soit dépourvu des mêmes inconvénients pour
les autres Puissances ? D'où vient que ce qui est dange-

(1) Stieglitz, op. cit., t. I, p. 421-422.

reux de la part des Allemands, qui seront obligés de maintenir par la force une hégémonie, partant ce qui peut constituer une faiblesse pour eux, ne serait que normal, naturel et harmonieux si c'est la Russie qui le fait, c'est-à-dire une nation sœur, partant, un protectorat qui sera établi sans contrainte, où la fusion se ferait plus facilement, et la Russie aurait d'autant plus de force? Quelle est la différence, au point de vue du danger pour le droit international, aussi bien que pour l'existence des autres Puissances, entre la solution qui donnerait la presqu'île des Balkans aux Allemands, et celle qui la donnerait aux Russes? N'est-il pas vrai de dire, comme le remarque un auteur russe, que la seule différence possible consiste dans la nomenclature et rien de plus (1)? Et si cela est vrai, ne voit-on pas que toute l'argumentation tirée du droit international et du principe de l'équilibre européen croûle par la base?

M. de Stieglitz essaye, il est vrai, de donner une explication à cette différence qu'il établit, mais, nous le constatons avec regret, elle est loin d'être probante et surtout, elle n'a rien à faire avec les principes du droit. « Ce « groupement (les Slaves sous le protectorat russe), dit-« il, doit se faire au nom de la communauté d'idées « et des sentiments qui rattache les Slaves à la religion « orthodoxe, au nom aussi des pensées de charité et de « pardon qui sont dans le caractère de la nation slave et « président aux actions généreuses de notre sainte Église « orthodoxe, pendant que les catholiques étalent leur ex-« clusivisme fanatique et les protestants leur froideur spé-

---

(1) V. Gigareff, op. cit., t. II, p. 425.

« culatrice (1) ». Nous ne nous arrêterons point à l'argument de religion, d'abord, parce que nous avouons
toute notre incompétence sur ce point, et, ensuite,
parce qu'il a le tort de déplacer la discussion : nous
voulons nous tenir exclusivement sur le terrain du
droit, que M. de Stieglitz a surtout invoqué. Qu'il nous
suffise, cependant de retenir l'idée dominante dans ce
passage. Cela revient à dire que l'établissement du protectorat russe ne se heurterait à aucun obstacle du
côté des Slaves des Balkans, par suite de certains liens
de race, de religion, de communauté d'idées, voire
un « penchant naturel », comme il le dit. Cela étant,
ce serait sans contrainte qu'on établirait ce protectorat, d'où, d'après l'auteur, absence de cette tendance à
l'empire universel, ce qui est surtout menaçant pour le
droit international. Par contre, le protectorat allemand ne
pourrait jamais se réaliser, qu'en déployant la force bru-
tale ; il ne pourrait donc y avoir qu'un groupement par la
contrainte, par conséquent, il y aurait tendance à l'empire
universel : ce qui constitue, à n'en pas douter, d'après
M. de Stieglitz, une rupture de l'équilibre (2). Mais si
toutes ces considérations peuvent prouver quelque chose,
c'est tout juste le contraire de ce que M. de Stieglitz veut
prouver. Là où il y a contrainte, il y a plus de chance
pour que les races, les nations opprimées essayent de résister, s'obstinent à ne point reconnaître cette supériorité
de civilisation, qui se sert des moyens de convictions d'un
âge barbare, enfin, il y a là une cause de faiblesse pour la
nation qui exerce une telle oppression. Quelle est donc la

---

(1) V. Stieglitz, op. cit., t. I, p. 421.
(2) V. Ibid. loc. cit.

force de l'Autriche, tirée qu'elle est de toute part par tant
de nationalités ? Il n'y aurait vraiment de force qu'avec
l'unification par la communauté de sentiments, l'unification libre, par une évolution naturelle, par la cohésion
qui existe entre les différentes parcelles d'un tout. Et si,
comme le prétend M. Stieglitz, les Slaves des Balkans ont
réellement ce penchant naturel, c'est là qu'on se trouverait en présence d'un agrandissement excessif, de nature
à menacer les autres. Voilà où l'on aboutit avec les propres arguments de M. de Stieglitz.

En réalité, il y a trop de subtilités dans cette distinction
entre la Confédération balkanique sous le protectorat
russe ou allemand, même si on admettait comme établi
que le protectorat russe ne rencontrerait pas d'obstacles de
la part des Slaves du Sud, ce qui n'est nullement prouvé.
Car, en somme, si M. de Stieglitz invoque à l'appui de sa
thèse la communauté d'idées, de race et de religion, il
oublie une chose, essentielle pourtant, la force du principe
des Nationalités, le sentiment très développé de ces populations balkaniques, quant à leurs individualités propres et
nettement distinctes. Loin de rêver à l'absorption par la
grande nationalité sœur du Nord, ces populations sont,
tout au contraire, très jalouses de leur existence comme
unité séparée, elles préfèrent, et de beaucoup, vivre ou
même végéter, mais vivre d'une vie absolument indépendante ; elles apprécient par dessus tout la conservation
intacte de leur nationalité, même alors qu'il serait prouvé
que leur existence séparée ne pourrait jamais avoir un
meilleur avenir, qu'elles sont condamnées d'avance, en un
mot, de végéter éternellement. Établir le protectorat russe
et prétendre encore jouir ou ne pas s'aliéner les sympathies des populations slaves des Balkans, c'est vraiment

une aberration. Si la Russie tend à ce but, elle doit se servir de la force, pour réussir, et alors se présente, même dans l'argumentation de M. de Stieglitz, le cas de la rupture de l'équilibre, tel qu'il nous l'a tracé pour l'hégémonie austro-allemande. Et cependant, les sympathies des Slaves forment la base sur laquelle repose tout l'édifice de cette étrange solution de la Question d'Orient.

En réalité, l'idée d'un protectorat quelconque, établi sur la presqu'île des Balkans par l'une des grandes Puissances, quelle qu'elle soit, doit être écartée, car elle constituerait une rupture manifeste de l'équilibre politique, en Europe, et il se trouverait toujours assez de Puissances, grandes ou petites, pour empêcher la réalisation de ces vues ambitieuses. Et en s'opposant à cette solution du problème oriental, ces Puissances n'auraient pas à s'inspirer des sentiments plus ou moins humanitaires ; elles ne feraient que travailler à sauvegarder non seulement leurs intérêts commerciaux, mais aussi et surtout leur propre conservation. Il importe, en effet, de bien se pénétrer de cette idée : en Orient, il n'y a, l'histoire le prouve, qu'un seul terrain de discussion : celui des intérêts ; à quoi servirait-il de se faire d'illusions sur ce point ?

III

Il faut mentionner cependant, les opinions de quelques auteurs russes, non des moins qualifiés, qui repoussent, avec la dernière énergie, les propositions de M. Tatichtcheff et de M. de Stieglitz. Ils repoussent ces solutions, non seulement parce qu'elles sont contraires au principe de l'équilibre et au droit international, mais aussi et surtout, parce qu'il n'est point prouvé que les vrais intérêts de la Russie, les intérêts bien entendus, demandent nécessairement l'établissement de la domination russe sur les Dardanelles et le Bosphore, ni la mise sous tutelle des populations des Balkans. Ces auteurs sont convaincus que la Question d'Orient peut parfaitement se résoudre pacifiquement et conformément aux vues de la Russie, c'est-à-dire une solution qui tiendrait compte des intérêts légitimes de la Russie, des intérêts qui excluent toute idée d'extension territoriale, car c'est bien là l'unique condition, si l'on veut travailler en paix, à la solution de cette question, pourtant si importante. Mais pour aboutir à une telle solution, si la Russie veut qu'on tienne compte de ses intérêts légitimes, il est absolument indispensable que, à son tour, elle tienne aussi compte des intérêts européens, qu'elle se décide enfin à faire franchement partie du concert européen, sans aucune arrière-pensée.

Parmi ces auteurs, nous sommes heureux de citer, en tête, le savant professeur de droit international à la faculté de Moscou, M. le comte de Kamarowsky. Cet éminent auteur n'a point hésité à dire ces paroles significatives que « l'annexion de la presqu'île des Balkans « serait un véritable malheur pour la Russie. Une telle « extension excessive de ses frontières, avec l'absorption « des nationalités balkaniques serait une trahison à la « mission slave, créerait pour elle (la Russie) quelques « nouvelles Polognes et transférerait artificiellement, du « Nord au Sud, le centre de gravité de sa vie publique, « ce qui contribuerait à la priver de sa force nationale, « de son existence, au dépens de son indépendance (1) ».

(1) V. Le comte Kamarowsky, Des causes [politiques des guerres

Mais avant d'analyser les solutions de ce second groupe, nous nous arrêterons, pour un instant, aux vues de Danilewsky, sur ce point.

Pendant la dernière guerre Russo Turque, cet auteur s'était appliqué à rechercher les conditions possibles de la paix et dans une série d'articles, il avait passé en revue toutes les questions qu'il importait de résoudre. Dans le nombre, la solution éventuelle de la question des Détroits occupe l'une des premières places (1).

Il commence par enregistrer les différents bruits qui couraient à ce moment, sur les intention de la Russie quant aux détroits. On avait dit qu'on se proposait de les déclarer neutres, ou même de les ouvrir à la navigation de tous les pavillons de guerre, sans distinction aucune. Danilewsky repousse catégoriquement ces deux solutions parce qu'elles sont très dangereuses pour la Russie.

Et d'abord, que signifierait la neutralisation des Détroits? N'est-ce point l'interdiction générale et absolue d'y faire naviguer les bâtiments de guerre de toutes les Puissances sans distinction? Partant, la flotte de guerre Russe de la mer Noire serait absolument dans la même situation qu'avec le système de la fermeture, c'est-à-dire, elle serait pour toujours immobilisée dans l'Euxin, en

---

dans l'Europe contemporaine (en russe), publié dans le Bulletin scientifique de l'Université de Moscou, partie juridique, année 1888, fascicule VI, p. 9-10. — Le danger pour la Russie d'une conquête éventuelle de Constantinople est formellement reconnue, aussi par l'auteur nationaliste par excellence, Danilevsky, la Russie et l'Europe, p. 447. Cf. aussi « Deux Détroits », Stockholm 1879, passim.

(1) V. Danilevsky, Recueil des études politiques et économiques, Saint-Pétersbourg 1890, Les articles intitulés « La guerre pour la Bulgarie », — III, Les Détroits (en russe), p. 53-70.

vertu des stipulations formelles de l'Europe et du consentement explicite de la Russie elle-même. Mais quelle serait
dans le cas de la neutralisation des Détroits, la situation
la Turquie? Admettrait-on que la Porte aura la faculté
d'entretenir deux flottes de guerre entièrement distinctes
et séparées : l'une dans les eaux de l'Archipel, l'autre —
dans ses ports de la mer Noire? Peut-on supposer que, le
cas échéant, la Porte résisterait à la tentation de réunir
ces deux parties de ses forces navales, uniquement parce
qu'une clause de traité aurait proclamé la neutralisation
des Détroits? Non, assurément. La Turquie, en cas de
guerre, pourrait se servir de ces deux flottes, et ce que
la Porte pourrait faire, serait aussi permis aux forces
navales de ses alliés éventuels. Par conséquent, le système
de la neutralisation des Détroits ne pourrait être efficace
que comme mesure spécialemet dirigée contre la Russie,
partant très nuisible aux intérêts de ce pays. Le gouvernement du Tsar, devait donc repousser cette solution,
dont le seul résultat serait de fermer les détroits aux
vaisseaux de guerre de la Russie seulement (1).

Cependant, malgré ces inconvénients indéniables de la
neutralisation des détroits, M. Danilevsky serait porté à
la préférer, et de beaucoup, au second projet, celui de l'ouverture. Il envisage trois hypothèses, pour nous démontrer
les dangers, pour la Russie, du principe de l'ouverture des
détroits aux pavillons de guerre étrangers. En premier
lieu, l'ouverture des détroits, en temps de paix. Tout ce
que la Russie pourrait tirer de cette faculté, serait d'envoyer, dans la Baltique, les unités de guerre construites
sur les chantiers russes de la mer Noire, et vice-versa,

(1) V. Danilevsky, op. cit., p. 53-54.

mais il s'empresse d'ajouter que cet avantage est loin de compenser, quoi qu'on en pense, les inconvénients, car l'échange des unités entre la Baltique et la mer Noire ne pourrait être d'une grande utilité pour la Russie, eu égard au grand éloignement qui sépare ces deux mers. Il est à remarquer que l'éminent publiciste n'envisageait point l'intérêt considérable que pouvait avoir la Russie à envoyer rapidement, un ou plusieurs cuirassés de la mer Noire dans les eaux de l'Extrême-Orient. Il est vrai qu'à l'époque où ces études furent publiées, la question d'Extrême-Orient était loin de se trouver dans la phase critique d'à présent. Quoi qu'il en soit, Danilevsky est enclin à croire que la Russie ne pourrait avoir aucun avantage du principe de l'ouverture des détroits, en temps de paix (1).

En sera-t-il de même, en temps de guerre ? Il faut faire une distinction. S'agit-il d'une guerre entre la Russie d'une part, et la Turquie et ses alliés, de l'autre ? Le principe de l'ouverture des détroits ne changerait en rien la situation actuelle, c'est-à-dire celle de la fermeture, car, on le sait, en temps de guerre, la Turquie n'est pas obligée de garder fermés les détroits. S'agit-il, au contraire, d'une guerre entre la Russie d'une part, et l'une des grandes Puissances à supposer que la Turquie observât la plus stricte neutralité. C'est ici que la solution de l'ouverture présente tant d'inconvénients pour la Russie. Car, en somme, avec le système de la fermeture, la Russie serait sûre que les flottes de son ennemi ne pourraient point venir l'inquiéter dans ses ports de l'Euxin ; tandis qu'au contraire, avec le principe de l'ouverture, la Turquie pourrait parfaitement

_____

(1) Danilevsky, op. cit., p. 55.

bien observer sa neutralité, tout en voyant passer devant
la pointe du Sérail, les flottes de l'autre belligérant, à destination des ports russes. Et cet inconvénient résulterait,
d'après Danilewsky, d'un état de fait et non point d'une
question de principes. Il dit, en effet, que la Russie se
trouve dans un état manifeste d'infériorité, au point de vue
de ses forces navales, comparées aux moyens dont peuvent
disposer l'Angleterre ou la France. Ne pouvant point profiter de l'ouverture pour aller attaquer ses ennemis, dans
le bassin de la Méditerranée, la Russie se trouverait
obligée, eu égard à cette infériorité navale, d'immobiliser
une armée considérable, afin d'assurer la défense de ses
côtes et d'empêcher le débarquement des troupes (1).

En somme, l'ouverture des détroits ne profiterait qu'aux
autres nations. Si donc la Russie était *obligée* de choisir
entre ces deux systèmes elle devrait se prononcer pour
la neutralisation qui, malgré ses imperfections, est encore
la plus avantageuse pour elle. Or, il n'en est point ainsi,
le Cabinet de Pétersbourg n'est point obligé de choisir,
mais peut choisir tel système que bon lui semble, et doit
profiter de l'occasion favorable pour donner à cette importante question la solution qui serait seule en mesure de
sauvegarder les intérêts vitaux du pays. S'emparant d'une
comparaison, si souvent invoquée naguère par les Turcs,
Danilewsky prétend que la mer Noire n'est plus qu'une
maison russe, dont les détroits forment l'entrée. Partant, le seul moyen d'assurer sérieusement les intérêts
vitaux de la Russie serait, d'après lui, « de mettre la clef
de cette entrée dans la « poche » de la Russie (2).

---

(1) V. Danilevsky, op. cit., p. 55-58.
(2) V. Ibid, p. 58.

Comment pourrait-on aboutir à ce résultat? Toute la question est là. Il n'y aurait que deux moyens, à l'en croire : l'un définitif, l'autre provisoire. Le premier se rattache à la destruction complète et immédiate de la Turquie, c'est-à-dire la liquidation de la question d'O-rient ; le second suppose le maintien provisoire de la Turquie. Dans la première solution, le Bosphore et les Dardanelles devraient être indirectement attribués à la Russie, car l'éminent publiciste fait de Constantinople la capitale de la Confédération ponslaviste, qui aura, tout naturellement, la Russie à la tête (1). D'après le second système, la Russie devrait maintenir la Turquie, à la con-dition toutefois que la Porte reconnaisse au pavillon de guerre russe le droit exclusif de passer de l'Euxin à la Méditerranée. Ouverts à la flotte de guerre de la Russie, le Bosphore et les Dardanelles resteraient rigoureusement fermés au pavillon de guerre de toutes les autres Nations, parce qu'elles ne sont pas riveraines de la mer Noire (2).

Telles sont les vues de Danilevsky. Il est à peine be-soin de dire que ce publiciste « nationaliste », ne tient aucun compte de l'Europe, de « l'Occident pourri », comme on l'a dit, ni de ses intérêts en Orient. Quand il a fait la constatation que pas une des grandes Puis-sances n'a des intérêts directs dans la mer Noire, en tant que Puissances non riveraines de cette mer, quand il a invoqué l'idée de juste compensation, parce que l'Angleterre s'est établie au Gibraltar, à Malte, et pro-fite exclusivement du canal de Suez, —il a épuisé la ques-

---

(1) V. Danilevski, op. cit., p. 64-65, Sur le panslavisme. V. Da-nilewsky, la Russie et l'Europe. passim.

(2) V. Ibid., p. 65.

tion, il a tout dit quant à l'Europe (1). « En un mot,
« écrit-il en terminant cette curieuse étude sur les dé-
« troits, le droit pour les vaisseaux de guerre russes de
« passer librement de la mer Noire à la Méditerranée
« n'est que le droit de sortir de sa *cour intérieure* au
« monde extérieur; le droit pour les navires de guerre
« des autres Puissances d'entrer librement dans la mer
« Noire n'est que le droit d'envahir notre cour et notre
« maison, uniquement pour les piller (2) ».

Les préférences de Danilevsky vont directement au
premier système, la solution définitive. Mais il reconnaît
que ce n'est pas là chose facile à obtenir. Il faut donc
se contenter, provisoirement, du maintien de la Turquie,
avec un retour aux beaux jours du célèbre traité d'Unkiar-Skélessi, dont la clause secrète, on se le rappelle,
avait pour but de fermer les Dardanelles au pavillon de
guerre des autres nations, tout en assurant à la Russie la
faculté de pénétrer dans la Méditerranée.

En somme, la seule objection de Danilevsky au principe
de l'ouverture des détroits, c'est l'infériorité navale de la
Russie. A supposer même que la mer Noire fût réellement
une maison russe, ce qui n'est pas vrai, il ne résulterait
nullement de ce fait la nécessité d'en condamner l'entrée,
de barrer la route, afin de se mieux protéger. Il serait
facile à la Russie, ce n'est pas les moyens qui lui font
défaut, Dieu merci, de faire des cuirassés, en, nombre
suffisant, pour barrer efficacement l'entrée de sa maison (3).
En droit, cependant, il est impossible d'admettre cette

---

(1) V. Danilevsky, op. cit., p. 68-70.
(2) V. Ibid. p. 70.
(3) V. Gigareff, op. cit., t. II, p. 461.

prétention exorbitante. Comment a-t-on pu dire que la mer Noire était une maison ou une cour russe, alors que la Turquie possède une étendue de côtes, encore assez respectables,; alors que l'Autriche-Hongrie, en tant que Puissance riveraine du Danube, peut justement élever sa voix pour ses droits de libre navigation sur cette mer, alors, enfin, on l'oublie trop facilement, qu'il y a deux nouveaux membres de la famille maritime qui possèdent des côtes, si petites qu'elles soient, sur la mer Noire? Si les Turcs étaient fondés jadis, à considérer le Pont-Euxin comme une mer intérieure, comme leur propre maison, c'est qu'ils étaient les seuls maîtres de toutes les côtes de cette mer et qu'à cette époque les principes du droit international n'étaient point fixés, avec autant de netteté et de précision que de nos jours, sur la situation et les droits des Puissances riveraines du Danube. Du jour où la Russie se fit céder trois ou quatre ports sur les côtes septentrionales de l'Euxin, cette mer perdit à jamais son caractère de mer fermée, elle est devenue, elle est plus que jamais une mer ouverte et « ce fait, comme le dit « M. Fr. de Martens, eut pour conséquence que la libre « navigation à travers le Bosphore et les Dardanelles « devint à la fois une question d'intérêt vital pour la « Russie et *un droit absolu pour toutes les nations qui* « *reconnaissent la liberté des mers* » (1). Ce n'est donc pas seulement une question russe que celle de la mer Noire et des détroits. Pourtant, Danilevky ignore complètement l'Europe et ses intérêts dans cette région orientale du continent et c'est là encore un point de contact avec les

---

(1) V. Martens, Traité de droit international, traduction française, t. II, p. 358.

solutions proposées par Tatichtcheff et deStieglitz. Ce sont
là les vues des « nationalistes » russes. Les opinions de ce
trois auteurs ont le tort fondamental de supposer que le
seul moyen pour aboutir à la liquidation de la Question
d'Orient serait la guerre. C'est un tort, parce que jamais
on ne fera rien de stable, rien de définitif — et nous
sommes tenté d'ajouter : rien de juste, si seulement on a
le temps de se préoccuper de ce qui est juste et équitable
— si l'on se propose de régler cette question si compliquée
et si délicate, en négligeant les intérêts des autres. Si la
Russie, s'inspirant de cet antagonisme entre elle et l'Europe comme les « nationalistes » le prétendent, essayait
jamais de donner un commencement d'exécution à ses
plans égoïstes et nullement justifiés, en ignorant et négligeant les intérêts incontestables de l'Europe, — elle risquerait de se trouver en face d'une coalition, autrement
sérieuse et autrement dangereuse que celle de 1854-1856.
On ne se contentera plus de « chatouiller la plante du
« colosse et de lui limer un ongle », comme le dit
M. Klaczko. Si, au contraire, les Puissances occidentales
s'avisaient à résoudre la Question d'Orient en fermant
les yeux sur les intérêts légitimes de la Russie, la situation
ne serait guère meilleure. Et si encore, de telles solutions
pouvaient, à la suite d'un concours heureux de circonstances, se réaliser, il n'y aurait pas là quelque chose de
définitif. Les intérêts froissés, voire les existences menacées des autres Puissances qu'on aura sacrifié, se ligue-
ront tôt ou tard et tout naturellement pour rétablir un
équilibre des forces, pour empêcher, en un mot, tout
agrandissement démesuré de tel ou tel autre membre de
la famille européenne. Les circonstances favorables peu-

vent changer, et changent certainement. On n'a qu'à
regarder ces deux dates : 1856 et 1870 !

Pour arriver donc à une solution de transaction, une de
ces solutions qui ménageât et conciliât tous les intérêts
divergents, il faudrait que chacun donnât du sien ; il faudrait
se départir de l'intransigeance, se faire de concessions
réciproques. Il faut commencer par écarter toute idée
d'agrandissement pour les grandes Puissances européennes, quelles qu'elles fussent. Il faudrait, ensuite,
reconnaître la nécessité de bien organiser les petits États
indépendants de la péninsule des Balkans, les seuls héritiers présomptifs de la Turquie (1).

Nous sommes très heureux de constater que cette manière de voir trouve des puissants et chaleureux partisans,
même en Russie. Nous avons déjà signalé l'opinion du
comte Kamarowsky, sur ce point. Nous essayerons de
reproduire ici le plan que son élève, M. Serge Gigareff,
dont le livre si intéressant a été fréquemment mis en contribution au cours du présent essai, propose pour la solution pacifique de la Question d'Orient.

Le plan de M. Gigareff repose sur la création d'une
Confédération balkanique, comprenant les États indépendants de la péninsule ; la diplomatie et l'armée seules
seraient en commun. Ainsi, chaque État jouirait d'une
entière autonomie intérieure. On devrait exclure rigoureusement toute idée d'hégémonie, soit de la Russie, soit
de quelques membres de la confédération (2).

Reste la question de savoir à qui appartiendra la ville de
Constantinople, et ce qu'on ferait des détroits. M. Giga-

---

(1) V. Gigareff, op. cit., t. II, p. 440-441.
(2) V. Ibid., p. 441 et suiv.

reff n'a pas d'idées bien précises sur le premier point. Il pense néanmoins qu'on pourrait choisir entre trois solutions possibles : 1° faire de Constantinople une ville libre perpétuellement neutre, sous la garantie de l'Europe, ainsi que cela existe déjà pour la Belgique, la Suisse et le Luxembourg, tous ces trois pays ayant été neutralisés dans un intérêt européen ; 2° faire de Constantinople la capitale du royaume de Bulgarie (1), car M. Gigareff suppose qu'avant d'organiser la Confédération balkanique, l'Europe devrait constituer définitivement ces États, leurs frontières actuelles n'étant que provisoires ; 3° établir à Constantinople, la capitale de la future confédération balkanique, et autant que nous avons pu le comprendre, M. Gigareff serait plutôt porté vers cette dernière solution (2).

Cette solution devrait avoir comme contre-partie l'ouverture des détroits à la navigation des flottes de guerre de toutes les nations. Et sur ce point on n'aurait qu'à s'inspirer du régime que l'Europe a établi, dans un intérêt européen, à la navigation sur le canal de Suez, régime qui a fait ses preuves. Il ne faudrait donc pas neutraliser les détroits, mais les internationaliser en quelque sorte, et y appliquer les règles stipulées dans le traité du 29 octobre 1888, relatif au canal de Suez (3).

Ceci revient à dire que cette voie navigable ne courrait aucun risque de guerre. Les belligérants ne pourraient

(1) V. Gigareff, op. cit. t. II, p 436.
(2) V. Ibid., loc. cit.
(3) V. Ibid., op. cit., t. II, p. 462-464 ; le texte de ce traité dans Calvo, op. cit., t. VI, appendice, p. 557 et suiv.

jamais y établir de blocus; aucune opération de guerre ne pourrait avoir lieu dans le parcours des détroits et, à cet effet, on garderait le délai réglementaire de 24 heures entre deux bâtiments de guerre qui se suivent dans les détroits. Ce ne sont là que les vues du comte Kamarowsky. « On ne peut fermer la mer Noire, au point de
« vue militaire, nous dit-il, que si elle est une mer terri-
« toriale d'une seule Puissance, quelle qu'elle soit. On
« pouvait en parler, naguère, lorsqu'elle appartenait
« exclusivement à la Turquie, qui dominait aussi sur les
« détroits. La situation n'est plus la même actuellement.
« L'Autriche et les pays slaves riverains de l'Euxin ont le
« droit absolu d'exiger que l'entrée et la sortie de cette mer
« soient toujours ouvertes, même en temps de guerre.
« C'est aussi ce qu'exigent les intérêts de la Russie en
« cas de guerre avec quelque Puissance, et si elle a
« une flotte de guerre dans la mer Noire. Il est impos-
« sible, au point de vue du droit international, de lui
« donner, à elle seule, la disposition exclusive des dé-
« troits qui, pour les pays de la mer Noire, sont les voies
« naturelles et les plus courtes de leurs rapports avec le
« Sud de l'Europe, et, par le Canal de Suez, avec l'Ex-
« trême-Orient. Voilà pourquoi..., dans les intérêts com-
« muns, Constantinople devrait être, soit la capitale du
« Royaume bulgare, soit celle de la Confédération slave,
« soit enfin une ville libre, avec le territoire adjacent.
« Mais, dans tous les cas, on devrait raser les fortifica-
« tions le long du Bosphore et des Dardanelles et les
« mettre sous la garantie de l'Europe. Quel que soit le
« maître de Constantinople, dans l'avenir, les passages de
« la Méditerranée à la mer Noire doivent être toujours
« ouverts au pavillon de toutes les nations. Ce qui est

« conforme aux principes appliqués au Canal de
« Suez (1). »

IV

Toutes les solutions proposées jusqu'ici, en vue de la
liquidation du problème oriental, ont cela de commun
qu'elles supposent la disparition de la puissance ottomane
en Europe. Si M. Tatichtcheff nous parle d'un protectorat
russe sur la péninsule des Balkans, et de l'établissement
de la Russie sur les détroits, c'est en supposant que la
Turquie ne serait plus qu'un monceau de ruines. La proposition de M. Gigareff est basée, elle aussi, sur cette
idée fondamentale qu'on doit laisser l'héritage de la Turquie aux seuls héritiers naturels de cet Empire, aux États
indépendants de la presqu'île, en tenant compte, autant
que possible, du principe des nationalités.

Tous ces auteurs sont naturellement amenés à croire
que la Question d'Orient ne pourrait jamais recevoir une
solution quelque peu satisfaisante, tant que les Turcs resteraient en Europe, et cela pour cette simple raison que
l'élément musulman est le seul obstacle à tout progrès,
c'est pourquoi — et l'histoire le prouve — il est absolument impossible pour les Turcs de réformer radicalement
leur détestable administration. Or, il importe, soit à la
Russie, soit à l'Europe, de supprimer tout ce qui peut menacer la paix et le remplacer par un état de choses plus
stable et plus conforme aux exigences de notre temps. On

---

(1) V. Kamarowskew, op. cit., p. 12-13.

devrait donc avoir le courage d'abandonner, une bonne
fois pour toutes, le système de palliatifs, et de couper le
mal à la racine, de chasser l'obstacle de l'Europe.

Il y a, pourtant, des personnes qui ne croient point à
la nécessité d'expulser les Turcs de notre continent, parce
que, paraît-il, on peut parfaitement bien donner une solution très satisfaisante à la Question d'Orient, tout en conservant les Osmanlis, comme élément indispensable pour
la paix de la Chrétienté. Dans cette catégorie nous cite-
rons le général Brialmont, dont la compétence militaire
est universellement connue.

L'éminent auteur essaye de trouver les causes qui ont
fait de la Question d'Orient un danger permanent pour la
paix générale, en Europe, et cette cause, car il n'y en a
qu'une, n'est autre que la faiblesse même de la Turquie.
« Si la capitale des Ottomans, écrit le général, était en
« état de résister à toute attaque par terre et par mer,
« la situation politique en Orient serait plus stable et une
« cause permanente de conflit aurait disparu (1). » Ce
n'est pas que cette défense soit difficile à organiser, car la
nature s'est chargée de faire de Constantinople une ville
presque imprenable. Mais il ne suffit point de laisser faire
la nature, il faut au contraire s'en servir pour compléter
ce qu'elle n'a point fait. Mais qu'ont-ils fait ces heureux
maîtres des rives du Bosphore ? Rien, ou presque rien. Et
le général Brialmont est à même de nous renseigner sur
ce point, car le sultan Abd-ul-Hamid lui avait confié la
mission d'étudier, sur les lieux, les moyens de défense. Il
a visité, en conséquence, les forts qui sont destinés à

---

(1) V. Général Brialmont, La défense des côtes et des têtes de pont
permanentes, Bruxelles 1896. p. 158.

défendre l'entrée des Dardanelles et du Bosphore, d'empêcher les flottes ennemies de pénétrer dans les détroits. Le général Brialmont connaît, dans les moindres détails, l'organisation des forts et des batteries, ainsi que le personnel d'artilleurs qui y est attaché, et il arrive à cette triste conclusion que tout cela, forts et personnel « se « trouvent... dans la situation où étaient les batteries « des Dardanelles quand l'amiral Duckworth força le pas- « sage de ce détroit, en 1807 » (1).

Ainsi, ni le Bosphore, ni les Dardanelles ne sont en état d'empêcher sérieusement le passage d'une flotte « venant « s'embosser devant Constantinople ». C'est cette situation particulière qui rend la Question d'Orient aussi délicate qu'enchevêtrée, parce que c'est l'intérêt général qui exige qu'aucune « grande Puissance ne « possède les détroits et Constantinople » (2). Et il cite, à ce propos, quelques paroles de lord Salisbury : « La Turquie, avait dit le noble lord, à un banquet du « lord-maire, est dans la situation actuelle depuis un « demi-siècle, parce que les grandes Puissances ont dé- « cidé qu'il était nécessaire qu'elle fût dans cette position, « pour la paix de la Chrétienté. Je ne crois pas qu'il y ait « lieu de rien modifier à cette situation. Si l'Empire otto- « man tombait, le danger de sa chute ne menacerait pas « seulement les territoires qui le composent, il y aurait « aussi à craindre que l'incendie ne s'étendît aux autres « nations et n'entraînât ce qu'il y a de plus puissant et « de plus civilisé en Europe dans une rivalité dangereuse « qui serait une calamité. Ce danger était présent à l'es-

(1) V. Brialmont, op. cit., p. 149.
(2) V. Ibid., p. 158.

« prit de nos pères, lorsqu'ils résolurent de faire de l'in-
« tégrité de l'Empire ottoman l'objet d'un traité européen.
« Ce danger n'a pas disparu » (1).

Il importe, en conséquence, d'empêcher la capitale des
Turcs de tomber dans le lot d'une grande Puissance quelconque. Et cela d'autant plus que le général Brialmont
n'est pas de ceux qui croient que Constantinople a perdu
de son ancienne importance, loin de là. Si Napoléon avait
pu dire, naguère, que cette ville était l'Empire du monde,
cette parole, d'après le général, serait autrement vraie
aujourd'hui qu'à l'époque de Tilsit. « La crainte qu'éprou-
« vait alors, écrit le général, l'Empereur des Français de
« voir les Slaves se répandre sur l'Europe orientale n'a
« pas cessé d'influencer la politique de l'Occident. Cons-
« tantinople est même plus menacé aujourd'hui qu'au
« commencement du siècle, parce que la Russie s'est em-
« parée de la Géorgie, qu'elle a étendu son influence sur
« la Perse et que les Provinces qui détenaient le Danube
« et les Balkans sont émancipées. D'un autre côté, le com-
« merce de l'Europe avec l'Inde et l'Extrême-Orient, qui
« empruntait autrefois la route du Cap de Bonne-Espé-
« rance, passe aujourd'hui par le canal de Suez et la mer
« Rouge. Or, les deux rives de cette grande voie de navi-
« gation sont au pouvoir de la Turquie, et, alors même
« que l'Égypte échapperait définitivement à sa domination,
« il lui resterait encore la Syrie, la Palestine et l'Arabie,
« qui lui permettraient d'exercer une action directe sur la
« Méditerranée, la mer Rouge et le golfe Persique. La
« grande Puissance qui étendrait sa domination sur la
« Turquie acquerrait, par conséquent, une énorme in-

---

(1) V. Brialmont, op. cit., p. 158. Ce discours est de 1893.

« fluence politique et commerciale. Cette influence serait
« particulièrement redoutable pour les pays voisins si elle
« était exercée par la Russie (1)... »

Cela étant, quel serait le moyen efficace pour mettre un
terme à cette instabilité, résultant de la faiblesse origi-
nelle de la Turquie, ainsi que du conflit d'intérêts européens? La solution serait très facile, d'après le général
Brialmont. « La Question d'Orient, écrit-il, ne sera défi-
« nitivement résolue que lorsque l'Empire ottoman appar-
« tiendra à *une nation inoffensive,* en état d'assurer la
« paix à l'intérieur et *militairement assez forte* pour
« n'avoir pas à redouter l'hostilité d'une grande Puis-
« sance (2). »

La Turquie est l'organisation politique qui, aux yeux
du général, est appelé à remplir ce rôle, dans un intérêt
européen. Actuellement elle ne correspond qu'à la première des conditions exigées pour la solution de la Question d'Orient. Elle est, à n'en pas douter, une nation inoffensive pour n'importe laquelle des grandes Puissances,
voire, ce qui n'est nullement prouvé, pour l'un des petits
États des Balkans, et il cite la Bulgarie (3). Malheureusement, et le général est le premier à le constater, l'Empire
ottoman d'aujourd'hui est absolument incapable, non seulement d'assurer la paix intérieure, mais aussi, et surtout,
de résister militairement à une grande Puissance quelconque. Quand le général Brialmont nous parle d'assurer
la paix à l'intérieur, il entend par là une administration
capable d'assurer cette paix non point par la force des

---

(1) V. Brialmont, op. cit., p. 159-160.
(2) V. Ibid., p. 160.
(3) V. Ibid., p. 163.

armes, mais par des réformes politiques sérieuses et radi-
cales. Car nous savons par quels procédés la Turquie a,
de tout temps, assuré la paix à l'intérieur ; ce moyen des
Osmanlis a été très bien caractérisé par le prince Gor-
chakov, en invoquant les paroles même de Tacite : « *Soli-*
« *tudinem faciunt, pacem apellant* (1). »

Il faut donc commencer par reformer le Turc. Mais par
quels moyens ? Ici encore le général Brialmont, à satisfait
notre curiosité. « La condition d'assurer la paix à l'inté-
« rieur, nous dit-il,... ne pourra être réalisée que par
« l'intervention collective des Puissances, si le Sultan
« refuse de les accorder spontanément. Or, rien ne fait
« supposer qu'il prendra cette attitude (2). »

Reste la dernière condition : la résistance éventuelle à
une grande Puissance. La Turquie actuelle est tout à fait
au dessous de cette tâche. Le général Brialmont fait
ressortir toutes les difficultés avec lesquelles l'Empire
ottoman se trouverait aux prises, s'il lui fallait mettre sur
pied de guerre une puissante armée ; difficultés résultant
de l'absence presque complète des voies de communications
en Asie-Mineure et en Syrie, car il importe de ne pas
oublier que les troupes du Sultan ne sont recrutées que
parmi la population musulmane, qui, en Europe,
forme l'infime minorité ; difficulés, plus grandes encore,
d'ordre financier. Eh bien ! qu'à cela ne tienne. L'Europe
devrait se préoccuper de remédier à cette situation précaire, dans un intérêt européen. « Cette situation, pour-
« suit le général, est de nature à frapper l'esprit des
« hommes d'État et à leur inspirer le désir de consolider

(1) V. Klaczvo, op. cit., p. 323.
(2) V. Brialmont, op. cit., p. 161.

« la paix de l'Europe *en aidant la Turquie à renforcer*
« *ses moyens de défense*, de manière à prévenir des nou-
« veaux démembrements et de nouvelles compétitions (1). »

L'ouverture des détroits serait la contre-partie de cette
solution. « Ils (les hommes d'États) obtiendraient ainsi un
« autre résultat important au point de vue du droit inter-
« national et du maintien des bonnes relations entre les
« Puissances maritimes. Ce résultat serait de rendre pos-
« sible l'abrogation, sans préjudice pour la Turquie, de la
« clause des traités qui interdit aux navires de guerre le
« passage par le Bosphore et les Dardanelles... (2) ». Et
cette ouverture ne pourrait guère être dangereuse pour la
Turquie, si les travaux de défense des détroits sont sérieux et bien entretenus. En cas de guerre, la Turquie
pourrait, sans difficulté aucune, défendre l'entrée des détroits et mettre à couvert sa capitale. En temps de paix,
cependant, la navigation serait entièrement libre et cela
serait conforme aux principes du droit international moderne (3).

Telles sont les vues du général Brialmont sur l'avenir
de la Question d'Orient. On ne peut s'empêcher de reconnaître la justesse de l'idée dominante de cette solution.
En réalité, ce qui préoccupe, par dessus tout, l'éminent
général c'est de trouver une solution qui ménageât tous
les intérêts européens. Nous sommes pleinement d'accord
sur ce point. Mais nous sommes bien obligé de nous séparer de lui, quant aux moyens qu'il propose pour assurer
ce résultat.

---

(1) V. Brialmont, op. cit., p. 164.
(3) V. Ibid. p. 164.
(2) V. Ibid. p. 165.

Il faudrait, nous a-t-il dit, que la nation qui prendrait
la place de la Turquie actuelle, fût inoffensive et en même
temps suffisamment forte pour la défense sérieuse, pour
repousser une attaque de l'une des grandes Puissances.
Cette idée se retrouve aussi, quoiqu'elle ne soit pas aussi
nettement formulée, dans la solution proposée par les auteurs du deuxième groupe, par M. Gigareff, notamment.
Là aussi, nous avons vu la création d'une Confédération
balkanique comme seul moyen efficace pour mettre un
terme à l'animosité des petits États, à l'extrême émiète-
ment des forces qui est la cause de toutes les intrigues, qui
fait, pour tout dire d'un mot, l'instabilité politique de la
péninsule des Balkans, partant, le danger constant pour la
paix générale. Avec la confédération, toutes ces causes
d'instabilité se trouveraient supprimées du coup, on aurait
devant soi une unité assez considérable, en mesure de repousser, le cas échéant, toute attaque de l'étranger qui
tenterait d'empiéter sur les droits de la confédération. En
même temps, cette nouvelle organisation politique de la
presqu'île des Balkans, n'ayant plus de prétentions à
élever, ni des aspirations quelconques, ne voudrait jamais
prendre l'offensive, par cette simple raison que, dans la
pensée de M. Gigareff, tous les membres de la confédération, auraient préalablement vu la réalisation de leurs aspirations nationales et légitimes. La justice et l'équité
étant les seuls principes dirigeants dans la distribution des
territoires restés vacants par la disparition de la Turquie,
il n'y aurait point de jalousies réciproques, tout au contraire, l'harmonie règnerait entre les petits États. Partant,
le calme et la stabilité politique en Orient seraient complètement assurés, et l'intérêt européen ne demande point
autre chose.

D'où vient alors que ces deux auteurs, s'inspirant presque des mêmes idées, tenant également compte des intérêts généraux de toute l'Europe, gage précieux pour la stabilité du nouvel état des choses en Orient, d'où vient, disons-nous, qu'ils aboutissent à deux solutions bien différentes ? Comment se fait-il, qu'ayant un même point de départ, ils arrivent à la solution par des moyens tout à fait opposés ? La raison en est bien simple. M. Gigareff, et tous ceux de son groupe — et ils sont légion — pensent que les réformes sérieuses sont impossibles en Turquie, tant que ce seront les Turcs qui les appliqueront ; tandis que le général Brialmont croit à la possibilité de concilier l'existence de la Turquie avec l'introduction des réformes politiques et administratives. Et c'est sur ce point que nous nous séparons du général Brialmont, car il nous est impossible de croire que le Sultan appliquera jamais, spontanément ou non, des réformes sérieuses, surtout si ce sont les fonctionnaires turcs qui recevraient le mandat de les appliquer. Nous voulons bien préciser sur ce point. A supposer même que le gouvernement de Yldiz soit convaincu de la nécessité des réformes, qu'il ait la volonté manifeste et spontanée de les appliquer sincèrement, — voilà des suppositions qui n'ont rien de vrai — même alors ces réformes ne seraient jamais mises en œuvre par le personnel des Provinces et pour avoir cette conviction, il faut avoir connu ce personnel, avoir vécu avec lui, il faut avoir vu de ses propres yeux, ce qu'ils font, pour bien se rendre compte de ce qu'ils peuvent faire et de ce qu'ils ne feront jamais. Nous sommes à même de le savoir, et c'est de là que vient notre conviction absolue de l'impossibilité d'y introduire des réformes sérieuses. Sans doute, le général Brialmont fait appel à une intervention

collective de l'Europe. Mais quel dommage qu'il s'en est
tenu là, car le mot « intervention de l'Europe » est l'un
des plus vagues. Combien il nous aurait facilité la tâche
s'il avait bien voulu préciser ce qu'il entend par l'intervention collective de l'Europe. Car, en somme, il y a bien
longtemps depuis qu'on agite cette question des réformes
en Turquie ; l'Europe a eu, et à plusieurs reprises, l'occasion d'intervenir sur ce point, et pourtant, nous n'avons
rien vu, jusqu'à présent, qui fût de nature à nous rassurer. N'est-ce pas au Congrès de Paris qu'on a soulevé cette question? La Turquie a décrété le fameux
Hatt-i-Houmayoun; elle avait même mis beaucoup
d'empressement à le communiquer à l'aréopage européen. Le traité du 30 mars 1856, dans son article IX,
constata la *haute valeur* de cette communication. Et bien,
quel a été le résultat pratique de l'application de ce célèbre acte? N'est-il pas resté à l'état de lettre morte, comme
toutes les autres promesses de ce genre? Plus tard, au
Congrès de Berlin, n'a-t-on pas obligé la Turquie d'introduire des réformes en Crète, en Macédoine et en Arménie? Et qu'on le remarque bien, ce n'est plus une simple
communication que fait la Porte, mais un engagement collectif qu'elle contracte. Qu'en a fait la Turquie?
Rien, absolument, ou plutôt, pour être dans le vrai, elle a
fait les massacres en Arménie, tout comme elle avait fait
les massacres de Syrie, au lendemain de la communication
du Hatt-i-Houmayon.

Tout le monde sait, de science certaine, comme on dit,
et c'est vraiment puéril d'avoir à le démontrer, qu'il est
tout à fait impossible d'introduire des réformes sérieuses en Turquie, tant que ce seront les administrateurs
turcs qui seraient chargés de les appliquer. Dès lors,

force sera bien à l'Europe, dans son propre intérêt, de recourir à la création des provinces autonomes. C'est le régime actuellement en vigueur dans l'île de Crète; c'était, naguère, le régime de la Roumélie orientale; c'est le régime enfin, qu'on propose aussi pour la malheureuse Macédoine, cette « macédoine » des questions comme on s'est plu à le dire. Mais l'autonomie, nous ne le dissimulons pas, et nous sommes les premiers à le reconnaître, n'est qu'un acheminement vers l'annexion à l'un des petits États balkaniques qui existent déjà, et cette annexion se fait simplement, par la force même des choses, suivant les affinités de la grande masse de la population d'une province, pour les Bulgares, les Serbes ou les Grecs. Aussi, est-ce pour cela que, ni les Grecs, ni les Serbes, ne veulent entendre parler de l'autonomie de la Macédoine, sans s'apercevoir peut-être, qu'en protestant contre l'octroi des libertés à des populations qu'ils proclament grecques ou serbes, ils condamnent leurs prétentions et disent, implicitement, que la masse de cette province n'est autre chose que bulgare.

Si donc, le général Brialmont reconnaît la nécessité des réformes sérieusement appliquées, — et c'est ce qu'il a fait, — il doit aussi reconnaître la nécessité de la disparition de la Turquie du continent européen : c'en est la conséquence rigoureuse, sans doute, mais inéluctable. Il n'y a pas à choisir. Si sa proposition est sincère, — et nous n'avons pas le droit de la mettre en doute, — elle aboutirait, par la force même des choses, à une solution contraire à celle qu'il nous a proposée. L'existence de la Turquie, en Europe, est impossible à concilier avec le régime de la paix intérieure, fondée sur les principes de la justice et de l'équité.

En vérité, le jour où le concert européen aurait assez
de courage pour reconnaître le caractère essentiellement
européen de la Question d'Orient; le jour où il serait
résolu à introduire des réformes sérieuses en Turquie,
au moyen d'une intervention collective, aussi énergique
qu'elle serait sincère de la part de toutes les grandes
Puissances, ce jour là on aurait compris les véritables
intérêts communs, on aurait oublié les petites querelles
prrticulières. Ce jour là, il faudrait que chaque Puissance
apportât entièrement son concours à une œuvre salutaire,
en abandonnant une parcelle de ses prétentions particulières, pour n'avoir en vue que les intérêts de tous et
aussi par ricochet, il faut l'avouer, les intérêts des petits
peuples des Balkans. Il faudrait réparer les torts des
diplomates européens au Congrès de Berlin. Il ne faut pas
que la péninsule soit livrée aux Allemands, comme on l'a
fait en 1878, ni aux Russes, ni à aucune Puissance européenne, quelle qu'elle soit. Il faudrait y établir un régime
présentant toutes les garanties nécessaires pour sauvegarder les intérêts communs. L'Europe connait déjà des
pays qui, dans un intérêt européen, ont été déclarés perpétuellement neutres, sous la garantie de l'Europe. La
Suisse, la Belgique, le grand duché de Luxembourg n'existent qu'en vertu d'un intérêt européen, qu'ils ont la mission de sauvegarder. Cet intérêt collectif de l'Europe
existe, cela est incontestable, dans la péninsule des
Balkans. Pourquoi ne pas appliquer ce même régime aux
Etats des Balkans? Et, à ce propos, la Roumanie était bien
inspirée en formulant cette demande au Congrès de
Berlin. C'est bien là le véritable rôle de ces pays, car ils
sont dans l'impossibilité de jouer un rôle politique quelconque; tout ce qu'ils demandent c'est qu'on les laisse

vivre en liberté, travailler au développement de leurs forces économiques, mettre en valeur toutes les ressources de ce pays, pourtant comblé des dons de la nature. Et pour faire cela, il faut qu'on s'occupe moins d'eux dans les grands journaux de l'Europe, qu'on leur consacre moins des « *leaders* » articles, pour les intrigues qui s'y donnent rendez-vous et qui les empêchent de prendre leur essor, ou alors si on tient tant à en parler, que ce soit au point de vue des progrès économiques, des travaux publics qu'ils auraient entrepris, de l'état de leurs finances qui doit être prospère et non avarié, qu'ils deviennent, en un mot, autant d'éléments civilisateurs, au lieu et place de cette administration de gaspillage qui présidera toujours en Turquie.

La création des petits États dans la presqu'île des Balkans n'est, en somme, que la politique traditionnelle de la France. Nous avons cité précédemment le remarquable discours de Guizot. C'était aussi ce que le prince de Metternich proposait lorsque la Russie l'avait obligé à s'expliquer, en 1833. Il y a déjà un commencement d'exécution. Il y a un royaume de Roumanie qui marche à pas de géant dans la voie du progrès ; il y a la Serbie, la Grèce et la Bulgarie qui, sans être aussi avancées que leur ancienne camarade de malheur, essayent néanmoins de suivre cette même voie. Il se trouve, cependant que, par un vice originel de l'organisation politique de certains de ces États, ils sont obligés d'attendre des jours meilleurs pour leur constitution, pour leur formation définitive. Le Congrès de Berlin, qui n'a assuré que les intérêts allemands, en donnant à l'Autriche les pays essentiellement serbes de la Bosnie et de l'Herzégovine, a été la cause primordiale de la propagande démoralisatrice que fait actuellement la

Serbie en Macédoine. Le peuple serbe a besoin, sans
doute, de respirer l'air bienfaisant de la mer. Sa route
naturelle se trouve obstruée par une grande Puissance,
dont la politique se résume dans le célèbre mot : *Drang
nach osten*. N'ayant rien à espérer de ce côté, ne pouvant
étendre sa frontière sur les pays incontestablement serbes,
le Cabinet de Belgrade essaye de se créer artificiellement
des titres sur la Macédoine, pour la curée éventuelle, et
cela en se servant de moyens très peu dignes et qui ne
trompent personne d'ailleurs, car il ne suffit pas d'acheter
la lie de la population pour dire que toute la population
est de nationalité serbe.

Il en est de même de la Grèce. Sans doute l'élément
grec est répandu tout le long des côtes, non seulement en
Turquie, mais aussi en Russie, voire en Italie. De plus, il
forme des « îlots » au milieu de la population compacte de
la Macédoine. Mais il y a loin de là à prétendre que tout
le pays est peuplé de Grecs. Nous n'en voulons pour
preuve que l'opinion d'un Français qui a été, naguère,
à la légation de France à Athènes : M. de Vogüé.
A la veille de la guerre gréco-turque, cet éminent
écrivain a pu parler, en connaissance de cause, de
cette question et, dans un article publié par le *Figaro*, il
mentionnait précisément l'existence de ces « îlots », le
mot est de lui. Sa conclusion était qu'il est impossible
pour la Grèce de pousser sa frontière plus au nord du
tracé actuel.

Reste la Bulgarie qui, à tout prendre, a le plus de droits
sur la Macédoine. Les diplomates de l'Europe, au Congrès
de Berlin, se sont montrés d'une rigueur excessive pour
cette Principauté ; il semble que sa naissance ait été saluée
par un grognement général. « En poussant le Congrès sur

« une autre voie (la voie qui a rompu l'harmonie), écrit
« M. d'Avril, le ministère Tory avait trois objets en vue :
« 1° entraver le développement de l'influence russe ;
« 2° reporter plus au nord la défense de Constantinople
« (les passes des Balkans) ; 3° empêcher qu'il y eût une
« nouvelle nation parmi les riveraines de la Méditer-
« ranée (1). » C'est surtout ce dernier point qui nous
intéresse, car sur les deux autres les événements se sont
chargés de donner un démenti aux préoccupations de
l'Angleterre. L'apparition de la Bulgarie sur les rives de
la Méditerranée menaçait-elle vraiment les intérêts des
autres riverains ? Il est bien difficile de le croire. « Cet
« accès, dit M. d'Avril, leur (aux Bulgares) permettrait
« d'écouler directement leurs produits par le Vardar, le
« Strymon (la Strouma) ou la Maritza, et de recevoir les
« produits manufacturés de l'Europe, et particulièrement
« de l'Angleterre, sans passer en territoire turc ; il allait
« en même temps les soustraire au monopole des produits
« allemands et autrichiens importés par le Danube et les
« voies de terre (2). »

Ce n'était, en conséquence, que servir des intérêts exclusivement allemands que de s'opposer à l'établissement
d'une Bulgarie sur la Méditerranée, et « l'aveuglement du
« ministère tory, comme le remarque M. d'Avril, s'ex-
.« plique par la monomanie du spectre russe (3) ». L'Angleterre en est revenue, depuis, et on se rappelle son
attitude lors de la conférence de Constantinople, ayant
pour but de régler la situation créée par la révolution pa-

---

(1) V. d'Avril, op. cit., p. 438.
(2) V. ibid, p. 441.
(3) V. Ibid., loc. cit.

cifique de Plovdiv. « Ce qui est incroyable, écrit encore
« M. d'Avril, c'est que les Français et les Italiens se soient
« laissés prendre au spectre des Bulgares dans la mer
« Égée, jusqu'à croire que l'apparition d'un nouveau
« membre dans la famille maritime et commerciale de la
« Méditerranée était profondément menaçante pour tous
« les riverains, alors qu'en réalité ce sont les ports fran-
« çais, italiens et le Canal de Suez qui en auraient le plus
« profité. Entre les Karpathes et les Balkans, l'Europe a
« montré un admirable sens en laissant sur le bas Danube
« se constituer une Roumanie assez forte pour garder les
« bouches du fleuve à la liberté du monde. La conférence
« de Constantinople aurait accompli la même œuvre de
« l'autre côté, c'est-à-dire confier le cours du Vardar aux
« Bulgares qui le peuplent. La grande Bulgarie vers le
« golfe de Salonique est le corrélatif de la grande Rou-
« manie aux bouches du Danube. L'intervention anglaise
« a détruit cette combinaison politique (1) ».

M. d'Avril demande, en conséquence, le redressement
des torts consacrés par le traité de Berlin. « On cherchera
« d'autres combinaisons, dit-il. Toutes échoueront, hors
« une seule : la constitution de la Grande-Bulgarie, c'est-
« à-dire le retour au tracé de Constantinople. Il faut déjà
« prévoir qu'à la prochaine crise la flotte anglaise n'ira
« plus dans la mer de Marmara, mais au golfe de Salo-
« nique. En 1878, la Grande-Bretagne a mis la main sur
« sa grande épée pour empêcher la Russie de constituer
« la vraie Bulgarie. En mil huit cent et tant, ou en 1900,
« il peut arriver qu'elle tire tout à fait cette épée du
« fourreau, en alliance avec la Russie, pour constituer,

---

(1) V. d'Avril, op. cit., p. 441.

« dans un intérêt anglais, ce qu'elle a empêché au Congrès
« de Berlin. Je veux le répéter en terminant : Salonique
« étant l'objectif, *l'Europe a le choix entre la glissade*
« *de Sofia et la glissade de Berlin* (1) ».

Tel est l'opinion d'un homme d'État éminent, très au
courant du problème oriental. Il ne faut pourtant pas croire
qu'il sacrifie les autres, loin de là. Il tient compte, et il
dit qu'on doit tenir compte des justes aspirations des Serbes
et des Grecs, mais rien de plus ; on ne doit point tenir
compte des « Grandes Idées » plus ou moins factices.

Nous le répétons donc, qu'après avoir accompli cette
œuvre de justice et d'équité, l'Europe pourrait établir la
neutralité perpétuelle de ces États, sous sa garantie collective, pour satisfaire entièrement à un intérêt essentiellement européen. Nous n'indiquons là qu'une idée générale.
Ce n'est pas à nous d'en déterminer les détails. Laisserait-
on ces États vivre séparément ou en ferait-on une Confédération ? Cela ne nous intéresse pas maintenant. Tout ce
que nous pouvons dire, c'est qu'en décidant la création de
la Confédération, l'Europe devrait bien établir qu'il y a là
des éléments dont les affinités exigent la confédération.
Il ne faut pas qu'il y ait d'organisation politique imposée ;
il faut, tout au contraire, si l'on veut établir la stabilité
dans cette région, que les futures organisations reposent
sur la double base de la justice et de l'équité. Ce n'est qu'à
ce prix qu'on accomplira une œuvre salutaire. Si donc,
l'idée de la Confédération n'a pas encore fait son chemin
— il nous paraît, quant à nous, que nous en sommes
encore éloignés, — il faudrait l'écarter péremptoirement.

---

(1) V. d'Avril, op. cit., p. 442.

Il est certes plus facile de montrer l'exemple de la
Suisse que de prouver, en fait, l'existence d'une pareille
tendance, dans la péninsule des Balkans. Quoi qu'il en
soit, nous nous gardons bien d'entrer dans les détails,
puisque cela ne servira à rien, si ce n'est à laisser pendant quelques instants, un libre cours à la fantaisie. Nous
nous contentons d'indiquer l'idée fondamentale qui doit
présider non seulement à la solution de la question spéciale
de l'Orient, mais à toutes les questions internationales,
c'est de toujours tenir compte *de la justice* et *de l'équité.*
Et si les Puissances ne perdaient jamais de vue ce double
principe, qui doit être la base de leur politique, la situation
générale s'en ressentirait, d'une façon bienfaisante. Ce
double principe suppose aussi, de la part des chancelleries
européennes, des transactions constantes, puisque, à
chaque instant, elles devraient être prêtes à abandonner
certaines parcelles de leurs prétentions intransigeantes,
mais pour cela ce qui, en apparence, pourrait paraître un
grand sacrifice, pour le moment, ne serait en réalité,
qu'un grand avantage, même pour celle des Puissances qui
abandonne une partie de ces prétentions, car il ne faut
jamais perdre de vue cette vérité indéniable qu'une guerre
européenne, dans le temps qui court, avec toutes les compétitions de par le monde, serait, comme l'écrivait tout
dernièrement encore M. d'Estournelles, l'un des plénipotentiaires de France à la conférence de la Haye, un véritable désastre pour l'Europe. Comment ne devrait-on pas
consentir, alors, à quelque concessions, si, à la fin du
compte, on a la conscience de travailler à sa propre conservation, au développement continu et ininterrompu de
la production et du commerce, à la conservation et au
développement des débouchés ?

Et plus on travaille, avec cet esprit, à la solution des différentes questions pendantes, plus on déblaye le terrain, mieux ça vaut, car on diminue d'autant le risque de la guerre, et ce n'est pas peu dire. Actuellement, on se trouve en présence d'un membre du corps européen, qui par suite de sa désagrégation, menace de répandre la contagion sur tous le corps. Et bien, ce serait une œuvre salutaire et de préservation, au premier chef, que de se décider à appliquer le seul remède, de nature à donner un renouveau de vie, en lui substituant des élémente de civilisation, de progrès et de tranquillité, partant en assurant la stabilité politique, comme seule garantie pour la paix européenne.

Nous adhérons, quant à la question des détroits, à l'opinion de M. le comte Kamarowsky : ouverture du Bosphore et des Dardanelles au pavillon de guerre de toutes les nations, avec application des règles de la navigation, actuellement en vigueur pour le canal de Suez. Ce serait là la seule solution conforme aux principes du droit international de notre temps, le principe de l'entière liberté de navigation. Apporter des restrictions à ce principe, serait faire un retour en arrière, remonter à un autre âge.

Telle serait la meilleure solution de la Question d'Orient et de celle des détroits. Mais pour y arriver, nous avons vu que les grandes Puissances devraient abandonner leur politique actuelle, purement matérialiste, purement utilitaire; elles devraient ne plus se préoccuper uniquement des intérêts particuliers, au jour le jour, mais, au contraire, avoir en vue leurs intérêts de demain, certainement plus considérables que ceux d'un jour. Mais n'est-ce pas trop leur demander que d'exiger de leur part une telle transformation? Peuvent-elles cesser d'être ce qu'elles sont? Et dans ces conditions, que peut-on en attendre de bon?

Vu :

Le Président de la thèse,
RENAULT.

Vu :

Le Doyen,
GLASSON.

Vu et permis d'imprimer :

Le Vice-Recteur de l'Académie de Paris,

GRÉARD.

TABLE DES MATIÈRES

AR. ROUSSEAU, IMPRIMEUR-ÉDITEUR — PARIS

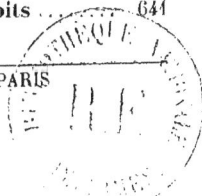

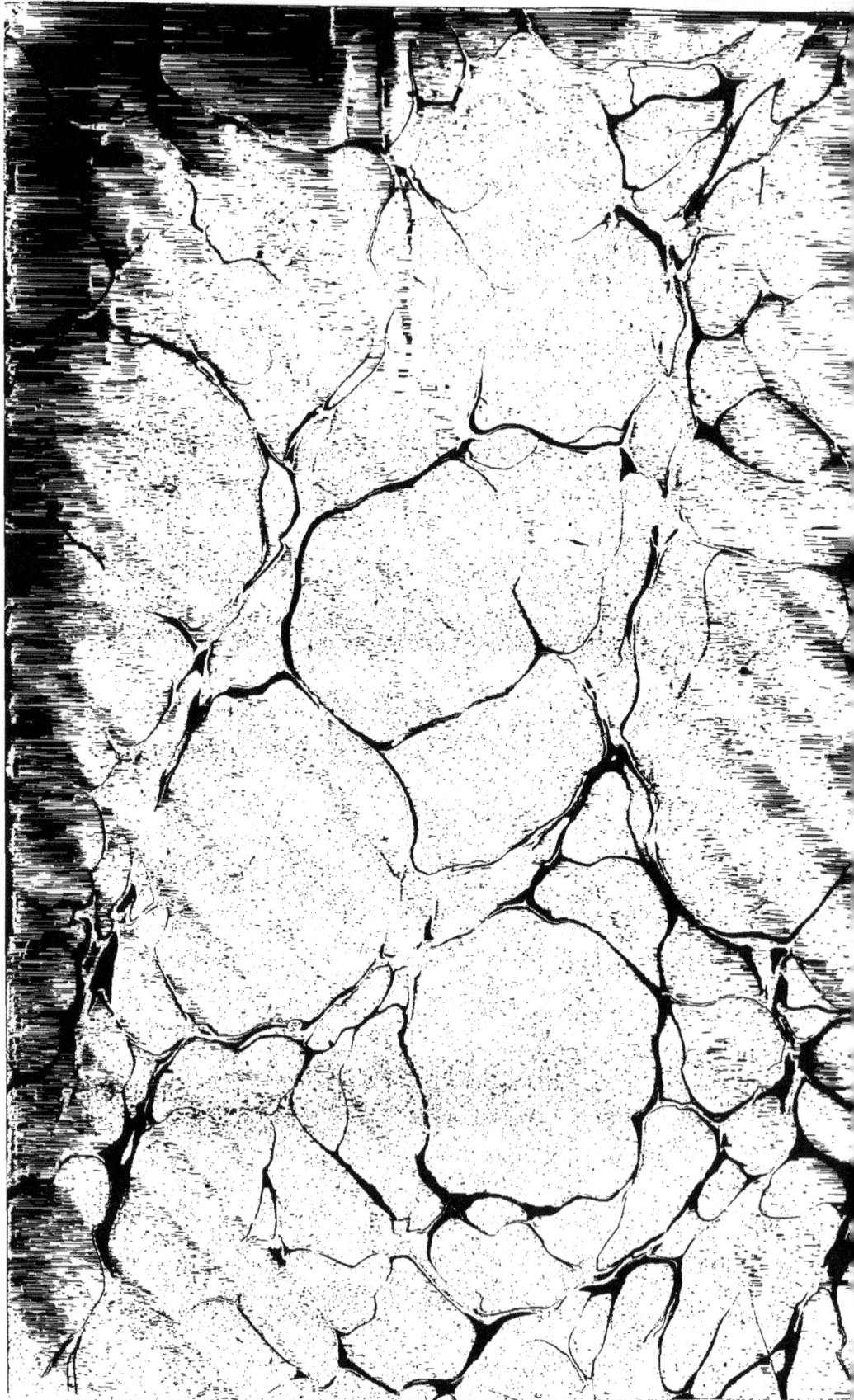

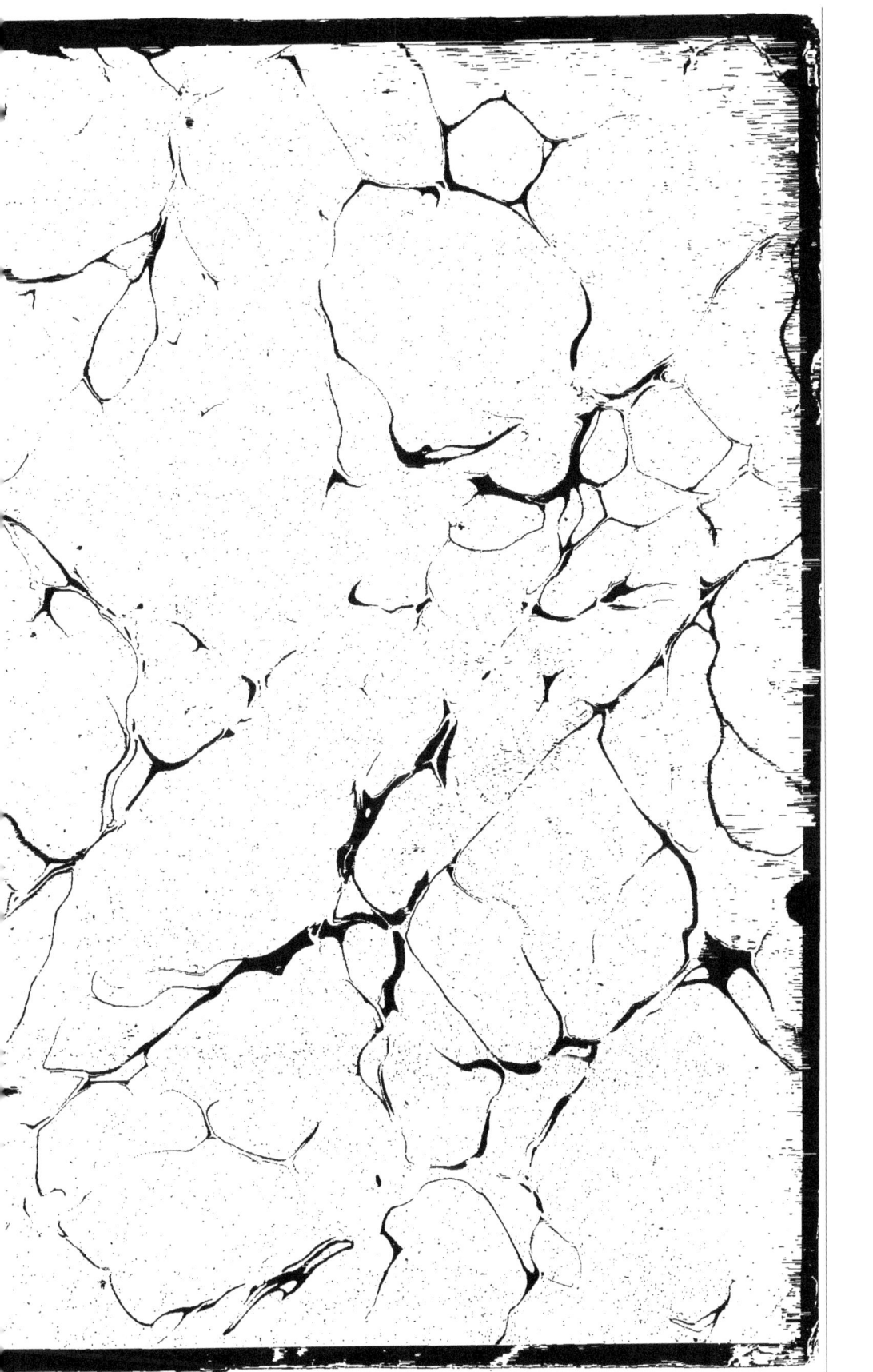